发展财政学论

王国清 著

FAZHAN
CAIZHENGXUE
LUN

上册

西南财经大学出版社

图书在版编目(CIP)数据

发展财政学论/王国清著.--成都:西南财经大学出版社,
2025.4.--ISBN 978-7-5504-6673-9

Ⅰ.F810

中国国家版本馆 CIP 数据核字第 20252D2K80 号

发展财政学论

FAZHAN CAIZHENGXUE LUN

王国清　著

策划编辑:李晓嵩
责任编辑:王　利
责任校对:杜显钰
封面设计:杨红英
责任印制:朱曼丽

出版发行	西南财经大学出版社(四川省成都市光华村街 55 号)
网　址	http://cbs.swufe.edu.cn
电子邮件	bookcj@swufe.edu.cn
邮政编码	610074
电　话	028-87353785
照　排	四川胜翔数码印务设计有限公司
印　刷	成都国图广告印务有限公司
成品尺寸	170 mm×240 mm
印　张	45
彩　插	16 页
字　数	688 千字
版　次	2025 年 4 月第 1 版
印　次	2025 年 4 月第 1 次印刷
书　号	ISBN 978-7-5504-6673-9
定　价	198.00 元(上、下册)

王国清教授

2018年与王永锡教授在一起　　　　　与德国柏林经济学院院长孔泽在一起

与著名经济学家许毅教授（左一）、刘诗白教授（右二）、
刘邦驰教授（右一）交谈

2002年与朱明熙（右一）、陈顺刚（左一）等同志在一起

2007年参加全国高校第十八次财政学教学研讨会

参加新形势下财税理论与改革研讨会

与部分师生在一起

2002年参加四川省国税局培训班结业典礼

参加金税论坛

与财政税务学院时任领导班子成员[陈顺刚(右二)、
何加明（左一）、周敏（右一）]在一起

与财政税务学院部分领导、教师在一起

与财政税务学院部分教师春游

与刘邦驰教授（右四）等同志在一起

小平故乡行

2004年参加博士学位论文答辩会

2024年与周克清（右一）、肖育才（左一）等在一起

与陈顺刚（右一）等在一起

与陈宗贵在一起

退休生活一

退休生活二

退休生活三

青年时代一

青年时代二

2024年与夫人在西南财经大学光华校区

自序

1982 年，我从四川财经学院（现西南财经大学）政治经济学专业毕业之后，被分配到本校财政系工作。1985 年，我开始在职攻读财政学专业研究生，研究方向为社会主义财政研究，并于 1988 年从财政学专业研究生毕业，获经济学硕士学位。至今，已有 40 多个年头了。在我的教学生涯中，我先后主讲"外国财政""财政与信贷""财政学""税收理论与实践""财政政策与宏观调控""财政基础理论研究""税收基础理论研究""财政经典文献导读"等本科生、硕士生和博士生课程；主编国家级规划教材《财政学》《国家税收》《财政与金融》和其他教材共 13 本；出版《财政基础理论研究》（独著）、《财政改革与发展》（主著）、《社会主义税收若干问题研究》（合著）、《财政信用研究》（合著）4 本专著；主持国家社科基金项目、四川省社科基金项目、中国人民银行课题等 7 项；教学科研成果获四川省人民政府、国家税务总局、中国税务学会、中国财政学会等部门颁发的奖励共 20 余项。

在过去的几年里，部分师友和学生曾多次建议我在 200 余篇论文中选出部分成果辑集出版，我均以年龄尚不算老婉拒了。2025 年是母校西南财经大学建校 100 周年。财政税务学院的领导希望我能够将历年的研究成果进行梳理，为后进诸位同仁和学生提供一个分析财政学发展路径的参考，并作为校庆的一个献礼。尤其是学院吴春力书记、李建军院长、王隆庆副书记和吕敏副院长亲临寒舍，可谓诚意满满，我实在不好推辞，只能应允了。我从事财政学教学和科研工作40余年，长期关注财政理论与实践发展研究，姑且将这本书命名为《发展财政学论》，旨在为年轻一代的财政学者弄清楚财政发展的来龙去脉提供一个参考。

作为一名高校教师，我常将自己归类于"讲坛经济学人"。教书育人是高校教师的第一要务，基础理论研究的任务很重，需要将"十八般武艺"投入财税专业的教学和科研之中。显然，这就与其他经济学家如决策经济学家、改革方案经济学家、"诸侯"经济学家（意思是着重研究地方经济发展问题的经济学家，他们主要为地方经济发展出谋划策）、课题经济学家、企业经济学家、媒体经济学家、海归经济学家等的定位明显不同。对于高校的"讲坛经济学人"而言，教学要求系统推进，科研则要求重点专攻，二者相辅相成。财税专业属于应用经济学，它不仅需要面向实践，而且需要背靠实践。财政改革实践是科研的一个重要来源，而教学工作也是科研的一个重要来源。我一直认为，教学中遇到的问题，也是改革中或早或迟要遇到的问题。

在我早年成长的那个时期，那时的投稿与今天的投稿具有不同的特点。稿子是手写的，能打印成打印体，尤其是能印成铅字体，那就是非常令人满意的了。报纸、杂志等媒体生态和今天也有很大的不同，所以我在投稿方面遵循"土洋结合，大中小并举"的投稿原则。我把内部期刊如《财政研究资料》《债事纵横》等内部刊物称之为"土"，把《经济研究》《财贸经济》《财经科学》等公开刊物称之为"洋"，并根据报刊的情况和研究的需要撰写不同篇幅的文章，故而形成了篇幅长短不一的稿子。

在选编的论文中，涉及财政学的诸多方面，我认为在以下几个方面具有显著的个人风格特色：

一是系统深入地研究了马克思财政理论的核心内容。过去对马克思财政理论的研究，主要着眼于有关财税的语录。在马克思拟定的写作计划即著名的"六册结构"中，《资本论》是这个写作计划的第一本著作，而系统的《财政学》《赋税学》是《资本论》的续篇。有的同志认为，在《资本论》中，税收没有参与剩余价值的分割，因为剩余价值仅分割为产业利润、商业利润、利息和地租。我认为，虽然"六册结构"拟定的《财政学》由于客观原因未能完成，但马克思作为一个伟大的思想家、理论家，他在《资本论》及相关的文献中，必然且必须论及财政税收诸问题。那么，他所论及的财政税收问题，其核心内容是什么呢？

我认为，马克思财政理论有两大核心内容：第一，商品价值、剩余价值与税收的关系理论。税金是商品价值的有机组成部分，税收是国家参与剩余价值分割的具体形式。马克思在《资本论》中指出，"捐税……所改变的，只是产业资本家装进自己腰包的剩余价值的分割或要同第三者分享的剩余价值的比例"。第二，政治权力和财产权力及其相关关系的理论。其中，税收的课征凭借的是国家的政治权力，而财产权力在经济上实现自己的形式就是利润。在一定条件下，税利合一为税；在一定条件下，税利合一为利。我根据马克思财政理论的这两个核心内容，对其中国化实践进行了持续的探索。

二是继承和发展了"两种属性分配关系和国家分配论"。在社会再生产中，包括经济属性的分配关系和财政属性的分配关系；从财政本质的视角研究财政，并区别于货币关系的财政理论，诞生了国家分配论。任何事物都是发展变化的，国家分配论也不例外。传统的国家分配论认为，政府获取财政收入的依据在于国家的权力或政治权力，从而将财政收入与政治权力联系在一起。通过对"利改税""承包制"和"税利分流"改革的长期观察和思考，我在20世纪90年代系统研究了马克思的"政治权力和财产权力及其相互关系"的理论，认为在社会主义经济的现实条件下，国家既作为政治权力的主体，也是财产权力的主体，即主体具有同一性。

在刘邦驰教授和汪叔九教授的支持下，我于1995年率先在西南财经大学出版社出版的《财政学》教科书中，把国家的财产权力与政治权力并列，对财政的一般概念做了新的表述：财政是国家为了实现其职能的需要，凭借政治权力及财产权力，参与一部分社会产品或国民收入分配和再分配所进行的一系列经济活动。这一概念除强调国家的主体性之外，还包括"为什么"（目标）、"凭什么"（依据）、"对什么"（对象）等诸要素；在此基础上提出了财政的两种属性分配，即政治权力属性的财政分配和财产权力属性的财政分配。尔后，我进一步扩展了两种权力适用于"财政一般"的描述，探讨了行政权力和信用权力对于获取财政收入的意义，从而构建了"四元学说"理论。根据"四元学说"理论，政府凭借政治权力取得税收收入，凭借财产权力取得国有资产收益，凭借行政权力取得政府收费，凭借信用权力取得公债收入。我将"四元学说"理论持续贯穿于财政概念、财政职能与作用、财政收入类别、政府借贷与公债、复式预算和财政监督管理等财政环节的研究中，取得了较好的效果。

在坚持国家分配论原理内核的基础上，我认为财政的公共性是发展的，在不同政治经济条件下和历史发展的不同阶段，其实现形式和存在范围是不完全相同的。国家分配论学说也应当随着客观条件的变化而不断发展，在市场经济条件下，发展了的国家分配论与公共财政论并不矛盾。

三是着力探索财政学的学科性质与研究范围。基于财政学与公共经济学、政府经济学的学术争论，我在1992年从财政学的内容及其发展的视角，明确提出财政学、公共财政学、政府经济学和公共部门经济学的学科性质是一致的。

在1995年出版的《财政学》教科书中，我提出财政学的研究对象范围和研究范围是既有联系又有区别的。财政学的研究范围比对象范围要宽泛得多，涵盖除财政学之外的诸多学科。这些诸多学科有其独特的任务，有其特定的对象范围，它们只是财政学所必然涉及的从属性领域。总之，明确财政学的公共经济学学科属性，着力于"公共"与"经济"维度，明确财政学的对象范围和研究范围的联系与区别，有助于在财政学所涉及的颇为广泛的领域中明确主次、分清对象。

在传统的计划经济背景下，财政在国民收入分配中占据主导地位，即财政是经济的核心。在现代市场经济条件下，金融是现代经济（运作）的核心。那么，财政的地位又应如何定义呢？通过深入全面的研究，逐步突破单维经济的桎梏，我认为财政不仅涉及经济，而且关联政治、人口、资源环境、文化等诸多方面。我们不仅需要从国家政治职能角度研究财政职能与作用，而且需要从社会再生产视角探究财政职能与作用；不仅需要强调财政与物质资料再生产的关系，而且需要拓展到财政与人口再生产、财政与环境资源再生产的关系，以及财政与文化的融合等研究。基于此，我提出了"财政是现代社会建设的核心"的观点。

财政是国家治理的基础和重要支柱。我认为这是从财政与国家治理的关系而言的，"基础"着力于地位，即财政在国家治理体系中的地位；"重要支柱"着力于作用，即财政在国家治理能力现代化建设中的作用。

总而言之，财政是公共经济学的特别名称，当然是应用经济学的一个分支学科，亦是非公共经济学的对称学科，具有很强的综合性。除了从"公共"和"经济"维度来把握之外，还应当进一步准确认识到，财政学既属于宏观经济学，又关涉微观经济学；而且要认识到，财政学还关乎管理学，准确地讲，这里不是指公共管理，而是指公共经济管理。

四是系统深入地对税收理论与改革实践进行了探索。我于1984年开始对税负运动、税负转移和税负转嫁进行研究，并进一步跟踪马克思劳动价值论、剩余价值理论与税收的关系，明确税金是商品价值的有机组成部分，税收是国家凭借政治权力参与剩余价值分割的具体形式等。

我从税负运动的视角，重新审视税率、减免税、纳税人等税制要素，以及税制诸要素的相互关系。在研究国内税制发展的规律性时，我提出税制可分为外延型税制和内涵型税制。我认为，外延型税制偏重税负在税种间的配置，内涵型税制偏重税负在纳税人、课税对象、税率等税制诸要素上的结构配置和优化组合。根据对税制发展规律性的认识，我考察了1949年以来的多次税制改革，认为1949—1994年期间的各次税制改革走的是以外延型税制建设为主的路子，1994年的税制改革及之后相当长的时期内，走的是以内涵型税制建设为主的路子。

　　五是全面拓展了对财政信用的理论研究。立足于复杂和丰富的财政实践，我在理论上厘清了"财政一般"的无偿性特征，提出"一般"和"特殊"相统一的社会主义财政具有无偿性为主、有偿性为辅的特征。我认为，财政信用不仅包括收入信用（公债是收入信用的基本形式），而且还包括支出信用。财政收支信用也须规范，在一定条件下，甚至可以成立专门的基金预算机构。

　　在财政信用的依据方面，我的研究也经历了财政信用凭借信用原则→信用原则或信用权力→信用权力的心路历程。我认为，在一般主客体条件下，诸信用形式如银行信用、商业信用等都是凭借信用原则来进行的。但国家或政府在信用关系中处于主导的主动地位，信用原则在这种场合升华为信用权力，这就需要利用法制的形式对其加以规范。当然，信用权力也必须遵循市场经济条件下的信用原则基本精神。

　　需要说明的是，这次辑集出版仅选择了我作为独立作者或第一作者的多篇文章。为保持论文的历史性，所辑编的论文基本保持原貌，除个别字眼外，一般不做订正。由于是论文选编，可能个别观点在不同文章中反复提及而有一定的重复。但细看之下，也有发展变化或细微提炼，敬请读者明鉴。

为便于读者阅读和考察作者的思维变化，我根据发表时间的先后作了一个附录供读者参阅。除上述文稿外，这本书还收录了3篇对我个人的人物专访。

在本书出版之际，特别要感谢我的诸多老师和学友。在长期的学习和教学科研过程中，政治经济学系刘诗白教授、袁文平教授、李运元教授等，财政系许廷星教授、左治生教授、谭本源教授、杨希闵教授、曾康霖教授、刘邦驰教授、郭复初教授、陈显昭教授、汪叔九教授等给予了我有益的教诲和指导，刘欣、吴维虎、武振荣和程谦等对我从政治经济学到财政学教学科研的转型给予了无私的支持，费茂清、戴鹏、王宾、周克清等对我的生活提供了很多帮助，在此深表谢意。事实上，如果没有财政税务学院领导的关心、筹划和支持，这本书也无法正式出版，更无可能作为百年校庆的献礼之作。在此，我向他们致以崇高的敬礼和深深的谢意。要感谢的人很多，限于篇幅，这里不能一一列出他们的姓名，但我对他们一直心怀感恩，在此一并致以敬意和感谢。

王国清

2024 年 10 月 10 日

目 录

第一篇　财政理论与改革

第二篇　税收理论与改革

第一篇
财政理论与改革

第一章　财政基础理论

社会主义财政无偿性为主、有偿性为辅的特征

王国清

如果社会主义财政不具备有偿性的特征，则无法面对现实的挑战。面对财政有偿分配的长足进展，如何理解财政分配的无偿性特征，在实践中如何对待和运用财政分配的无偿性与有偿性，不仅是重要的理论问题，而且是重要的实践问题。

一、无偿性是"财政一般"的特征

目前理论界在关于无偿性是否社会主义财政的基本特征的讨论中，不少同志的论证都以"财政一般"的特征来替代社会主义财政的特征[①]。我认为，无偿性是从各个社会形态的财政中所抽象出来的共性，但在把握具体的财政分配的特征时要具体分析，"一般"不能代替"特殊"。以社会形态为标准，考察财政在每一社会形态下分配的形式、范围、内容，能够抽象出来的共同特征之一，就是财政分配的无偿性，而不可能是有偿性，所以，无偿性是"财政一般"的特征。

现在，让我们换一个角度来考察。如果以经济发展类型为标准，财政分配可以分为产品经济类型和商品经济类型的财政分配。以产品经济为基础的财政分配，国家分配这一主体就决定了财政分配的无偿性，不仅收入是无偿的，而且支出也是无偿的，即使在特殊情况下依据信用原则筹措资金，也仅仅是一时的权宜之计，而且债款的还本付

---

① 张守凯. 也谈社会主义财政的无偿性：和许毅老师商讨 [J]. 财政研究，1987（5）：11-13；郭庆旺，孙开. 无偿性仍是社会主义财政分配的基本特征 [J]. 财经问题研究，1988（1）：43-46.

息最终也是由税收来偿付的，这也不能否定财政分配的无偿性特征。问题在于商品经济条件下的财政分配。随着商品经济的发展，客观上要求资金在不同所有者之间不断地进行再分配，而这种不断进行的再分配只能采取有偿的形式，即信用形式。对财政来说，除了主要采取无偿性分配之外，也为采取有偿性分配——财政信用创造了条件和提出了要求。社会主义经济逐步由产品经济向有计划商品经济转变，必然要求传统的以无偿性为特征的财政分配逐步转为以无偿性为主、有偿性为辅作为特征的财政资金分配。在这种情况下，用"财政一般"的特征简单套用于社会主义财政，从而在肯定社会主义财政具有无偿性特征的同时，否定社会主义财政具有有偿性的特征，这是没有说服力的。

二、税收分配的特征和财政分配的特征是有区别的

税收分配是财政分配的重要组成部分。但是，为了论证无偿性仍是社会主义财政分配的基本特征这一命题，有的同志对收入和支出的分析，实际上是以税收分配的特征来代替财政分配的特征。如郭庆旺、孙开同志在文章中写道："财政分配包括财政收入和财政支出两个方面。在收入分配过程中，无论是税收还是规费，不论是利润上交还是罚金，……，但不论取自何处，来自谁，国家财政在组织收入的同时，并没有对其相应的纳税人作出某些报偿方面的承诺。导师列宁说得好：'所谓赋税，就是国家不付任何报酬而向居民取得东西。这无疑也说明了财政收入（税收）的分配是无偿的。'"① 他们又说："在财政支出分配活动中，……支出分配的同时都没有从用款单位那里收到或要求得到任何报偿。恩格斯在论述税收的产生时指出：为了维持这种公共权力，就需要公民缴纳费用——捐税。也就是说，国家要维持其生存，实现其职能，就要有经费开支，而这种经费开支在财政上是

---

① 郭庆旺，孙开. 无偿性仍是社会主义财政分配的基本特征 [J]. 财经问题研究，1988（1）：43-46.

无偿的，只能通过无偿地取得收入——征税的方式来作它的保障。"①

我认为：作者用"没有对其相应的纳税人作出某些报偿方面的承诺"来解释税收的特征，这无疑是正确的，但据此而推广到国家财政在组织收入的同时对交款人一律没有作出某些报偿方面的承诺，这就以偏概全了。国家在组织财政信用收入的同时，事先就对相应的单位和个人作出了某些报偿的承诺，如对还本付息的时间、利率做出了规定，在运用有偿支出的同时，也要求用款单位或个人定期还本乃至付息。无偿性支出无疑是财政支出的大头，自然也应以主要的财政收入即税收来保障，但这是传统的、基本的财政分配模式。无偿性支出还可能来自有偿性收入——公债、国库券等；有偿性支出也有可能来自无偿性收入——财政预算内无偿取得的财政资金；还有可能是有偿性支出来源于有偿性收入，这在专门的财政信用基金管理中表现得尤为明显。上述引文不论是对财政收入还是对财政支出的分析，实际上都是以税收分配的特征代替财政分配的特征。

我认为，税收分配的特征和财政分配的特征既相联系又相区别。尽管税收是最古老的财政范畴，是财政的最初形式，又是最重要的财政收入形式，但财政分配的特征不是税收分配特征的重复和套用。税收分配的特征，是财政分配特征的有机组成部分，但财政分配的特征则具有更为广泛的内容。显而易见，以税收分配的特征代替财政分配的特征，只注意二者的联系之处，而忽略二者的区别之点，是失之偏颇的。

三、区分财政分配和其他经济分配的标准

为了论证自己的观点，张守凯同志认为："财政分配的无偿性，又把以国家为主体的社会主义财政分配和以生产资料所有及产品的占有为中心的其他经济分配形式严格区别开来，使财政分配成为既和其

---

① 郭庆旺，孙开. 无偿性仍是社会主义财政分配的基本特征 [J]. 财经问题研究，1988（1）：43-46.

他分配形式密切联系，又是独立的分配体系。"① 他又说："正是财政分配的强制性和无偿性，才使财政分配从社会产品的分配中分离出来，形成一个独立的、特殊的分配范畴。"② 他还说："财政分配和其他分配形式（信贷、价格、工资、企业财务分配）同属社会主义分配范畴，共同为社会主义的生产关系服务，因为财政分配具有明显的无偿性，这样才能把财政分配和其他经济分配严格区别开来，形成财政分配的独立的、特殊的分配范畴。如果否定了财政分配的无偿性，也就否定了财政分配的范畴。"③ 对此，我有不同的看法。我认为，财政分配区别于其他经济分配而成为一个独立的、特殊的分配范畴，其最基本的、核心的特征标志，是分配的国家主体性。尽管无偿性也是很重要的一个特征标志，但财政分配的国家主体性制约着包括无偿性在内的其他特征，而这些其他特征又使国家主体性特征更鲜明、完善和丰富。国家这一分配主体既决定了任何社会制度下的财政都具有无偿性，又决定了在商品经济条件下财政又具有有偿性，如财政信用就是以国家为主体的、有偿的资金分配。社会主义财政分配之区别于其他经济分配，是财政分配国家主体性等诸特征综合的结果。

四、财政资金有偿使用不只是管理方式问题，而且涉及财政分配的性质与特征

对于如何认识财政资金有偿使用，有的同志把它归结为是"指国家财政依据信用的原则使用财政资金，是一种特殊的财政资金管理方式"④，"是改变财政资金的供应方式"或"更多地表现为财政资金供

---

① 张守凯. 也谈社会主义财政的无偿性：和许毅老师商讨 [J]. 财政研究，1987（5）：11-13.

② 张守凯. 也谈社会主义财政的无偿性：和许毅老师商讨 [J]. 财政研究，1987（5）：11-13.

③ 张守凯. 也谈社会主义财政的无偿性：和许毅老师商讨 [J]. 财政研究，1987（5）：11-13.

④ 张守凯. 也谈社会主义财政的无偿性：和许毅老师商讨 [J]. 财政研究，1987（5）：11-13；郭庆旺，孙开. 无偿性仍是社会主义财政分配的基本特征 [J]. 财经问题研究，1988（1）：43-46.

应方式的改变"①，"这种管理方式的改变，并没有也不可能改变财政分配无偿性的特征"②。我认为，财政资金有偿使用确实没有也不可能改变财政分配的无偿性特征，但财政资金有偿使用，却使财政资金支出打上了有偿性特征的烙印，它也体现了财政分配的有偿性质。其实，不论是公债、国库券等财政收入信用，还是财政资金有偿使用这一财政支出信用，都是财政信用的表现形式，相对于无偿筹集或供应资金的方式，它首先表现为资金筹集或供应的管理方式的改变。这里所说的财政资金的管理方式就是财政分配的一种具体形式，就是筹集或供应资金的一种方式或体制，它与财政分配的性质有区别，但它又体现了财政分配的性质，体现了财政分配的某种特征。所以，进一步研究某种具体的财政资金管理方式所体现的性质和特征，应该考察：①这种财政资金管理方式所体现的财政分配是所有权与使用权相统一的分配，还是所有权与使用权相分离的分配；②这种财政资金管理方式所体现的财政分配是无偿性分配，还是有偿性分配；③这种财政资金管理方式所体现的财政分配是直接分配，还是间接分配；是直接调整，还是间接调控。财政资金有偿使用这一管理方式，反映了财政分配是所有权与使用权相分离的分配，反映了财政分配是间接分配和间接调控。它并没有否定财政分配的无偿特征，而是以外化的形式体现着财政分配的有偿性质和特征。

五、生产性投资与财政资金的有偿使用

社会主义财政有无生产性投资？如何理解生产性投资？这和财政资金有偿使用的命运大有关系。有的同志认为，"随着经济体制改革的深入和最终完善，财政资金有偿使用的范围将会缩小"。因为"政

---

① 张守凯. 也谈社会主义财政的无偿性：和许毅老师商讨 [J]. 财政研究，1987（5）：11-13.

② 张守凯. 也谈社会主义财政的无偿性：和许毅老师商讨 [J]. 财政研究，1987（5）：11-13；郭庆旺，孙开. 无偿性仍是社会主义财政分配的基本特征 [J]. 财经问题研究，1988（1）：43-46.

府职能的转变决定了财政投资是无偿的"，"经济体制改革的趋势是使企业成为投资主体，……，这时财政的生产性投资规模、范围必然缩小，而财政资金有偿使用主要就是指对营利性生产的投资。在这种场合，连财政的生产性投资都没有了，哪来的财政资金的有偿使用？"[①]我认为，政府职能由过去的直接经济管理为主转变为间接经济管理为主后，主要采取和运用经济手段和法律手段，并辅之以必要的行政手段，来调节和控制经济的运行。在国家所掌握的众多经济手段中，财政资金的有偿使用有着其他经济手段不可替代的作用，成为国家调控体系中不可或缺的调控经济运行的重要工具。因此，政府职能的转变，反而会要求进一步发展财政资金的有偿使用。

过去，财政分配的范围无所不包，并标以"生产建设性财政"，统包统揽，越位分配，既直接干预企业简单再生产，又统揽扩大再生产，且又是以无偿拨款的方式来进行的，这存在着若干弊端。随着有计划商品经济的发展，企业开始成为相对独立的商品生产者和经营者，企业成为投资的主体。这从一个侧面证明了社会主义财政在类型上，是公共性和生产性相混合的新型财政。随着有计划商品经济和体制改革的发展，财政必须退出营利性企业的直接生产性投资，但依然会维持并发展对公共基础设施、重点建设项目等直接生产性投资，这种投资一般应是无偿的。此外，财政也发展着对营利性企业的间接生产性投资，这类生产性投资的主体是企业，其资金来源除企业自筹资金、银行贷款之外，仍然可以通过财政资金的有偿使用取得贷款。那种认为社会主义财政只有公共性而无营利性的观念，是不符合社会主义的实际情况的。

六、财政资金有偿使用的发展阶段

财政资金的有偿使用到底是经济转型时期的过渡性手段，还是有

计划商品经济和体制改革发展之长期必然？这涉及财政资金有偿使用的发展阶段问题。在社会主义条件下财政资金的有偿使用有三个发展阶段：创建阶段、发展阶段、完善阶段。创建阶段——不完全的财政信用；发展阶段——混合型的财政信用，即不完全的财政信用和完全的财政信用并存；完善阶段——完全的财政信用。在产品经济向商品经济转轨时期，财政资金有偿使用的资金来源，其大头是预算内的部分资金。将资金的来源和运用的性质联系起来考察，这种有偿使用只是一种不完全的财政信用。如果财政资金有偿使用的资金来源是有偿的，例如公债、国库券，再加上有偿使用，就可以看成是完全的财政信用。

至于公债，在目前的预算体制下，其还本付息最终是由（无偿的）税收来偿还的，但在实行了以经济性质为分野的复式预算以后，财政信用各项相应收支，均应建立专门的基金管理。公债所聚集资金有偿使用于营利性项目，则其还本付息由该项目创造的收益来偿还，因而具有对应关系或至少是等量关系。这虽然没有否定财政分配的无偿性，却证明了财政分配的有偿性。

七、正确对待和运用财政分配的无偿性和有偿性

究竟如何理解社会主义财政分配的特征呢？我赞同"无偿性是财政分配的根本性质，而有偿性是财政分配的非根本性质"的看法。需要补充的是，还可以理解为无偿性是社会主义财政分配的主要性质，有偿性则是社会主义财政分配的次要性质。或者换一个角度来表述：社会主义财政分配具有无偿性为主、有偿性为辅的特征。据此，正确对待和运用社会主义财政分配的这个特征，主要应划分两种不同性质分配的范围和形式，确保其实现不同的职能目标。

（1）从收入方面来看。财政无偿性收入的征收要适度，既要保证国家必不可少的各种非生产性支出和公共基础设施、重点建设等生产性支出的需要，又要保障企业真正具有自我改造和自我发展的能力，从而有利于经济的稳定增长。目前应逐步适当降低大中型企业的税负，尽快建立和健全各项财税法规。财政信用所筹集的资金，是财政资金

必要的、有益的、积极的补充，但也有其客观的、合理的数量界限。要统筹安排，注意综合平衡。

（2）从支出方面来看。各种非生产性支出必须是无偿的。财政的直接生产性投资，主要是用于公共基础设施和重点建设项目，这些项目一般是盈利少或不盈利的，也必须由财政无偿性供应。对营利性项目，则借助财政资金的有偿使用，通过企业这一投资主体，从而通过企业的自我改造和自我发展能力，使财政的间接的生产性投资参与、调节和引导社会财力的分配。

正确对待和运用财政分配的无偿性和有偿性，还要求建立基金制，并改单一预算为复式预算，建立起在社会主义商品生产和对外开放情况下的财政信用体制和国债经营体制等。

（原文载《财经科学》1988 年第 11 期）

有偿性财政分配及其内部关系的处理

王国清

我认为，社会主义财政分配具有无偿性为主、有偿性为辅的特征。据此，划分无偿性财政分配和有偿性财政分配的范围和形式，并在此基础上建立复式预算，是正确处理二者关系的关键。那么，又应如何处理有偿性财政分配的内部关系呢？本文拟对此谈几点看法。

一、地方财政信用的发展及与中央财政信用的关系

地方财政信用是整个财政信用体制的重要组成部分。在现行中央财政与地方财政的管理体制下，乃至实行彻底的分级财政之后，可供地方财政支配的收入，一般包括总额分成收入或地方自行组织的收入、中央对地方的补助收入、地方的财政信用收入。地方财政要成为积极、充裕的财政，根本之点在于发展经济，培植稳定的后续财源，这是毋庸置疑的。但在社会主义初级阶段，生产力发展水平不高且具有不平衡性，要大力发展生产力，资金的需要与可能之间的矛盾将贯穿初级阶段的始终，尤其是在新旧体制模式转轨时期，资金短缺的矛盾更是十分尖锐。除了采取通常所强调的开源节流、增收节支等诸种具体措施，堵塞收入中的"跑""冒""滴""漏"和消除支出中的损失浪费之外，在税收及其他财政收入不能或来不及满足财政支出的需要时，积极发展地方财政信用，缓解资金短缺的矛盾，促进地方经济的发展，不失为一条可行路径。

随着有计划商品经济和体制改革的发展，为建立起在社会主义商品生产和对外开放情况下的财政信用体制和国债经营体制，地方财政

信用的发展，必须处理好与中央财政信用的关系。地方财政信用的发展，必须被纳入正常、健康的运行轨道。因为就全国而言，地方财政信用毕竟具有区域性；就整个国民经济而言，地方财政信用毕竟带有局部性。所以，中央财政对地方财政所开展的信用活动，既要积极支持，又要给予必要的指导和总体调节；通过制定宏观财政信用政策、定期交流各地财政信用信息、编制统一的指导性规划、财政信用发展预测与判断，在业务上进行协调、指导、监督和检查等，以保证地方财政信用的顺畅发展。

二、改进国债的运营和管理

国债是财政信用的基本形式之一。国债的经营有着不同于其他财政信用的特点，尤其是归属于单一预算模式之国债，其最终是由税收来偿付本息的，因而国债是财政分配的一种特殊的补充形式。在实践中必须缜密地考虑经济发展的客观需要，各企业、单位和城乡居民的承购能力，债款的投资方向及其效果的大小，财政、信贷的综合平衡等若干因素的制约，正确、合理地确定其数量界限。如果是借用外债，除须考虑国内资金的配套能力、具体项目的投资收益率等之外，还须规定当年外债还本付息的金额不得超过当年出口收汇的 25%。下面拟从财政和银行相互协调配合，以及国债自身方面，就国债的经营、管理，提出以下看法。

（1）国债的发行要统一纳入国家综合信贷计划和现金计划，杜绝财政向银行透支的做法。这是正确处理财政与银行关系的关键所在。改财政向银行透支的做法为发行国债，并统一纳入国家综合信贷计划和现金计划，银行可固定承担一部分，再辅之以根据本身的财力酌量购买和办理贴现，实行有利于公债发行的利率政策。具体来看，可以把所有国库券由专业银行承购包销，推销对象，除企业和个人自由认购外，如有剩余尾数，由中国人民银行批准的其他金融机构分购一部分，但中国人民银行不宜据此而发行货币。这既可以克服现行国库券主要采取行政分配的弊端，又可以避免财政向银行的透支额度大于或小于银行贷款规模中预留给财政的部分，有利于正确划分两种不同性质的资金，做到财政收支平衡和信贷收支平衡。这样，财政和银行既相互支持，又有其活动余地。即使财政部门发生紧急、大量支出的情况，需要向银行借款，也应该建立有偿的借款关系，不允许财政向银行无偿透支。可在每年初制订借款计划向银行借款，年终扣还并付利息。

（2）健全机构和制定有关法规。健全由财政、银行及有关部门组成的国债经营管理机构；切实研究制定债务的政策、债务管理、发行，并监督执行；审查全国债券发行机构，协调各省市的债券发行，等等。积极制定债券法，确定国债优先发行原则和国债利率优惠等政策，提高国债的吸引力，每年拟发公债数量，与国家预算一样，应经（各级）人民代表大会审议批准。

（3）建立公债基金，纳入复式预算管理。随着财政信用的发展和预算管理体制的改革，公债应逐步考虑与经常性收支预算脱钩，专事营利性方面的某些项目，基金的收入和支出要具有对称性，除需还本之外，在不收取利息或低息的情况下，需以经常性收支预算有盈余来无偿拨入，作为补偿。公债基金和其他财政信用基金单列，年度预算不允许有赤字。总之，要逐步创造条件，改当前公债的供给型为经营管理型。

（4）债券种类和期限结构多样化。当前，国家债券形式单调，可以进一步考虑：在一般年度，除发行三年期的国库券之外，发行一年期的短期国库券，其利率可与银行发行的一年期金融债券持平。此外，适当发行中、长期国家建设公债和专项建设公债，其期限可分为五年期、十年期、十五年期和二十年期，其利率随期限长短拉开档次，并应略高于同期限的银行定期储蓄存款的利率水平。考虑到通货膨胀的因素，则可以发行反通货膨胀的、类似于银行保值储蓄的保值国库券。

（5）积极开放国债市场，增强国库券的流动性。国库券流动性的实现形式可以多样化，除允许国家债券抵押和指定场所买卖外，对某些种类的上市债券则应创造条件允许贴现，中国人民银行对专业银行拥有的国家债券实行再贴现。贴现率和再贴现率不宜过低和固定，应根据市场情况经常调整。

三、加快财政信用基金管理的建设

从世界范围来看，财政信用的管理形式，主要有财政信用非基金管理和财政信用基金管理这两种基本形式。包括我国在内的一些国家，将财政信用收入列为国家预算的正常财政收入，没有设立专门的基金，管理方面属于前者；世界上一些国家，如丹麦、瑞典、英国、法国、日本等设立了专门的财政信用基金，管理方面属于后者。我认为，财政信用非基金管理，能够从整体上反映年度内政府（包括地方政府）财政收支情况，符合资金管理的完整性原则，但缺点是这种管理方式将有偿资金和无偿资金混同，不利于反映预算的经常性收入和支出的情况，使财政信用收入和投资使用也缺少对应关系；易于掩盖财政赤字的真实数量，从而提供不真实的财政信息，致使财政决策失误，不利于经济分析和有选择地进行宏观控制；不利于财政信用的充分发展和运用；不利于从财政收支的经济性质上进行审核以及全国上下的了解和监督；不利于进行国际比较和正确吸收、借鉴外国的理财经验与教训。而实行财政信用基金管理，可以较好地区别资金的性质，便于经济分析、财政决策和宏观控制，使实际存在的赤字明确化；有利于拓展理财领域，扩大财政分配范围；有利于财政信用的发展与运用，适应社会资金运动渠道多样化、分散化的要求，有利于财政部门加强经营管理和提高财政资金、财政信用资金的使用效果等。但是，财政信用基金是包括公债基金在内的、具有专门用途的若干特种基金的总和，如果把发行债券所取得的收入也列入财政信用基金的收入项目，就必须把握筹资的数量界限和使用管理，如处理不当，则容易加大政府的债务压力，形成债务累积，使财政信用基金预算成为隐藏政府赤字的场所。而且，各类财政信用基金有其特定的收入来源和支出用途，财政信用基金管理的运用、编制也就比较复杂。尽管如此，只要强化财政信用收支的筹集、吸收、运用和管理的科学性，财政信用基金管理的缺点是可以克服的。尤其是把财政信用基金预算与经常性收支预算，以及与整个信贷计划综合平衡，形成财政与金融的联动机制，国家（包括地方）总预算能反映全面的、不同经济性质类别的财政收支和平衡的信息，财政信用基金管理的优越性必将显示出来。

财政信用基金管理的组织形式，是指执行财政信用职能的组织管理机构。它既可以是财政部门自主管理的分支机构，如综合计划部门、农财部门或财政信用基金管理部门等，也可以是财政部门和有关主管部门共同组织的管理机构，还可以是财政部门、综合管理部门和有关主管部门共同组织的管理机构。此外，财政信用基金管理的组织机构，还包括执行财政信用职能的、财政所借助的非银行金融机构。当前，对于财政信用基金管理的组织机构，如何设置和配合，应在总结已有经验的基础上逐步发展。我认为发展的方向是：统一机构，分类管理。

四、财政信用的发展要分阶段实施

财政信用并不是现在才被提出来，而是近年来发生了较大的变化，突出表现在：除目前的中央财政信用外，一些地方财政将预算内的一部分资金有偿使用、发行地方公债、利用预算外资金专户存储并视其资金间隙通过贷款形式支持企业的技术改进、农业的发展，以及地方财务公司的业务活动，等等。鉴于我国地区差异较大，经济发展不平衡，商品经济发展程度也不尽相同，所以财政信用的发展不能搞"一刀切"，而应考虑从不完全的财政信用向完全的财政信用逐步过渡的阶段性发展。我们认为，按照财政信用相对应的收支的重要特征分类，财政信用分为不完全的财政信用和完全的财政信用。不完全的财政信用是指资金的有偿取得→资金的无偿使用，或者资金的无偿取得→资金的有偿使用这种类型，例如我国迄今为止所发行的公债、国库券、有偿使用的财政周转金等就属于此类。完全的财政信用则是指资金的有偿取得→资金的有偿使用这种类型。随着有计划商品经济的发展和经济体制改革的深入，我国社会主义财政信用的发展，将沿着不完全的财政信用→不完全的财政信用和完全的财政信用并存→完全的财政信用这三个阶段递进。从全国总体来看，已开始进入第二阶段；从全国各地的情况来看，相当数量的地区（或城市）已进入第二阶段，部分地区（或城市）正在向第二阶段过渡，还有的地区（或城市）仍处于第一阶段。需要指出的是，即便是处于某一阶段的财政信用，其范围亦有大小之分。其中，不完全的财政信用和完全的财政信用并存阶段，将不断调整其内部结构和比例，持续发展相当长的时期。总的来说，财政信用的发展，应紧扣"建立起在社会主义商品生产和对外开放情况下的财政信用体制和国债经营体制"这一财政改革的目标模式，并分阶段加以实施。

（原文载《四川财政研究》1988 年第 12 期）

也论西方政府经济学

王国清

邵秋芬、颜鹏飞同志的《论西方政府经济学：兼评斯蒂格里兹（今译"斯蒂格里茨"）的〈政府经济学〉》一文（载《经济学动态》1989 年第 10 期，以下简称"邵文"），是作为"书刊评介"而发表的。笔者读了邵文及斯蒂格里兹的《政府经济学》之后，对政府经济学与财政学是一回事还是不是一回事，现代西方财政学是如何演变而来的，我国有没有政府经济学等问题，有几点不同的看法。

一、《政府经济学》就是西方财政学

邵文提出了广义的西方政府经济学的概念，即论证了资本主义国家强化政府经济职能，厉行政府干预，通过财政、金融杠杆对经济进行刺激或紧缩，乃至于在更广泛的意义上的那种区别于市场机制的自我调节作用的种种宏观调控的必要性。应该说，相对于以企业部门或家庭个人部门作为主体的经济学，这种以政府作为主体的经济学，是有道理的，也是有必要的。诚然，政府经济学可以区分为广义和狭义的政府经济学。在我看来，狭义的政府经济学就是财政学，斯蒂格里兹的《政府经济学》就是现代西方财政学。

约瑟夫·斯蒂格里兹著的《政府经济学》准确的译名应为"公共部门经济学"。按照邵文的归纳，政府经济学涉及以下经济理论：政府支出理论、政府收入理论、关于中央政府和地方政府关系的理论，等等。要知道，这些理论正是财政学所涉及的经济理论。再从斯蒂格里兹本人认定的内容框架来看，"我在本书中按以下顺序进行叙述：

首先在第一、二章中介绍一些基本问题和美国的政府机构；在第三、四章中回顾政府作用下的微观经济学理论；这四章构成第一篇。在第二篇中，逐步展开了政府支出理论，包括公共品、政府抉择、官僚等新见解。在第三篇中，应用政府经济学的有关理论分析美国政府的五大开支项目：卫生、国防、教育、社会保障和福利计划。第四篇和第五篇介绍税收理论及其应用。第六篇更为详细地分析了州和地方政府支出问题。"由此可见，尽管该书名为 *Economics of the Public Sector*，但从内容来看，仍然是归属于财政学的研究范围的。最后，顺便指出，美国哈佛大学经济学教授保罗·沃伯格以奥托·埃克斯坦的笔名出版的《财政学》1979 年第四版也是从政府活动的范围入手的，旨在研究政府收入和支出的活动。该著作是一本财政学的入门书，分别讨论和研究了政府活动的范围，关于政府支出的经济效率问题，州和地方政府的财政，大城市地区经济学，税制的公平原则与有关论点，税收、经济效率和经济增长，公债经济学，总需求调节，稳定经济的财政政策等。如果按照邵文的评判标准，该著作也是能称为政府经济学的，但作者用的书名仍是《财政学》，由此，也可以从另一个侧面反证斯蒂格里兹的《政府经济学》是现代西方财政学。那么，人们不禁要问，斯氏为什么不冠之以《财政学》(*Public Finance*)，而要标明 *Economics of the Public Sector* 呢？这就涉及财政及财政学概念的演变了。

二、西方财政及财政学概念的演变

什么是财政？一般来说，西方学者认为财政是政府收入和支出的管理，有时也称为政府资金的征收、使用和管理，而财政学就是政府收支管理的科学。随着经济的发展，西方财政学的主题内容也有所变迁，大致可分为两个时期。

（一）古典学派和庸俗学派的观点

这个时期指 18 世纪后期到 20 世纪 30 年代，财政学以古典学派和新古典学派为中心。

早在 17 世纪，在重商主义的影响下，德国官房学派就以国库行政为中心，讨论租税征收和费用管理的方法，这可以说是财政学的原始形式。德国官房学派，又称计臣学派。Kamera 一词出自拉丁语，就是房屋的意思，亦指国王贮藏私产之所在，继则用来指国库或国王的会计室。德国不少大学设有官房学专业，专门培养财政人才。专门研究官房学的人，就被归为官房学派。

重农学派提倡简化税制，主张以"纯产品"理论为基础的单一税制：地租税，但还没有形成财政学体系。

亚当·斯密在《国民财富的性质和原因的研究》中，讨论了财政赋税等问题，特别是在第五篇《论君主或国家的收入》中专门讨论了国家财政问题，包括国家经费（国防费、司法经费、公共工程和公共机关的费用）、收入源泉（各种赋税和公债）以及征税的原则与方法等，形成了比较完整的财政学体系。由于他把财政作为政治经济学的一个部分来研究，作为一个经济范畴来分析，作为国家经济与私人经济相区别，所以马克思主义经典作家恩格斯说亚当·斯密首创了财政学。

大卫·李嘉图在《政治经济学及赋税原理》中有 10 章论赋税，在《基金制度论》中讨论了公债。约翰·穆勒的《政治经济学原理》第五篇的标题是《政府的影响》，有 7 章讨论财政，尤其是租税与公债。阿尔弗雷德·马歇尔在《经济学原理》中，有不少散见的关于租税的理论，但没有系统的租税论述。埃奇沃思提出了租税学的定义："租税学包含两个主题，即可把纯理论的特性归纳起来的主题：一是归宿定律，一是均等牺牲原则。"但这还不是财政学的定义，只不过他率先使用了"租税学"这一名词。

法国古典政治经济学的完成者和小资产阶级政治经济学的创始人西斯蒙第在1819年出版的《政治经济学新原理》中，给财政学下了定义："人类形成社会团体之后，就必须管理由自己的财富所产生的共同利益。在社会形成的初期，就有一部分公共财产必须被用于满足公共的需要。如何征收和管理这种不属于个人而属于公共所有的国民收入，就成为政治家的一门重要的科学知识，我们把这部分知识称为财政。"他把财政同国民收入结合起来，但这是一个极为粗糙的定义。

不过，西斯蒙第之后约一个世纪中的资产阶级财政学，在什么是财政这一问题上，基本上没有离开西斯蒙第的看法。

总之，自由资本主义时期古典学派和英法庸俗学派的财政学，只限于赋税、支出和公债等几个范畴。英法财政学一般也被归在政治经济学中。德国则有独立体系的财政学。19 世纪末 20 世纪初，自从德国庸俗学派财政学者把官房学划分为经济学、行政学、财政学之后，许多财政学者如瓦格纳写了财政论著，认为财政是以国家为主体的公共经济的科学。

19 世纪末 20 世纪初，英法财政学也发生了一些变化。资产阶级的经济学替代了资产阶级政治经济学，虽有些流行的经济学教科书中仍包含着篇幅巨大的财政学篇章，但一般的经济学著作已不再包括系统的财政学。这种发展的另一面则是出现了财政学专著。如英国在 1892 年出版了巴斯塔布尔的《财政学》，在 1922 年出版了多尔顿的《财政学》。这些财政学专著对财政有类似的定义："财政是关于公共权力机关的收入和支出并使其相互适应的事务"，"'财政'一词的意义即为货币事情及其管理"。从总体上来看，这些财政学书籍的内容，是沿袭了古典学派和庸俗学派的财政学体系的。

（二）现代资产阶级学者的观点

1929 年的全球经济大危机以及二战期间的通货膨胀，标志着资本主义国家经济的重大变化。为挽救资本主义危机，维护资本主义制度，强调国家干预经济必要性的凯恩斯主义应运而生。

1. 国家干预与市场经济问题

要了解现代西方财政学的观点，有必要回顾一下西方国家传统的财政思想在这个问题上的两大基本思潮。

第一种思潮是个人主义的国家观，这种观点在英、法、美等国占优势。这种观点认为，国家不应该也不能够通过财政来干预市场经济。其理由是：个人是独立的，有自己的意识和行动，国家不过是这些个人结合而成的，国家所能做的，只限于向个人征收必要的税金，来办理少量公共事务，其余的应该让个人自由行动。第二种思潮是全体主义的国家观，这种观点在德国占优势。这种观点认为，国家应该通过财政来干预市场经济。其理由是：国家虽然是由个人形成的，但国家本身是一个有机的整体，国家的意志和行动代表全体个人，并要超过各个人的行动和意志。每一个人的经济意志与活动，都要受国家的影响，所以国家是能够通过财政干预经济的。

19世纪后期，产生了福利经济学。提出福利经济学的，如英国的霍布森等，原来是自由主义经济学者。只是在19世纪末，因社会思潮要求改良，使不少原来主张国家不应干预私人经济的人改变了看法。福利经济学转而认为国家财政应以增加社会公共福利为目标，要考虑财政收支对社会公共福利有什么影响。福利经济学的观点对财政学产生了重要的影响，从某种意义上说，不少个人主义者逐渐倾向于全体主义者。同时，德国全体主义或国家主义经济学，也逐渐接受了英美的财政学说。二战后，德国经济被称为社会市场经济，即通过国家发布政策、采取措施来干预经济的发展，但也注意到个人在市场经济中所起的作用。所以，前述两种思潮有逐渐融合的趋势。

2. 凯恩斯主义改变了财政学的主题

1936年，凯恩斯发表了《就业、利息和货币通论》。这本书不仅在资产阶级经济学上，而且在资产阶级财政学上，都是划时代的著作，造成了资本主义经济学的巨大变化。在财政学方面，凯恩斯认为，传统的财政范畴如税收、支出、公债、预算等仅仅是财政学主题的一部分。除此之外，他还系统地论述了国家干预经济尤其是包括政府政策的实施对总体经济活动（如失业和通货膨胀等）水平的影响。近几十年来，西方财政学书籍往往标明"财政学原理、制度和政策"，政策被提到相当高的地位。凯恩斯主义者的观点，对后来的财政学产生了重大的影响。

3. 岸田俊辅和马斯格雷夫的财政定义

为适应垄断资产阶级的要求，一些资产阶级财政学者对财政的定义做了新的阐述。日本大藏省官员岸田俊辅在1978年出版的《图说日本财政》中把财政的定义由"国家资金的征收、使用和管理"发展为"政府所进行的经济活动"。美国学者马斯格雷夫在他的《财政学理论与实践》1973年初版序言中说，"'财政'这一名词，传统上被应用于包含税收和支出措施运用的那套政策问题。这不是一个好名词，因为根本问题不是资金方面的，而是涉及资源利用、收入分配和就业水平的。不过这个名词已为人们所熟知，而且称之为'公共部门经济'所引起的误解将不会更少些。"他在该书 1980 年第三版序言中说："本书论述公共部门经济，不仅包括其资金，而且包括它对资源利用的水平和配置，以及它在消费者之间的收入分配的全部关系。虽然我们的主题是归属于财政学的，但它涉及问题的资金方面，也涉及实物方面。而且，它不单纯是个公共经济问题。因为公共部门是在和私有部门相互作用之中运行的，所以两个部门都进入分析，不仅支出和税收政策的效果有赖于私人部门的反应，而且对财政措施的需要也取决于财政措施不存在时私人部门如何行动。"

总之，现代西方财政学的主题已不限于财政收支管理，更不限于货币资金管理，而是结合资源的配置、收入的分配、经济的稳定，从公私部门经济的相互作用，从宏观和微观的角度进行分析，强调财政是经济的一个范畴。甚至有人用"公共部门经济学"或"财政经济学"的名称来代替"财政学"。春秋出版社 1988 年出版的斯蒂格里兹著的《政府经济学》就属于此列。

三、中国没有政府经济学吗？

邵文认为："中国并没有政府经济学（但是有国民经济计划学——其中包括农业生产计划，工业生产计划，运输计划，物资供应计划，劳动计划，科技、教育、文化和卫生计划，劳动报酬计划，商品流转计划，成本计划，价格计划，综合财政计划）。"根据我们前面的分析，《政府经济学》就是现代西方财政学。仍援用"政府经济学"这一概念，我国有多种财政学版本，硕果累累，如再加上财政学的分支学科，如国家预算管理学、国家税收等，那就更多了，能说中国没有政府经济学吗？固然，这是从狭义的角度来认定我国早就有"政府经济学"。这并不是说社会主义的财政学科不需要随着经济体制改革和有计划商品经济的发展而发展，恰恰相反，社会主义的财政学科在理论和实践方面都需要完善和丰富。但也不能据此就说"中国并没有政府经济学"。

再从广义的角度来看，中国也有自己的"政府经济学"。其一，狭义的"政府经济学"——财政学（国家预算管理学、国家税收等）是广义的"政府经济学"的重要组成部分；其二，以政府为经济主体的计划经济学也是广义的"政府经济学"的重要部分；其三，以国家为主体的信用经济学——国家财政信用学和国家货币银行学不也是明摆着的吗？所以，即使是从广义的角度来考察，中国也是有"政府经济学"的，尽管"政府经济学"这一含义已经超出了斯蒂格里兹的初衷而被赋予了新的含义。作为企业经济学对立面的政府经济学需要发展和完善，乃至于在更高的层次上综合研究以政府为主体的各种经济学科，以协调和配合各项经济政策，持续、稳定、协调我国的经济发展，尚有许多工作要做，但是也不能据此就断定"中国并没有政府经济学"，因为评判中国有没有"政府经济学"，不能仅依据这五个字眼。

（原文载《经济学动态》1991 年第 3 期）

对财政理论几个基本问题的再认识

王国清

财政学是经济学领域中的一门学科。什么是财政？财政学的研究对象是什么？怎样理解财政收支平衡？财政与人口再生产的关系如何？本文拟对财政理论的这几个基本问题谈几点看法。

一、财政概念与财政两种属性分配

关于什么是财政，国内理论界尚有不同的意见。主张财政是国家凭借其政治权力参与社会产品或国民收入的分配活动，是其中的一种观点。笔者认为，把财政定格在国家凭借政治权力参与的分配活动，是失之偏颇的。与此相联系，把国家凭借财产权力参与社会产品或国民收入的分配活动排除在财政之外，也是失之偏颇的。

财政是社会再生产分配环节的一个特殊组成部分。在社会再生产过程中，财政处于社会再生产的分配环节，而且和同处于分配环节的信贷分配、工资分配、价格分配、企业财务分配相比，有其特殊性，财政不是一般的社会产品分配。那么，什么是财政呢？财政是国家为了实现其职能的需要，凭借政治权力及财产权力，参与一部分社会产品或国民收入分配和再分配的活动，即以国家为主体的分配活动。

要进一步了解财政的概念，不仅要注意财政与其他分配形式的共同点，更要注意财政与其他分配形式的质的区别，找出财政本身所固有的特殊性。

（1）财政分配的国家主体性。财政分配是以国家为主体的社会产品分配，财政部门的一切财政活动直接代表国家。国家一方面以社会管理者的身份，凭借政治权力，对国有经济、集体经济、其他非社会主义经济以及公民个人的一部分社会产品或国民收入进行分配，另一方面国家以生产资料所有者的身份，凭借财产权力，对国有经济的一部分社会产品或国民收入进行分配。因此，以国家为主体，就成为财政分配与其他分配形式的一个极为重要的区别，由此也决定了财政分配必然是全社会的集中性分配。

国家在参与社会产品或国民收入分配中处十分配的主导方面，分配的另一方面处于被动和从属地位。

财政分配是通过国家与有关各方的分配关系来实现的，集团之间、单位之间、人与人之间的利益关系矛盾，是通过国家这个层次来缓解或调节的。

（2）财政分配的无偿性。财政分配一般是具有无偿性的一种分配。财政分配主要是以剩余产品为客体的一种分配，马克思说："这种剩余产品是除劳动阶级外的一切阶级存在的物质基础，是社会整个上层建筑存在的物质基础。"① 在这里，对 m 的分配与 c、v 的分配不同，因为对 c、v 的再分配，都只能是对使用权的暂时让渡，具有要求返还性，而 m 的分配可以脱离再生产过程，使财政分配采取不返还的无偿方式来进行。财政分配的结果，一般是使社会产品发生单方面的转移，形成无偿的分配，财政收支的对方单位得不到直接的、相应的或者等价的报偿，因此财政分配一般是所有权和使用权相统一的分配。

（3）财政分配的强制性。财政分配一般是具有强制性的一种分配。财政分配的强制性是指国家作为统治机关本身不进行生产，为耗费一定的物质资料，凭借国家权力以立法或行政权力的形式强制地取得一部分社会产品，在规定的范围内任何单位和个人不得拒绝。如果拒绝或不按照规定上交，相关责任主体要受到一定的制裁，直至绳之以法。

财政分配的强制性体现的是一种经济强制，法制强制是其表现形式。强制实质上就是一种权威，而财政及其管理本身就是一种权威。

---

① 马克思，恩格斯. 马克思恩格斯全集：第 47 卷 ［M］. 北京：人民出版社，1979：216.

马克思指出："在我们面前有两种权力：一种是财产权力，也就是所有者的权力；另一种是政治权力，即国家的权力。"①政治权力为国家所独有，其主体就是国家。马克思说："捐税体现着表现在经济上的国家存在。"他又说："国家存在的经济体现就是捐税。"② 所以，政治权力在经济上实现自己的形式就是税收。财产权力就是所有者的权力，所有者不仅包括生产资料（含土地）的所有者，而且包括劳动力的所有者，所以，财产权力即所有者的权力在经济上实现自己的形式可以进一步分为产业利润、商业利润、借贷利息、地租以及工资等。

以上仅是两种权力的主体不同一的前提下，它们在经济上实现自己的形式。问题在于，如果两种权力的主体同一，即两种权力的主体都是国家，国家既是财产权力的主体，又是政治权力的主体，与此相联系的分配与再分配活动，就是我们这里所讲的财政。

社会主义国家是建立在生产资料公有制基础之上的新型国家，它具有国家的一般性——作为主权者或社会管理者，凭借政治权力，以税收的形式参与包括全民所有制经济在内的各种经济成分和资本形式的收入分配，并进行相应的再分配；它又具有国家的特殊性——作为生产资料的所有者或投资者，凭借财产权力，以上交国有资产收益的形式参与全民所有制经济及相关的资本形式的利润分配，并进行相应的再分配。在这两种分配的场合，国家都是分配的主体，所不同的是国家具有双重身份，使之具有两种权力，因而财政分配包括政治权力属性的分配和财产权力属性的分配。这两种属性的分配有其相对独立的收支体系，应分类管理，并编制相应的预算组织形式。

二、财政学的研究对象与财政制度、财政政策

对于什么是财政学的研究对象，理论界是有争议的，财政制度和

---

① 马克思，恩格斯. 马克思恩格斯选集：第 1 卷［M］. 北京：人民出版社，1972：170.

② 马克思，恩格斯. 马克思恩格斯选集：第 1 卷［M］. 北京：人民出版社，1972：131.

财政政策是否构成财政学的研究对象，是争论的关键问题之一。

笔者认为，财政学的研究对象不包括财政制度和财政政策，但对象范围和研究范围是有区别的，财政制度和财政政策是财政学的研究范围。

财政学属于财政学科体系中的理论学科，它的任务是阐明财政的基本知识和基本理论，它的研究对象是国家参与一部分社会产品或国民收入分配与再分配过程中存在的分配关系及其发展规律，或者说，财政学是研究国家参与一部分社会产品或国民收入分配与再分配过程中存在的分配关系及其发展规律的科学。在理论界关于财政学研究对象的争论中，不少观点都明确地提出了各自认定的对象涵义和研究范围框架。但明确财政学的对象范围和研究范围的联系和区别，对于阐述财政学的独特任务，弄清财政学所要探明的特殊矛盾之产生、发展、变化的规律性，以及需要联系哪些方面或学科来加以研究和阐明，是颇有意义的。

财政学的对象范围，是指研究财政学并揭示其特殊矛盾、特殊规律的一个特定领域。但是，如果认为财政学所要研究和涉及的问题，统统都是该门学科的研究对象，那就无法区分财政学和其他学科各自独特的现象，就模糊了财政学的独特任务。财政学的研究范围比对象范围要宽泛得多，除对象范围外，尚包括对象范围之外的一些现象和事物，对这些现象和事物的研究，只是用来圆满地阐明对象范围的规律性所必要涉及的从属性领域。财政学的研究，要密切联系财政史、财政政策、财政制度、财务、金融、投资、会计等学科进行研究，后述这些学科有其独特的任务，有其特定的对象范围，但它们又是财政学所必须要涉及的从属性领域。

总之，明确财政学的对象范围和研究范围的联系和区别，处理好二者的关系，有助于在研究财政学所涉及的颇为广泛的领域中明确主次，分清对象，有助于财政学这门学科的科学建设。

三、财政收支平衡与马克思的有关论述

什么是财政收支平衡？理论界的表述不尽相同。财政（收支）平

衡是指国家预算收入与支出之间的对比关系，是其中的一种观点。这种观点还进一步指出，收支对比不外是三种结果：①收支相等，称为财政平衡；②支出大于收入，称为财政赤字或预算赤字；③收入大于支出，称为财政结余。显然，这种财政收支平衡的表述，在逻辑上是悖理的，因为这三种结果，包括财政赤字和财政结余都被认为是财政平衡。问题在于，为什么会出现这种状况呢？我认为，其原因在于对马克思有关论述有误解。在有关的财政学教科书中，一般都引证了马克思的这段话，即"每一个预算的基本问题是预算收支部分之间的对比关系，是编制平衡表，或者为结余，或者为赤字，这是确定国家或者削减，或者增加税收的基本条件。"① 我的学习体会是，马克思在论述编制预算时，可能出现平衡、结余、赤字三种对比关系之结果，这无疑是正确的，但马克思的字里行间并没有这三种对比关系之结果都是财政收支平衡这一结论。重温马克思的有关论述，是颇有意义的。

那么，又该如何定义财政收支平衡呢？我认为，财政收支平衡主要是指当年预算收入和支出在量上的相互适应。由于这种相互适应不可能做到绝对相等，所以一般讲的财政收支平衡是指当年收支大体平衡，略有结余或赤字的情况，即财政收支基本平衡。

四、财政与社会再生产

财政在社会再生产中的地位这一理论，已为大家所熟知，它在分析财政在物质资料再生产方面是正确而完整的。但是，研究财政与社会再生产的关系，把人口再生产排除在我们的视野之外，又是不够完备的。事实上，恩格斯在 1884 年所著的《家庭、私有制和国家的起源》一书的序言中，明确地提出了"两种生产"的观点。恩格斯指出，"生产本身又有两种。一方面是生活资料即食物、衣服、住房以及为此所必需的工具的生产，另一方面是人类自身的生产，即种的蕃衍。"②

---

① 马克思，恩格斯. 马克思恩格斯全集：第 9 卷［M］. 北京：人民出版社，1961：67.
② 马克思，恩格斯. 马克思恩格斯全集：第 21 卷［M］. 北京：人民出版社，1965：29-30.

　　社会再生产包括两种再生产，它们是相互联系的，物质资料的再生产是人口再生产的基础和物质保证，人口再生产是物质资料再生产的前提和必要条件。在社会再生产中，必须把两种生产统筹考虑，取得两种生产的和谐发展。人口是生产者，同时又是消费者，它在社会再生产中处于重要地位。人口的素质直接决定着劳动生产率的高低，人口中劳动者的数量也会影响生产的发展程度，人口的数量和质量可以阻碍或加速生产的发展，最终都要反映到财政上来。如果忽略了人口再生产，就可能导致财政分配只顾及物质资料再生产，从而可能导致财政支出中不能足够重视人口素质提高方面的投资。只有正确认识物质资料再生产和人口再生产的紧密联系、相互促进关系，才能正确分配财政资金于两种再生产，合理配置资源，促进经济和人口的协调发展。事实上，财政职能、财政收入、财政支出、财政补贴、社会保障、预算体制等，无不与人口再生产有着密切的联系，但在我们的财政理论中尚未有充分的反映和概括。总之，根据财政分配在社会再生产中的地位，不仅要考虑物质资料的再生产，而且也应该包括人口的再生产，这才能使我们的财政理论更加完善，从而避免不应有的财政政策失误。

（原文载《四川财政》1996 年第 5 期）

财政两种属性分配与财政分配关系的规范

王国清

一、财政及财政的两种属性分配

财政是社会再生产分配环节的一个特殊组成部分。在社会再生产过程中，财政处于社会再生产的分配环节，而且和同处于分配环节的信贷分配、工资分配、价格分配、企业财务分配相比，不是一般的社会产品分配，有其特殊性。财政是国家为了实现其职能的需要，凭借政治权力及财产权力，参与一部分社会产品或国民收入分配和再分配的活动，即以国家为主体的分配活动。这一概念表明，两种权力的主体同一，即两种权力的主体都是国家。国家既是财产权力的主体，又是政治权力的主体，与此相联系的分配和再分配活动，就是我们这里所讲的财政。

社会主义国家是建立在生产资料公有制基础之上的新型国家，它具有国家的一般性——作为主权者或社会管理者，凭借政治权力，以税收的形式参与包括国有经济在内的各种所有制经济和资本组织形式的收入分配，并进行相应的再分配；它又具有国家的特殊性——作为生产资料的所有者或投资者，凭借财产权力，以上交国有资产收益的形式参与国有经济及相关的资本组织形式的利润分配，并进行相应的再分配。在这两种分配的场合中，国家都是分配的主体，所不同的是国家具有双重身份，使之具有两种权力，因而财政分配包括政治权力属性的分配和财产权力属性的分配。这两种属性的分配有其相对独立的收支体系，应分类管理，并编制相应的预算组织形式。

二、所有制实现形式与财政分配形式的规范

（一）关于"利改税""承包制""税利分流"等改革的所有制考察

在财政管理体制改革中，处理国家和企业的分配关系经历了"利改税""承包制"和"税利分流"改革。从所有制角度考察，按不同所有制来设置独立税种的做法尽管在当时有其积极作用，但其局限性是明显的，需要在更宽广的范围内推进。

第一，在正确处理国家与企业（不仅包括国有企业，而且还涉及非国有企业）及职工之间在根本利益一致基础上整体与局部、当前与长远矛盾的分配关系方面，"利改税""承包制"和"税利分流"涉及的纯收入分配的目标范围，仅限于国有企业，维护和发展了按所有制设置独立税种或所得税制软化的做法，尽管"税利分流"有所突破，但仍然缺乏与所有制相关联的充分性、协同性和全面性。

第二，在建设企业所得税，公平税负，促进竞争和体现产业政策，促进以公有制经济为主体的多种所有制经济并存和共同发展方面，"利改税"偏重于"税利合一"为税，"承包制"偏重于"税利合一"为利。"税利分流"则无疑是一种进步，但受配套条件尤其是所有制因素的约束，仍需进一步充分地解决国有企业和非国有企业之间及其各自内部资源条件差异对企业实现利润水平的影响。

第三，在税收和国有资源收益在价值形态上形成各自相对独立的资金运动体系、建立财政的复式预算制度方面，"利改税"以来的税制改革，把含有国有资源收益的实现利润总额作为课税对象，未能剔除不同所有制或同一所有制企业应税所得额的构成差异，理论和实践上均缺乏透明性和同质性。"税利分流"试点设计有不同水平的税率层次，亦表明剔除国有资源收益缺乏充分性。那么，是否企业实现利润首先应剔除国有资源收益因素，其余额才是所得税的课税对象（计税依据）呢？我认为这只是涉及计算问题，而不涉及分配顺序问题。这与原产品税和现增值税的计税依据的数额不同，但适用税率不同，仍可保持原税负总体水平一致有异曲同工之妙。因此，充分考虑不同

所有制的情形设计合理税率，依率计征，而后再行计算国有资源收益数额，这就为复式预算奠定了基础。

（二）现代企业制度与政府收入形式的规范

党的十五大报告关于"公有制为主体、多种所有制经济共同发展""非公有制经济是我国社会主义市场经济的重要组成部分""公有制经济不仅包括国有制和集体经济，还包括混合所有制经济中的国有成分和集体成分""公有制实现形式可以而且应当多样化""股份制是现代企业的一种资本组织形式，……资本主义可以用，社会主义也可以用"等论述，都很有新意，必将有力地推进改革，特别是促进国有企业改革大步向前，不断完善社会主义市场经济体制建设。

在多种所有制经济并存和共同发展中，财政如何参与分配呢？我认为，遵循马克思关于两种权力的学说，只要社会主义国家作为主权者而与"直接生产者"（马克思语）相对立，无论这个"直接生产者"的所有制性质如何，也无论这个"直接生产者"涉及的产权形态或资本组织形式如何，国家的政治权力在经济上的实现形式——税收也就必然存在；与此同时，国家还必须以出资者的身份，凭借财产权力，以上交国有资产收益的形式参与国有经济及相关的资本组织形式的利润分配。

就政府与企业的关系而言，企业改革一直是整个经济体制改革的中心环节，也是进一步推进整个经济体制改革的难点和重点。建立现代企业制度，是我国国有企业改革的方向。为此，政府参与企业的分配形式需要规范：一是要改革国有企业作为国家预算单位，直接隶属于政府部门的观念，树立国有企业是拥有法人财产权，实行自主经营、自负盈亏的独立的"纳税人"，国家作为出资者按投入企业的资本额享有所有者权益并承担有限责任的新观念。与此相适应，马克思的两种权力学说在这种条件下仍然是适用的。二是要改革国有企业必然是第一所有制的传统模式，除部分国有企业外，允许国有企业吸收非国有企业资金入股，树立资本金全部为国家所有或国家绝对控股的企业即国有企业的新观念，并改变按照所有制性质划分企业的做法，而是按照国际惯例，依据企业财产的组织形式和所承担的法律责任将企业划分为独资企业、合伙企业和公司企业。与此相适应，税收制度打破按所有制经济设置独立的所得税的做法，建立统一的企业所得税制度，对各种形式的企业征收统一所得税。同时，国家凭借财产权力，以上交国有资产收益（直接上交利润、国有股股息红利和承包费、租金）的形式参与国有企业及相关的资本组织形式的利润分配。规范后的政府收入分配形式，既坚持了马克思的两种权力学说，又适应了建立现代企业制度的机制和规范。

总之，我们应按照党的十五大对财政分配提出的很高的要求，坚持马克思两种权力学说，立足于社会主义初级阶段的基本国情，规范政府与企业之间的收入形式，进一步调整规范财政收支结构；并大力支持经济发展，配合企业改革，参与结构调整；进一步理顺分配关系，完善财税管理体制；强化政府分配职能，加强预算外资金管理；在宏观调控中，与货币政策相互配合，建立一个稳定、平衡的财政机制。

（原文载《中国财政》1998 年第 5 期）

马克思两种权力学说与财政分配

王国清

一、马克思两种权力学说

在关于"利改税"和"税利分流"理论依据的讨论中，有的同志援引马克思关于政治权力和财产权力的论断，论证"利改税"和"税利分流"的客观必然性。对此，笔者认为仍有进一步研究的必要。政治权力和财产权力的关系如何？在什么条件下二者可以相互作用而分离或相互联合而统一？显然，全面地、完整地、准确地理解马克思关于两种权力及其相互关系的学说，不仅有理论意义，而且有现实意义。

（一）马克思在论战中提出两种权力学说

1847年9月26日，《德意志—布鲁塞尔报》第77号上登载了德国激进派政论家、小资产阶级民主主义者卡尔·海因岑的一篇论战性文章，该文攻击了科学共产主义的代表人物。为此，恩格斯曾发表了《共产主义者和卡尔·海因岑》进行反驳。海因岑则在该报第84号（1847年10月21日）上发表《共产主义者和一个"代表"》的文章，攻击恩格斯说："如果恩格斯先生和其他共产主义者对于权力也统治着财产，财产关系上的不公平全靠权力来维持这一点都视而不见的话，我就无可奈何了……凡是对资产者获得金钱表示仇恨而对国王获得权力却无动于衷的人，我都把他们叫作糊涂虫和胆小鬼。"① 马克思于1847年10月底在《道德化的批判和批判化的道德》这篇论战式的文

---

① 马克思. 道德化的批判和批判化的道德［M］//马克思恩格斯选集：第1卷. 北京：人民出版社，1972：169-170.

献中认为，"回答海因岑先生并不是为了击退他对恩格斯的进攻。海因岑先生的文章值不得回答，我之所以回答是因为海因岑宣言为分析提供了有趣的材料"①。马克思针对海因岑的上述"有趣的材料"指出："无论如何，财产也是一种权力。例如，经济学家就把资本称为支配他人劳动的权力。可见，在我们面前有两种权力，一种是财产权力，也就是所有者的权力；另一种是政治权力，也就是国家的权力。"② 从而，马克思提出了两种权力学说。

（二）两种权力在经济上的实现形式

政治权力为国家所独有，其主体就是国家。马克思指出："捐税体现着表现在经济上的国家存在。"马克思又说："国家存在的经济体现就是捐税。"所以，政治权力在经济上实现自己的形式就是税收。

财产权力就是"所有者的权力"，其在经济上实现自己的形式是什么？仅仅是利润吗？马克思在《道德化的批判和批判化的道德》这篇文献中指出："例如，经济学家就把资本称为支配他人劳动的权力。"马克思又说："工人存在的经济体现就是工资。"马克思在《资本论》中研究不同的资本形态形成资产阶级的不同剥削集团时指出："生产剩余价值即直接从工人身上榨取无酬劳动并把它固定在商品上的资本家，是剩余价值的第一个占有者，但决不是剩余价值的最后所有者。以后他还必须同整个社会生产中执行其他职能的资本家，同土地所有者等等，共同瓜分剩余价值。"③ 在资本主义条件下，劳动力所有者即工人是资本主义生产关系中的雇佣劳动者，他们是自由劳动者。马克思说："自由劳动者有双重意义：他们本身既不像奴隶、农奴等等那样，直接属于生产资料之列，也不像自耕农等等那样，有生产资料属于他们。相反地，他们脱离生产资料而自由了，同生产资料分离

---

① 马克思. 道德化的批判和批判化的道德［M］//马克思恩格斯选集：第 1 卷. 北京：人民出版社，1972：162.（以下引自该文的引语，不另注明——引者注）

② 马克思. 道德化的批判和批判化的道德［M］//马克思恩格斯选集：第 1 卷. 北京：人民出版社，1972：170.

③ 马克思，恩格斯. 马克思恩格斯全集：第 23 卷［M］. 北京：人民出版社，1972：619.

了，失去了生产资料。"① 这里说的"自由"是：一方面，工人是自由人，能把自己的劳动力当作商品来卖；另一方面，他没有别的商品可以出卖，自由得一无所有，没有任何实现自己的劳动力所必需的东西。"资本主义时代的特点是，对工人本身来说，劳动力是归他所有的一种商品的形式，他的劳动因而具有雇佣劳动的形式。"② 所以，工人必须出卖自己仅有的商品（财产）即劳动力，才能换取到维持最低限度生活的工资，也就是"工人存在的经济体现就是工资"。由此观之，"所有者"不仅包括生产资料（含土地）的所有者，而且包括劳动力的所有者。所以，财产权力即所有者的权力在经济上的实现形式既包括剩余价值转化为利润的进一步分割形态——产业利润、商业利润、借贷利息、地租等，也包括工资。

以上仅是两种权力的主体不同一的前提下，它们在经济上实现自己的形式。在一定条件下，如果两种权力的主体同一，其在经济上的实现形式就可能合为一体。

（三）两种权力的关系

政治权力和财产权力的关系如何？马克思特别提醒说，对两种权力不能"在看出有差别的地方就看不见统一"，不能"在看见有统一的地方就看不出差别"，不能"在规定有差别的定义时，这些定义立即在它手中硬化"。在一定条件下，政治权力和财产权力可以"相互作用，直到两者联合起来"。

如何理解两种权力的"差别"呢？其条件是什么呢？马克思借用海因岑的"权力也统治着财产"来阐明两种权力的"差别"。马克思阐释道，"这就是说：财产的手中并没有政治权力，甚至政治权力还通过任意征税、没收、特权、官僚制度加于工商业的干扰等等办法来捉弄财产"。马克思在阐释两种权力的"差别"即"权力也统治着财产"时，明确指出其条件是"资产阶级在政治上还没有形成一个阶

① 马克思，恩格斯. 马克思恩格斯全集：第 23 卷［M］. 北京：人民出版社，1972：782.

② 马克思，恩格斯. 马克思恩格斯全集：第 23 卷［M］. 北京：人民出版社，1972：193.

级，国家的权力还没有变成它自己的权力"。笔者的理解是，两种权力的主体不同一时，政治权力可以凌驾于财产权力之上，宣布对财产征税等。

又该如何理解两种权力的"统一"呢？其条件又是什么呢？马克思通过对现代资产阶级社会"政治统治直接属于财产"的分析，指出两种权力的"联合"，就是两种权力的"统一"。马克思认为，"在资产阶级已经夺得政治权力的国家里，政治统治已成为资产阶级对整个社会的统治，而不是个别资产者对自己的工人的统治"。正如马克思在《资本论》中所指出的那样，资产阶级国家是"总资本家""理想的资本家"这一条件时，政治权力和财产权力具有"统一"性。马克思在《资本论》中研究诸多的地租问题时，是密切联系赋税问题而加以研究的。其间，他也具体运用和阐明了两种权力学说。他说："如果不是私有土地的所有者，而像在亚洲那样，国家既作为土地所有者，同时又作为主权者而同直接生产者相对立，那么，地租和赋税就会合为一体，或者不如说，不会再有同这个地租形式不同的赋税。"马克思又说："在这里，国家就是最高的地主，在这里，主权就是在全国范围内集中的土地所有权。"① 马克思是在研究劳动地租时作出这个论断的。劳动地租，这一最简单、最原始形式的地租，和其他形式的地租一样，是土地所有权（财产权力）在经济上的实现形式，而赋税则是国家存在的经济体现（政治权力在经济上的实现形式）。但在国家既是土地所有权（财产权力）的主体，又是国家主权（政治权力）的主体时，主体同一，导致两种权力"统一"，因而其经济上的实现形式同一，即两种权力"统一"在经济上的实现形式就是地租与赋税合为一体，在这种场合，地租和赋税在量上也是别无二致的。总之，笔者的理解是，在一定条件下，如果政治权力和财产权力的主体同一，两种权力就有可能"统一"起来，其经济上的实现形式也就可能合为一体。

综上所述，马克思两种权力学说的基本原理是：权力包括政治权

① 马克思，恩格斯. 马克思恩格斯全集：第 25 卷［M］. 北京：人民出版社，1974：891.

力和财产权力；政治权力在经济上的实现形式是税收，财产权力在经济上的实现形式是利润（生产资料所有者的权力在经济上的实现形式包括产业利润、商业利润、借贷利息和地租）和工资（劳动力所有者的权力在经济上的实现形式）；政治权力和财产权力是有差别的，在一定条件下，二者是相互作用的，政治权力和财产权力又是可以统一的，即在一定条件下，二者又是可以联合的，乃至于其经济上的实现形式可以合为一体。重温马克思的两种权力学说，对于我们在社会主义条件下，在研究和把握多项政治、经济条件的基础上，合理选择、运用政治权力和财产权力的"差别"或"统一"，确定国家参与包括国有企业在内的单位和个人所创造的一部分社会产品或国民收入的具体分配形式，不仅有理论价值，而且有现实意义。

二、财政两种属性分配与财政分配关系的规范

（一）财政概念及财政的两种属性分配

关于什么是财政，国内理论界尚有不同的意见。主张财政是国家凭借其政治权力参与社会产品或国民收入的分配活动，是其中的一种观点。笔者认为，把财政理解为国家凭借政治权力参与分配活动是失之偏颇的；与此相联系，把国家凭借财产权力参与社会产品或国民收入的分配活动排除在财政之外，也是失之偏颇的。

财政是社会再生产分配环节的一个特殊组成部分。在社会再生产过程中，财政处于社会再生产的分配环节，而且和同处于分配环节的信贷分配、工资分配、价格分配、企业财务分配相比，有其特殊性，财政不是一般的社会产品分配。那么，什么是财政？财政是国家为了实现其职能的需要，凭借政治权力及财产权力，参与一部分社会产品或国民收入分配和再分配的活动，即以国家为主体的分配活动。

以上概念表明，两种权力的主体同一，即两种权力的主体都是国家时，国家既是财产权力的主体，又是政治权力的主体，与此相联系的分配和再分配活动，就是我们这里所讲的财政。

社会主义国家是建立在生产资料公有制基础之上的新型国家，它

具有国家的一般性——作为主权者或社会管理者，凭借政治权力，以税收的形式参与包括国有经济在内的各种所有制经济和资本组织形式的收入分配，并进行相应的再分配；它又具有国家的特殊性——作为生产资料的所有者或投资者，凭借财产权力，以上交国有资产收益的形式参与国有经济及相关的资本组织形式的利润分配，并进行相应的再分配。在这两种分配的场合，国家都是分配的主体，所不同的是国家具有双重身份，使之具有两种权力，因而财政分配包括政治权力属性的分配和财产权力属性的分配。这两种属性的分配有其相对独立的收支体系，应对其分类管理，并编制相应的预算。

（二）所有制实现形式与财政分配形式的规范

1. "利改税""承包制""税利分流"局限性的所有制考察

在财政管理体制改革中，处理国家和企业的分配关系经历了"利改税""承包制"和"税利分流"改革。从所有制角度考察，按不同所有制来设置独立税种的做法尽管在当时有其积极作用，但其局限性也是显而易见的，需要在更宽广的范围内推进。

（1）在正确处理国家与企业（不仅包括国有企业，而且还涉及非国有企业）及职工之间在根本利益一致基础上的整体与局部、当前与长远矛盾的分配关系方面，"利改税""承包制"和"税利分流"涉及的纯收入分配的目标范围，仅限于国有企业，它维护和发展了按所有制设置独立税种或所得税制软化的做法。尽管"税利分流"有所突破，但仍然缺乏与所有制相关联的充分性、协同性和全面性。

（2）在企业所得税建设、公平税负，促进竞争和体现产业政策，促进以公有制为主体的多种所有制经济共同发展方面，"利改税"偏重于"税利合一"为税，"承包制"偏重于"税利合一"为利，"税利分流"则无疑是一种进步，但受配套条件尤其是所有制因素的约束，仍需进一步充分地解决国有企业和非国有企业之间及其各自内部，资源条件差异对企业实现利润水平的影响。

（3）在税收和国有资源收益在价值形态上形成各自相对独立的资金运动体系，建立财政的复式预算制度方面，"利改税"以来的税制改革，把含有国有资源收益的实现利润总额作为课税对象，未能剔除不同所有制或同一所有制企业应税所得额的构成差异，理论和实践上均缺乏透明性和同质性。"税利分流"试点设计有不同水平的税率层次，亦表明剔除国有资源收益缺乏充分性。那么，是否企业实现利润首先应剔除国有资源收益因素，其余额才是所得税的课税对象（计税依据）呢？我认为这只是计算方法问题，而不是分配顺序问题。如原产品税和现增值税的计税依据的数额不同，但适应税率不同，仍可保持原税负总体水平一致。由是观之，充分考虑不同所有制的情形设计合理税率，依率计征后再计算国有资源收益数额，就为复式预算奠定了基础。

2. 现代企业制度与政府收入形式的规范

在多种所有制经济并存和共同发展中，财政如何参与分配呢？我认为，遵循马克思关于两种权力的学说，只要社会主义国家作为主权者而与"直接生产者"（马克思语）相对立，无论这个"直接生产者"的所有制性质如何，也无论这个"直接生产者"涉及的产权形态或资本组织形式如何，国家的政治权力在经济上的实现形式——税收也就必然存在；与此同时，国家还必须以出资者的身份，凭借财产权力，以上交国有资产收益的诸形式参与国有经济及相关的资本组织形式的利润分配。

就政府与企业的关系而言，企业改革一直是我国整个经济体制改革的中心环节，也是进一步推进整个经济体制改革的难点和重点。建立现代企业制度，是我国国有企业改革的方向。为此，政府参与企业分配的形式需要规范：一是要改革国有企业作为国家预算单位，直接隶属于政府部门的观念，树立国有企业是拥有法人财产权，实行自主经营、自负盈亏的独立的"纳税人"，国家作为出资者按投入企业的资本额享有所有者权益并承担有限责任的新观念，与此相适应，马克思的两种权力学说在这种条件下仍然是适用的；二是要改变国有企业资产必须实行单一公有制的做法，除部分国有企业外，允许国有企业吸收非国有企业资金入股，树立资本金全部为国家所有或国家绝对控股的企业即国有企业的新观念，并改变按照所有制性质划分企业的做法，而是按照国际惯例，依据企业财产的组织形式和所承担的法律责任将企业划分为独资企业、合伙企业和公司企业，与此相适应，打破按所有制经济设置独立的所得税的做法，建立统一的企业所得税制度，对各种形式的企业征收统一所得税。此外，国家凭借财产权力，以上交国有资产收益（直接上交利润、国有股股息红利和承包费、租金）的形式参与国有企业及相关的资本组织形式的利润分配。规范后的政府收入分配形式，既坚持了马克思的两种权力学说，又适应了建立现代企业制度的机制和规范。

三、社会主义财政的职能

马克思的两种权力学说，依托于国家的政治职能和经济职能。财政职能服务于国家的职能。关于财政职能的种类，理论界有不同看法。对于建立在市场经济基础上的财政的职能，理论界有关于财政具有配置资源、分配收入及稳定经济职能的描述。我认为上述三项职能只着眼于国家的经济职能，与国家政治职能相对应的财政职能还应包括维护国家机器存在和发展的职能。下面，从政府与市场经济的角度谈点看法。

（一）配置资源职能

财政具有通过资金—财力的分配，引导人才和物力的流向，最后形成一定的资产结构、产业结构和技术结构的功能，其职能目标是保证全社会的人力、物力和财力资源得到有效利用，通过财政分配最终实现资源的优化配置，以满足社会及成员的需要。

在社会主义市场经济条件下，财政之所以具有配置资源的职能，在于市场存在缺陷而不能实现完全有效的资源配置。本来，配置资源是市场机制的职能，市场这只"看不见的手"在配置人力、物力和财力资源方面起着重要的作用，但是市场也具有自身的弱点和消极方面，例如生产和消费的供求信息不足，资源的转移受到限制等；市场对生产消费偏重于内在成本和效益，但从整个社会来考察，不仅应注重内在成本效益，还应注重外在成本和效益；市场只能提供具有市场供求关系的，能够获得直接报偿的市场商品和劳务，而不能囊括社会需要的全部商品和劳务（如公共卫生、行政管理、国防等）。市场在资源配置方面存在的弱点和消极性，正是由财政的配置职能来调控和克服的。

那么，财政配置资源的职能是怎样实现的呢？财政在配置资源的过程中，必须采用一系列的财政手段，例如税收、上交国有资产收益、投资、财政转移支付、国债等，不仅可以直接成为配置资源的形式，而且可以调节全社会资源配置的过程，决定或影响资源配置的数量和方向。

（二）分配收入职能

财政具有通过分配调整各分配主体的物质利益关系的职能，其职能目标是实现国民收入和财富分配的公平合理，调整国家与企业、个人之间，企业和企业之间，个人和个人之间的分配关系。

在社会主义市场经济条件下，财政之所以具有分配收入的职能，在于市场机制的缺陷造成收入和财富分配的不公平。本来，分配收入是市场机制的职能，在生产要素市场上，各要素主体作为分配的参与者，企业和个人分别取得利润（或利息）、租金和工资，以及补贴、福利等，国家则主要以税收、上交国有资产收益等形式取得收入。但是，仅有这一层次的分配是不够的，因为财政要实现国家的职能，不仅是市场的参与者，而且是市场的调节者；国家不仅要以生产资料所有者的身份参与分配，而且还要以社会所有者的身份参与分配。就企业和个人而言，市场讲求效率，但会造成收入分配出现不公平的情况，何况市场机制对没有劳动能力的人不予照顾。市场在收入分配方面存在的弱点和消极性，正是由财政的分配收入职能来调控和克服的。

那么，财政的分配收入职能是怎样实现的呢？财政在分配收入的过程中，主要通过按支付能力原则的税收、按受益能力原则的转移支付，以及上交国有资产收益等，调整并改变市场机制造成的情况，调节国家与企业、个人之间的分配关系，调节企业与企业之间的分配关系，调节个人与个人之间的分配关系，使之公平合理。

（三）稳定经济职能

财政具有通过分配稳定经济并使其适度增长的职能，其职能目标是保持劳动力的充分就业、物质资源的充分利用、物价的稳定、有利的国际收支和适度的经济增长。

在社会主义市场经济条件下，财政之所以具有稳定经济的职能，在于市场存在着缺陷而不能自动调节并稳定经济，以致经济波动的幅度可能愈益变大。本来，稳定经济和经济增长是市场机制的职能，即市场在促进经济稳定和经济增长方面起着基础性的作用，市场是能够随着"看不见的手"在一定程度、范围、对象、内容方面调节和稳定经济的；但是，市场也有其弱点和消极性，市场经济活动是有周期的，会出现经济波动的状态，导致供给和需求总水平的不稳定，而市场竞争又可能受其外部干扰而出现不足、不充分的情况。市场在稳定经济方面存在的弱点和消极性，正是由财政的稳定经济职能来调控和克服的。

那么，财政的稳定经济职能是怎样实现的呢？促进经济稳定和增长，主要的任务是调节总供给和总需求的平衡，政府需要通过财政收支、信贷收支、外汇收支和物资供求来配套进行。就财政而言，它是调节总供给和总需求平衡的重要手段。在经济滑坡时期，总需求小于总供给，财政可通过增加支出或减少税收，或二者同时并举，由此扩大总需求，增加投资和就业；在经济繁荣时期，总需求大于总供给，财政可通过减少支出或增加税收，或二者同时并举，由此减少总需求，紧缩投资，抑制通货膨胀。

（四）维护国家职能

财政具有通过分配维护国家机器存在和发展的职能，其职能目标是保证以物质资料支持军队、警察、法庭等强力政权机构的建立、巩固和发展，为国家政权的存在和发展提供物质基础，巩固人民民主专政。

在社会主义市场经济条件下，财政之所以具有维护国家的职能，在于国家除了实现自己的经济职能之外，还要实现自己的政治职能，这就决定了财政具有从财力方面为实现国家政治职能提供保证的特定的内在职能。随着党和国家的工作重点转移到以经济建设为中心的社会主义现代化建设轨道上来，国家的政治职能依然十分重要，仍然需要国家来保卫生产资料公有制，保卫劳动的平等和分配的平等，维护社会安定，保卫祖国和抵御外来侵略等。财政之所以具有维护国家的职能，还在于市场经济的运行除自身的一些规范之外，还需要国家机器为社会再生产提供外部条件，为市场经济的正常运行提供政权秩序，这也需要国家财政在财力上予以保障。

维护国家机器的存在和发展，是要借助于财政对社会产品的必要扣除，为国家政权的存在和发展提供物质基础。通过财政收入的积聚和财政支出的运用，对内实行人民民主，维护社会的安定秩序，粉碎敌对势力的破坏，保护人民有一个和平劳动的环境，保证社会主义市场经济的正常运行；对外抵御外敌的侵犯，保卫国家的安全。

（原文载《经济学家》1998 年第 4 期）

公共财政：财政的公共性及其发展

王国清

项怀诚部长在 1999 年全国财政工作会议上的讲话中再次明确指出，"转变财政职能，优化支出结构，初步建立公共财政的基本框架"。然而，财政学界对这一问题仍存在着激烈的争论。本文拟就财政及公共财政的基本问题谈点看法。

一、财政概念的一般表述及其分析

（一）财政概念的一般表述

财政概念一般可表述为：财政是国家为了实现其职能的需要，凭借政治权力及财产权力，参与一部分社会产品或国民收入分配和再分配所进行的一系列经济活动。

马克思指出："在我们面前有两种权力：一种是财产权力，也就是所有者的权力；另一种是政治权力，即国家的权力。"[①] 政治权力为国家所独有，其主体就是国家。马克思说："捐税体现着表现在经济上的国家存在。"[②] 马克思又说："国家存在的经济体现就是捐税。"[③]所以，政治权力在经济上实现自己的形式就是税收。财产权力就是所

---

① 马克思，恩格斯. 马克思恩格斯选集：第 1 卷 ［M］. 北京：人民出版社，1972：170，181.

② 马克思，恩格斯. 马克思恩格斯选集：第 1 卷 ［M］. 北京：人民出版社，1972：170，181.

③ 马克思，恩格斯. 马克思恩格斯选集：第 1 卷 ［M］. 北京：人民出版社，1972：181.

有者的权力，所有者不仅包括生产资料（含土地）的所有者，而且包括劳动力所有者，所以，财产权力即所有者的权力在经济上实现自己的形式，可以进一步分割为产业利息、商业利润、借贷利润、地租及工资等。

以上是两种权力的主体不同一的前提下，它们在经济上实现自己的形式。如果两种权力的主体同一，即两种权力的主体都是国家，国家既是财产权力的主体，又是政治权力的主体，与此相联系的分配与再分配的一系列经济活动，就是我们这里所讲的财政。

社会主义国家是建立在生产资料公有制基础之上的新型国家，它具有国家的一般性——作为主权者或社会管理者，凭借政治权力，以税收的形式参与包括国有经济在内的各种经济成分和资本组织形式的收入分配，并进行相应的再分配；它又具有国家的特殊性——作为生产资料的所有者或出资者，凭借财产权力，以上交国有资产收益的形式参与国有经济及相关的资本组织形式的利润分配，并进行相应的再分配。在这两种分配的场合，国家都是分配的主体，所不同的是国家具有双重身份，具有两种权力，因而财政分配主要包括政治权力属性的分配和财产权力属性的分配。

从国家的职能种类来看，一般概指政治职能和经济职能。诚然，国家是阶级矛盾不可调和的产物，但国家在执行其阶级的职能时，必须同时执行其社会的职能。如果它不同时执行其社会的职能，动荡和危机则是势所必然的。正如马克思所描述的：资本主义的丧钟就要敲响了，剥夺者就要被剥夺了；也如列宁所描述的：帝国主义是垂死的、寄生的、腐朽的。新科技革命为执行社会职能提供了相应的物质条件，使得财政收支运行还必须考虑提供公共福利和优化资源配置、公平收入分配、稳定经济并有适度的经济增长，而这就属于社会的公共需要。所以，在国家实现的职能中，是包含着社会的公共需要的，只不过公共需要在不同的历史发展阶段的内容和范围有所差异，并反映着不同的生产关系。

财政首先表现为一种分配活动，但就分配论分配显然是狭隘的，但是把财政定义为国家（或政府）所进行的经济活动，又失之过宽。

在我看来，通过财政分配，还要发生资源配置、收入分配、促进经济稳定和增长等经济活动。所以，财政是参与一部分社会产品或国民收入分配和再分配所进行的一系列经济活动。

（二）对其他观点的简要评析

对于财政的起源及相关的财政概念的描述有几种截然不同的意见。我们在上面所讲的一些看法，所做的一些分析，可以看作"国家分配论"中的又一种看法。"国家分配论"主张财政是伴随着国家的产生而产生的，从古至今的财政就是国家财政。除此之外，还有其他各种观点，主要有"价值分配论""国家资金运动论""剩余产品分配论"和"社会共同需要论"等。这些观点的共同之处，是将财政囿于分配来考虑问题。

"价值分配论"认为，随着商品交换及其内在矛盾的发展，当货币充作支付手段的职能扩展到商品流通之外时，才产生价值分配，而财政是国家对价值的分配。"国家资金运动论"认为，国家资金的形成、分配、使用、周转等一系列的分配过程，即国家一系列的资金分配过程就是财政。这两种观点，都把财政的起源及相应的财政概念描述定格在货币关系的范围内，在货币关系以外是不会产生和存在财政的。

从人类社会发展的历史来看，随着社会生产力的发展，商品货币经济的发展具体条件不同，国家财政对社会产品的分配与再分配，曾经过实物形式与货币形式互为主次、互相交错的过程。在奴隶社会，财政分配以实物或劳役形式为主，辅以少量的货币形式。中间经过封建社会，一直到资本主义社会，商品经济高度发展，财政分配才普遍表现为货币形式。

旧中国的财政分配以货币形式为主，也包括实物赋税形式；中华人民共和国成立后，财政分配也以货币形式为主，但农业税在相当长时期内一直征收实物。

总之，把财政的起源及相应的财政概念描述均定格在货币关系的范围内，从而把财政只看成是国家利用价值形式对社会产品进行的分配与再分配，或者只看成是国家的资金运动，就难以把实物形式的分配包括到财政分配中去，也就难以对财政的起源和概念进行全面的概括。

　　"剩余产品分配论"强调剩余产品是财政关系产生的物质基础，随着剩余产品的出现而发生的社会职能组织占有剩余产品的过程，也就是财政关系的萌芽和发展的过程，因此认为在原始社会已经产生了财政关系，财政先于国家的产生而产生、先于国家的存在而存在。应当说，财政分配的主要对象是剩余产品，但是，以剩余产品为分配对象，参与剩余产品分配和再分配的，不仅有国家财政，而且还有与剩余产品生产有关的阶级及其成员，以及与剩余产品生产无直接关系的其他分配环节。所以，如果把剩余产品的分配定格为财政，不仅扩大了财政分配的范围，而且忽视了财政产生的社会政治条件。

　　"社会共同（公共）需要论"主张财政是为了满足社会共同（公共）需要而进行的人力、物力和财力的分配活动，强调财政是为满足社会共同（公共）需要而形成的社会集中化的分配关系，这一分配关系在原始社会已经形成。这种观点承认财政在国家产生以后同国家活动有关，但认为财政不是随国家的产生而产生的，财政的出现要比国家的产生早得多。从否定财政的产生同国家有着本质联系这一点来看，"社会共同（公共）需要论"同"剩余产品分配论"的观点是一致的。其实，"社会共同（公共）需要"无论在什么样的社会形态下，或多或少总是存在的，而满足这种需要，即使在财政产生之后也不仅仅限于国家财政，例如企业、单位和个人开河渠、修公路、举办文化教育事业、医院、剧团等。

二、公共财政是财政的公共性发展之必然

　　财政（public finance）历来是指国家财政或政府财政，本来是没有什么异议的。有时只是为了强调其分配主体，同时也为了区别企业财务等，才使用"国家财政"这一全称，而不简称为"财政"。就笔者所见，1949年后国内率先公开将英文 public finance 直译为"公共财政（学）"的，当推张愚山先生。但即便如此，张先生也认为"公共

财政（学）"是指财政（学）著作①。但最近几年，"公共财政"这一术语的使用频率越来越高，争论亦日趋激烈。我们认为，财政本来就是公共的，如果某类收支活动是私人的（或市场的），就断然不会是财政。当然，换个角度来讲，财政的公共性又是发展的，在不同的政治、经济条件和历史发展的不同阶段，其实现形式和存在范围是不完全相同的，而"越位分配"或"缺位分配"只是扭曲地表现着财政的公共性，而这正是我们今天改革的题中应有之义和着力点。

（一）从"财政"语汇的发展看财政的公共性

英文"finance"是个多义词，可翻译为"财政""金融"，还可翻译为"财务"，到底做何解释，须结合上下文而定。英文"finance"一词，源出于拉丁文 finis，原文有"支付期限"的意思，以后变为 finare，则有"支款"及"裁判上确定款项与罚金支付"等意思。至16世纪又转成法语，遂变成 finances，始有"公共收入"的意思。17世纪以后，更用来指国家一般的理财，到了19世纪，则指一切公共团体的理财，20世纪初，由法国传入其他各国后，即用来指国家及其他公共团体的财政。为了与商业理财（business finance）或公司理财（corporation finance）相区别，加上"public"，"public finance"对应"财政"或"财政学"。

在我国历史上，财政被称为"国计""国用""度支"等，而"财政"一词见于清代光绪年间，借用了日本人的译法。日本在明治维新时，引进西欧的 finance 词意，同时运用中国古代的"财"和"政"的词意，确立"财政"一词。当时的解释为：财者，钱财也；政者，政治也；财政者，乃管理公共钱财或财货之事也。据说，严复在将亚当·斯密的《国民财富的性质及原因的研究》意译为《原富》时就借用了日本的译法，译为"财政"。

总之，从中、西文关于"财政"这一语汇的发展与变化来看，可以窥视到财政的公共性是发展的，当然也是规范的，是与金融、商业理财、公司理财相区别的。

---

① 阿图·埃克斯坦. 公共财政学 [M]. 张愚山，译. 北京：中国财政经济出版社，1983.

（二）从财政收支的特点变化看财政的公共性

随着社会生产力的发展和国家政权的更替，财政的性质、内容、形式、特点都在不断地发展变化，先后出现过奴隶制国家财政、封建制国家财政、资本主义国家财政和社会主义国家财政。就财政收支的特点来看，财政的公共性也是在发展变化的。

在奴隶制国家，"普天之下，莫非王土；率土之滨，莫非王臣"，其实行土地国有制，国王是最大的奴隶主，也是全国土地的所有者。国家的财政收入，主要来自奴隶的劳役地租、战争掠夺和各国纳贡；国家的财政支出，主要用于战争和祭祀、王室费用和公共工程。有的收支，哪些是国王私人的收支，哪些是国家公共的收支，是不可能完全分清的，甚至是合为一体的。加以奴隶制经济纯系自然经济，商品货币关系很不发达，一切财政收支形式均为实物，国家虽也设官分管，但要统一计算，对照比较，是不可能的。

在封建制国家，封建制经济一般可分为领主制经济和地主制经济。总体而言，封建制国家的财政收入主要来自农民的无酬劳动、办专卖、征关市，来自纳贡、捐输、贡献及发行货币收入和借债；财政支出主要用于军队和各种强制机关的支出、王室和官俸支出、工程费用等。在领主封建时代，公卿大夫、亲王贵族，各有领地，不需要国家给他们很多薪俸，官俸支出在国家财政中不占重要地位。而在地主封建时代，官吏生活多靠官俸，官俸支出在国家财政中的重要性就表现出来了。总之，在封建时期，国家财政收支和国王私人收支经历了由不可分割，到从形式上分别管理，最后逐步变为完全可以分开的过程，尤其是在封建社会后期，更是如此。

在封建社会后期，资产阶级在反对封建特权的斗争中，把夺取财权作为斗争的重要内容之一。马克思说："一旦社会的经济进步，把摆脱封建桎梏和通过消除封建不平等来确立权利平等的要求提到日程上来，……，也不能不要求废除封建特惠、贵族免税权以及个别等级的政治特权。"[①] 资产阶级要获得平等的权利，就要废除封建特权，要

---

① 马克思，恩格斯. 马克思恩格斯全集：第 20 卷 [M]. 北京：人民出版社，1971：116.

限制王室的权力，首先就要控制其财权，并将王室收支与国家政府收支分离。所以立宪政治必须以管理财政为起点。英国在 17 世纪末就规定，封建国家必须向有资产阶级代表参加的议会提出财政收支报告，不经议会同意不得付诸实施。资产阶级夺取政权之后，对封建国家的财政税收制度进行了改革，不仅建立了比较完善的预算编制、审核和执行的制度，制定了发行公债以及公债到期还本付息的规定，更大力改革税收制度。至此，财政的公共性取得了独立的、完全的存在形式。至于财政的公共性在资本主义自由时期和垄断时期，在社会主义计划经济条件下和建立市场经济条件下，其具体的实现形式和存在范围，在后面再予论及。

（三）从财政或财政学研究范围的拓展看财政的公共性

什么是财政？一般来说，早期的西方学者认为财政是政府收入和支出的管理，有时也表述为政府资金的征收、使用和管理，而财政学就是管理政府收支的科学。随着经济的发展，西方财政学的主要内容有所变迁，大致可分为两个时期。

1. 古典学派和庸俗学派的观点

早在 17 世纪，在重商主义的影响下，德国官房学派就以国库行政为中心，讨论租税征收和费用管理的方法，这可以说是财政学的原始形式。德国官房学派，又称计臣学派。Kamera 一词出自拉丁语，就是房屋的意思，亦指国王贮藏私产之所在，继则用来指国库或国王的会计室。德国不少大学设有官房学专业，培养经济、行政和财政人才，专门研究官房学的人，就被归为官房学派。

重农学派提倡简化税制，主张以"纯产品"理论为基础的单一税制——地租税，但还没有形成财政学体系。

亚当·斯密在《国民财富的性质和原因的研究》中，系统地讨论了财政赋税等问题，特别是在第 5 篇《论君主或国家的收入》中专门讨论了国家财政问题，包括国家经费（国防费、司法经费、公共工程和公共机关的费用），其收入源泉（各种赋税和公债）以及征税的原则与方法等，形成了比较完整的财政学体系。他把财政作为政治经济学的一个部分来研究，作为一个经济范畴来分析，作为国家经济与私人经济相区别，所以恩格斯说亚当·斯密首创了财政学。

大卫·李嘉图在《政治经济学及赋税原理》中有 10 章论赋税，在《基金制度论》中讨论了公债。约翰·穆勒的《政治经济学原理》第 5 篇的标题是《政府的影响》，有 7 章讨论财政，尤其是租税与公债。阿尔弗雷德·马歇尔在《经济学原理》中，有不少散见的关于租税的理论，但没有系统的租税论述。埃奇沃思提出了租税学的定义："租税学包含两个主题，即可把纯理论的特性归纳起来的主题：一是归宿定律，一是均等牺牲原则。"但这还不是财政学的定义，只不过他率先使用了"租税学"这一名词。

法国古典政治经济学的完成者和小资产阶级政治经济学的创始人西斯蒙第在 1819 年出版的《政治经济学新原理》中，给财政学下了定义："人类形成社会团体之后，就必须管理由自己的财富产生的共同利益。在社会形成的初期，就有一部分公共财产必须被用于满足公共的需要。如何征收和管理这种不属于个人而属于公共所有的国民收入，就成为政治家的一门重要的科学知识，我们把这部分知识称为财政。"他把财政同国民收入结合起来，但还是一个极为粗糙的定义。不过，西斯蒙第之后约一个世纪中的资产阶级财政学，在什么是财政这一问题上，基本上没有离开西斯蒙第的看法。

总之，在自由资本主义时期，古典学派和英法庸俗学派的财政学，只限于赋税、支出和公债等几个范畴。英法财政学一般也归在政治经济学中。德国则有独立体系的财政学。19 世纪末 20 世纪初，自从德国庸俗学派财政学者在罗尔把官房学划分为经济学、行政学、财政学之后，许多财政学者如瓦格纳写了财政论著，认为财政是以国家为主体的公共经济的科学。

19 世纪末 20 世纪初，英法财政学也发生了一些变化。资产阶级的经济学替代了资产阶级政治经济学，虽有些流行的经济学教科书中仍包含着篇幅巨大的财政学篇章，但一般的经济学著作已不再包括系统的财政学。这种发展的另一面则是出现了财政学专著，如英国在 1892 年出版了巴斯塔布尔的《财政学》，在 1922 年出版了多尔顿的《财政学》。这些财政学专著对财政有类似的定义："财政是关于公共权力机关的收入和支出并使其相互适应的事务""'财政'一词的意义即为货币事情及管理"。从总体上来看，这些财政学书籍的内容是沿袭了古典学派和庸俗学派的财政学体系的。

2. 现代资产阶级学者的观点

1929 年的全球经济大危机以及二战期间的通货膨胀，标志着资本主义国家经济的重大变化。为挽救资本主义危机、维护资本主义制度，强调国家干预经济必要性的凯恩斯主义应运而生。

（1）国家干预与市场经济问题。要了解现代西方财政学的观点，有必要回顾一下西方国家传统的财政思想在这个问题上的两大基本思潮。

第一种思潮是个人主义的国家观，这种观点在英、法、美等国占优势。这种观点认为，国家不应该也不能够通过财政来干预市场经济。其理由是：个人是独立的，有自己的意识和行动，国家不过是这些个人结合而成的，国家所能做的，只限于向个人征收必要的税金，来办理少量的公共事务，其余的应该让个人自由行动。第二种思潮是全体主义的国家观，这种观点在德国占优势。这种观点认为，国家应该通过财政来干预市场经济。其理由是：国家虽然是由个人形成的，但国家本身是一个有机的整体，国家的意志和行动代表全体个人，并要超过各个人的行动和意志。每一个人的经济意志与活动，都要受国家的影响，所以国家是能够通过财政干预经济的。

19 世纪后期，产生了福利经济学。提出福利经济学的人，如英国的霍布森等，原来是自由主义经济学者。只是在 19 世纪末，因社会思潮要求改良，使不少原来主张国家不应干预私人经济的人改变了看法。福利经济学转而认为国家财政应以增加社会公共福利为目标，要考虑财政收支对社会公共福利产生什么影响。福利经济学的观点对财政学产生了重要的影响，从某种意义上说，不少个人主义者逐渐倾向于全体主义者。同时，德国全体主义或国家主义经济学，也逐渐接受了英美的财政学说。二战后，德国经济被称为社会市场经济，即通过国家发布政策、采取措施来干预经济的发展，但也注意到个人在市场经济中所起的作用。所以，前述两种思潮有逐渐融合的趋势。

（2）凯恩斯主义改变了财政学的主题。1936 年，凯恩斯发表了《就业、利息和货币通论》。这本书不仅在资产阶级经济学上，而且在资产阶级财政学上，都是划时代的著作，造成了资本主义经济的巨大变化。在财政学方面，凯恩斯认为，传统的财政范畴如税收、支出、公债、预算等仅仅是财政学主题的一部分。除此之外，他还系统地论述了国家干预经济尤其是包括政府政策的实施对总体经济活动（如失业和通货膨胀等）水平的影响。近几十年来，西方财政学书籍往往标明"财政学原理、制度和政策"，政策被提到相当高的地位。凯恩斯主义者的观点，对后来的财政学产生了重大的影响。

（3）岸田俊辅和马斯格雷夫的财政定义。为适应垄断资产阶级的要求，一些资产阶级财政学者对财政的定义做了新的阐述。日本大藏省官员岸田俊辅在 1978 年出版的《图说日本财政》一书中把财政的定义由"国家资金的征收、使用和管理"发展为"政府所进行的经济活动"。美国学者马斯格雷夫在他的《财政学理论与实践》1973 年初版序言中说，"'财政'这一名词，传统上被应用于包含税收和支出措施的那套政策问题。这不是一个好名词，因为根本问题不是资金方面的，而是涉及资源利用、收入分配和就业水平的。不过这个名词已为人们所熟知，而且称之为'公共部门经济'所引起的误解将不会更少些。"他在该书 1980 年第三版序言中说："本书论述公共部门经济，不仅包括其资金，而且包括它对资源利用的水平和配置，以及它在消费者之间的收入分配的全部关系。虽然我们的主题是归属于财政学的，但它涉及问题的资金方面，也涉及实物方面。而且，它不单纯是个公共经济问题。因为公共部门是在和私有部门相互作用之中运行的，所以两个部门都进入分析，不仅支出和税收政策的效果有赖于私人部门的反应，而且对财政措施的需要也取决于财政措施不存在时私人部门如何行动。"

总之，现代西方财政学的主题已不限于财政收支管理，更不限于货币资金管理，而是结合资源的配置、收入的分配、经济的稳定，从公私部门经济的相互作用方面，从宏观和微观的角度进行分析，强调财政是经济的一个范畴，甚至有人用"公共部门经济学"或"财政经济学"的名称来代替"财政学"。

综上所述，从财政或财政学的发展来看，财政研究范围的拓展，也进一步扩大了财政的公共性。

（四）从经济条件的转换看财政的公共性

在高度集中统一的计划经济条件下，财政的功能无所不包，统包统揽，越位分配，不仅涉及企业简单再生产，而且关联企业扩大再生产，乃至于有人称之为"大财政""生产建设财政"等。应该说，在这种体制下生成的财政公共性，其范围和口径是经济体制所使然，这种公共性是别扭的、扭曲的，在建立社会主义市场经济体制的过程中，是需要改革和规范的。

在社会主义市场经济条件下，随着市场在资源配置方面基础性作用的发挥，财政的公共性涉及国内外市场的参与者，涉及社会经济生活的各个层面，财政分配范围不仅扩展到社会再生产的各个环节，而且扩展到国内外市场及市场作用不到的范围。正因为如此，商品经济乃至市场经济要求有法制规范财政的公共性（涉及的主体、分配范围等），正确划分市场和财政各自的作用范围。

社会主义市场经济还进一步改变和拓展了经济运行过程，使财政关系及其公共性由过去的单纯的经费筹集和供给变为还必须强化经营管理，财政再分配也相应采取市场性再分配和非市场性再分配相结合的方式。财政公共性的这种变化，不仅与自然经济中的财政关系及其公共性有了原则上的区别，而且与计划经济甚至一般的商品经济中的财政关系及其公共性也有很大的区别。所以，按照市场经济发展的要求，把财政关系及其公共性纳入市场经济体制运行轨道，是财政体制改革需要妥善解决的问题。

在社会主义市场经济条件下，财政的功能及其公共性，在筹集资金、保障经费供给、对经济运行予以控制、调节和协调社会利益方面，较之过去表现得更为动态化和明显。在市场经济条件下，市场在配置资源、收入分配和稳定经济发展等方面起着基础性作用，财政分配正是立足于这种基础，成为资源配置、收入分配、稳定和发展经济最有效的调节机制，可以加速或抑制经济发展，引导生产经营方向，调整产业结构、产品结构、技术结构和地区结构，公平分配收入，平衡社会总需求和总供给等。如果没有财政的"第二次"调节，那就只能任凭经济盲目发展或停滞，使社会经济处于波动或混乱状况。所以，市场经济的发展，不仅为财政关系及其公共性的发展创造了物质条件，而且通过扩大并强化财政的职能，使财政关系及其公共性在现代经济生活中占有了举足轻重的地位。

总之，财政本来就是公共的，但其公共性有一个发展过程。如果说在奴隶制、封建制条件下，君主（国王或皇帝）个人收支和国家的收支不可分离，财政的公共性尚未彻底独立和成熟，而在计划经济条件下，财政的公共性范围又无序扩张，那么，在市场经济条件下，财政的公共性则取得了独立、成熟、规范、完全的存在形式——公共财政，亦即市场经济财政。因此，建立与社会主义市场经济体制相适应的公共财政的基本框架体系，是势所必然的。

（原文载《经济学家》1999 年第 6 期）

公共产品理论与财政范围的框定

王国清

在现代市场经济中，财政支出的范围确定，涉及财政分配活动的理论基础。西方的理论体系错综复杂，笔者这里选择公共产品理论做些述评，并联系财政收入及财政管理体制，就财政范围的框定，谈点看法。

一、公共产品理论的产生背景

在自由资本主义时期，早期的西方学者探讨财政的着眼点，基本上仅限于税收，当时的财政原则、理论，主要是指税收原则、理论，而财政支出问题处于从属地位。他们认为只要税收问题处理得当，合理征税，就解决了财政的核心问题。他们信奉"量入为出"，认为这样的财政就是"健全的财政"；减轻税负、节约支出，是当时财政的基本方针。进而他们对支出的要求低，认为能满足实现国家基本职能（所谓维护社会秩序和保障国家安全）所需要的资金，并在其使用过程中防止贪污浪费就可以了；不重视支出，认为支出仅仅是税务行政的技术事项，而不是原则、理论问题。所以，不考虑支出在各种用途之间的恰当分配和有效分配；不考虑通过支出分配谋求国民经济的增长和稳定以及居民生活的改善。

在垄断资本主义前期，即19世纪中叶至20世纪30年代以前，西方学者开始重视财政支出问题，因为在这个时期，财政支出的规模和影响逐渐增大。其内在的原因在于：帝国主义的扩张政策，使军事支出日益膨胀，因而不得不注意到支出问题；后起的资本主义国家为加速经济发展而举办公营企业，扶植私人经济，导致经济支出增加；阶级斗争激化，资产阶级政府采取两面手法，一方面暴力支出增加，另一方面社会经济福利支出增加。在这样的基础上，他们考虑到财政支出要满足需要，也就是考虑"量出为入"的问题，但还没有明确的、较为系统的支出原则、理论。

在垄断资本主义后期，即1929—1933年世界经济危机之后，西方学者非常重视财政支出问题，认为财政收入和财政支出是一个有机的整体，财政支出是调节社会经济的一个重要杠杆，提出了财政收支与储蓄、投资、就业、消费等联系在一起的宏观经济概念，建立了财政支出的效益原则、公平原则和稳定原则等多种财政支出原则、理论，公共产品理论即是其中之一。

公共产品理论发端于1919年瑞典经济学家林达尔的著作，在我国南宋时期也有明确的类似于公共产品的思想，只是到了20世纪60年代初，主要是在美国经济学家萨缪尔森、马斯格雷夫、布坎南等的著作中，才得到了比较系统的论述。他们认为市场机制的缺陷之一，就是不能提供公共产品，所以公共产品理论就成为财政支出和财政调节市场经济的依据之一。

所谓产品，就是商品和劳务，亦称"财货"或"物品"。西方学者把一个经济体的产品，大体分为只能由政府提供的公共产品、由政府适当提供或介入提供以及市场亦可提供的准公共产品由私人市场提供的私人产品三大类。其中政府提供的部分是由财政支出来实现的。

二、公共产品及其特征

公共产品又叫社会产品，有的也称为集体产品，即不缴纳任何费用而人人都可享受的产品，其形式上的特征就是只能由政府提供的产品。进一步说，就是政府通过购买支出以资金购买商品或劳务，或购买原材料和劳动力进行生产，从而由政府提供商品和劳务。例如，国防、公安、司法、宇宙空间探索、环境保护和公共卫生、社会安全、灯塔等。公共产品的特征为：

（1）公共产品的享用无竞争性和排他性，即同时为人们所享受，无利害冲突。如公共路灯、治理污染而提高空气的质量等。

（2）公共产品的效用具有扩散性，即是满足公共的、社会的需要的，不限于某个人或集团享用。

（3）公共产品的受益具有不可阻止性，即任何人都有享受的义务，不得拒绝，如法院、公共卫生等，一经违反，可予惩处。

公共产品的供应不能通过市场来直接供应，因为它的效用是扩散的，人们不付费用照样可以享受。正因为如此，公共产品的供应无市场供求关系，不能核算对个人提供的费用，也不能获得直接的报偿，从而私人不愿意或不能提供，唯有政府才能提供。

三、私人产品及其特征

私人产品又叫个人产品，即通过市场交换而提供的商品和劳务。这种产品是满足个人需要的，其产生的效用不具有扩散性。私人产品的特征为：

（1）私人产品的享用具有竞争性和排他性，如某人对某一私人产品的享用，就排除了其他人同时享用该产品。

（2）私人产品的效用具有内在性，即效用不具有扩散性，谁付款谁受益，其他不付款的人不能同时感受到该种利益或效用。

（3）私人产品的受益具有可阻止性，即不付款则不能享用，而且享受人可以拒绝享受，如饭菜不好，可以不买，从而拒绝享受它的效用。

私人产品的提供由私人部门通过市场买卖，每个人是否需要及需要多少，可自由决定，政府无须介入。

四、准公共产品及其产生的原因

准公共产品是指介于公共产品和私人产品之间的商品和劳务，亦称为半公共产品。准公共产品产生的原因在于：

（1）某种物品，本来应属私人产品，但其特征有欠缺，它的享受具有竞争性、排他性，但其效用在一定程度上又具有扩散性，不能完全排斥他人享用。如传染病预防针、救火设备等。

（2）某种物品，本来应属公共产品，其享受无竞争性、排他性，但提供的服务有范围限制，从而也就具有排他性。如学校、公园、体育场、公共图书馆等，本来是任何人都能享受的，但因名额、座位、面积等条件有限，享用就受到限制，有的就采取先到先得、额满为止，有的就发许可证（如门票）等办法。

准公共产品是政府和市场均可提供的商品和劳务，但对公共影响大的或由政府提供更为有利的商品和劳务，即由政府财政出资，或由政府财政补助，如医疗补助、基础设施、公共工程、公共事业、社会福利等。

五、政府的级别及相应的财政措施

由政府提供的商品和劳务，包括公共产品和相当一部分的准公共产品，一般根据"受益原则"在各级政府中再行划分，确定应由哪一级政府财政承担。总的来说，涉及国家为整体的公共性质的，由中央政府提供；关联到各级地方为整体的公共性质的，则由地方各级政府提供。这就需要划分和选择公共产品、准公共产品和私人产品的提供，哪些商品和劳务由政府提供及提供多少，哪些商品和劳务由市场提供及提供多少，以及由不同级别政府提供或提供多少商品和劳务。进一步说，这不仅涉及财政支出的规模和范围，还涉及财政支出的层次和形式，而且涉及财政支出的收入来源的划分。总之一句话，涉及财政管理体制及收支如何划分的问题。

六、进一步的评析与思考

（1）现代市场经济，都是在政府宏观调控下的市场经济，财政支出是政府干预、调节社会经济生活的一个重要手段。公共产品理论如同西方经济学中的其他国家干预的理论及其政策主张一样，具有强烈的资本主义时代的特征。作为理论，它被西方学者自我标榜为"超历史"的，在我们看来，却是丧失了阶级内容的范畴体系，实质上还具有主观心理的庸俗性质，其实是维护资本主义制度和为剥削辩护的理论；作为政策，不过是借此缓和或推迟经济危机的爆发及破坏程度，通过国家干预以维护资产阶级统治及利益，从而具有鲜明的阶级性质。但在批判它时，正如列宁所说的那样，"要注意它，利用它，批判地对待它，不放弃自己完整的和确定的世界观"。注意可以借鉴之处，乃至于还可以反其意立足实情而用之。

（2）公共产品理论和西方国家的具体财政支出项目尚存在实际的差异，尽管如此，如果撇开这些问题及其理论的阶级性质，它也包含着市场经济本身通行的一般东西，即涉及市场经济运行的规则、形式、手段、方法等。例如，我们可以从中窥视到消费的某种规律性和需求特点，进而借其意而用之，在国民收入总额一定的条件下，确定财政再分配的规模、比例和结构。

（3）在现代市场经济中，财政须将市场可以充分发挥作用的领域和产品交给市场，凡是能够由市场解决好的，就让市场去解决；财政转向市场作用不到或作用失效的领域和产品。凡市场管不了或管不好的，就由政府通过政策和计划来管，尤其是财政合理调整支出结构，发挥其在社会共同需要领域中的作用。

（4）公共产品的价格就是税收，准公共产品的价格就是收费及一部分特别性税收，而政府的收入形式，主要就是税、利、费、债。在社会主义市场经济条件下，如何妥善处理税、利、费、债分配顺序和地位，是至关重要的。在这四种形式之中，税收占有优先的绝对地位，这是政府职能的实现和范围的框定使然。我国国有经济占据主导地位，国有经济上交利润（国有资产收益）占有相当份额，税利是互为消长的，但税收是优先的。政府在市场经济中，可作为一个特殊的经济主体，对特定的对象实施特定管理收取规费和特许权使用费，但规范化的收费，在数额上处于次要地位，因为一般的服务已由税收作为其保障。在特定阶段或特别需要的条件下，政府还可以通过举债来筹集资金，但从本质和长期来看，公债是延期税收。

（5）在现代市场经济中，需要确立合理的中央和地方的财政管理体制。财政管理体制应在确定中央和地方各级财政主体的基础上，规定具体的分配形式和分配比例，明确各级财政主体的权力和责任规范及范围，其中包括正确划分财政收入与支出范围，这就要求我们当前应加快财政改革，积极推进正确处理中央与地方关系的分税制改革，建立起与社会主义市场经济体制相适应的公共财政的基本框架。

（原文载《四川财政》1999 年第 12 期）

略论财政本质的社会特征

王国清

社会主义财政"取之于民，用之于民"，大家都很熟悉。但是，对于如何理解社会主义财政"取之于民，用之于民"这一概括，还存在着不同的看法。有的人认为，财政是"用之于民"的，所以要对民征收财政收入，把这一特征作为征收的依据；有的人根据这一命题，推论出社会主义财政具有整体有偿性的特征；还有的人认为，社会主义财政具有返还性而没有无偿性，或者认为是无偿性与返还性相结合的。其实，上述看法均进入了误区，其原因在于对社会主义财政"取之于民，用之于民"这一社会特征有误解。就资本主义财政而言，有的人对资本主义财政"取之于民，用之于己"的社会特征也心存疑问，并举出一些例子认为资本主义财政也是"取之于民，用之于民"的，理由之一是目前世界上发达的资本主义国家人民享受到的公共产品和服务，某种程度上比我们还丰富、还好。本文拟对此谈些看法。

一、关于财政概念的一般表述

财政概念一般可表述为：财政是国家为了实现其职能的需要，凭借政治权力及财产权力，参与一部分社会产品或国民收入分配和再分配所进行的一系列经济活动。

这一概念只限于一般描述，而未涵盖特殊概述，如国家凭借信用权力举借的内债和外债；国家以特殊的经济主体身份对特定的对象，实施特定的管理收取规费和特许权使用费等活动。

这一概念既立足于分配，又不局限于分配。在社会再生产的生产、分配、交换、消费四个环节中，财政归属于分配环节，是分配环节的一个特殊组成部分；财政是国家参与分配和再分配所进行的一系列经济活动，规避了把财政定义为国家（或政府）所进行的经济活动这一失之过宽的界定；也有利于克服把财政囿于分配来考虑问题，防止就分配论分配、就财政论财政的倾向。这一概念所涉及的国家职能，如不细分的话，一般概指政治职能和经济职能。换个角度来看，既包括阶级的职能，也包括社会的职能，而"社会的公共需要"是包括在社会职能之中的，从而也就包括在国家的职能之中。这一概念所指国家参与一部分社会产品或国民收入分配和再分配所进行的一系列经济活动，包括组织收支、调节控制、监督管理等活动。

二、从财政现象入手考察财政的本质

（1）财政现象和财政本质的关系。任何事物都是现象和本质的有机统一，财政现象和财政本质也不例外。财政本质是财政本身所固有的规定性，财政现象是财政这一事物的外部征象。例如，财政收支种类及其实物形式或价值形式、财政预算编制、审批、财政监督检查等就是财政事物的现象形态，而这些现象形态的内部联系或其本身所固有的规定性即本质，就是以国家为主体的分配关系。所以我们不能离开财政现象去认识财政本质，不能停留在对财政现象的认识上，要继续研究新的财政现象，使认识不断扩展和深入，从而更深刻地把握财政的本质。

（2）财政本质的一般特征和社会特征。财政的本质就是以国家为主体的分配关系，这无论是对资本主义财政，还是对社会主义财政都是适用的。社会主义财政本质的社会特征用"取之于民，用之于民"来概括，资本主义财政本质的社会特征则用"取之于民，用之于己"来描述。"民"与"己"仅一字之差，便反映了社会主义财政和资本主义财政在社会属性（社会性质）方面的本质区别，反映着不同的分配关系。也就是说，上述"取之于民，用之于民"和"取之于民，用之于己"的概括，是对财政本质在不同性质的社会中体现社会性质即阶级性质的特征的描述，它既区别于财政本质的一般共性特征：国家主体性、强制性、无偿性等一般特征，因为这三种特征不存在"姓资姓社"的问题，对任何性质的社会条件的财政都是适用的，也区别于各种财政现象。

显而易见，把"取之于民，用之于民"作为财政收入征收的依据是欠妥的，尽管它和财政收入征收的依据有一定的联系。如果说它是社会主义条件下财政收入征收的依据，那么在资本主义条件下财政收入征收的依据又应如何概括呢？我们认为，说到征收依据，它至少涉及：为什么要征收（目标）、凭什么征收（依据）、对什么征收（对象，含对哪些人及对什么东西）。

（3）由于占主导地位的生产资料所有制的性质不同，建立在这种生产关系基础上的国家政权性质不同，不同性质的国家所行使的职能性质不同，因而财政就具有不同的阶级内容，并为不同的生产方式服务，为不同的阶级服务，通过财政的一系列经济活动，与各种所有制经济间和各阶层成员间所形成的分配关系也就不同。社会主义财政是建立在占主导地位的社会主义生产资料公有制和人民民主专政国家的基础之上的，这就决定了社会主义财政是社会主义国家在发展生产的基础上，为了不断提高人民的物质文化生活水平，参与一部分社会产品或国民收入分配所进行的一系列经济活动，它体现着国家、集体和个人之间在根本利益一致基础上的整体与局部的关系，体现的是一种"取之于民，用之于民"的新型关系。资本主义财政是建立在资本主义生产资料私有制和资产阶级国家的基础之上的，这就决定了资本主义财政是有利于资产阶级而不利于广大劳动人民的一种再分配关系，体现着"取之于民，用之于己"的剥削关系。

三、对财政本质特征两个层次的描述

在前面的描述中，我们已经能够窥视到财政本质的共性特征和社会特征的差异，这里再作进一步的分析。

自然科学所研究的对象，其物质形态、结构、性质、运动规律本

身是不具有社会属性的。这种不具有社会属性的客观事物，例如高新技术及其产品，说到其本质即只有此一事物与其他事物的质的差异或同一事物的质的共性，不存在同一事物在不同社会条件下的质的差异。

社会科学所研究的对象，例如财政，其本身是具有社会属性的，是自然属性和社会属性的统一。

就财政的自然属性这一层次来看，说到财政本质，就是指财政与信用、价格、工资、财务以及社会保障的质的差异，或者指财政在同一社会或不同社会的共性。财政的这种"差异"和"共性"的体现，就是财政的"共性"特征：国家主体性、强制性、无偿性，它既决定了财政和上述范畴的区别，即"异名异质"，又表明了社会主义财政和资本主义财政"同名同质"，具有质的共性。

就财政的社会属性这一层次来看，除了财政的共性特征之外，作为具有社会属性的财政，还具有财政的社会制度特征，即在不同性质的社会中，财政还有着特殊的差异，社会主义财政和资本主义财政就有着本质的区别。社会主义财政建立在以公有制经济为主体的多种所有制经济并存和共同发展、建立在社会主义国家的基础之上，是为了实现国家的政治、经济职能；社会主义财政体现着国家、集体和个人之间在根本利益一致基础上的整体与局部、长远与眼前利益的关系，则用"取之于民，用之于民"这一体现本质的社会特征来概括。反观资本主义财政本质的社会特征，则用"取之于民，用之于己"来描述。"民"与"己"仅一字之差，便反映了社会主义财政和资本主义财政在社会属性方面的本质区别，即"同名而异质"，反映着不同的分配关系。

至于从"取之于民，用之于民"推论出的返还性和有偿性等观点看法，其核心之点在于对无偿和有偿的理解。有偿性体现的是一种直接的、一一对应的关系和至少是等量的关系，例如银行信贷须收本取息或还本付息，这就是有偿性，而财政除国家信用外却不具有此有偿性。

四、对财政本质的社会特征不应从现象角度去理解

从财政收入来源角度来看，社会主义财政"取之于民"，资本主

义财政也是"取之于民"，但这里的"民"不能从现象去把握，而应从实质上去理解。在社会主义条件下，骤然看来，财政收入征自各种性质的单位和个人，实则来自劳动人民创造的价值中的一部分，归国家所有；在资本主义条件下，从现象形态看，财政收入征自资本家企业和个人，实则也是来自劳动人民创造的价值的一部分，归国家所有。所以，在两种社会形态下，都可概括为"取之于民"。

从财政支出使用角度来看，社会主义财政"用之于民"，资本主义财政"用之于己"，这里的"民"与"己"也不能从现象去理解，而应从实质上去把握。

首先，社会主义财政"用之于民"，从现象形态来看，财政用于国家机器运转，实则维护国家主权和经济利益，保护人民安居乐业；财政用于经济文化建设，实则是提高人民生活水平和人民的科教素质、身体素质；至于财政直接用于对人民的各种补贴，则更不用说了。财政的具体用途广泛，实质上都是为劳动人民服务的。

其次，资本主义财政"用之于己"，从现象形态来看，财政不仅用于国家机器运转、经济文化建设，同时还提供公共福利，似乎难以让人理解其财政是用之于"己"的。

在资本主义条件下，参与工人所创造的剩余价值分割的，在生产过程中包括产业资本家、商业资本家、生息资本家、地主等，其在经济上的实现形式就是产业利润、商业利润、借贷利息、地租等。除此之外，资产阶级的国家即"总资本家""理想的资本家"（马克思语）参与剩余价值的再分割。对资产阶级来说，正如马克思所说的，税收"所改变的，只是产业资本家装进自己腰包的剩余价值的比例或可同第三者分享的剩余价值的比例"；对劳动人民来说，则是在生产过程之外的超经济剥削，是对劳动者必要劳动的再压缩。资本主义财政，是以劳动人民创造的新价值为根本来源的，最终都是由劳动人民负担的。所以，与工人对立的，不只是单个的资本家，而是整个资本家阶级及资产阶级国家。

资本主义国家在实现其阶级职能时，必须同时执行其社会职能。财政活动的目的是实现国家的政治和经济职能。国家的职能可以有政治、经济、社会职能等多种概括，如果不细分的话，一般可概括为政治职能和经济职能。诚然，国家是阶级矛盾不可调和的产物，但国家在执行其阶级职能时，必须同时执行其社会职能，如果它不同时执行其社会职能，动荡和危机则是势所必然的。正如马克思所描述的：资本主义的丧钟就要敲响了，剥削者就要被剥夺了；也如列宁所描述的：帝国主义是垂死的、寄生的、腐朽的。新科技革命为财政执行社会职能提供了相应的物质条件，使得财政运行还必须考虑提供公共福利和优化资源配置、公平收入分配、稳定经济并有适度的增长，而这些均属于社会的公共需要。所以，在国家的政治、经济职能中，是包括社会的公共需要的，只不过公共需要在不同的历史发展阶段的内容和范围有所差异，并反映着不同的生产关系。其实，无论是财政"维护社会秩序和保障国家安全"，还是财政"调节国民经济和增进社会福利"，其实质都是维护资产阶级的统治和缓和阶级矛盾，是有利于资产阶级的。

（原文载《四川财政》2001 年第 4 期）

国家财政与公共财政模式关系辨析

王国清　沈　葳

公共财政制度是我国财政改革的长远目标，对于怎样恰当地对公共财政进行定位，理论界在某些方面还存在着不同的意见，甚至有人不愿意使用"公共财政"这个名称。但是，无论是从政府的财政规划方面，还是从诸多财政杂志来看，"公共财政"这一称谓事实上已经越来越普遍化，被越来越多的人认可。因此，对于公共财政的界定，需要形成一个明确的意见，以适应现实的需要。

一、公共财政的一般界定

从本质上来看，公共财政与财政、国家财政并没有差别，都是特指国家进行的分配活动，都涉及财政收支、财政平衡、财政管理等内容。它们在中文名称上的不同，主要是翻译的问题，英文中的财政概念用"public finance"来表示，如果对其直译就成了"公共财政"。然而"finance"一词具有多种意思，可翻译为"财政""财务""金融"等，只有在其前面加一个"public"进行限定，才能明确地表示"财政"这一概念。可见，"公共财政"和"财政"都对应于"public finance"，二者并无本质的区别。财政是国家进行的分配活动，本来就是公共性的，因此，在"财政"一词前加上"公共"二字似乎有同义反复之嫌。

虽然从本质上看，公共财政与财政具有共性，但是，由于历史上认识偏差的原因，二者出现了一定的差异。在改革开放后很长一段时间，"人们习惯上把资本主义社会的财政称为'公共财政'，而把社会主义财政称为'国家财政',是生产建设性财政。这样一来,约定成俗,公共财政就成为资本主义财政的代名词,自然两者之间就有了根本的区别"①。另外,从相关的理论研究来看,对公共财政的讨论多是西方财政学上的内容,由此可见,我国的公共财政研究在若干方面是与西方财政理论紧密联系在一起的。笔者认为,公共财政是"市场经济条件下的一种财政模式",其主要原因可以从现实经济和财政理论两方面来认识。

政府的财政活动属于经济范畴,资本主义国家的基础经济制度是市场经济制度,从马克思主义的观点来看,经济决定财政,因此有必要对西方国家的财政进行重新认识,不能把公共财政等同于资本主义财政。在我国建立社会主义市场经济体制的过程中,政府和理论界都认同了要构建适应我国特色的公共财政制度,那么,公共财政也就不可能是独立于国家财政之外的财政,而只能是国家财政的一种;是与我国原计划经济体制下所实行的财政模式不同,与市场经济体制相联系的财政模式。

之所以认为公共财政是国家财政在市场经济条件下的一种财政模式,还因为公共财政理论中的"市场失灵论"。无论从古典自由主义理论来看,还是从近代的政府干预主义来看,政府财政活动的主要目的都是弥补市场失灵。古典经济学的财政思想,来源于亚当·斯密在1776年出版的《国民财富的性质和原因的研究》一书。其学派反对国家干预主义,主张实行"廉价政府",一般都认为国家的财政支出不具有生产性,应该尽量控制,而让市场这只"看不见的手"来实现资源的优化配置,认为市场机制可以实现经济发展的各种目标,因而财政支出的范围仅限于市场机制无法作用到的国防、司法、公共工程、公共机关等方面。这一观点在西方持续了一百多年,财政一直也被限制在特定的范围内。

但是,20世纪初资本主义国家在自由市场经济条件下发生了多次经济危机,导致了严重的社会萧条和动荡。许多经济学家开始认识到

---

① 安体富. 论我国公共财政的构建 [M] //高培勇. 公共财政:经济学界如是说. 北京:经济科学出版社,2000.

古典自由市场经济并不能自动实现资源的优化配置、经济稳定发展、充分就业等宏观经济目标。经济发展中存在许多市场自身不能解决的问题，即所谓的"市场失灵"。为了弥补市场经济的不足，英国经济学家凯恩斯建立了全新的政府干预主义理论，主张通过政府的财政支出来影响社会总需求，从而保障经济的平稳运行和发展。在20世纪中期，资本主义进入了一个"滞胀"时期，一些经济学派如供给主义、货币主义等派别又开始重视自由市场主义，他们认为政府的大量干预并没有带来比市场更多的效率，从而反对过多的政府干预，主张让市场自身去解决问题。

纵观西方市场经济国家的财政，其基本要点有：第一，政府财政的支出范围主要着眼于社会公共需要方面，不去干涉市场经济能够处理好的私人需要方面，不直接介入社会生产性领域，把社会资源配置的主要任务都交由市场去完成。第二，财政支出十分注重效益的提高，并采取各种数量方法如成本效益法、最低成本法等来进行财政支出决策，只有具有较大效益的项目，财政才会介入。第三，预算管理制度化，市场经济条件下社会经济生活逐渐复杂化，财政本质上是一种利益分配关系，必须建立相应的法制制度，才可能保障财政分配达到预期目的。第四，在财政体制上坚持分权制下的制衡，社会公共需要是有区域性的，政府提供的公共产品也具有地域性，地方政府在处理地方事务上比较有效率，所以，适当的分权有利于经济效率的提高。但是，各地之间又有很大差别，财力也各不相同，所以，权力也不能下放过多，还要保持一定的制衡力量。第五，坚持按税收负担最小化的原则来设计税制，在设计税制的过程中充分考虑公平与效率的关系，尽量做到"税收中性"，在征税的过程中努力降低征管成本和纳税人的奉行成本。

二、公共财政（public finance）的内涵与特征辨析

关于财政（public finance）的定义，早期的西方学者认为，财政是政府收入和支出的管理，或者称为政府资金的征收、使用和管理。

我国传统财政学关于财政的定义，尽管表述各异，但大体上还是概括为国家的收入和支出活动，甚或将收支活动等同于分配活动。在现代市场经济条件下的 public finance，日本学者岸田俊辅在 1978 年出版的《图说日本财政》一书中将其定义为"政府所进行的经济活动"。美国学者马斯格雷夫在其 1973 年初版的《财政学理论与实践》一书的序言中说："'财政'这一名词，传统上被应用于包含税收和支出措施的那套政策问题。这不是一个好名词，因为根本问题不是资金方面的，而是涉及资源利用、收入分配和就业水平的。不过这个名词已为人们所熟知，而且称之为公共部门经济所引起的误解将不会更少些。"他又在该书 1980 年第三版序言中说："本书论述公共部门经济，不仅包括其资金，而且包括它对资源利用的水平和配置，以及它在消费者之间的收入分配的全部关系。虽然我们的主题是归属于财政学的，但它涉及问题的资金方面，也涉及实物方面。而且，它不单纯是个公共经济问题。因为公共部门是在和私有部门相互作用之中运行的，所以两个部门都进入分析。不仅支出和税收政策的效果有赖于私人部门的反应，而且对财政措施的需要也取决于财政措施不存在时私人部门如何行动。"而财政部前部长项怀诚主编的《领导干部财政知识读本》一书认为，财政，也叫"国家财政"，是以国家为主体，通过政府的收支活动，集中一部分社会资源，用于履行政府职能和满足社会公共需要的经济活动。厦门大学张馨教授在《公共财政论纲》中的定义是：公共财政（public finance）指的是国家或政府为市场提供公共服务的分配活动或经济活动，它是与市场经济相适应的一种财政类型和模式。

总之，中外传统财政学基于时代的背景和条件，把财政定义为国家收入和支出，如以现代市场经济的观点考察，实在是太偏狭了，有的学者将收支活动等同于分配活动更不足取。将财政定义为"政府所进行的经济活动"，表明 public finance 在现代市场经济条件下，已不限于财政收支及其管理，更不限于货币资金管理，而要从政府与市场的相互作用角度，结合资源的配置、收入的分配、经济的稳定，从宏观和微观的角度分析，强调财政是经济的一个范畴，甚至于用中文的"公共财政"来替代"财政"。但是，将财政定义为"政府所进行的经济活动"又失之过宽，因为无论中外，除政府的财税部门之外，中央银行（通常简称为"央行"）、计委、通产省、商务部之类的政府机构，其经济活动断然不属财政。反观项怀诚和张馨的 public finance 定义，将财政定义为政府所进行的某种（类）经济活动，则有其合理之处。所以，公共财政是市场经济条件下的财政，已为大家所公认，尽管理论界的描述尚不统一。问题的关键在于对分配活动或经济活动的进一步界定，它既是对财政活动的高度概括，又涉及财政活动的范围、关系到以公共财政为基点的公共经济及其财务管理等诸项活动的范围、目标与方式。

笔者认为，public finance 是国家为了实现其职能，凭借国家的权力，参与一部分社会产品或国民收入分配所进行的一系列经济活动。

（1）public finance 的理财主体是国家，具体包括各级政府及其理财专职机关，其理财主体具有层级性。这里的各级政府包括中央政府和地方各级政府，政府又设置具体的理财机关，专司相应的理财职能，如中国目前的财政、海关、国家税务局和地方税务局系统等。

（2）public finance 活动的目的是实现国家的职能。过去理论界对国家职能的概括一般指政治职能和经济职能，这没有错。目前理论界关于公共财政的核心演化为满足社会公共需要，也是有其道理的。如果说前者的关系链为：国家或政府的职能→社会公共需要→财政的职能→……；后者的关系链是：社会公共需要→国家或政府的职能→财政的职能→……，那么，问题的症结之处就在于国家职能和社会公共需要的关系。就国家职能而言，"横看成岭侧成峰"，其既可分为政治职能和经济职能，也可分为阶级性方面的职能（对外进行战争或防御、对内维护统治阶级的统治等）和社会性方面的职能（提供公共福利、优化资源配置、公平收入分配、稳定经济并有适度的经济增长等）。再就社会公共需要来看，社会的即公共的，社会的职能亦即社会公共需要的职能，在传统财政学描述的实现国家政治、经济职能中，是包含着社会公共需要的，只不过公共需要在不同的历史发展阶段（如资本主义发展初期和当代资本主义时期、我国计划经济时期和市场经济阶段等），其内容、范围、方式有所不同，并反映着不同的生产关系。以此观之，前述关系链可为：国家或政府的职能→社会公共需要的职能→财政的职能→……。

（3）public finance 活动的根据（或依据）是凭借国家的政治权力、财产权力、行政管理权力和信用权力。政治权力即国家作为主权者的权力。马克思指出："在我们面前有两种权力：一种是财产权力，也就是所有者的权力；另一种是政治权力，即国家的权力。"① 政治权力为国家所独有，其主体就是国家，所以，政治权力即是国家作为主权者的权力。国家政治权力所涉及的对象范围，从地域的角度来看，就是政治权力所能达到的全部空间，如领土、领空、领海；从人员的角度来看，就是该国所认定的公民或居民。政治权力在经济上的实现形式就是税收。财产权力就是所有者的权力，所有者的权力不仅包括生产资料（含土地）的所有者权力，而且包括劳动力所有者的权力，其在经济上实现自己的形式，可进一步分割为产业利润、商业利润、借贷利息、地租及工资等。由此可见，所有者的权力主体具有多样性，不仅包括国家，而且包括企业、单位和个人。就财政而言，这里的所有者权力主体就是国家，国家作为生产资料所有者或出资者的权力主体，以上交利润形式参与国有资本及相关的资本组织形式的利润分配。在我国目前阶段，依国有经济的实现形式即经营形式的不同，进一步界定为直接上交利润、国有股股息红利、承包费和租赁费等。（特殊的）行政管理权力，是就政府与市场的关系而言的，若把政府也看作市场经济主体的一员，（特殊的）行政管理权力就是特殊的经济主体的权力。之所以特殊，在于其对象范围限于特定的对象、实施特定的管理所收取的规费和特许权使用费，其经济上的实现形式即是政府收费和政府性基金。至于国家的信用权力，不独体现在财政范围，中央银行行使的也是国家的信用权力。就财政而言，国家的信用权力在经济上的实现形式就是国库券或国债，或财政性贷款。就四种权力来看，政治权力和财产权力是财政依据的一般权力，行政管理权力和信用权力是财政依据的特殊权力。

---

① 马克思，恩格斯. 马克思恩格斯选集：第 1 卷 [M]. 北京：人民出版社，1972：170.

（4）public finance 参与"分配"是过程而不是结果。如果把财政的结果归属于分配活动，这是正确的。但需明确的是，这是指社会再生产四个环节即生产、分配、交换、消费中的"分配"，亦即财政分配制约生产，生产又决定财政分配；财政分配与交换、消费相互影响、相互制约；财政分配与其他社会产品分配（如工资分配、价格分配、信贷分配、财务分配等）相互影响、相互制约。所以，从社会再生产的角度立体地、多维地把握财政分配活动，是理解财政"是一种分配活动"的关键。但如果把财政分配活动仅仅归属于组织收支活动，则是失之偏颇的，是与现实经济情况不相符的。

（5）public finance 活动的结果是其一系列经济活动，具体包括组织收支活动、调节控制活动和监督管理活动等。这些经济活动的货币表现则为财政资金，具体包括财政收入和财政支出。

三、对公共财政模式的再认识

厦门大学张馨教授认为，公共财政是"与市场经济相适应的财政模式"；中国人民大学安体富教授认为，公共财政实质上是市场经济财政。我们认为，只有在市场经济条件下，财政的公共性才能真正取得独立、成熟、规范、完全的存在形式——公共财政，亦即市场经济财政。所以，我们主张和赞同公共财政是市场经济条件下的财政模式这一观点。但公共财政这一财政模式和经济条件、国家财政是什么关系，显然有必要予以进一步研究。

理论界有一种流行观点，认为人类历史上存在的经济体制有三种类型，与此相适应，财政类型或模式也分为三种：自然经济——家计财政、计划经济——国家财政、市场经济——公共财政。应当说，这种分类有一定新意。但我们认为，既然财政就是国家财政、政府财政，那么，公共财政就是国家财政的一种，即市场经济条件下的财政；同理，国家财政中尚包括计划经济条件下的财政。即

$$
财政 = 国家财政
\begin{cases}
计划经济条件下的财政 \\
\quad（生产建设财政或统收统支财政）\\
市场经济条件下的财政（公共财政）
\end{cases}
$$

顺便指出，理论界有人认为，国家分配论强调，财政本质上也是"国家分配"，因而"财政"就是"国家财政"。还有同志认为，国家分配论是关于财政本质的理论，公共财政论是关于财政现象的理论或关于财政模式的理论。笔者认为，国家分配论不应仅仅是关于财政本质的理论。国家分配论除本质论外，尚包括运行论、调控论、政策论等，当然，这些理论必然且必须随着条件的变化而发展变化，而发展了的国家分配论与公共财政论并不矛盾，所以，核心是要强化对市场经济这一条件的研究。

既然公共财政是市场经济条件下的财政，那么，与自然经济和计划经济相比，市场经济则拓宽和规范了财政关系涉及的经济主体和分配范围，财政关系的主体涉及国内外市场的参与者，涉及社会经济生活的各个层面，财政分配范围不仅扩展到社会再生产的各个环节，而且扩展到国内外市场及市场作用不到的范围。正因为如此，商品经济乃至市场经济，要求用法制规范财政关系的主体和分配范围，正确划分市场和财政各自的作用范围，凡是市场能够解决好的，就让市场解决；财政转向市场作用不到或市场失效的领域或产品，凡市场管不好或管不了的，就由财政通过各种手段来管。与自然经济和计划经济相比，市场经济则改变了财政的运行过程，使财政关系的运行过程由经费供给变为经营管理，财政再分配也相应变为市场性的再分配和非市场性再分配相结合。这种变化，使市场经济条件下的财政关系运行不仅与自然经济中的财政关系运行有了原则上的区别，而且与计划经济中的财政关系运行也有了很大的区别，如果人们仍然用原有的某些理财思想来看待市场经济中的财政关系，必然要产生严重失误，造成财政运行过程的紊乱。所以，按照市场经济发展的要求，把财政关系纳入市场经济体制运行的轨道，是财政体制改革需要妥善解决的问题，诸如国库集中统一收付、部门预算、收支两条线、政府采购等应运而生。与自然经济和计划经济相比，市场经济则拓展了财政的职能，随着商品经济的发展和生产社会化程度的提高，财政的职能有了明显的扩大和调整。在市场经济条件下，市场在资源配置、收入分配和稳定经济发展等方面起着基础性的作用，而财政分配正是立足于这种基础，成为资源配置、收入分配、稳定和发展经济最有效的调节机制，可以加速或抑制经济发展，引导生产经营方向，调整产业结构、产品结构和技术结构，公平分配收入，平衡社会总供给和总需求等。如果没有财政的"第二次"调节，那就只能任凭经济盲目发展，使社会经济处于波动或混乱状态。所以，市场经济的发展，不仅为财政关系的发展创造了物质条件，而且扩大并强化了财政的职能，使财政关系在现代经济生活中占有了举足轻重的地位。

参考文献：

［1］许廷星. 关于财政学的对象问题［M］. 重庆：重庆人民出版社，1957.

［2］许廷星，谭本源，刘邦驰. 财政学原论［M］. 重庆：重庆大学出版社，1986.

［3］刘邦驰，汪叔九. 财政学［M］. 成都：西南财经大学出版社，1995.

［4］高培勇. 公共财政：经济学界如是说［M］. 北京：经济科学出版社，2000.

［5］张馨. 公共财政论纲［M］. 北京：经济科学出版社，1999.

（原文载《财经科学》2005 年第 1 期）

对公共财政理论问题的再认识

王国清

一、国内外关于公共财政定义的简析

关于财政（public finance）的定义，早期的西方学者认为，财政是政府收入和支出的管理，或者称为政府资金的征收、使用和管理。我国传统财政学关于财政的定义尽管表述各异，但大体上还是可以概括为国家的收入和支出活动，甚或将收支活动等同于分配活动。在现代市场经济条件下的 public finance，日本学者岸田俊辅在 1978 年出版的《图说日本财政》一书中将其定义为"政府所进行的经济活动"。美国学者马斯格雷夫在其 1973 年初版的《财政学理论与实践》一书的序言中说："'财政'这一名词，传统上被应用于包含税收和支出措施的那套政策问题。这不是一个好名词，因为根本问题不是资金方面的，而是涉及资源利用、收入分配和就业水平的。不过这个名词已为人们所熟知，而且称之为公共部门经济所引起的误解将不会更少些。"他又在该书 1980 年第三版序言中说："本书论述公共部门经济，不仅包括其资金，而且包括它对资源利用的水平和配置，以及它在消费者之间的收入分配的全部关系。虽然我们的主题是归属于财政学的，但它涉及问题的资金方面，也涉及实物方面。而且，它不单纯是个公共经济问题。因为公共部门是在和私有部门相互作用之中运行的，所以两个部门都进入分析。不仅支出和税收政策的效果有赖于私人部门的反应，而且对财政措施的需要也取决于财政措施不存在时私人部门如何行动。"

再看中国，长期以来，我国财政理论界一直将 public finance 意译为"财政"。财政部前部长项怀诚主编的《领导干部财政知识读本》

一书认为，财政，也叫"国家财政"，是以国家为主体，通过政府的收支活动，集中一部分社会资源，用于履行政府职能和满足社会公共需要的经济活动。改革开放以后，国内一些著名财政学家开始将 public finance 译成"公共财政"，以区别于"国家财政"和"生产建设财政"，尤其是 1998 年我国提出建立社会主义公共财政框架以来，"公共财政"的提法开始在财政界普及起来。如厦门大学张馨教授在《公共财政论纲》中的定义是：公共财政（public finance）指的是国家或政府为市场提供公共服务的分配活动或经济活动，它是与市场经济相适应的一种财政类型和模式。

总之，就总体而言，中外传统财政学基于时代的背景和条件，把财政定义为国家收入和支出活动，如从现代市场经济的观点来考察则实在是太偏狭了；有的学者将收支活动等同于分配活动更不足取；将财政定义为"政府所进行的经济活动"（表明 public finance 在现代市场经济条件下，已不限于财政收支及其管理，更不限于货币资金管理，而要从政府与市场的相互作用角度，结合资源的配置、收入的分配、经济的稳定，从宏观和微观的角度进行分析，强调财政是经济的一个范畴，甚至于用中文的"公共财政"来替代"财政"）又失之宽泛，因为无论中外，除政府的财税部门外，中央银行、计委、通产省、商务部之类的政府机构，其经济活动断然不属于财政。反观项怀诚和张馨的 public finance 定义，将财政定义为政府所进行的某种（类）经济活动，则有其合理之处。所以，公共财政是"市场经济条件下的财政"已为大家所公认，尽管理论界的描述尚不统一。目前问题的关键是对分配活动或经济活动进行进一步界定，它既是对财政活动的高度概括，又涉及财政活动的范围，还关联到以公共财政为基点的公共经济及其财务管理等诸项活动的范围、目标与方式。

二、公共财政定义申论

笔者认为，public finance 是国家为了实现其职能，凭借国家的权力，参与一部分社会产品或国民收入分配所进行的一系列经济活动。

public finance 的理财主体是国家，具体包括各级政府及其理财专职机关，其理财主体具有层级性。这里的各级政府包括中央政府和地方各级政府，政府又设置具体的理财机关专司相应的理财职能，如我国目前的财政、海关、国家税务局和地方税务局系统等。

public finance 活动的目的是实现国家职能。过去理论界对国家职能的概括一般概指政治职能和经济职能，这没有错；目前将关于公共财政的核心演化为满足社会公共需要，也是有道理的。如果说前者的关系链为：国家或政府的职能→社会公共需要→财政的职能→……；后者的关系链则是：社会公共需要→国家或政府的职能→财政的职能→……，那么，问题的症结则在于国家职能和社会公共需要的关系。就国家职能而言，"横看成岭侧成峰"，其既可分为政治职能和经济职能，也可分为阶级性方面的职能（如对外进行战争或防御、对内维护统治阶级的统治等）和社会性方面的职能（如提供公共福利、优化资源配置、公平收入分配、稳定经济并有适度的经济增长等）。再就社会公共需要来看，社会的即公共的，社会的职能亦即社会公共需要的职能，在传统财政学描述的实现国家政治、经济职能中，是包含着社会公共需要的，只不过公共需要在不同的历史发展阶段（如资本主义发展初期和当代资本主义时期、我国计划经济时期和市场经济阶段等），其内容、范围、方式有所不同，并反映着不同的生产关系。以此观之，前述关系链可表述为：国家或政府的职能→社会公共需要的职能→财政的职能→……。

public finance 活动的根据（或依据）是凭借国家的政治权力、财产权力、（特殊的）行政管理权力和（特殊的）信用权力。政治权力即国家作为主权者的权力。马克思指出："在我们面前有两种权力：一种是财产权力，也就是所有者的权力；另一种是政治权力，即国家的权力。"政治权力为国家所独有，其主体就是国家，所以政治权力即是国家作为主权者的权力。国家政治权力所涉及的对象范围，从地域的角度来看，就是政治权力所能达到的全部空间，如领土、领空、领海；从人员的角度来看，就是该国所认定的公民或居民。政治权力在经济上的实现形式是税收。财产权力就是所有者的权力，所有者的权力不仅包括生产资料（含土地）的所有者权力，也包括劳动力所有者的权力，其在经济上实现自己的形式可进一步分割为产业利润、商业利润、借贷利息、地租及工资等。由此可见，所有者权力的主体具有多样性，不仅包括国家而且包括企业、单位和个人。就财政而言，这里的所有者权力的主体就是国家，国家作为生产资料所有者或出资者权力的主体，以上交利润形式参与国有资本及相关的资本组织形式的利润分配。在我国目前阶段，依国有经济的实现形式即经营形式的不同，可进一步界定为直接上交利润、国有股股息红利、承包费和租赁费等。（特殊的）行政管理权力是就政府与市场的关系而言的，若把政府也看作市场经济主体的一员，（特殊的）行政管理权力就是特殊的经济主体的权力。其之所以特殊，还在于其对象范围是限于对特定的对象、实施特定的管理所收取的规费和特许权使用费，其经济上的实现形式即是政府收费和政府性基金。至于国家的信用权力，不独体现在财政范围，中央银行行使的也是国家的信用权力。就财政而言，国家的信用权力在经济上的实现形式就是国库券或国债，或财政性贷款。就四种权力来看，政治权力和财产权力是财政依据的一般权力，行政管理权力和信用权力是财政依据的特殊权力。

public finance 参与"分配"的是过程而不是结果。如果把财政的结果归属于分配活动是正确的，但需明确的是，这是指社会再生产四个环节即生产、分配、交换、消费中的"分配"，亦即财政分配制约生产，生产又决定财政分配；财政分配与交换、消费相互影响、相互制约；财政分配与其他社会产品分配（如工资分配、价格分配、信贷分配、财务分配等）相互影响、相互制约。所以，从社会再生产的角度立体地、多维地把握财政分配活动，是理解财政"是一种分配活动"的关键，但如果把财政分配活动仅仅归属于组织收支活动则失之偏颇，是与现实经济情况不相符的。

public finance 活动的结果是其一系列经济活动，具体包括组织收支活动、调节控制活动和监督管理活动等。这些经济活动的货币表现则为财政资金，具体包括财政收入和财政支出。

三、对公共财政模式的再认识

厦门大学张馨教授认为，公共财政是"与市场经济相适应的财政模式"；中国人民大学安体富教授认为，公共财政实质上是市场经济财政。我们认为，只有在市场经济条件下，财政的公共性才能真正取得独立、成熟、规范、完全的存在形式——公共财政，亦即市场经济财政。所以，笔者主张和赞同公共财政是市场经济条件下的财政模式这一观点。但公共财政这一财政模式和经济条件、国家财政是什么关系，显然有必要进行进一步的研究。

理论界有一种流行观点，认为人类历史上存在的经济体制有三种类型，与此相适应，财政类型或模式也分为三种：自然经济——家计财政、计划经济——国家财政、市场经济——公共财政。应当说，这种分类有一定新意。但笔者认为，既然财政就是国家财政、政府财政，那么，公共财政则是国家财政中的一种，即市场经济条件下的财政；同理，国家财政尚包括计划经济条件下的财政。

顺便指出，理论界有人认为，国家分配论强调财政本质也是"国家分配"，因而"财政"就是"国家财政"；还有学者认为，国家分配论是关于财政本质的理论，公共财政论是关于财政现象的理论或关于财政模式的理论①。笔者认为，国家分配论不应仅仅是关于财政本质的理论，国家分配论除本质论外，尚包括运行论、调控论、政策论等，当然这些理论必然且必须随着条件的变化而发展变化，而发展了的国家分配论与公共财政论并不矛盾，所以，核心是要强化对市场经济这一条件的研究。

既然公共财政是市场经济条件下的财政，那么，与自然经济和计划经济相比，市场经济则拓宽和规范了财政关系涉及的经济主体和分配范围。在市场经济条件下，财政关系的主体涉及国内外市场的参与者，涉及社会经济生活的各个层面，财政分配范围不仅扩展到社会再生产的各个环节，而且扩展到国内外市场及市场作用不到的范围。正因为如此，商品经济乃至市场经济，要求用法制规范财政关系的主体

---

① 樊丽明. 探讨财政改革 完善财政政策［M］. 济南：山东人民出版社，2001.

和分配范围，正确划分市场和财政各自的作用范围，凡是市场能够解决好的，就让市场解决；财政则主要转向市场作用不到或市场失效的领域或产品，凡市场管不好或管不了的，就由财政通过各种手段来管。与自然经济和计划经济相比，市场经济改变了财政的运行过程，使财政关系的运行过程由经费供给转变为经营管理，财政再分配也相应转变为市场性的再分配和非市场性的再分配相结合。这种变化，使市场经济条件下的财政关系运行不仅与自然经济中的财政关系运行有了原则上的区别，而且与计划经济中的财政关系运行也有了很大的区别，如果人们仍然用原有的某些理财思想来看待市场经济中的财政关系，必然要产生严重失误，造成财政运行过程的紊乱。所以，按照市场经济发展的要求，把财政关系纳入市场经济体制运行的轨道，是财政体制改革需要妥善解决的问题，诸如国库集中统一收付、部门预算、收支两条线、政府采购等应运而生。与自然经济和计划经济相比，市场经济则拓展了财政的职能。随着商品经济的发展和生产社会化程度的提高，财政的职能有了明显的扩大和调整。在商品经济中，财政的主要职能不仅是取得财政收入，保障经费供给，而且是对经济运行的控制、调节和社会利益的协调，尤其是在市场起基础性作用的商品经济中表现得更为明显；在市场经济条件下，市场在资源配置、收入分配和稳定经济发展等方面起着基础性的作用，而财政分配正是立足于这种基础，成为资源配置、收入分配、稳定和发展经济最有效的调节机制，可以加速或抑制经济发展，引导生产经营方向，调整产业结构、产品结构和技术结构，公平分配收入，平衡社会总供给和总需求等。如果没有财政的"第二次"调节，那就只能任凭经济盲目发展，使社会经济处于波动或混乱状态。所以，市场经济的发展，不仅为财政关系的发展创造了物质条件，而且扩大并强化了财政的职能，使财政关系在现代经济生活中占有了举足轻重的地位。

四、公共财政涵盖所有的财政活动

这里讲的公共财政涵盖了所有的财政活动。1994 年 3 月公布的《中华人民共和国预算法》第二十六条规定，"中央预算和地方各级政府预算按照复式预算编制",第二十七条指出,"中央政府公共预算……";1995 年 11 月国务院发布并施行的《中华人民共和国预算法实施条例》第二十条规定:"各级政府按照复式预算编制,分为政府公共预算、国有资产经营预算、社会保障预算和其他预算。"这里有两点值得注意:第一,把国有资产经营预算(或国有资本预算)、社会保障预算等作为和公共预算并列的内容和形式是人为缩小了公共财政的内涵与外延,其实这里的预算种类都应归属于公共预算,文中的"公共预算"应改为"经常性预算"为好;第二,从经济学的角度来看,预算是狭义的财政,公共预算就是狭义的公共财政。有的学者认为:"在公共财政之外,还必然有一块活跃于经营性、竞争性领域的国有资本财政。而公共财政与国有资本财政这两个既互相区别又互相联系的有机统一体,就构成了我国国家财政的现实模式,即所谓的'双重结构(或双元)财政'。"① 笔者认为,市场经济条件下的财政就是公共财政,则公共财政断然不等于"吃饭财政",而是从属于国家财政的,至于"国有资本财政"这一提法是否科学、准确,这里暂不讨论,但国家政治权力、财产权力、行政管理权力和信用权力参与分配与再分配所进行的一系列经济活动,在市场经济条件下是归属于公共财政的,把"国有资本财政"作为公共财政的对立物,放在公共财政之外,是需要重新研究的问题。

五、财政收支平衡与马克思的有关论述

什么是财政收支平衡?理论界的表述不尽相同,其中一种重要的观点认为,财政(收支)平衡是指国家预算收入与支出之间的对比关系。这种观点进一步指出,收支对比不外是三种结果:收支相等,称为财政平衡;支出大于收入,称为财政赤字或预算赤字;收入大于支出,称为财政结余。显然,这种收支平衡的表述在逻辑上是悖理的。笔者认为,出现这种状况的原因在于对马克思的有关论述存在误解。在有关的财政学教科书中一般都引证了马克思的这段话,即"每一个

---

① 樊丽明. 探讨财政改革 完善财政政策 [M]. 济南:山东人民出版社,2001.

预算的基本问题是预算收支部分之间的对比关系，是编制平衡表，或者为结余，或者为赤字，这是确定国家或者削减，或者增加税收的基本条件"。笔者的体会是，马克思在论述编制预算时，认为可能出现平衡、结余、赤字三种对比关系之结果，这无疑是正确的，但马克思的字里行间并没有这三种对比关系之结果都是财政收支平衡的结论，重温马克思的有关论述是颇有意义的。

那么，该如何定义财政收支平衡呢？笔者认为，财政收支平衡主要是指当年预算收入和支出在量上的相互适应。由于这种相互适应不可能做到绝对相等，所以一般所说的财政收支平衡是指当年收支大体平衡，略有结余或赤字的情况，即财政收支基本平衡。

六、财政与社会再生产

财政在社会再生产中的地位这一理论已为大家所熟知，它在分析财政在物质资料再生产方面是正确而完整的。但是，研究财政与社会再生产的关系，把人口的再生产排除在我们的视野之外，又是不够完善的。事实上，恩格斯在 1884 年所著的《家庭、私有制和国家的起源》一书的序言中，明确提出了"两种生产"的观点。他指出："生产本身又有两种。一方面是生活资料即食物、衣服、住房以及为此所必需的工具的生产，另一方面是人类自身的生产，即种的蕃衍。"

社会再生产所包括的两种再生产是相互联系的，物质资料的再生产是人口再生产的基础和物质保证，人口再生产是物质资料再生产的前提和必要条件，在社会生产中，必须把二者统筹考虑，并取得两种生产的和谐发展。人口是生产者，同时又是消费者，它在社会再生产中处于重要地位。人口的素质直接决定着劳动生产率的高低，人口中劳动者的数量也影响着生产的发展程度，人口的数量和质量可以阻碍或加速生产的发展，且最终都要反映到财政上来。如果忽略了人口再生产，就可能导致财政分配只顾及物质资料的再生产，从而可能导致财政支出中不重视人口素质提高方面的投资。只有正确认识物质资料再生产和人口再生产的紧密联系、相互促进关系，才能正确分配财政资金于两种再生产，合理配置资源，促进经济和人口的协调发展。事实上，财政收入、财政职能、财政支出、财政补贴、社会保障、预算体制等，无不与人口的再生产有着密切的联系，但在我们的财政理论中尚未有充分的反映和概括。总之，财政分配在社会再生产中的地位不仅要考虑物质资料的再生产，而且也应该包括人口的再生产，这样才能使我们的财政理论更加完善，从而避免不应有的财政政策失误。

参考文献：

［1］项怀诚. 领导干部财政知识读本 ［M］. 北京：经济科学出版社，1999.

［2］张馨. 公共财政论纲 ［M］. 北京：经济科学出版社，1999.

［3］马克思，恩格斯. 马克思恩格斯选集：第 1 卷 ［M］. 北京：人民出版社，1972.

［4］安体富. 论我国公共财政的构建 ［C］//高培勇. 公共财政：经济学界如是说. 北京：经济科学出版社，2000.

［5］王国清. 公共财政：财政的公共性及其发展 ［J］. 经济学家，1999（6）：91-97.

［6］马克思，恩格斯. 马克思恩格斯全集：第 9 卷 ［M］. 北京：人民出版社，1957.

［7］马克思，恩格斯. 马克思恩格斯全集：第 21 卷 ［M］. 北京：人民出版社，1965.

（原文载《广东商学院学报》2005 年第 2 期）

两种属性分配关系与国家分配论

——纪念许廷星《关于财政学的对象问题》出版 50 周年的思考

王国清

在财政理论界关于基础理论的研讨中，涉及"国家分配论"到底是谁第一个提出的，这个理论是不是计划经济的产物，最初提出的"国家分配论"到底包括哪些主要内容。这三个问题不仅关联该理论的发展、演变的探索，而且涉及对其他财政理论的进一步研讨。2007年恰值许廷星教授《关于财政学的对象问题》专著正式出版 50 周年。我们认为，对上述三个问题，许廷星的专著已做了回答。谨以此文作为纪念。

一、两种属性分配关系和国家分配论的提出

两种属性分配关系的理论，肇始于许廷星教授在 1957 年由重庆人民出版社出版的专著《关于财政学的对象问题》，许廷星教授提出了"财政的分配关系"和"经济的分配关系"，并指明了这两种分配关系的联系与区别："财政所表现的分配关系其所以与一般经济所表现的分配关系不完全相同，因为经济的分配关系是从生产资料所有制发生的分配关系，而财政的分配则是从国家职能所发生的分配关系。前者表现在经济的领域，后者既表现在经济的领域，同时也表现在非经济的领域。但二者相同的地方，是在同一的社会生产关系决定下，都是属于社会产品或国民收入的分配或再分配。""所以原始公社时期及将来共产主义时期，只有一般经济的分配关系而无财政的分配关系。"1986 年由许廷星、谭本源、刘邦驰教授著的《财政学原论》则重申、

深化和发展了这一理论，并规范地称之为再生产过程中两种属性的分配关系理论，即"一种是在以生产资料所有者为主体的条件下出现的分配关系，一种是与国家职能联系的在以国家为主体的条件下出现的分配关系。前者是经济属性的分配关系，后者是财政属性的分配关系"。

两种属性分配关系和"国家分配论"是针对苏联学者的财政学对象是"货币关系"而提出的理论。

许廷星教授认为，"从货币关系立论……，自己感到很不满意"。他关于财政学对象问题的研究，"开始于 1955 年的下期，而于 1955 年底和 1956 年初完成初稿。当时研究这个问题是从'货币关系'着手的，但在研究过程中发现有很多问题不好解决，如历代财政上的征实问题，并不表现为货币形态，是否就不算是财政？财政上的征实问题并不是人类社会发展史中偶然的历史现象，不但在奴隶制社会的国家财政中有征实，就是在封建主义社会的国家财政中也有征实。在中国鸦片战争前夕的国家财政中还存在实物贡纳和实物征收，如马贡、狐皮贡、漕粮、漕耗等，在国家财政的岁出中，也还存在禄米制。如把'货币关系'当成财政规律来说明社会历史发展诸阶段中的财政，很难具有说服力。从货币关系立论，解决了这一社会形态的财政问题，但不能解决另一社会形态的财政问题。货币关系仅是货币职能的表现形式，不容易从货币形式所表现的现象看出问题的内在关系。并且把货币现象说成是财政，也感觉到财政是漫无边际，无所不包的，因而完成初稿后，自己感到很不满意"。因此，在 1956 年，他才"大胆地从货币关系的圈子里钻出来并从分配关系来试图研究解决这个问题"。

二、两种属性分配关系和国家分配论的基本内容

（一）财政学的定义

财政学"是生产诸关系中有关分配关系发展的科学，它研究人类社会各个发展阶段上国家对社会产品或对国民的收入分配及再分配规律"。财政学"是运用辩证唯物主义的方法来研究人类社会各个发展阶段有关国家职能所发生的分配关系的发生、发展及其消亡的科学"。

（二）财政学的对象

财政学的对象"是国家关于社会产品或国民收入分配与再分配过程中的分配关系，简单地说，也就是人类社会各个发展阶段中国家对社会的物质资料的分配关系"。财政学的研究范围并不是无所不包的，涉及所有货币关系的范围，而仅是国家职能所发生的财政分配关系所涉及的范围，其中也包括了财政分配关系中所具有的货币形式。

（三）不同于货币关系论的财政的定义

"财政是国家对社会的物质资料的分配。……这种分配在不同条件下，或者表现为实物形态，或者表现为货币形态，但在各种表现的形态后面，实际上都是属于社会的物质资料的一种分配。"

（四）财政的产生与国家职能的关系

上述"概念说明了财政的产生及其与国家的关系"。而且，"从人类社会的发展历史说，自从人类社会出现了阶级和国家，也就出现了财政。阶级和国家不存在，财政也就随之而不存在"。许廷星教授通过对原始社会、奴隶制社会国家、封建制国家和资本主义国家财政的分析，指明"财政与国家职能是不可分的，社会主义社会国家的财政，也是从属于其国家职能的"，所以，"自从人类社会有了阶级的存在，就有了国家的存在，也就有了财政的存在。相反，没有阶级的存在，就没有国家的存在，也就没有财政的存在。在原始公社时期是如此，在将来共产主义时期也是如此。由此可见，财政的存在与国家职能是分不开的。"

（五）国家对社会的物质资料分配的表现形式

财政"与一定社会形态的生产关系是有着内在的相互联系的关系的"。"一定的社会生产关系，决定同它相适应的一定的分配关系，而分配关系是与生产、交换、消费相互联系而又受生产积极影响的。财政属于分配关系之一，因而财政与生产、分配、交换和消费是相互联系而又相互影响的。……经济决定财政，而财政也积极影响经济。"奴隶制社会的财政分配关系是"以实物或劳役的分配形式为主，而利用货币形式的分配次之"，也就是"通过实物或货币以贡租和税捐的形式来表现"。封建社会国家财政的分配关系，表现为以下形式：第一种形式是大小采邑封君陪臣对帝王的贡献，第二种形式是封建帝王凭借封建统治特权，独占生产手段，并把城堡城市当成私产而产生的特权收入，如居民开矿、制盐、狩猎、捕鱼、使用磨坊打铁炉等，均须负担贡纳义务，付出实物或货币为代价。第三种形式是各种捐税收入，如中唐时改"租庸调"为"两税制"，折征货币；明代创行"一条鞭法"征收银两；清代对民田征收的田赋；以及在中国封建王朝历代征收的商业税、入市税、关税、茶、盐、酒税等"。总之，"封建王朝国家在财政上的分配关系，都是在农奴劳动的基础上，初期以实物形式的分配为主，而以货币形式的分配为次。到封建主义社会末期，则主要表现为货币形式的分配"。"财政的分配关系，通过国家以赋税和各种税捐的形式来表现"。资本主义国家财政的分配关系，"利用货币形态对国民收入进行分配和再分配"，"以税收、公债、通货膨胀、国外贷款等形式"。"社会主义国家在财政的分配关系上也具有特点"，其对国民收入的分配和再分配，首先表现在国营经济纯收入的直接分配上，即周转税、利润提成、社会保险工资附加、地方税收等形式；其次表现即对工业生产合作社纯收入与对集体农庄公共经济收入的分配上，即周转税、所得税等形式；最后表现为居民缴纳的税收以及居民自愿认购的公债等形式。换句话说，财政对国民收入的分配，首先表现在国家对社会主义性质企业内部积累的直接分配上，如国营经济利润上交，高级形式国家资本主义经济的一部分利润上交，以及供销合作社提交给国家的一部分积累。其次表现在对社会主义性质的经济、非社会主义性质的经济和对居民征收的各种工商业税（商品流通税、货物税、营业税、所得税等）、农业税、地方税等方面。最后表现在对社会主义性质企业和组织的劳动保险加成、财产保险费以及表现在对居民的人身保险费和公私合营企业、私人资本主义企业与各阶层居民自愿认购公债等形式上。

（六）社会主义国家财政是满足社会的共同需要

社会主义国家在财政的分配关系上具有的"特点是在生产资料社

会主义公有制的条件下，社会主义国家直接参加社会主义企业与组织的纯收入和企业与组织非集中的纯收入，并按照国民经济计划和财政计划，用于扩大社会主义再生产，满足整个社会的共同需要"。

（七）在社会主义经济内部，两种属性的分配关系是统一而和谐的

"社会主义经济的分配关系和财政的分配关系，在生产资料社会主义公有制的条件下，在特种商品生产和货币经济存在的条件下，二者完全是统一的、和谐的。"

（八）财政属性的分配关系的分配依据是国家权力

许廷星在谈到奴隶制和封建制国家财政的分配关系时，强调财政的分配关系就是"属于国家权力所发生的分配关系"，是"国家从国家权力所发生的财政的分配关系"。

（九）两种属性的分配关系的主体：财政的分配关系以国家为主体

"为了易于明确问题起见，我们把分配关系区分为社会经济的分配关系和国家职能所发生的分配关系（也就是指财政的分配关系）。一般经济的分配关系是以生产资料所有者为主体的，财政的分配关系是以国家为主体的。""如果没有国家的存在，也就没有国家职能所发生的分配关系存在，也就是没有财政的分配关系存在。"

（十）财政同国家职能联系的必要

财政属于再生产中同国家联系在一起的分配关系。因为"如果财政的概念不同国家的职能相联系，或者把财政理解为就是社会物质资料的分配，则一切分配关系都将归属于财政的范畴，……并且从社会历史发展诸阶段的情况来看，一般经济的分配也就成了财政的分配，一般经济的分配关系也就成了财政的分配关系，这种看法是值得研究的"。前已述及，"财政是国家对社会的物质资料的分配"。"财政之所以必须同国家职能联系起来理解，是因为随着社会生产关系的转移，随着生产资料所有制的不同，随着国家的性质不同及其职能的不同，

财政的内容也有所不同，财政的分配关系也有广狭的不同。"

（十一）区分两种分配关系的必要

"我们从分配关系中区分出财政的分配关系，并明确划分一般经济分配关系的主体是生产资料所有者，而财政分配关系的主体是国家，对于明确马克思列宁主义财政学的研究对象有很大帮助。"

（十二）对货币关系的批判

针对 A. M. 亚历山大洛夫著《苏联财政》上册绪言中曾有"国家财政是属于货币关系范围内的，在货币关系外是不存在财政的"，许廷星明确指出："人们往往把货币关系认为是财政，同样的也会使人误解一切货币关系都是财政，这样单纯从货币关系来判断是否属于财政，必至漫无边际，把财政的范围推广到无所不包了。""有些同志因为硬抬货币关系的学说，把社会诸生产关系中所表现的各种货币关系都视为财政，这就把财政的范围推广到无所不包了。"

三、《关于财政学的对象问题》的现实意义与启示

（一）在当代中国财政学发展中的地位

1949 年以前，中国的财政学基本上秉承英美财政学体系，不管是编译的文献，如黄可权所编《财政学》（1907 年出版），张锡之、晏才杰等译的《比较财政学》（1909 年出版），陈启修（陈豹隐）翻译的《财政学提要》（1914 年出版），还是自撰的一些财政学著作，如陈启修的《财政学总论》（商务印书馆，1924 年出版）、胡善恒的《赋税论》（商务印书馆，1934 年出版）、尹文敬的《财政学》（商务印书馆，1935 年出版）以及何廉、李锐合著的《财政学》（商务印书馆，1935 年出版）等。中华人民共和国成立以后，我国的财政学界才开始独立探索建立自己的财政学理论体系。20 世纪 50 年代中期经济建设的巨大成就和后期"大跃进"的失败，为财政基础理论的研究提供了正反两方面的实践经验和教训，出现了一个财政理论探讨的活跃时期，产

生了许多流派。

中华人民共和国成立初期，由于当时特殊的政治经济形势，在我国财政理论研究中占统治地位的主要还是从苏联引进的"货币关系论"，以及在此基础上形成的一些流派，如"价值分配论"和"国家资金运动论"等。

20世纪50年代末至60年代初，在中国财政理论界对"货币关系论"的批评过程中，"国家分配论"逐渐占据主流地位。许廷星教授于1957年出版《关于财政学的对象问题》专著，第一次比较系统地提出并论述了"国家分配论"的基本内容，"许廷星于1957年在国内首次提出了'国家分配论'或'国家分配关系论'"。尔后，学术界在60年代奠定了"国家分配论"在中国财政学的主流地位。总之，许廷星的《关于财政学的对象问题》在中国当代财政学的发展史上，有着重要的开创意义。

至于"国家分配论"产生的背景是否计划经济？前已述及，"国家分配论"是在与"货币关系论"的论战中产生的。显然，学术界有同志认定，"国家分配论"是计划经济的产物这一结论，是失之偏颇的。

（二）"国家分配论"同样强调"满足社会共同需要"

应当说，许廷星教授在其专著中涉及的内容丰富，如"财政的分配关系以国家为主体""满足整个社会的共同需要"等。他没有拘泥于只言片语，也不停留在"国家""分配"等基本要素的表面，而是系统论述了"国家分配论"的主要内容，在今天仍然有着重要的理论价值和现实意义。

仅就"满足整个社会的共同需要"而言，改革开放后，尤其是在建立社会主义市场经济体制的过程中，美、英等国的财政理论得到引进和吸收，出现了对"国家分配论"的一系列争论，形成了一些新的理论流派。如"社会共同需要论"认为财政"是由于人类社会生产的发展，出现了剩余产品和剩余劳动之后，发生了社会共同需要而产生的。它的实质是人们为了满足共同需要而对社会剩余产品进行分配所发生的分配关系"。

　　20 世纪 90 年代以后，我国财政学界开始注重对源于西方的"公共财政论"的认识与辨析，一度引起许多关于所谓"国家分配论"与"公共财政论"的理论争论。而"公共财政论"的核心是"为满足社会公共需要"。许廷星教授在 50 年前就明确指出，社会主义国家财政"满足整个社会的共同需要"，所以"国家分配论"同样包括"满足整个社会的共同需要"这一重要内容。我们认为，"国家分配论"所涉及的关系链为：国家或政府的职能→社会公共需要→财政的职能→……；"共同需要论"和"公共财政论"在国家存在的前提下的关系链是：社会公共需要→国家或政府的职能→财政的职能→……。那么，问题的症结之处就在于国家职能和社会公共需要的关系。就国家职能而言，"横看成岭侧成峰"，其既可分为政治职能和经济职能，也可分为阶级性方面的职能（对外进行战争或防御、对内维护统治阶级的统治等）和社会性方面的职能（提供公共福利、优化资源配置、公平收入分配、稳定经济并有适度的经济增长等）。再就社会公共需要来看，社会的即公共的，社会的职能亦即社会公共需要的职能，在传统财政学描述的实现国家政治、经济职能中，是包含着社会公共需要的，只不过公共需要在不同的历史发展阶段（如资本主义发展初期和当代资本主义时期、我国计划经济时期和市场经济阶段等），其内容、范围、方式有所差异，并反映着不同的生产关系。以此观之，前述关系链可为：国家或政府的职能→社会公共需要的职能→财政的职能→……。随着理论研究的不断深化，学术界越来越倾向于"国家分配论"和"公共财政论"不是直接对立而是相互兼容的关系。事实上，"只有在市场经济条件下，财政的公共性才真正取得独立、成熟、规范、完全的存在形式——公共财政，亦即市场经济财政"。当然，在争论过程中，不仅关于以市场经济为背景的"公共财政论"的认识得到清晰化和具体化，而且对"国家分配论"的认识也得到了深化。总之，"满足社会共同需要"同样是"国家分配论"的重要内容，并非"共同需要论"和"公共财政论"的专利。

参考文献：

［1］许廷星. 关于财政学的对象问题［M］. 重庆：重庆人民出版社，1957.

［2］许廷星，谭本源，刘邦驰. 财政学原论［M］. 重庆：重庆大学出版社，1986.

［3］王国清. 财政基础理论研究［M］. 北京：中国财政经济出版社，2006.

［4］贾康，李全. 财政理论发展识踪：结合"公共财政"的点评［J］. 财政研究，2005（8）：2-6.

［5］何振一. 财政起源刍议［J］. 财贸经济，1982（3）：26-29，33.

［6］王国清. 公共财政：财政的公共性及其发展［J］. 经济学家，1999（6）：91-97.

（原文载《经济学家》2008 年第 1 期）

财政与社会再生产关系研究综述与展望

王国清　赵红超

　　财政是国家对一部分社会产品或国民收入的分配，社会再生产是生产、分配、交换、消费四个环节的统一。财政归属于社会再生产的分配环节，社会再生产原理是社会主义财政理论基础的重要组成部分，财政与社会再生产的关系理论是理解和解决一切财政活动的基石，重视和加强对财政与社会再生产关系的研究，是进行一切财政分配活动、制定和执行各项财政政策的基本前提。长期以来，人们对财政与社会再生产关系的研究就是对财政与物质资料再生产关系的研究，后来受马克思"两种生产"理论的影响又进行了对财政与物质资料再生产、人口再生产两种再生产关系的研究。诚然，财政与物质资料再生产、人口再生产这两种再生产的关系是关乎整个财政分配与社会再生产顺利进行的重要问题，然而就社会再生产的类别而言，环境资源再生产也应包括其中，对财政与环境资源再生产的关系的研究自然也应成为整个财政与社会再生产关系理论体系中不可或缺的一部分。基于财政是现代社会建设的核心，在当前加快建设资源节约型、环境友好型社会的要求和指引下，这种研究无论是理论上还是实践上都显得尤为必要和紧迫。

一、财政与一种再生产理论：财政和物质资料再生产

　　关于财政与社会再生产的关系问题，20 世纪 50 年代和 60 年代国内学术界就已经开始有所涉及，比如许廷星、沈云、陈共等都有就财政与社会再生产的关系方面的论著。然而就这一问题展开深入的、系

统性的研究应该说是改革开放后的事情，可见的文献也非常多，比较有代表性的例如侯梦蟾、叶振鹏、邓子基以及许毅和陈宝森等，都对财政与社会再生产的关系进行了细致、系统的研究。长期以来，人们从对马克思《〈政治经济学批判〉导言》的研究出发，一致认为，社会再生产就是指连续不断的物质资料的社会生产、分配、交换、消费的过程，因此，综观以上文献研究，我们不难发现这样一个共同特点，谈论财政与社会再生产的关系，我们见到最多也最主要的就是针对财政与物质资料再生产的关系的研究。至于有时论及财政与经济的关系，其实也就是指财政与物质资料再生产之间的关系，并且，经济决定财政，而财政也积极影响经济。

物质资料再生产是人类社会存在和发展的基础，也是一切经济活动的前提。财政与物质资料再生产的关系，总的来看，一方面，物质资料再生产的顺利进行给财政提供了稳定而可靠的物质基础；另一方面，财政资金的不断增长和合理分配又进一步促进了物质资料再生产的不断进行和迅速发展。具体而言，财政分配作为再生产分配环节的一个组成部分，它与物质资料再生产的关系表现为财政分配与物质资料再生产各个环节的关系。首先，生产决定财政分配。这是主导的方面，主要表现在：生产为财政提供可供分配的对象；生产的发展速度和效益水平决定财政分配的增长速度和规模；生产结构决定财政分配结构；生产关系的性质决定财政分配的性质；参与生产的一定形式决定财政分配的特定形式。反过来，财政分配既可是对生产成果进行分配，又可是对生产要素进行分配，因此必将影响、制约生产的发展，主要表现在：财政聚集资金的规模影响生产发展的规模和增长速度；财政对生产资料进行资源配置，可以调节生产结构；财政分配能促进生产关系的变革、巩固和发展。其次，财政分配与交换相互联系、相互依存并互为前提。交换为财政分配提供了可分配的资金，商品交换的顺利进行是财政分配得以实现的基本条件；一定的交换形式决定财政分配的形式；交换的广度和深度影响财政分配的广度和深度；如交换不当还会造成财政收入的虚假，影响财政分配的正确性。同时，财政分配又影响着商品交换，它为商品交换提供了有支付能力的购买力，财政分配的速度和结构也影响商品交换速度和商品供求总量与结构，财政平衡是商品流通正常进行的重要条件。最后，消费能为生产创造出更多的需求，它不仅制约着财政分配的规模和增长速度，同时也制约着财政分配的方向和分配结构。当然，财政分配在一定程度上也制约着消费水平和各种消费比例关系，调节消费结构，等等。另外，财政分配与工资分配、价格分配、信用分配、财务分配、社会保障分配，也存在着相互制约、相互影响的关系。

从已有的关于财政与社会再生产关系的研究成果来看，人们在财政与物质资料再生产关系方面的研究是正确而完整的。但是我们不禁要问：为什么20世纪90年代以来，财政与物质资料再生产的关系理论在财政学教科书或专著中要么以"简装本"出现，要么渺无踪影呢？这其中固然有学习或采纳西方版本财政学的因素，但我们认为，最重要的原因在于，财政如今已经成为不仅涉及经济，而且关联人口、资源、环境乃至关系整个社会建设的核心。随着"现代社会建设的核心是财政"这一地位的界定，客观上要求财政与社会再生产的关系，不仅应包括财政与物质资料再生产的关系，更应拓展到财政与人口再生产、环境资源再生产的关系上。那么，财政与人口再生产的关系又是如何的呢？

二、财政与两种再生产理论：财政和物质资料再生产、人口再生产

两种再生产是指物质资料再生产和人口再生产。关于这一点，恩格斯早已指出："生产本身又有两种。一方面是生活资料即食物、衣服、住房以及为此所必需的工具的生产；另一方面是人自身的生产，即种的蕃衍。"因此，把社会再生产只看作物质资料再生产这一种类型，既不符合包括原始社会在内的全部人类历史的发展过程，也不符合恩格斯的两种再生产理论，应该加以修正。而且，如果没有了人口再生产，物质资料再生产肯定无法进行，财政分配更是无从谈起。所以，研究财政与社会再生产的关系只局限于财政与物质资料再生产，

而对财政与人口再生产等其他社会再生产的关系问题存而不论，甚至视而不见的做法是有欠完善的，更何况还有环境资源再生产呢！

关于人口再生产，国内学者已进行了系统的阐发和研究，而对于财政与人口再生产的关系的研究却寥寥无几，主要有徐日清、金国相、吴健于以及刘汉屏、阮芳伧、王奎泉等，他们从总体上为财政与人口再生产的关系的研究揭开了序幕，但这些研究主要是从人口增长与国家财政失去平衡之"人财失衡"的角度来探讨财政与人口的关系，其中略有提及的"人口再生产"则很多是指"劳动力再生产"，并把"人口再生产"与"劳动力再生产"混用，以至于论述财政与人口再生产的关系其实是在论述财政与劳动力再生产的关系。关于这一点，我们知道，"两种生产"是物质资料再生产和人口再生产而非劳动力再生产。"人口再生产"与"劳动力再生产"紧密相连，但又有严格区别，进而，对财政与人口再生产关系的研究绝不能等同于对财政与劳动力再生产关系的研究。鉴于此，笔者于1996年在拙文《对财政理论几个基本问题的再认识》中把人口再生产作为社会再生产的一种而对财政与人口再生产的关系进行了阐述。

认识财政与人口再生产的关系，必须从认识物质资料再生产和人口再生产的关系入手。我们认为，社会再生产所包括的物质资料再生产和人口再生产，它们是相互联系的，物质资料的再生产是人口再生产的基础和物质保证，人口再生产是物质资料再生产的前提和必备条件。在社会再生产中，必须把两种生产统筹考虑，取得两种生产的和谐发展。人口是生产者，同时又是消费者，它在社会再生产中处于重要地位。人口的素质直接决定着劳动生产率的高低，人口中劳动者的数量也影响着生产的发展程度，人口的数量和质量可以阻碍或加速生产、分配、交换、消费的发展，最终都要反映到财政上来。如果忽略了人口再生产，就可能导致财政分配只顾及物质资料再生产，从而可能导致财政支出中不能足够重视适度控制人口数量和努力提高人口素质方面的投资。只有正确认识物质资料再生产和人口再生产的紧密联系、相互促进关系，才能正确分配财政资金，合理配置资源，促进经济和人口的协调发展。事实上，财政职能、财政收入、财政支出、财政补贴、社会保障、预算体制等，无不与人口再生产有着密切的联系，但至今在我们大多数的财政理论中尚未有充分的反映和概括。

总之，财政与社会再生产的关系不仅应包括财政与物质资料再生产的关系，而且也应该包括财政与人口再生产的关系，当然还应该涵盖财政与环境资源再生产的关系，这样才能使我们的财政理论更加完善，从而避免不应有的财政政策失误。那么，财政与环境资源再生产的关系又是怎样的呢？

三、财政与三种再生产理论：财政和物质资料再生产、人口再生产、环境资源再生产

就财政与社会再生产的关系，我们已经分析了财政分配与物质资料再生产和人口再生产的关系。然而我们知道，不论是物质资料再生产还是人口再生产，它们的顺利进行都有一个基本假定：环境资源可以被无限供给，人类生产活动所产生的废弃物也可以被自然生态系统无限消解吸纳。这个假定意味着，人类对环境资源的消耗速度必须小于环境资源自身的再生速度；人类社会生产所产生的废弃物也必须局限在自然生态系统的自净能力和环境容量之内。可是在如今环境资源日渐耗竭、各种废弃物垃圾随处可见的情况下，人与自然的生态耦合关系根本无法维持，那么上述基本假定也就不复存在，物质资料再生产和人口再生产也都将无法进行。所以，我们在分析财政与社会再生产的关系时，还必须充分考虑环境资源的地位和作用。

其实从再生产的角度来看，地球自然生态系统从古至今始终存在着环境资源的自然再生产，在人类出现以后才有了物质资料再生产和人口再生产，并且环境资源的自然再生产在和人类劳动结合以后也成为一种社会再生产，其又可叫生态环境再生产。因此，整个社会再生产至少应该包括物质资料再生产、人口再生产以及环境资源再生产三种再生产；研究财政与社会再生产的关系，除了要看财政与物质资料再生产、人口再生产的关系外，财政与环境资源再生产的关系，也应该进入我们的研究视野。

总之，面对不断恶化的生态环境和不断枯竭的环境资源，为了实现人类经济与社会的可持续发展，我们需要形成环境资源再生产的观念，在意识和行动上都必须重视环境资源再生产问题。我们的社会再生产理论必须把环境资源再生产包括进来；进而，我们在分析财政与社会再生产的关系时还必须就财政与环境资源再生产的关系进行研究。这对于发展马克思主义社会再生产原理，完善我们的财政基础理论体系，都是必要的和有意义的。

四、财政与社会再生产关系展望：对财政与环境资源再生产关系的认识

（一）什么是环境资源再生产

我们认为，所谓环境资源再生产即生态环境再生产，就是人类为了满足自身永续生存发展需要以及人与自然的和谐统一，主动把自身生产力与环境资源的自然生产力结合起来，从而使环境资源的自生能力得以扩大和提高，并最终实现环境资源持续稳定发展的一种社会再生产。比如自然界中大气圈、水圈、生物圈以及太阳能的形成及其之间的物质能量交换等环境资源自然再生产，以及有人类参与的退耕还林还草工程、生态湿地生态林建设工程、天然林资源保护工程（简称"天保工程"）、利用基因技术培育环境资源的新物种等也属于环境资源再生产的范畴。因此，环境资源再生产包含两个部分：一是环境资源自身的自然再生产，二是有了人类能动作用的具有社会属性的社会再生产，并且这种社会再生产以自然再生产为基础，同时也反作用于自然再生产；此外，环境资源再生产与物质资料再生产以及人口再生产相适应，其过程同样包括生产、分配、交换、消费四个环节。

（二）财政与环境资源再生产的关系

既然财政属于社会再生产的分配范畴，环境资源再生产又是社会再生产的一种，那么，财政与社会再生产的关系原理必然可以具体反映并应用到财政与环境资源再生产的关系上来，即国家财政活动必然

也会参与到环境资源再生产的诸环节中来，环境资源再生产也要反向影响整个财政分配活动的进行。

1. 财政分配与环境资源生产的关系

（1）环境资源生产一定程度上决定财政分配。首先，环境资源生产出的物质产品成为财政的直接分配对象，例如过去某些地方存在的"木头财政"① 等，也可为财政分配创造前提。因为财政分配对象即社会产品是"自然物质和劳动这两种要素的结合"，所以环境资源自然生产出来的物质产品必须在添加了人类劳动活动以后，并在国家参与指导下才有可能成为财政分配的对象。其次，环境资源的生产结构影响财政分配的规模和结构。环境资源生产结构的不同将会对环境资源的开发产生重要影响。资源的品质好、数量大，且分布相对集中，就有可能促成大规模的开发，比如有的地区森林资源比较丰富，那么在产业发展格局不完备等因素制约下，该地区经济发展将会严重依赖对森林资源的开发，这也必然成为该地区财政收入的重要来源。此外，有什么样的资源决定了生产什么样的产品并进行什么样的分配。当一个国家或地区缺少某一种环境资源时，它就不可能建立起相应的产业和部门，也就生产不出相应的产品②。所以，环境资源生产结构的差异决定了国民经济相关各产业部门的有机构成不同，这就会影响可供财政分配的对象的数量与种类。

（2）财政分配影响环境资源生产。首先，财政分配制约环境资源生产的规模和发展速度。从总体来看，人类参与环境资源生产所需投入的最大资金来源仍是政府财政，所以政府财政要为环境资源的自然再生产创造条件，例如建立长江上游生态屏障的天然林保护工程等。如果财政分配中用于环境资源生产的部分过少，就会直接影响环境资源生产（首先是自然再生产）的正常进行；反之，财政投资、财政补贴和税收优惠越多，就越有利于环境资源生产规模的扩大和发展速度

---

① 某些地方主要依靠以砍伐原始森林为主业的森工行业取得财政收入，所以此地的财政特色被通俗地称为"木头财政"。

② 环境资源对经济的约束可通过进口来缓解，但对于该资源开发产业的形成则是无法超越的障碍。参见：王锡桐. 自然资源开发利用中的经济问题［M］. 北京：科学技术文献出版社，1991：2.

的提高。其次，财政分配影响环境资源的生产结构。虽然环境资源因其天然属性的不同而分布于自然界的各个角落，离开了适宜其生存的环境空间和气候条件就不能生存，但是国家可以据此通过资金和技术支持来维护和促进环境资源自然的生产结构，而且还可动用财政资金兴建一些生态工程项目进行人造环境资源再生产，进而影响环境资源的生产结构。除此之外，国家还能通过调控财政资金在不同产业、不同生产部门间的分配来影响环境资源的生产结构乃至产业发展。

2. 财政分配与环境资源交换的关系

马克思把社会产品分配同交换的关系概括为："分配决定产品归个人的比例（数量）；交换决定个人拿分配给自己的一份所要求的产品。"马克思关于社会产品分配与交换的关系原理同样适用于环境资源再生产，这里我们将着重就财政分配与环境资源交换的关系进行分析。

（1）环境资源交换制约财政分配。第一，环境资源交换的顺利进行有助于财政分配的实现。环境资源的自然交换对促进低碳经济发展、低碳产业生产、低碳生活方式，从而为财政分配的顺利进行提供环境条件。环境资源在被生产出来之后，只有顺利实现了交换，做到物为所用，才能真正实现环境资源的价值。环境资源价值的实现有助于社会生产过程中各种社会产品的价值得到社会的承认，从而财政分配才能得到真正意义上的实现。第二，环境资源交换的实现有助于增强财政分配的能力。环境资源产品通过交换实现得越多，社会收入也就越多，其中以税收或利润形式上交国家财政的也就越多。第三，环境资源交换涉及的碳汇交易为新增财政分配能力提供了可能。环境资源交换涉及温室气体排放权期货交易，在环境资源自然交换和人工促进交换的基础上具有经济效益、生态效益和社会效益。碳汇交易是在生态效益基础之上的额外交易性收入，是优化环境和资源的主要出路，为新增财政分配能力提供了可能。

（2）财政分配影响环境资源交换。第一，合理的财政分配有利于环境资源交换的进行。就财政分配而言，如果人类比较注重环境保护和生态发展问题，就会使财政分配政策朝着有利于环境资源再生产的方向倾斜，环境资源的自然交换能力也会相应地增强。合理的财政分配也有助于环境资源在人类之间的交换实现，因为没有财政分配就不可能形成各种货币收入，也就不能进行环境资源的交换（物物交换是例外）。第二，财政分配制约着环境资源交换的实现。财政分配政策如果不注意生态环境保护，就会导致生态环境恶化并可能引起整个环境资源交换链条的断裂，进而减弱环境资源的自然交换能力。第三，财政分配支持环境资源交换涉及碳汇交易，碳汇交易及其交易所应成为政府投资和税收优惠的重点。这将有利于促进环境资源的使用者利用环保手段减排的指标有序流转，并通过市场交易获得治污的额外收益，从而最大限度地促进环境资源在竞争中增值、在交易中优化。

3. 财政分配与环境资源消费的关系

（1）环境资源消费影响财政分配。第一，环境资源消费影响财政分配的最终实现和结构调整。人类对环境资源的消费情况在某种程度上决定了整个社会最终消费的实现程度，影响财政分配的变化。另外，财政分配必须充分考虑人类生产消费和生活消费两种消费需求，统筹安排环境资源用于经济建设和生活基本消费的比例以及环境资源替代品的比例，要把二者有机地结合起来。第二，人们在把某些环境资源用于生产消费和生活消费的同时，还必须注意与其他非环境资源的消费配套，在消费住宅、办公用房等时，打破"钢筋混凝土森林"的封锁，配之以优美的环境资源，政府财政需要在这方面予以支持。第三，环境资源的消费在一定程度上制约着财政分配。环境资源的消费主体除了人类以外还有其他物种，人类在进行环境资源消费的同时还必须兼顾其他物种的消费，那么我们的财政分配政策除了要考虑人类的需要，也要顾及其他物种的需求。

（2）财政分配制约环境资源消费。第一，财政分配为环境资源消费创造一定的前提。环境资源消费的混乱和无效率将会阻碍环境资源再生产的进行，例如不少天然草场由于人类过度放牧以及野兔、鼠类泛滥等诸多因素而退化，对于这种过度消费的情况，政府可以投资建立人工草地进行生态置换、补助牧民定居和圈养以及防治草原兔灾鼠害等，从而维护和保养草场这一环境资源的消费状况。为了提供良好的环境资源条件，财政还应大力支持替代环境资源的消费。第二，财政分配制约着环境资源的消费水平和消费结构。财政分配在环境资源的自然再生产和社会再生产中投入越多，意味着我们所生活环境中的森林覆盖率和城市绿化率的日益提高以及洁净的空气、清洁的淡水等环境资源日益丰富，当然消费水准也就自然有所提高。财政分配还可以影响环境资源的消费结构，比如财政在对使用太阳能、风能等清洁能源上的政策支持和优惠，将带动能源产业结构进行一定的调整，最终引导社会公众的能源消费结构朝着环境资源保护的方向转变。

参考文献：

[1] 许廷星. 关于财政学的对象问题 [M]. 重庆：重庆人民出版社，1957.

[2] 沈云. 国家财政与社会主义再生产 [J]. 中国财政，1963 (15)：9-14.

[3] 陈共. 社会主义财政的本质和范围问题 [J]. 经济研究，1965 (8)：27-28.

[4] 侯梦蟾. 必须把社会主义财政放到再生产中来研究 [J]. 财政研究，1980 (Z1)：51-58.

[5] 叶振鹏. 社会主义财政在社会再生产中的地位和职能作用 [J]. 财政研究，1980 (Z1)：70-83.

[6] 邓子基. 马克思的再生产理论与社会主义财政 [J]. 厦门大学学报（哲学社会科学版），1982 (2)：1-10.

[7] 许毅，陈宝森. 财政学 [M]. 北京：中国财政经济出版社，1984.

[8] 王国清. 财政基础理论研究 [M]. 北京：中国财政经济出版社，2005.

[9] 王国清，程谦，叶子荣. 《财政学》学习指导 [M]. 成都：西南财经大学出版社，1998.

[10] 王国清. 对财政理论几个基本问题的再认识 [J]. 四川财

政，1996（5）：6-8.

[11] 马克思，恩格斯. 马克思恩格斯选集：第 4 卷 ［M］. 北京：人民出版社，1995.

[12] 查瑞传. 略论人口再生产 ［J］. 人口研究，1979（2）：7-20.

[13] 吴忠观，杨致恒，王茂修. 试论我国人口再生产 ［J］. 人口研究，1980（1）：25-31.

[14] 徐日清，金国相. 对我国人口与财政关系的初探 ［J］. 财政研究，1990（9）：42-45.

[15] 吴健. 我国的人财失衡及对策建议 ［J］. 人口与经济，1991（4）：45-46.

[16] 刘汉屏，阮芳伦，王奎泉. 九十年代财政学改革方向的思考 ［J］. 当代财经，1991（12）：1-2.

[17] 刘思华. 论生态经济需求 ［J］. 经济研究，1988（4）：77-79.

[18] 程福祜. 环境经济学 ［M］. 北京：高等教育出版社，1993.

[19] 马克思. 资本论：第 1 卷 ［M］. 北京：人民出版社，2004.

[20] 马克思，恩格斯. 马克思恩格斯选集：第 2 卷 ［M］. 北京：人民出版社，1995.

（原文载《当代经济研究》2010 年第 8 期）

论财政与环境资源再生产的关系

王国清　赵红超

　　财政与社会再生产的关系理论是理解和解决一切财政活动的基石。关于财政与社会再生产的关系，长期以来人们的研究重点相当多地集中于财政与物质资料再生产关系的研究上，后来又拓展了财政与人口再生产关系的研究，这是主要的两个方面。然而就社会再生产的类别而言，环境资源再生产也应包括其中，财政与环境资源再生产关系的研究自然也应成为整个财政与社会再生产关系理论体系中不可或缺的一部分。另外，在传统计划经济背景下，财政是国民收入分配的主导或经济的核心，而如今财政则已经成为不仅涉及经济，而且关联人口、资源、环境乃至整个社会建设的核心。因此，基于"现代社会建设的核心是财政"这一地位的界定，客观上就要求财政与社会再生产的关系，不仅应包括财政与物质资料再生产、人口再生产的关系，更应拓展到财政与环境资源再生产的关系。在当前加快建设资源节约型、环境友好型社会的要求指引下，这种研究无论是在理论上还是实践上都显得尤为必要和紧迫。

一、对环境资源再生产的认识

（一）什么是环境资源再生产

　　生产，犹生育；再生产，亦即生产过程的不断反复和经常更新；而凡是有人类活动作用的各个部门主体的再生产，它们相互依赖、相互交错就构成社会再生产。并且，"不管生产过程的社会形式怎样，生产过程必须是连续不断的，……每一个社会生产过程，从经常的联系和它不断更新来看，同时也就是再生产过程"。关于环境资源再生产的概念，我们还可以借鉴马克思关于农业再生产的研究。他写道，"农业再生产过程同自然再生产过程交织在一起；农业再生产的生产力不只是劳动的社会生产力，而且还有劳动的自然生产力；农业生产产生于对自然生物自身发展的模仿。"也即是说，农业再生产包含了农业自身的自然生产以及人类劳动的社会生产。把它引申出来，本文认为，所谓环境资源再生产即生态环境再生产，是人类为了满足自身生存发展需要以及人与自然的和谐统一，主动把自身生产力与环境资源的自然生产力结合起来，从而使环境资源的自生能力得以扩大和提高，并最终实现环境资源持续稳定发展的一种社会再生产。

（二）环境资源再生产的环节

作为社会再生产的一种，环境资源再生产同样包括生产、分配、交换、消费四个环节，但是它毕竟是以环境资源的自然再生产为基础的，因此又有一定的特殊性。

1. 环境资源的生产

环境资源有其自身的自然生产，人类"经济的再生产过程，无论其特殊的社会性质如何，总会……与自然的再生产过程交错着"。自然界的各种生物之间、生物与非生物之间互相影响、互相作用，总在进行着物质和能量的转化，许多转化链条相互交织，构成一个庞大的生态系统，不停息地进行着自然再生产。比如木、草等植物体从土壤中吸收水分和无机肥，在阳光照射下进行光合作用，把太阳能、无机物等转化为高级有机物，从而为畜禽提供饲料，为人类提供材质，为吸收二氧化碳而净化空气等。

人类出现以后，环境资源的生产无不受到人类活动的影响。通常，人类活动既消耗环境资源，活动过度又会破坏环境资源，当然也可以维护和促进环境资源。由于人类物质需求欲望的不断膨胀和人口数量的增加等因素，整个人类对环境资源的索取已经严重超过了其自身再生产的速度，自然生态环境遭到了严重破坏，经济增长带来的环境资源"空心化"问题凸显。因此，为了保持自然生态系统的平衡和环境资源可持续利用，环境资源的生产需要人类主动投入资金、技术等进行优化，给环境资源的自然再生产创造条件，同时还要进行环境资源的人工生产，而且要提高环境资源的利用效率，注意节约利用资源，开发可替代资源。

2. 环境资源的分配

环境资源的分配不仅需要在人类世界中进行，还首先需要在自然生态系统中展开。比如不同地理位置的植被，其分布受热量、水分、土壤等因素影响而呈现一定的地带性规律。人类出现以后，在人的精心设计下，很多环境资源的分配可由无序变得有序，例如都江堰水利工程的修建使得岷江水被分为了内江和外江，从而科学地解决了江水自动分流、自动排沙、控制进水流量等问题，既消除了水患，也使川西平原成为"水旱从人"的"天府之国"。

为了提高环境资源的分配效率，对人类而言，第一，要尊重自然分配规律，保障各物种的基本资源需求。否则，如果片面强调人类需求，一方面，会助长人类的贪欲，大肆消耗环境资源；另一方面，其他物种生存所必需的环境资源就会越来越少，大量物种就会灭绝，生物多样性就会遭到破坏，势必会影响环境资源再生产的进行。第二，人类可以有机结合计划和市场两种资源配置手段，把有限的环境资源合理分配到社会的各个领域，同时结合环境资源的特点，力求用最少的资源耗费获取最佳的环境效益和经济效益，尽量避免资源浪费和环境污染。例如进行沙漠化防治的植被绿化时，可以根据实际情况结合发展以种植沙生植物为主的"沙生产业"带动沙漠工程的实施来实现环境投资的良性循环。

3. 环境资源的交换

环境资源的交换是环境资源在各生物物种、生物与非生物物种之间相互交换物质和能量或交换资源产品的过程，它是生产者之间、生产及由生产决定的分配和消费之间的桥梁，是环境资源再生产总过程的中间环节。这种交换主要通过物质流、能量流、信息流等形式实现。例如植物体本身的有机物可以通过不同的微生物分解为无机物，能量随之消失，但土壤肥力得到增强，而肥力又可把物质流、能量流转化为植物根系生长的动力。

人类的存在与发展也需要同大自然进行物质、能量和信息的交换，人与自然本质上就是一种双向依赖、双重建构的物质交换关系。首先，人类生命的存续就需要人体与环境资源交换，如人需要呼吸氧气、需要摄取含有蛋白质等营养物质的有机物进行新陈代谢等。其次，人类活动会促进环境资源的交换，例如人工新造林可以强化植物体与二氧化碳交换出高质量的空气。再次，人类之间的环境资源交换可以成为政府和市场规则指导下的经济活动，例如促进碳汇减排的碳交易机制的建立有助于发达国家和发展中国家通过二氧化碳排放量指标的买卖实现各自的减排目标。最后，这种交换是相互的，人类每从自然界索取某种数量和质量的环境资源，又会向自然界排放对等的东西，即符合熵定律。

4. 环境资源的消费

作为环境资源再生产的最后一个环节，它的进行是环境资源生产得以实现的必要条件。环境资源的消费主体包括人类和其他生态物种。各种生态物种，尤其是生命物种，其个体的生存与发展需要以其他物种和无机营养物的消费为基础。而且，人类所进行的物质资料再生产和人口再生产都要以对环境资源的消费为基础，否则，人类任何形式的社会生产都将无法进行。当然，对环境资源的利用情况与人类的科学技术密切相关。例如，使用海水淡化方法缓解淡水危机是人类几百年来的不懈追求，而淡化水量的多少与淡化技术密切相关。随着反渗透法等技术的发明，大规模的海水淡化在最近几十年才得以实现。

需要指出的是，人类在对环境资源进行消费时必须注意节约，对水、林木等环境资源的消费要寻求替代和低碳化，要努力提高环境资源的数量和质量，这样才能有持续的消费对象。此外，人类还必须兼顾其他物种对环境资源的消费需求。人类过度消费环境资源会引起其他物种消费的不足，自然界各物种间物质能量交换能力将被弱化，环境资源再生产的循环过程也就不能继续，最终会危及人类的物质消费。所以环境资源的消费必须保持人类与其他各生态物种基本消费数量的均衡，任何一方的失调都会影响整个环境资源再生产的进行。

二、财政与环境资源再生产的关系

财政属于社会再生产的分配范畴，环境资源再生产又是社会再生产的一种，那么，财政与社会再生产的关系原理必然可以反映并具体应用到财政与环境资源再生产的关系中。也即是说，国家财政活动必然会参与到环境资源再生产的诸环节中来，环境资源再生产也要反向影响整个财政分配活动的进行，进而，财政与环境资源再生产的关系就表现为它同环境资源再生产各个具体环节的相互关系。

（一）财政分配与环境资源生产的关系

环境资源生产一定程度上决定着财政分配，这是主导的方面；但财政分配反过来又影响和制约环境资源的生产，即"分配并不仅仅是生产和交换的消极的产物，它反过来又同样地影响生产和交换"。

1. 环境资源生产一定程度上决定财政分配

环境资源生产可以为财政分配提供对象和前提。首先，环境资源生产出的物质产品能够成为财政的直接分配对象。以前我们讲，财政分配对象来源于物质生产部门创造的社会产品，这本身是没有错的。不过，物质生产部门的生产资料包括源于自然界的环境资源，因此财政分配的对象在本源上很多就是环境资源生产出的物质产品，甚至有些产品的确成了财政的直接分配对象，例如过去某些地方存在的"木头财政"① 等。其次，环境资源生产的物质产品并不必然成为财政分配的对象，但它可为财政分配创造前提。因为财政分配对象之社会产品总是"自然物质和劳动这两种要素的结合"，所以环境资源自然生产出来的物质产品，必须在添加了人类劳动以后，并在国家参与指导下才有可能成为财政分配对象。而且，环境资源生产搞得好和低碳经济的发展有助于优化企业的生产环境，降低企业的生产成本，从而提高物质生产的效益，这又丰富和扩大了财政分配的内容和对象。

环境资源生产结构影响财政分配的规模和结构。环境资源生产结

---

① 某些地方主要依靠以砍伐原始森林为主业的森工行业取得财政收入，所以此地的财政特色被通俗地称为"木头财政"。

构的不同，造就了不同环境资源之间数量的多寡、质量的优劣以及分布集中度的高低，这都对环境资源的开发产生了重要影响。比如有的地区森林资源比较丰富，那么在产业发展格局不完备等因素制约下，该地区经济发展将会严重依赖对森林资源的开发，这也必然成为该地区财政收入的重要来源。此外，当一个国家或地区缺少某一种环境资源时，它就不可能建立起相应的产业和部门，也就生产不出相应的产品①。所以，环境资源生产结构的差异决定了国民经济相关产业部门的有机构成不同，其盈利水平也就有所差别，这就会影响可供财政分配的对象的数量与种类。

2. 财政分配影响环境资源生产

财政分配制约着环境资源生产的规模和发展速度。首先，鉴于环境资源的自然生产一般具有周期长、见效慢等特征，因此从总体上来看，人类参与环境资源生产所需投入的最大资金来源仍是政府财政，其要为环境资源的自然再生产创造条件，例如建立长江上游生态屏障的天然林保护工程等。其次，环境资源的生产规模及产出多少，不仅取决于环境资源自然生产能力的强弱，还受制于人工进行的环境资源生产情况。如果财政分配中用于环境资源生产的部分过少，就会直接影响环境资源生产（首先是自然再生产）的正常进行。反之，财政投资、财政补贴和税收优惠越多，就越有利于环境资源生产规模的扩大和发展速度的提高。

财政分配影响着环境资源的生产结构。虽然环境资源因其天然属性而分布于自然界的各个角落，离开了适宜其生存的环境空间和气候条件就不能生存，但是国家可以据此通过资金和技术支持来维护和促进环境资源自然的生产结构，还可兴建一些生态工程进行人造环境资源再生产进而影响环境资源的生产结构，比如国家可通过投资建造人造湿地，人为构建厌氧带和需氧带，从而利用微生物来处理废水并吸引一些动植物栖息；或者通过建立自然保护区来保护某些环境资源

---

① 环境资源对经济的约束可以通过进口来缓解，但对于该资源开发产业的形成则是无法超越的障碍。参见：王锡桐. 自然资源开发利用中的经济问题［M］. 北京：科学技术文献出版社，1991：2.

（例如"天保工程"）等。另外，国家还能通过调控财政资金在不同产业、不同生产部门间的分配来影响环境资源的生产结构乃至产业发展。以林业生产为例，国家可以根据情况调整财政政策（比如对育林部门进行补贴，对森林采伐施以税收等）来促进林业各生产部门按比例协调发展。

（二）财政分配与环境资源交换的关系

马克思把社会产品分配同交换的关系概括为："分配决定产品归个人的比例（数量）；交换决定个人拿分配给自己的一份所要求的产品。"在环境资源再生产的四个环节中，生产是起点，消费是终点，分配和交换是中间环节。马克思关于社会产品分配与交换的关系原理同样适用于环境资源再生产，这里我们将着重就财政分配与环境资源交换的关系进行分析。总的来看，财政分配与环境资源交换两者之间相互联系、相互依存并互为制约。

1. 环境资源交换制约财政分配

环境资源交换的顺利进行有助于财政分配的实现。环境资源的自然交换对促进低碳经济发展、低碳产业生产、低碳生活方式，从而为财政分配的顺利进行提供环境条件。环境资源在被生产出来之后，其最终实现还要经过一系列流通环节，环境资源占有者、使用者需要通过交换让渡资源的一部分使用价值来获取自己所需的其他资源的使用价值。只有顺利实现环境资源交换，做到物为所用，才能真正实现环境资源的价值，这将有助于社会生产过程中各种社会产品的价值得到社会承认，从而财政分配才能得到真正意义上的实现。

环境资源交换的实现有助于增强财政分配能力。对人类而言，环境资源产品在经过初次交换后多半是作为一种经济要素投入而进入社会物质资料的生产和再生产过程，由原材料变为半成品、成品，然后再经过交换获得收入。由此可见，环境资源产品通过交换实现得越多，社会收入也就越多，其中以税收或利润形式上交国家财政的也就越多。另外，当前环境资源交换涉及的碳汇交易也为新增财政分配能力提供了可能。环境资源交换涉及温室气体排放权期货交易，在环境资源自然交换和人工促进交换的基础上具有经济效益、生态效益和社会效益。

首先，碳汇交易是在生态效益基础之上的额外交易性收入，是优化环境和资源的主要出路。例如四川省于 2009 年 11 月 26 日签订了第一单森林碳汇项目协议，在 2009—2012 年将共计 2 251.8 公顷的森林碳汇指标出售给全球碳买家。据估算，20 年内该片森林将吸收约 46 万吨二氧化碳，若按照碳汇交易平均价格 6.5 美元/吨二氧化碳当量算，盈利会在 300 万美元左右。这又为新增财政分配能力提供了可能。

2. 财政分配影响环境资源交换

合理的财政分配有利于环境资源交换的进行。首先，如果财政分配政策朝着有利于环境资源再生产的方向倾斜，环境资源的自然交换能力则会相应增强。例如太湖、滇池污染治理中建设了大片生态湿地，发挥了净化水质的作用，也提高了水体的自净能力。其次，合理的财政分配有助于环境资源交换的实现。这是因为，合理的财政分配政策有利于社会产品和国民收入在各个分配主体间的配置优化，这将会增强市场交易的活跃性，从而也有助于提高环境资源产品在市场上的交换实现程度和范围。

财政分配制约着环境资源交换的实现。第一，如果我们的财政分配政策不注意生态环境保护，就可能减弱环境资源的自然交换能力，比如过低的污染税可能导致工业污水大量随意倾倒，引起河湖水体富营养化，生态平衡被破坏以至于自净能力下降。第二，如果财政分配用于环境资源交换的资金比例不当，就会造成这部分环境资源市场供求结构的失调，从而给环境资源的市场交换制造障碍。另外，财政分配支持环境资源交换涉及碳汇交易，碳汇交易及其交易所应成为政府投资和税收优惠的重点。这将有利于促进环境资源的使用者利用环保手段减排的指标有序流转，并通过市场交易获得治污的额外收益，从而最大限度地促进环境资源在竞争中增值、在交易中优化。

（三）财政分配与环境资源消费的关系

除环境资源的自然消费之外，人类对环境资源的消费有两种形式：生活消费和生产消费。不管形式如何，没有一定的财政分配，这两种消费都不可能实现；但环境资源的消费反过来也促进和制约着财政分配。

1. 环境资源消费影响财政分配

环境资源消费影响财政分配的最终实现和结构调整。首先，人类对环境资源的消费情况在某种程度上决定了整个社会消费的实现程度，因此对环境资源消费需求的变化，将一定程度地影响财政分配的变化与实现。其次，财政分配必须统筹安排环境资源用于经济建设和生活基本消费的比例以及环境资源替代品的比例，要把二者有机地结合起来进行。为此，环境资源的消费结构以及替代品的规模和结构要求相应的财政收支结构要匹配。鉴于环境资源消费日趋紧张，政府需要对"绿色消费"行为和相关产业给予税收优惠和补贴等政策支持，还应主动投入资金开发环境资源替代品，从而缓解对传统环境资源消费的过度依赖。

环境资源的消费在一定程度上制约着财政分配。环境资源的消费主体除了人类以外还有其他物种，那么财政分配政策既要考虑人类的需要，也要顾及其他物种的需求。这就要求，财政在资金投入以及所支持建设的工程项目的具体设计上必须向有利于环境资源可持续消费的方向倾斜，在满足人类对环境资源消费的需要的同时也要方便其他物种的消费。在财政资金投入方面，2006 年，环境保护支出被正式纳入我国财政预算科目，这就为保障环境资源可持续消费提供了稳定的资金支持；在财政支持工程项目建设方面，比如我国投入巨资修建的青藏铁路在施工时设置了野生动物通道以供藏羚羊等野生动物为寻找食物或繁殖等自由迁徙，为了恢复铁路用地上的植被，科研人员开展了高原冻土区植被恢复与再造技术研究，使植物试种成活率达到了很高的水平。这些种种都说明，在支持人类消费环境资源的同时，财政分配还必须为满足其他物种的环境资源消费提供帮助。

2. 财政分配制约环境资源消费

财政分配为环境资源消费创造一定的前提。环境资源被生产出来以后，如果资源配置不能做到合理有效，则会使环境资源的消费变得混乱和无效率。例如不少天然草场由于人类过度放牧以及野兔、鼠类泛滥等诸多因素而退化。对于这种过度消费的情况，政府可以投资建立人工草地进行生态置换、补助牧民定居和圈养以及防治草原兔灾鼠害等，从而维护和保养草场这一环境资源的消费状况。为了提供良好的环境资源条件，政府还应大力支持替代环境资源的消费。比如为了保护森林资源并弥补农村薪炭之用，我国很多地区投入财政专项资金用于农村沼气建设，使广大农民用上了清洁能源，这样既保护了森林资源，又形成了低碳的生活方式，还促进了农村循环经济的快速发展。

　　财政分配制约着环境资源的消费水平和消费结构。首先，财政分配在环境资源的自然再生产和社会再生产中投入越多，就意味着我们所生活环境中的森林覆盖率和城市绿化率的日益提高以及洁净的空气、清洁的淡水等环境资源日益丰富，当然消费水准也就自然有所提高。而且，根据不同的政策目的，财政分配也可以调节某种环境资源的消费水平，比如财政可以采取比较高的税率来限制对林木、淡水等环境资源的消费。其次，财政分配在影响环境资源消费水平的同时也改变着消费结构。比如财政在对使用太阳能、风能、燃料乙醇等清洁能源上的政策支持和优惠，使能源生产的成本和收益发生相应的变化，并带动能源产业结构进行一定的调整，最终引导社会公众的能源消费结构朝着环境资源保护的方向转变。

参考文献：

　　[1] 王国清，赵红超. 财政与社会再生产关系研究综述与展望 [J]. 当代经济研究，2010 (8)：55-59.

　　[2]《辞海》编辑委员会. 辞海（普及本）[M]. 上海：上海辞书出版社，2002.

　　[3] 马克思. 资本论：第 1 卷 [M]. 北京：人民出版社，2004.

　　[4] 马克思. 资本论：第 2 卷 [M]. 北京：人民出版社，2004.

　　[5] 王本兴. 马克思恩格斯的生态环境思想与"生态环境再生产"理论 [J]. 学术交流，2006 (6)：64-67.

　　[6] 恩格斯. 反杜林论 [M] //马克思恩格斯选集：第 3 卷. 北京：人民出版社，1995.

　　[7] 马克思. 《政治经济学批判》导言 [M] //马克思恩格斯选集: 第2卷. 北京: 人民出版社, 1995.

　　[8] 杨成万. 区域性碳交易所成都"胎"动 [N]. 金融投资报, 2010-02-01 (07).

（原文载《财经科学》2011年第6期）

全球公共产品供给的学术轨迹及其下一步

王国清　肖育才

全球化已经成为世界发展不可逆转的趋势。全球化让世界经济逐渐融为一体，全球经济联系越来越紧密，促进了世界经济的增长，但也带来了需人类共同面对的一些棘手问题。这些问题既有人与自然之间的关系问题，也有人与人之间的关系问题，而且这些全球性问题的解决需要各国政府、国际性组织甚至一些跨国公司共同参与才能克服。因此，公共服务和公共资源的配置就打破了国家或区域的界限，出现了全球性的公共产品需求，全球公共产品的供给与全球化相互促进和制约。关于全球公共产品理论的研究是对传统公共产品理论研究的一个拓展，是演进的公共产品理论。目前，关于全球公共产品的研究取得了一些成果，但是还处于初级阶段，有待理论界和实务部门不断探索和研究。

一、全球公共产品的定义与特征研究

（一）全球公共产品的定义

随着全球化的发展，全球问题凸显，关于公共产品的研究逐渐拓展到国际领域和全球范围。在 20 世纪 60 年代，就有学者研究国际层面上的公共产品问题，但这些早期的研究并未对全球公共产品给出一个比较完整的定义。Olson 和 Richard 等以北约为例研究了国家间共同维护安全的问题；Russet 和 Sullivan 从集体物品的角度分析了国际组织问题。这些人最早从国际层面上分析和研究公共产品问题。关于国际公共产品的概念，从目前能够查阅到的文献资料来看，是 Olson 最早使用了"国际公共产品"这个概念，他在 1971 年从国际公共产品的角度分析了国际合作激励的问题。Kindleberger 也较早研究国际公共产品问题，他研究国际关系中的公共产品，并最早在文章标题中使用了"国际公共产品"这一概念。Todd Sandler 则主要从公共产品的角度来讨论国际政治经济学的问题，他在《国际政治经济学理论与结构》一书中也使用了"国际公共产品"这一概念，并且他在 1997 年出版的《全球挑战》一书中也对全球环境、恐怖主义、制度等全球问题进行了深入探讨。后来还有一些学者对全球公共产品进行了的研究，如斯蒂格里茨、莫里斯、吉尔平等。

尽管这些前期的研究对于全球公共产品概念的形成有重要的作用，但全球公共产品一直没有一个较为完整的定义，直到 1999 年由 Inge Kaul 等人编撰的《全球公共产品：21 世纪的合作》一书出版。在该书中，他们给出了一个相对完整的定义，即全球公共产品指那些能使多国人民受益而不只是某一人口群体或某一代人受益的产品，并且在现在和将来都不会以损害后代人的利益为代价来满足当代人需要的公共产品。这一定义是从受益空间、受益对象和受益时间来界定全球公共产品的，但研究并不深入。2003 年，Inge Kaul 等人又出版了《全球公共产品的供给：管理全球化》一书，是对 1999 年出版的《全球公共产品：21 世纪的合作》所未解决问题的一种回应，在书中他们对全球公共产品的概念进行了更深入和精确的解析。为更好地界定全球公共产品的概念，他们对"公共""全球""产品"进行了更加详细的分析。

Inge Kaul 认为，一种产品若是全球公共产品，它必须首先满足公共产品的特性，即消费上的非竞争性与受益上的非排他性；其次作为一种"全球"公共产品，还应以三个特殊条件作为衡量尺度：世界按国家划分、全球范围人口、代际。Anand 也论述说，作为全球公共产品的定义必须满足三方面的特性：第一，其覆盖面不仅仅在于一组国家；第二，其受益范围不仅是一组国家人口而是世界各国人口；第三，不仅满足当代人的需要，还要满足未来几代人的需要。在此基础上，他们还引入公共性三角标准来考察全球公共产品，即全球公共产品应该具备消费的公共性、决策的公共性及净收益分配的公共性三个方面，将这三种公共性的标准结合起来，便构成一种理想的"公共性三角结构"。该三角结构表明，如要保证产品的消费公共性，最基本的两点就是决策制定完全符合一般等价原则的条件，而且纯收益在各个不同人口群体之间实现平均分配。

世界银行也对全球公共产品给出了定义，认为"全球公共产品是指那些具有很强跨国界外部性的商品、资源、服务以及规章体制、政策体制。它们对促进发展和消除贫困非常重要，也只有通过发达国家与发展中国家的合作和集体行动才能充分供应此类物品"。世界银行的定义强调的则是全球公共产品的性质、外延、作用和来源。全球公共产品国际特别工作组认为，全球公共产品是指那些对国际社会很重要，单个国家无法单独适当处理，因此需要发达国家和发展中国家集体行动才能提供的公共品。这一定义是从重要性和提供方式上界定全球公共产品的。Morrissey、Te Velde 和 Hewitt 则将国际公共产品定义为一种"可为全球人民获得的一种提供效用的益处。这种益处有三种类型：提供直接效用、减少风险和能力提升"。总的来说，不同的学者和组织对全球公共产品从不同角度给出了定义，但目前以 Inge Kaul 等人对全球公共产品的定义为主流，得到大多数学者和国际组织的认同，本文也将采用这一定义。

（二）全球公共产品的特征

从前面关于全球公共产品定义的分析可以看出，全球公共产品是传统公共产品的拓展，除了具有一般公共产品的特征（非竞争性、非排他性）之外，还具有其他一些不同的特征。Inge Kaul 等在界定全球公共产品时，从多维度来阐述"全球"的含义，赋予了全球公共产品不同于一般公共产品的特征。全球公共产品除了地理这一维度外，还包括社会维度和时间维度，而社会维度和时间维度比地理维度更显重要。他们认为，如果一种公共产品仅使一个国家或一个区域受益，它绝不是全球公共产品，而是国家或区域的公共产品；如果一种全球公共产品仅使一代人受益，而不能给子孙后代带来福利，也不是真正意义上的全球公共产品。

William D. Nordhaus 提出全球公共产品一个不同的特征，即存量外部性，并将其定义为目前的影响或损害依赖于长期积累起来的资本和污染存量。他认为最重要的全球公共产品都涉及某种存量：污染存量、知识存量、生物和基因存量、货币体系的"声誉"存量以及市场和民主体系中的"制度"存量。存量外部性构成了全球公共产品的特殊性质。从本质上看，存量积累通常非常缓慢，存在长时间的迟滞，其影响可能在未来很久才会出现，这就造成了大量的不确定性。

另外，全球公共产品不同于一般的公共产品，其提供需要多种权力主体进行协作。在没有一个世界政府的状态下，如果没有多种权力主体形成共识来处理问题，就无法解决这些全球性的挑战和危机或者解决起来的成本非常高。全球公共产品提供的国际共同管理就成为其一个重要的特征。

二、全球公共产品的分类研究

由于全球公共产品的概念非常宽泛，不同的学者基于不同的分类标准将全球公共产品进行了一些分类，并对不同类型的全球公共产品进行具体的研究。著名经济学家 Stigliz 就划分了五种类型的全球公共产品：国际经济稳定、国际安全、国际环境、国际人道主义援助和知识。联合国关于《联合国千年宣言》执行情况的《路线图报告》也揭示了这一问题。该报告表明，国际社会关注的全球公共领域中的全球公共产品有 10 种：针对所有人的基本人类尊严、尊重国家主权、全球公共健康、全球安全、全球和平、跨边界协调的通信与运输体系、跨边界协调的基础制度设施、一致的知识管理、对全球自然共享物进行协调管理、多边谈判机构。这些关于全球公共产品的分类，提出了具体的全球公共产品的类型，但不够系统。

较为系统地对全球公共产品进行分类的主要有 Inge Kaul、Morrissey、Te Velde、Hewitt、Sandler、Hershleifer、Barrett 等学者。依据他们的分类标准，可以进行如下分类：

第一，从供给和使用的角度对全球公共产品进行分类，可以将全球公共产品分为全球自然共享品、全球人为共享品、全球条件。

第二，按照公共性三角结构来划分，可将全球公共产品分为：一是决策不完全具有公共性，但消费与收益的分配具有公共性的全球公共产品；二是收益的分配不完全具有公共性，但消费与正式的决策具有公共性的全球公共产品；三是收益分配与决策不完全具有公共性，但消费具有公共性的全球公共产品；四是外部效应不断扩展的地区公共产品。

第三，根据竞争和排他程度，可以将全球公共产品分为：一是全球纯公共产品，如和平、健康、基础研究等；二是全球非纯公共产品，有的具有一定的竞争性但不具有排他性，如海洋捕鱼、控制自然灾害等，有的具有一定排他性，如导弹防御系统、信息发布等；三是全球俱乐部产品，既具有部分竞争性，也具有部分排他性，如国际通信卫星等；四是全球联合产品，兼具私人产品和公共产品的性质，如国外援助、热带雨林等。

第四，根据生产技术来划分全球公共产品，可以将全球公共产品分为：一是匀质加总技术全球公共产品，即全球公共产品可供总量完全取决于所有贡献国全部贡献之和；二是最弱环节技术全球公共产品，即公共产品可供总量只取决于对最弱环节的投入等；三是最优注入技术全球公共产品，即全球公共产品可供总量取决于某一最优势参与者最大量持久的集中注入；四是加权加总技术全球公共产品，即每个国家的捐纳是有权数的，这也反映了其对全球公共产品每单位的供给对全球公共产品总量而言所带来的边际效益不一样。

第五，根据公共产品的生产过程，可以将全球公共产品分为：一是连续的全球公共产品，往往需要长期持续不断的投入，如防止全球变暖、知识传播等；二是离散的全球公共产品，这类全球公共产品的提供可能只是偶然获得了成功，但是也需要前期的投入；三是二元的全球公共产品，即一种量变与质变、连续与离散结合的产物，如疾病的根除，刚开始是摸索努力的阶段，到成功的临界点后，便会发生质的飞跃。

三、全球公共产品的供给主体和方式研究

传统公共产品理论认为，公共产品应该由政府来供给，全球公共产品是使全世界人民受益的公共产品，是超出了一个国家范围的公共产品，但是目前并没有一个世界性的政府。因此，有学者就提出在全球范围内建立凌驾于民族国家之上的世界政府，通过世界政府提供全球公共产品。早在 14 世纪初，著名诗人但丁就提出了为世界福利建立一统天下的世界帝国的设想，并认为罗马人有资格掌握这一尘世帝国的权力。而自 17 世纪以来，"环球君主国"的意识形态和地位以及帝国的合法性一直是西方文明讨论的一个主要问题。尽管早就存在建立世界政府的设想，但是至今未出现过真正的世界政府。就算在某一个时期出现了类似于世界政府的机构，也是被霸权国家控制的，并不是真正意义上的世界政府，最终难以长久。因此，理论和实践的探索发现，建立世界政府的设想在现阶段是不可能实现的。由于世界政府的成员是民族国家，其合法性和权威性也与民族国家差别很大，并且不具有民族国家的征税权力等，世界政府的建立存在重重困难。正如罗德里克所指出的，全球联邦主义在长期来说可能成为治理经济全球化的方式，但在短期内很难实现。

尽管不存在世界政府，但是现实表明全球公共产品一直存在，那么应由谁来提供全球公共产品？金德尔伯格（1986）倾向于现实主义的观点，主张全球公共产品的供给应该而且只有霸权国家才能承担，并提出"霸权稳定论"。"霸权稳定论"认为，在没有世界政府的状态下，全球公共产品供给的"搭便车"现象更为普遍，只有霸权国家有能力和意愿提供全球公共产品。霸权国建立霸权体系并制定该体系的基本原则、规则、规范和决策程序，并且为了维持该体系，它愿意向体系内的其他国家提供公共产品，容忍"搭便车"行为。因此，霸权是国际体系全球公共产品的稳定供给者。金德尔伯格的"霸权稳定论"最初只限于经济领域，后来通过斯蒂芬·克拉斯纳、罗伯特·吉尔平和罗伯特·基欧汉等国际关系学者延伸到国际安全和军事领域，逐渐形成了国际政治经济学的一个重要流派。把霸权和国际体系中的

合作联系起来，在理论和历史经验上寻求霸权和国际合作之间的相关性，正是学者的一个共同特点。

由于国际合作参与主体数目较多，合作的复杂性和困难程度就越大，困扰合作的"囚徒困境""公地悲剧""免费搭车"等问题越难解决，全球公共产品的集体供给并不是理想的合作博弈模式。曼瑟尔·奥尔森也指出，大集团合作困难的根本原因在于行为体的多样性和复杂性，由此将不可避免地陷入"搭便车"的困境。小集团更容易促进成员间的合作，但这种合作也不意味着就能提供最优水平的集体物品。肯尼思·沃尔兹（1992）也从国际关系的视角分析了行为体数目与国际合作的关系，他认为行为体数目与国际体系的稳定状态成反比。布鲁特·拉西特、哈维·斯塔尔、约瑟夫·奈等学者都详尽地阐述了地区性联盟在提供全球公共产品方面的优势。

另外，在全球化网络时代，信息的多元化交互式传播，为私人和跨国公司这样的行为体参与某些全球公共产品的供给提供了便利条件。以国际互联网为例，真正使大量普通消费者免费或低成本使用成为可能的是网络服务商，是它们把上网浏览、邮件服务等变成免费的全球范围内的公共产品，而政府在其中并没有起到决定性作用。

全球公共产品供给的上述主体为了全球公共产品的供给在各个领域进行合作，一般情况，很难说明白到底何者在供给中占主导地位，往往只能根据所需全球公共产品的性质来决定何者的作用更加突出。如果从全球宏观视角来看，全球公共产品供给的各种行为体是互动合作、相互渗透的。

四、全球公共产品供给现状及原因的研究

（一）全球公共产品供给现状及评估

在全球化过程中，世界各国对全球公共产品的需求，无论是供给范围还是供给数量都在快速增长。尽管全球公共产品的供应也呈现出不断增长的趋势，但从现有情况来看，全球公共产品供应中存在着诸多问题。Kaul 和 Grunberg 等从生产和消费两个方面对全球公共产品供

应进行考察和评估，将不同的全球公共产品供应问题区分为两类：一是全球公共产品未被充分利用；二是全球公共产品供应不足。从消费的角度来看，有一些全球公共产品存在但是没有或者只是部分地被消费，这种不被充分利用的原因可能是缺少使用的手段，如互联网未被充分利用可能是因为贫困地区没有电脑而无法连接到互联网，也可能是形式上的限制。从生产角度来看，某些全球公共产品不存在或者没有完全地或充分地被供应，可能来自以下几种情况：一是供给不足，产生自当某一产品没有得到提供或只是部分地得到了提供时，从完全或得到增强供应到短缺，可以从量上加以鉴别；二是供应失调，指的是某一产品以一种扭曲的方式被提供，其产生的收益或成本蓄意偏向于背离国家或人民群体；三是过度使用或破坏，这可以由过量使用诸如全球自然共有物这样的产品引起。

康塞桑则对一些主要的全球公共产品的供应进行了描述，发现都存在不同程度的供应不足或未被充分利用。康塞桑还提出了评估全球公共产品的方法，即构建一个评估全球公共产品供应的行动框架，主要包括以下五个步骤：第一步是界定要讨论的全球公共产品的供应特征，确立供给的"充分"准则；第二步是描述当前供应的特征；第三步是确立供应不足或未被充分利用的成本；第四步是评估纠正行动的成本；第五步是显示得到增强供应可能带来的净收益。

（二）全球公共产品供给困难的原因

全球公共产品和一般公共产品一样具有非竞争性和非排他性，其供给同样存在"搭便车"现象和"集体行动"的困境，并且全球公共产品并没有一个有权威的政府来提供，更多是靠国家间的合作，这就使得全球公共产品的供给相对于国家公共产品来说出现更大的困境。学者们通过对全球公共产品供应现状的分析，发现全球公共产品的供应普遍存在不足和过度使用两个方面的问题。而影响全球公共产品供给困难的原因众多，不同学者从不同角度进行了相关的分析。Oye（1986）和Sandler从国际关系视角分析了全球公共产品供给困难的原因，发现在国际合作中的行为体数目越多，信息交流就越复杂且交易成本就越高，而信息不确定和环境不确定又会导致严重的机会主义倾向，全球公共产品的"搭便车"行为将更为普遍。Kaul、Grunberg、Stern 和 Sandler、Anand、Barrett 认为，全球公共产品的供给依靠国际合作，而国际合作的成功又与国际制度的设计密不可分。他们重点研究了全球公共产品供给中的国际制度，并形成了集体行动及其解决的制度建议，如集体行动的拇指规则。

Murdoch 和 Sandler（1997）从全球公共产品的供给技术的角度来分析其供给困难的原因。他们认为全球公共产品有三种供给技术，即最弱环节供给、最优注入供给和加总供给。全球公共产品的供给技术不同，其成本分摊方式也不同，从而影响着其最终供给的数量和结构。最薄弱环节公共产品的供给取决于某一国家最小的贡献额，激励机制往往比较容易建立并促进全球公共产品的顺利提供，发达国家和多边机构或非政府组织一般会提供资金资助或者技术援助，帮助贫困国家解决该问题。最薄弱环节技术能够大幅度地消除公共产品供给不足的情况。全球公共产品的最优注入供给是指全球公共产品供给总量由参与国中的最大贡献额单独决定，低于这一水平的贡献额起不到贡献作用，只要对产品的供应国来说提供产品带来的收益大于成本，这种产品就可以由一国单独提供而不需要进行国际合作。例如发达国家的研发支出能为进行研发投资的国家或公司带来丰厚的利润，同时也提高了发展中国家的生产力。全球公共产品的加总供给是指每个国家的供给都会增加公共产品的数量，并且每一单位的投入对公共产品提供总量所带来的边际效益是一样的。这类全球公共产品是国际社会最难以提供的，因为全球公共产品的供给数量取决于各个国家供给数量之和，而每一个国家根据其单边的愿望可能只愿意提供有限数量的这一类公共产品，最终导致其供应不足。

Compte 和 Jehiel（2003）从全球公共产品生产过程的角度来分析全球公共产品供给困难的原因。他们认为有些公共产品的生产过程是连续的，有些则是离散的或者二元的。连续生产供给的公共产品需要参与者长期持续不断地投入，而各参与主体和资源高度分散，融资的模式也差异很大，此类全球公共产品往往会出现供应不足的情况。二元或离散生产供给的公共产品生产要经历连续和离散两个阶段，其生产过程持续周期较连续的过程要更短，且供给的公共产品的外部性较连续供给的产品更小，国际社会参与供给的积极性受利益的驱使往往也更高，只要生产成本低于获取的利益，世界范围内的私人部门、公共部门、公私合营部门都有动力配置财力资源来供给此类全球公共产品。

五、全球公共产品供给融资的研究

全球公共产品的供应与一般公共产品供应同样存在资金问题，而且全球公共产品没有固定的资金来源，其融资成为全球公共产品供应的重要问题。全球公共产品的融资是指使用政策工具（金融的或者非金融的）来推动充足的公共和私人资源流向全球公共产品，这是资源的配置而不是资源的筹措。而全球公共产品发展融资机制是指为实现世界经济和社会的可持续发展，以非纯粹市场交易方式动员并转移各类具有（准）公共产品性质发展资源的一种国际安排，其目的在于解决世界各国发展起点不同、市场机制缺陷、外部发展约束等原因所产生的发展不平衡问题，并最终实现全球可持续发展。

不同的学者就全球公共产品融资问题进行了研究，并且提出了不同的融资方式和融资机制，其中讨论较为广泛的是托宾税和特别提款权建议。托宾（Tobin，1978）首次提出了对外汇交易征税的思想，他认为对外汇交易征收很少的税（不高于 0.5%），具有三方面的好处，即减少导致货币波动的投机活动、降低国家经济政策面临外部冲击时的脆弱性、增加国际组织的收益并为全球公共产品的供应提供资金来源。但是托宾税的可行性受到质疑，一方面，托宾税的实行依赖于两个问题的解决，即国家间在实行统一税收方面必须达成一致，在税收征收和收益分配方面必须达成一致；另一方面，托宾税如果成为一个税种的话，应该由政府来征收，但是目前世界政府并不存在，全球范围内征收托宾税难度很大。尽管有学者提出了建立一个国际税收组织的建议，但是也很难赋予该机构超出主权国家的征税权力。乔治·索罗斯（2003）则提出发行由发达国家捐赠的专门制定用于国际援助的特别提款权来为全球公共产品的供给筹集资金，他认为，"这项倡议几乎可以立即带来一大笔钱，用于资助在全球范围内提供公共产品，并促进各国的经济、社会和政治发展。而且，这项倡议可以为无限地获得大笔源源不断且可靠的发展资金流指明道路"。可以看出，索罗斯建议应该由发达国家来承担这笔费用，并且这些资金主要用于国际援助，发达国家的态度直接决定着全球公共产品能否得到提供。不过在全球问题影响范围越来越广泛的今天，全球公共产品通过特别提款权来提供具有一定的现实意义。

全球公共产品供应中的资金在大多数情况下，都是来自发达国家向发展中国家提供的官方发展援助（ODA），而且 ODA 具有全球公共产品的性质，两者有时并无明显的界限。Kanbur、Sandler、Morrison（1999）和 World Bank（2001）认为，这些全球公共产品的供给对于实现发展至关重要，ODA 应该成为这些全球公共产品资金来源的组成部分，ODA 和全球公共产品提供两者之间存在客观的"重合效应"；如果全球公共产品中的受益者主要是发达国家，则 ODA 中用于提供全球公共产品的资金将会产生"挤出效应"，而且对不同全球公共产品的关注也可能导致再分配问题的出现。因此，ODA 在用于提供全球公共产品方面和用于对发展中国家的发展援助方面需要进行权衡，不同性质的全球公共产品的影响存在着一定的差异。

如果仅仅依靠 ODA 和主权国家自愿出资，难以保证全球公共产品的供给。因此，近年来有一些学者开始探索一些新的融资方式，主要有 Clunies-Ross（2003）、Binger（2003）和 Reisen（2004）等，其将全球公共产品供给资金的新来源分为以下三类：一是开征一系列的全球性税收，主要包括全球污染税、全球托宾税、全球军火销售税。二是自愿的私人部门贡献，主要有私人捐赠的增加、全球福利彩票和福利债券、特定议题全球基金。三是国际金融创新，主要包括国际融资便利、发行 SDRs、公共担保。

六、全球公共产品研究展望

从对全球公共产品问题研究现状的文献综述来看，对全球公共产品问题的研究还是一个比较新的研究领域。目前关于全球公共产品的研究主要有两大分支：一个是国际政治经济学关于全球公共产品的研究，侧重于国际关系和国际合作中的全球公共产品供给问题；二是财政学关于全球公共产品的研究，主要是国际公共财政理论关于全球公共产品供给的研究，侧重于政府如何将公共和私人资金引向全球公共产品的供给。从研究情况来看，这两个分支的研究都还处于初级阶段，对许多问题的研究尚不够深入。

随着全球共同治理的需要越来越迫切，以及根据目前全球公共产品研究的现状，未来关于全球公共产品问题的研究主要有以下几个方面：

一是全球公共产品供应主体的研究有待进一步深入。随着全球公共产品范围的不断扩展，全球公共产品的供给主体出现多元化，存在市场力量、第三种力量以及政府力量三个方面，而跨越国界的合作也已经从一个政府间过程变成了一个多主体的过程。政府间主体和非政府间主体（市场力量和第三种力量）既合作也竞争，更高效地提供全球公共产品。关于公共和私营部门合作关系的研究超出了传统的政府间国际合作的研究，但是其在未来对于全球公共产品的提供有着重要的作用，是一个值得关注的领域。

二是全球公共产品供给融资方式的研究有待深入。目前全球公共产品的融资大多是在 ODA 背景下进行的，但是全球公共产品供给资金来源仅靠 ODA 融资是远远不够的。对全球公共产品新的融资方式的研究显得尤为重要，有相关学者提出征收全球性税收和进行国际金融创新等方式作为新的资金来源途径，但是这些融资方式的可行性和具体实施的国际环境要求都很高，目前的研究非常不够，是全球公共产品供给未来研究的一个重要方向。

三是全球公共产品供给决策规则和过程的研究。尽管理论上全球公共产品是同时使全球所有人群甚至几代人受益的公共产品，但是在目前的全球公共产品供给中，发达国家占据强势地位，而发展中国家处于弱势地位，而霸权国家的存在更进一步使得全球公共产品的利益倾向于发达国家。因此，在这种情况下提供的全球公共产品对各参与主体在利益分配和成本分担上存在严重不均衡，关于全球公共产品的偏好表明激励机制的建立以及全球公共产品供给决策规则的制定显得相当重要，这有利于保护发展中国家在全球公共产品中的利益和公平性，从而有利于全球公共产品的有效供给。

四是全球公共产品供给管理监督激励机制的研究。全球公共产品的供给往往以国际协议（制度）方式巩固下来，全球公共产品供给监督管理机制旨在保证国际（协议）制度形成以后能够得到贯彻实施，使之外化为全球公共产品供给主体的负责任的国际行为。建立供给管理监督激励机制是为了保证全球公共产品供给的生产过程能够顺利实施和高效供给，这就需要建立起一套系统的组织体系，以应对全球公共产品生产中所存在的问题。研究建立全球公共产品的生产管理监督激励机制，事实上是研究全球公共产品生产中所涉及的制度与组织之间的协调性或非协调性，这种管理监督机制不完善会严重影响全球公共产品的有效供给和供给绩效。

五是国际公共财政的研究。国际公共财政是国家公共财政理论在全球领域内的运用，侧重于政府如何将公共和私人资金引向全球公共产品的供给，这对于全球公共产品的提供有着重要的理论意义。国际公共财政包括国际财政支出和国际财政收入，一国在国家公共产品的供给和全球公共产品供给出现冲突时的协调机制问题也是其重要的研究内容。但是该类研究目前还处于初级阶段，理论体系尚不完善，是全球公共产品问题研究的一个重要方向。

参考文献：

［1］MANCUR OLSON，RICHARD ZECKHAUSER. An Economic Theory of Alliances［J］. The Review of Economics and Statistics，August 1966，48（3）：266-279.

［2］BRUCE M RUSSETT，JOHN D SULLIVAN. Collective Goods and International Organization［J］. International Organization，Autumn 1971，25（4）：845-865.

［3］MANCUR OLSON. Increasing the Incentives for International Co-operation ［J］. International Organization, Autumn 1971, 25 (4): 866-874.

［4］CHARLES P KINDLEBERGER. International Public Goods without International Government ［J］. The American Economic Review, March 1986, 76 (1): 1-13.

［5］TODD SANDLER. The Theory and Structures of International Political Economy ［M］. Boulder: Westview Press, 1980.

［6］INGE KAUL, ISABELLE GRUNBERG, MARC STEM. Global Public Goods: International Cooperation in the 21th Century ［M］. New York: Oxford University Press, 1999.

［7］ANAND P B. Financing the Provision of Global Public Goods ［J］. World Economy, 2004, 27 (2): 215-237.

［8］DEVELOPMENT COMMITTEE. Poverty Reduction and Global Public Goods: Issues for the Word Bank in Supporting Global Collective Action ［R］. (Dc/2000-16) -World Bank, September6, 2000.

［9］MORRISSEY TE VELDE, A HEWITT. Defining International Public Goods: The case of reduced CFC emissions and the Montreal protocol ［J］. Journal of Public Economics, 2002, 63 (3): 331-349.

［10］WILLIAM D NORDHAUS. Global Public Goods and the Problem of Global Warming ［C］. paper presented at Annual Lecture of The Institut d'Economie Induslrielle (IDEI), Toulouse: France, June 14, 1999.

［11］STIGLIZ JOSEPH E. Knowledge as a Global Public Goods ［M］// KAUL et al. (eds). Global Public Goods: International Cooperation in the 21stCentury. New York: Oxford University Press, 1999.

［12］UNITED NATIONS. Road Map towards the Implementation of the United Nations Millennium Declaration ［R］. Report of the Secretary—General. 2001, September A/ 56/326.

［13］英吉·考尔, 等. 全球化之道: 全球公共产品的提供与管理 ［M］. 张春波, 高静, 译. 北京: 人民出版社, 2006.

［14］ HIRSHLEIFER J. From Weakest-link to Best-shot：The volun-
tary Provsion of Public Goods ［J］. Public Choice，1983（41）：372.

［15］ BARRETT S. Why Cooperate? The Incentive to Supply Global
Public Goods ［M］. London：Oxford University Press，2007.

［16］ TE VELDE D，O MORRISSEY，A HEWITT. Allocating Aid to
International Public Goods ［M］// M FERRONI，A MODY（eds.）. Inter-
national Public Goods：Incentives，Measurement and Financing. Boston：
Kluwer Academic Publishers，2002.

［17］但丁·阿利盖里. 论世界帝国 ［M］. 朱虹，译. 北京：商务
印书馆，1985.

［18］安冬尼·帕格登. "治理"的源起，以及启蒙运动对超越
民族的世界秩序的观念 ［J］. 凤兮，译. 国际社会科学（中文版），
1999（1）：9-18.

［19］丹尼·罗德里克. 经济全球化的治理 ［M］// 约瑟夫·S.
奈，等. 全球化世界的治理. 王勇，门洪华，等译. 北京：世界知识出
版社，2003.

［20］曼瑟尔·奥尔森. 集体行动的逻辑 ［M］. 陈郁，等译. 上
海：上海三联书店，1995.

［22］ SANDLER T. Collective Action：Theory and Applications
［M］. Annaburg：University of Michigan Press，1992.

［24］ SANDLER T. Global Collective Action ［M］. London：
Cambridge University Press，2004.

（原文载《改革》2012 年第 3 期）

公共品及其特征的理论研究综述与展望

王国清　单顺安

　　长期以来，对公共品的定义、特征及其分类，学术界尚有不同的看法。其中，占主流地位的是萨缪尔森、马斯格雷夫的以"非竞争性"和"非排他性"特征界定"共同消费"的公共品这一观点。其后，大多数学者均在此基础上引申发展，已经扩展到"共有资源"的范围。我们认为"共同消费"和"共同需求"不是同义语，"共同受益"也是满足"共同需求"的。在社会主义公有制条件下，公共品具有多样性和显著性的特征。如果国有土地、国有资产是公共品，那么如何理解传统的、经典的公共品定义及其特征呢？又应怎样界定公共品的定义、特征和分类呢？国有土地、国有资产这类公共品是有其持续的、稳定的收入的，那又应怎样管理才是可取的呢？本文拟在观点评述的基础上提出我们的看法。

一、公共品及其特征的理论研究述评

（一）公共品的消费论

　　公共品的消费论是基于边际效用价值论基础上的。它通过对公共品特征的描述来对公共品进行界定，即只要某物品具有消费上的某些特定的特征便可以界定为公共品。这种消费论的代表人物包括萨缪尔森、马斯格雷夫、奥斯特罗姆夫妇和萨瓦斯等学者。

　　萨缪尔森在 1954 年发表的《公共支出的纯理论》中首次给出了公共品（他称之为"集体消费物品"）的概念，即增加一个人对该物品的消费，并不同时减少其他人对该物品消费的那类物品。而每个人对该物品的消费并不同时减少其他人的消费量，这被称为"消费上的非竞争性"①。这一定义是在与私人品的对比中得出的，即公共品的表达公式为 $X_{n+j} = X_{n+j}^i$，它表示第 i 个人对第 $n + j$ 种产品的消费等于第 $n + j$ 种产品的总量。私人品的表达公式为 $X_j = \sum_i^n X_j^i$，它表示所有个人对第 j 种产品的消费之和等于第 j 种产品的总量。在此之后，马斯格雷夫将消费的非排他性引入公共品的概念，同非竞争性并列，形成了公共品的当代经典定义，即公共品是指具有消费的非竞争性和非排他性特征的物品，非竞争性与非排他性成为界定消费论背景下的公共品的两大重要的描述特征。

萨缪尔森和马斯格雷夫所提出的非竞争性和非排他性特征是 100% 纯度的，这一点遭到了不少学者的质疑，此后不少学者对这两大特征进行了"放松"，即非竞争性和非排他性可以是有限纯度的，只要不完全退化到 0 即可。奥斯特罗姆夫妇和萨瓦斯就利用有限纯度的非竞争性和非排他性对公共品进行了定义，其中萨瓦斯对这两大特征背景下的公共品进行了连续性的描述。

此外，有些学者还提出了公共品除了非竞争性和非排他性两大特征之外的其他辅助性特征，如较显著的社会效益、非物质生产性、规模效益较明显等，以此作为界定消费论背景下的公共品的辅助性标准。

综上所述，从公共品消费论的角度来看，大多数学者的消费论是由萨缪尔森和马斯格雷夫的消费论引申发展而来的，尽管奥斯特罗姆夫妇等学者将公共品的范围"横向"扩展到公共池塘、公共草场等，但目前得到大多数学者认可的界定消费论背景下的公共品的最重要的描述特征仍然是非竞争性和非排他性及其衍生特性。

我们认为，在萨缪尔森之前，新古典经济学只研究私人品的配置和生产问题，公共品消费论的提出，丰富了经济学的研究对象，而且公共品消费论成为"经典"的公共品理论，亦是主流经济学显著的成功之处。正如前述的学术界研究轨迹，它同时又成为某种"陷阱"，

---

① 马珺. 论公共物品的供给机制 [C] // 高培勇，杨之刚，夏杰长. 中国财政经济理论前沿（5）. 北京：社会科学文献出版社，2008：155-156.

它所奠定的研究方向是"纵向"的，即始终沿着"非竞争性"和"非排他性"特征之方向，至多在末端部分发散为某种"横向"的内容，即基于"非竞争性"和"非排他性"特征的部分缺陷，扩展到"共有资源"，如公共池塘、公共草场等内容。

消费论以市场经济和私有制（私有制以大量存在的产权分立的主体作为基础）作为研究的出发点。当市场经济不能够引导私有制有效供给出能够满足共同需求的物品时，秉持消费论的学者采取了这样的解决途径，即他们认为市场经济能够引导私有制有效供给出满足私人需求的私人品。而现在市场经济却不能够引导私有制有效供给出能够满足共同需求的物品，那么，此物品应该具有同私人品截然不同的、对立的特征，私人品具有竞争性和排他性的特征，那么，此物品就具有非竞争性和非排他性的特征，因此通过这种途径，就产生了消费论背景下的公共品。消费论具有比较狭隘的研究出发点，即仅仅以市场经济和私有制作为研究的出发点，以及当市场经济不能够引导私有制有效供给出能够满足共同需求的物品时所采取的解决途径，使得消费论具有一些不可避免的不足。

第一，某些外界因素的变化，会使得非竞争性和非排他性特征不可能保持不变，而这就意味着消费论背景下的公共品会发生"漂移"。例如，某个俱乐部物品，在俱乐部的有限成员范围之内，具有非竞争性和非排他性，是公共品。但如果把俱乐部的成员范围扩展为众多的全社会成员，此时非竞争性就转变为竞争性，这时俱乐部就不是公共品了。再例如，某人私人拥有一块草地，其产权是私有的，但如果现行法律不允许这块草地的所有者起诉未经其允许而偷偷放牧的其他人，那么，这块草地对于潜在的其他放牧者而言，就具有了一定程度的非竞争性和非排他性，这块草地就成为公共品了。

第二，由于消费论以市场经济和私有制作为研究的出发点，以及当市场经济不能够引导私有制有效供给出能够满足共同需求的物品时所采取的解决办法，所以它具有被动性，无法解释和指导现实中丰富多彩的公共品实践活动。例如，它无法解释为什么有些消费论背景下的公共品在目前发展阶段是公共品，而在此前的发展阶段却不是公共品；为什么有些消费论背景下的公共品在 A 国是公共品，在 B 国却不是公共品；更无法预测在将来的发展阶段，可能会出现哪些新的公共品等。

第三，消费论背景下的公共品可能在供给方面存在比较严重的无效率。任何公共品的供给都面临着配置、融资和分配方面的问题。配置意味着生产多少公共品；融资意味着如何弥补成本；分配意味着如何分享收益。任何一种供给方式都可能在这三个方面存在无效率。

因此，在决定采用集体供给还是非集体、自愿实施的市场供给时，必须将配置无效率、融资无效率和分配无效率一起进行考虑，总无效率最小的供给方式胜出。

而公共品的消费论强调，只要依据描述特征确定为公共品后，往往就要采取集体供给的方式，如政府供给①，其实质在于它只考虑了分配方面的效率问题，而没有考虑其他两方面的效率问题。这可能导致虽然分配方面不存在无效率，但其他两个方面均存在无效率，总无效率反而最大，此时采取集体供给的方式显然是不合适的，这也反过来说明消费论背景下的公共品可能在供给方面存在比较严重的无效率。

第四，消费论忽视了其他因素所导致的事实上的非竞争性和非排他性特征，从而与现实中的公共品相比较，消费论背景下的公共品出现"缩水"现象。如果用消费论来衡量和考察公共品的实践活动，会发现今天许多被广泛认同为公共品的东西——基础教育、基本医疗等并不具有非竞争性和非排他性两大特征中的任何一个，更不用说同时两个都具备了，因此它们无法被消费论界定为公共品。

消费论中的非竞争性和非排他性主要是从技术上而言的。随着科学技术的发展和管理技术的不断创新等，技术意义上的非竞争性和非排他性逐渐向竞争性和排他性转变。在一些因素的作用下，如制度因素，具有竞争性和排他性的物品会具有事实上的非竞争性和非排他性，即符合一定资格的成员均可以享有某物品，并且成员均可以享有一定数量的此物品，但不允许"多吃多占"，最终此物品成为公共品。以

---

① 马珺. 论公共物品的供给机制 [C] //高培勇，杨之刚，夏杰长. 中国财政经济理论前沿（5）. 北京：社会科学文献出版社，2008：160-161.

下从公共品实际的供给过程来对此做进一步的分析。

现代经济学认为，公共品的供给是一个群体成员主动参与的决策问题，当然成员是在一定的制度约束之下来进行决策的，而这些制度约束往往含有历史、文化、价值伦理和意识形态的因素在内，因而消费论背景下的公共品不一定具备非竞争性和非排他性的特征。

对于具有竞争性和排他性的物品，如果采取集体供给的方式，则无法实现所有成员对于此物品和其他物品的边际替代率相等，分配方面存在无效率；集体供给方式下的融资在很多情况下（例如采取强制性的集体供给方式）采取税收的形式，这会带来超额负担，融资方面存在无效率；集体供给方式下的配置，在很多情况下，由于所有成员都面对着统一的供给量，而这一供给量往往偏离大多数成员的喜好水平，配置方面存在无效率。

对于具有竞争性和排他性的物品，如果采取市场供给的方式，即使用者付费的方式，能够较好地实现所有成员对于此物品和其他物品的边际替代率相等，分配方面的无效率会大大减轻；同时融资和配置无效率也相对减轻了不少，原因在于以使用者付费来代替税收进行融资，超额负担也降低了；同时使用者付费也为物品的供给量的决定提供了依据。

总之，对于具有竞争性和排他性的物品，单纯从效率的角度出发，集体供给的总无效率较大，市场供给的总无效率较小；但是，如果群体成员进行决策时的制度约束包含有很强的价值理念，即认为像基础教育、基本医疗、廉租房等是每一个成员都应该享有的，而且这种价值理念强烈地影响了成员的决策行为，那么，集体供给方式下的分配就不是无效率的，而是有效率的；市场供给方式下的分配就是无效率的，因为它排斥了许多成员享有。从总的无效率的角度来看，可能就改变为集体供给的总无效率较小，市场供给的总无效率较大，最终，集体供给方式胜出，基础教育、基本医疗、廉租房等就成为具有事实上的非竞争性和非排他性的公共品。

值得注意的是，当代美国著名经济伦理学家乔治·恩德勒有关公共品的相关论述佐证了上述分析的观点。他指出，有两条原则可以定义公共品。第一条原则是非排斥原则，即与私人品相比较，对受（公共品）影响的和受个人或集团权力限定的消费不排斥其他人的消费，无论是出于技术的原因（因为物品的性质不允许排斥）还是出于效率的原因（因为这种通过价格负担的排斥将不恰当地变得昂贵），或是出于法律或伦理的原因（因为其他人不应当被排斥）。第二条原则是非敌对原则。它假定与其他消费者的关系（不止一个消费者对这物品感兴趣）缺乏敌对性或竞争性。乔治·恩德勒给我们最重要的启示在于，他指出非排他性产生的原因还包含了法律上和伦理上的因素，以及非竞争性也可能是因为与其他消费者缺乏敌对性[①]。

（二）公共品的供给论

任何经济理论都无法摆脱对于现实的关注，公共品的定义也不例外。公共品的供给论只关注公共品的实际供给机制，即公共品是如何实现的，而不关注公共品具有哪些特征。公共品的供给论的代表人物是詹姆斯·M.布坎南。

詹姆斯·M.布坎南在《民主财政论》一书中认为，"任何集团或社团因为任何原因，决定通过集体组织提供的商品或服务，都将定义为公共商品或服务"[②]。詹姆斯·M.布坎南曾直截了当地指出，任何物品或服务均可被视为纯公共品，只要它是通过某种具有极端公共性特征的组织机构而实现供给的。要使理论分析贴近现实世界中财政制度运转的真实状况，不一定非得要求公共品的生产或消费具备上述技术特征[③]。此外，休·史卓顿和莱昂内尔·奥查德也对公共品进行了供给论的定义："我们将所有那些其供给不是由个人的市场需求而是由集体的政治选择决定的物品，即把任何由政府决定免费或者低费用

---

① 秦颖. 论公共产品的本质：兼论公共产品理论的局限性 [J]. 经济学家，2006（3）：77-82.

② 詹姆斯·M.布坎南. 民主财政论 [M]. 穆怀朋，译. 北京：商务印书馆，1993：20.

③ 詹姆斯·M.布坎南. 公共物品的需求与供给 [M]. 马珺，译. 上海：上海人民出版社，2009：34.

供给其使用者的物品和服务，看做公共品。"①

综上所述，上述学者对于公共品的定义，反映出他们强烈的实证取向，他们认为公共品的实现过程就是一个群体成员主动参与的决策问题，通过相互之间的冲突、妥协、合作等，确认自身利益最大化的所在，最终决定何种物品由集体组织提供，当然最终的结果不一定符合每一个成员的最优标准，却是每一个成员都能够接受、都能够获益的结果，而这样一个结果就是公共品。

我们认为，公共品的供给论具有一些可取之处：

首先，供给论背景下的公共品，一般而言，在供给方面是具有效率的。原因在于公共品的供给论强调，在决定采用集体供给还是非集体、自愿实施的市场供给时，必须将配置无效率、融资无效率和分配无效率一起进行考虑，总无效率最小的供给方式胜出。如果是集体供给方式胜出，那么它所提供的物品或服务就是公共品，或者换句话讲，供给论背景下的公共品是总无效率最小的，其在供给方面是有效率的。

其次，布坎南的供给论中指出了公共品的供给可以基于任何原因，因此供给方面的有效率，可能基于单纯的效率考虑，也可能基于某种价值理念的考虑，这使得供给论背景下的公共品可以包括消费论背景下所不包括的基于事实上的非竞争性和非排他性的公共品。

但公共品的供给论也以市场经济和私有制（私有制以大量存在的产权分立的主体作为基础）作为研究的出发点。当市场经济不能够引导私有制有效供给出能够满足共同需求的物品时，秉持供给论的学者采取了这样的解决途径，即他们认为既然不能通过市场引导产权分立的主体来供给满足共同需求的物品，那么，就只有通过非市场的、集体供给的方式才能够实现满足共同需求的物品的供给，这就产生了供给论背景下的公共品。同消费论一样，供给论也具有比较狭隘的研究出发点，即仅仅以市场经济和私有制作为研究的出发点，以及当市场经济不能够引导私有制有效供给出能够满足共同需求的物品时所采取

---

① 休·史卓顿，莱昂内尔·奥查德. 公共物品、公共企业和公共选择 [M]. 费朝辉，等译. 北京：经济科学出版社，2000：68.

的解决途径，使得其也具有一些不可避免的不足。

第一，供给论仅仅局限于集体供给方式，使得与现实中的公共品相比较，供给论背景下的公共品也出现"缩水"现象。消费论背景下的公共品有一部分没有被包含于供给论背景下的公共品范围之内，原因在于按照总无效率最小的标准，这部分消费论背景下的公共品应该采取非集体供给的方式，而这种供给方式是无法被公共品的供给论界定为公共品的。从更本质的角度来看，公共品揭示出存在于其上的共同利益，而如何有效实现这一共同利益，便涉及公共品应该采取何种供给方式。借用邓小平同志的一句话，"不论白猫黑猫，能抓住老鼠的就是好猫"！市场方式和集体供给方式，何者能够最有效地实现这一共同利益，何者就胜出。这也就意味着市场方式和集体供给方式都是公共品的供给方式，更何况随着社会经济的发展，公共品的供给方式也呈现出日益多元化的趋势，那么，只有采取集体供给方式的物品才是公共品就显得不合时宜了，当然这必定也会导致供给论背景下的公共品"缩水"。

第二，公共品的供给论实质上暗含的前提条件是成员在进行决策时拥有充分的选择权，即自主选择市场供给、自愿合作性的集体供给和具有强制性的集体供给。如果充分的选择权没有得到保障，那么供给论背景下的公共品会发生"变质"。例如，如果市场供给方式由于某些原因而被排除在外，此时成员的满足私人需求的私人品也需要借助于集体供给的方式，按照供给论，私人品在这里也就变成了公共品。苏联时期和改革开放前实行高度计划经济的中国，就存在着这种情况。再例如，如果政府过分强调市场供给的方式，而对强制性的集体供给方式如政府供给，则是百般推托，那么供给论背景下的公共品会严重"缩水"。

第三，公共品的供给论实质上是要求所有的成员都来参与决策，通过相互之间的冲突、妥协、合作等，确认自身利益最大化的所在，最终决定何种物品由集体组织提供。但是如果成员们决定集体供给某种公共品，而这种公共品的存续时间可能会跨越几代人，使得几代人均能够从中受益，那么从理论上讲，后代人也应该参与目前的这种公共品的决策，同当代人一起通过相互之间的冲突、妥协、合作等，确认自身利益最大化的所在，最终决定如何由集体组织提供，当然这里面也包括公共品的配置、融资和分配如何在当代人和后代人之间进行分配。但问题在于后代人此时并未出生，无法参与决策，而决策是由当代人做出的，那么，此时的供给论背景下的公共品能够在多大程度上满足这种跨代的共同需求呢？

（三）公共品的产权论

公共品的产权论侧重于从产权是否能够清晰界定的角度来对公共品进行定义。公共品的产权论的代表人物是巴泽尔。

巴泽尔在《产权的经济分析》一书中指出，物品不是基于自身属性的差别而划分为私人品与公共品的，物品是基于能否清晰界定产权而划分为私人品与公共品的，而能否清晰界定产权取决于产权界定所带来的净收益及其大小。私人品与公共品的划分逻辑如下：正的净收益→界定产权→物品为私人品，负的净收益→不界定产权→物品为公共品。由于物品的多样化属性，所以完全能够界定产权的物品——私人品属于少数，同样，无法界定产权的物品——公共品也属于少数。多数物品的属性只能够部分被界定或部分程度被界定，即这些物品产权只是部分的界定，因而它们是准公共品①。

此外，有学者认为，在中国，资源性国有资产，如土地、草原、森林、湖泊等自然资源，具有社会公共性、稀缺性和使用的排他性（绝大部分属于混合产品，有些是公共品）②。还有学者进一步指出，国有资产就是公共品，并且是投资型公共品③。从上述描述中，虽然我们不能认定这些学者所秉持的就是公共品的产权论，但我们从中可以"窥视"出这些学者认为产权国有的土地、森林、湖泊等属于公共品或者属于准公共品，以及国有资产也属于公共品。

我们认为，从产权的角度来界定物品是否为公共品，具有一定的

---

① 李阳. 公共产品概念和本质研究综述［J］. 生产力研究，2010（4）：30-33.

② 解学智，刘尚希. 公共收入［M］. 北京：中国财政经济出版社，2000：254.

③ 王国清，张瑞琰. 公共品理论视角下的国有资产定位［C］//光华财税年刊（2008—2009）. 成都：西南财经大学出版社，2010：18.

道理，但问题在于，国有土地和国有资产是公共财产或商品，但许多人并不认可其属于公共品。如果按照上述那些学者的观点，界定其为公共品，那么，它们属于什么类型的公共品，又具有什么样的特征呢？进一步而言，国有土地和国有资产是有相应收益的，这使得它们和一般所说的公共品有颇大的差异，这又应如何看待呢？这正是我们需要进一步研究的问题。

另外，产权论存在一些不可忽视的不足。产权论仅仅从成本收益的角度说明物品产权界定清晰的程度，清晰界定的产权具有排他性，没有界定的产权具有非排他性，前者是私人品，后者是公共品，公共品的产权论实际上是按照这样一个思路来界定公共品与私人品的。但这样一个思路的部分环节是存在着缺陷的，由此造成产权论存在着不足。

第一，产权论下的公共品存在"缩水"现象。产权论只是基于成本收益的角度来说明人们选择产权清晰程度以及排他性的程度，但非排他性的来源除此之外，还可能来自其他因素，如著名经济伦理学家乔治·恩德勒所指出的法律上和伦理上的因素。此外，产权界定清晰的私人品，其具有排他性，但如果在某些因素的作用下，使得其具有事实上的非竞争性和非排他性，按照前面部分的分析，此时该私人品就转变成了公共品，因此上述这些问题必然导致产权论下的公共品存在"缩水"现象。

第二，产权论下的公共品存在"虚假公共品"现象。产权论只是基于非排他性来界定公共品，如果某物品只有非排他性，而没有非竞争性，那么，此物品在受益上就存在着完全的替代性，无法使得群体成员共同受益，此物品就不是公共品。由此，产权论下的公共品存在"虚假公共品"现象。

（四）公共品的共同需求论

公共品的共同需求论着力于共同需求，而共同需求具有普遍性和同一性[1]，这也是其与消费论的根本区别。它不是侧重于从满足共同消费的方面，而是侧重于从满足共同需求的方面来对公共品进行定义，

---

[1] 冯秀华. 公共支出 [M]. 北京：中国财政经济出版社，2000：42.

即公共品是用来满足共同需要的物品。公共品的共同需求论的代表人物包括刘诗白、曾康霖、秦颖、胡钧和贾凯君等中国学者。

刘诗白指出，西方学者的公共品定义存在着严重的不足，原因在于它没有表述出公共品的最为本质的特性，也没有涵盖当代公共品丰富的多样性。有鉴于此，刘诗白重新对公共品作了界定，他明确指出公共品就是满足公共需要的物品①。

曾康霖指出，由于人们未全面考虑共同需求的产品所涉及的总量和结构问题，那么将共同需求的产品只划分为准公共品与公共品是明显存在不足的，更是没有任何意义的。有鉴于此，立足于社会共同需求的理念，曾康霖把满足社会共同需求的产品划分为公共资源、公共设施、公共产品、公共服务和公共事业五大类。它们都是公共品，共同满足社会公众的共同需求。②

秦颖明确地指出，就本质而言，公共品是用来满足社会公众的共同需求的产物，换句话讲，公共品的决定性要素不是别的，而是社会公众的共同需要③。胡钧和贾凯君从马克思的公共品理论与西方的公共品理论进行比较的角度，对中国国情之下的公共品进行了探析。他们指出，马克思的公共品理论非常强调要围绕着满足社会存在与发展的公共利益的需要来供给公共产品④。

我们认为，共同需求论以公共品决定因素的共同需求作为研究的出发点，能够克服其他几种公共品定义的缺陷，是一种比较可取的定义。如果借用数学领域的专有名词来描述共同需求和公共品之间的关系，那么，共同需求是自变量，而公共品则是因变量，因变量随着自变量的变化而变化，即公共品随着共同需求的变化而变化。这就说明定义公共品以及解释、指导公共品的实践活动必须从共同需求的角度来进行。因此，公共品的共同需求论是一种比较可取的定义。

从这个角度来看，公共品的其他几种定义在定义自身，以及解释、

---

① 刘诗白. 市场经济与公共产品 [J]. 经济学家，2007（4）：5-12.

② 曾康霖. 公共品研究要有新视角 [J]. 经济学动态，2008（4）：29-34.

③ 秦颖. 论公共产品的本质：兼论公共产品理论的局限性 [J]. 经济学家，2006（3）：77-82.

④ 胡钧，贾凯君. 马克思公共产品理论与西方公共产品理论比较研究 [J]. 教学与研究，2008（2）：9-15.

指导现实世界中的公共品实践活动时存在的不足，也可以理解为是它们陷入了用因变量来解释因变量的循环。

共同需求论作为一种比较可取的定义来源于共同需求的丰富内涵性。其内涵性的主要内容包括群体共同需求的基础是群体成员的个体需求，只不过这种个体需求得到了群体的认可和支持，最后演变成群体的共同需求，但从个体需求演变成群体共同需求的过程中，需要关注个体需求在多大范围内以及在什么时期得到群体的认可和支持、在演变过程中遵循什么样的价值观念以及谁在这个演变过程中起着重要作用。这些方面使得群体共同需求存在不同规模的边界，不同的延续时期，内容上存在层次性；在不同国家，群体需求的内容也存在差异性；随着社会生产力发展变化而不断变化的特性等。公共品是对群体共同需求的回应，上述特性导致公共品总是与一定空间规模和一定时间阶段的群体消费者相联系。在社会财力有限的情况下，公共品的实现存在着优先排序，在不同国家公共品存在着差异。随着社会的发展，公共品的形式和内容都会处于不断的变化发展过程中。例如，阿马蒂亚·森曾经注意到，美国政府对病人与穷人的帮助非常有限，而在欧洲这种情况是不可能被接受的。在提供诸如像教育、医疗保健等公产品的社会承诺方面也是同样的情况，欧洲的福利国家把提供这些视为理所当然。而相反，欧洲国家的高失业率对于美国而言，是不可能忍受的，所以欧洲和美国各自的政治承诺本质看起来是存在根本区别的。造成这种差异的根源在于欧洲和美国的价值取向不同①。再例如，维持社会存在的共同利益需要不断地由温饱型向小康型发展，那么，所需的维持社会存在共同利益的公共品会不断地被创造出来。

当然，公共品共同需求论也还存在着进一步研究的空间。公共品的共同需求论存在着的进一步研究的空间，也是公共品的消费论、供给论和产权论在以往的研究中所忽视了的东西，即这个需要进一步研究的空间是目前公共品的各类定义及其特征的理论所共同忽视了的部分。

---

① 孙泽生，曲昭仲，田锦. 公共物品理论研究的范式演变：从需求到供给 [J]. 浙江科技学院学报，2006（1）：50-54.

我们认为，目前公共品的各类定义均是把公共品作为最终产品的形态来加以研究的，即公共品作为最终产品，以其自身来直接满足共同消费或共同需求。那么，接下来会产生这样一个问题：公共品是否只能通过这样的直接方式来满足共同需求，而不存在其他方式来满足共同需求呢？

以国有土地为例，在国有土地的所有权和使用权未分离的情况下，国有土地用于公园、公共道路等方面时，国有土地通过自身被共同消费而直接满足了民众的共同需求，此时的国有土地就是公共品，而这也是我们所熟知的那种公共品。在国有土地的所有权和使用权相分离的情况下，国有土地的使用权在很多情况下，满足的是私人需求，如居民住宅，即此时的国有土地本身没有满足民众的共同需求。但土地使用权的出让使国有土地能够取得可观的收益，而基于国有土地的所有权是全民所共有的，可观的收益应惠及全体民众；如将收益用于公共道路、社会保障等方面，国有土地通过这样的非直接的方式满足了民众的共同需求，它难道不是公共品吗？

简而言之，共同消费可以包含于共同需求，但不等于共同需求，原因在于共同受益也包含于共同需求之中。因此，公共品定义及其特征应该得到进一步的明晰。

二、对公共品定义、分类、特征的再认识

前已述及，西方主流经济学偏重于"纵向"扩展的研究思路，那么，我们应如何破解所谓的"陷阱"呢？我们认为，部分可以代表整体，但不能够代替整体，如同税收收入及其特征不能等同于财政收入及其特征一样，也如同税收收入及其特征不能代替国有资产收益、政府收费和债务收入及其特征一样，故可以着力于"横向"的思路，扩展公共品的定义及其特征，对多样性的公共品进行分类，分门别类地研究其特征。这是研究公共品理论的又一思路。

（一）对公共品的再定义

通过上文对公共品定义的理论述评，可以看出，以市场经济和私

有制作为研究的出发点，以及当市场经济不能够引导私有制供给出能够满足共同需求的物品时所采取的解决途径，使得公共品消费论和供给论不可避免地存在缺陷；此外，立于成本收益基础之上的公共品产权论也不可避免地存在缺陷。公共品的共同需求论侧重于从满足共同需求方面来对公共品进行定义，能够较好地体现自变量和因变量之间的因果关系，克服了公共品消费论、供给论和产权论的缺陷，是一种可取的定义。但考虑到在社会主义公有制条件下，公共品具有多样性和显著性，四种定义共同存在的不足之处在于只考虑了通过自身直接满足共同消费或共同需求的公共品，而未考虑通过间接方式来满足共同需求的公共品的存在。

可以考虑这样一种情况：某群体拥有一块草场，其产权是群体成员共有的，群体成员均可以到这块草场上去放牛，这块草场通过自身直接就满足了群体成员放牛的共同需求，所以这块草场成为公共品。但不知什么原因，群体成员突然不再养牛了，也就无须到草场上去放牛了，而这块草场除了能够满足群体成员放牛的共同需求之外，其自身无法直接满足成员的其他共同需求，按照目前公共品的各类定义，这块草场就不再是公共品了。但如果此时群体成员共同决定把这块草场出租给 A 企业盖厂房，用来生产电脑，此时，草场的所有权和使用权发生了分离。从草场自身的角度而言，它现在只满足了 A 企业的需求，而不是群体成员的共同需求，但 A 企业会因为使用这块草场而支付比较可观的租金，即此时群体作为草场的所有者，通过草场的出租获得了可观的收益。草场的所有权是共有的，那么，这笔可观的收益就应该惠及全体成员。例如，可以将这笔收益用于成员的基本医疗，用于建设成员所居住社区的基础设施，等等。这块草场通过这样的一种方式间接实现了对于群体成员共同需求的满足，这块草场难道不是公共品吗？答案应该是肯定的。

综合上述分析，对于公共品的再定义仍然采取共同需求论的方式，在满足共同需求方式的维度方面，改变以往的单纯考虑直接满足的方式，而全面考虑直接满足和间接满足两种方式。有鉴于此，公共品的再定义可以表述为：公共品是指基于满足方式的多样化，能够满足共同需求的物品。

（二）公共品的分类：消费型公共品和投资型公共品

以往的公共品定义忽视了通过间接方式来满足共同需求的公共品的存在，这就使得从共同需求得到满足的角度来看，存在着依据满足共同需求方式的差异进行分类的缺失。

从公共品所产生的收益的角度而言，一部分公共品不产生收益或产生的收益数额很小，而另一部分公共品则产生收益并且数额巨大。不产生收益或产生的收益数额很小的公共品是作为能够满足群体共同需求的最终产品的形式来直接被群体共同消费，借此来满足共同需求的，这类公共品被称为消费型公共品。产生收益并且数额巨大的公共品不仅以自身来直接被群体共同消费，借此来满足群体的共同需求，而且着力于所产生的收益，进一步再通过中间转换过程，以共同受益的形式，间接满足共同需求，这类公共品被称为投资型公共品或生产型公共品。

基于此，按照公共品满足群体共同需求的直接和间接的方式，可以将公共品分为消费型公共品和投资型公共品。当然，消费型公共品可以继续划分为技术型消费公共品、制度型消费公共品和外部型公共品，而投资型公共品可以继续划分为资源型投资公共品与资产型投资公共品。

（三）公共品的特征

1. 公共品的一般特征

（1）需要的共同性。一般而言，人的需求分为私人需求和共同需求。就私人需求而言，不同社会成员之间的私人需求呈现出千差万别的状况。而就共同需求而言，不同社会成员之间的需求没有呈现出千差万别的状况，反而是所有社会成员普遍地对于同一的物品和劳务表现出了需求，因为按照法国经济学家巴斯夏的定义，具有普遍性和同一性的需求就是群体的共同需求。① 如果仅仅从同一的角度来看，为

---

① 冯秀华. 公共支出 [M]. 北京：中国财政经济出版社，2000：42.

了满足这种共同需求，不同的社会成员均会选择同一的物品和劳务，即此刻，物品和劳务——公共品——表现出的是需要的共同性。

（2）受益的社会性。依据上文的分析，就共同需求而言，群体成员对同一的物品和劳务即公共品，表现出了需求；但同一的物品和劳务即公共品，必须使得群体内的所有成员均能够普遍受益，否则的话，同一的物品和劳务即公共品，满足的就不是共同需求，其就是"徒有虚名"。因此，从群体成员普遍受益的角度来看，公共品表现出了受益的社会性特征。

2. 消费型公共品的特征

消费型公共品是通过自身表现为最终产品的形式来直接被群体所消费，以满足共同需求的，因此，消费型公共品表现出如下特征：

（1）满足方式的直接性。群体成员要实现对于共同需求的最终满足，必须要依靠表现为最终产品形态的物品和劳务，而消费型公共品自身就表现为最终产品。也就是说，消费型公共品直接就可以被群体共同消费，借此来满足共同需求。因此，消费型公共品表现出了对于共同需求的满足方式的直接性的特征。

（2）非竞争性。非竞争性是指增加一个新的消费型公共品的消费者时，新加入者的收益与原来的消费型公共品消费者的收益之间存在着一种替代率为零或者不完全替代的关系。但值得注意的是，消费型公共品的非竞争性产生的部分原因与经典公共品定义下的非竞争性产生的原因是相同的，即二者均起因于物品自身所具备的不可切分的物理特性，使得在技术上无法对其进行切分，即每个人所消费的都是整体。但消费型公共品的非竞争性产生的另一部分原因却是经典公共品定义所忽视和遗漏的，这部分原因包括两部分：其一，制度所规定的每个有资格享用消费型公共品的群体成员只能够享用规定数量的消费型公共品，不能够"多吃多占"；其二，消费型公共品自身所具有的一定范围的正外部性具有无法分割性，即每个人所消费的都是整体，新加入者不会对原来的消费者造成影响。

（3）非排他性。非排他性是指应该享用消费型公共品的群体成员不会由于被排斥而不能够进行享用。值得注意的是，消费型公共品的非排他性产生的部分原因与经典公共品定义下的非排他性产生的原因也是相同的，即二者均起因于技术上无法进行排他，或者虽然能够排他但成本昂贵。但消费型公共品的非排他性产生的另一部分原因却是经典公共品定义所忽视和遗漏的，这部分原因包括两部分：其一，制度的规定，也就是符合一定条件的成员均有资格来享用消费型公共品，即使能够很轻易地排他，但限于制度的规定，也不能够实施排他；其二，消费型公共品自身在存在正外部性的情况下，对消费者进行排斥，会导致效率损失。尤其是正外部性所涉及范围非常广泛的情况下，效率损失更为严重。

3. 投资型公共品的特征

投资型公共品不仅可以自身来直接被群体共同消费，来满足群体的共同需求，而且着力于通过其所产生的收益，经过中间转换过程，以共同受益的形式，来满足群体的共同需求。因此，投资型公共品表现出如下特征：

（1）满足方式的间接性。上文曾阐述过群体成员要最终实现对于共同需求的满足，必须要依靠表现为最终产品形态的物品和劳务，即消费型公共品；但投资型公共品着力于通过所产生的收益，再经过中间转换过程，以共同受益的形式满足共同需求。因此，投资型公共品表现出了对于共同需求的满足方式的间接性的特征。

（2）收益的绩效性。收益的绩效性是指投资型公共品所产生的收益不能够仅仅表现得充裕，而且还必须适度，即收益充裕的前提是收益充裕所导致的负面成本与收益充裕进一步转换所带来的正面效益的匹配衡量。只有收益充裕进一步转换所带来的正面效益大于收益充裕所导致的负面成本，收益充裕才是可取的，否则，其是不可取的。它和那种公共品的"许可证"式的收费有着极大的区别，有着明显的绩效性。

（3）受益的普惠性。基于上文的分析，投资型公共品通过其所产生的收益进一步转化来满足共同需求，而非仅仅通过其自身来满足共同需求。在这种方式下，投资型公共品首先往往满足的是私人的需求，其自身是无法惠及每一个群体成员的，即群体成员是不可能通过享用投资型公共品本身进而惠及自身的。即便如此，投资型公共品所产生的收益却一定要惠及每一个群体成员。如果不是这样，那么，这种投资型公共品就是"徒有虚名"了。基于此，投资型公共品表现出了受益的普惠性的特征。

参考文献：

［1］詹姆斯·M. 布坎南. 公共物品的需求与供给［M］. 马珺，译. 上海：上海人民出版社，2009.

［2］詹姆斯·M. 布坎南. 民主财政论［M］. 穆怀朋，译. 北京：商务印书馆，1993.

［3］休·史卓顿，莱昂内尔·奥查德. 公共物品、公共企业和公共选择［M］. 费朝辉，等译. 北京：经济科学出版社，2000.

［4］王国清. 财政基础理论研究［M］. 北京：中国财政经济出版社，2005.

［5］王国清，张瑞琰. 公共品理论视角下的国有资产定位［C］//光华财税年刊（2008—2009）. 成都：西南财经大学出版社，2010：15-19.

［6］冯秀华. 公共支出［M］. 北京：中国财政经济出版社，2000.

［7］解学智，刘尚希. 公共收入［M］. 北京：中国财政经济出版社，2000.

［8］马珺. 公共物品的含义［C］//高培勇，杨之刚，夏杰长. 中国财政经济理论前沿（4）. 北京：社会科学文献出版社，2005：291-313.

［9］马珺. 论公共物品的供给机制［C］//高培勇，杨之刚，夏杰长. 中国财政经济理论前沿（5）. 北京：社会科学文献出版社，2008：155-170.

［10］孙泽生，曲昭仲，田锦. 公共物品理论研究的范式演变：从需求到供给［J］. 浙江科技学院学报，2006（1）：50-54.

［11］刘诗白. 市场经济与公共产品［J］. 经济学家，2007（4）：5-12.

［12］曾康霖. 公共品研究要有新视角［J］. 经济学动态，2008（4）：29-34.

［13］秦颖. 论公共产品的本质：兼论公共产品理论的局限性［J］. 经济学家，2006（3）：77-82.

［14］胡钧，贾凯君. 马克思公共产品理论与西方公共产品理论比较研究［J］. 教学与研究，2008（2）：9-15.

［15］李阳. 公共产品概念和本质研究综述［J］. 生产力研究，2010（4）：30-33.

［16］周义程，闫娟. 什么是公共产品：一个文献评述［J］. 学海，2008（1）：101-108.

［17］王爱学，赵定涛. 西方公共产品理论回顾与前瞻［J］. 江淮论坛，2007（4）：38-43.

［18］龙新民，尹利军. 公共产品概念研究述评［J］. 湘潭大学学报（哲学社会科学版），2007（3）：45-49.

［19］臧旭恒，曲创. 从客观属性到宪政决策：论"公共物品"概念的发展与演变［J］. 山东大学学报（人文社会科学版），2002（2）：37-44.

［20］周明海. 马克思恩格斯的公共产品思想研究［J］. 学术界，2009（6）：37-45.

［21］周明海，贾凯君. 马克思主义公共产品理论及其现实意义［J］. 探索，2009（5）：146-151.

［22］郭佩霞，朱沙. 中外公共产品基础理论的发展趋势及其引申［J］. 改革，2008（6）：146-152.

（原文载《公共经济与政策研究》2012年第3期）

略论财政学的学科属性与研究范围

王国清

　　党的十八届三中全会通过的《中共中央关于全面深化改革若干重大问题的决定》指出，"财政是国家治理的基础和重要支柱"，这是政府理财的大局观，是关于财政的地位和作用的新表述，是对财政基础理论的高度凝炼，是构建现代财政学的重要引领与基石。如何从学术上透析这一重要论断，并在此基础上把握财政学的学科属性，完善财政学科建设和完成财政的伟大历史使命，学术界发表了一些意见。本文拟对此谈点看法，以就教于学术界。

一、为什么是"财政"，而不是"公共财政"

　　"公共财政"是近年来人们耳熟能详的一个概念，但通观决定中"财政"这一章均找不到"公共财政"这一概念，倒是在"国企改革"一章中有"公共财政"字样，主要是指国有资本收益划转"公共财政"。需要指出的是，新预算法已将"公共预算"改称为"一般公共预算"，与此相适应，"公共财政"亦应改为"一般公共财政"。问题在于，"公共财政"是国家治理的基础和重要支柱吗？我们认为，"公共财政"的含义具有二重性。从理论范畴来看，公共财政就是市场经济条件下的财政；从财政管理体制来看，公共财政就是公共型财政管理体制，是与供给财政（供给型财政管理体制）、建设财政（建设型财政管理体制）相对应的财政管理体制。从第一层含义来看，市场经济条件下的财政是国家治理的基础和重要支柱吗？应当说，在市场经济条件下，是可以这样描述的，但这一论断的普适性、通用性和全面性概括又是不够的，因为在计划经济条件下，财政难道不也是国家治理的基础和重要支柱吗？只不过两个不同阶段财政表现的范围、形式有所不同罢了。再从第二层含义来看，公共型财政管理体制归属于上层建筑，它可以对国家治理的诸方面产生正效应，但必须是科学的公共型财政管理体制，其理论概括的普适性、通用性等也存在不足。总之，从理论上进行高屋建瓴式的凝炼，唯有"财政是国家治理的基础和重要支柱"才具有普适性、整体性和全面性。财政是以国家为主体的分配或特殊的经济活动，和国家治理有着密切的"血缘"关系。

二、为什么是"国家治理"，而不是独指"经济"

（一）问题的提出

《重庆金融》2000 年第 1 期发表对笔者的专访，文章名为《进一步认识财政 充分发挥积极财政政策的作用：访财政学专家、西南财经大学财税学院院长王国清教授》。记者问道："如果说金融是现代经济的核心，那么如何看待财政在现代经济中的地位和作用呢？"应该说，笔者当时的回答是"外交式"的："如果说金融是现代经济的核心，那么财政则是现代经济的枢纽。"问题没有得到妥善的回答，却引起了我的进一步思考。

（二）计划经济条件下财政的地位

在计划经济条件下，财政无所不包，财政不仅越位分配，而且还缺位分配，在经济中居于核心地位或在社会再生产中的国民收入分配中居于主导地位，在传统的财政学教材中占有极大篇幅的"财政在社会再生产中的地位和作用"即是明证。随着社会主义市场经济的发展，金融的地位有了极大的提高，金融被称为现代经济的核心，那么，对财政的地位又应如何理解呢？应该说，流行的财政学教科书对此是存而不论的。我认为，在处理好政府与市场关系的条件下，财政为满足公共需要调整了在经济领域的有所为，有所不为，有所必为，进而在经济之外的政治、文化、资源环境、社会和党的建设等现代社会诸项建设中占据了非常重要的地位。

为此,笔者提出了"财政是现代社会建设的核心",并从不同层面努力拓展研究的视野,从已有的关于财政与社会再生产关系的研究成果来看,人们在财政与物质资料再生产关系方面的研究是正确而完整的。但是我们不禁要问:为什么20世纪90年代以来,财政与物质资料再生产的关系理论在财政学教科书或专著中以"简装本"出现,甚至渺无踪影呢?这其中固然有学习和采纳西方版本财政学教材的因素,但我们认为,最重要的原因在于,财政如今已经成为不仅涉及经济,而且关联人口、资源、环境,乃至关系整个社会建设的核心。随着"现代社会建设的核心是财政"这一地位的界定,客观上要求财政与社会再生产的关系,不仅应包括财政与物质资料再生产的关系,更应拓展到财政与人口再生产、环境资源再生产的关系。

(三)对合理内核的继承

改革开放以来,财政学教材版本丰富,其中,有些财政学教材仍然坚持中国特色财政学之道,强调财政不仅仅是一个经济范畴,进而坚持认为,从财政的产生和发展来看,财政是一个历史范畴;社会产品分配是社会再生产过程中的分配运动,分配关系是生产关系的一个方面,属于经济范畴,财政是以国家为主体所形成的分配关系,成为一定社会形态下社会再生产分配环节的一个特殊部分,亦应属于经济范畴;古今中外,不论何种性质的国家,财政都是一定阶级专政国家的分配工具,是为实现国家职能,维护国家机器正常运转提供财力保证的,所以它又属于政治范畴。

在财政职能和作用的概括上,不少版本的财政学教材虽然偏重于经济学分析,但也有版本突破了单维经济学的桎梏。

在市场经济条件下,多数国内财政学教科书借鉴美国理·马斯格雷夫关于财政的三大经济职能的描述,认定财政具有资源配置、收入分配、经济稳定与发展职能。但有些财政学教材坚持财政职能与国家职能的一致性。与国家经济职能相适应,财政不仅具有资源配置、收入分配、经济稳定与发展职能,而且具有监督管理职能;与国家政治职能相适应,财政具有维护国家的职能——维护国家机器存在和发展的职能。我们认为，这一"财政五职论"是"财政是国家治理的基础和重要支柱"的又一合理内核。

就财政的作用而言，有些财政学教材突破了"经济"的界限，有了"集中社会主义国家所需要的资金""促进现代化建设的逐步实现""发展科教文卫事业和提高人民的生活水平""保障国家安全"等概括。

以上的种种探索表明，这些观点虽然与今天讲的"国家治理"尚有一定距离，但已经和"国家治理"有一定契合度，试图突破单维经济学的桎梏。

（四）前所未有的新"定位"

党的十八届三中全会所做出的决定跳出了经济，又不脱离经济；既坚持了财政学的合理内核，又极大地提高和发展了财政的地位，从而从更大的范围即从国家治理、社会治理的角度界定财政的地位：财政是国家治理的基础和重要支柱，具有颇高的权威性，成为我们从事财政理论研究，推进科学的财税体制改革，建立现代财政制度的重要指引和基石。国家治理是政治学范畴，它不单涉及经济，而且关联政治、文化、社会和生态文明等各个方面。这不仅是经济体制改革的重要内容，也是国家治理体系的重要组成部分。

三、如何理解国家治理的"基础"和"重要支柱"

（一）财政职能和作用的联系与区别

如何理解财政是国家治理的"基础"和"重要支柱"？在学习与阐发决定的这一重要论断时，理论界和实务界赋予了财政以"国家治理的基础和重要支柱"的特殊定位或以前所未有的历史高度定位财政。那么，对这种定位又如何理解呢？有的同志认为，这是"对财政职能作用的重要论断，也是一大亮点"。还有的同志认为，"首次提出财政是国家治理的基础和重要支柱，是对财政职能作用的重要论断"。还有的同志认为，这需要"重新认识财政的作用，因为这是提高了财政的地位"。我们认为，如果着眼于财政职能和作用的联系，将"定位"理解为财政职能与作用的新表述，这当然是可以的。问题还在于如何理解财政的职能和作用。我们认为，与其将其定位于财政的职能与作用，不如将其定位于财政的地位和作用更好些。

财政的职能是指财政本身所固有的内在功能，而财政的作用有两重含义：从过程来看，一是指职能在一定时期、环境或其他客观条件下所变化着的功能；从归宿来看，二是指财政职能的发展所产生的具体效果、效益、效应或影响。

从职能与作用的联系来看，财政的作用源于财政的职能；财政的作用和财政的职能都是指财政所具有的某种功能，二者的联系非常密切。正因为如此，不少同志笼而统之地称之为职能作用或职能、或作用，是无可厚非的。

从职能与作用的区别来看，从功能存在的层次来说，财政职能是财政本身所固有的、内在的功能，而财政作用则是财政具体的、外在的功能，职能比作用的层次更深层、更高远；从功能存在的态势来说，财政职能和财政内在的、相对稳定的规定性相关，即是一种静态的功能，财政的作用除受制于财政的职能之外，其作用变化及其大小、好坏，还有赖于人们的认识以及其他实践活动，且受制于一定的时间、环境和其他客观条件，随着这些条件的变化而变化，因而较财政的职能又具有明显的变动性，即是一种动态的功能。

由此可见，将财政的职能和作用分别加以探讨，既弄清它们之间的密切联系，又把握二者的区别所在，不仅对于我们理清概念，而且对于我们认识财政本身内在的规定性，从而结合特定的历史时期的各种客观条件，制定相应的财政制度政策，付诸实施以取得预期的效果，都是既有理论意义，又有现实意义的。问题在于我们应如何概括财政的职能和作用，这里暂且存而不论。

（二）国家治理体系的基础和治理能力的重要支柱

从学术的角度考察，我们认为，"基础"着力于指地位，即财政在国家治理体系中的地位；"重要支柱"着力于指作用，即财政在国家治理能力中的作用。我们认为，如果着眼于财政职能和作用的联系，将"定位"理解为财政职能与作用的新表述，这当然是可以的，或者职能，或者作用，或者职能作用均可，但不管如何使用字眼，显然是指财政是国家治理能力的重要支柱这一作用命题。而财政是国家治理体系的基础，显然不宜以财政本身所内在的固有功能即职能来概括，定位于财政的地位更好些。

四、财政学就是公共经济学

（一）财政学是公共经济学的特别名称

在财政成为国家治理的基础和重要支柱后，相关学科如政治学、行政学、管理学、社会学、法学等内容与方法也必将进入到财政学之中，那么应如何认识财政学的学科属性和其研究范围呢？

学术界有同志认为把财政学定义为经济学的一个应用学科是有问题的，因为财政学是一个综合性学科。应当承认，相当长一个时期以来，在学科门类的分类上，财政学定位于经济学门类下的应用经济学这个一级学科之下的二级学科，这种定位强调了财政的应用性，但容易使人堕入单维的经济学思维。但我们认为，"横看成岭侧成峰"，换个角度考察，经济学也可划分为私经济和公经济。这种划分，在中华民国时期出版的一些财政学教材中就包含有这样的内容。在中华人民共和国成立之初，丁方、罗毅的《新财政学教程》也还指出，"因此国家的经济——公经济，也就是与私人的经济截然分开，变成一种特殊的经济范畴——财政"。可惜这些观点在后来相当长一个时期的财政学教材中消失了，以至于有人认为公共经济学是财政学的发展或是一门有别于财政学的新学科。为此，笔者曾撰文论证，狭义的公共经济学专指财政学。这里还想指明的是，我国第一本自撰的《财政学》教材的作者陈豹隐教授在 1924 年商务印书馆出版的《财政学总论》中明确指出，财政学就是公共经济的经理，经理即"计划及经营"。在经济学科中，只有公共经济才有"财政"这一特别名称。2004 年徐育珠博士出版的《财政学》（第二版）也明确指出，"财政学又称公经济学（Economics of Public Sector），或政府经济学（Economics of Government）"。

我们认为，财政学是应用经济学的一个分支学科即公共经济学，具有很强的综合性。财政学既属宏观经济学，又属微观经济学；既是经济学，准确地讲是公共经济学；又含管理学，准确地讲不是公共管理，而是公共经济管理。

公共经济学有三种口径：大口径的公共经济学是一级学科的代称，是能够与公共管理学一级学科相对应的一级学科；中口径的公共经济学是指其二级学科或专业；小口径的公共经济学则是专指课程种类学科。

公共经济学具有两个或两个以上维度的学科定位，它具有经济学的一般属性，即追求效益，但又不同于一般的追求，它还需要追求公平正义。公共经济学这一学科属性，就决定了其即是经济，但不是一般的经济，而是公共经济，是在现代语境条件下与社会、人民、民生、民主、法制、公平、透明、政府、国家等密切联系在一起的经济，多维度决定了公共经济学遵循效益原则、公平原则、稳定原则，以及派生的法制原则和透明原则等。

（二）财政学的对象范围

毛泽东同志在《矛盾论》中论及科学的研究对象时说："科学研究的区分，就是根据科学对象所具有的特殊的矛盾性。因此，对于某一现象的领域所特有的某一种矛盾的研究，就构成某一门科学的对象。"财政学的研究对象是国家参与一部分社会产品或国民收入分配与再分配所进行的一系列经济活动中，存在的分配关系及其发展规律。财政学的对象范围，是指研究财政学并揭示其特殊矛盾、特殊规律的一个特定领域。但是，如果认为财政学所要研究和涉及的问题，统统都是该门学科的研究对象，那就无法区分财政学和其他学科各自独特的现象，就模糊了财政学的独特任务。

（三）财政学的研究范围

财政学的研究范围比对象范围要宽泛得多，除对象范围外，尚包括对象范围之外的一些现象和事物，对这些现象和事物的研究，只是用来圆满地阐明对象范围的规律性所必然涉及的从属性领域。明确财政学的对象范围和研究范围的联系和区别，对于阐述财政学的特有任务，弄清财政学所要探明的特殊矛盾之产生、发展、变化的规律性，以及需要联系哪些方面或学科来加以研究和阐明，是颇有意义的。财政学的研究，要密切联系财务、金融、投资、会计、哲学、政治学、社会学、文化学、法学、管理学、公共管理学、资源环境学、数学等学科，这些学科有其独特的任务，有其特定的对象范围，但它们又是财政学所必然涉及的从属性领域。

总之，明确财政学的公共经济学学科属性，着力于"公共"与"经济学"来明确财政学的对象范围和研究范围的联系与区别，处理好二者的关系，有助于在研究财政学所涉及的颇为广泛的领域中明确主次，分清对象，有助于财政学这门学科的建设。

参考文献：

［1］陈豹隐（陈启修）. 财政学总论［M］. 上海：商务印书馆，1924.

［2］丁方，罗毅. 新财政学教程：上册［M］. 修订版. 北京：十月出版社，1951.

［3］高培勇. 抓住中国特色财政学发展的有利契机［N］. 人民日报，2017-02-27.

［4］刘邦驰，王国清. 财政与金融［M］. 成都：西南财经大学出版社，2002.

［5］刘尚希. 重构财政学才能实现财政的伟大使命［N］. 中国财经报，2015-07-28.

［6］刘诗白. 论马克思列宁主义政治经济学的对象［J］. 经济研究，1961（10）：39-48.

［7］罗勇. 进一步认识财政 充分发挥积极财政政策的作用：访财政学专家、西南财经大学财税学院院长王国清教授［J］. 重庆金融，2000（1）：4-6.

［8］毛泽东. 矛盾论［M］// 毛泽东选集：第 1 卷. 北京：人民

出版社，1966.

　[9] 王国清. 也论西方政府经济学 [J]. 经济学动态，1991（3）：49-53.

　[10] 王国清，马骁，程谦. 财政学 [M]. 北京：高等教育出版社，2010.

　[11] 王国清，赵洪超. 财政与社会再生产关系研究综述与展望 [J]. 当代经济研究，2010（8）：55-59.

　[12] 徐育珠. 财政学 [M]. 2 版. 台北：三民书局，2004.

（原文载《财政监督》2017 年第 22 期）

第二章　财政监督与国有资产管理

国有资产管理及监督模式的创新

王国清　周克清

一、公有制及国有制经济多种实现形式的提出

中国共产党第十五次全国代表大会提出了公有制的多种实现形式，中国共产党第十六次全国代表大会进而提出了国有经济的多种实现形式问题，是对马克思、恩格斯关于所有制问题论述的继承和发展，将马克思、恩格斯的所有制理论推向了一个新的高度。

（一）马克思、恩格斯关于公有制实现形式的论述

马克思、恩格斯所设想的公有制有不同的称谓，例如国家所有制、社会所有制和集体所有制等。从特殊的、阶段的、可行的角度，探讨马克思、恩格斯所设想的公有制及其具体实现形式，对于我们加深对党的十六大精神的认识，对于指导我们的实际工作，既有理论价值，又有实际意义。

马克思、恩格斯在论述社会占有全部生产资料时，是明确包含了国家所有制思想的。恩格斯曾经设想，无产阶级取得国家政权之后，将"首先把生产资料变为国家财产"①。他在谈到社会占有全部生产资料的时候指出，"到目前为止还存在阶级对立中运动着的社会，都需要国家（作为整个社会的代表）"，"国家真正作为整个社会的代表所采取的第一个行动，即以社会的名义占有生产资料，同时也是它作为国家采取的最后一个独立行动"②。马克思、恩格斯在设想土地国有化

---

① 马克思，恩格斯. 马克思恩格斯全集：第 3 卷 [M]. 北京：人民出版社，1960：320.
② 马克思，恩格斯. 马克思恩格斯全集：第 3 卷 [M]. 北京：人民出版社，1960：320.

后，把土地交给合作生产企业，成为国家领导下独立经营的合作社时，也明确指出，要"使社会（首先是国家）保持对生产资料的所有权，这样的合作社的特殊利益就不能压过全社会的整个利益"①。恩格斯1891年在《〈法兰西内战〉导言》中总结巴黎公社的经验时，也曾设想，"公社最重要的法令规定要组织大工业乃至工场手工业，这种组织不但应该在每一个工厂内以工人的联合为基础，而且应该把这一切联合体结成一个大的联盟"。即是说，把按照工人意志、符合工人利益而组织起来的若干大大小小的联合体结成一个全国范围内的大联盟②。这说明在马克思和恩格斯的设想中，公有制首先是以国家所有制（国有经济）存在并发挥作用的，公有制企业（包括国有制企业）实行"在国家领导下独立经营"，要正确处理国有制企业中国家、企业和个人三者的利益关系。

（二）党的十五大关于公有制多种实现形式的论述

党的十五大总结了改革开放以来我国在所有制改革问题上的经验，继续实行公有制为主体、多种经济成分共同发展的方针，对公有制经济的含义进行了全新的表述，提出了公有制经济的多种实现形式问题。

党的十五大指出，要全面认识公有制经济的含义。"公有制经济不仅包括国有经济和集体经济，还包括混合所有制经济中的国有成分和集体成分。公有制的主体地位主要体现在：公有资产在社会总资产中占优势；国有经济控制国民经济命脉，对经济发展起主导作用。……公有资产占优势，要有量的优势，更要注重质的提高。"

党的十五大同时指出，"公有制实现形式可以而且应当多样化。一切反映社会化生产规律的经营方式和组织形式都可以大胆利用。要努力寻找能够极大促进生产力发展的公有制实现形式。股份制是现代企业的一种资本组织形式，有利于所有权和经营权的分离，有利于提高企业和资本的运作效率，资本主义可以用，社会主义也可以用"。

---

① 马克思，恩格斯. 马克思恩格斯全集：第36卷［M］. 北京：人民出版社，1974：416-417.

② 马克思，恩格斯. 马克思恩格斯全集：第2卷［M］. 北京：人民出版社，1957：333.

要坚持"公有制经济为主体，多种所有制经济共同发展"，并指出"非公有制经济是我国社会主义市场经济的重要组成部分"。

（三）党的十六大关于国有经济多种实现形式的论述

党的十六大报告在继承和坚持马克思主义基本理论的前提下，总结改革开放以来特别是党的十五大以来在公有制多种实现形式方面的进展，对国有经济多种实现形式进行了全面的阐述。这些创新不仅是对我国传统所有制观念的突破，而且是对马克思、恩格斯所有制理论的重大突破和发展。

党的十六大对国有资产管理体制的改革寄予厚望，希望建立一种新型国有资产管理体制来实现国有资产保值增值。同时指出，"要深化国有企业改革，进一步探索公有制特别是国有制的多种有效实现形式，大力推进企业的体制、技术和管理创新。除极少数必须由国家独资经营的企业外，积极推行股份制，发展混合所有制经济"。要"实行投资主体多元化，重要的企业由国家控股"。

在这里，国有经济的各种实现形式指的是国有资产服务于社会不仅表现为国有企业形式，而且可以表现为公共基础设施、教育、社会保障等。只要有利于服务社会经济的发展目标，任何形态都可以采用。从只强调探索公有制经济的各种实现形式到提出要探索国有经济的各种实现形式，是一个巨大的进步和创新。同时，党的十六大报告还正式提出了国有经济多种实现形式下的国有资产管理及监督机制问题。

二、国有经济实现形式多样化下的国有资产管理模式创新

改革开放前，我国实行高度集中的计划经济，国有经济在国民经济中占据了绝对的份额。同时，在严格的指令性计划和大量的政府部门约束下，国有经济被管得比较多、比较死，不利于实现国有经济的保值增值。通过放权让利和建立现代企业制度两个阶段的努力，我国建立起了国有资产的管理及监督体制，对于国有资产的保值增值起到了积极的作用。但是，在客观环境已经发生了很大变化的条件下，现有国有资产管理及监督体制已经不能适应国有经济多种实现形式的需要了。

（一）原有国有资产管理模式的缺陷

（1）国有资产所有权和出资者责任高度集中。在旧体制下，国有资产实行中央所有、地方分级管理的体制；地方政府没有所有权，不享受出资者权利，也不履行出资者责任。地方政府没有所有权导致国有资产在交易上存在较高的社会成本。例如，交易需要层层审批，效率极为低下，常常是地方完成交易的早期谈判及相关工作后，还需要等待中央审批定夺。因此，在这样的体制下，地方政府对国有资产漠不关心。

（2）国有资产管理权高度分散。现有国有资产管理体制的另一个特点是：国有资产管理权高度分散，多头管理现象严重。比如，资产权归财政部，投资权归国家计划委员会管，日常运营是国家经济贸易委员会管，人事权归中央大型企业工作委员会管，另外还有主管部门的业务管理。管理权高度分散，其结果是没人管、无人负责，导致国有资产流失，难以实现国有资产的保值增值。

（二）国有经济多样化实现形式下的国有资产管理模式创新

（1）合理划分中央与地方的出资者权利。为了解决所有权和出资者权利高度集中的问题，党的十六大提出要建立"中央政府和地方政府分别代表国家履行出资人职责，享有所有者权益"的国有资产管理体制。为了提高国有经济的控制力和竞争力，关系国民经济命脉和国家安全的大型国有企业、基础设施和重要自然资源等，由中央政府代表国家履行出资人职责。其他国有资产由地方政府代表国家履行出资人职责。通过划分中央与地方的出资者权利，逐步实现产权的分权化，调动中央与地方两个积极性，进而实现国有资产的保值增值。

（2）建立管资产和管人、管事相结合的国有资产管理体制。在现有体制下，国有资产的管理权相对分散，而在分散的管理权架构下责权利不统一，从而形成了多头管理、无人负责的局面。为了解决这个问题，党的十六大提出要建立权利、义务和责任相统一，管资产和管人、管事相结合的国有资产管理体制。要真正实现国有资产管理的权利、义务和责任相统一，首先要实现政企分开，剪断政府与企业之间政企职责不分的"脐带",实现"三个分离",即政府的社会经济管理职能和国有资产所有者职能相分离、国有资产行政管理同国有资产运营相分离、国有资产所有权与企业法人财产所有权相分离。其次要实现国家所有权与地方所有权的分离,即中央与地方政府分别履行出资者职责,并享有所有者权益。最后是实现管资产与管人、管事相结合。中央与省、市两级地方政府要把原来分属财政、经贸委、体改办、企业工委等部门的资产管理权、决策权、人事选择权等一并赋予相应的新国有资产管理机构,以有利于形成真正负责国有资产运营的机构。

三、国有经济多种实现形式下的国有资产监督模式创新

改革开放以来,我国尝试了大量监督模式,但是效果都不理想,无法满足国有经济多种实现形式下国有资产监督的需要。因此,对国有资产监督模式进行创新势在必行。

(一)建立合格的国有资产监督主体

目前,各地大多选用国资局、控股公司或国资委作为国有资产监督的主体,而它们各有优点和不足。首先,尽管国资局的成立改变了过去国有资产管理混乱的局面,但是国资局职能十分有限,并不具备作为国有资产的所有权代表或投资权代表的资格,因此其无法对国有资产实行有效的监督。其次,国有控股公司虽然具有产权主体的功能,具备自主的投资权,能够实施对国有资产的监督,但是,由行业部门改组的控股公司或投资公司或多或少地具有政资不分的特点,其监督效率相对低下。最后,国资委较强的权威性保证了其决策能够得到顺利推行,但是国资委作为一个议事机构,其非正式的活动模式影响了其功能的有效发挥。

构建新型的国有资产监督主体,要求其必须拥有较高的权威性,能够实现监督与经营相分离,具有独立于其他行政系统的产权运作体系。我们认为,比较有效的方式是将现有的议事型国资委改组为权力型或实体性机构,由其充当国有资产的产权主体,行使国有资产的运营和监督功能。新的国资委按业务设立国有资产经营管理部门、国有

资产监督管理部门及相关协调部门。

（二）构建统分结合的国有资产监督体制

1. 统分结合型国有资产监督体制的基本内涵

国有资产分级监督是国有资产分级管理的需要，而统一监督则是监督权威与效率的要求。国有资产的分级监督要求在中央与地方分设国有资产监督机构，对各自拥有的国有资产分别行使监督权。国有资产的统一监督要求在中央、省及地（市）三级监督机构中实现监督权的相对集中，统一行使监督权力。

国有资产的监督不仅要实现分级监督，而且国有资产的统一监督也具有层级性。国有资产监督的层级性不仅涉及监督的广度，而且涉及监督的深度。根据国有资产监督的广度与深度，可以将统一监督分为三层级的统管制度。监督权的一级统管是指统一向控股公司及集团公司派出监督代表，二级统管是指统一向控股公司、集团公司及其一级下属公司和重要的二级下属公司派遣监督代表，三级统管是指统一向资产结构中有国有资产的公司派遣监督代表。

2. 国有资产统一监督层级性的效率差异及选择

不同层级的统一监督制度具有不同的监督组织状态和不同的监督效率。一级统管的组织系统比较简洁，监督的有效性比较高，但是监督的深度不够，难以发现深层次的问题。二级统管能够对控股公司及集团公司的下属公司进行深入监督，比较容易发现企业运行中的问题，有利于保护国有资产的合法利益。三级统管组织系统相对比较复杂，不仅涉及国有资产结构之间的层级交叉和相互持股等问题，而且涉及其他资产的利益关系及矛盾，运行的阻力比较大，其监督效率可能受到影响。

由此看来，二级统管制度具有较大的组织和效率优势，推行阻力相对较小，适应性效率相对较高，因此我们认为建立二级统管制度比较符合我国的国情及监督需要。

3. 国有资产二级统管制度的构建

（1）派出监督代表的具体范围。第一，二级统管制度要求对控股、参股公司派出监督代表，对其产权代表、经营者及企业行为进行监督。第二，二级统管制度要求对国有全资公司的子公司或参股公司派遣监督代表。第三，对于控股公司的子公司对外投资形成的紧密层二级子公司，如果符合前述监督代表派出标准，也可以与其上级公司共同派遣监督代表。

（2）对监督代表的管理模式。对母公司及一级子公司派出的监督代表实行垂直管理模式，由国有资产监督机构统一管理；对紧密层二级子公司派出的监督代表，由其上级公司（一级子公司）直接管理和考核，国有资产监督机构对其实行间接管理，对其业务进行指导；对其他二级子公司一般不派遣监督代表，不对国有资产对外投资形成的法人资产派遣监督代表。

（三）重构企业内部监事会制度，发挥其有效监督职能

尽管现有内部监事会具有一定的缺陷，但是其良好的制度架构和法律支持却是其他监督制度所不可能拥有的。因此，我们可以对内部监事会进行一定的改造，使之符合国有经济多种实现形式下的国有资产监督需要。

1. 建立监事会的信息分享权制度

监事会及监事内部功能定位存在偏差，公司经营管理层对监事会及监事功能存在错误理解，致使内部监事会难以获得充分的公司内部经营信息，从而导致监事会及监事很难正确行使其职权。因此，发挥监事会的职责，首先要保证监事会的知情权即充分信息权，保证公司监事会及监事能够准确及时地了解公司经营信息。唯有如此，监事会及监事才有可能发现公司经营中的问题，才能正确行使其监督职能。

2. 建立健全监事会的内部管理制度

目前，监事会的内部管理不佳也是其不能有效发挥作用的一个重要原因。现有监事会成员除内部职工监事外大多来自其他中小股东，发言权受到限制。而外部监事大多是兼职工作，很难对公司业务进行全面了解。另外，监事会一般不举行正式会议，缺乏良好的议事制度及磋商机制，无法对公司的经营管理及其他有关事项进行有效的监督。因此，要发挥监事会的功能，首先要实行专职监事制度，保证监事能够对企业的监督投入足够的精力；其次要进一步建立健全监事会内部

管理制度，其内容主要包括监事会议事制度、重要事项通报制度、紧急事项磋商制度、日常业务处理制度及其他内部管理制度。

3. 监督代表的活动经费及薪酬来源

监督代表进入公司内部监事会成为内部监事，具有双重身份及双重职责，因此其活动经费不能由企业监事会或国有资产监督机构任何一家单独解决。对于监督代表在监事会中的正常活动，公司应当按照公司法及公司章程提供相应经费；而如果监督代表为了履行国有资产所有者赋予的职责进行额外的活动，则需要监督代表派出机构提供经费。对于监督代表的薪酬，一部分由公司提供其作为内部监事的应得报酬，另一部分根据其业绩可由财政给予一定的补贴。

参考文献：

[1] 王国清. 马克思恩格斯设想的公有制及其实现形式的启示 [J]. 理论与改革，1998（2）：67-68.

[2] 李琼. 从部门分管到责权统一：清华大学经济系魏杰教授谈国有资产管理体制的创新 [N]. 中国财经报，2002-11-27（1）.

[3] 刘西涛. 新管理体制如何构建 [N]. 中国财经报，2002-11-27（1）.

[4] 江泽民. 全面建设小康社会，开创中国特色社会主义事业新局面 [M]. 北京：人民出版社，2002.

[5] 江泽民. 高举邓小平理论伟大旗帜，把建设有中国特色社会主义事业全面推向二十一世纪 [M]. 北京：人民出版社，1997.

（原文载《财经科学》2003 年第 4 期）

非公有资本与基础设施有效供给

王国清

党的十六届三中全会做出的决定提出，"大力发展和积极引导非公有制经济"，"放宽市场准入，允许非公有资本进入法律法规未禁入的基础设施、公用事业及其他行业和领域"。认真学习和贯彻这一决策，对于我们全面推进改革，完善社会主义市场经济体制，进一步巩固和发展公有制经济，鼓励、支持和引导非公有制经济发展，具有十分重要的意义。

一、公有制多种实现形式的提出与非公有制经济实现形式的多样化

中国共产党第十五次全国代表大会提出了公有制的多种实现形式，中国共产党第十六次全国代表大会进而提出了国有经济的多种实现形式问题，是对马克思、恩格斯关于所有制问题论述的继承和发展，将马克思、恩格斯的所有制理论推向了一个新的高度。

（一）马克思、恩格斯关于公有制实现形式的论述

马克思、恩格斯所设想的公有制有不同的称谓，例如国家所有制、社会所有制和集体所有制等。从特殊的、阶段的、可行的角度，探讨马克思、恩格斯所设想的公有制及其具体实现形式，对于我们加深对党的十六大精神的认识，对于指导我们的实际工作，既有理论价值，又有实际意义。

马克思、恩格斯在论述社会占有全部生产资料时，是明确包含了

国家所有制思想的。恩格斯曾经设想，无产阶级取得国家政权之后，将"首先把生产资料变为国家财产"①。他在谈到社会占有全部生产资料的时候指出："到目前为止还存在阶级对立中运动着的社会，都需要国家（作为整个社会的代表）"，"国家真正作为整个社会的代表所采取的第一个行动，即以社会的名义占有生产资料，同时也是它作为国家采取的最后一个独立行动"②。马克思、恩格斯在设想土地国有化后，把土地交给合作生产企业，成为国家领导下独立经营的合作社时，也明确指出：要"使社会（首先是国家）保持对生产资料的所有权，这样的合作社的特殊利益就不能压过全社会的整个利益"③。恩格斯1891年在《〈法兰西内战〉导言》中总结巴黎公社的经验时，也曾设想："公社最重要的法令规定要组织大工业乃至工场手工业，这种组织不但应该在每一个工厂内以工人的联合为基础，而且应该把这一切联合体结成一个大的联盟。"④ 即是说，把按照工人意志、符合工人利益而组织起来的若干大大小小的联合体结成一个全国范围内的大联盟。

这说明在马克思和恩格斯的设想中，公有制首先是以国家所有制（国有经济）形式存在并发挥作用的，公有制企业（包括国有制企业）实行"在国家领导下独立经营"，要正确处理国有制企业中国家、企业和个人三者的利益关系。

（二）党的十五大关于公有制多种实现形式的论述

党的十五大总结了改革开放以来我国在所有制改革问题上的经验，继续实行公有制为主体、多种经济成分共同发展的方针，对公有制经济的含义进行了全新的表述，提出了公有制经济的多种实现形式问题。

党的十五大指出，要全面认识公有制经济的含义。"公有制经济

---

① 马克思，恩格斯. 马克思恩格斯全集：第3卷［M］. 北京：人民出版社，1960：320.

② 马克思，恩格斯. 马克思恩格斯全集：第3卷［M］. 北京：人民出版社，1960：320.

③ 马克思，恩格斯. 马克思恩格斯全集：第36卷［M］. 北京：人民出版社，1974：416-417.

④ 马克思，恩格斯. 马克思恩格斯全集：第2卷［M］. 北京：人民出版社，1957：333.

不仅包括国有经济和集体经济，还包括混合所有制经济中的国有成分和集体成分。公有制的主体地位主要体现在：公有资产在社会总资产中占优势；国有经济控制国民经济命脉，对经济发展起主导作用。……公有资产占优势，要有量的优势，更要注重质的提高。"

党的十五大同时指出："公有制实现形式可以而且应当多样化。一切反映社会化生产规律的经营方式和组织形式都可以大胆利用。要努力寻找能够极大促进生产力发展的公有制实现形式。股份制是现代企业的一种资本组织形式，有利于所有权和经营权的分离，有利于提高企业和资本的运作效率，资本主义可以用，社会主义也可以用。"要坚持"公有制经济为主体，多种所有制经济共同发展"，并指出"非公有制经济是我国社会主义市场经济的重要组成部分"。

（三）党的十六大关于国有经济多种实现形式的论述

党的十六大报告在继承和坚持马克思主义基本理论的前提下，总结改革开放以来特别是党的十五大以来在公有制多种实现形式方面的进展，对国有经济多种实现形式进行了全面的阐述。这些创新不仅是对我国传统所有制观念的突破，而且是对马克思、恩格斯所有制理论的重大突破和发展。

党的十六大对国有资产管理体制改革寄予厚望，希望建立一种新型国有资产管理体制来实现国有资产保值增值。同时指出："要深化国有企业改革，进一步探索公有制特别是国有制的多种有效实现形式，大力推进企业的体制、技术和管理创新。除极少数必须由国家独资经营的企业外，积极推行股份制，发展混合所有制经济"。要"实行投资主体多元化，重要的企业由国家控股"。

这里，国有经济的各种实现形式指的是国有资产服务于社会不仅表现为国有企业形式，而且可以表现为公共基础设施、教育、社会保障等。只要有利于服务社会经济的发展目标，任何形态都可以采用。从只强调探索公有制经济的各种实现形式到提出要探索国有经济的各种实现形式，是一个巨大的进步和创新。同时，党的十六大报告还正式提出了国有经济多种实现形式下的国有资产管理及监督机制问题。

（四）非公有制经济和国有经济、集体经济等可以采取同一种实现形式

公有制可以有多种实现形式，这从反面也说明了非公有制经济同样具有多种实现形式，这是所有制具有多种实现形式的题中应有之义。从所有制与所有制实现形式的关系来看，一种所有制可以而且应当有多种实现形式，而所有制实现形式包括资本的组织形式和经营方式。所以，公有制可以而且应当有多种实现形式，国有经济可以而且应当有多种实现形式，集体经济可以而且应当有多种实现形式，其他各种不同所有制也同样可以而且应当有多种实现形式，由此推论，非国有经济也就可以而且应当有多种实现形式。同样的道理，不同所有制也可以采取同一种实现形式。在资本组织上，国有资本、集体资本和非公有资本等可以采取相互参股的混合所有制经济形式，在经营方式上可以采取经营资本的间接经营方式等。

二、基础设施是公有资本与非公有资本共同参与实现多种所有制形式的领域

（一）基础设施市场性和非市场性及不同资本形式的进入

基础设施供给资本的形式源于基础设施固有的经济属性。在市场经济条件下，基础设施按照其供给上的性质及其运行机制，既可以表现出非市场性，也可以表现出市场性，由此，根据基础设施更多地表现出市场性，还是更多地表现出非市场性，更多地仰仗政府财政机制的作用，还是更多地仰仗市场机制的作用，可以将不同基础设施物质形态划分为非市场性基础设施、市场性基础设施和混合性基础设施三种类型。

第一类，非市场性基础设施。这类基础设施从产品的经济属性上看，具有较强的公共性、公益性、外部经济性和自然垄断性，这些经济属性决定了这类基础设施在供给上的"非市场性"特征，即它的供给活动不能是市场性的活动，而应该局限于市场失效领域，按非市场营利性目的，以非市场手段来展开。与此相对应，非市场性的基础设施在供给成本补偿机制上更适合财政补偿，或者说更适宜于通过公共

投资来建设和运营。这样，公有资本理所当然地成为非市场性基础设施供给的主要形式。

第二类，市场性基础设施。这类基础设施从产品的经济属性上看，具有较强的私益性、可收费性和可竞争性，这些经济属性决定了这类基础设施在供给上的"市场性"特征，即它的供给活动可以置于市场活动的领域，按市场营利性目的，采用市场手段来进行。这样，以市场方式运作资本形式，其中尤其是与市场具有天然亲和力的非公有资本应当成为这类基础设施供给的主要形式。

第三类，混合性基础设施。此即介于上述两类之间的基础设施。大多数基础设施兼有共同消费和个人消费的特点，其供给同时具有"非市场性"和"市场性"的双重性质，供给活动处于"非市场供给"与"市场供给"的交叉点和结合部，其投资是公有资本与非公有资本可以而且必须共同参与的。

（二）允许非公有资本进入基础设施的经济和技术基础

传统观点认为，基础设施应由国家或政府投资，亦即由国家或政府供给，非公有资本不能进入这一领域。随着市场经济的发展，基础设施出现了市场性和非市场性的分化，大多数基础设施的非市场性逐步弱化，市场性逐步增强，这种供给属性市场化发展趋势客观上决定了基础设施供给的市场化取向。

1. 市场性基础设施表现出的可销售性是非公有资本进入基础设施领域的经济基础

市场性的表征是市场交易性，即可销售性，它取决于产品效用的可分割性、消费的竞争性和收益的排他性。在现实生活中，许多基础设施产品和服务具有效用的可分割性、消费的竞争性和收益的排他性，如公路、电信、电力等，它们所提供的利益很大一部分可以通过市场交易获得价值补偿。这种以市场交易获得价值补偿的性质就是基础设施的可销售性。基础设施的可销售性价值补偿形式，正对应着非公有资本的营利性要求，因此，从理论上来讲，基础设施的市场性不排斥私营，基础设施完全可以在政府统一规划和规范管理的前提下通过市场机制引入非公有资本进行投资、经营。

2. 技术进步、制度变迁和金融创新是非公有资本进入基础设施的推动力

过去，非公有资本很少涉足基础设施投资，其原因，除了传统观念和政策限制外，就是以利润最大化为最终目的的非公有资本缺乏投资于基础设施建设的兴趣。这除了基础设施本身存在的投资成本较高、回收期长的特点之外，还有以下两个原因：

（1）基础设施提供的产品是关系国计民生的基础性产品，其价格往往被政治因素人为压低，因此很难收回其成本。

（2）基础设施是典型的具有较高沉没成本的项目，资金一经投入，就只能用作单一用途。一旦出现风险，如政府未能如约履行其承诺，如减免税收、调整价格、放松管理，等等，投资者没有其他渠道可以收回投入的资金。

然而，新的技术和新的金融工具为非公有资本提供了新的融资手段和分散风险的手段。新技术使原来无法计量的产品变得可以计量，使原本同质的产品出现了差异；大型设备的租赁使投资者可以以较少的成本撤出失败项目，资本市场的发展和金融创新提供了分散风险的种种手段。

同时，新技术与市场常规管理方面的变化为把竞争引入多种基础设施部门开创了新的天地。例如，电信行业、卫星和微波系统正在取代长途电缆网络，蜂窝式电话系统正在取代地方交换局域网。这些变革消除了电信行业中基于局域网的垄断，使竞争成为可能。在电力部门中，复合循环式汽轮发电机能在较高的产出水平上高效率地运行。从技术上来讲，新技术已经使供应商之间的竞争出现，这有助于促进这些部门对新的所有制方式和新的提供方式更加开放。

因此，可以说技术进步和金融创新是促使私营部门参与基础设施的重要催化剂之一。

三、非公有资本参与基础设施有效供给的渠道和方式

基础设施供给的有效性在于三个层面：①宏观层次上，基础设施投资能够促进经济持续发展；②中观层次上，基础设施建设资金供给

能够保证可持续的投资规模和速度；③微观层次上，基础设施投资效益足以补偿成本。要实现基础设施的有效供给，关键在于要有一个适当的制度安排或体制架构，或者说要创建一个能够带来相对有效和公平的激励体制。但是，这毕竟要比设计一个能够有效供给一般性市场的物质产品要困难得多，增加的困难主要源于基础设施自身的特征。基础设施供给属性上具有市场性和非市场性并存的特征，因而，它不仅仅是单纯非公有资本或单纯的政府活动就可以使其有效发展的，它通常需要二者有机结合并相互采取多样化的所有制实现形式。

首先，政府作为公共利益的代表和经济发展的推动者，其在基础设施建设中的主导作用不可替代，政府供给基础设施的责任还需要强化，需要做的是尽可能以常规手段提高公有产权基础设施的供给效率。同时，政府在供给基础设施时，应该强调公有产权的多种实现形式，比如，与非公有资本结合，形成以股份制为主的多元产权结构，并采取多样化的企业组织形式。在经营方式上形成垄断与竞争并存的市场结构，更多地运用市场的力量来推动。

其次，随着市场经济的发展和基础设施供给属性的演变，非公有资本参与基础设施供给成为必然的趋势。但是，非公有资本参与基础设施供给也有而且应当有多种实现形式。从国际经验来看，非公有资本进入基础设施领域的方式多种多样，每种方式都有利有弊，不同部门可根据本部门和业务的特点，结合自身的情况，在引入民间资本时，慎重选择引入的方式，尽量趋利避害，降低风险。从理论上来讲，非公有经济参与基础设施的方式可以划分为两类：第一类是管理权参与，即通过签订各类承包合同，形成公共部门与私营部门共同担负某项服务的责任，如经营业绩协议、管理合同、服务合同和特许经营；第二类是所有权参与，即通过将现有企业实行股份化的形式，将部分或全部资产的所有权转移给私营部门，或者私营部门通过参股的方式参与新建的项目。而在实践中，一个项目也很可能采用管理权参与和所有权参与的混合形式。

鉴于我国的国情和非公有资本的现实状况，我们不能照搬国外非公有资本参与基础设施的方式或模式，但为了加快基础设施建设和提高基础设施投资、经营的效益，应当采取多种形式拓宽非公有资本进入基础设施的渠道。

（一）鼓励非公有经济采取联合、联营、集资、入股等方式参与基础设施建设

基础设施项目投资规模大，进入门槛较高，而我国非公有资本大多是小额资本，因此，非公有资本进入基础设施领域将主要采取联合、联营、集资、入股等方式。其中，实行股份制是我国目前吸引非公有资本参与基础设施建设的良好选择。

以股份制方式推进非公有制经济参与基础设施建设的好处在于：①能够在较短的时间内集中大量的资金，实现资金使用的社会化；②能使具有专业技术知识和管理经验的经营者享有独立的经营权，有权独立开展经营管理，实现真正的两权分离，提高经营效率；③把投资者、经营者的责任和权利紧密地结合在一起，引入动力机制，使投资的浪费和损失现象大为减少，从而提高基础设施项目的建设效率和经营效益；④有利于建立政企分开的政府管理体制；⑤有利于优势企业和核心企业通过资本市场形成以资本为纽带的现代企业集团，优化市场竞争主体结构。

因此，我国应在基础设施领域广泛推进股份制改革。第一，对于一些未来盈利能力较强的基础设施行业如交通运输、通信、能源等，应根据条件成熟程度逐步进行股份制改造。第二，对于能够改造为规范的股份制的企业，争取早日上市。第三，对于不能整体改制的企业，可采取分类分解的办法逐步实现股份制改造。第四，对条件暂未成熟的企业，可通过发行可转换债券的方法，分阶段实行股份制改造。第五，条件成熟时，扩大社会债券的发行范围，以多种形式实现基础设施领域投资社会化，为股份制改造创造条件。

通过股份制引进非公有制经济涉及国有存量资本和企业增量问题。增量资本，可通过入股形式吸引非公有资本整体进入。而存量资本则可通过以下两方面予以解决：一是将一部分国有存量资产采取转让置换方式出售给非公有资本；二是结合劳动和社会保障制度改革，把基础设施的一部分存量资产和该系统的原全民所有制职工的身份相交换，

把职工身份买断,这样就有相当一部分非公有资本进入基础设施领域。

(二)通过实行特许权招投标、选择项目法人的方式吸引民营资本进入

可采用 BOT(建设—经营—移交)、BTO(建设—移交—经营)、TOT(移交—经营—移交)等方式,吸引非公有资本投向基础设施领域。这在我国已经实施并取得了一定的经验。

1. BOT 方式

我国第一个 BOT 项目是 1984 年建设的深圳市沙角 B 电厂,之后又如广深高速、成渝高速、上海延安东路隧道复线、成都水厂等项目都较为成功地运用了 BOT 方式。其中成都水厂项目是我国第一个通过竞标方式进行的城市供水 BOT 项目,该项目在没有中央和地方财政支持的情况下获得了 1.065 亿美元的建设资金。

2. BTO 方式

1999 年,BTO 方式在中国的通信部门得到了应用——获得许可的中国运营者将电信运营许可证转让给外国投资者,投资者被授权建立通信网络,当工程完成时,通信网络的所有权立即转交给中国运营者。BTO 方式保证了中国对通信网络的所有权,同时又可充分利用外国的资金、技术和经验来管理网络。

3. TOT 方式

1998 年末,原国家发展和计划委员会批准了中国第一个 TOT 项目——25 亿千瓦的广西来宾 A 电站。建成后的来宾 A 电站已让外国投资者和中国政府都得到了充分的利益。

(三)盘活存量资产吸引民营资本

对于已经建成的市政项目,可以通过转让给包括民间投资者在内的其他投资主体的方式盘活存量资产,筹集新项目所需的建设资金。政府可以转让整个项目,如城市道路、桥梁、公共厕所等设施的经营权向民间投资者有偿出让,也可以是转让某个市政企业的全部或部分股权,如供水、燃气、公交等较大企业的部分股权向民营投资者有偿转让;还可将公用设施的一些无形资产,如桥梁命名权、各种广告位置等,以公开拍卖等方式引入民营投资。在经营性的基础设施项目中

引入市场化的经营机制，使原来的政府投资主体逐步退出，借此提前收回部分或全部投资，用于再投向新的项目。

（四）通过资本置换方式吸引民营投资

项目的资本置换，就是按市场的规则，以契约的形式，明确用于交换"资本"的价值和价格，并在确定所有权的基础上，规定交换双方的责、权、利，其实质是一种资本运作或投资运行方式。例如，上海市政府投资建成上海南浦大桥后，将其经营管理权移交给从事基础设施建设和经营管理的上海久事公司。作为国有投资公司，久事公司通过再转让南浦大桥45%的经营权给民营企业，将所获转让资金投入徐浦大桥的建设。徐浦大桥尚未建成时，该公司又将其经营权再次转让给民营企业，把所获转让资金投入另外的建设工程上，实现了资金周转的良性循环。

（五）以项目捆绑组合方式吸引民营资本

通过属于一家项目公司的两个或两个以上项目的捆绑与组合，将投资负担与投资回报相结合，使一个项目成为另一个项目的信用保证。这种方式的操作是多种多样的，如道路的修建与道路两边土地的开发捆绑组合，污水处理与排污收费项目组合等，对于一些小型基础设施项目，还可采用公与民相结合的方式，如民建公助、公建民助或民建公营、公建民营等。通过这种方法可以把民间资本引入那些看起来无投资回报但能产生较好社会和生态效益的项目中去。

（六）利用资源补偿方式吸引民营投资

我国基础设施价格机制很难在短期内理顺，民营经济投资基础设施往往不能收回成本，更谈不上获取利润，这就大大影响了民营经济参与基础设施投资的积极性。如果政府能够采取某些资源补偿的方式增加民间投资的收益，降低亏本的风险，将有助于激发民间投资的热情。资源补偿的方式可以有多种，比如，授予土地开发权、划拨土地、广告经营权补偿等。

（七）建立产业投资基金，聚集民间闲散资金

民营经济主体参与基础设施建设，需要有既符合基础设施建设特

点，又符合市场经济原则的融资方式。建立产业投资基金，将分散的民间资本集中起来办大事。

（八）项目资产证券化

通过将基础设施项目资产证券化可以获得如下好处：以证券化的方式出售部分资产，偿还已有负债，获得新的低成本融资渠道，进行滚动开发，加快基础设施建设速度；同时，有利于金融机构实现资产多样化，分散地域或行业风险；提高流动性，促进资本市场的发展。

参考文献：

［1］中共中央关于完善社会主义市场经济体制若干问题的决定［M］．北京：人民出版社，2003．

［2］王国清．马克思恩格斯设想的公有制及其实现形式的启示［J］．理论与改革，1998（2）：67-68．

［3］魏礼群．积极推行公有制的多种实现形式［J］．求是，2003（21）：7-11．

［4］建设部城市基础设施投融资考察团．法国、西班牙城市基础设施投融资体制考察报告［J］．城乡建设，2000（4）：36-39．

［5］莱斯特·C.梭罗，詹小洪．中国的基础设施建设问题［J］．经济研究，1997（1）：59-65．

［6］朱学东，李旭．关于我国基础设施建设融资的一种新思路［J］．上海综合经济，2001（1）：52-53．

［7］王珏．基础产业改革的走向和关键环节［N］．中国改革报，2001-12-10（5）．

［8］邓淑莲．国外基础设施私有化及其效率研究［J］．世界经济研究，2001（1）：49-52．

［9］齐小素，杨萍．拓展西部基础设施建设融资渠道的建议［J］．宏观经济研究，2002（4）：26-28．

（原文载《当代财经》2004年第7期）

公共品理论视角下的国有资产定位

王国清　张瑞琰

一、公共品的定义及内涵

公共品是与私人品相对应的概念，虽然休谟、斯密、穆勒、威克赛尔、林达尔等人早就注意到公共品的特殊性，并从不同角度进行了研究，但公认对公共品做出经典定义及规范分析的首推萨缪尔森（P. A. Samuelson），他在 1954 年发表的《公共支出的纯理论》（*The Pure Theory of Public Expenditure*）中，用数学等式对公共品进行了精确的界定①，指出其就是在消费和受益上具有非竞争性和非排他性的产品。按照萨缪尔森的解释，所谓非竞争性，就是指增加的消费者对该产品的消费并不会减少对其他消费者的供给，即消费的边际社会成本为零。非排他性则是指产品一经被提供，任何使用者不能有效地被排斥在对该产品的消费之外，即消费者从中得到的边际收益是相同的。后来经济学家对公共品问题的研究基本上都是在这一经典定义的框架内进行的。

其后的学者按照是否满足非竞争性和非排他性这两个标准，又把公共品进一步区分为如下三类：国防、社会政治经济制度等与萨缪尔森的界定完全吻合，即同时具有非竞争性和非排他性属性的产品，称为"纯公共品"；公共基础设施、体育娱乐设施等在消费上具有非竞争性，却可以很容易地排他的产品，称为"俱乐部型公共品"；公共

---

① 原文中萨缪尔森使用的是集体消费产品（collective consumption goods）一词，在他随后于 1958 年发表的《公共支出理论视角》（Aspects of public expenditure theory）一文中，才第一次使用了后来被广为运用的"公共产品"（public goods）一词。

渔场、牧场等在消费上具有竞争性，却难以有效地排他的产品，则称为"共同资源型公共品"。后两者又常被统称为"准公共品"。

上述公共品概念及分类都是基于两个基本特征即消费的非竞争性和受益的非排他性来界定的。然而非竞争性和非排他性会随市场条件和技术条件的变化而变化，所以公共品概念也就具有了时空性，即在不同环境下公共品的内涵和外延不是一成不变的，对公共品概念及内涵的认识应结合对其所处的政治、经济、文化、技术环境进行研究，这样就完全有可能出现下列情况：一种物品过去不属于而现在属于公共品，一项制度安排在某种市场条件下不属于公共品而在另一种条件下属于公共品。

这样一来，我们就可以认为，非竞争性和非排他性只是公共品的"显著性"的特征而不是充分条件，并不能把它作为判断一个物品是否公共品的"放之四海而皆准"的标准。事实上，通过概括事物特征来进行定义的所谓"显著特征提炼抽象法"①，只有在社会、政治、经济、科技、文化状况大体不变的情况下，才能够科学地总结经济理论指导社会实践，而当这些情况都发生了本质上的变化时，用在某个历史阶段或某些侧面的现实总结出历史规律来指导其他环境下的社会经济现实，这一命题本身就值得商榷。

按照马克思主义的观点，在事物的现象和本质中，只有本质才是一个事物区别于其他事物的最根本的性质和依据，在各种纷繁复杂的以有形或无形形态存在的公共品背后，都隐藏着一个共同的特点，即它们都是能够满足消费者的公共需要而私人又无力或不愿独自提供时，才需要由政府或其他公共机构以一定的方式提供的产品。也就是说，是特定社会中公众的共同需要，才决定了公共品的出现，因此从本质上来说，公共品应该是一种满足社会共同需要的产物，而非竞争性和

---

① 作为一种定义方法，显著特征提炼抽象法最先由德国哲学家、现象学创始人胡塞尔提出，后来为弗赖堡学派代表人物瓦尔特·欧根所采用。这一方法强调从对经济历史事实的考察中，抽出具有代表性的特点或具有特征性的东西，归纳成一般性的原理，构成指导各个历史时期经济发展形式的一般原则。

非排他性只能是这一本质的一种表现形式①。

循着这一思路，我们在判断一个物品是否公共品时至少应该考虑如下两个问题：①其是否能够满足特定社会中公众的共同需要的物品；②其是否私人无力或不愿提供而必须由政府等公共机构提供的物品。只有对上述问题的回答都是肯定的情况下，我们才认为这一个物品是公共品；反之，就不能称之为公共品②。

二、我国现阶段国有资产的公共品性质

现有文献对我国国有资产定位问题的研究大致有两种主要观点，一种观点认为，国有资产就是国有财产或国家财产，即依法为国家所拥有的一切财产，它是社会主义社会的经济基础。这一定义只是从国家所有的角度来认识国有资产，对其在市场经济条件下的定位并没有太多的论述。另一种观点刚好相反，把国有资产定义为市场经济条件下一种特殊的资源配置方式，这种定义从国有资产与市场的关系角度强调了国有资产在市场经济条件下的定位，但也并未从职能上突出它与其他国家国有资产的差异，也没有从整个社会主义理论体系框架的角度，来把握国有资产对于社会主义市场经济体系的意义。

我们知道，对任何一种制度安排的分析都要建立在对其制度环境认识的基础上。我国目前尚处于并将长期处于社会主义初级阶段，正处于由传统计划经济体制向社会主义市场经济体制转轨的时期，这是我们研究国有资产管理问题时所必须要考虑的出发点和落脚点。这就决定了我们不能把国有资产放在一般的市场环境中进行分析，必须从中国的特殊环境出发，充分考虑国有资产的战略作用，才能对其功能定位做出全面的理解。

---

① 正是由于公共品能够满足社会的共同需要，政府在公共品提供的制度设计方面才有意识地避免了排他，同时也正是由于政府对公共品大量提供，增加一名消费者的边际成本才足够小甚至可以忽略不计，从而表现为非竞争性。参见：秦颖. 论公共产品的本质：兼论公共产品理论的局限性［J］. 经济学家，2006（3）：77-82.

② 如前所述，公共品是一个宽泛的范畴，进一步还可划分为纯公共品和准公共品等，本文对此不进一步论述。

一方面，我们是一个社会主义国家，这就决定了我们必须把建立在生产资料公有制基础之上的国家所有制作为一种主要的社会经济制度安排，而不能仅仅只是把它作为社会公共政策的工具之一来看待；另一方面，转轨时期实际上就是在社会主义根本政治制度保持不变，而经济制度发生根本变化的过渡时期，因此必须把国有资产与现代生产力发展模式的变革以及经济与政治的相互作用联系起来。

在社会主义市场经济条件下，资源配置虽然从传统的计划方式转向市场方式，但市场机制固有的缺陷仍然不可避免，对一些从微观经济的角度看是合理的目标的追逐反而将引起宏观范围的无效率，而一些西方通常使用的宏观经济政策工具实施的制度环境和传导机制都必须建立在完善的市场制度基础上，我国目前显然并不具备这一条件。这样，在社会主义条件下，国有资产这种介乎政府与市场之间的制度安排就成为国家对整体宏观资源配置效率实施控制的根本手段之一，也使得国家可以利用国有资产的这种特殊性将其作为宏观经济调控和产业政策的直接传导工具。

此外，在经济体制转轨的过程中，为了保证改革沿着正确的政治方向顺利推进，既从根本上提高社会的宏观经济效率又能保持宏观经济稳定，国家就必须对改革次序和宏观经济进行有效的控制，为制度变迁提供一个稳定的政治环境和直接的经济支持。这样，在渐进式的改革过程中，国有资产的重要意义之一就在于国家可以利用其特殊性作为控制改革的速度和路径，实施宏观经济政策的重要工具。因此，在现阶段，我国国有资产不只是作为一种弥补系统性市场失灵和政府失灵的制度安排而存在[①]，而且还是一种国家控制改革进程，追求宏观经济效率，从而实现社会经济目的的重要政策工具。

对照上文关于公共品概念的判断标准，我们不难发现，作为一种制度安排，社会主义初级阶段条件下的国有资产具有公共产品的属性：国有资产所进行的是一种公共性质生产，其生产的目的是弥补市场失

---

① 按照科斯的观点，产生企业的原因就是企业能在一定限度内比市场节约交易费用，因此企业就是市场的一种替代性制度安排。循着这一思路，我们可以认为国有资产也是一种替代性的制度安排，是国家理性选择的结果。

灵导致的资源配置低效率；生产的结果并不仅仅单纯是利润的创造和财富的增长，还承担了为经济体制转轨的进行提供基础性经济支撑，控制改革次序、追求宏观经济效率等一系列的社会公共职能；此外，国家还可以通过国有资产来直接控制改革的速度和改革的路径，同时把它作为国家实施宏观经济调控的传递机制，提高国家宏观经济调控的效率，为实施渐进改革打下基础等。这些都充分说明，作为一种介于政府和市场之间的特殊制度安排，国有资产是作为一种公共品被国家有意识地设计出来并提供的，是国家理性选择的结果，而且其消费结果、功能作用等也都具有公共性。因此，国有资产的功能定位应该是为国家所控制和提供的一种公共品①。

在公共品内部，按照不同的角度又可有多种分类方法。前已述及，西方经济学中一般根据其是否分别具备非排他性和非竞争性两个特征，将公共品分为俱乐部型公共品和共同资源型公共品两类。姑且不论这一分类方法正确与否，仅仅从现象形态分析，现阶段我国国有资产在使用或投资收益享有权上具有如下特点：一方面是全体人民无差别地共同享受，即全民所有，不存在竞争性；另一方面是受宪法及其他法律的保护，任何人无法剥夺其他人对国有资产及其收益的合法使用权，即同样不具备排他性。按照上述分类方法的严格定义，将其划分列入哪一类都显然是不能自圆其说的，因而这一认识还需要进一步深化。

再看国内关于公共品分类的观点，有学者认为公共品可大致分为公用品和公益品两种，其中公用品是指产品的物质技术特点，使其使用价值具有多个人共同享用性，人们可以不付费地获得这种产品和共同享有其使用效果的产品和服务，而公益品则是以增进公众福利为目的，由非营利机构特别是以政府为生产主体，以无偿的或优惠的方式提供的产品和服务②。

我们认为，与前一种分类方法相比较，这种分类方法以马克思主义经济学为指导，从使用价值和提供方式等角度，对公共品这一现代经济学范畴的含义进行了新的梳理和科学阐释，对我们弄清社会主义

---

① 国有资产显然不可能是一种纯公共品，因此本文直接将其定位为一种准公共品。

② 刘诗白. 市场经济与公共产品 [J]. 经济学家，2007（4）：5-12.

条件下发展公共产品生产的规律很有益处。

对于现阶段我国的国有资产而言，其生产和提供实行和依靠多样性的经济机制，其实质是市场机制与政府功能的整合，其使用价值具有明显的不可分割性，因此它无疑应该属于公用品的一种。但从生产的结果来看，其不仅能带来多种社会政治效益，而且还能够创造一定的利润，实现自身的保值增值，从而带来一定的经济效益，因而效益具有多样性，这就把它与其他的一般的基础性公用品和中小公用品区分了开来①。

我们知道，我国国有资产最大的特点就是具有生产经营方面的营利性，这既是它与其他社会形态下公共品的区别所在，也是它与其他公用品的区别所在，因此我们不妨将其称为一种共同资产型的公用品，或者说是"共同资产型公共品"。

三、结论

通过上述对公共品概念和内涵的重新界定，以及对社会主义初级阶段条件下我国国有资产的职能定位的分析，我们可以得出如下结论：作为一种介于市场机制与政府机制之间的制度安排，我国国有资产的产生和存在是国家理性选择的结果，它不仅具有克服系统性市场失灵和政府失灵，实现资源配置微观效率最大化的职能，还承担了诸如经济结构的调整和经济增长的促进、在渐进制度变迁中为国家控制改革速度、路径以及效率等公共职能，因而是一种"共同资产型公共品"。

参考文献：

［1］刘诗白. 市场经济与公共产品［J］. 经济学家，2007（4）：5-12.

［2］秦颖. 论公共产品的本质：兼论公共产品理论的局限性［J］.

---

① 关于基础性公用品及中小公用品分别的概念和特征，参见：刘诗白. 市场经济与公共产品［J］. 经济学家，2007（4）：5-12.

经济学家，2006（3）：77-82.

　　[3] 龙新民，江庆. 论公共产品概念的现实意义 [J]. 当代财经，2007（1）：38-42.

　　[4] 刘元春. 国有企业的"效率悖论"及其深层次的解释 [J]. 中国工业经济，2001（7）：31-39.

　　[5] 罗辉. 试论公共企业的性质 [J]. 经济研究参考，2006（48）：11-20，32.

　　（原文载：《光华财税年刊》编辑委员会. 光华财税年刊 [M]. 成都：西南财经大学出版社，2009.）

财政监督发展历程的回顾与展望

王国清　祝遵宏

　　财政监督是一个历史的动态发展的概念。中华人民共和国成立后，我国的财政监督经历了从单一主体向多元主体、从着力监督主体拓展为着力监督客体、从形式监督变为实质内容监督的发展过程。财政监督既包括财政自身的监督，也包括非财政对财政的监督。按监督主体的不同可分为立法类的财政监督、司法类的财政监督和执法类的财政监督三种。财政监督是社会、国家和政府职能使然，我们应站在整个社会、国家和政府的高度，全面客观地认识财政监督。

一、当前我国财政监督存在的问题

　　当前，财政监督在实践方面已经取得了不俗的成绩，但中国正处于转轨时期，仍然存在不少问题。近些年来，涉及财政的违法违纪案件不断上升，违纪金额不断增大，违纪手段越来越先进和隐蔽，影响越来越恶劣。审计署统计显示，最近五年，全国内审机构共查出财政损失浪费资金 420.9 亿元，发现大案要案线索 9 841 件。2007 年 3 月 28 日，财政部纪检组在全国财政监督工作会议上透露，2005 年和 2006 年，全国各级财政监督机构累计查出各种违规违纪金额 1 195 亿元（傅道忠，2007）。这些问题的存在，反映出财政监督确实起到了维护财政安全的查错纠弊作用，同时也暴露出中国财政监督所面临的问题。与此相对应，我国财政监督的理论研究落后于财政监督的实践，现有的财政学著作和教科书中关于财政监督的描述往往只有寥寥数语，甚至于不屑一顾。因此，有必要集中力量对财政监督进行系统的研究探讨。本文试图述评财政监督的相关文献，并在厘清财政监督发展的历史过程的基础上，探讨如何理解财政监督这一基本的理论问题。只有这样，才能更好地指导财政监督实践，进而建立健全新形势下我国的财政监督机制。

二、财政监督发展的相关文献回顾

对财政监督理论与实践的解读，我国学术界和实务界众说纷纭，莫衷一是。概括起来，现有文献对财政监督主体的认识不同，对财政监督的客体和对象的表述也有差异。

（一）财政监督主体论

财政监督主体论的相关文献在介绍财政监督时都有关于监督主体的表述，但是各自对财政监督主体的认识又存在两种不同的观点。

第一种观点是单一主体论，认为财政监督的主体就是政府的财政机关。《现代经济辞典》的解释：财政监督是国家财政部门实施的，对财政资金运作全过程的监督①。姜维壮（1992）认为"一种意义上的财政监督，主要是指财政部门通过财政收支活动对国民经济与社会发展计划执行过程实行的全面监督"。财政部财政监督课题组将财政监督表述为："国家财政部门为保证财政分配活动的正常进行，在财政分配过程中依法对国家机关、企事业单位、社会团体和其他组织或个人涉及财政收支、财务收支、国有权益及其他财政管理事项的真实性、合规性和效益性进行的监控、检查、稽核、督促和反映。"袁凌、赵福军（2006）认为"财政监督是为了提高财政支出效率，在财政系统内部设置财政监督机构监督财政活动"。同样持财政监督单一主体观点的还有李学军、马向荣（2001）、孙亦军（2003）、苏道俨（2003）等。顾超滨（1996）对财政监督的解释列举了具体从事财政管理部门的专职机构，将财政监督的主体表述为"政府财政部门与受它管理的国有资产管理机构、政府税务机构、国家金库，部分还包括征收进出

---

① 刘树成. 现代经济辞典［M］. 南京：凤凰出版社，2005.

口税费的海关等"。财政监督主体范围有所扩大，但仅限于"受它管理的"专职机构，因此仍然可以理解为持财政部门是单一的监督主体的观点。

把财政监督偏颇地理解为财政部门自身的监督行为，是只由财政部门作为单一主体进行的监督，这样就人为地缩小了财政监督的主体和客体的范围。总之，单一主体论虽然符合财政监督的初始状况，却悖逆了财政监督的发展实际。

另一种观点是多元主体论，认为财政监督的主体不只是财政部门，还应该包括议会、审计、社会大众等，有的文献中将其概括为"监督财政"，体现为不同的监督主体对政府的财政财务活动进行全面监督。姜维壮（1992）认为财政监督可以有另外一种意义，即广义的理解，"主要是指对财政财务收支活动的监督，它大致有四种形式，即行政监督、司法监督、群众监督和议会对财政的控制与监督等"，并将其称为监督财政。於鼎丞、廖家勤（2003）认为"财政监督也就是监督财政，从而财政监督也就是对政府财政活动的全面监督，凡是政府财政活动就都属于财政监督范围。在我国财政制度不规范的情况下，财政监督除了主要对预算监督外，还要对预算外以及制度外收支进行监督，既包括政府内部监督，即财政部门的监督，也包括外部监督，即政府以外的主体对政府财政活动的监督，包括权力机关的监督、审计机关的监督以及社会公众和新闻舆论监督"。邓子基（2002）、贾康（2007）、王继光、孟英娇（2004）、陈工、陈健（2007）、刘昆、辜东方（2007）、李武好、韩精诚、刘红艺等（2002）也认为财政监督的主体应该是多元的。马向荣（2008）认为公共财政体制下财政监督的主体有两个：人民和政府。

总之，这种观点将财政监督从单一主体拓展到了多元主体，其着力点是把财政监督的客体定义为"财政方面的监督"或"对财政的监督"。这符合财政监督的发展过程，但财政监督能否被称为"监督财政"，还需要进一步思考。

（二）财政监督客体论

财政监督客体论的相关文献在解释财政监督时索性省略了对财政

监督主体的表述，而着力于描述财政监督的客体。《财经大词典》就将财政监督解释为"监察和督促国家财政在资金的筹集、供应和使用过程中合法、合理、正常、有效。它是社会主义财政的一项重要职能，是财政管理的重要内容"①。孙家骐（1996）认为财政监督指的是通过财政收支管理活动对有关的经济活动和各项事业进行的检查和督促。张馨（2003）认为"所谓财政监督，就是依据既定的法律法规制度，对政府整个收支活动过程的每个环节和项目，甚至每一文钱所进行的监督，其实质是对政府权力的约束与规范，使政府只能在法律规章制度允许的范围内开展财政活动。财政监督是财政管理活动的一个重要组成部分。财政活动是由政府所有的科层（包括附属于各级政府的企事业单位和其他机构，下同）及其官员具体进行的，因而财政监督应当是对于政府所有科层及其官员收支活动的监督，而不仅限于对财政部门活动的监督"。事实上，他们也多倾向于认为财政监督主体是多元的。

这种观点着力于"对财政方面的监督"的最终发展，其研究重点是财政监督主体向客体发展的结果，但在界定客体对象时，是仅着力于对"财政资金"——"物"的监督，还是拓展到对其背后的"人"的监督；是仅限于对财政资金的监督，还是衍生为所有社会性公共资金。学术界的意见目前还不统一，尚有进一步研究的必要。

三、财政监督发展的历史过程

（一）财政监督的主体由一元主体向多元主体发展

有财政就有财政监督。财政监督无论在哪个历史社会和国家，其一个重要目的就是确保国家财政资金按照国家的规定和意图取得和使用。从中华人民共和国成立后财政监督的实践来看，监督主体随着国家财政监督的客观实际需要，逐步由一元主体发展为多元主体。

首先，从财政部门自身财政监督的角度分析，即财政部门内部的

---

① 何盛明. 财经大词典［M］. 北京：中国财政经济出版社，1990.

"财政多元"。财政监督主体最初只有一个，1950年中央在财政部设立财政检查司（后称"财政监察司"，2000年更名为"财政部监督检查局"），各地方在大行政区财政部门设财政检查处，在各省（市）财政厅（局）设财政检查科或股，县级财政设财政检查员，这是我国当时设立的专门财政监督机构。1962年，针对国营大中型企业发展中存在的财经违纪问题，国务院决定财政部门在中央国营企业中实行财政驻厂员制度，实行就地监督。这样，我国的财政监督主体在财政系统内部就已经多元化了。1985年，国务院又针对财政收入"跑、冒、滴、漏"现象非常严重、偷逃骗税、截留收入、挥霍浪费等行为屡禁不止等问题，成立了税收、财务大检查办公室（1986年更名为税收、财务、物价大检查办公室），决定在全国范围内开展财税大检查。同时地方各级政府成立税收财务物价大检查领导小组，下设办公室（以下简称"大检办"）。1994年，国务院机构改革后，国务院税收财务物价大检查办公室并入财政部财政监督司（财政部财政税收财务大检查办公室）合署办公，两块牌子、一套人马。同时，将原中央企业驻厂员机构改建为财政部驻各地财政监察专员办事处（简称"专员办"），并实行业务、人事、财务由财政部垂直领导和管理，进一步强化中央的财政监督。各地方政府也相继设置了财政监督专门机构，大部分采取将财政监督处、大检查办公室和地方企业财政驻厂员机构合署办公或合并的形式，进一步强化财政监督力量。

其次，从非财政部门的财政监督角度分析，即财政部门外部的"非财政多元"。具体包括：

（1）人民代表大会监督。我国从1954年至今共颁布了四部宪法，每部宪法都对人民代表大会的预算审批权做了规定，每年的人民代表大会总会有审查、批准政府预算的议程。1995年实施的《中华人民共和国预算法》同时规定，经过本级人民代表大会批准的预算，非经法定程序，不得改变。同年实施的《中华人民共和国审计法》规定，国务院和县级以上地方人民政府应当每年向本级人民代表大会常务委员会提出审计机关对预算执行和其他财政收支的审计工作报告。审计工作报告应当重点报告对预算执行情况的审计，必要时，人民代表大会常务委员会可以对审计工作报告作出决议。国务院和县级以上地方人民政府应当将审计工作报告中所指出问题的纠正情况和处理结果向本级人民代表大会常务委员会报告。这些规定鲜明地体现了我国人民代表大会制度的财政监督职能。

（2）审计监督。审计监督最初属于财政部的内部监督，1983年，国家设立审计署，当时审计署的工作就是接管原来财政部内设的财政监察机构负责财政监督业务。因此成立审计署后，财政部财政监察司相应撤销。1986年9月，财政部重新恢复设立财政监察司。审计署成立的目的在于进一步强化财政监督的独立性，由财政监督变为审计对财政的监督。目前的审计机构包括审计署及其派出审计局、审计署驻各地特派员办事处、各省审计厅，各市、县审计局。审计部门的主要职责就是对中央和地方各级政府预算执行情况和其他财政收支情况进行审计监督；对使用财政资金的事业组织的财务收支、中央银行的财务收支以及其他使用财政资金的单位和项目进行审计监督，包括对社会保障基金、环境保护资金、社会捐赠资金及其他有关基金、资金的财务收支进行审计监督。

（3）税务监督。中华人民共和国成立之初，税务部门也隶属于财政部，是财政部下设的组织收入的专门部门，一直到20世纪90年代，这期间的税务监督属于财政部门内部的监督。1993年，国家税务总局从财政部独立出来，升格为国务院直属局。税务部门负责税收收入的征收和入库工作。按各种实体税法和《中华人民共和国税收征管法》的规定对税收活动的日常运行状况进行监督。

（4）社会监督。会计师事务所、审计师事务所、税务师事务所等中介机构可以接受相关行政部门的委托，行使对财政的监督权。同时，社会民众、新闻媒体等社会监督也构成财政监督的主体。可以预见，随着我国民主化进程的加快，社会监督的作用会得到进一步的显现。

（5）纪检、监察和司法监督。纪检、监察和司法机关人民法院的财政监督，主要表现为针对财政违规、违纪的监督和处罚以及重大违法违纪问题的司法介入。

（二）财政监督从着力于主体的财政监督拓展为着力于客体的财政监督

在计划经济条件下，财政监督主要着力于财政监督主体的监督。在社会主义市场经济条件下，财政监督逐渐从过去着力于主体的财政监督拓展为着力于客体的财政监督。对财政监督客体的监督又可以分为对财政监督客体中"人"的监督和监督客体中"物"的监督两种。

1. 财政监督主体拓展为对监督客体——"人"的监督

作为财政监督客体的"人"，包括所有财政资金乃至所有社会性公共资金使用者和管理者。仅以财政部门为例，财政部门由过去的监督主体变为既是监督者又是被监督对象（监督客体）。在计划经济时期，行使财政监督权的基本上只有财政部门一家，即"财政对财政的监督"；在社会主义市场经济条件下，行使财政监督权的不只是财政部门，还包括许多非财政部门，即"非财政对财政的监督"。

之所以做这样的判断，是因为在计划经济条件下，虽然也有人民代表大会和社会公众等对政府财政行为的监督，但在当时的具体政治权力格局下，政府居于主导和决定的地位，各项财政活动都是在政府权力的支配和驱动下进行的。社会公众和各级人民代表大会即使反映了自己的意愿，充其量也只具有咨询性质，谈不上对于政府及其官员行为的根本约束（张馨，2004）。因此计划经济条件下的财政监督实际上就是由财政部门（包括税务部门）实施的，财政部门成为当时唯一的财政监督主体。这时的财政监督，主要体现在财政部门内部上级对下级的监督，以及财政部门对使用财政资金单位和部门的监督。这种监督模式在具体实践中出现了不少问题，主要表现为财政部门更注重对使用财政资金的相关部门、机关、单位等的监管，却疏于对自身内部的监管。财政系统内部管理较为松懈，违法违纪问题时有发生且呈上升趋势，有的还相当严重。监管方法和手段也比较简单，专项性和突击性检查多，日常监督少；事后检查多，事前、事中监督少；财政收入检查多，财政支出检查少。建设社会主义的市场经济，要求强化对政府行政权力的约束和监督，其措施可以分为两大类：一是内部监督，即政府对自身收支活动的自我监督；二是外部监督，即来自外界对政府收支活动的监督。相应的，国家近年来逐步强化"非财政对财政的监督"，主要通过加大人民代表大会和审计部门对财政的监督力度，重视发挥媒体和群众的力量，财政重大违规违纪问题要接受纪检、监察部门的查处，触犯法律的还要移送司法机关。非财政部门不仅对使用财政资金的相关单位和部门进行财政监督，也同时实施对财政部门的监督。这样，财政部门的角色发生了变化，既是监督者，同时又是财政监督的对象。而且随着我国市场经济体制的进一步建立和完善，非财政对财政的监督作用会越来越明显。

2. 财政监督主体拓展为对监督客体——"物"的监督

作为财政监督客体的"物"，包括所有财政资金乃至所有社会性公共资金。在计划经济条件下，财政监督实际上只有财政部门一家，财政部门是单一监督主体。随着其他社会、国家和政府监督介入对财政的监督管理，财政部门就变为既是监督者，同时又是被监督者，即财政部门同时也变为财政监督的客体。这些非财政部门是整个社会、国家和政府监督体系的一部分，并不是专门的财政监督部门，所以"非财政对财政的监督"，自然只能更多地侧重于其监督的对象（客体）——"财政资金"。因此，财政监督也由原来的着力于财政监督主体拓展为更多地侧重于财政监督的客体。

而且，成为财政监督客体的"财政资金"，从原来的财政监督衍化为财政资金乃至社会性公共资金，被赋予广义的含义，其范围也是广义的范畴，不仅包括税收收入和行政事业性收费、政府性基金、国有资产收益、罚没收入等财政性资金，还包括社会保险基金、住房公积金、住房维修资金等社会公共资金。如审计部门对财政的监督，除了监督各用款单位的财政预算资金外，还对诸如社会保障基金、彩票资金、农村合作医疗基金、环境保护资金、社会捐赠资金及其他有关基金、资金等社会性公共资金的财务收支进行审计监督。

（三）财政监督由过去形式上的监督变为实质内容上的财政监督

从中华人民共和国成立后的财政监督实践不难发现，在计划经济条件下，事实上只有财政部门一家作为财政监督的实施主体，财政监督就是"财政的监督"，"非财政"对财政的监督诸如人民代表大会和群众的监督充其量只是形式上的监督而已，在"文化大革命"等非常时期，甚至连这种形式上的监督都没有了。随着中国民主化进程的加快，"财政的监督"特别是"非财政"对财政的监督都发生了显著的变化，由原来形式上的监督变为真正实质内容上的监督。

（1）人民代表大会监督方面。审查和批准财政预算，监督财政预算的执行，是宪法和法律赋予各级人民代表大会常务委员会的一项重要职权，过去大多流于形式。《中华人民共和国预算法》规定：中央和地方各级政府财政部门应当在本级人民代表大会会议举行前一个月，将预算草案的主要内容及其他有关材料提交本级人民代表大会常务委员会进行初步审查。而在实际工作中，财政部门往往在当年财政年度即将结束的时候才着手编制预算，预算草案往往迟迟无法按时编出，导致人民代表大会常务委员会对预算草案的初审流于形式。召开人民代表大会期间，人民代表审查的材料往往只是财政预算报告，而不是预算草案本身。而报告中的预算安排又只是分大类、按功能罗列的收支总数，加之多数代表缺乏财政专业知识且会议时间紧等，初审时代表们几乎来不及细读，对财政预算安排搞不懂、看不透、说不清，难以实行实质性审议监督。近年来，随着国家民主法制的不断完善和普通百姓民主和维权意识的提高，人民代表大会在不断探索进一步加大财政监督力度的思路，对财政的监督越来越注重实效。如广东省人民代表大会财经委员会就与广东省财政厅国库集中支付系统联网，对政府花钱进行实时监督。深圳市人民代表大会对政府的计划执行和财政预算的监督已覆盖政府所有组成部门和政府重点工程、土地使用审批和数百家国企等。人民代表大会同时加强对原有人员的培养和财经人才的引进，切实增强对财政的监督力度。

（2）审计监督方面。中华人民共和国成立到1983年审计署成立前的34年，中国一直没有独立的审计监督机构，审计监督无从谈起。在当时的计划经济条件下，财政实行统收统支，生产资料实行统分统配，生产产品实行统购包销。政企不分，所有权与经营权不分，企业、事业单位其实成了政府机关的附属物，审计监督本身也可有可无。1983年，适应改革开放和国民经济发展的客观需要，我国很快组建了审计机构。以1994年《中华人民共和国审计法》的颁布为界限，中国特色的审计监督制度经历了创立和发展两个阶段。经过十多年的努力，特别是《中华人民共和国审计法》颁布以后，建立健全审计法规，拓展审计领域，规范审计工作，积极探索审计方式和方法，我国审计监督逐步走上了法制化、制度化、规范化的轨道。审计监督的内容，除了对各用款单位财政资金的监督外，也加强对诸如社会保障基金、彩票资金、农村合作医疗基金、环境保护资金、社会捐赠资金及其他有关基金、资金等社会性公共资金的财务收支进行审计监督。根据《中华人民共和国宪法》和《中华人民共和国审计法》的规定，审计部门隶属于同级人民政府，在同级人民政府行政首长的直接领导下开展审计工作，其中地方各级审计机关还要接受上级审计机关的领导，尽可能保证审计的权威性和独立性。审计监督更是注重审计结果公开，并借助各级人民代表大会的力量，强化审计问责，追究相关责任人的责任，起到了非常明显的效果。近年来全国范围内引起很大反响的"审计风暴"在一定程度上也反映了审计对财政的监督效果。

（3）财政部门的内部监督方面。过去财政监督主要重视外部检查而忽视对财政部门内部的监督，财政部门也出现了一些违法违纪现象。1999年财政部开始建立内部监督检查制度，对财政部内部各职能机构的财务管理、预算执行等情况实施监督检查。2000年在监督检查局设立了负责内部监督的处室，进一步强化内部监督职能，逐步从传统的单纯财务收支检查向涉及财政资金运行全过程的各种管理制度执行情况的检查转变，注意发挥内部监督的预警作用。至2004年底，内部监督检查了财政部内各业务司局及部属单位，查出大量的违规问题并提出了有针对性地加强和规范管理的建议180余条（金莲淑，2002）。

四、对财政监督的再认识

综上所述，中国目前的财政监督是一个动态的历史发展过程，是一个由财政部门和非财政部门共同构成的监督体系。在这个发展过程中，财政监督的主体由一元发展为多元，财政监督的着力点由监督主体拓展为监督客体，财政监督由形式上的监督发展为真正意义上的监督。

笔者认为，财政监督的概念可以概括为：拥有财政监督权的，受制于社会、国家和政府的各个职能主体（包括社会监督部门和普通民众）按照各自的特点和不同的职责，对所有财政资金乃至所有社会性公共资金使用者和管理者的财政财务收支活动的真实性、合法（合规）性和有效性的监督管理活动。

在这套监督体系中，既有财政部门进行的专门的财政监督（财政自身的监督），也有非财政部门实施的财政监督。其中财政自身的监督又包括财政部门对外部的监督（对使用财政资金的相关部门、机关、单位等的监督）和对内部的监督（财政部门内部上级对下级的监督）。非财政部门对财政的监督又分为非财政部门对财政部门的监督和非财政部门对财政部门以外使用财政资金的相关部门、机关、单位的监督。若按照该财政监督体系中不同的财政监督主体划分，又可以将其分为立法类的财政监督、司法类的财政监督和执法类的财政监督三部分。属于立法类的财政监督主要有人民代表大会监督，属于司法类的财政监督主要是司法监督，属于执法类的财政监督主要有财政自身的监督、税务监督、审计监督等。

建立科学合理的财政监督机制应该首先对什么是财政监督有一个比较清楚的认识，其次要树立全局观念，同时充分考虑各种不同主体财政监督的特点，进行科学设计，合理分工，以避免监管工作的重复或监管缺失。此外，还要加强对财政的日常监督、事前和事中监督，防患于未然。

需要说明的是，本文对财政监督发展的解读并不影响这样的事实——财政监督仍然是财政的职能之一。因为但凡职能，就是某一特定事物内在的、固有的功能。事物的职能不管是否被人们所认识，它都是一种客观存在。就财政而言，正如前文所言，人类自从有了国家和财政，就客观存在了财政监督活动。只是认识我国社会主义市场经济条件下的财政监督，应充分认识到财政监督作为国家、政府和社会监督的组成部分，它内含于整个监督体系之中，与其他的国家、政府和社会监督形式互相配合和渗透。因此，理解财政监督的职能也应从两个方面进行全面科学认识。一是财政部门自身的监督，即由财政部门进行的财政监督，自然是由财政的职能决定的，这一层面的财政监督是财政的职能。二是非财政部门对财政的监督，如审计监督、人民代表大会监督等，则不能简单地理解为财政的职能，但其也是社会、国家和政府职能使然，将财政监督内含于整个社会、国家和政府监督体系之中，是势所必然的。

（原文载《财政监督》2009 年第 3 期）

财政监督的现实路径及其维度观察

王国清　祝遵宏

当前，财政监督在实践方面已经取得了不俗的成绩，但我国正处于转型时期，仍然存在一些问题。审计署统计显示，最近5年，全国内审机构共查出财政损失浪费资金420.9亿元，发现大案要案线索9841件。2007年3月28日，财政部纪检组在全国财政监督工作会议上透露，2005年和2006年，全国地方各级财政监督机构累计查出各种违规违纪金额1 195亿元。这些问题的存在，反映出财政监督确实起到了其维护财政安全的查错纠弊作用，同时也暴露出中国财政监督仍然有很多事要做。与此相对应，我国财政监督的理论则落后于财政监督的实践，现有的财政学著作和教科书中关于财政监督的描述不够详细，因此有必要集中力量对财政监督加以系统的研究探讨。

一、文献综述

对财政监督理论与实践的解读，我国学术界和实务界众说纷纭，莫衷一是。现有文献对财政监督主体的认识不同，对财政监督的客体和对象的表述也有差异。

（一）财政监督主体论

财政监督主体论的相关文献介绍财政监督时都有关于监督主体的表述，但各自对财政监督主体的认识又存在两种不同的观点。

一种观点是单一主体论，认为财政监督的主体就是政府的财政机关。《现代经济辞典》的解释：财政监督是国家财政部门实施的对财政资金运作过程中的全部行为的监督①。姜维壮认为，"一种意义上的财政监督，主要是指财政部门通过财政收支活动对国民经济与社会发展计划执行过程实行的全面监督"。财政部"财政监督"课题组将财政监督表述为："国家财政部门为保证财政分配活动的正常进行，在财政分配过程中依法对国家机关、企事业单位、社会团体和其他组织或个人涉及财政收支、财务收支、国有权益及其他财政管理事项的真实性、合规性和效益性进行的监控、检查、稽核、督促和反映。"袁凌、赵福军认为"财政监督是为了提高财政支出效率，在财政系统内部设置财政监督机构监督财政活动"。同样持财政监督单一主体观点的还有李学军、马向荣、孙亦军、苏道俨等。顾超滨对财政监督的解释列举了具体从事财政管理部门的专职机构，将财政监督的主体表述为"政府财政部门与受它管理的国有资产管理机构、政府税务机构、国家金库，部分地还包括征收进出口税费的海关等"。财政监督主体范围有所扩大，但仅限于"受它管理的"专职机构，因此仍然可以理解为持财政部门是单一的监督主体的观点。

把财政监督偏颇地理解为财政部门自身的监督行为，是只由财政部门作为单一主体进行的监督，人为地缩小了财政监督的主体和客体的范围。总之，单一主体论虽然符合财政监督的初始状况，将财政监督定义为"财政部门进行的监督"，却悖逆了财政监督发展的实际。

另一种观点是多元主体论，认为财政监督的主体不只是财政部门，还应该包括议会监督、审计监督、社会监督等，有些文献将其概括为"监督财政"，体现为不同的监督主体对政府的财政财务活动进行全面监督。姜维壮认为财政监督可以有另外一种意义，即广义的理解，"主要是指对财政财务收支活动的监督，它大致包括四种形式，即行政监督、司法监督、群众监督和议会对财政的控制与监督等"，并将其称为监督财政。於鼎丞、廖家勤认为"财政监督也就是监督财政（监督政府财政活动），从而财政监督也就是对政府财政活动的全面监督，凡是政府财政活动就都属于财政监督范围。在我国财政制度不规

---

① 刘树成. 现代经济辞典［M］. 南京：凤凰出版社，2005.

范的情况下，财政监督除了主要对预算监督外，还要对预算外以及制度外收支进行监督，既包括政府内部监督，即财政部门的监督，也包括外部监督，即政府以外的主体对政府财政活动的监督，包括权力机关的监督、审计机关的监督以及社会公众和新闻舆论监督。"邓子基、贾康、王继光、孟英娇、陈工、陈健、刘昆、辜东方、李武好、韩精诚、刘红艺等也认为财政监督的主体应该是多元的。马向荣（2008）认为公共财政体制下财政监督的主体有两个：人民和政府。

总之，这种观点将财政监督从单一主体拓展到了多元主体，其着力点是把财政监督的客体定义为"财政方面的监督"或"对财政的监督"。这符合财政监督的发展过程，但财政监督能否被称为"监督财政"，还需要进一步思考。

（二）财政监督客体论

财政监督客体论的相关文献在解释财政监督时索性省略了对财政监督主体的表述，而着力于描述财政监督的客体。《财经大词典》就将财政监督解释为"监察和督促国家财政在资金的筹集、供应和使用过程中合法、合理、正常、有效。它是社会主义财政的一项重要职能，是财政管理的重要内容"①。孙家骐认为财政监督指的是通过财政收支管理活动对有关的经济活动和各项事业进行的检查和督促。张馨认为"所谓财政监督，就是依据既定的法律法规制度，对政府整个收支活动过程的每个环节和项目，甚至每一文钱所进行的监督，其实质是对政府权力的约束与规范，使政府只能在法律规章制度允许的范围内开展财政活动。财政监督是财政管理活动的一个重要组成部分。财政活动是由政府所有的科层（包括附属于各级政府的企事业单位和其他机构，下同）及其官员具体进行的，因而财政监督应当是对于政府所有科层及其官员收支活动的监督，而不仅限于对财政部门活动的监督。"事实上，他们也多倾向于认为财政监督主体是多元的。

这种观点着力于"对财政方面的监督"的最终发展，其研究重点是财政监督主体向客体发展的结果。但在界定客体对象时，是仅着力

---

① 何盛明. 财经大词典［M］. 北京：中国财政经济出版社，1990.

于对"财政资金"——"物"的监督，还是拓展到对其背后的"人"的监督；是仅限于对财政资金的监督，还是衍生为所有社会性公共资金，学术界的意见目前还不统一，尚有进一步研究的必要。

二、财政监督发展的历史过程

纵观中华人民共和国成立后财政监督的发展变化轨迹，不难看出，财政监督其实是一个历史的、动态发展的过程，具体表现为：

（一）财政监督主体由一元主体向多元主体发展

有财政就有财政监督。财政监督无论在任何历史社会和任何国家，其一个重要目的就是确保国家财政资金按照国家的规定和意图取得和支用。从中华人民共和国成立后财政监督的实践来看，监督主体随着国家财政监督的客观需要，由一元主体逐步发展为多元主体。

从财政部门自身财政监督的角度分析，即财政部门内部的"财政多元"。财政监督主体最初只有一个，1950 年中央在财政部设立财政检查司（后称财政监察司，2000 年更名为财政部监督检查局），各地方在大行政区财政部门设财政检查处，在各省（市）财政厅（局）设财政检查科或股，县级财政设财政检查员，这是我国当时设立的专门财政监督机构。1962 年，针对国营大中型企业发展中存在的财经违纪问题，国务院决定财政部门在中央国营企业中实行财政驻厂员制度，实行就地监督。这样，我国的财政监督主体在财政系统内部已经多元化了。1985 年，国务院又针对财政收入"跑、冒、滴、漏"现象、偷逃骗税、截留收入、挥霍浪费等行为，成立了税收、财务大检查办公室（1986 年更名为税收、财务、物价大检查办公室），决定在全国范围内开展财税大检查。同时地方各级政府成立税收财务物价大检查领导小组，下设办公室（以下简称"大检办"）。1994 年，国务院机构改革后，国务院税收财务物价大检查办公室职责并入财政部财政监督司（财政部财政税收财务大检查办公室）合署办公，两块牌子、一套人马。同时，将原中央企业驻厂员机构改建为财政部驻各地财政监察专员办事处（简称"专员办"），并实行业务、人事、财务由财政部垂直领导和管理，进一步强化中央的财政监督。各地方政府也相继设置了财政监督专门机构，大部分采取将财政监督处、大检查办公室和地方企业财政驻厂员机构合署办公或合并的形式，进一步强化财政监督专门力量。

从非财政部门的财政监督角度分析，即财政部门外部的"非财政多元"。具体包括：

1. 人民代表大会监督

我国从 1954 年至今共颁布了四部宪法，每部宪法都对人民代表大会的预算审批权做了规定，每年的人民代表大会总会有审查、批准政府预算的议程。1995 年实施的《中华人民共和国预算法》同时规定，经过本级人民代表大会批准的预算，非经法定程序，不得改变。同年实施的《中华人民共和国审计法》规定，国务院和县级以上地方人民政府应当每年向本级人民代表大会常务委员会提出审计机关对预算执行和其他财政收支的审计工作报告。审计工作报告应当重点报告对预算执行情况的审计。必要时，人民代表大会常务委员会可以对审计工作报告作出决议。国务院和县级以上地方人民政府应当将审计工作报告中所指出的问题的纠正情况和处理结果向本级人民代表大会常务委员会报告。这些规定鲜明地体现了我国人民代表大会制度的财政监督职能。

2. 审计监督

审计监督最初属于财政部的内部监督，1983 年国家设立审计署，当时审计署的工作就是接管原来财政部内设的财政监察机构负责财政监督业务。因此成立审计署后，财政部财政监察司相应撤销。1986 年 9 月，财政部重新恢复设立财政监察司。审计署成立的目的在于进一步强化财政监督的独立性，由财政监督变为审计对财政的监督。目前的审计机构包括审计署及其派出审计局，审计署驻各地特派员办事处，各省审计厅，各市、县审计局。审计部门的主要职责就是对中央和地方各级政府预算执行情况和其他财政收支情况进行审计监督；对使用财政资金的事业组织的财务收支、中央银行的财务收支以及其他使用财政资金的单位和项目进行审计监督，包括对社会保障基金、环境保护资金、社会捐赠资金及其他有关基金、资金的财务收支进行审计监督。

3. 税务监督

中华人民共和国成立之初，税务部门也隶属于财政部，是财政部下设的组织收入的专门部门，一直到 20 世纪 90 年代，这期间的税务监督属于财政部门内部的监督。1993 年，国家税务总局从财政部独立出来，升格为国务院直属局。税务部门负责税收收入的征收和入库工作。按各种实体税法和《税收征管法》的规定对税收活动的日常运行状况进行监督。

4. 社会监督

会计师事务所、审计师事务所、税务师事务所等中介机构可以接受相关行政部门的委托，行使对财政的监督权。同时，社会民众、新闻媒体等社会监督也构成财政监督的主体。可以预见，随着我国民主化进程的加快，社会监督的作用会得到进一步的显现。

5. 纪检、监察和司法监督

纪检、监察和司法机关人民法院的财政监督，主要表现为针对财政违规、违纪的监督和处罚以及重大违法违纪问题的司法介入。

（二）财政监督从着力于主体的财政监督拓展为着力于客体的财政监督

在计划经济条件下，财政监督主要着力于财政监督主体的监督。在社会主义市场经济条件下，财政监督逐渐从过去着力于主体的财政监督拓展为着力于客体的财政监督。对财政监督客体的监督又可以分为对财政监督客体中"人"的监督和监督客体中"物"的监督两种。

1. 财政监督主体拓展为对监督客体——"人"的监督

作为财政监督客体的"人"，包括所有财政资金乃至所有社会性公共资金使用者和管理者。仅以财政部门为例，财政部门由过去的监督主体变为既是监督者又是被监督对象（监督客体）。在计划经济时期，行使财政监督权的基本上只有财政部门一家，即"财政对财政的监督"；在社会主义市场经济条件下，行使财政监督权的不只是财政部门，还包括许多非财政部门，即"非财政对财政的监督"。

之所以做出这样的判断，是因为在计划经济条件下，虽然也有人民代表大会和社会公众等对政府财政行为的监督，但在当时，各项财政活动都是在政府权力的支配和驱动下进行的。社会公众和各级人民代表大会即使反映了自己意愿，充其量也只具有咨询性质，谈不上对于政府及其官员行为的根本约束。因此计划经济条件下的财政监督实际上就是由财政部门（包括税务部门）实施的，财政部门成为当时唯一的财政监督主体。这时的财政监督主要体现在财政部门内部上级对下级的监督，以及财政部门对使用财政资金单位和部门的监督。这种监督模式在具体实践中出现了不少问题，主要表现为财政部门更多注重对使用财政资金的相关部门、机关、单位等的监管，却疏于对自身内部的监管。监管方法和手段也比较简单，专项性和突击性检查多，日常监督少；事后检查多，事前、事中监督少；财政收入检查多，财政支出检查少。建设社会主义市场经济，要求强化对政府行政权力的约束和监督，措施可以分为两大类：一是内部监督，即政府对自身收支活动的自我监督；二是外部监督，即来自外界对政府收支活动的监督（财政部"财政监督"课题组，2003）。相应的，近年来国家逐步强化"非财政对财政的监督"，主要通过加大人民代表大会和审计部门对财政的监督力度，重视发挥媒体和群众的力量，对财政重大违规违纪问题甚至受到纪检、监察部门的查处，触犯法律的还要移送司法机关。非财政部门不仅对使用财政资金的相关单位和部门进行财政监督，也同时实施对财政部门的监督。这样，财政部门的角色发生了变化，既是监督者，同时又是财政监督的对象。而且随着我国市场经济体制的进一步建立和完善，非财政对财政的监督作用会越来越明显。

2. 财政监督主体拓展为对监督客体——"物"的监督

作为财政监督客体的"物"，包括所有财政资金乃至所有社会性公共资金。在计划经济条件下，财政监督实际上只有财政部门一家，财政部门是单一监督主体。随着其他非财政部门介入对财政的监督管理，财政部门变为既是监督者，同时又是被监督者，即财政部门同时也变为财政监督的客体。这些非财政部门是整个社会、国家和政府监督体系的一部分，并不是专门的财政监督部门，所以"非财政对财政的监督"，自然只能更多地侧重于其监督的对象（客体）——"财政资金"。因此，财政监督也由原来的着力于财政监督主体拓展为更多地侧重于财政监督的客体。

而且，成为财政监督客体的"财政资金"，从原来的财政监督演化为财政资金乃至社会性公共资金，被赋予更为广义的含义，其范围也是广义的范畴，不仅包括税收收入和行政事业性收费、政府性基金、国有资产收益、罚没收入等财政性资金，还包括社会保险基金、住房公积金、住房维修资金等社会公共资金。如审计部门对财政的监督，除了监督各用款单位的财政预算资金外，还对诸如社会保障基金、彩票资金、农村合作医疗基金、环境保护资金、社会捐赠资金及其他有关基金、资金等社会性公共资金的财务收支进行审计监督。

（三）财政监督由过去形式上的监督变为实质内容上的财政监督

随着我国民主化进程的加快，"财政的监督"特别是"非财政"对财政的监督都发生了显著的变化，由原来形式上的监督变为真正实质内容上的监督。

1. 人民代表大会监督方面

审查和批准财政预算，监督财政预算的执行，是《中华人民共和国宪法》赋予各级人民代表大会常务委员会的一项重要职权，过去大多流于形式。《中华人民共和国预算法》规定：中央和地方各级政府财政部门应当在本级人民代表大会会议举行前一个月，将预算草案的主要内容及其他有关材料提交本级人民代表大会常务委员会进行初步审查。而在实际工作中，财政部门往往在当年财政年度即将结束的时候才着手预算编制工作，预算草案往往迟迟无法按时编出，导致人民代表大会常务委员会对预算草案的初审流于形式。召开人民代表大会期间，人民代表审查的材料往往只是财政预算报告，而不是预算草案本身。而报告中的预算安排又只是分大类、按功能罗列的收支总数，不够明细，加之多数代表缺乏财政专业知识、会议时间紧等因素影响，初审时代表们几乎来不及细读，对财政预算安排搞不懂、看不透、说不清，难以实行实质性审议监督。近年来，随着国家民主法制的不断完善和普通百姓民主和维权意识的提高，人民代表大会在不断探索进一步加大财政监督力度的思路，对财政的监督越来越注重实效。如广东省人民代表大会财经委员会就把电脑与广东省财政厅国库集中支付系统的电脑联网，对政府花钱进行实时监督。深圳市人民代表大会对政府的计划执行和财政预算的监督已覆盖政府所有组成部门和政府重点工程、土地使用审批和数百家国有企业等。北京市财政局从 2008 年开始每月向代表、委员寄送财政收支预算报告，而非以前年底集中接受一次审议。人民代表大会同时加强对原有人员的培养和财经人才的引进，切实增强对财政的监督力度。

2. 审计监督方面

中华人民共和国成立到 1983 年审计署成立前的 34 年，我国一直没有独立的审计监督机构。在当时的计划经济条件下，财政实行统收统支，生产资料实行统分统配，生产产品实行统购包销。政企不分，所有权与经营权不分，企业、事业单位实际上成了政府机关的附属物，审计监督本身也可有可无。1983 年，适应改革开放和国民经济发展的客观需要，我国组建了审计机构。以 1994 年《中华人民共和国审计法》的颁布为界限，我国的审计监督制度经历了创立和发展两个阶段。经过 10 多年的努力，特别是《中华人民共和国审计法》颁布以后，建立健全审计法规，拓展审计领域，规范审计工作，积极探索审计方式和方法，我国审计监督逐步走上了法制化、制度化、规范化的轨道。在审计监督的内容上，除了对各用款单位财政资金的监督外，也加强对诸如社会保障基金、彩票资金、农村合作医疗基金、环境保护资金、社会捐赠资金及其他有关基金、资金等社会性公共资金的财务收支进行审计监督。根据《中华人民共和国宪法》和《中华人民共和国审计法》的规定，审计部门隶属于同级人民政府，在同级人民政府的直接领导下开展审计工作，其中地方各级审计机关还要接受上级审计机关的领导，尽可能保证审计的权威性和独立性。审计监督更是注重审计结果公开，并借助各级人民代表大会的力量，强化审计问责，追究相关责任人的责任，起到了非常明显的效果。近年来全国范围内引起较大反响的"审计风暴"一定程度上反映了审计对财政的监督效果。

3. 财政部门的内部监督方面

过去财政监督主要重视外部检查而忽视对财政内部的监督，财政部门也出现了一些违法违纪现象。1999年财政部开始建立内部监督检查制度，对财政部内部各职能机构的财务管理、预算执行等情况实施监督检查。2000年在监督检查局设立了负责内部监督的处室，进一步强化内部监督职能，逐步由从传统的单纯财务收支检查向涉及财政资金运行全过程中的各种管理制度执行情况检查的转变，注意发挥内部监督的预警作用。至2004年底，内部监督检查了部内各业务司局及部属单位，查出大量的违规问题并提出了有针对性加强和规范管理的建议180余条。地方各级财政监督机构也普遍开展了内部监督检查工作，切实加强财政部门自身的内部监督。

三、结语

综上所述，我国目前的财政监督是一个动态的历史发展过程，是一个由财政部门和非财政部门共同构成的监督体系。在这个发展过程中，财政监督的主体由一元发展为多元，财政监督的着力点由监督主体拓展为监督客体，财政监督由形式上的监督发展为真正意义上的监督。

所以，财政监督的概念可以概括为：拥有财政监督权的、受制于社会、国家和政府的各个职能主体（包括社会监督部门和普通民众）按照各自的特点和不同的职责，对所有财政资金乃至所有社会性公共资金使用者和管理者的财政财务收支活动的真实性、合法（合规）性和有效性的监督管理活动。

在这套监督体系中，既有财政部门进行的专门的财政监督（财政自身的监督），也有非财政部门实施的财政监督。其中财政自身的监督又包括财政部门对外部的监督（对使用财政资金的相关部门、机关、单位等的监督）和对内部的监督（财政部门内部上级对下级的监督）。非财政部门对财政的监督又分为非财政部门对财政部门的监督和非财政部门对财政部门以外使用财政资金的相关部门、机关、单位的监督。若按照该财政监督体系中不同的财政监督主体划分，又可以将其分为立法类的财政监督、司法类的财政监督和执法类的财政监督三部分。属于立法类的财政监督主要有人民代表大会监督，属于司法类的财政监督主要是司法监督，属于执法类的财政监督主要有财政自身的监督、税务监督、审计监督等。

建立科学合理的财政监督机制应该先对财政监督的内涵有比较清楚的认识，树立全局观念，同时充分考虑各种不同主体财政监督的特点，进行科学设计，合理分工，避免监管工作的重复或监管缺失。并加强对财政的日常监督、事前和事中监督，防患于未然。

需要说明的是，这里对财政监督发展的解读并不影响这样的事实——财政监督仍然是财政的职能之一。因为但凡职能，就是某一特定事物的内在的、固有的功能。事物的职能不管是否被人们所认识，它都是一种客观存在。就财政而言，正如前文所言，为确保财政活动的真实、合法合规和有效，人类自从有了国家和财政，就客观存在了财政监督活动。只是认识我国社会主义市场经济条件下的财政监督，应充分认识到财政监督作为国家、政府和社会监督的组成部分，它内含于整个监督体系之中，与其他的国家、政府和社会监督形式互相配合和渗透。因此，理解财政监督的职能也应从两个方面进行全面科学认识。一是财政部门自身的监督，即由财政部门进行的财政监督，自然是由财政的职能决定的，这一层面的财政监督是财政的职能。二是非财政部门对财政的监督，如审计监督、人民代表大会监督等，则不能简单地理解为是财政的职能，但其也是社会、国家和政府职能使然，将财政监督内含于整个社会、国家和政府监督体系之中，是势所必然的。

参考文献：

［1］傅道忠. 构建新型财政监督机制研究［J］. 理论探索，2007（4）：63-66.

［2］刘树成. 现代经济辞典［M］. 南京：凤凰出版社，2005.

［3］姜维壮. 比较财政管理学［M］. 北京：中国财政经济出版社，1992.

［4］财政部"财政监督"课题组. 财政监督［M］. 北京：中国财政经济出版社，2003.

［5］袁凌，赵福军. 构建与完善财政监督运行机制［J］. 财政研究，2006（6）：20-21.

［6］李学军，马向荣. 公共财政体制的构建与财政监督［J］. 四川财政，2001（6）：4-6.

［7］孙亦军. 对当前加强财政监督职能的思考［J］. 中央财经大学学报，2003（4）：10-12.

［8］苏道俨. 加入 WTO 后我国财政监督：机遇、挑战、对策［M］. 北京：经济科学出版社，2003.

［9］顾超滨. 财政监督概论［M］. 大连：东北财经大学出版社，1996.

［10］於鼎丞，廖家勤. 财政监督与监督财政：关于财政监督基础性问题的理论分析［J］. 暨南学报（哲学社会科学），2003（11）：20-25.

［11］邓子基. 谈谈财政监督问题［J］. 中国财政，2002（11）：6-8.

［12］贾康. 关于财政监督问题的探讨［J］. 经济纵横，2007（2）：2-5.

［13］王继光，孟英娇. 对加强财政监督的研究［J］. 石油化工技术经济，2004（6）：60-62.

［14］刘昆，辜东方. 财政监督新机制构想问题的研究［J］. 财政研究，2007（10）：54-57.

［15］李武好，等. 公共财政框架中的财政监督［M］. 北京：经济科学出版社，2002.

［16］何盛明，刘西乾，沈云. 财经大辞典［M］. 北京：中国财政经济出版社，1990.

［17］孙家骐. 社会主义市场经济新概念辞典［M］. 北京：中华工商联合出版社，1996.

［18］张馨. 论财政监督［J］. 财政监督，2003（5）：15-18.

［19］张馨. 论财政监督的公共化变革［J］. 财政研究，2004（12）：2-5.

［20］何科君. 人大财政监督之问题与对策：基于过程监督视角的解读［J］. 人大研究，2008（8）：18-22.

［21］金莲淑. 财政监督 10 年［M］. 长春：吉林人民出版社，2002.

（原文载《改革》2009 年第 3 期）

财政监督机构及其人力资本优化配置研究

王国清　李英哲

　　我国的财政监督从广义上讲是由多个具有法定财政监督权的监督机构共同实施的，包括人民代表大会监督、审计监督、财政部门监督、税务部门监督等。而狭义的财政监督仅指财政部门专职监督机构的专项监督和财政部门管理机构的日常监督行为。从狭义的角度来看，随着我国社会主义市场经济体制的日益完善和公共财政框架的逐步确立，增强财政监督机构相应的独立性、强化财政监督机构运作的权威性以及提高财政监督机构人力资本配置的合理性，已成为一个亟待研究解决的重大现实问题。基于财政体制改革重心正向财政监督倾斜和省直管县、乡财县管逐步推进的背景，应在理论、实践和政策相结合的基础上，推动各级财政监督机构及其人力资本的优化配置。

一、当前我国财政监督机构及其人力资本存在的问题

（一）相关法律制度的缺失使得财政监督机构缺乏独立性

　　市场经济是法制经济，经济活动及经济监督要有相应的法律法规来保障。完善的财政监督法律制度不仅是充分发挥财政监督职能作用的重要保障，而且是财政监督机构保持相应独立性的有力支撑。目前我国财政监督立法严重滞后，迄今尚无一部完整系统地规定财政部门实施财政监督的法律法规，有关财政监督的法律规定较为零散地体现在《预算法》《会计法》《财政违法行为处罚处分条例》等法律法规中，不仅不够系统，而且对财政监督的法律定位也不够明确。财政监督立法滞后带来的明显后果是财政监督机构独立性差、权威低下以及

财政监督手段弱化，导致财政监督在实际操作中面临一些困难和矛盾。

（1）没有将财政监督提到足够的立法高度，财政监督工作和机构在保持相应独立性时缺少必要的法律制度保障。首先会造成财政监督机构在执法过程中存在着尺度偏松、手段偏软等问题，严重影响着财政监督的权威性和成效。因为在这种情况下，财政监督工作经常带有较大的偶然性，往往是对列入检查的单位实施检查，而对没有列入检查的单位就失去了有效的监督，极易遗漏，不符合财政管理的根本要求，制约了监督效能的发挥。其次是当财政监督工作涉及监督人员的自我利益时会有意识或潜意识地偏离客观公正的目标，甚至违反有关法律法规（这里自我利益的外延比较宽泛，可能是合法的利益，也可能是非法的利益；可能是现实利益，也可能是潜在的利益；可能是自己的利益，也可能是亲戚朋友或关系单位的利益，其形式可能是经济利益、政治利益、社会关系、"面子"或声誉等）。此外，还经常出现被监督单位拒绝配合财政监督的现象。这些都可能影响监督检查工作的结果以及财政监督效能的发挥。

（2）财政监督机构法律定位失范，容易造成财政监督与管理脱节。目前的财政监督机构与其他财政职能部门尚未建立规范、畅通的沟通方式和制度，致使财政监督机构不能准确掌握各项财政资金的拨付情况及有关文件和会议精神，使监督检查工作经常处于被动地位，降低了检查工作的效率。此外还容易造成财政监督体系职责分工不明确、多头检查、重复检查现象的出现。在检查计划上不能相互衔接，工作信息上不能相互共享，检查结论上不能相互利用，造成不必要的人力、财力和时间的浪费，使得监督成本提高，监督效率降低。

（3）受财政监督职责权限缺乏法律定位因素的影响，我国财政监督方式及全程监督意识有待规范和提高。当前，在财政管理工作中重分配、轻监督，重收入监督、轻支出监督的现象还普遍存在。财政工作者没有充分认识财政监督与财政管理之间密不可分的必然联系，财政监督还没有渗透到财政资金运行的全过程。在财政监督检查工作中，重查轻改、重罚轻防、重眼前轻长远等现象依然较为普遍。从方式上来看，表现为专项性和突击性检查多，日常监督少；从监督环节上来看，表现为集中性和非连续性的事后检查多，事前、事中监督少；从监督内容来看，表现为对公共收入检查多，对公共支出监督少；对某一事项检查多，全方位跟踪监督少。财政监督往往偏重于事后监督，很多违法违纪问题都在既成事实后才被发现，从而造成财政、税收等经济领域的违法违纪现象屡查屡犯，而且呈逐年上升的趋势，给国家带来了巨大损失。

（二）财政监督机构行政级别设置偏低导致其权威性差且监督效率低下

强化监督检查专门机构的权威性是保证监督检查工作客观、公正，不受干扰的必要条件。但现在财政监督机构的地位在法律中还没有明确，在机构设置上财政监督机构大都隶属于本级政府财政部门的较低层级，即其与财政部门内部其他职能司、处、科室都是平级单位，在人、财、物上的自主性也不强，致使其地位不高、权威性差。特别是当对财政部门内部进行监督时，由于都属于财政部门的同级机构，人员彼此都非常熟悉，互相照顾"面子"，对出现的问题经常是"大事化小、小事化了"。近年来一些地方财政部门内部管理松懈，加上社会不良风气的影响，财政系统违纪问题时有发生，且呈不断上升趋势，有的还相当严重。财政部门腐败现象的蔓延与财政监督机构权威性差而导致的内部监督不健全、不完善，缺乏约束机制有很大关系。

（三）财政监督人员综合素质及监督队伍的稳定性亟待提高

高素质的工作人员及财政监督队伍的稳定性是保证财政监督成效的关键因素。财政监督工作的自身特点决定了财政监督人员必须具备较高的综合素质，既要全面熟悉财政业务，熟练掌握财政监督检查的专门技能，同时还要敢于坚持原则，具有良好的职业道德和较高的政治素养。西方国家普遍重视财政监督队伍建设，不仅注意吸纳优秀人才，还特别强调后续教育，定期进行培训和考核。例如，德国实行淘汰制；法国财政部对财政监察专员的选拔条件非常严格，必须是在财政部工作10年以上的高级文官，并由部长任命，每4~5年需轮岗一次。这些措施保证了财政监督队伍的素质和能力。

在我国，由于种种原因，财政监督的作用没有得到充分重视，财政监督工作长期以来被边缘化。基于建立公共财政的客观需要，财政监督工作越来越受到重视并切实发挥了巨大的作用，促进了财政管理水平的提高。但财政监督人员在理论修养、知识层次、协调能力等方面的素质普遍较低；具备丰富的经济理论和财政管理知识，能对查处的问题进行综合分析，敏锐地预测财政管理和经济运行中可能存在的问题，并提出改进措施和建议的高素质人才极其缺乏；财政监督队伍结构不合理，干部观念陈旧，知识结构不合理，专业素质参差不齐。而且经常是临时性地抽调其他部门人员参与监督检查工作，使得日常监督检查工作很难开展，再加上临时抽调人员对检查程序、检查技巧和检查方式、方法不了解，缺乏检查经验，监督检查的深度和广度不够，检查效果差。这些都大大弱化了财政监督工作，使监督工作的成效大打折扣。

二、我国财政监督机构改革及其人力资本优化配置的思路对策

随着部门预算、政府采购、国库集中收付等公共财政体制改革的不断完善，下一步的改革重心必然要向财政监督倾斜，以使上述改革成果得到有力巩固。为此，应树立"大监督"理念，实现财政监督与管理的有机融合，充分发挥财政监督的各项职能，有力提升财政监督的效益。而要实现这一目标，必须克服当前财政监督机构及其人力资本存在的弊端，对财政监督机构进行改革，对其人力资本进行优化配置。

（一）制定相关法律法规，提升财政监督机构地位，强化其独立性

（1）要尽快制定"财政监督法"，确保财政监督机构在执法过程中的独立性。财政监督是财政部门为维护财经法纪的严肃性而开展的行政执法工作，执法的前提是有法可依，财政监督必须尽快纳入法制化的管理轨道，这是强化财政监督和财政监督机构独立性的根本保障。

因此，要尽快通过"财政监督法"把国家赋予财政部门的监督职责以及财政监督工作的范围、方式、程序、手段等以法律的形式系统而明确地确定下来，使财政监督工作有法可依，保证监督活动的客观性与公正性。这不仅有利于树立财税监督的权威性，防止监督中的不规范、随意性等问题，而且有利于促使各级财政监督机构依法正确履行监督管理职责，提高监督效率，维护财经秩序。

（2）提升财政监督机构的级别，确保财政监督机构运作上的权威性。财政部门设置的财政监督机构，不仅是专门负责财政监督的组织，在一定意义上还是享有独立执法资格的行政主体，专门履行监督检查职能。但是，它不具体管理财政收支业务，与财政监督对象之间也不发生财政分配关系，形成相对超脱、相对独立的地位，保证监督活动的客观性与公正性。由于财政监督要渗透到财政管理系统的各个部位，如果财政监督机构没有较高的地位与权威，很难保证财政监督机构不受财政部门内部或其他部门的影响。因此，提高财政监督机构的地位对于维持其运作上的权威性是十分必要的。建议财政监督机构的行政级别应高于同级财政部门的其他职能司、处、科室，以便于其独立行使法律赋予的权力。即财政部设立的财政监督管理局级别应定为副部级，省级财政部门应在监督处的基础上成立财政监督管理局，级别定为副厅级，依此类推，市级财政监督管理局的级别为副处级，县级财政监督管理局级别为副科级，且各级财政监督管理局可实行垂直管理。在此可以借鉴山东、海南、河南等地的成功经验，先在省财政厅设立若干财政监督检查办事处作为省财政监督的派出机构，并将县级财政监督机构作为市级财政监督机构派出机构，等条件成熟再实行垂直管理。这首先有利于建立和完善财政监督管理的新机制，促使财政监督机构全方位、全过程地介入财政管理活动，即从项目决策开始到资金的使用，乃至最终项目效果评估进行全程跟踪监督，确保财政资金从收取、支配到使用的合规、有效。其次，有利于强化财政监督机构的职责，以便做到专项监督与全面监督，事前、事中与事后监督，日常监督与重点监督，合规监督与风险监督、效果监督的紧密结合，及时发现潜在的问题、评估风险、预警风险和控制风险，从而提高财政监督的整体效果。最后，有利于将绩效评价纳入监督职责统一归专职财政监督机构负责，整合监督检查力量，规范检查行为，加大执法力度，提高监督效率。

（二）以省管县和乡财县管为契机，推动省、市、县三级财政监督机构人员配置的良性互动

随着省管县和乡财县管的大力推行，中央财政资金向基层、农村倾斜力度加大，基层财政部门处在财政资金管理和政策执行的"终端"环节，具有贴近一线、掌握资金使用管理第一手情况的优势，其工作的参与程度、管理水平的高低直接关系到财政政策执行的效果，直接关系到财政资金的安全、规范和有效。因此应从省、市级财政监督机构抽调业务素质高、原则性强的财政监督干部下派至县级财政监督管理局，指导帮助县级财政部门根据基层财政的特点，发挥基层财政的优势，从项目的调研、立项、实施、评估等各个环节，加强监督，提高财政资金的使用效益。同时选派表现突出、业绩优秀、年富力强的年轻基层干部进入省、市级财政监督机构，促进省市财政监督干部队伍结构的优化，从而形成省、市、县三级财政监督机构人员配置的良性互动机制（省管县的推行使得市级财政管理职能逐步弱化，其冗余人员一部分可以通过招考的形式进入省财政监督管理局，另外一部分可以下派至县级财政监督管理局，充实基层财政监督队伍。因此，该机制主要表现为省级与县级财政监督人员的良性互动，市级财政监督人员则主要做消化清理，在图中用虚线表示），详见图1。

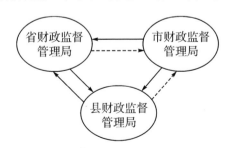

图1 省、市、县三级财政监督机构人员配置的良性互动

其优势主要在于：

（1）有利于形成财政监督的激励机制，促进各级财政监督人员相互交流。省、市、县三级财政监督机构人员配置的良性互动，一方面使得基层财政监督人员有机会进入省级财政监督机构，可以有效地激励其努力工作，加强学习，提高自身综合素质；另一方面可以选派省级财政监督机构中工作能力强、业绩突出的优秀年轻干部进行下派，提高他们的政治素质、理论素养、实干能力以及基层工作经验，促进年轻干部进步成长。此外，通过财政监督干部轮岗交流，还能促进领导干部的多岗位锻炼，从而有利于财政监督复合型人才的培养，有利于促进财政监督廉政建设。

（2）有利于消化吸收财政系统冗余人员，推进省管县财政体制改革的顺利进行。随着省管县的实施，市级财政部门的部分职能逐步弱化，必然会形成一部分多余人员，如果不能被合理地安排，则会极大地阻碍财政改革的顺利推进。而财政监督机构的升格以及省、市、县三级财政监督机构人员配置的良性流动机制，一方面需要扩大财政监督队伍的规模，另一方面也为财政监督机构人才的优化配置提供了条件。可以通过对冗余人员的培训，提高其财政监督的业务能力和思想道德水平，使得一部分人员以招考选拔的方式进入省财政监督局，优化省级财政监督局人员结构，其余的则可进入县级财政监督局，充实基层财政监督队伍。这不但满足了扩大财政监督队伍的需要，而且也满足了财政系统冗余人员合理安排的需要，从而为有效推进省管县财政改革扫清障碍。

（三）精心培训、选配财政监督人员，提高财政监督队伍的综合素质

（1）注重提升素质、强化能力，加强财政监督干部教育培训和人才培养。一是要引导财政监督干部树立"终身学习"的理念，防止思想僵化，保持不断创新。二是大力加强干部在职学历教育和专业知识培训，促进干部知识结构的调整和更新，提高财政监督的实务能力和业务水平。三是根据财政监督发展形势及干部职工的岗位、专业、文

化程度、知识结构等情况，全面把握、统筹考虑，有针对性地开展教育培训，加强财政监督重点骨干人才培养，提升财政监督干部竞争力，建立培训教育常态机制和长效机制。

（2）不断完善体制机制，优化财政监督队伍结构，加强财政监督干部队伍建设。一是要加大公务员录用力度。通过科学合理设置招录条件及标准，将填补财政监督干部队伍知识结构严重缺位、财政监督工作急需的人才招录进来，提升财政监督干部队伍的整体素质。二是要立足当前实际，在现有人力资源上下功夫。通过以老带新、以强带弱等方式，充分发挥现有专业人才在工作中的引领和示范作用，合理调整人员结构和比例，制定相关激励机制，注重在财政监督实践中提升干部综合素质、培养专业人才。三是完善财政监督干部选拔任用机制。要顺应形势，大力推进财政监督领导干部职位竞争上岗工作，提高干部选拔任用工作的透明度和公信度，扩大干部选拔任用工作中的民主公开，扩大群众对干部选拔任用工作的知情权、参与权、选择权和监督权，推动干部选拔任用机制和监督管理机制的不断健全和完善。

面对当前我国财政监督机构及其人力资本存在的诸多弊端，只有通过制定、完善相关法律法规，提升并强化财政监督机构的法律地位和独立性，并在积极推动省、市、县三级财政监督机构人员配置良性互动的同时，注重加强财政监督人才的教育培养和财政监督队伍的建设，才有利于克服现实中财政监督机构及其人力资本中存在的不足，进一步推动财政监督与财政管理的有机融合，充分发挥财政监督的各项职能，提高财政监督的效益，并最终有利于巩固我国公共财政体制改革的各项成果。

（原文载《财政监督》2011 年第 9 期）

财政监督职能从经济走向国家治理

——改革开放四十年财政监督历程的回顾与展望

王国清　彭海斌

纵观改革开放以来财政监督职能的发展轨迹，有着深刻的变化和提升。从一方面考察，财政监督从财政预算边缘向财政预算编制、财政预算执行和财政预算监督三大核心之一发展；从另一方面研究，财政监督从经济走向国家治理，新时代的财政监督职能进入了一个重要的新阶段。

一、财政及其监督职能研究的简要述评

在我国，财政有哪些职能？尤其是监督职能是否财政固有的功能？如何界定财政监督职能的意义、职能目标及职能范围？对此，财政理论界和实务界有不同的观点，但总体呈深化发展的趋势。

（一）1992 年以前的财政职能

（1）"二职能说"。这种观点认为，财政有两个职能：一是分配职能，二是监督职能。"二职能说"脱胎于计划经济，决定于计划经济特征，对财政职能的概括比较简单，后来提出的调节职能在这个时间既不显现，更没有明确提出。这种观点主要存在于 20 世纪 80 年代以前。

（2）"三职能说"。这种观点认为，财政具有三个职能：一是分配职能；二是调节职能；三是监督职能。党的十一届三中全会之后，我国进入了有计划商品经济时期，改革中的一个重要方面就是对财税体制进行改革，如何在保证国家职能需要的前提下，充分调动地方、企

业和个人的积极性？在这种条件下，客观上需要强化政府对经济的宏观调控能力，财政具有调节职能的理论应运而生，这种观点主要存在于1982年至1992年。

（3）"四职能说"。这种观点认为，财政有四个职能：一是筹集资金职能；二是运用资金职能；三是调节经济职能；四是反映监督职能。这种观点和前述"三职能说"的最大变化，是将分配理解为组织收支，所以把原来提出的"分配职能"一分为二，从组织收入角度定义为筹集资金职能，从组织支出角度定义为运用资金职能。这种观点主要存在于1987年至1992年。

（二）1992年以后的财政职能

1992年以后，建立社会主义市场经济体制成为经济体制改革的目标。这需要正确划分政府和市场各自的活动范围，正确处理政府与市场的关系，市场在配置资源过程中起着基础性作用，同时也借鉴西方财政理论，提出了若干种类的财政职能理论。

（1）"三职能说"。这种观点认为，财政有三个职能：一是资源配置职能，二是收入分配职能，三是经济稳定职能。美国著名财政经济学家理查德·马斯格雷夫也认定这三大职能是财政的三大经济职能。这种"三职能说"从政府与市场的关系来概括财政的职能，这无疑是正确的一种思路，但监督职能不也是国家经济职能的体现吗？归属于国家政治职能的财政职能又应如何概括呢？

（2）"四职能说"。在这里又分为几种观点。

第一种观点认为，财政职能分四个职能：一是资源配置职能，二是收入分配职能，三是调控职能，四是监督职能。这是在上述社会主义市场经济条件下的"三职能说"的基础上，增加和强调了在市场经济条件下财政同样具有与国家经济职能相适应的财政监督职能，只不过与计划经济条件下的财政监督职能相比，其职能范围和实现形式以及达到职能目标的预期效果有所差异罢了。

第二种观点认为，社会主义市场经济中的财政应有四个职能，但着眼点和概括的差异，有不同的具体观点。这里提出的一是公共保障职能，二是收入分配职能，三是经济调控职能，四是国家资产管理职能。这也算是此类"四职能说"的又一种代表。

第三种观点认为，财政具有四个职能：一是配置资源职能；二是分配收入职能；三是稳定经济职能；四是维护国家职能。这种观点强调政府与市场的关系，又着力于从国家职能的经济职能和政治职能入手，把配置资源职能、分配收入职能和稳定经济职能归属于国家经济职能的体现，维护国家的职能则是维护国家机器存在和发展的功能，是国家政治职能的体现。这种观点实际上是上述市场经济条件下的"三职能说"的一种发展，增加了与国家政治职能相适应的财政职能，是可取的，但监督职能的消失显然与"财政是国家组织收支、调节控制、监督管理的活动"是相悖逆的。

（3）"五职能说"。这种观点认为，财政具有五个职能：一是维护国家的职能；二是配置资源的职能；三是分配收入的职能；四是稳定经济的职能；五是监督管理的职能。这种观点既从政府与市场关系的角度着眼，又着力于国家政治职能和经济职能的制约，因此是比较可取的。在新时代条件下，这种观点又应如何深化和发展呢？

综合上述改革开放 40 年来，财政职能及其监督职能的发展，中间虽有起伏曲折，财政职能及财政监督职能倒是稳定发展的。从不同的阶段来说，上述各种观点虽说都有一定的道理，但问题的关键在于上述各种观点只着眼于经济。在市场经济条件下，财政是国家治理的基础和重要支柱，以及立法、执法、司法和监督的法制体系的健全和国家监察系统的专业性监督的技术支撑优化，呼唤着财政职能及财政监督职能研究进入了新时代。那么，在新时代条件下，应如何理解财政监督职能呢？

二、对财政监督职能研究的展望

笔者认为，财政监督职能的定义，是指在国民收入的分配、再分配过程中，财政所具有的对财政收支活动以及对经济、政治、社会、文化、生态文明等活动的制约、反映的监督与管理的功能。其职能目标是依据国家政策、法令、制度和财政经济杠杆来规范分配秩序，严格财政预算管理，防范财政金融风险，提高财政资金使用效益，促进社会主义市场经济的健康发展和经济持续、稳定、快速增长，促进政治文明、社会和谐、文化昌盛、生态绿色等。其职能范围从经济领域拓展到国家治理体系和治理能力。

在新时代条件下，财政监督职能的深化与提升，从根本上说，一是受制于社会主义市场条件，二是受制于财政的地位即财政是国家治理体系的基础和治理能力的重要支柱。

一方面，在社会化大生产和实行市场经济条件下，社会主义国家对社会生产、分配和消费需要实行全面的科学监督管理，这是保持正常的财政经济秩序，建立稳定的政治社会环境的基本要求。财政监督管理是国家管理经济，实行经济监督的一个主要方面。财政是社会主义国家掌握的一个重要分配工具。财政分配在社会再生产过程中居于分配环节，对生产、交换、消费可以起到反映和制约作用；在分配的诸环节中又居于主导环节，可以对工资、价格、信贷、企业财务、社会保障等的制约与协调配合发挥作用；在国民收入分配中居于枢纽地位，可以反映和制约"社会三大基金"形成，而国家要对这些方面进行管理，就需要利用财政发挥监督管理的作用。

另一方面，从财政的地位来看，财政是国家治理的基础和重要支柱，进一步说，财政是国家治理体系的基础和治理能力的重要支柱，因而除赋予财政在经济方面的监督功能之外，还需赋予财政在政治、社会、文化和生态文明等方面内在的监督功能，而健全包括财政监督在立法、执法、司法和监督的法制体系及其在国家监察体系中的专业性监督的技术支撑，深化和提升了财政内在的监督职能。

在新时代条件下，财政的监督职能怎样才能实现呢？

第一，财政收支计划的编制、审查和执行检查，严格预算管理，系统地掌握预算、税收、国有资产、投资等的活动情况；反映、了解、督促、管理经济、政治、社会、文化和生态文明等各部门、各企事业单位贯彻党的政策、法规、计划和制度的情况，防范财政金融风险；正确处理国家、单位集体、个人三者的利益关系；收入按政策及时足额地完成各项收入任务，支出坚持理财原则，统筹安排和合理使用各项资金，制止铺张浪费和各种违反财经纪律的行为，维护财经秩序。

第二，社会再生产过程不仅表现为物资运动，而且表现为资金运动；社会再生产不仅包括物质资料的再生产，而且包括人口的再生产和环境资源的再生产，等等。财政收入反映单位的经济效益和财务经营成果，财政支出反映用于经济、社会、政治、文化和生态文明等发展的各项事业的成就。因此，各种经济、政治、社会、文化和生态文明等事业活动都会综合地反映到财政资金的运动上。国家通过财政收支，就可以反映、分析和检查各企事业单位的各种经济、政治、社会、文化和生态文明等是否符合党和国家的方针、政策，是否符合国家的法规、法律，是否符合市场经济原则，是否有利于社会生产力的发展、国力的增强和人民物质文化生活水平的提高，等等。

总之，新时代的财政监督职能的发展，一方面从过去的财政边缘向现在的财政核心之一发展；另一方面，从过去限于经济领域向国家治理体系和能力拓展深化。

参考文献：

[1] 陈共. 财政学 [M]. 成都：四川人民出版社，1991.

[2] 邓子基，等. 社会主义财政学 [M]. 北京：中国财政经济出版社，1982.

[3] 蒋洪，等. 财政学教程 [M]. 上海：上海三联书店，1996.

[4] 刘邦驰，等. 财政学 [M]. 成都：西南财经大学出版社，1995.

[5] 罗光林. 现代财政学 [M]. 北京：科学技术文献出版社，1994.

[6] 《社会主义财政学》编写组. 社会主义财政学 [M]. 北京：中国财政经济出版社，1987.

[7] 王国清. 略论财政学的学科属性与研究范围 [J]. 财政监督，2017（22）：25-28.

[8] 王国清，等. 财政学 [M]. 北京：高等教育出版社，2010.

（原文载《财政监督》2018 年第 10 期）

新时代财政监督职能的要素结构探析

王国清　彭海斌

关于新时代财政监督职能问题，笔者认为，财政监督职能是指在社会产品或国民收入的分配与再分配中，财政所具备的对财政分配及对经济、政治、社会、文化和生态文明等多方面活动的真实反映，规范约束、提升绩效的监督管理的客观功能。笔者曾以《财政监督职能从经济走向国家治理》为题发表看法，但仍感到言犹未尽。就财政监督论题而言，基本判断是没有疑义的，进一步问："从经济走向国家治理"是财政监督职能的什么内核？这显然还有进一步研究的必要。就财政监督的内容而言，谈及了财政职能目标、职能范围等要素，这虽然比过去研究财政职能及其监督职能着力于职能的种类结构研究有所不同，但职能的内在要素尚不齐全和不清晰，显然也还有进一步研究的必要。从推进国家治理现代化的角度系统性探析财政监督职能依据、职能目标、职能范围和职能手段等要素，是既有理论意义，又有现实意义的。

一、财政监督职能目标

党的十八届三中全会提出"完善和发展中国特色社会主义制度，推进国家治理体系和治理能力的现代化"这一改革的总目标。其中，"推进国家治理体系和治理能力现代化"是核心内容，"完善和发展中国特色社会主义制度"是重要基础。财政监督作为财政的一项职能，在国家治理现代化体系中处于基础性地位，其职能目标必须与国家治理体系和治理能力现代化的目标保持一致性。只有这样，才能保证财政在国家治理中的基础性地位，并有效发挥重要支柱作用，最终确保国家治理现代化目标的顺利达成。

国家治理的主要内容不仅有经济领域的治理、政治领域的治理，也有文化领域的治理、社会领域的治理，还有生态文明领域的治理。这当中"经济建设是核心，政治发展是保障，文化繁荣是本质，社会稳定是要件，生态文明发展是根基"。而党的十八届三中全会通过的决定强调"科学的财税体制是优化资源配置、维护市场统一、促进社会公平、实现国家长治久安的制度保障"，上述论点的根本内涵是对财政在国家治理现代化要求下要实现的目标的独有见解。资源分配、市场统一的重点是提高效率，但是社会公平稳定才是目前大众重视的焦点问题。也可以说，国家治理水平主要使用效率和公平的结合度进行评估，但是效率和公平的全面融合需要依靠财政监督才可以顺利实现。总而言之，新时代财政监督职能的总目标是利用对财政行为的监督制约，全面发挥财政作为国家治理的基础以及重要支柱的作用，保证财政参与经济、政治、文化、社会、生态文明等相关领域的治理活动，实现效率和公平，进而实现国家治理现代化。具体目标是根据我国制定的政策、条文、制度以及财政经济杠杆进一步确保分配顺利进行，全面加强财政预算监管。避免各种财政以及金融风险，提升财政资源使用效率，加快我国社会经济长久稳定发展，确保经济平稳、高效增长，确保实现政治稳定、社会安定、文化繁荣、生态环保等。

第一，维护全局利益和社会公共需要，确保社会公平正义与和谐包容。获得最大的利益一般是市场主体追求的目标。一旦社会利益与个人利益之间出现不可调和的矛盾，相关行为主体也许为自身利益以及需求而做出伤害整体利益以及公共需求的举动。财政是重要的公共管理者，要以实现整体利益也即社会利益的最大化为目标，这需要通过监督财政分配行为是否合法、合规以及高效，进而满足社会公共需求，提高公共利益。

第二，确保财税方针政策的制定和执行，进一步提高财政治理水平。财政监督的核心责任是确保国家制定的多种方针政策可以被有效落实到现实中，保证国家财政治理水平的持续提升，最终完成现代化发展目标。目前财政在国家经济调控中的作用更加突出，而全面发挥财政宏观调控作用的主要基础是不同财税政策尤其是重大财税政策可以得到切实贯彻以及实施，不同财税制度和政策的制定需要根据具体的环境、条件以及计划进行，财政监督可以在制定重要财税政策之前加强调查、摸底，在执行和落实时期加强追踪、反馈以及监控，在事后对实施效果加强考核评估，保证各种政策目标的全面达成。

第三，督促各种财税规章制度的制定与实施，提高依法治税、依法理财水平。通过财政监督的管控、评估、更正和反馈等手段，全面高效地查找财政管理过程中出现的有关问题以及当前财政管理制度的不足。更关键的是将最终的监督结论上报给有关单位，成为其制定成熟的管理制度以及相关业务程序的重要依据，并督促财政相关业务部门依法依规开展工作，持续提升依法理财能力，实现治理能力现代化。

第四，整顿和规范市场经济秩序，维护市场统一和社会稳定。财经秩序是市场经济秩序的关键构成，确保财经有序发展对保证市场经济稳定具有不可忽视的积极影响。国内市场经济目前处于持续发展以及健全时期，各市场主体行为也存在相应的盲目性以及随意性，导致我国经济发展遇到一定的问题和障碍，尤其是财经纪律松弛、财税无序发展情况迄今并未得到彻底的改善。这些现象阻碍了我国新一轮财税体制改革的实施，不利于国家治理现代化的实现。因而，强化财政监督工作显得非常迫切和必要。只有不断健全财政监督制度，使其预警、监测、纠错、惩处以及威慑等功能得到充分发挥，对市场经济秩序开展整顿规范，才能进一步提高经济运行效率。

第五，制约权力资金及运用，推进国家治理现代化。公共权力假如缺少监管以及规范，就会导致过度使用权力并产生贪污腐败问题，造成对财政资源的不合理筹集、配置与应用。财政监督不仅是我国监督中规范权力、资金和使用的重点与本质，还是对权力运用根本要素管理流程的监督。借助财政监督，创建完整的与财政有关的权力监督制约制度，把执行权力的人全部放到监督范畴中，确保守法成为权力拥有者的自主行为，严格按照法律行政，加快国家监督的民主、法治、文明等现代化目标的实现。

第六，维护国家安全稳定。在维护国家政治安全方面，财政是维护中国特色社会主义道路自信、理论自信、制度自信、文化自信等意识形态建设的重要物质保障，通过财政监督，督促财政收支分配正确发挥支撑和导向作用。主要是确保财政在维护意识形态安全中的支撑和导向作用，以弘扬社会主义核心价值观，抵御外来不良文化侵蚀。在促进经济安全方面，市场经济在发展的时候会遇到一定的风险，在财政收支不平衡，不利于自身职能全面发挥，最终限制经济以及社会进步的时候，表明财政风险的产生。结合财政收入以及分配两部分内容进行分析，收入过度流失或使用效率较低以及浪费问题，都会造成财政风险的出现。利用财政监督，强化管理，避免问题的出现，惩处贪污问题，不仅能提高收入，还可以进一步提升使用效率，最终有效预防财政风险的产生或减少因风险导致的经济亏损。通过财政监督，对金融企业的业务、财务、资产等进行规范，也可防止金融风险向财政风险转化。在保障军事安全方面，财政监督的目标则是确保通过合理配置国防军事财力，优化财政资金投入结构，提高资金使用效益，使得国防军事建设与经济发展建设相应促进协调发展，全面保证国家治理的顺利进行。

二、财政监督职能依据

财政监督职能要素中，职能依据是核心，职能目标、职能范围和手段都是职能依据的规范和表现。

在新时代条件下，财政监督职能的范围已从经济领域拓展到了国家治理，其职能依据也应该进行相应的拓展。本文所述及的财政是国家财政，财政分配的目的是满足国家实现其职能的需要，因此，在论及财政监督职能时，笔者以"国家权力论"作为理论依据。

笔者认为财政"是国家为完成自身职能，通过自身拥有的权力，参加相应的社会产品或国民收入分配活动，继而做出的相关经济行为"。财政凭借的国家权力具体包括什么呢？马克思强调："在我们面前有两种权力，一种是财产权力，也就是所有者权力；另一种是政治权力，也就是国家权力。"第二种权力只有国家拥有，其在经济层面的实现方式是税收。财产权力的主体体现出多元化特征，从财政角度分析，主体主要是国家或政府。国家拥有生产资料，通过上交利润的方式参加国有资本和有关资本组织形式的收益分配，针对国内现实情况进行分析，根据国有经济实现方式，也就是经营方式的差异，将其划分成直接上交收益、国有股股息红利、承包费以及租赁费等多个部分。因此，本文认为财政分配一般包含政治权力以及财产权力这两类权力属性分配。在上述两种属性预算关系前提下，笔者强调"财政一般属性"和"财政特殊属性"的论断，前者表示政治权力以及财产权力属性分配，后者包含行政管理权力以及信用权力属性的分配。"政治权力和财产权力是财政发挥作用的重要权力，行政管理和信用权力成为财政依靠的特殊权力"。行政管理权力是次级的仅为国家行政部门的重要权力。其具有独特的作用，主体是国家次级形态，也就是国家行政部门，重点是所依存的权力基础是国家权力在行政管理层面的次级表现方式。其对象范畴限制于对独特的对象开展相应的管理且收取一定的费用或特许权使用费。"行政管理权力的资金筹措方式一般是政府性收费以及基金。"针对信用权力，笔者认为，在普通主客体环境中，众多信用方式，比如银行信用、商业信用等全部是依靠信用原则完成的，然而在国家或政府成为主体的时候，在信用关系中国家占据主导位置，且通过法制方式进行约束以及限制，信用原则在上述条件中就升华为信用权力。显而易见的是，信用权力需要遵守市场环境中的信用规则理念。国家依靠信用权力凭借债务人身份得到债务收入，或凭借债权人身份来使用资金。针对财政来说，具体资金筹集方式是国债或财政性贷款。总而言之，财政相关行为所依赖的国家权力，主要是政治权力、财产权力、（独特的）行政管理权力以及（独特的）信用权力，因此也被称为财政活动依据"四元权力说"。

在新时代条件下，"四元权力"理论同样适用于财政监督职能。

（一）财政监督职能离不开国家权力

党的十八届三中全会把财政提升到国家治理层面，表明财政是国内政治稳定以及经济发展的主要基础，财政治理是国家治理的重要环节。若如"零权力说"所论，回避国家权力在经济领域的作用，则不能很好地研究如何发挥财政作为国家治理的基础和重要支柱的作用。参考马克思的理论观点可知，国家是阶级稳固自身统治的方式，因此不仅要借助国家权力达到统治阶级的要求，也需要全面满足现实公共需求。根据公共财政论，满足公共需求的政府收支是财政行为，因此满足统治阶级需求的政府收支活动也是重要的财政分配行为。所以我们可以知道，财政活动需要依靠国家权力的行使，这种凭借国家权力，反映或满足国家需求（包含社会公共需求）的独立存在的分配活动即是财政。学术界专家指出"财政是国家或政府依靠国家权力而开展的众多经济活动"，体现出强大的理论活力以及实践解释力，也能够正确引导财政监督活动的正常开展，体现出较高的价值。

（二）财政监督职能依据一般的国家权力——政治权力以及财产权力

我国是以生产资料公有制为主体，多种所有制共同存在的社会主义市场经济国家，因此国家或政府不仅是重要的管理者，也是全部公共生产资料的拥有者，所以，其在参加社会再生产分配活动的时候，主要依靠自身的政治权力征收税收，此外还能通过自身的财产权力要求国有企业上交收益。政治权力和财产权力的主体就是国家，前者的资金筹措方式一般是税收，后者的资金筹措方式一般是国有资本收益、国有资源使用费（税）等。社会主义财政依赖国家政治权力、财产权力实现社会主义国家的政治职能、经济职能。也可以说，财政代表国家，既是公共管理者，又是公共出资者，凭借国家的政治权力和财产权力对税收收入、国有资产权益以及相对应的财政支出实施监督职能。

（三）财政监督职能依据特殊的国家权力——行政管理权力和信用权力

前已述及，基于国家权力层面进行分析，财政也包含行政管理权力以及信用权力属性的分配。行政权力在我国现阶段的政府经济活动中的表现范围广泛，其特殊性在于对特定的对象实施特定的管理并收取专项费用，其支出也有专门用途。行政管理权力的资金筹集形式主要有政府性收费和政府性基金。

行政权力配置资源容易滋生腐败，如何建立相应的制度约束是财政监督的重要职能内容。信用权力主要依靠国家或政府具有的信用，表示政府根据当前通行的商业信用原则以及要求，作为债务人得到资金，或作为债权人使用资金。相对于商业信用而言，国家信用权力的资金筹措方式一般或主要体现为国债、财政性贷款和各级政府债券。政府型基金、政府性收费或是国债的收支、分配等环节都需要财政实施全口径的监督职能。由此，我们总结上述四种权力，政治权力以及财产权力主要是财政监督依赖的一般权力，行政管理权力以及信用权力则是其依赖的特殊权力，其中，行政管理权力是特殊的政治权力，信用权力是特殊的财产权力，这就是"四元权力说"的核心思想。国家权力与财政具有必然的联系，在新时代条件下发挥财政的国家治理基础和重要支柱作用，政治权力、财产权力、行政管理权力和信用权力是财政监督职能的依据。

三、财政监督职能范围

财政监督职能范畴是其对象的具体化，或者说，实际对象在哪些领域的行为需要被监督。财政监督不仅是财政不可缺少的固有职能，而且还寓于财政相关职能中。上述主要特征促使监督职能范畴更为复杂，涵盖了财政收入的筹措和分配全流程；此外，监督职能是财政管理的关键组成内容，财政监督存在于管理过程中，因此要求其具体范畴包含财政全口径的预算管理、国有资本、金融监管、会计信息质量等各方面。另外，在不同的经济与社会条件下，财政监督职能范围是不断变化的。在新时代条件下，财政监督包含了财政治理的含义，属于国家治理的范畴，即涵盖经济、政治、文化、社会、生态文明等各领域的监督内容。

财政监督能够体现国家各个发展阶段的政治、经济和社会的基本特征以及生产关系的性质和财政的运行规律，因此在新时代条件下，财政监督职能范围也必须充分体现财政作为国家治理的基础和重要支

柱的地位和要求。一是要适应国家治理现代化要求。财政监督的重要
范畴就是要对国家理财行为进行全面监督。从财政收入具体内容的法
定（税、费、利、债）到其最终实现的整个历程；从支出规划编写到
其项目（对象）、时间、数量等。二是要发挥国家治理现代化要求下
财政监督具有的特定作用。财政监督应贯穿整个财政管理过程，不仅
要求其在范围上对财政管理实施全过程监督，并且强调其在内容上的
全面性，对财政运行实现全方位监控。《预算法》修订之前，财政监
督范围主要是一般公共预算资金的收支分配活动。新《预算法》明确
将预算划分成全口径的一般公共预算、政府性基金预算、国有资本经
营预算和社会保障基金预算，这就要求财政监督范围应涵盖政府的全
部收支活动，实行全口径预算资金监督。

其一，对财政收支规划的编写、审核以及实施的监督检查，全面
加大预算管理力度，深入了解预算、税收、国有资产、投资等相关行
为以及活动的具体状况；掌握、督促、管理经济、政治、社会、文化
以及生态文明等相关部门、各企事业部门践行国家制定的方针、政策、
规划以及制度的具体情况，避免出现各种金融财政问题；科学协调国
家、单位、个人三部门之间的关系，收入根据政策按时按量地完成各
种收入目标，支出遵守科学的理财理念，统一计划以及科学应用各种
资金，避免浪费以及违背财经规律的问题，营造稳定的财经环境。

其二，社会再生产过程不只体现为物资运动，也包含资金运动；
社会再生产主要包含物质资料、人口以及环境资源再生产三部分内容。
财政收入主要表现出部门的经济效益以及财务运营效果，财政支出体
现用于经济、社会、政治、文化以及环境保护等领域发展的相关事务
的成果。也就是说，财政资金变化情况直接反映出经济与社会各种活
动的具体情况。我国实施财政监督，能全面反映、研究以及检查相关
企事业组织用于经济、政治、社会、文化以及生态文明等方面的财政
资金是否和当前制定的政策、规则相一致，是否和我国法律制度、条
文相符合，是否和市场经济理念相吻合，便于社会生产力的提高、综
合竞争力以及广大民众物质生活质量的提升等。

其三，国家治理现代化条件下，财政活动遍布政府行为的各个方

面。因此，新时代的财政监督要从全局的角度，规范各级政府行为，覆盖各种收支活动及各种收支活动的各个环节，从而全面维护社会分配秩序，确保社会公平公正。公共财政框架下的财政监督范围厘定较为狭窄，往往强调预算管理、财政收支、国有资产管理的财政监督，对金融监督重视不足，缺乏理论上的提炼。而在国家治理现代化要求下，金融体系、金融产品和金融服务的创新速度较快，金融风险的潜在威胁正在集聚，金融风险有可能向财政风险转移，防范金融风险成为党的十九大提出的三大攻坚战之一。由此，对商业银行的监督也成为新时代财政监督职能范围的重要组成部分。

落实到国家治理现代化的具体要求，进一步加快我国社会经济的综合发展，促进"五位一体"目标的完成，方方面面都需要依靠财政，也需要依赖财政监督。可以说，作为国家监督体系的关键构成部分，财政监督与整个国家治理紧密对接，在经济、政治、社会、文化、生态文明等领域全面参与了国家治理，保证财政在国家治理中的基础性地位，以及重要支柱作用的有效发挥。新时代财政监督的具体范围包括：

第一，经济领域的财政监督。在经济领域，国家使用政治权力，获得法律给予的征税权以及以非税形式得到收入的权利，之后使用所得到的资金承担治理职责，可以利用财政投向、税收杠杆等相关方式与工具，表现出国家治理的具体意图以及相关行为范围、趋势、核心以及政策重点。财政监督的主要内容是财政收支分配是否坚持发展以及健全社会主义市场经济制度，是否便于提升经济发展水平以及优化内部结构，财政资金和税收杠杆是否促进产业发展，优化产业结构、地区以及城乡结构，进一步扶持、引领、激励、配合经济转型升级等。

第二，政治领域的财政监督。财政监督在该领域中的核心目标是确保国家可持续发展、确保政治施行的文明有序，确保民主理念深入人心。所有国家治理所涉及的政府活动均要以财政资金的及时、足额到位为前提条件。政府所花的钱，来自财政支出的拨付。政府要花钱，就要筹钱，就得有钱的来源。政府所筹措的钱，构成了财政收入。因此，财政监督的主要内容是财政投入军队、国防建设的资金是否真实有效，是否足以维护国家政权体系正常运转；监督税收、政府预算等公共资源配置是否合理公平，监督财政透明度和公信力以及财政资金绩效等，从源头上预防和减少腐败，减少社会矛盾和纠纷，维护公平正义；监督规范行政事业单位财务活动，促使上述单位提升资金使用效率，扶持以及确保此类组织尽快完成预期发展目标，完成各种工作，确保行政运转正常、政令畅通。

第三，文化领域的财政监督。在文化方面，要促进我国社会的发展，需要建设社会主义核心价值观体系以及提升综合软实力，此时需要依赖财政对文化领域的扶持以及帮助作用。所以，财政监督的重点是在扶持文化科技教育创新发展中是否保障资金投入、实行税收优惠、完善制度机制等，是否使用众多方式与工具加快政府以及社会组织、国际组织的配合、交流和包容式发展。

第四，社会领域的财政监督。在此方面，需要监督的主要目标是创建和谐社会、确保各个民族和平共处、维护广大民众的稳定生活，避免自然灾害。监督的核心内容是财政在处理就业、养老、医疗等相关现实问题中是否发挥重要的支撑作用，监督财政通过税、费、利、债等收入的实现以及专项资金的分配对于调整收入差异、实现公平公正、减少纠纷矛盾、保证国家平稳发展上是否有效发挥作用；以及在自然环保、解决贫困、落后区域的教育问题等方面，财政制定的指导、激励相关制度是否被全面贯彻和执行等。

第五，生态文明领域的财政监督。生态文明发展成为我国社会稳定、经济进步的重要保障。如同习近平总书记强调的，创建生态文明，事关广大民众的生活，事关民族的发展。财政监督的目标是发挥财政支持作用，妥善处理大气、土壤、水等污染问题，维护生态环境，提升资源使用效率。所以，财政监督的主要内容是财政投入生态文明建设的资金使用是否合规有效，财政的转移支付制度和激励引导手段是否平衡了全国和各地的生态文明水平，以及资源税、环境税等税收制度是否完善，是否有效落实，财政对重点生态建设项目的绩效监督，以及相关财政政策是否有效支持了生态环保产业发展，创建健全的环境税收制度、创建高效的生态补偿和资源有偿使用机制，促进产业结构优化、绿色低碳经济发展等。

四、财政监督职能手段

新时代财政监督职能范围从经济领域扩展到政治、文化、社会、生态文明领域。对于如此广泛的职能范围，要实现财政监督职能目标，必须依靠一套行之有效的监督手段。只有监督手段可靠有效，才能有效实现财政监督职能目标，才能有效发挥财政监督职能作用。财政监督的范围涵盖了财政收支分配的全过程，即税、利、费、债等收入的实现和收入的分配使用，因此，结合财政监督职能范围，本文认为实现财政监督职能目标的手段具体体现在以下 7 个方面。

（一）预算监督

这是财政监督的重要手段，即通过对各级政府预算编写、实施、决算等过程开展全面且严格的监管审核，预警、反映、核实、通报存在的问题，促进各级政府及其各部门预算单位认真贯彻落实《预算法》及其相关规范性文件，增强预算的约束力和规范性。这里的政府预算，通常包含一般公共预算、政府性基金预算、国有资本经营预算以及社会保障基金预算。

（二）财政收入监督

财政收入监督主要由税收、非税、社会保障基金等收入方面构成的监督组成。其中，税收收入监督主要包括税务部门按照税收征收管理办法实施稽查以及财政监督部门对税收部门征管质量进行的再监督两个方面，主要监督检查税收征缴中存在的问题和税收征管以及缴退库中存在的问题。而对非税收入和社保基金收入的监督进一步拓宽了财政收入监督的范围，监督内容与税收监督大同小异，只不过监督的对象由税务部门变为财政部门以及其他征管部门，可以认为是税收收入监督的特殊形式。

（三）财政支出监督

财政支出监督主要是对部门预算资金、转移支付资金、专项支出资金，以及政府采购、国库集中支付等事项的监督。其目的主要是通过保证财政资金的安全、规范和有效来保证财政政策的有效落实。监督重点应围绕财政支出重点领域推进展开。

（四）国有资本监督

财政作为公共出资者，凭借国家财产权力履行国有资本出资人代表职责，国有资本监督主要监督国有资产的具体使用者是否按照法律法规高效地使用国有资产，保证资产完整性和安全性，避免资产浪费，提升国有资产经营效益。

（五）金融监督

金融监督主要是指财政对国有商业银行等金融企业的资产财务、政策性金融业务和政府债务项目实施的监督。同时，金融企业涉及缴纳税金以及非税收入两部分，且利用少数财政专项资金，所以，此部分监督也包含了部分财政收入监督和财政支出监督的内容。财政对金融企业实施监督的目的是确保国家金融及经济安全，促进经济和社会平稳健康发展。

（六）财务会计监督

财务会计监督指根据相关法律和我国财务会计规章制度，财政针对行政事业单位、公司各种财务会计行为的合法性、合规性开展的监督，此外对会计师事务所等相关中介部门执业资质的监督也在其中。

（七）内部监督

顾名思义，内部监督是指对财政组织内部控制运作、业务管理活动和财政部门及其下属机构的财务收支行为等情况实施的监督和控制活动，这是财政部门惩治和预防腐败体系的重要组成部分。

在运用财政监督职能手段时，需要辅之以具体的监督方式方法。现有的财政监督方式方法都是经过不同经济与社会条件下不同财政体制的财政监督实践提炼总结出来的，具有通用性和可操作性，在监督实践过程中都发挥了一定的作用，但也都具有一定的局限性。新时代财政监督方式方法应加强两个方面：

一方面是加强信息化手段建设。在新时代条件下，面对全口径的"四本"预算管理、各级预算部门需求的多元化、财政收支的多样化、财政风险的多元化，都需要投入极大的人力物力去核查和判断，否则根本无法保证财政监督的实效性。要实现国家治理能力的现代化，需要财政监督手段与方式与时俱进。目前科技领域的变化较快，以"互联网+"为典型的领先科技开始进入财政管理的众多方面，在一定程度上提高了财税部门的工作效率。所以，对管理费用原本就很高的财政监督来说，新时代条件下的财政监督职能要求在其原有监督方式上，借助领先的信息科技，持续寻找更加成熟的监督手段与方式，进而提升综合监管效率。

把信息化科技运用到财政监督活动中，提升监督的科学化、精准化程度。具体来说，近期要以促进规范、提高效率为目的，推进软件业务应用研发。持续加大财政检查工具、相关审核审批工具和正常监控管理软件的开发力度，促进电子化查账以及信息自动比对分析，确保当前的财政监督工作从依靠手工查账向使用计算机转变，实现程序清晰、执行合规以及结果有效。长远来看要以完成全流程、动态监督为宗旨，创建高效的信息管理系统，确保监管信息筹集、研究、预警技术化，做到对财政监督对象的行为的真实、合法和效益实施动态监督和有效评估。

另一方面是加强绩效监督手段建设。长期以来，我国的财政监督以合规性监督为主，弱化了针对财政资金收支效率的绩效监督，即强调对与错的评判，忽视好与差的评判。随着财政绩效管理的实施和财政体制改革的深化，财政资金绩效问题日益受到关注，尤其是在新时代条件下，财政不光要监督财政资金的经济效益，更要对其产生的社会效益、生态效益等进行评价。党的十九大强调全面创建现代财政制度，"建立全面规范透明、标准科学、约束有力的预算制度，全面实施绩效管理"，表明预算制度具有绩效管理作用，最终以预算监督为重点的财政监督对绩效化提出较高的要求。财政绩效监督在范围上要覆盖财政管理的整个过程，对预算编写、审核、执行、决算等众多过程开展全面且严格的监督。在具体内容上需要确保财政绩效监督全面包含各级政府财政资金，而且绩效监督范畴内的财政资金不仅包括一般公共预算，还要持续拓展到其他"三本预算"。财政绩效监督的主要宗旨是提高资金使用效率和财政运作效率，重视监督效果的发挥，特别是在财政资金方面，从之前只重视资金拨付是否符合制度、使用是否符合现有支出要求的合规性监管变成合规性和有效性监督共同进行，关注财政资金产生的经济、社会以及生态等各方效益。不容忽视的是，财政绩效监督重视最终结果的使用，不只要惩处违规问题和活动，也需要借助结果引导此后的财政预算制定和执行。目前，我国已经针对不同的财政资金建立了绩效评价办法，如《财政支出绩效评价管理暂行办法》（2011）、《地方财政管理绩效综合评价方案》（2014）、《城镇保障性安居工程财政资金绩效评价暂行办法》、《关于加强中央部门预算评审工作的通知》（2015）等，都对财政绩效监督有一定的借鉴意义。

参考文献：

［1］财政部干部教育中心组. 现代财政监督研究［M］. 北京：经济科学出版社，2017.

［2］刘邦驰. 财政学［M］. 成都：西南财经大学出版社，1995.

［3］马克思，恩格斯. 马克思恩格斯选集：第 1 卷［M］. 北京：人民出版社，1995.

［4］马骁，周克清. 国家治理、政府角色与现代财政制度建设［J］. 财政研究，2016（1）：2-8.

［5］许廷星. 关于财政学的对象问题［M］. 重庆：重庆人民出版社，1957.

［6］王国清. 财政基础理论研究［M］. 北京：中国财政经济出版社，2005.

［7］王国清，李相敏，常鹏. 政府预算的公共性及其管理依据

［J］．财经科学，2014（2）：62-69.

［8］王国清，彭海斌．财政监督职能从经济走向国家治理：改革开放四十年财政监督的回顾与展望［J］．财政监督，2018（10）：5-7.

［9］左彤舢．试谈国家财政的分配对象及其与国家权力的必然关系［J］．改革与战略，1987（3）：29-33.

（原文载《财政监督》2021 年第 4 期）

财政对商业银行监督的逻辑分析

王国清　彭海斌

在对国有金融资本出资人职责和相应国有控股、参股乃至独资的商业银行的监督理论研究中，一般认为财政对国有金融资本履行出资人职责，但须强调财政这一出资人职责不是一般的出资人，而是代表国家、社会和全体人民的公共出资人。财政对商业银行的监督仅仅是履行公共出资人职责这一依据还不充分，至于徐忠所论及的"在现行国有金融资产管理体制中，财政部的首要身份是国有出资人……又以公共管理者自居，容易出现身份定位上的冲突和混乱"的论断，正是混淆了国有金融资本及相应的商业银行的联系与区别之结果。因此，本文拟理顺财政对商业银行监督的逻辑架构，立足财政作为公共管理者和公共出资者的双重身份，以政治权力、财产权力、行政权力和信用权力为监督依据，分析财政对商业银行监督的逻辑思路。

一、财政对商业银行监督的权力依据

财政履行国有金融资本出资人职责，依法依规享有参与重大决策、选择管理者、享有收益、实行监督管理等出资人权利。本文认为，出资人就是出资者，在这里，出资者亦是代表国家、社会和全体人民的公共出资者，用财政学术语表达，就是凭借财产权力（亦称出资者权力或生产资料所有者权力等）参与分配、调节和监督管理。鉴于国有金融资本和商业银行（无论是国有控股、参股乃至于全资国有的商业银行）是既有联系又有区别的，所以财政对商业银行参与分配、调节和监督，是财政凭借公共管理者和公共出资者双重身份，以政治权力、财产权力、行政管理权力和信用权力作为依据的。

本文研究国家权力在财政监督领域的具体表现，是财政监督与国家治理密切联系的表达方式。首先需要考察财政监督与国家权力之间的关系。财政履行监督职能必须依据国家权力，这就是说，财政监督之所以能成为一种特殊的权力，是国家权力发展的结果。

马克思在《道德化的批判和批判化的道德》一文中指出："在我们面前有两种权力，一种是财产权力，也就是所有者权力；另一种是政治权力，也就是国家的权力。"第二种权力只有国家才能拥有。"国家存在的经济体现就是捐税"，政治权力在经济上的实现形式是税收。同时，财产权力就是所有者权力，国家是所有生产资料（涵盖土地）的所有者，因此，该权力是所有者的权力在经济层面维护本身利益的主要形式，进而被详细划分成产业利润以及商业利润、贷款利息、地租等。

国家不仅是政治权力的主体，也是财产权力的主体，它们在经济上实现自己的形式，就是国家财政。详细地说，社会主义国家的产生与发展以生产资料公有制为基础，体现出国家具有的普遍特征——成为主权者或作为公共管理者，凭借政治权力，通过税收等方式参与所有经济成分以及资本组织方式的收入分配，且进行合理的再分配；此外，其体现出一定的独特之处，成为生产资料的所有者或出资者，凭借财产权力，通过上交国有资产收益的方式参与国有经济和有关资本组织形式的收入分配，且进行合理的再分配。相应的，财政凭借国家政治权力和财产权力，参与社会生产或国民收入分配以及再分配做出的众多经济行为，实现资源配置、收入分配、经济稳定等职能，以满足国家实现其职能的需要。

在国家治理视角下，上述财政体现出的政治权力以及财产权力属性，本文认为是"一般属性"，在此基础上，财政还体现出"特殊属性"，主要是行政管理权力以及信用权力属性。"政治和财产权力是财政凭借的一般权力，行政管理和信用权力则是其凭借的特殊权力。"针对财政诸多活动所凭借的国家权力的种类，产生了不同的学术观点。笔者比较认同财政凭借的国家权力主要是政治、财产、行政管理以及信用四种权力的"四元权力"理论。同理，财政对商业银行的监督，也是依据国家"四元权力"理论。此外以该依据为主线，对监督目标、范围、手段等其他要素进行规范，以形成财政对商业银行监督的新框架。

前已述及，国家权力一般是指国家或政府拥有的政治权力和财产权力，而国家财政就是国家在经济上实现权力的形式。财政主要表现为一种分配活动，其主体是国家或政府，财政主体开展相应行为主要凭借的是国家权力。此外的财政活动，不只包含财政承担资源分配、收入分配、经济平稳和发展、维护国家等作用，也包括财政的监督管理职能，而所有的财政活动均要以实现财政的国家治理基础和重要支柱作用为目标。按照"四元权力说"，财政包含政治权力以及财产权力属性两部分的分配，属于一般属性分配；另外，其也包含行政管理权力以及信用权力两部分的分配，属于特殊属性分配。换言之，"政治和财产权力是财政凭借的一般权力，行政管理和信用权力则是其凭借的特殊权力"。以上被称为财政活动信赖的国家"四元权力"。其中对商业银行的监督，是财政监督职能范围的重要组成部分，属于财政活动的具体体现，监督依据同样适用国家"四元权力"理论。从另一个角度讲，财政对商业银行的监督，也是发挥财政是国家治理的基础和重要支柱作用的具体要求，因此需要依据国家"四元权力"理论，界定监督范畴，明确监督职责，既不越界，也不缺位，充分发挥监督有效性。具体来看：

（一）政治权力是国家所独有的，其主体就是国家

在政治范畴讨论国家权力，重点在于政治权力。马克思指出，"国家存在的经济体现就是捐税"，因此，政治权力在经济层面实现自身的方式就是税收。我国实行社会主义制度，具有国家的一般属性，凭借政治权力，通过税收方式参与包含国有经济在内的全部所有制实现形式的收入分配，且进行合理的再分配。体现在商业银行上，就是商业银行按规定上交各种税收，同时财政以财政补贴、核销呆账等形式的专项支出支持商业银行发展。

（二）财产权力表现为被所有者掌握的权力，在经济领域通过生产要素在不同所有者间完成分配来实现，进而划分成产业以及商业利润、贷款利息、地租等

中国是建立在生产资料公有制基础之上的新型国家，成为生产资料所有者或出资者，通过上交国有资本收益的形式参加到国有经济以及相关资本组织形式的利润分配过程中，且进行合理的再分配。体现在商业银行上，就是国有金融资本经营利润上交，以及国有金融资本经营支出，如财政对商业银行直接注资，财产权力更多地体现为行使出资人权力。

（三）行政管理权力是财政活动依据的特殊的政治权力

行政管理权力是次级的仅限于国家行政范围的履职权力。也可以说，行政管理权力是一种特殊的政治权力。其具有独特的作用，不仅仅在于主体是国家次级形态，也就是国家行政部门，重点是所依据的权力基础是国家权力在行政管理领域内的次级表现方式，主要对特定对象开展管理活动且收取相应费用或使用费。财政依赖行政管理权力开展分配活动，一般采取的资金筹集方式包括政府性基金或政府性收费等非税收入。具体体现在商业银行上，就是商业银行按照相关规定缴纳的政府性基金或政府性收费，以及财政从政府性基金预算中分配给商业银行的专项支出。

（四）信用权力是财政活动依据的特殊的财产权力

从信用的含义来理解，信用是指依附在人与人之间、单位之间、国家之间和商品交易之间形成的一种相互信任的生产关系和社会关系。信用有诸多表现形式，如银行信用、商业信用等市场信用，以及国家或政府信用。国家的信用权力，其主体是国家，遵守市场环境中的诚信理念及其主要规则，且通过法制方式进行约束与限制。因此，信用权力表现在财政活动方面，主要是国家或政府依据该权力作为债务人取得收入，或作为债权人使用资金。其资金筹集形式主要表现为国债以及地方政府债务。体现在商业银行上，由于金融资源配置实质上是一种信用配置，依托的是国家信用或者市场信用，大多数商业银行的

经营发展，往往离不开国家信用的支持。这也是国家作为商业银行出资人的主要理由。因此，可以说国家信用权力是一种特殊的财产权力。近年来，商业银行往往依据国家或政府信用，向地方政府和国有企业进行投融资，造成地方政府隐性债务规模膨胀，成为金融和财政领域最大的"灰犀牛"。因此，凭借国家信用权力，财政应强化对商业银行参与地方政府投融资行为的监督。

二、财政作为公共管理者对商业银行的监督

纵观我国商业银行的发展脉络，商业银行与国家财政有着密不可分的联系。一方面，财政作为公共出资者，应履行商业银行国有金融资本的出资人职责，同时，如果商业银行出现经营风险从而导致系统性风险，财政为了维护国家和人民的利益，必须对其履行救助责任；另一方面，财政作为公共管理者，需要对商业银行涉及的财政收支分配活动进行监督，即商业银行涉及的有关税、费、利、债等财政收入以及普惠金融资金等财政专项支出。因而，在新时代条件下，财政应以公共出资者和公共管理者的双重身份，强化对商业银行的监督。

无论是国家分配论还是公共财政论，达成共识的一点是，财政代表国家，以公共管理者的身份，在经济领域以税收和非税收入的方式参与包含国有经济在内的全部经济成分以及资本组织类型的收入分配，且进行合理的再分配，其凭借的是国家的政治权力和行政管理权力。同样地，在国家治理理论下，财政依然以公共管理者的身份履行监督职责，包括对商业银行的监督。

本文认为，作为公共管理者，财政应对商业银行涉及的财政收支分配及其经济、政治、社会、文明、生态活动实施监督。

（一）对商业银行纳税情况进行监督

财政收入的主要来源是税收，根据法律要求，纳税是包含商业银行在内的全部企业需要向国家（财政）履行的责任。政府是社会经济活动的"守夜人"，为国家经济正常运转供应充足的公共服务以及公共产品，商业银行在政府制定的法律条文以及政策制度的基础上，利

用市场买卖开展各类交易活动。税收是政府和商业银行之间联系的重要纽带之一，是国家财政收入的最重要来源。商业银行对政府负有依法纳税的义务，还必须根据法律法规足额缴纳税费，这样才可以获得政府供应的公共服务以及产品。因此，财政作为公共管理者，应加强对商业银行缴纳税金情况的监督。

（二）对商业银行缴纳的非税收入进行监督

非税收入是财政收入的重要组成部分，同税收一样，商业银行必须按照相关行政法规缴纳政府性基金或政府性收费等非税收入。政府凭借行政管理权力，也就是特殊的政治权力，对特定对象实施特定的管理并收取相应的规费或特许权使用费，其资金筹集形式表现为政府性收费和政府性基金等非税收入。目前我国财税体制尚未健全，非税收入依旧是财政收入的重要来源，因此财政作为公共管理者，应凭借行政管理权力，加强对商业银行缴纳政府性收费或政府性基金等非税收入的监督。

（三）对商业银行所涉及财政专项资金的各环节进行监督

财政支出的核心原则是满足公共需求，在所有的公共需求中，国家公共部门的正常运转是最基本的需求，因为只有确保公共部门正常运转，才能提供全社会所必需的公共服务和公共产品。但这并不代表财政不能向商业银行安排支出。商业银行作为国家为社会供应公共服务的重要载体，其涉及公共服务的部分营业活动同样需要财政资金的支持。例如，国家大力发展普惠金融，财政向商业银行分配了普惠金融专项资金，这就是财政作为公共管理者的职责体现。为此，财政应加强对商业银行所涉及的财政专项资金的申报、分配、拨付、使用等环节的监督管理。

（四）对商业银行使用或涉及的财政资金进行监督

在新时代条件下，财政服务于我国"五位一体"发展战略规划，不仅要在经济领域，更要在政治、社会、文化、生态文明等领域发挥基础和重要支柱作用。这当中，财政对商业银行的资金安排，是财政服务于"五位一体"发展战略的主要方式，其主要目标是利用商业银行金融资源配置的引导功能，以少数财政资金引导社会资本进入经济、政治、社会、文化、生态文明等领域，促进社会整体发展。例如，财政与商业银行共同成立产业基金模式，目的是带动相关产业做大做强。为此，财政作为公共管理者，必须强化对商业银行使用或涉及的财政资金的监督管理和绩效评价。

（五）对商业银行在政策制度上的贯彻落实进行监督

在新时代条件下，财政作为公共管理者，从预算管理制度、会计制度、税收（特别是增值税、印花税）制度、商业银行股权管理制度、资产管理制度、债务（内债和外债）管理制度、国库现金管理制度、政府性金融机构管理制度、社会保障基金投资管理制度、PPP资产证券化制度、对商业银行的各种财税政策等方面，深刻影响商业银行经营活动、产品价格和产品结构、银行业发展等众多内容。而上述政策制度是否在商业银行得到有效贯彻落实，关系到国家治理体系和治理能力现代化目标能否顺利实现，这就需要财政对商业银行实施监督。

（六）财政所具有的行政管理特点对商业银行的监督优势

财政作为公共管理者，其部门自身的行政管理特点对商业银行的监督更具优势。

（1）职能优势。财政部门作为统管财政收入、财政支出以及财务会计法规的重要权力部门，其业务涵盖以及延伸的范围非常大，只要与税收或者非税收收入、财政资金运用以及财务会计领域有关的任何问题，财政均可以监督。而目前商业银行的业务复杂，产品链条长，嵌套层级多，涉及多个行业。财政部门因为特殊的业务背景，几乎覆盖了国民经济的所有领域，监督范围要比其他监管部门更为全面，有能力也有法律依据采取横向的监督措施。假如在某个检查项目中发现问题线索，就能凭借财政宽广的监督覆盖面优势，以及强大的协调相关职能部门的能力，形成联动，提高监督检查的效率和效果。

另外，财政在对商业银行进行监督检查时，可以延伸到其他类型的金融部门，因此变成实际上的"混业监管"。如此可以节省监督费用，此外还能对寻找到的问题开展跨领域追查以及处置，表现出财政独有的监督作用。

同时，财政能够提供商业银行监管所需的金融产品相关内容。除普通金融产品之外，与财政有关的国债、地区政府债券也是不可忽视的产品类型，此外也包含部分准政府债券，比如 2015 年以来国家开发银行、中国农业发展银行参与频次较高的专项建设债券，中央财政根据债券利率的 90% 贴息。和金融行业流动性相关的也有国库存款和相关财政性存款。当前新组建的政府性金融部门，比如政府投资企业、投资基金、具有政府融资功能的企业等，其运作与商业银行密切联系，只有掌握了这些部门的信息，才能对商业银行做到穿透式管理。

（2）行政优势。因为财政部门独有的作用及权威性，所以财政部门在查处商业银行违法违纪事件时，主要从财政政策以及对监管者权力规范的层面提高监管效率，确保更加彻底地惩处违法违规问题，手段相对强硬。在惩处有关违规部门以及涉案员工的时候，需要根据法律条文以及规章制度惩处，不能徇私枉法，需要处理相关监管人员在查处案件时出现的徇私问题，在处理问题时全面根据国家法律法规，根据现实情况惩处涉及的责任人。和相关监管部门进行比较，上述处理方式可以提升财政监督能力，获得良好的效果，此外还能全面处理监督中发现的问题。

（3）机构配置优势。财政监督系统主要分为中央以及地方财政监督两部分。前者主要依靠财政部监督评价局以及各地监管局。地方在全国各地市、区县设置相关监督部门。中央财政监督与地方财政监督彼此配合，缺一不可，方便开展上下联动、纵横呼应的相关专项检查以及监督，通过长久的合作以及磨合，已经产生良性互动以及协调发展的态势，进一步提升财政监督的综合水平。中央与地方两套监督部门的设定，保障财政更加全面严格地监管商业银行的经营发展。中央和地方监督部门在正常运转中需要彼此联系和互动，促使双方开展的监督活动互相配合，产生强大的合力，实现监督的规模效应，进一步激发财政监督的积极作用，促进财政监督的综合水平提升。

三、财政作为公共出资者对商业银行的监督

从一般意义上来说，任何资产都应该有出资人。出资人从字面上可以理解为对企业进行投资，希望获取收益的自然人及法人。而出资人和出资人代表具有不同含义。对于商业银行而言，其国有金融资本是国家对商业银行以各种形式进行的投资和投资所形成的权益，因此产权主体（出资人）只能属于全体人民，但是"全体人民"是一个虚拟概念，让每一个人直接参与国有金融资本的经营管理缺乏可能性，导致了国有金融资本产权主体具有天然的缺位和虚位属性，需要一个客观主体代表"全民"行使国有金融资本产权。国家作为全体人民的代表，自然而然行使出资人代表的权力。然而，国家是一个抽象范畴，不能实际行使产权，需要授权一个专门机构代理行使，政府或政府的一个部门在法律授权下成为出资人代表，履行出资人职责。谁是商业银行的出资人代表是一个理论上探讨了很久的问题，其原因就是商业银行不同于私人企业，出资人不能具体到明确的个人，只能是一种委托代理关系。在不同的语境下，出资人和出资人代表有不同的理解。本文所论及的出资人概念，均是相对于商业银行而言的，财政不仅是商业银行的出资人，而且是公共出资者。公共出资者是相对于个人或私人出资者而言的一个概念，是由政府提供公共服务的公共部门负责，其代表的是整个国家乃至全体人民的利益，公共出资者获得的国有金融资本经营收益不归属于某个人或某个群体，而是属于国家和全体人民，其收入要统一纳入国有资本经营预算统筹安排使用。

从国内商业银行现状来分析，始终是由国家财政引导的。当前金融行业内历史悠久的、规模庞大的、位于行业领先位置的商业银行，早期全部是利用财政划拨的资本金开始运作，之后才进行一轮轮的增资、扩股，到现在为止财政部门依旧是上述主要商业银行的绝对控股股东。在市场化运营以及股份制改革中，主要由国家提供资金，组建中央汇金公司，负责国有重点商业银行的股权监管工作。股权资金究其根源，还是来自国家财政。因此，财政作为商业银行的出资人代表是比较合适的。财政的监督不只停留在业务审批和财务审计等表面问

题上，而是以股东（出资者）身份，在股东大会事项决议、"董监高"人员任命、重大生产经营决策上发挥相应作用，督促商业银行规范运营；加强内部监管、对问题源头和可能会滋生风险的全过程进行监控。同时，还要针对商业银行内部产权关系、治理结构、财务会计等主要工作中出现的问题，以大股东身份进行专项的监督检查工作，帮助其加强改革整顿。此外，股东的特殊身份促使财政去客观且严谨地履行有关法律法规所赋予的监督权限，也更有动力去查找以及解决问题。

按照国家权力论，国有资产是指国家拥有的一切财产及财产权利的总和，是国家凭借财产权力依法取得的，国有资产经过资本运营可以转换为国有资本。国有资本收益是国家作为资产所有者或出资人，凭借财产权力得到的经营利润、股息、租金以及资产使用费用等收入。因而，国家财产权力的资金筹集形式主要就是国有资本收益。而由于财政代表国家履行资金筹集分配职能，是国家财产权力在经济上实现自己的形式，因此财政应代表国家，以公共出资者身份，对商业银行行使国有金融资本的收益权，并在不干预企业法人经营自主权的前提下，加强对商业银行的财务管理，以避免其收益被侵蚀。

商业银行国有金融资本作为一种特殊的资本，既要强调市场经济所赋予的追逐利润的基本特征，又不能把利润最大化作为国有金融资本的目标，更重要的是承担特定的社会目标。这些目标是多元的、扩展的：一是国有金融资本负有维护和控制国民经济和国家安全的责任。从历史的角度来看，在应对突发事件和经济金融风险时，国有商业银行承担了"第二财政"的角色。二是国有商业银行的健康发展，为国民经济的可持续性协调发展提供了基础和条件。三是通过提供普惠型金融产品和服务，国有商业银行一定程度上承担了弥补"市场失灵"的责任，帮助和引导国民经济健康发展，满足民生需求。而这种特征与财政的基本职能是相互吻合的，财政作为公共出资者，加强商业银行国有金融资本的监督管理是合情合理的。

财政是公共出资者，也是商业银行金融风险的最终承担者。金融风险是指金融交易时因相关不确定性因素而造成损失的可能性。在国内，一般会经过"金融风险社会化、社会责任财政化"等过程，直接把此类风险转化成财政风险。一方面，财政作为公共出资者，代表的是国家和人民的权利，对商业银行履行出资人职责，一旦商业银行经营中出现自身无法化解的风险，财政必然要采取一定措施对商业银行实施救助，以维护国家和人民的利益；另一方面，商业银行在我国金融业中占据主导地位，波及面广、影响范围大，几乎涉及所有民众的切身利益，其平稳性甚至影响经济体的正常稳定与安全。商业银行系统发生自身无法处理的风险时，政府需要迅速妥善处理问题，这就必须动用财政资源。虽然部分处理方式看似并未把金融风险转化成财政风险，然而从根源上看，依旧把损失转移给了财政部门。财政成为当前社会风险的最终承担者和买单者，主要是由财政职责以及社会法则决定的，财政是社会稳定的最后保障线。一定程度上可以说，中国的金融风险就是财政风险。例如 20 世纪 90 年代国有企业改制，财政、银行以及国有企业三方的关系无法理清，导致了国有企业"依赖"国有银行、银行"依赖"国家财政的复杂局面，造成全部风险最终转移给财政部门。从国内以往积累的现实经验可知，中央政府在国有商业银行市场退出或重组等工作中使用的财政性方案一般是注资再资本化、债转股、贷款核销、各级财政支持、财政暗补等。所以，财政应将宏观金融风险纳入国家财政风险管理框架，提升监督平台，运用准确可靠的监督手段，防控商业银行发生风险，一方面避免无须财政担负责任的时候去担负责任，另一方面将财政风险管控在科学范围内。从上述层面进行分析，财政监督本质上是财政运行中的重要内在要求，也是建立健全财政风险防范机制以及公共风险防范机制的需要。

财政应加强对商业银行参与地方政府投融资活动的监管。近年来，各地方政府为了提高政绩，开始在短时间内增加融资，主要是地方融资平台公司通过商业银行等金融机构来进行。地方政府金融行为一定程度上与国家或政府信用密切联系，无论是地方政府、平台公司还是商业银行，往往容易依赖国家或政府信用，盲目相信"中央兜底"，从而导致地方政府债务增加。平台企业归还上述债务的时候需要从地方政府、开发区等得到现金流以及收入，但是上述收入能否长久维持下去？政府融资行为的无序发展会导致财政风险金融化，在一定程度上加重了系统性金融风险。因此，财政作为公共出资者，凭借国家的信用权力，应对商业银行所参与的地方政府投融资行为加强监督和规范。

参考文献：

［1］胡海琼. 国有金融资产管理改革模式设计与政策匹配［J］. 改革，2017（9）：47-56.

［2］马克思. 马克思恩格斯选集：第1卷［M］. 北京：人民出版社，1995.

［3］彭海斌. 财政对商业银行监督的模式研究［D］. 成都：西南财经大学，2020.

［4］王国清，彭海斌. 新时代财政监督职能的要素结构探析［J］. 财政监督，2021（4）：25-32.

［5］王国清. 财政基础理论研究［M］. 北京：中国财政经济出版社，2005.

［6］徐忠. 新时代背景下中国金融体系与国家治理体系现代化［J］. 经济研究，2018（7）：4-20.

［7］张胜保. 我国银行业国有金融资产管理的现状、问题及建议［J］. 中国发展观察，2015（9）：63-66.

（原文载《财政监督》2022年第17期）

国有金融资本出资人制度理论溯源

王国清

　　国有金融资本出资人制度理论溯源，至少涉及"源头在哪里"和"源头是什么"两个维度，这一课题既是探源性研究，又是回顾性研究。本文拟追溯财政学教科书的基础核心元素——"凭什么征管"，来探寻国有金融资本出资人制度理论的根源，又从马克思的两种权力理论及中国化实践指引进行回顾研究，借以从总体上把握国有金融资本出资人制度理论之溯源。

　　说到理论溯源，就是国有金融资产或资本是归因于财政学性质的，它贯穿财政学科体系的诸范畴之中，凝炼于财政概念的表述之中，因为概念是对事物之高度概括，是财政本质和源泉的逻辑表述。客观世界在不断地变化和发展，人们的认识也在不断地变化和发展，对客观事物的概念以及逻辑表述也随之不断变化。

一、传统财政概念下的国有资本

　　财政概念中涉及的国家权力，是至关重要的核心要素。笔者认为，"零权力说"是指"在论及财政预算诸问题时，对财政预算所依据的国家权力采取避而不谈或存而不论的学术态度"①。所以，"无论是从本质上还是从现象上来看，在财政概念或财政特征等财政预算的诸问

---

　　① 王国清，李相敏，常鹏. 政府预算的公共性及其管理依据［J］. 财经科学，2014（2）：62-69.

题分析中，不涉及国家权力的这一'零权力说'是值得商榷的"①。

笔者认为，"单元权力说"是指在论及财政概念及财政预算诸问题时，认为财政预算所依据的国家权力仅包括政治权力②。马克思说，"国家存在的经济体现就是捐税"，国家的政治权力在经济上实现自己的形式就是税收。我国是以公有制为主体的、多种经济成分共同发展的国家，国有资产（资本）的收益也是财政的重要收入形式，但在财政概念这一高度凝炼的本质之逻辑表述中，财产权力这一国家权力明显缺位，而我国改革实践及其理论探索迫切要求改变这一现状。

在以上两类财政概念缺失财产权力的前提下，国有资产（资本）含国有金融资产（资本）的相关叙述主要在财政学教科书关于"财政与全民所有制企业的利润分配""财政收入形式的类别"的论述中有所涉及。

（一）财政与全民所有制企业的利润分配

在相关财政学的专章中，讲述全民所有制企业利润，着力于全民所有制企业利润在财政收入中的地位，阐发社会主义企业利润的性质，提高全民所有制企业利润水平的途径，利润考核的主要指标；全民所有制企业利润的分配，讲述全民所有制企业利润分配的原则，全民所有制企业的利润分配制度；全民所有制企业利润分配制度的改革，主要着力于全民所有制企业实行利改税的必要性，全民所有制企业实行利改税的内容等。在这种情况下，国有资产（资本）是以参与分配的结果——利润或税收的形式存在的，国有金融资本当然也包括在内。

（二）财政收入形式的类别

在相关的财政学教科书中，按财政收入形式分类，分为税收收入、上交利润、规费收入和债务收入。其中，上交利润也叫产权收益。有的教科书认为，"财政收入形式，指的是国家利用什么名称，采取什

① 王国清，李相敏，常鹏. 政府预算的公共性及其管理依据 [J]. 财经科学，2014 (2)：62-69.

② 王国清，李相敏，常鹏. 政府预算的公共性及其管理依据 [J]. 财经科学，2014 (2)：62-69.

么方法取得财政收入"。与此相适应，财政为什么有这样的收入，它征收和支取的依据是什么暂且存而不论，国有资产（资本）尤其是国有金融资产（资本）的内容仅包含在相应的上交利润中。有的教科书要么在社会主义财政的作用中，将其表述为"运用国家的政治权力和作为社会主义全民所有制财产所有者的支配权力，利用价值形式参与社会产品的分配……"，要么表述为"国家凭借生产资料所有者的身份，从国有企业直接取得的利润收入"。当然，国有金融资产（资本）的收益也包括在内。但是取得收益的身份可以说是明确的，即国家作为生产资料所有者，但国家在这个场合凭借的权力是什么样的权力呢？实践和理论均呼唤科学的界定，并做相应的逻辑表述。

二、财政金融改革呼唤科学的理论指引

（一）财政收入的分类管理

包含国有资产收益在内的税、利、费、债四大形式，在传统的财政预算体制下，均作为正常的财政收入，其与相应的财政支出相抵后的余额，为正是结余，为负是赤字。但这种赤字是硬赤字，不可弥补的赤字，因为税、利、费、债已经作为正常的财政收入使用了。而且，这种做法也不符合国际规范。所以，实行分类管理是必然的，这也呼唤着理论的科学指引。

（二）财政税收体制改革

对全民所有制企业利润分配的改革，首先是"利改税"，也叫"以税代利"，就是从国营企业上交利润，改革为按照国家规定的税种、税率，向国家缴纳税金，税后利润全部归企业支配，逐步把国家与企业的分配关系通过税收形式固定下来。当时援引马克思的政治权力和财产权力的理论，但强调"权力统治着财产"，政治权力宣布对财产征税。但这种理解是有偏颇的，实践中也导致财政收入连续下滑，从而导致利润承包制以及"税利分流"改革兴起。如果说"利改税"强调了国家的政治权力，承包制强调了国家的财产权力，"税利分流"

则强调了国家的两种权力——政治权力和财产权力。"税利分流"是国家以主权所有者或社会管理者的身份，凭借政治权力向国有企业征税，同时国家以生产资料所有者或公共出资者的身份参与企业税后利润的分配，从而分别体现不同的分配关系。由于这种改革最先也是局限于国有企业这一"所有制约束"，而后突破"所有制约束"，统一不同所有制企业的税收制度，统一的所得税后利润由国家凭借财产权力，依国有企业具体的不同经营形式而直接上交利润，或上交国有股股息红利，或上交承包费或上交租赁费等。

当然，有学者认为，"税利分流"改革是援引马克思两种权力理论，从而使国家依据政治权力和财产权力参与国有企业的利润分配，这当然是正确的，但这种分析仅限于"财政资金集中与全民所有制企业的关系"的描述，应该可在更高更深层次上探寻财产权力作为"凭什么征管"的核心元素，在本质和源泉上也做出相应的逻辑表述。

（三）金融发展和金融体制改革

随着社会的发展和整个经济体制的改革，金融成为现代经济的核心。以中国人民银行为核心，以中国工商银行、中国银行、中国农业银行、中国建设银行以及股份制银行、城市商业银行、农村商业银行等商业银行为主体，保险、信托、证券、期货等多种金融机构并存和分工协作的金融体系蓬勃发展，其中的国有金融资本及其收益发展壮大，数量和质量愈益凸显，强化分类管理也理所当然。

（四）理论研究的学术探讨

在对这些改革的理论研究中，针对传统的"国家分配论"中拘泥于国家政治权力界定财政及财政预算诸范畴的观点，郭复初教授从学术的角度认为，既然政治权力的分配是财政，那么财产权力的分配不是财政又是什么呢？他认为，"国家以所有者身份进行的资金收支活动是国有经营资本的投入和产出活动，性质上不属于财政活动""应当改变统管国有经营资本与国家财政资金的管理体制，分别建立国家财务体系和国家财政管理体系"。郭复初教授以一系列论文和专著，构建国家财务、部门财务和企业财务三个层次的体系，是从学术上对传统"国家分配论"的一种发展。但基于学术讨论，亦应明确回答，以国家为主体凭借财产权力属性的财政分配，也是属于财政活动的结论。

总而言之，从理论上探讨财政和金融改革，不仅需要整个财政体系健全包括国有资产（资本），尤其是国有金融资产（资本）的相关内容，而且需要从财政的本质和源泉来概括财政的依据这一核心元素。

三、准确理解马克思的两种权力及其相互关系的原理

我们曾针对"利改税"和"税利分流"改革的理论依据出现的偏差，力图全面、系统、准确地把握马克思关于政治权力和财产权力及其相互关系的原理。

马克思于 1847 年 10 月底在《道德化的批判和批判化的道德》这篇著名文献中提出了两种权力的学说。政治权力和财产权力的关系如何？马克思特别提醒说，对两种权力不能"在看出有差别的地方就看不见统一"，不能"在看见有统一的地方就看不出差别"。在一定条件下，政治权力和财产权力，可以"相互作用，直到两者联合起来"。

如何理解两种权力的"差别"呢？其条件又是什么呢？马克思借用海因岑的"权力也统治着财产"来阐明两种权力的"差别"。马克思阐释道，"这就是说：财产的手中并没有政治权力，甚至政治权力还通过任意征税、没收、特权、官僚制度加于工商业的干扰等等办法来捉弄财产"。马克思在阐释两种权力的"差别"即"权力也统治着财产时"，明确指出其条件是"资产阶级在政治上还没有形成一个阶级。国家的权力还没有变成它自己的权力"。笔者的理解是，两种权力的主体不同一时，政治权力可以凌驾于财产权力之上，宣布对财产征税。

又如何理解两种权力的"统一"呢？其条件又是什么呢？马克思通过对现代资产阶级社会的"政治统治直接属于财产"的分析，指出两种权力的"联合"就是两种权力的"统一"。马克思指出，"在资产阶级已经夺得政治权力的国家里，政治统治已成为资产阶级对整个社

会的统治，而不是个别资产者对自己的工人的统治"时，政治权力和财产权力之间就具有"统一"性了。马克思在《资本论》中研究地租问题时，也具体运用和阐发了两种权力学说。他说，"如果不是私有土地的所有者，而像在亚洲那样，国家既作为土地所有者，同时又作为主权者而同直接生产者相对立，那么，地租和赋税就会合为一体，或者不如说，不会再有同这个地租形式不同的赋税"。他又说，"在这里，国家就是最高的地主。在这里，主权就是在全国范围内集中的土地所有权"。在国家既是土地所有权（财产权力）的主体，又是国家主权（政治权力）的主体时，主体的同一，导致两种权力"统一"，因而其经济上的实现形式同一，即两种权力"统一"在经济上的实现形式就是地租和赋税合为一体。在这种场合，地租和赋税在量上也是别无二致的。总之，笔者的理解是，在一定条件下，如果政治权力和财产权力的主体同一，两种权力就可能"统一"，其经济上的实现形式也就可能合为一体。

重温马克思的两种权力学说，对于我们在社会主义条件下，研究和把握各项政治、经济条件的基础上，合理选择，运用政治权力和财产权力的"差别"或"统一"，确定国家参与包括国营企业在内的单位和个人所创造的一部分社会产品或国民收入的具体分配形式，以及在财政本质和源泉上凝炼社会主义条件下的财政概念，不仅有理论意义，而且有现实意义。

四、财政概念及其两种属性的财政分配

前已述及，突破"所有制约束"，不局限于"财政作用""财政收入形式"和"国营企业利润分配"涉及相应的财产权力，对财政本质和源泉的逻辑表述进行高度凝炼并作相应的推演，笔者于 1995 年版的《财政学》中第一次把国家的财产权力纳入与国家政治权力并列的表述。笔者认为，财政是社会再生产分配环节的一个特殊组成部分。在社会再生产过程中，财政处于社会再生产的分配环节，而且和同处于分配环节的信贷分配、工资分配、价格分配、企业财务分配相比，有

其特殊性，不是一般的社会产品分配。那么，什么是财政呢？财政是国家为实现其职能的需要，凭借政治权力及财产权力，参与一部分社会产品或国民收入分配和再分配的活动，简称为以国家为主体的分配活动。

马克思指出："在我们面前有两种权力：一种是财产权力，也就是所有者的权力；另一种是政治权力，即国家的权力。"政治权力为国家所独有，其主体就是国家，马克思说，"捐税体现着表现在经济上的国家存在"。他又说，"国家存在的经济体现就是捐税"。所以，政治权力在经济上实现自己的形式就是税收。财产权力就是所有者的权力，所有者不仅包括生产资料（含土地）的所有者，而且包括劳动力所有者，所以，财产权力即所有者的权力在经济上实现自己的形式可以进一步分割为产业利润、商业利润、借贷利息、地租以及工资等。

以上仅是两种权力的主体不同一的前提下，它们在经济上实现自己的形式。问题在于，如果两种权力的主体同一，即两种权力的主体都是国家，国家既是财产权力的主体，又是政治权力的主体，与此相联系的分配和再分配活动，就是这里所讲的财政。

社会主义国家是建立在生产资料公有制基础之上的新型国家，它具有国家的一般性——作为主权者或社会管理者，凭借政治权力，以税收的形式参与包括全民所有制经济在内的各种经济成分和资本形式的收入分配，并进行相应的再分配；它又具有国家的特殊性——作为生产资料的所有者或投资者，凭借财产权力，以上交国有资产收益的形式参与全民所有制经济及相关的资本形式的利润分配，并进行相应的再分配。在这两种分配的场合，国家都是分配的主体，有所不同的是国家具有双重身份，使之具有两种权力，因而财政分配包括政治权力属性的分配和财产权力属性的分配。这两种属性的分配有其相对独立的收支体系，应分类管理，并编制相应的预算组织形式。

关于这一财政概念，笔者在之后出版的《财政学》中定义为"财政概念的一般表述"或"财政的一般概念"，因为国家凭借的政治权力和财产权力是国家的一般权力，国家的行政权力和信用权力是国家的特殊权力。

　　总之，国有金融资本作为国有资产（资本）的重要组成部分，不仅贯穿财政职能与作用、财政收入形式、复式财政预算和财政监督管理诸财政环节之中，其理论本源也应在财政概念这一财政本质和源泉的逻辑表述之中。财产权力与政治权力一样，作为"凭什么征管"的核心元素，是归因于财政学性质的。

参考文献：

　　[1]《社会主义财政学》编写组. 社会主义财政学［M］. 北京：中国财政经济出版社，1987.

　　[2] 曹珂，黄玉荣，安秀梅. 社会主义财政学［M］. 济南：山东人民出版社，1988.

　　[3] 陈共. 财政学［M］. 成都：四川人民出版社，1991.

　　[4] 刘邦驰，汪叔九. 财政学［M］. 成都：西南财经大学出版社，1995.

　　[5] 罗光林. 现代财政学［M］. 北京：科学技术文献出版社，1994.

　　[6] 马克思，恩格斯. 马克思恩格斯选集：第 1 卷［M］. 北京：人民出版社，1972.

　　[7] 马骁，周克清. 财政学［M］. 4 版. 北京：高等教育出版社，2019.

　　[8] 王国清，程谦. 财政学［M］. 成都：西南财经大学出版社，2000.

　　[9] 王国清，李相敏，常鹏. 政府预算的公共性及其管理依据［J］. 财经科学，2014（2）：62-69.

　　[10] 王国清，马骁，程谦. 财政学［M］. 北京：高等教育出版社，2006.

　　[11] 王国清. 财政基础理论研究［M］. 北京：中国财政经济出版社，2005.

　　[12] 王国清. 两权分离理论与税利分流［J］. 财经科学，1990（6）：22-25.

［13］许廷星. 社会主义财政学［M］. 成都：四川教育出版社，1987.

［14］许毅，陈宝森. 财政学［M］. 北京：中国财政经济出版社，1984.

（原文载《财政监督》2023 年第 24 期）

第三章　政府预算与财政体制改革

苏联经济组织的预算缴款制度

王国清

　　苏联经济组织的预算缴款制度，是苏联经济体制改革的一个重要组成部分，又是完善其经济机制的一项重要内容。

　　早在20世纪30年代社会主义工业化时期，苏联就已形成国家自上而下、高度集中统一的计划经济体制。在财政上，实行统收统支的财政体制，经济组织对预算的缴款，主要采取周转税和利润提成的形式。1966年，苏联开始推行"计划工作和经济刺激新体制"，着眼于调整国家与企业的关系，扩大企业的权力。与此相联系，经济组织的预算缴款制度也进行了改革，对实行新体制的企业，把过去的利润提成改为基金付费、固定（地租）缴款和闲置利润余额三种缴纳形式。

　　目前，苏联经济组织的预算缴款制度包括：周转税，利润上交（生产固定基金和定额流动资金付费、固定缴款、闲置利润余额缴款、利润提成），成本提成（国家地质调查工作的补偿费用、林业收入、水费、社会保险提成）以及其他缴款等。

　　周转税是苏联商品价格中硬性规定缴纳的社会纯收入部分，它是1930年税制改革时由消费税和营业税合并而成的。周转税是以强制的方式、固定的期限和事先规定的数额进行征收的，它不受成本变化的影响，是预算收入稳定和可靠的来源。1982年，周转税占国家预算收入的28.5%，调节着轻工业、食品工业、石油加工工业以及一系列机器制造业的某些企业和部门的盈利率水平。利润是形成苏联国家预算收入的源泉之一，1982年上交的利润占国家预算收入的29.0%。1982年工业企业利润中，则有59%上交预算，其中基金付费为23%，闲置利润余额缴款为32%，固定（地租）缴款为2%，利润提成亦为2%。

从 1981 年起，苏联已在七个机器制造部、三个建筑部和一些出版部门等实行利润定额分配法，即一种利润分成包干的办法，以期调动部门的积极性。按照这种方法，苏联规定了按五年计划的每一年制定稳定的利润定额。苏联拟随着条件的创造和利润定额分配方法经验的积累，在所有部门的企业内推行。需要指出的是，对各部门确定的预算缴款绝对数额是有保证的缴款，也就是说，即使在五年计划某个年度未完成利润计划，也须如数上交五年计划中对该年规定的预算缴款，相应地则减少留归部门所支配的利润，从而也会减少企业支配的利润，因为企业的利润留成定额，是由部门根据留归部门所支配的利润总额相应确定的。有保证的预算缴款包括：基金付费、固定缴款和利润提成。这里的利润提成，不是仍未过渡到新体制的企业所上交的那种利润提成，而是指确定的预算缴款总额与基金付费、固定缴款计划总额之间的差额。

生产固定基金和定额流动资金付费的费率，一定几年不变。所谓费率，就是基金付费额与企业生产固定基金（不扣除磨损）的原始价值或定额流动资金年平均定额价值的比例。目前，基金付费的费率，一般仍为 6%，但对于盈利率低的企业和组织（如农机制造业）的费率，则降为 3%，建筑安装组织的费率从 2% 到 6% 不等。

固定缴款主要是为采掘工业和加工工业部门设置的一种利润上交形式，因为这些部门所属企业由于优越的自然和运输条件而形成了级差纯收入。但这些级差收入是企业非主观努力，而凭借有利条件所取得的额外利润。为了促进企业的经济核算制，提高企业的经营管理水平，客观地评价企业经营活动创造条件，故以固定缴款的形式把这部分级差收入纳入预算。

从 1982 年起，苏联实行了由成本负担费用的水资源付费，提高了水的超定额规定的费率和对未净化或不够净化的排水征收罚金的额度。

在第十一个五年计划期间，苏联社会保险基金的费率从工资的 5%~7% 提高到 7%~14%，农业工作人员上交的费率则为工资的 4.4%，由企业、事业或行政机关上交预算。

从苏联经济组织的预算缴款制度来看，有以下几点值得注意：

（1）在纯收入基本上归国家掌握的前提下，适当扩大了企业的财权。如 1965 年留归工业企业支配的利润额为 29%，1982 年提高到 41%。但是，企业的财权仍然是有限的，因为企业在这 41% 之中，用于各项经济刺激基金的利润仅占 17%。如果按全部社会纯收入计算，由于国家预算集中了 90% 以上，所以归企业支配的还不到 10%。

（2）预算缴款主要采取税利并重的形式，其中周转税和上交利润目前各占预算收入的 30% 左右。随着企业经营成果的增长，如果税收既定不变，利润调节的比重将逐渐上升。

（3）基金付费可以促使企业有效地使用生产基金。对企业来说，基金付费是一个较强的压力；对国家财政来说，基金付费又是一个稳定的收入来源，在一定程度上可以促使企业权、责、利三者统一。

（4）闲置利润余额缴款有利于集中控制财政资金，但这种缴款形式是不起经济刺激作用的，因为它和企业自身的利益无关，不利于调动企业改善经营活动的积极性。

（5）利润定额分配法有利于调动部门的积极性，但如何处理好国家、部门、企业的分配关系，尚有不少问题需要研究。

（原文载《四川财政研究》1986 年第 11 期）

我对预算外资金性质的看法

王国清

　　我认为，预算外资金是根据国家的财政制度、财务制度的规定，由各地区、各部门、各单位自收自支的那一部分国家资金。既不宜笼统地把它归属于财政资金，也不宜根据预算外资金是国家资金，就推论其是财政资金，进而以此作为财政部门应加强预算外资金管理的依据。因为财政部门是代表国家进行经济管理的一个重要职能部门，加强对国家资金的管理是其理所当然、毫无疑问的职责。

　　我认为，把握财政和财政部门，财政的职能和财政部门的职能，财政资金、国家资金和社会资金的联系和区别，对于我们研究预算外资金的性质，有针对性地对各类资金进行合理管理，是有所裨益的。

　　从财政和财政部门来看，财政是国家为了实现职能的需要，凭借权力参与一部分社会产品或国民收入的集中性分配，它属于经济范畴；财政部门则是国家为实现其职能的需要，在各级政府中设置分工掌管国家或社会资金的一个专门工作系统的总称。尽管二者有着密切的联系，但财政部门不仅仅是掌管财政资金的专门工作系统。

　　从财政的职能和财政部门的职能来看，财政的职能是指财政本身所固有的职责、功能或潜在能力。财政部门的职能，不是财政职能的简单套用，因为财政部门除了按照财政职能所固有的内在规定性，结合一定的时间、环境和其他条件，拟定相应的财政政策和财政制度，并付诸实施，即实现财政职能的专门职责之外，还负有按照党和政府的方针政策，合理地调节、控制、监督、管理除财政资金之外的其他资金的职责；统筹兼顾、全面安排，调节国家、企业集体和劳动者个人三者的分配关系的职责；规定、指导和协助企事业单位加强经济核算，改善经营管理，努力实现增产增收的职责；严格监督，保证国家资财的安全，保证国家财经纪律和财经制度的执行、检查等职责。

从财政资金、国家资金和社会资金的联系和区别来看，在我看来，国家资金是国家所有或用于社会和经济发展的财力。这里所说的"国家所有"，不是指我国全社会范围内所拥有，而是指国家各级政权、机关、部门及国有经济组织所拥有，但国家有最高的所有权，各地区、各部门、各经济组织有着相对的所有权。财政资金是指以国家为主体集中分配的资金，它是国家资金的一个重要组成部分。而社会资金是指全社会范围内所拥有的财力，除整个国家资金外，尚包括集体经济、个体经济和居民个人的税后留利。

上述各类资金并无绝对的界限，它们不是一成不变的，而是可以转化的。预算外资金管理不善出现的"化预算资金为预算外资金，挖走国家财政资金"是一回事，这里所说的转化又是一回事，二者不可同日而语。这里所说的转化，是以国家的政治经济形势、经济管理体制改革、政策目标等为条件。但一经完成转化，就不能仅从源泉的归属来判明资金的性质，转化的源泉和经过转化之后被赋予新的质的规定性毕竟不是一回事。例如，中央决定适当调整能源、交通重点建设基金的征集比例，开征建筑税、奖金税、工资调节税等，就是把一部分预算外资金转化为财政资金，从源泉来看，能把这些税、费等财政资金仍看成是预算外资金或企业、单位的自有资金吗？在开征个人所得税之后，个人收入之一部分转化为财政资金，我们能根据其源泉，把这部分财政资金仍然判定为属于社会资金的个人财力吗？

在现行体制下，预算外资金可以分解为三部分：一是地方财政部门掌握使用的各种附加收入；二是行政事业单位自收自支的资金；三是国营企业各项专用基金。我认为，后两部分资金不是财政资金，而是这些单位、企业的自有资金，在总体上是国家资金，财政部门应加强对这些资金的管理也正基于此。那么，地方财政部门掌握使用的各种附加收入是财政资金吗？我认为，不宜简单地以部门类别作为判定性质的标准，因为仅以部门为标志，把地方财政部门筹集使用的自收自支资金判定为财政资金，那么，机械、化工、文化、卫生和教育部门筹集使用的自收自支资金则应分别定性为"机械资金""化工资金""文化资金""卫生资金""教育资金"。这在理论上是没有说服力的。如果就地方财政部门作为地方政府的一个部门，和机械、化工、文化、卫生、教育部门等处于某种相同的地位而言，则其掌握使用的自收自支资金的性质是别无二致的。但问题的关键还在于，地方财政部门是一个特殊的部门，即综合经济部门，其所筹集使用的各种附加收入，是直接为实现地方政府的职能的。在这里，"自收自支"的背后直接就是地方政府，这部分资金所规定的来源、征收的方法和标准、指定的用途是有别于其他部门的自收自支资金的。所以，地方财政部门筹集使用的各种附加收入是财政资金，但具有明显的地方性。由此可见，对预算外资金的管理，不仅在于分析各类资金的性质，更重要的还在于进一步把握各类资金的具体特点。只有根据各类资金的具体特点，在理顺关系之后有针对性地采取间接性的疏导手段，才可能取得预期的效果。

至于财政部门对集体经济、个体经济和居民个人的税后留利或财力该不该管，回答是肯定的。因为在现阶段，国家是代表全社会利益的，财政部门是代表国家对这些资金加以管理的。

（原文载《财经科学》1987 年第 1 期）

财政体制改革中值得注意的问题

王国清

一、税制改革的组织实施、理论研究、宣传和干部培训问题

税制改革既是分税制改革的一个前提，又是其一项重要内容。如果说分税制改革的核心是要通过税种划分中央和地方的收入来源，规范并理顺中央与地方的财政关系，表现为对以"分灶吃饭"为标志的财政包干体制的一种现象超越的话，那么，同步进行的税制改革首先表现出来的政府与企业、单位和个人分配关系则更为直接。今年（1994年）初始运作反映出一部分群众、单位对税制改革的种种误解，如税制改革是否会引起价格上涨、如何理解价外增值税、怎样掌握价外增值税的计税方法等，尤其为社会各界所瞩目。实践向我们提出了财政体制改革及在组织实施、理论研究、宣传和干部培训方面的重要性和紧迫性。比如，增值税在理论上是颇为优良的一个税种，在本质上是对各环节的增值额课税，实行普遍课税和道道课税的原则，它有别于原产品税和原增值税，涉及价内税改为价外税，用发票抵扣税款的制度，涉及观念的重大转换，还涉及操作规程的规范。但各种媒体的解惑尚缺乏充分性。答询"每道环节不是都要征收17%的增值税"的解惑即是一例。本来，现增值税是对生产经营的各个环节的征税，本质上是对各个环节的增值额征税，税法规定的基本税率是对各个环节的增值额课以17%的税，只不过采用的是间接的、凭发货票注明价税分离的抵扣制度而已，涉及间接法计税方式的选定。上述解惑显然缺乏充分性。这就向我们提出一个任务，即每一项改革的组织实施、理论研究及宣传、干部培训工作是多么的重要。对此，切不可小视。

二、分税制和地方公债的发展问题

目前的分税制，从地方的收入角度考察，其收入包括地方税收入、地方分得的共享税收入、税收返还和转移支付。但我认为，在分税制条件下，可供地方支配的收入，尚应包括地方债务收入，这是分税制所关联的地方的特殊性的要求，是地方的相对自主权和财政的相对独立性的要求，是深化改革和扩大对外开放的要求，是财政复式预算实行按收支的经济性质分别管理的要求，也已为世界上实行分税制的国家从事地方公债活动成功的实践所证明。因此，地方政府尤其是省、市、自治区政府，在中央的领导下，分层次、有区别、有针对地发展地方公债，不仅是必要的，也是有可能的。总之，分税制在根本上会导致地方公债的发展，只不过需要决策在什么样的条件下施行，如何施行，怎样加强中央的宏观调控力度而已。可以设想，采取分步走的办法。在条件较为成熟时，采用与地方完成国库券的销售量挂钩的办法，在募集的中央国库券总额中，依一定比例，有差别地拨一部分收入供地方使用，规定其投放方向，其还本付息以地方预算收入作为来源；在条件更为成熟的条件下，再行采用有中央宏观控制的、规范的地方公债制度。对此，亦应加强超前的理论研究和可行性方案的探索。

（原文载《四川财政》1994 年第 3 期）

增进财政体制改革的系统性与规范性

王国清

　　我国的经济体制改革是以分配体制改革作为突破口的，回顾 20 年改革的历程，改革所取得的成绩是前所未有的，国家的经济实力日益强大，社会繁荣、经济发展、人民生活水平提高，无论用多么美好的语言来评价亦不为过。

　　就财政体制改革而言，回顾历史，我们的改革无论是国家和企业、个人之间的分配关系，还是中央政府与地方政府之间的分配关系，均经历了"死"→"活"→系统规范这一发展历程。高度集中统一的财政体制，在一定的历史阶段曾产生过应有的作用，但随着时代的变化和形势的发展，其弊端日益显现，归结为一个字"死"；在政府之间的分配关系方面，无论是 1980 年、1985 年的"分灶吃饭"体制，还是 1988 年的地方财政大包干体制，则可以归结为一个"活"字；1994年的分税制财政体制改革，与税制改革同步进行，则又可以归结为"系统规范"。就国家与企业的分配关系来看，高度集中统一的统收统支体制，亦可归结为一个"死"字；企业基金制度、利润留成制度、利改税、企业经营承包制、税利分流试点，同样体现为一个"活"字；1994 年实行分税制后，依据马克思关于政治权力和财产权力的学说，在建立现代企业制度的基础上，规范企业上交的政府收入形式，同样体现着"系统规范"的精髓。

　　20 年改革的实践表明，研究和界定财政的功能及其范围，同时结合一定的时间、地点及各种政治经济条件，方能拟定正确的财政制度和财政政策，而通过包括财税部门在内的全社会的有效推行，则能达到预定的目标和取得预想的效果。以此观之，进一步完善财政体制改革，增进改革的系统性、规范性，是我们工作中的应有之义。

1994 年的分税制财政体制改革成绩显著，但毕竟是渐进式的改革，还带有新旧体制双轨运行的痕迹，而完善省以下的财政体制、实行彻底的分税，选择一些税种共享，是改革的系统性、规范性之表现。

过去学习苏联东欧，实行了多年的单一预算制度，1995 年起施行的《中华人民共和国预算法》确定了我国实行复式预算制度，所以，针对我国政府收入形式多样化及强化财政管理的要求，逐级推行预算编制方法的改革，涵盖预算内外的复式预算制度，分别建立公共预算、社会保障预算和经济发展预算，是改革的要求，是增进改革系统性、规范性的要求。

财政信用是财政的辅助，它有着重要的地位，关联着财政调控方式的多样化和有效性。问题在于管理及其制度的系统性和规范性，并受制于一定的时间、地点及各种政治经济条件。所以，如何强化制度创新，增进其改革的系统性和规范性，亦是我们的任务之所在。

（原文载《四川财政》1998 年第 12 期）

事权、财权、财力的界定及相互关系

王国清　吕　伟

一、概念的界定

（一）事权

所谓事权，可以理解为某一级政府所拥有的一定社会经济事务的责任和权利，例如，中央政府负责国防、外交事务，地方政府负责初等教育、城市绿化事务等。从定义可以看出，事权是责任和权利的统一，单单把它理解为政府的责任或权利都是片面的。因此，事权不等同于事责，事责只是从责任的方面来体现事权。

根据公共产品的层次性理论，可以确定市场经济中各级政府事权划分的大致框架。一般来说，中央政府负责下列六个方面的事务：①全国性公共产品的提供；②外部效应波及全国的混合产品的提供；③再分配政策的实施；④稳定政策的实施；⑤全国性自然垄断行业的公共生产；⑥对地方财政的调控，包括缩小各个地区间有差别的财政净利益，实现各地区最低公共服务水平的均等化，引导或矫正地方财政行为使之符合中央的偏好与政策，弥补地方财政缺口。

相应地，地方政府负责下列三个方面的事务：①地方性公共产品的提供；②外部效应限于地方的混合产品的提供；③地方性自然垄断行业的公共生产。

有些公共产品的受益范围既具有地方性，又具有全国性，如国道、国家级风景区等，这类公共产品应由中央与地方共同提供。

（二）财权

从广义上来看，财权可以理解为某一级政府所拥有的财政管理权限，包括财政收入权和支出权；从狭义上来看，财权主要指财政收入权。在讨论事权、财权与财力的关系时，一般采用第二种含义。

从法律角度来看，财政管理权限（包括财政收入权与支出权）也可分解为财政立法权、执法权与司法权三个要素，这三大要素在中央与地方之间的不同组合，便形成了三种类型的财政体制。①分散型财政体制，以美国为代表，各级政府均拥有相对独立的财政立法权、执法权和司法权。这种财权划分方式有利于保证各级财政尤其是地方财政自主地组织和支配财政资源，但对各级政府在财政政策上的协调性要求较高。②适度集中型财政体系，以德国和日本为代表，其主要特征为立法权集中，执法权分散。这种体制具有集权而不统揽、分权而不分散的优点，但其"中庸"特征也可能导致某些改良主义的弊端。③集中型财政体制，以英国、法国和意大利为代表，财政立法权和执法权主要集中于中央，地方只拥有较小的调整权限。这种体制的优缺点恰与分散型财政体制相反。

有必要指出，财政收入权的三个要素——立法权、执法权和司法权是可以相互分离的。例如，某些税种由上级政府确定其税基和税率，而由下级政府进行征管。进一步，判断一级政府是否拥有某项财政收入权的标准，并不是看其是否完全掌握了该项收入的立法权、执法权及司法权，而是看该级政府是否拥有获得并支配这项收入的权力。例如，地方政府有获得转移支付的权力，但对转移支付的规定和执行，大部分是由中央政府完成的。

按照财政收入的具体性质，财政收入权可以划分为下列几类：征税权、收费权、资产收益权、借债权、获利转移支付权等。在市场经济条件下，征税权应该是财政收入权的核心。

（三）财力

对财力可有两种理解，一是指某一级政府直接组织和支配的财政收入，加上"直接"二字，是为了区别于政府通过转移支付而间接获得的财政收入；二是指某一级政府的财政收入能力，包括征税能力、收费能力、获取资产收益能力、借债能力等，当然也不包括转移支付在内。两者分别从静态和动态的角度来认识财力，前者是后者的结果，因而在本质上是一致的。与财权的核心是征税权相适应，财力的核心是征税能力。

一级政府拥有的财力大小主要由两个因素决定：①财政资源的丰裕程度，这取决于经济发展水平。一般来说，税基分为三类：财产、所得和消费。经济发展水平越高，居民的收入和消费水平就越高，财产积累也越多，政府的征税能力就越强。②政府征税的权力大小。主要从三个方面判断：首先，政府是否拥有确定税基和税率的权力，在大多数国家，这项权力都由中央政府行使，地方政府没有被赋予这方面的权力；其次，政府是否拥有独立的税收征管权，中央政府与地方的税收征管是否分开；最后，政府的税收收入是否由自己支配。如果一级政府拥有上述三个方面的权力，那么它的征税权力就比较大；反之，则较小。

二、事权与财权的一致性

事权规定了政府承担社会经济事务的性质和范围，而政府从事社会经济事务需要相应的财政支出作为保障，因此，事权实际上确定了政府的支出责任。财政支出总是以相应的财政收入为前提的，而财政收入又是由财权决定的。因此，事权必然与财权发生联系，进一步来看，这种联系表现为事权决定财权，两者具有一致性。

上述思路可表示为：事权→财政支出责任→财权。

事权与财权的一致性，表现在性质与数量两个方面。

从性质上来看，不同的事权对应着不同的财权。例如，政府提供公共产品的资金来源是税收，这要求政府拥有征税权，典型的如国防、外交。不能想象，政府可以通过收费来提供国防和外交。又如，政府提供混合产品的资金应由税收和使用费共同承担，这要求政府不仅拥有征税权，还要拥有收费权。典型的如道路，其建设维护资金一般由税收和收取的车辆通行费承担。

从数量上来看，某一级政府承担的事权大小与其拥有的财权大小是一致的。例如，中国在计划经济时期，中央政府承担了大部分事权，地方政府承担的部分则相对较小，因此，财权大部分集中于中央，地方财政只是中央财政的附属物。改革开放以后，中央政府的许多事权向地方政府转移，相应地，地方拥有的财权也在逐步扩大。又如，地方政府在提供具有效益外溢特征的地方性公共产品时，有权要求获得中央财政的转移支付。这方面有一个典型的例子：1998 年长江特大洪灾发生后，中央要求长江上游地区停止砍伐天然林，禁伐措施的效益实际上波及了中下游地区。因此，中央财政通过财政补贴等措施给予了上游地区一定补偿。

三、事权、财权与财力的不对称性

事权与财权是一致的，但它们与财力之间是不对称的。这种不对称性表现在横向与纵向两个方面。

所谓横向不对称，是指与最低公共服务水平相比，有的地区财力充足，有的地区却财力匮乏。横向不对称可用财政自给率①指标来衡量，通常，这一指标在各地区的数值存在明显差异，有的地区小于 1，有的地区接近于 1，有的地区大于 1。例如，就中国而言，东部发达地区的财政自给率应该大于 1，而中西部发达地区的财政自给率一般小于 1。造成横向不对称的原因有两点，一是各地区的自然资源禀赋、经济发展水平和人口状况等存在差异，从而使得它们的财政收入能力各不相同；二是各地区提供公共产品的成本存在差异。

纵向不对称，则是指中央政府掌握的财力一般大于本级支出的需要，而地方政府掌握的财力往往小于本级支出的需要。造成纵向不对称的原因在于，中央政府担负着收入分配与经济稳定的责任，需要掌握一块"多余"的财力来保障宏观调控的实现。表 1 反映了实行分税制以来中国财力的纵向不对称情况。

---

① 财政自给率=标准化财政收入/标准化财政支出，它反映某一政府拥有的财力水平对其提供最低标准公共服务的满足程度。

表 1　中国财力的纵向不对称情况（1994—1998 年）

年份	中央			地方		
	财政收入/亿元	财政支出/亿元	收入/支出/%	财政收入/亿元	财政支出/亿元	收入/支出/%
1994	2 906.5	1 754.4	165.67	2 311.6	4 038.2	57.24
1995	3 256.6	1 995.4	163.21	2 985.6	4 828.3	61.84
1996	3 661.1	2 151.3	170.18	3 746.9	5 786.3	64.75
1997	4 226.9	2 532.5	166.91	4 424.2	6 701.1	66.02
1998	4 885.0	3 120.0	156.57	4 968.0	7 651.0	64.93

注：财政收入与财政支出均指本级收入和支出。

资料来源：国家统计局. 中国统计摘要（1999）［M］. 北京：中国统计出版社，1999：55-57.

举例来说，中央政府出于下列原因需要在财力分配中居于优势地位：

第一，矫正地方性公共产品的外部效应。地方性公共产品的效益或成本往往不会局限于地方政府辖区范围之内，而会外溢到其他辖区。例如，河流上游辖区提供天然林保护等公共产品，为中下游辖区带来了多种形式的环境利益。又如，在外来人口较多的地区，当地政府提供的初等教育会使其他辖区受益。外部效应的存在，使地方政府在提供地方性公共产品时，不是过多就是不足，导致资源配置低效。这时，需要中央政府出面协调，运用配套补助等手段，以使外部效应内部化。

第二，保证各地区最低公共服务标准的满足。某些公共产品是人们生活所必需的，如社会保障、教育、环保等，从社会长远发展的角度来看，必须保证各个地区的居民享有最低限度的该类服务。但是，要素流动和税收竞争使地方政府不愿意提供充分数量的最低公共服务。例如，地方政府可能限制低收入和老人进入其辖区，以避免增大其社会保障支出。因此，中央必须运用非配套补助手段进行必要的干预。

第三，优值品与劣值品的存在。对于地方性公共产品，中央政府和地方政府可能存在不同的效应评价，若中央政府的评价高于地方，则称其为优值品，反之则称其为劣值品。例如，在过去实行产品税的条件下，小酒厂和小烟厂能增加地方财政收入，因此备受地方政府青睐，而中央政府则认为其加剧了产业结构的不合理性。当存在优值品和劣值品时，地方性公共产品的配置尽管符合地方利益最大化的要求，却也妨碍了全社会利益的实现。这也要求中央政府进行适当的干预。

第四，经济稳定的需要。要素流动和地方利益的差别，使地方政府不能有效地实施经济稳定政策。例如，某地方政府为了扩大就业，对新迁入企业实行财政激励，但这必然遭到其他地方政府的反对，反而使稳定政策带来更大的不稳定。鉴于此，稳定政策由中央政府来实施最为适宜。显然，中央政府要有效地实施稳定政策，就必须有一定的财力作为支撑，否则只能是纸上谈兵。

四、对中国现实的一点思考

中国于 1994 年实行了分税制财政体制改革，这项改革的一个重要目标，就是提高中央财政收入占整个财政收入的比重。实际情况是，在实施改革后的头两年，即 1994 年和 1995 年，中央组织的财政收入超过了地方，但从第三年（1996 年）起，地方组织的财政收入再次超过了中央。总的看来，实行分税制后，中央与地方的财力分配基本持平，地方略占优势，具体数据见表 2。

表 2　中央与地方组织的财政收入：总额、结构及增长率（1994—1998 年）

年份	总额/亿元			结构/%		增长率/%		
	中央	地方	合计	中央	地方	中央	地方	合计
1994	2 906.5	2 311.6	5 218.1	55.70	44.30	203.56	−31.84	19.98
1995	3 256.5	2 985.6	6 242.2	52.17	47.83	12.05	29.16	19.63
1996	3 661.1	3 746.9	7 408.0	49.42	50.58	12.42	25.50	18.68
1997	4 226.9	4 424.2	8 651.1	48.86	51.14	15.45	18.08	16.78
1998	4 885.0	4 968.0	9 853.0	49.58	50.42	15.57	12.29	13.89

资料来源：国家统计局. 中国统计摘要（1999）[M]. 北京：中国统计出版社，1999：55-56.

从现象上来看，中央与地方财力分配基本持平的局面，是与纵向不对称理论相冲突的。有学者就此进行分析后指出，中国分税制改革的中央集权目标①，不应该也不可能落实到量的方面，即中央组织或掌握的财政收入要超过地方，而应主要体现在质的方面，即财政制度规范方面的全国集中和统一。

事实果真如此吗？本文不敢苟同。

中央与地方财政收入平分秋色的直接原因，在于现行分税制下转移支付制度的极不完善。从政府间财政关系的角度来看，所谓转移支付制度，是指以各级政府之间存在的财力差异为基础，以实现各地区公共服务水平均等化为目标而实行的一种财政资金转移或平衡制度。规范化的转移支付，是缓解横向与纵向不对称的主要财政工具，是分级财政体制的有机组成部分。但遗憾的是，实行分税制改革时，相应的转移支付制度并没有建立起来，致使现行转移支付制度带有太多的旧体制痕迹，无法起到缓解横向和纵向不对称的作用。例如，中央对地方的税收返还以 1993 年为基数，无区别地承认各地区既得利益，而对地区间财力分配和公共服务水平方面存在的明显差距基本未予考虑和触动。又如，中央对地方的专项拨款不仅数目可观，随意性大，而且多属于应由地方财政安排的支出项目，这种不规范的转移支付办法直接破坏了事权与财政权相一致的原则。再如，中央有关部门掌握的财政性政策投资转移支付资金的运作存在严重的脱节。不规范的转移支付制度，使地方政府拥有的财权（具体指获得转移支付权）出现缺损，事权不能得到有效的财权保障，因而地方政府只好转向依靠自身努力筹集财政收入，形成了异常强大的财政收入能力。

从更深的层次来看，中国经历了几千年的封建社会，客观上法治基础比较薄弱，反映在中央与地方财政关系上也不例外。中央政府可以利用自己"制定规则的权力"，不断改变中央与地方的财力分配规则，使自己总是处于有利的地位。制度上的随意性，必然使地方政府的财政利益得不到有效的法律保障。从而，地方政府也会利用自己"执行规则的权力"，寻找制度手段（如征过头税、乱收费、变相借债等），提高自己在财力分配中的地位。

---

① 中央集权目标是指提高中央政府在财政分配中的地位。

参考文献:

[1] 财政部全国财政干部培训中心. 中国财政工作知识手册 [M]. 北京: 中国财政经济出版社, 1999.

[2] 朱秋霞. 论中国财政体制改革的目标选择: 新税制实行以来中央和地方财政关系的分析 [J]. 财经研究, 1999 (4): 3-8.

[3] 寇铁军. 中央与地方财政关系研究 [M]. 大连: 东北财经大学出版社, 1996.

(原文载《财经科学》2000 年第 4 期)

年终突击花钱的预算原因浅析

王国清

党的十八届三中全会审议通过的《中共中央关于全面深化改革若干重大问题的决定》指出，"财政是国家治理的基础和重要支柱"，"改进预算管理制度"，"实施全面规范，公开透明的预算制度"，"建立跨年度预算平衡机制"，明确了财政的重要性及其职能作用，也为透析年终突击花钱的原因指明了基本方向。笔者将从预算角度分析年终突击花钱的几点原因。

原因之一："预算黑洞"与年终突击花钱

年终突击花钱有"乱花钱"和"不乱花钱"的区分。对于年底突击"乱花钱"用于组织考察借机旅游、大操大办豪华年会、滥发年终福利、公款吃喝浪费等隐匿和"黑洞"问题，应通过"透明预算"及财政、财务制度加之中央厉行节约等相关条例严格执行予以遏制。

原因之二：预算编制方法与年终突击花钱

年终突击花钱之"不乱花钱"是指从预算编制来看，突击花的预算内的钱，并不违规，这固然有其客观因素，当然也是需要避免扎堆或调整的。

目前我国预算的编制方法是"基数+增长"的增量预算，也就是说今年的钱不花完，则意味着影响明年预算的基数。不少单位因为害怕来年"吃亏"，所以就会出现年终突击花钱的现象。要解决这个问题，可以调整预算编制方法，改增量预算为零基预算，即改为不考虑以前的收支水平，重新以零为起点编制新一年的预算。

原因之三：预算的"历年制"与年终突击花钱

我国预算实行的是历年制，即预算年度的有效起讫期限为公历

1月1日起至12月31日止为财政年度，而我国的人民代表大会开会通过预算则是在每年的3月份，这就造成预算进度"前轻后重"的情况，所以可以考虑改"历年制"为"跨年制"，如英国、日本、新加坡、缅甸、印度等国实行的4月制，即从4月1日至次年3月31日，以增强预算的计划性和平衡性。

原因之四：预算执行与年终突击花钱

预算执行中的增收和追加预算支出，往往在后续的预算执行中显现，这也会导致年终花钱激增，这就要求加强预算管理的科学性和资金调度的时序性。而且，预算执行中的调整既可以根据需要与可能实行追加预算，也应该根据变化了的情况实行追减预算。所以，强化预算管理，追踪预算资金的使用规模、进度、效果，显然是有其必要性的。

（原文载《财政监督》2013年第24期）

政府预算的公共性及其管理依据

王国清　李相敏　常　鹏

目前我国实行的复式预算管理制度已得到财政理论界和实务部门的广泛认同，并且已经明确提出"深化预算制度改革的目标取向就是研究建立由公共预算、国有资本经营预算、政府性基金预算和社会保障预算组成的有机衔接的国家预算体系"。然而，如何理解政府预算的性质及与公共财政预算的关系，政府预算关联的是财政资金还是公共资金，政府预算诸形式中主体身份的认定及诸主体凭借的权力类别是什么等，对此，理论界和实务界尚有不同看法。我们认为，这些既涉及财政基础理论，又关系到财政活动的运行。因此，对政府预算的公共性质及其管理依据做进一步的研究就具有重要的理论价值和实践意义。

一、财政预算依据的国家权力

党的十八届三中全会决议指出，"财政是国家治理的基础和重要支柱"，与此相适应，财政预算的主体及其凭借的国家权力，不仅要体现在财政的概念与特征、职能与作用中，而且要贯穿到收入分类及其预算形式等方面。就其涉及的国家权力种类的多寡，就存在着"零权力说""单元权力说""双元权力说""四元权力说"等。

（一）"零权力说"

"零权力说"是指在论及财政预算诸问题时，对财政预算所依据的国家权力采取避而不谈或存而不论的学术态度。例如，王军、欧阳宗书（2001）在《公共财政学术研究观点综述》一文中提到四种公共财政的基本概念："①所谓的公共财政，指的是国家或政府为市场提供公共服务的分配活动或经济活动，它是与市场经济相适应的一种财政类型或模式。②所谓的公共财政，就是政府为实现其职能对市场提供公共服务的与预算有关的经济行为。③所谓的公共财政，是指为市场或私人部门提供公共服务或公共商品的政府财政，它是与市场经济相适应的财政模式或类型。④公共财政的实质是市场经济财政。"财政部官方网站给出的关于公共财政的定义是："指在市场经济条件下，主要为满足社会公共需要而进行的政府收支活动模式或财政运行机制模式，国家以社会和经济管理者身份参与社会分配，并将收入用于政府公共活动支出，为社会提供公共产品和公共服务，以保障和改善民生，保证国家机器正常运转，维护国家安全和社会秩序，促进经济社会协调发展。"上述公共财政或财政的概念基于不同视角做出的相应界定是有其道理的，但是，上述表述各异的公共财政概念有一个共同缺失，那就是在当今社会中，公共财政的分配主体——国家或政府以及其可凭借的国家权力消失了。贾康（1998）认为"由于我们现在处于国家作为社会权力中心的社会，所以，今天通常所说的财政，即为国家财政（或国家各级政府的财政）"。我们赞同这一观点，并认为，任何财政活动都是财政本质和财政现象的统一，没有无本质的现象，也没有无现象的本质。所以，无论是从本质还是从现象上来看，在财政概念或财政特征等财政预算问题的分析中，不涉及国家权力的这一"零权力说"是值得商榷的。

（二）"单元权力说"

"单元权力说"是指在论及财政预算诸问题时，认为财政预算所依据的国家权力仅包括政治权力。在 20 世纪 50 年代末至 80 年代初，财政预算依据的是"国家权力"，之后才首先把国家权力仅理解为国家的政治权力。"单元权力说"在我国 20 世纪 80 年代最为典型，当时编辑出版的诸多版本的《财政学》教材持这种观点。例如我国财政学前辈许毅（1984）认为，财政是"在国家出现之后，凭借政治权力，为了维护和巩固阶级统治，维护和发展自己的经济基础而参与社会产品分配的一种特定的分配关系"。尽管有一些学者的研究涉及国家的财产权力问题，却把依据财产权力进行的分配活动排除在财政预算活动范围之外。例如郭复初认为，"国家以生产资料所有者身份进行的资金收支活动是国有经营资本的投入和产出活动，性质上不属于财政活动"，"应当改变财政统管国有经营资本与国家财政资金的管理体制，分别建立国家财务管理体系和国家财政管理体系"。我们肯定凭借政治权力参与财政分配活动这一命题无疑是正确的，但国家权力仅包括政治权力吗？国家权力尚应包括哪些内容呢？对此显然有必要做进一步的研究。

（三）"双元权力说"

"双元权力说"是指在论及财政预算诸问题时，认为财政预算所依据的不仅包括政治权力，还包括所有者权力或财产权力。例如，邓子基（1982）认为，社会主义财政的作用，总的来说可表述为，"运用国家的政治权力和作为社会主义全民所有制财产所有者的支配权力，利用价值形式参与社会产品的分配……"，说明他在论及社会主义财政的作用时，就已经具有了"双元权力"的思想。王国清（1995）针对财政分配包括财政属性的分配和经济属性的分配，在种属区分上易产生混淆，从而把财政两种属性的分配规范为"政治权力属性的分配和财产权力属性的分配"，并据此对财政概念做了新的表述，认为"财政是国家为了实现其职能的需要，凭借政治权力和财产权力，参与一部分社会产品或国民收入分配和再分配所进行的一系列经济活动"（王国清，1999）。邓子基（1999）认为，"国家分配论"包含"一体两翼"（或"一体五重"，或"双重结构"），即一个主体（国家或政府）两种身份（政权行使者、国有资产所有者）两种权力（政治权力、财产权力）。在财政概念中包含两种权力分配的观点已被财政实践证明是正确的，但这种概念仅指财政的一般概念。财政活动主体除凭借政治权力和财产权力外，还有没有其他权力在发挥作用呢？例如，公债的取得是凭借的什么权力？是政治权力还是财产权力？应该怎样理解呢？对此显然需要根据财政理论与实践做进一步的深入研究。

（四）"四元权力说"

"四元权力说"是指在论及财政预算诸问题时，认为财政预算所依据的国家权力包括政治权力、财产权力、行政管理权力和信用权力。例如，公共财政"是国家为了实现其职能，凭借国家的权力，参与一部分社会产品或国民收入分配所进行的一系列经济活动"。那么什么是国家的权力呢？马克思指出："在我们面前有两种权力，一种是财产权力，也就是所有者权力，另一种是政治权力，即国家的权力。"政治权力为国家所独有，其在经济上的实现形式就是税收。财产权力的主体具有多样性，就财政而言，其主体就是国家或政府，即国家作为生产资料所有者或出资者的权力主体，以上交利润形式参与国有资本及相关的资本组织形式的利润分配。就我国目前阶段而言，依国有经济的实现形式即经营形式的不同，可进一步界定为直接上交利润、国有股股息红利、承包费和租赁费等。由此，我们提出财政分配一般包括政治权力属性的分配和财产权力属性的分配。在财政的这两种属性预算关系基础之上，我们进一步提出"财政一般属性"与"财政特殊属性"的观点。"财政一般属性分配"即政治权力属性的分配和财产权力属性的分配，而"财政特殊属性分配"应包括行政管理权力属性的分配和信用权力属性的分配。因此，我们认为，"政治权力与财产权力是财政依据的一般权力，行政管理权力与信用权力是财政依据的特殊权力"。行政管理权力就是次级的限于国家行政领域的管辖权力。其之所以是特殊的权力，不仅在于其主体是国家的次级形态即国家行政机关，还在于其凭借的权力是国家权力在行政管理领域的次级表现形式，更在于其对象范围限于对特定的对象、实施特定的管理并收取相应的规费或特许权使用费。"行政管理权力的资金筹集形式主要就是政府性收费和政府性基金。"对于信用权力，我们认为，在一般主客体条件下，诸多信用形式诸如银行信用、商业信用等是凭借信用原则来进行的，但国家或政府作为信用主体，在信用关系中处于主导的主动地位，并以法制的形式加以规范，信用原则在这种场合升华为信用权力，当然信用权力也须遵循市场条件下的信用原则精神。国家的信用权力不独体现在财政范围，中央银行行使的也是国家的信用权力。国家凭借信用权力以债务人身份来取得收入，或以债权人身份来安排支出。就财政而言，国家信用权力的资金筹集形式主要就是国债或财政性贷款。总之，财政预算所依据的是国家权力，具体包括政治权力、财产权力、（特殊的）行政管理权力和（特殊的）信用权力，我们称之为财政预算依据的"四元权力说"。

二、政府预算及其对象的公共性

对政府预算及预算对象性质的认识，是构建政府预算制度的重要内容。学术界对政府预算及其预算对象或客体存在不同的描述。比如，叶振鹏、张馨（1999）认为："公共预算是与市场经济体制和公共财政相适应的国家预算形式，有市场经济就有公共财政，也就必须有公共预算。公共预算与计划经济体制下的单元预算相区别，也与双元财政下的国有资本经营预算相区别。"贺忠厚（2007）、杨君昌（2008）等对公共预算也有类似的定义。马海涛、安秀梅（2003）认为："政府预算是指经法定程序审核批准的具有法律效力的政府年度财政收支计划，是政府筹集、分配和管理财政资金的重要工具。"邓子基（2005）、姜竹、邵冰、景洪军、孙凤仪（2009）、储敏伟、杨君昌（2010）等也有对政府预算对象是财政资金的描述。王金秀、陈志勇（2007）认为，"国家预算是各级政府、公共部门依据法律和制度规定编制，并经法定程序审核批准后成立的以政府财政收支为主的年度财力配置计划。预算管理范围由收支流量延伸到结余存量，由资金扩展到资产、由静态发展到动态，涵盖一切公共资源"，并认为公共预算是国家以社会管理者身份取得收入用于维持政府活动、保障国家安全、维持社会秩序、发展公益性事业等保证国家行政职能正常运转和社会公共、公益事业不断发展的政府预算。马国贤（2011）认为："预算是政府的公共资金计划。预算的对象是公共资金，公共资金并不都是由政府管理的，有的并不纳入预算管理。"在上述论述中，有的学者将反映公共财政收支活动的公共预算与国有资产经营预算分割、对立，有的将政府预算与政府一般性预算混同，冠以"公共预算"的名称，这些学者笔下的公共预算与政府预算又是什么关系？国有资本经营预算难道就不具有公共性质吗？并且，学者们对政府预算的对象也有不同的界定，有的认为是财政资金，有的认为是涵盖一切公共资源，有的认为是公共资金，那么，政府预算的客体或预算对象到底应定义为财政资金还是公共资金？对此，有必要进一步研究，统一认识。

我们认为，财政就是国家财政、政府财政，公共财政就是市场经济条件下的财政，所以，政府预算也就是政府公共财政预算，进一步说，可称之为广义的公共财政预算。国有资本经营预算、社会保障预算及政府性基金预算的收入和支出都是围绕社会公共产品或公共服务供给的收入与支出的，属于公共性收入与支出，因此，国有资本经营预算、政府性基金预算及社会保障预算同政府一般性预算一样，都属于政府公共预算。那种把国有资本经营预算、政府性基金预算、社会保障预算与公共财政预算的内容与形式并列的预算观是人为缩小了公共财政的活动范畴，缩小了公共预算的口径。为了避免概念上的混乱与字面上容易引起的歧义，也为了便于分析和比较，我们认为将部分学者概念下的"政府公共预算"准确定义为狭义的公共财政预算，即"经常性预算"或"一般预算"为好。因此，从预算编制的范围来看，我国广义的公共预算应是一个包括经常性预算、国有资本经营预算、政府性基金预算、社会保障预算在内的复式预算体系。而对于政府预算的对象或客体，多数学者认为是财政资金，但随着社会的发展和实践的推进，彩票公益金、部分捐赠资金、住房公积金等在性质上并不属于财政资金，且也在政府预算范围内，那么，对政府预算的对象或客体又该如何界定？这些资金通过各种方法筹集并来源于社会，汇集起来集中使用，达到某种社会公共目的，多由政府机构或政府委托的机构管理，并且有别于财政资金这一社会性公共资金，我们称之为其他社会性公共资金。我们认为，财政部门不仅代表政府管理财政资金，而且也应该代表政府对捐赠资金、彩票公益金、住房公积金等其他社会性公共资金进行管理，在预算制度发展成为相对完善的资金管理工具或手段的阶段，将其他社会性公共资金纳入政府预算的管理范围是资金所有者或委托者的理性选择。政府预算不仅包括财政资金这一社会性公共资金的收支计划，也包括其他社会性公共资金的收支计划。当然，财政收支计划是政府预算的基本内容和最重要的部分。因此，政府预算不仅分配、管理财政资金，而且也应该分配、管理以货币形式反映的其他公共资产和公共资源，政府预算的对象是财政资金及以货币形式反映的国有资产、公共资源等其他社会性公共资金。这样，将政府预算称为公共预算才符合理论和实践的要求。

三、"四元权力"与政府预算分类管理

国家或政府以什么身份和凭借什么权力来进行预算分类管理？财政理论和实务部门的意见并不统一。例如，邓子基（2005）、杨君昌（2008）等人对此发表了自己的见解，描述最全面的代表当数戴柏华（2009）的观点。他认为，"公共财政预算是政府凭借国家政治权力、以社会管理者身份筹集税收为主体的财政收入，用于维持国家行政职能正常运转、保障国家安全、维护社会秩序以及发展各项社会事业的收支预算；国有资本经营预算是国家以所有者身份从国家出资企业依法取得国有资本收益，并对该收益进行分配而发生的各项收支预算；政府性基金预算是国家通过向社会征收以及出让土地、发行彩票等方式取得政府性基金收入，专项用于支持特定基础设施和社会事业发展而发生的收支预算；社会保障预算是政府通过一般性税收、社会保障（税）费及其他渠道筹集收入，并安排专门用于社会保障的各项收支预算"。从上述描述可以看出，学者们认同公共财政预算的征管依据是政治权力，这里的"公共财政预算"实际就是我们前文中就已纠正过的经常性预算。也就是说，经常性预算的征管依据是政治权力，而其他预算的征管依据并没有论及，有的只是提及其主体身份，具体主体语焉不详。总之，理论和实务界关于政府预算分类管理的理论依据尚未完全统一，显然有必要深化这一问题研究，以有利于政府预算体系的建立和推行。

我们认为，既然国家权力可以分类为政治权力、财产权力、行政管理权力和信用权力，四种权力的资金筹集形式依次为税收、国有资

本经营收益、政府性收费或基金、国债，那么，上面四种权力的资金筹集形式即构成我国财政总收入的全部内容（债务收入不构成我国政府预决算收入，但国债利息计入财政总收入）。即我国的全部财政预决算收入与我们所讨论的四种权力的资金筹集形式构成对应关系。国家权力是公共财政活动的依据，国家权力的资金筹集形式就是财政收入，如果把问题进一步细化，我们就会清晰地看到，有几种国家权力，就有几种政府收入形式与之相对应。既然"四元权力说"顺应了当下社会主义市场经济财政体制改革的要求，为了能够很好地反映我国公共预算全貌和完善公共预算制度建设，我们就应该按照不同权力的作用方向和范围来构建相应的财政体制或公共预算体系。我们知道，社会主义公共财政作为政府的计划配置资源行为，其目标是满足社会公共福利需要，其收支活动主要通过公共预算来实现，包括经常性预算、国有资本经营预算、政府性基金预算和社会保障预算。经常性预算是国家或政府以社会管理者身份，主要凭借政治权力，筹集以税收为主体的财政收入，用于保障和改善民生、维持国家行政职能正常运转、保障国家安全等方面的收支预算。国有资本经营预算是国家或政府以国有资产所有者身份，主要凭借财产权力，依法取得国有资本收益，并对所得收益进行分配而发生的各项收支预算，是广义的公共预算的重要组成部分。长期以来，我国对国有资本经营收支没有进行单列预决算和进行分类管理，而是作为非税收入的一部分与经常性预算混合在一起，这种做法无法体现政府作为国有财产所有者的身份及其职能。政府性基金预算是国家或政府以国有资产所有者和特别的公共产品或服务供给者身份，主要凭借财产权力和行政管理权力，通过向社会征收以及出让土地、发行彩票等以特定服务方式取得收入，并专项用于支持特定基础设施建设和社会事业发展的财政收支预算，是广义的公共预算体系的重要组成部分。例如国有土地使用权出让收入就是以国有资产所有者身份，凭借财产权力取得的；彩票公益金就是以特定的公共产品或服务供给者身份，凭借行政管理权力取得并运用的资金。社会保障预算指国家或政府以社会管理者和特别的公共产品或服务供给者身份，主要凭借政治权力和行政管理权力，通过社会保险缴（税）费、政府经常性预算安排等方式取得收入，专项用于社会保障支出的收支预算，是广义的公共预算的重要组成部分。根据中国国情，国有资本经营预算可以与经常性预算发生资金往来，也可以充实政府性基金预算和社会保障预算；经常性预算可以向政府性基金预算和社会保障预算划拨资金，但政府性基金预算和社会保障预算的资金应全部用于专项支出，其资金只进不出，封闭运行。至于信用权力，其所形成的公债或财政信用，基金预算既可独立成一体系，也可归入专门的预算体系，如"经常性预算"或"发展性预算"等。这样，我们在政府预算管理中，找到了依据"四元权力"的分类标准，对政府预算收入进行类别和层次划分，为全面、准确、清晰地反映政府收支活动，有效地编制政府预算、执行和决算提供有力的理论支撑。综合以上分析，我们认为，政府预算就是广义的公共财政预算，政府预算的资金既包括财政资金这一社会性公共资金，也包括其他社会性公共资金。我国的政府预算体系就是一个包括经常性预算即狭义的公共财政预算、国有资本经营预算、政府性基金预算和社会保障预算在内的复式预算体系。即经常性预算的征管依据主要是政治权力，其政府身份是社会管理者；国有资本经营预算的征管依据主要是财产权力，其政府身份是国有资产所有者；政府性基金预算的征管依据主要是财产权力和行政管理权力，其政府身份是国有资产所有者和特别的公共产品或服务供给者；社会保障预算的征管依据主要是政治权力和行政管理权力，其政府身份是社会管理者和特别的公共产品或服务供给者。

参考文献：

[1] 王军，欧阳宗书. 公共财政学术研究观点综述 [J]. 中国财政，2000（12）：48-51.

[2] 财政部网站：http://www.mof.gov.cn/zhuantihuigu/zhongguo-caizhengjibenqingkuang/caizhengzhineng/200905/t20090504-139428.html.

［3］贾康. 从"国家分配论"到"社会集中分配论"（下）［J］. 财政研究，1998（5）：14-26.

［4］许毅. 财政学［M］. 北京：中国财政经济出版社，1984.

［5］郭复初. 国家财务独立与财政理论更新［J］. 经济学家，1995（4）：78-85.

［6］邓子基. 社会主义财政学［M］. 北京：中国财政经济出版社，2005.

［7］刘邦驰，汪叔九，等. 财政学［M］. 成都：西南财经大学出版社，1995.

［8］王国清. 公共财政：财政的公共性及其发展［J］. 经济学家，1999（6）：91-97.

［9］邓子基. 坚持与发展"国家分配论"［J］. 东南学术，1999（1）：15-17.

［10］王国清. 财政基础理论研究［M］. 北京：中国财政经济出版社，2005.

［11］叶振鹏，张馨. 公共财政论［M］. 北京：经济科学出版社，1999.

［12］贺忠厚. 公共财政学［M］. 西安：西安交通大学出版社，2007.

［13］杨君昌. 公共预算：政府改革的钥匙［M］. 北京：中国财政经济出版社，2008.

［14］马海涛，安秀梅. 公共财政概论［M］. 北京：中国财政经济出版社，2003.

［15］邓子基. 财政学［M］. 北京：高等教育出版社，2005.

［16］姜竹，邵冰，景洪军，等. 公共预算与管理［M］. 北京：经济科学出版社，2009.

［17］储敏伟，杨君昌. 财政学［M］. 北京：高等教育出版社，2010.

［18］王金秀，陈志勇. 国家预算管理［M］. 北京：中国人民大

学出版社，2007.

　　［19］马国贤. 政府预算［M］. 上海：上海财经大学出版社，
2011.

　　［20］戴柏华. 全面提高财政预算的统一性和完整性［N］. 中国
财经报，2009-01-06.

　　　　　　　　　　　　（原文载《财经科学》2014 年第 2 期）

第四章　其他财政经济问题

试论马克思、恩格斯所设想的集体所有制

王国清

1983 年 3 月 14 日是马克思逝世 100 周年纪念日。马克思、恩格斯揭示了资本主义制度必然灭亡、社会主义必然胜利的客观规律，为我们指明了前进的方向。马克思、恩格斯逝世后，世界发生了很大的变化，一些经济落后的国家先后走上社会主义道路。研究马克思、恩格斯所设想的集体所有制的性质、存在的形态，以及马克思、恩格斯的集体所有制理论和经济落后国家建立社会主义的预见之间的关系，对于我们深入领会马克思主义的基本理论，加深我们对党的十一届三中全会以来党的路线的认识，对于指导我们的实际工作，是既有理论意义，又有实际意义的。

一、马克思、恩格斯所设想的集体所有制是社会所有制

马克思、恩格斯所设想的集体所有制的性质是什么？理论界对此认识并不一致。有的同志根据马克思在《巴枯宁〈国家制度和无政府状态〉一书摘要》中的论述，认为马克思、恩格斯所设想的集体所有制就是我国现阶段的社会主义集体所有制。我认为，这是一个误解。

马克思指出，无产阶级"将以政府的身份采取措施，直接改善农民的状况，从而把他们吸引到革命方面来；这些措施，一开始就应当促进土地私有制向集体所有制的过渡，让农民自己通过经济的道路来实现这种过渡，但是不能采取得罪农民的措施，例如宣布废除继承权或废除农民所有权"①。马克思在这里确实提出了集体所有制的概念，

---

① 马克思，恩格斯. 马克思恩格斯选集：第 2 卷 [M]. 北京：人民出版社，1972：635.

但我们只要略加分析，就会看出马克思在这里重点不是论述他们所讲的集体所有制本身，而是强调无产阶级夺取政权之后，在小农占多数的地方，不是马上实行他们所设想的集体所有制，而是需要采取例如不宣布废除继承权或农民所有权等措施的经济道路，以此过渡到他们所设想的集体所有制。

那么，这种过渡的经济道路又是什么性质呢？对于马克思所讲的向集体所有制过渡的经济道路，恩格斯在《法德农民问题》一文中进一步阐述为"合作社的生产和占有"①。这种合作社的生产和占有还保存着继承权或农民所有权，是"按入股土地、预付资金和所出劳力的比例分配收入"② 的。这种合作社是"土地私有制向集体所有制的过渡"，还不是完全的社会主义性质的，倒是和我国已实践过的初级社极为相似。在中华人民共和国成立后，我国运用马克思主义关于"不剥夺小农"的原理，结合我国小农经济占优势等具体情况，在农业实现合作化的过程中，采取了逐步过渡的方法。在实现互助组之后，就是"在这些互助组的基础上，仍然按照自愿和互利的原则，号召农民组织以土地入股和统一经营为特点的小型的带有半社会主义性质的农业生产合作社"。总之，马克思、恩格斯所讲的向集体所有制过渡的经济道路，即"合作社的生产和占有"，是半社会主义性质的，它还不是马克思、恩格斯所设想的集体所有制。

马克思、恩格斯所设想的集体所有制其实就是社会所有制。首先，恩格斯在《法德农民问题》一文中指出，无产阶级掌握了国家政权之后，对于大土地占有制，"我们将把这样归还给社会的大地产，在社会监督下，转交给现在就已耕种着这些土地并将组织成合作社的农业工人使用"，把资本主义农场变为"公有农场""合作的大规模农场"③。这种"公有农场""合作的大规模农场"也就是恩格斯在 1886 年 1 月

---

① 马克思，恩格斯. 马克思恩格斯选集：第 4 卷 [M]. 北京：人民出版社，1972：310.

② 马克思，恩格斯. 马克思恩格斯选集：第 4 卷 [M]. 北京：人民出版社，1972：310.

③ 马克思，恩格斯. 马克思恩格斯选集：第 4 卷 [M]. 北京：人民出版社，1972：315.

致倍倍尔的信中所说的，"把大土地转交给（先是租给）在国家领导下独立经营的合作社"①。恩格斯所说的大土地占有制向合作社的这种转变，"在农村无产者面前展开的一幅光辉的远景，就像在工业工人面前所展开的一样"②。据此，我们认为，经典作家论述的"公有农场""合作的大规模农场""在国家领导下独立经营的合作社"和工业工人剥夺大资产建立的社会所有制是同一性质的。

其次，对于小土地私有制，经典作家认为，不能采取对待大土地占有制那样，而应该"首先是把他们的私人生产和私人占有变为合作社的生产和占有，但不是采用暴力，而是通过示范和为此提供社会帮助"③。恩格斯这句话的意思，就是强调对小土地私有制不是采用暴力，而是通过"合作社的生产和占有"的形式，把"分为小块的土地"转归"公共占有"④。这里的"合作社的生产和占有"，与马克思所讲的促进土地私有制向集体所有制的过渡的经济道路是一致的，这里的"公共占有"和马克思所设想的集体所有制也是一致的。

怎样才能过渡到马克思、恩格斯所设想的集体所有制呢？马克思、恩格斯所设想的集体所有制到底是什么性质的呢？对于合作社的生产和占有，恩格斯曾经设想，国家可以通过"由国家银行接受他们的一切抵押债务并将利率大大减低；从社会资金中抽拨贷款来建立大规模生产（贷款不一定或者不只限于金钱，而可以是必需的产品：机器、人工、肥料等）及其他各种便利"⑤。国家还可以从邻近的大田庄拨地，或者帮助他们搞副业。总之，"逐渐把农民合作社转变为更高级的形式（马克思、恩格斯所设想的集体所有制），使整个合作社（农

---

① 马克思，恩格斯. 马克思恩格斯《资本论》书信集［M］. 北京：人民出版社，1976：455.

② 马克思，恩格斯. 马克思恩格斯选集：第4卷［M］. 北京：人民出版社，1972：315.

③ 马克思，恩格斯. 马克思恩格斯选集：第4卷［M］. 北京：人民出版社，1972：310.

④ 马克思，恩格斯. 马克思恩格斯选集：第4卷［M］. 北京：人民出版社，1972：312.

⑤ 马克思，恩格斯. 马克思恩格斯选集：第4卷［M］. 北京：人民出版社，1972：311.

民合作社的更高级形式也可叫合作社，但须注意这是更高级的形式的合作社）及个别社员的权利和义务跟整个社会其他部分（剥夺大资产、大地主所建立的社会所有制）的权利和义务处于平等地位"①。

由上可见，马克思、恩格斯所设想的集体所有制就是社会所有制，集体所有制是社会所有制的同义语。

经典作家在论述促进土地私有制向集体所有制过渡，把合作社的生产和占有转变为更高级形式的合作社时，强调指出："至于怎样具体地在每一个别场合下实现这一点，那将决定于这一场合的情况，以及我们夺得政权时的情况。"② 恩格斯在讲到愈迅速愈容易实现社会变革，要牺牲一些社会资金，善于投资，来实现这个变革时，也说这里"只能讲到一般的要点"，"不是深入细节"③。在谈到把没收的大地产，把资本主义农场转变为公有农场时也特别强调："我们将在什么条件下转交这些土地，关于这点现在还不能说出一定的意见。"④ 由此我们可以看到，经典作家的设想是既科学而又严谨的。他们既为我们勾画出采取过渡的形式，最终实现全社会范围内的社会所有制的蓝图，制定了促进土地私有制过渡到他们所设想的集体所有制的原则和诸种措施，同时又强调要根据夺得政权的情况以及其他具体国情而采取具体的经济道路。

仅就我国而言，旧中国是一个半封建、半殖民地的社会，地域广阔，各地区生产力发展不平衡，小生产占绝对优势。我们党领导新型的农民武装斗争，通过建立农村革命根据地，最后夺取全国政权。中华人民共和国成立后，我们党遵循马克思主义的基本原理，结合我们国家的具体国情，对小农的改造，采取了逐步过渡的办法，通过互助组—初级合作社—高级合作社这样的经济道路，建立了社会主义集体

---

① 马克思，恩格斯. 马克思恩格斯选集：第 4 卷［M］. 北京：人民出版社，1972：310.

② 马克思，恩格斯. 马克思恩格斯选集：第 4 卷［M］. 北京：人民出版社，1972：310-311.

③ 马克思，恩格斯. 马克思恩格斯选集：第 4 卷［M］. 北京：人民出版社，1972：312.

④ 马克思，恩格斯. 马克思恩格斯选集：第 4 卷［M］. 北京：人民出版社，1972：315.

所有制。这是我们党把马克思主义的基本原理与中国革命的具体实践相结合的产物，是对马克思主义的丰富和发展。但是，社会主义集体所有制还不是马克思、恩格斯所设想的那种集体所有制，它最终还是要过渡到马克思、恩格斯所设想的集体所有制的。

社会主义集体所有制是社会主义社会生产资料和劳动成果归劳动集体共同占有的一种公有制形式，与马克思、恩格斯所设想的集体所有制相比，公有化程度较低。其特点主要有：

第一，马克思、恩格斯所设想的集体所有制，其生产资料和产品属于全体劳动人民占有，而且是社会直接占有，不归某一部分人所有；社会主义集体所有制的生产资料和产品，则归本集体的劳动群众所共有，在国家规定的范围内，由各个集体自行支配和使用。

第二，马克思、恩格斯所设想的集体所有制，由社会中心统一调节各企业的生产和经营；社会主义集体所有制企业的生产和经营，要接受国家指令性和指导性计划的领导，但有较大的灵活性和独立性。

第三，马克思、恩格斯所设想的集体所有制企业，按社会中心规定的统一标准进行分配；社会主义集体所有制企业的收入分配在国家规定的范围内进行，其纯收入除按规定以税金形式上交国家外，其余全部由本集体支配和使用。

第四，马克思、恩格斯所设想的集体所有制实行全社会范围内的按劳分配；社会主义集体所有制的按劳分配在本集体范围内进行，而且各个集体经济之间实际上是有差别的。当然，它也间接体现国家、集体和个人三者之间的利益关系。

需要指出的是，马克思、恩格斯在其他一些著作中谈到集体所有制时，也是将其作为社会所有制的同义语使用的。例如，恩格斯1843年在《大陆上社会改革运动的进程》一文中指出，"在集体所有制的基础上来改变社会结构"①，意思就是用全社会共同占有生产资料来代替私人占有。马克思在《〈法国工人党纲领〉导言》中也指出，法国工人社会主义者提出其经济方面斗争的最终目的是"恢复全部生产资

---

① 马克思，恩格斯. 马克思恩格斯全集：第1卷［M］. 北京：人民出版社，1956：575.

料的集体所有制"①。显然，马克思、恩格斯所论述的集体所有制就是社会所有制。

总之，马克思、恩格斯所设想的集体所有制不是我国现阶段的社会主义集体所有制。现阶段社会主义集体所有制最终还是要过渡到马克思、恩格斯所设想的集体所有制的。尽管二者都名为集体所有制，实质上是名同而内涵并不一样。马克思、恩格斯所设想的集体所有制就是社会所有制。

二、马克思、恩格斯所设想的集体所有制的形态

马克思、恩格斯在论述社会占有全部生产资料时，是明确包含了国家所有制思想的。恩格斯曾经设想，无产阶级取得国家政权之后，将"首先把生产资料变为国家财产"②。他在谈到社会占有全部生产资料的时候指出，"到目前为止还存在阶级对立中运动着的社会，都需要国家（作为整个社会的代表）"，"国家真正作为整个社会的代表所采取的第一个行动，即以社会的名义占有生产资料，同时也是它作为国家采取的最后一个独立行动"③。马克思、恩格斯在设想土地国有化后，把土地交给合作生产企业，成为国家领导下独立经营的合作社时，也明确指出，要"使社会（首先是国家）保持对生产资料的所有权，这样的合作社的特殊利益就不能压过全社会的整个利益"④。恩格斯1891 年在《〈法兰西内战〉导言》中总结巴黎公社的经验时，也曾设想，"公社最重要的法令规定要组织大工业以至工场手工业，这种组织不但应该在每一个工厂内以工人的联合为基础，而且应该把这一切

---

① 马克思，恩格斯. 马克思恩格斯选集：第 19 卷 [M]. 北京：人民出版社，1972：264.

② 马克思，恩格斯. 马克思恩格斯选集：第 3 卷 [M]. 北京：人民出版社，1972：320.

③ 马克思，恩格斯. 马克思恩格斯选集：第 3 卷 [M]. 北京：人民出版社，1972：320.

④ 马克思，恩格斯. 马克思恩格斯选集：第 36 卷 [M]. 北京：人民出版社，1972：416-417.

联合体结成一个大的联盟"①。即是说，把按照工人意志、符合工人利益而组织起来的若干大大小小的联合体结成一个全国范围内的大联盟。从经典作家的这些论述之中，我们可以得到以下启示：

首先，马克思、恩格斯明确论述的社会占有全部生产资料的社会所有制，首先是作为国家所有制形态存在并发挥作用的。既然马克思、恩格斯所设想的集体所有制就是社会所有制，则其首先也是以国家所有制形态存在和发挥作用的。

其次，国家所有制企业实行"在国家领导下独立经营"。

最后，国家所有制要有计划地调节诸方面的关系，如要正确处理国家所有制关系中国家、企业和个人三者的利益关系。

上述马克思、恩格斯的这些很重要的经济思想，对于我们当前的经济改革有着非常重要的指导意义。

然而，学术界有的同志把统负盈亏作为国家所有制的同义语，把自负盈亏作为社会主义集体所有制独有的经济范畴，并以此为前提来探索我们的经济体制改革，我是不同意的。

就自负盈亏来说，它是可以和不同的所有制联系在一起的经济范畴。自负盈亏，是商品经济的范畴，它是以生产单位用资金收入抵偿资金支出为特征的。自负盈亏是一种企业管理形式，在不同性质的所有制中具有不同的性质。它既可以为私有制服务，也可以为公有制服务；既可以为社会主义集体所有制服务，也可以为社会主义国家所有制服务。自负盈亏为国家所有制所用，和经典作家论述的"在国家领导下独立经营"的思想是一致的。

统负盈亏，也不是国家所有制必然采取的唯一经营管理形式。近一二年来，学术界有的同志贬低甚至否定国家所有制，认为国家所有制就是以国家为主体，而以国家为主体就必然搞统负盈亏，搞统负盈亏就必然出现若干弊病，因此，我国经济管理体制的弊病之源大概就是国家所有制。他们主张把国营企业改为自负盈亏的集体所有制企业。我们认为，国家所有制的存在形式不是唯一的，而是多种多样的，这取决于生产力水平和其他具体国情。在"一五"计划时期，国家所有

---

① 马克思，恩格斯. 马克思恩格斯选集：第 2 卷［M］. 北京：人民出版社，1972：333.

制采取高度集中、统一管理、统负盈亏的形式，是符合当时生产力发展水平和需要的，也是符合我国当时的具体国情的，因而取得了很大的成就。后来的情况表明，实行国家所有制并没有错，错就错在没有根据生产力发展水平的差异、具体情况的变化，分别采取不同的经营管理形式。所以，我国经济体制存在的弊病，不是国家所有制本身所固有的。恰恰相反，国营经济是我国社会主义制度的主要经济基础，如果没有国营经济，就不可能有人民民主专政的国家，就不能保证集体经济的社会主义性质，个体经济为社会主义服务也就是一句空话。要克服我们经济体制存在的弊病，关键就在于保留和完善国家所有制，坚持"在国家领导下独立经营"，根据具体情况采取不同的经营管理形式，努力提高经济效益，兼顾国家、企业和职工个人三者的利益关系。正如党的十二大报告所指出的那样："我们应该采取积极的态度，认真总结经验，寻找和创造出一套适合工商企业特点的、既能保证国家统一领导又能发挥企业和职工积极性的具体制度和办法。"

当前的经济改革，要在坚持国营经济主导地位的前提下发展城乡集体经济和劳动者个体经济。对国家所有制企业的改革，需要分别不同情况，有步骤地进行。对国营大中型企业，采取分两步走的办法。第一步，实行税利并存，即在企业实现的利润中，先征收一定比例的所得税和地方税，对税后利润采取多种形式在国家和企业之间合理分配。第二步，在价格体系基本趋于合理的基础上，再根据盈利多少征收累进所得税。对小型国营企业，可根据情况采取由集体或职工个人承包、租赁等多种经营方式，实行国家征税、资金付费、自负盈亏的制度。在计划管理体制方面，必须坚持计划经济为主、市场调节为辅的原则，划分指令性计划、指导性计划和市场调节的范围和界限，同时采取相应的政策措施。

综上所述，马克思、恩格斯所设想的集体所有制首先是以国家所有制的形态存在并发挥作用的。国家所有制的存在形式不是唯一的，而是多种多样的。认识到这一点，不仅在理论上，而且在实践上，都是极有意义的。

（原文载：佚名. 马克思经济思想研究：纪念马克思逝世一百周年论文选［M］. 成都：四川财经学院科研处，1983.）

马克思、恩格斯所设想的公有制及其实现形式的启示

王国清

马克思、恩格斯所设想的公有制有不同的称谓，例如国家所有制、社会所有制和集体所有制等。本文立足于马克思、恩格斯所设想的集体所有制，从特殊的、阶段的、可行的角度，探讨其具体的实现形式。这对于我们深入领会马克思主义的基本理论，加深我们对党的十五大精神的认识，对于指导我们的实际工作，既有理论价值，又有实际意义。

一、马克思、恩格斯所设想的集体所有制是社会所有制

马克思、恩格斯所设想的集体所有制是社会所有制或称我国现阶段的社会主义集体所有制，理论界对此的认识并不一致。有的同志根据马克思在《巴枯宁〈国家制度和无政府状态〉一书摘要》中的论述，认为马克思、恩格斯所设想的集体所有制就是我国现阶段的社会主义集体所有制。我认为，这是一个误解。

马克思指出，无产阶级"将以政府的身份采取措施，直接改善农民的状况，从而把他们吸引到革命方面来；这些措施，一开始就应当促进私有制向集体所有制的过渡，让农民自己通过经济的道路来实现这种过渡；但是不能采取得罪农民的措施，例如宣布废除继承权或废除农民所有权"①。马克思在这里确实提出了集体所有制的概念，但只

①　马克思，恩格斯. 马克思恩格斯选集：第 2 卷 [M]. 北京：人民出版社，1972：635.

要我们略加分析，就会看出马克思在这里重点不是论述他们所讲的集体所有制本身，而是强调无产阶级夺取政权之后，在小农占多数的地方，不是马上实行他们所设想的集体所有制，而是需要采取例如不宣布废除继承权或农民所有权等措施的经济道路，以此过渡到他们所设想的集体所有制。

马克思、恩格斯所设想的集体所有制其实就是社会所有制。

首先，恩格斯在《法德农民问题》一文中指出，无产阶级掌握了国家政权之后，对于大土地占有制，"我们将这样归还给社会的大地产，在社会监督下，转交给现在就已耕种着这些土地并将组织成合作社的农业工人使用"，把资本主义农场变为"公有农场""合作的大规模农场"。这种"公有农场""合作的大规模农场"也就是恩格斯在1886年1月致倍倍尔的信中所说的，"把大土地转交给（先是租给）在国家领导下独立经营的合作社"。据此，我认为，马克思主义经典作家论述的"公有农场""合作的大规模农场""在国家领导下独立经营的合作社"和工业工人剥夺大资产建立的社会所有制这一公有制是同一性质的。

其次，马克思、恩格斯在其他一些著作中谈到集体所有制时，也是将其作为社会所有制的同义语使用的。例如，恩格斯1843年在《大陆上社会改革运动的进程》一文中指出，"在集体所有制的基础上来改变社会结构"，意思就是用全社会共同占有生产资料来代替私人占有。马克思在《〈法国工人党纲领〉导言》中指出，法国工人社会主义者提出其经济方面斗争的最终目的是"恢复全部生产资料的集体所有制"。

二、马克思、恩格斯所设想的公有制的实现形式

（一）国家所有制是公有制的一种实现形式

马克思、恩格斯在论述社会占有全部生产资料时，是明确包含了国家所有制形式的。恩格斯曾经设想，无产阶级取得国家政权之后，将首先把生产资料变为国家财产。他在谈到社会占有全部生产资料的

时候指出，到目前为止还存在阶级对立中运动着的社会，都需要国家（作为整个社会的代表）。国家真正作为整个社会的代表所采取的第一个行动，即以社会的名义占有生产资料，同时也是它作为国家采取的最后一个独立行动。马克思、恩格斯在设想土地国有化后，把土地交给合作生产企业，成为国家领导下独立经营的合作社时，也明确指出，要使社会（首先是国家）保持对生产资料的所有权，这样的合作社的特殊利益就不能压过全社会的整个利益。恩格斯 1891 年在《〈法兰西内战〉导言》一文中总结巴黎公社的经验时，也曾设想，"公社最重要的法令规定要组织大工业以至工场手工业，这种组织不但应该在每一个工厂内以工人的联合为基础，而且应该把这一切联合体结成一个大的联盟"。即是说，把按照工人意志、符合工人利益而组织起来的若干大大小小的联合体结成一个全国范围内的大联盟。从马克思主义经典作家的这些论述之中，我们可以得到以下启示：

（1）马克思、恩格斯明确论述的社会占有全部生产资料的公有制，无论称之为社会所有制还是集体所有制，首先是可以作为国家所有制这一实现形式存在并发挥作用的。

（2）公有制企业，包括实行国有制的企业，实行"在国家领导下独立经营"。

（3）公有制企业，包括实行国有制的企业，要有计划地调节国家与企业之间的利益关系。

（二）"合作社的生产和占有"是公有制的又一实现形式

什么是"合作社的生产和占有"？在对于小土地私有制变为公有制的论述中，马克思主义经典作家认为，不能采取对待大土地占有制那样，而应该首先是把他们的私人生产的私人占有变为合作社的生产和占有，但不是采用暴力，而是通过示范和为此提供社会帮助，把"分为小块的土地"转归"公共占有"。这里的"合作社的生产和占有"，与前述马克思讲的促进土地私有制向集体所有制的过渡的经济道路是一致的，这里的"公共占有"是属于公有制性质的。

由此可以看出，公有制和它的具体实现形式是可以区分的。合作社的生产和占有是公有制的实现形式之一，具体表现为类似于今天我们所说的股份制、股份合作制形式。它带有特殊的、阶段性的、可行的特性。

（三）自负盈亏是一种有效的经营和管理形式

自负盈亏是以生产单位用资金收入抵偿资金支出为特征，是一种企业经营管理形式，它是可以和不同的所有制联系在一起的经济范畴，既可以为私有制服务，也可以为公有制服务；既可以为社会主义集体所有制服务，也可以为社会主义国家所有制服务。自负盈亏为国家所有制所用，和马克思、恩格斯所论述的"在国家领导下独立经营"的思想是一致的。统负盈亏，也不是国家所有制必然采取的唯一经营管理形式。国家所有制经营形式不是唯一的，而是多种多样的，这取决于生产力发展水平和具体国情。

三、公有制的实现形式可以而且应当多样化

今天，我们重温马克思主义经典作家关于公有制及其实现形式的论述以及他们在这个问题上的科学态度，对于指导我国的经济体制改革，努力探索公有制的有效实现形式有着重要的意义。

党的十一届三中全会以来，解放思想，实事求是，发展了马克思主义，并在此基础上形成了邓小平理论。根据邓小平理论，制定了以公有制为主体、多种经济成分共同发展的方针，出现了公有制实现形式多样化和多种经济成分共同发展的局面，解放和发展了生产力，并取得了很大的成效。然而，在一段时间里，在公有制实现形式上仍受到传统思想的束缚，例如，在坚持公有制主体地位时，未能正确认识和处理好公有经济的质和量的关系，存在着重量轻质的误区；未能正确认识和处理好重要行业和非重要行业的关系，存在着公有制须布局于所有行业的误区；未能正确认识和处理好全局和某些局部地区的关系，存在着某些局部地区出现非公有制经济占较大比重的现象就怀疑我国以公有制为主体的误区。其结果，阻碍了社会生产力的发展。党的十五大报告用较大篇幅论述了经济体制改革和经济发展战略，这部分有一系列的理论突破，是又一次思想解放。报告关于把"公有制为

主体、多种所有制经济共同发展""非公有制经济是我国社会主义市场经济的重要组成部分""公有制经济不仅包括国有制和集体经济，还包括混合所有制经济中的国有成分和集体成分""公有制实现形式可以而且应当多样化""股份制是现代企业的一种资本组织形式，……资本主义可以用，社会主义也可以用"，一切反映社会生产规律的经营方式和组织形式都可以大胆利用，要努力寻找能够极大地促进生产力发展的公有制实现形式。这些都很有新意，不仅是对传统所有制观念的理论突破，而且是坚持马克思主义，是对马克思、恩格斯关于所有制理论的重大突破。

我们应按照党的十五大提出的要求，立足于社会主义初级阶段的基本国情，解放和发展生产力，按照"三个有利于"的标准，努力寻找能够极大地促进生产力发展的公有制实现形式，大胆使用一切适合生产力发展水平和符合社会化生产规律的经营方式的组织形式，深化国有企业改革，从整体上搞活国有经济，使社会主义制度更加充满生机和活力。

（原文载《理论与改革》1998 年第 2 期）

美国联邦政府对州与地方政府的补助支出

王国清

美国的政权组织是联邦政府、州政府和地方政府构成的三级政权体系。与之相适应，财政体制也相应划分为联邦、州和地方政府三级。

由于历史的原因，美国的州和地方财政体制的形成比联邦财政要早。州与地方政府都有各自的财政预算，也各有自己的支出和税收。美国宪法规定，各州的权力必须服从全国的利益。即是说，当联邦法律与州法律相抵触时联邦法律的效力高于州法律。随着国家垄断资本主义的发展，美国政治和经济关系有着明显集权化的趋势。联邦政府对州与地方政府的补贴，成为监督、控制、干预州与地方财政活动的重要手段。联邦补助支出的运用，既是国家垄断集权化的一个主要表现，也是美国国家财政管理体制不断完善的一个重要标志。

一、联邦补助支出的产生、发展及原因

美国政府间的财政资助关系，可上溯到邦联政府时期。但在 1789 年 4 月 30 日总统、副总统宣誓就职，联邦政府宣告组成之前，邦联还是一个只有议事机构而没有执行机构，由 13 个独立州组成的松散联盟。正因为如此，邦联政府无权直接向各州的人民征税，只能催促各州政府缴纳配额，以资运用。尽管拖欠和分文不缴的情况在有的州也时有发生，但邦联一切政务的推行，皆仰仗于各州政府以摊款形式所提供的资助。

在组成了中央集权的联邦政府之后，美国宪法规定，联邦政府拥有租税权、公债与货币权、管治领土及财产权等 14 种权限。最初，联

邦政府以分享岁入的形式，向州与地方政府提供财政资助。联邦政府以每年林业、矿产、狩猎、地租、电费等收入，分给一部分有关的州县。因为这些收入的资源大都位于各州境内，州与地方政府历来是在管辖范围内征收一般财产税及营业税等地方税的，但上述资源所形成的公共财产及收益却是联邦政府的非税收入。联邦政府并不就此向州与地方政府缴纳地方税，所以就以这些非税收入的一部分分给有关的州县作为联邦向州与地方政府所提供的一种财政资助。

严格意义上的联邦补助支出制度，最早始于 20 世纪初期。随着资本主义的发展，在 20 世纪 30 年代，尤其是第二次世界大战结束后，在凯恩斯主义鼓吹国家干预的旗号下，联邦政府对州与地方政府的补助支出，才成为经常和巨额的支出，数额的增长变化情况如表 1 所示。

表 1　1950—1980 年联邦政府对州与地方政府的补助支出情况

项目	1950 年	1960 年	1970 年	1980 年
补助支出总额/亿美元	23	70	240	915
占联邦支出总额/%	5.3	7.6	12.2	15.8
占州与地方政府支出总额/%	10.3	14.7	19.4	26.3

资料来源：〔美〕《1976—1977 财政联邦制的基本特征》第三部分：开支，第 8 页。

〔美〕《1982 财政年度美国政府预算专题分析》，第 252 页。

联邦政府对州与地方政府的补助支出为什么会成为经常和巨额的支出？主要有以下几个原因：

第一，实现国家扩展职能的需要。资本主义进入垄断阶段之后，国家职能从原有的对内实行暴力统治，对外侵略扩张的基本职能，发展到还具有调节经济和所谓增进社会福利的扩展职能。联邦政府、州与地方政府则不同层次地执行着这些职能，而职能的实现，需借助一定的物质保证，其结果，导致联邦政府和州与地方政府的总支出急剧上升。从 1960 年到 1980 年的 21 年间，增加情况如表 2 所示。

表2　1960—1980年联邦政府与地方政府的支出情况

项目	1960年	1970年	1975年	1980年
全国总支出/亿美元	1 443	3 090	5 084	8 690
联邦预算支出/亿美元	903	1 849	2 919	6 020
占全国总支出的比重/%	62.6	59.8	57.4	69.2
州与地方政府预算支出/亿美元	540	1 241	2 165	2 670
占全国总支出的比重/%	37	40.2	42.6	30.8

计算根据：（美）《1979年美国统计摘要》第284页。

（美）《当前商业概览》，1981年第5卷，第9页。

随着联邦支出的增加，联邦对州与地方的补助支出也随之增长。

第二，联邦补助支出的具体目的与用途，在于监督地方财政活动、干预经济，借以缓和经济危机。1929—1933年经济大危机发生之后，主张国家干预、大搞支出膨胀政策的凯恩斯主义应运而生。战后美国历届政府，大多以凯恩斯主义为信条，大力推行扩大财政支出和赤字财政等政策措施。政府不仅把财政作为聚敛收入的手段，还作为调节经济，反危机的重要工具。

从补助支出的具体目的用途看，联邦政府一方面可以通过补助支出直接控制州与地方政府的预算，将州与地方政府捆绑于解决全国性社会经济问题的战车上；另一方面，还可以通过补助支出的运用，积极干预经济，决定或影响地区资源配置的数量和方向。同时，还通过"课税—补助"环节，调整和改变地区间的收入分配，希望取得经济落后地区与经济发达地区均衡发展的效果，借以缓和经济危机。

第三，州与地方政府的收支结构，促进了联邦补助支出的发展。从20世纪70年代来看，美国政府收入的95%以上是税收，其中联邦收入占60%左右，州与地方的收入约为40%。联邦政府的税收收入，主要是联邦个人所得税、社会保险税和公司所得税，这是稳定的、大量的收入来源。支出方面，则优先考虑军事支出，国家机关、警察及司法等经常性费用支出，社会福利支出等。州与地方政府的收入则主要靠地方税收，尤其是财产税和销售税，但收入不多，支出则主要投向教育、公路、卫生保健及其他支出。联邦政府还把不少社会经济项目加在州与地方的肩上。尽管州与地方政府税收的增长速度通常比联邦政府税收增长速度要快，但还远远不能抵销州与地方政府的大量支出。所以，州与地方政府的收入除自身来源——税收之外，尚需靠联邦政府的大量补助。

第四，联邦政府和州与地方政府间的税收调整受到梗阻，也促使联邦补助支出迅速增长。各州与地方的经济发展不平衡，各地的实际收入存在着巨大差异。早在20世纪50年代，当时的美国总统艾森豪威尔就任命了一个由州长和联邦官员组成的委员会（政府关系咨询委员会），对各级政府职责分工和相应收入调整制度进行探讨。该委员会或建议取消一部分联邦电话税，以便让州与地方政府来征收；或建议联邦政府对个人纳税人向州政府缴纳的个人所得税，给予一部分课税抵免，抵免部分可以由州政府相应提高税率而加以征收。但上述建议遭到国会的激烈反对。因为各地区间经济发展不平衡，施行的税制也不尽相同，地区间收入高低不同，支出的需要也不完全一样，调整联邦政府和州与地方政府的税收结构，将使各地的收入更加不平衡，特别是已有较高收入的州得益更大，此其一。其二，课税抵免及其他税收让与，是对联邦权力的干涉，尤其是在国家垄断资本主义条件下，则是对财政权力日益集中化的一个明显挑战。

综上所述，不论是从联邦政府方面，还是从州与地方政府方面来看，以上种种因素，都造成了联邦政府对州与地方政府的补助支出迅速增加的后果。

二、联邦补助支出的种类与后果

美国联邦政府对州与地方政府的补助支出，名目繁多，但大致可分为专项补助金、"专用收入分享"和"一般收入分享"三大类。

专项补助金（Categorical Grants），就是联邦政府规定用途的补助金。例如在1975财政年度中，联邦拨发的专项补助达458亿美元，其中指定用于住房方面为39亿美元，商业和交通运输方面为65亿美元，卫生方面为85亿美元，收入保险和保证为135亿美元，等等。

在专项补助金中，有一些补助金被称为对称补助金（Matching Grants），即要求州与地方政府在得到联邦补助金的同时，必须拨出相应的配套基金。

另外一些补助金被称为计划补助金（Project Grants），这是为一项专门活动而提供的补助金。这类补助金名目颇多，但数额不大。计划补助金由申请者提出计划、设计方案或模型，再由联邦机关逐个进行评审后才决定是否拨付。

总之，专项补助金名目繁多，在 20 世纪 80 年代初约有 500 种，具有各种严格的附加限制条件。这一系列条件，就迫使州与地方政府参加联邦政府的各项计划，使补助金的取得和使用受到联邦政府的制约和监督，从而也使州与地方政府的财政更加依赖于联邦政府。

"专用收入分享"（Revenue Sharing Special）就是对专项补助金加以归并的补助金，又称为"一揽子"补助金。在 20 世纪 80 年代初，美国有卫生、社会保安、就业和职业教育、住宅建设和国家救济五大项"专用收入分享"补助金。这类补助金根据法律规定的一个方案或若干方案分配给各州和地方，并与一定的财政收入相联系。特点是在归并的一个大项目之内，资金可以相机使用，州与地方政府有权决定补助金在该项内的具体使用方向，也没有"相应的配套基金"的限制。1980 年，"专用收入分享"补助金计 92.43 亿美元，占联邦对州与地方政府补助支出总额的 10.1%。

"专用收入分享"的数额不算大，它虽然包括一些独立的专项补助金，但又不能囊括本类的所有项目。所以，这类补助金往往是变相的大数额的专项补助金，照样受到联邦政府的监督。

"一般收入分享"（Revenue Sharing General），是指联邦政府将其收入的一部分，按照某种方案分配给各州使用的补助金。各地方政府通过所在州取得各自的份额。这类补助金是 1971 年 7 月 1 日开始实行的，最初定期为 5 年，1976 年期满经修订后又继续实行。其主要内容包括：

（1）每年联邦预算中列出这项数字，作为联邦政府的一项转移性付款，由联邦财政部支付给一项信托基金。国会一次通过有关法案，无须每年审核批准，不受国会年度拨款的支配。

（2）这笔补助首先在各州之间分配，其中州政府得 1/3，余下 2/3 再向下分给地方各级政府。

（3）这些补助金指定用于维持社会治安、保护环境、发展公共交通、卫生保健、娱乐设施、国家救济和组织财政服务等方面。

一般来说，"一般收入分享"补助金和专项补助金、"专用收入分享"补助金的根本区别，是没有附加的一系列拨款条件。尽管这可以加强州与地方政府的财政地位，但并不意味着联邦政府对此失去控制。这是因为州与地方政府进一步依靠联邦所得税为其资金来源，各州对这笔资金的分配要负责，也要遵守联邦政府的有关各项规定。所以，联邦政府仍然控制着州与地方政府，"地方自治机关的权力范围和财政权限还是由中央政府规定的。"①

必须指出的是，联邦补助支出受政治、经济诸因素的影响，在上升趋势中也存在着短期波动的情况。例如，里根在第一任期内，信奉供应学派和货币主义政策，除继续增加军费外，一再宣称要紧缩包括联邦补助支出在内的财政支出。根据计划，在 1981—1983 年，联邦补助支出要减少 134 亿美元。这个削减将导致补助支出占国民生产总值的比例在两年内从里根上台前的 3.3% 降到 2.4%。

联邦政府各类补助支出的运用结果，维护了联邦权力，促进了国家垄断集权化的发展，加强了对州与地方财政活动的监督、干预和控制。在资本主义生产关系的范围内，对经济的调节也产生了一定的影响。但联邦补助支出并不能解决资本主义的痼疾，不能治本，只能治标，在治标上也还有其局限。

从州与地方政府来看，联邦补助支出也不可能解决面临的复杂问题。收入的局限和得不到联邦的足够补助，州与地方的日子更不好过。如纽约市的财政赤字在 1981 年增至 15 亿美元左右，却急需 400 亿美元用于维修和重建 6 000 条街道、775 座桥梁和下水道系统。芝加哥用于类似的改造需要 33 亿美元，克利夫兰需 1.24 亿美元。在这种情况

---

① 列宁. 列宁全集：第 13 卷 [M]. 北京：人民出版社，1959：318.

下，不少地方只能再次求助于举债。又如，全美城市预算支出从 1960
年的 152 亿美元，增加到 1983 年的 903 亿美元。在此期间，城市债务
总额增加了 3 倍，短期债务额增加了 9.4 倍，而短期债务占全部市政
债的比重，从 1960 年的 5.5%暴涨到 1983 年的 16.4%。随着市政债的
增加，用于支付公债利息的支出也随之增加。1960 年，城市支付利息
总额计 4.31 亿美元，1970 年计 10.98 亿美元，而 1983 年高达 46.53
亿美元。收入有限，支出猛增，导致州与地方政府的赤字总额不断增
长。仍以全美城市为例，城市预算赤字在 1957 年为 1.05 亿美元，
1970 年为 15 亿美元，而 1983 年高达 46 亿美元。

再从联邦政府来看，联邦财政也陷于深刻的危机之中。军费支出
扶摇而上，其他支出的降低也并非易事，联邦赤字不断增加。1982 年
7 月底，国会参众两院又通过大规模增税法案和增加社会福利开支。
1982 财政年度，财政赤字创纪录 1 106 亿美元之后，1983 年度又猛增
至 1 954 亿美元，1984 年度将达 1 804 亿美元（国会预算处估计为
1 940 亿美元）。联邦公债已累积到 14 000 亿美元。仅利息支付一项，
1983 年度为 889 亿美元，1984 年度将需 1 080 亿美元。

总之，美国联邦政府对州与地方政府的补助支出，尽管有缓和矛
盾的一面，但未能挽救州与地方的财政危机，而地方财政状况的进一
步恶化，又使美国国家财政陷入更深刻的危机之中。其原因在于生产
资料私有制与生产的社会化这一资本主义基本矛盾。

（原文载《四川财政研究》1985 年第 5 期）

关于阿里地区财政管理体制改革的初步意见①

王国清　穆良平　刘　欣

一、阿里地区的基本情况

阿里地区位于西藏西部，北横喀喇昆仑山和昆仑山，与新疆维吾尔自治区相连，东接那曲地区（今那曲市），南与日喀则地区（今日喀则市）及尼泊尔、印度接壤，西隔喜马拉雅山脉与克什米尔（印占）为邻。全地区面积为 30.5 万平方千米，占西藏自治区总面积的四分之一，相当于两个山东省或三个江苏省的面积。行署所在地狮泉河镇为阿里地区政治、经济、文化和交通中心。境内居住着以藏族为主体的人口 5.6 万人，人口密度为每平方千米 0.18 人，是我国人口密度最小的一个地区。阿里地区地域辽阔，山高缺氧，平均海拔 4 500 米，号称"世界屋脊之屋脊"，包括高山狭谷、高山宽谷和高原湖盆三个地貌区类。年平均降雨量从东南和西南两个边缘的 180mm 向阿里高原腹心地带递减到 80mm 乃至 50mm 以下；全区平均气温较低，如改则、措勤（阿里地区下辖的县）、革吉县盐湖以东以北地区年平均气温－0.3℃，普兰县年平均气温 3℃，狮泉河镇年平均气温 0℃，但阿里又是全国太阳辐射和光照时数最高的地区之一。阿里地区现有耕地面积 48 491 亩；草原面积约 4 亿亩，占全地区总面积的 87.18%，其中可利用面积为 2.8 亿亩左右，实际利用面积约 2.3 亿亩。区内湖泊面积 59.48 万亩，河流和不少湖泊内有着丰富的鱼类资源；地下矿产资源

---

① 此文系作者 1987 年 5-8 月应阿里地区行署邀请赴阿里地区进行社会经济现状和发展考察报告的一部分。

十分丰富，计有硼、金、盐、钾、铜、锂、煤等；地热已显现 41 处，其中朗久地热理论蓄量为 10 000 千瓦；地面有众多的自然景观和人文景观，如岗仁波齐神山、玛旁雍措圣湖、古格王朝遗址、科加寺、托林吉刹等独特而又令人神往的旅游资源。

二、阿里地区的财政经济现状及存在的问题

以前，阿里地区是一个半封建的农奴社会，经济极端落后。1959 年民主改革以前，基本上是一种落后的游牧经济。民主改革以后，尤其是党的十一届三中全会以后，全区经济得到迅速发展。工业从无到有，现已发展有一定规模的电力、采掘、机械、建材和缝纫等行业；交通、邮电、文教、卫生、科技和民族贸易事业，也在一张白纸上迅速发展起来，1986 年创外汇 150 多万美元，为西藏各地区之冠；1985 年农牧民人均收入 572 元，基本解决了温饱问题，地区工农业总产值从 1980 年的 2 023 万元增加到 1985 年的 2 916 万元。这些为阿里地区的经济进一步发展打下了基础。

但阿里地区地处高寒山地，经济起点低、基础差，从总的经济状况来看，和其他民族自治地区以及全国的平均水平差距很大。目前阿里地区的财政经济主要存在下列问题：

（1）企业亏损严重。"六五"计划期间，企业总计亏损 1 679.8 万元，反映到财政上，是本区财政收入连续为负数，1981—1985 年累计财政负收入为 1 002.3 万元，1986 年盈利企业数有所增加，主要也是计入财政补贴之后才盈利的。

（2）产业结构不合理。从工农业总产值来看，工业总产值颇低，1981—1985 年，工业总产值占整个地区工农业总产值的比重平均约 1.77%。而在农牧业产值中牧业产值占大头，农业产值则比重不大。1981—1985 年，在整个地区农业总产值中，牧业产值分别占 90.94%、89.24%、86.46%、85.61% 和 88.05%。与此相适应，农业产值只占 7.41%、7.97%、8.81%、6.84% 和 6.43%。所以，阿里地区的粮食需大量从外地调运，国家需给予大量财政补贴。工业也仅限于满足一般

需要的、维持性的发电、机械维修、缝纫等行业。这些企业成本高，加之经营管理不善，需要财政予以支持。矿产资源开发和旅游服务业正在兴起，但丰富的自然资源和旅游资源尚未得到很好的利用，新兴产业尚待进一步发展或提高。整个阿里地区的自我发展能力低下，经济运行机制还不正常，新兴产业促进其他行业发展的局面尚未形成。

（3）基本建设规模大，且投资结构不合理。1985 年，全区工业总产值上升为 2 916.60 万元，当年区内全民所有制单位基本建设投资总额则为 3 032 万元。而在全民所有制单位的基本建设投资额中，生产性建设投资额度小，非生产性建设投资额度大。如 1981—1985 年，生产性建设投资占每年投资总额的比例分别为 29.50%、37.70%、46.50%、12.17% 和 21.60%；非生产性建设投资占每年投资总额的比例则为 70.50%、62.30%、53.50%、87.83% 和 78.40%。

（4）地方财源狭窄，仰赖上级财政补贴。由于企业亏损，本区财政收入额度很小，所需财力全靠上级财政补贴。在 1981—1985 年，上级财政各项补贴累计达 28 203.9 万元，每年补贴数额均超过全区工农业总产值。

（5）经济管理松弛，专业人才缺乏，资金漏损严重，基本建设投资效果差。阿里地区物资管理松弛，"跑、冒、滴、漏"现象严重；经济管理人才短缺，出现经济合同签订不严谨，被对方单位钻空子，造成扯皮和经济损失；区外建筑单位在阿里承包工程，利用阿里建筑工程预算人才缺乏的机会，无端抬高建筑工程的成本费用；基本建设投资效果差，施工质量低劣，不少工程数次追加投资返修，工程竣工后利用率低。

（6）商品率低，大量商品靠区外调入，形成上级财政抽肥补瘦的利润返还机制。除近年的硼砂外，区内其他工农业产品的商品率约为 9%，近 90% 为自给性生产，大量的商品需向区外尤其是向经济发达地区购买，而所需资金又是其他地区上交的税利所转化的各种财政补贴。

（7）行政管理费支出庞大。近年来，行政管理费支出除 1985 年仅次于基本建设拨款类支出外，一般都居于第一位。1981—1985 年，行政管理费支出平均占整个财政支出的 27.9%。

三、从实际出发振兴经济

如何才能全面振兴阿里地区的经济呢？我们认为，从阿里地区的实际情况出发，根据目前阿里的能源、交通状况，近期内振兴阿里经济应"以农牧资源开发为基础，以人才资源开发为重点，以矿产资源开发为先导，以旅游和外贸发展为两翼，带动整个阿里经济起飞"。

之所以以农牧资源开发为基础，一是因为阿里地区有着丰富的草场，具备大力发展农牧业的重要条件。二是因为阿里地区农牧业产值比重大，在地区经济中占据重要地位，且农牧业人口占全区人口的比重大，将近90%。三是因为农牧资源的开发关系着本区群众的生活问题。阿里地区的自然环境和社会经济状况不同，占人口绝大多数的藏族人民的生活习惯和生活要求，既不同于内地，也不同于其他少数民族，糌粑是藏族群众喜爱的传统主食，牛羊肉、酥油等畜产品消耗量极大，加之山高缺氧、气候寒冷，皮、毛等畜产品成为群众御寒的主要物品。如果不能首先妥善地解决吃穿问题，就谈不上进一步发展其他各项经济建设问题。目前，阿里地区农牧民的温饱问题基本解决，但仍需进一步解决群众的生存、享受和发展问题。所以农牧资源的开发，对阿里地区经济发展的关系极大。四是因为农牧资源的开发，既可以减少外地粮食的调运，节约资金，更可以为加工工业、轻纺、食品和民族手工业提供丰富的畜牧原料，为发展对外贸易提供更多更好的多种畜牧产品。

之所以要以人才资源开发为重点，是因为阿里地区经济落后的本质原因在于人的基本素质差，从而必须积极发展教育、科技、文化和卫生事业。为了提高人的素质，除了要进一步加强基础教育，提高教育质量，多出人才、快出人才、出好人才之外，还应加强各类成人教育和职业教育，继续采取各种"请进来""送出去"的办法，把人才资源开发这一事关全局、事关后劲、事关未来的大事抓紧抓好。

之所以以矿产资源开发为先导，首先就在于阿里地区有着丰富的矿产资源，如硼、金、盐、锂、钾、煤、铜等。其次，西藏自治区1960年开采硼砂和由此带动交通运输业发展这一启示，是矿产资源开发搞活成为先导性产业的成功经验。1960 年，仅是开采硼砂和由此带来的交通运输收入，就使西藏本区财政收入达 10 160.7 万元，当年财政支出 15 450 万元，财政自给率达 65.8%，创造了西藏和平解放以来的最高水平。再次，从阿里地区近年对矿产资源开发的现状来看，近年创立的阿里地区资源开发公司在矿产资源开发方面已取得显著的成效，其经济效益已成为本地区财政收入扭亏为盈、转负为正的关键性因素。所以，矿产资源开发可以成为带动和促进其他产业发展的支柱，是极有希望振兴阿里经济的先导，而且，随着能源和交通条件的逐步改善，其先导性将愈益明显。

由于阿里地区有着极为丰富的农牧资源和矿产资源，随着农牧资源和矿产资源的开发，阿里地区外贸的进一步发展也就有了更加美好的前景。只要认真贯彻开放搞活政策，切实改变固定封闭状态，对外经济贸易可作为阿里经济起飞的一翼。1986 年，阿里地区尽管受了灾，但出口商品收购额达 850 多万元，创造外汇总额 150 多万美元，约为全自治区创汇总额 565 万美元的 26.5%，跃居各地区之首。同时，为农牧民增加收入 315 万元，人均 65 元。随着经济的发展，商品率的提高，外贸出口商品的种类，除传统的毛、绒和皮张之外，还可出口畜产品加工品以及各种矿产品。

阿里地区有着引人入胜的、独特的旅游资源，自然景观和人文景观充满着神秘的、童话般的色彩。就阿里目前的情况来看，已经具备一定的旅游设施和条件，而进一步开发旅游资源，开展各种旅游项目，可以积累资金，可以促进交通、邮电、商业、服务业、民族手工业等一大批物质文明建设的产业或行业发展，而且涉及文化、文物、藏学研究、社会秩序、社会风气、思想观念等精神文明建设领域。可以说，开发旅游资源是价值量高、信息量大的系统工程，可以作为阿里经济起飞的另一翼。但阿里目前的客观条件，尚不能把旅游资源的开发作为阿里经济发展战略的中心。

总之，从阿里地区目前的各种客观条件出发，抓紧抓好农牧资源、人才资源、矿产资源、旅游和外贸的开发与发展这一主要矛盾，促进和带动其他各业的发展，近期内振兴阿里经济是大有希望的。

四、阿里地区财政管理体制改革意见

（一）转变理财思想，拓展理财领域

要把理财思想从过去那种供给型财政转到经营管理型财政上来，既抓投入，又抓产出，提高财政资金的使用效果，尤其是要改变那种"不要白不要，不吃白不吃"的"等、靠、要"思想，通过财政资金的筹集和使用，深入物质生产领域和非物质生产领域，把现有经济转变为有自我发展能力的良性循环经济。

（二）调整资金分配结构，促进经济结构合理化

财政资金的分配，必须正确处理好四个关系：

第一，正确处理物的投资和智力投资的关系。财政资金用在物资救济方面的比重越大，智力投资就越少，也就越无力改变落后面貌，就越是陷入贫困。不能正确处理好资金分配的这种关系，就只会陷入恶性循环。

第二，在对物的投资中，正确处理生产性建设和非生产性建设的比例关系。如果投资结构不合理，财政资金大部分流到非生产性事业中去，对经济的发展最终是有影响的。

第三，财政资金要重点扶持经济效益高的带头产业，增加对地区短缺而又急需的产品，如外贸产品、矿产品、民族特种产品、旅游产品等的投资，调整不合理的产业结构，以尽快地改变地区经济面貌，并为进一步发展经济积累更多的建设资金，从而使同样多的财力投入，取得比较大的经济效益。

第四，结合投资结构的调整，应逐步做到财政无偿投资和有偿投资相结合。在主要款项采用无偿的财政拨款方式外，逐渐增大有偿投资，有的款项可由银行贷款解决，并视其情况由财政贴息，或直接由财政部门办理有偿拨款，除还本之外，可无息或低息，以提高财政资金的使用效果。

（三）取消国营企业调节税，降低国营企业所得税税率

阿里地区执行的是西藏自治区制定的特殊税法，大中型国营企业在征收 50% 的比例税率的所得税之后，还要征收一户一率的调节税；

小型国营企业按照八级超额累进税率纳税。能否通过减免调节税来减轻企业的负担呢？显然，减免调节税是最简便的办法，但局限性颇大，因为减免调节税只能减轻有盈利的大中型企业，而小型企业是无缘享受这种优惠的；减免调节税只能解决先进企业的进一步发展问题，有资格缴纳调节税的企业在阿里地区是不多的，这并不能解决大多数企业的贫困问题，尤其是处在盈亏临界点上的企业负担问题。所以，降低所得税税率是减轻企业负担的较好办法，所得税税率降低，当年财政收入必然下降，但企业负担减轻，有利于企业生产的发展。随着生产的发展，财政收入会随之增长。从阿里地区企业生产力水平较低，不少企业亏损等实际情况来看，基于培植财源，增强企业自我积累、自我改造和自我发展的能力，大中型企业所得税税率宜降到 35% ~ 40%，小型企业的八级超额累进税率改为六级超额累进税率，最高税率可以考虑不超过 35%。

（四）加强企业财务管理

财政部门应根据阿里地区的实际情况，近期内，适当降低折旧率并逐步建立健全分行业制定折旧率的提取折旧基金的制度，以利加强企业成本管理和维持简单再生产的必要条件。在加强纳税管理和成本管理时，严格要求企业按成本开支范围计算生产成本，核定营业外开支项目，指导和协助企事业单位加强经济核算，改善经营管理，努力实现增产增收。

（五）集资措施应当考虑阿里地区的特殊性

阿里地区是经济极不发达的边疆民族地区。1981 年以来，中央采取了一系列的集资措施，以保证全国能源、交通的重点建设，这是必要的。鉴于阿里地区的经济现状，建议对阿里地区免于上交能源交通重点建设基金，而将征集的资金留在阿里地区，设立"经济开发基金"，用于阿里经济的发展。

（六）加强财政干部队伍建设，牵头培训企事业单位财会人员（略）

（原文载《财政研究资料》1988 年第 16 期）

关于基金式财政的几点思考

王国清

　　在经济体制综合改革试点中，重庆市财政部门着眼于经济、科技和社会发展的战略需要，创建了"基金式财政"，并在实践中不断巩固完善，取得了明显的成效。它不仅突破了某些传统理财观念，拓展了财政理论的研究范围，而且大大丰富了财政的实践，正在引起理论界和实际工作部门同志的重视。本文拟对基金式财政的几个问题，谈点自己的看法。

一、基金式财政的概念

　　目前，理论界和实际工作部门的同志，对基金式财政的概念存在着不同的看法。有的同志把基金式财政的概念表述为：建立和管理具有特定用途的基金体系的财政分配活动。根据这个概念，以下几个问题就得不到明确回答：①指预算内的财政分配活动，还是指预算外的财政分配活动，或兼而有之？②是无偿分配，还是有偿分配，或兼而有之？等等。凡此种种，可以有多种排列组合。倘若围绕"基金"而展开的一系列财政分配活动均可冠之以"基金式财政"，那么，在世界各国中，设置有基金的财政体系，或是设置有范围广泛的基金体系的财政，也不是没有先例。如菲律宾的中央财政，为适应全国性的需要，分别设置"一般性基金""特别基金"和"公债基金"：在全国范围征集的税收和其他收入，划入"一般性基金"，用于经常费用和资本支出；课征的特别税用于建立"特别基金"，满足特别目的的需要；"公债基金"由发行的公债建立，用于预定的经济项目。据统计，从

1965 年到 1975 年的 11 个财政年度中，从收入方面来看，"一般性基金"平均占三种基金总额的 81.4%，"特别基金"占 17.4%，"公债基金"占 1.2%；从支出方面来看，由于各种基金之间可以相互转用，上述三种基金在支出中的比例分别为 81.7%、15.9% 和 2.4%。显而易见，这不是我们这里所要讨论的基金式财政。重庆市财政部门创建的基金式财政，是对重庆财政改革出现的新事物的称谓，有其特定的含义。

我认为，重庆市财政部门创建的基金式财政，是在我国传统的财政分配的基础上，着力于经营管理，按照有偿使用的原则，建立和管理具有特定用途的基金体系的一系列财政分配活动。它具有以下几个特点：①基金式财政参与分配、调节和管理的对象，不仅包括一部分预算内财力，而且包括预算外财力以及其他社会财力。②基金式财政对集中的各项基金，采取有偿支用形式，在运动中周转增值。③基金式财政在预算的组织形式上，与传统的经常性收支预算相对独立，并共同构成财政的复式预算。

二、基金式财政的性质

重庆市财政部门创建的基金式财政既然是财政改革的新事物，那么它具有哪些性质呢？

（1）基金式财政是综合财政。它和传统的、着眼于当年度的预算收支的分配不同。它不仅参与分配了一部分预算内资金，还统筹安排了一部分预算外资金，即综合反映了一部分国民收入的分配和社会、经济、科技的需要与可能，从而着眼于再生产过程，有计划地组织一部分预算内外资金，反映、调节、管理和监督社会再生产。还应当提出：现阶段的基金式财政具有综合财政的性质，但它又是建立更完整意义的综合财政的起点、渠道和过程之一，这是值得注意的。

（2）基金式财政是信用性财政。它突破了财政分配必须无偿使用的框框。我认为，财政信用包括财政性信用和信用性财政两个方面。财政性信用，也就是收入信用，即是指财政部门代表政府，以债务人身份，从本国企业、组织、居民和外国政府、银行、国际金融组织等取得债款的经济活动；信用性财政，亦称支出信用，即是指财政部门代表政府，以债权人身份，向本国企业、组织和外国政府、经济组织等发放贷款的经济活动。基金式财政集中一部分预算内外资金，实行有偿使用，用时收回本息，故基金式财政属信用性财政。

（3）基金式财政是调节型财政。基金式财政是对产品经济模式下财政的一种改革。在产品经济模式下，对社会再生产的组织必然采取直接控制方式，而基金式财政，则是按照商品经济的客观要求，依据并运用价值规律，对社会再生产主要采取经济手段和法律手段，以及必要的行政手段，来调节和控制经济的运行。在产品经济模式下，对社会再生产的组织，必然导致财政信用的领域窄小，因为财政信用的发展在本质上是同直接控制的运行机制相矛盾的。所以，财政信用在产品经济模式下，至多是收入信用，而且是一种临时性的权宜之计。基金式财政则拓展了财政信用，突破了财政资金只能无偿使用的框框，发展了财政的支出信用。与此相适应，编制相对独立形式的预算也就有其必要性了。在产品经济模式下，国家财政不仅可能，而且应该全部集中社会剩余产品价值。但随着有计划商品经济和经济体制改革的发展，财政收入占国民收入的比重下降，而预算外资金增长迅猛。在这种情况下，基金式财政对于引导资金的流量流向，聚合各种社会财力，调整经济结构，促使经济合理发展，有着重要的作用。这也为建立基金式财政创造了条件。

（4）基金式财政是经营管理型财政。基金式财政讲究财政分配的有偿使用，针对经济、科技和社会发展的需要，注重分配的宏观和微观经济效益，发挥财政分配的杠杆作用，通过一部分预算内资金的运用，统筹安排预算外资金以及其他社会资金，并引导其分布、流向和流量，既拓展了财政活动的宏观经济领域，又深入到微观经济领域，从而使财政活动更加合理，与整个国民经济的关系更加紧密。"改革—经营—效益—平衡"是基金式财政发展的理论核心。随着有计划商品经济的发展和经济体制综合配套改革的展开，在实现财政改革的转轨变型中，基金式财政正在发挥其应有的作用。

三、基金式财政的职能

基金式财政具有以下三方面职能：

（1）分配职能：基金式财政具有聚财、用财和生财的功能。它不局限于资金的组织集中和运用，还着眼于生财。这里所说的生财，首先表现为各项基金随收本取息而增值；其次表现为基金的运用能提供更多的税利；最后表现为财源的培植。尽管生财还不是生产，但生财是依附于生产的，生产是财政分配的基础，只有生产发展，财源才能茂盛。基金式财政通过合理聚财和科学用财，促进生产，进而在生财的基础上合理聚财和科学用财。可以说，基金式财政的分配职能所内含的聚财、用财和生财的功能，是相互联系、相互制约和相互循环的，具体表现在：聚财以生财为基础，以用财作保证；用财以聚财为基础，以生财作保证；生财以用财为基础，以聚财作保证。

（2）·调节职能：基金式财政具有调节和控制经济，从而能稳定经济并保持其适当增长的功能。调节和控制是辩证的统一，借助调节，达到控制，在控制中运用调节，灵活地运用利（费）率杠杆，选择资金的使用方向，调节资金的构成，引导资金的流量和流向，稳定经济并促其适当地增长。

（3）监督职能。该职能包括四个层次：第一，借助基金的建立和运用，对宏观经济进行管理和监督。第二，对微观经济活动的成本、利润、工资等进行严格的管理和监督，以及项目的可行性监控，达到聚财合理，用财科学，生财有道。第三，对基金式财政自身运行的监督，即对预算内外资金的使用，达到合法、合理、有效、高效。第四，监督功能内在于基金式财政的运行之中，贯穿基金式财政运行的起点和终点，且形成一个周而复始的运动循环，故反映功能也就包括在基金式财政的监督职能之内。

那么，基金式财政的职能与财政的职能有何联系与区别呢？正如税收的职能与财政的职能之间的关系一样，二者既相联系又相区别。我认为，基金式财政的职能不是财政职能的简单重复和套用，而是财政职能的有机组成部分。财政职能比基金式财政的职能具有更广泛的内容。首先，基金式财政不具有财政的"维持职能"——维持国家机器及其活动的职能。其次，从职能的内涵来看，基金式财政的职能与财政的职能也是有区别的。就筹集资金的渠道而言，基金式财政的职能是通过对一部分预算内外资金的集中以及信用形式来发挥作用，而财政的职能还包括税收、利润上交等形式来发挥作用；就资金的使用而言，基金式财政的职能实现形式，是通过有偿使用来发挥作用的，而财政职能的实现还包括无偿使用这一主要形式；就生财的功能而言，基金式财政要求取得直接的经济报偿，故支出的领域主要是生产建设性项目和有盈利的事业项目，而财政职能的实现则还包括诸多的非生产性支出；就调节职能而言，基金式财政采取的调节手段相对单一，而财政职能的实现则囊括了各种收入和支出的具体形式，等等。总之，基金式财政的职能与财政的职能，在外延和内涵上，都是有所区别的。

四、基金式财政的发展阶段

基金式财政，其自身有一个逐步发展和完善的过程，参与分配的范围和形式等，会随着有计划商品经济的发展、经济条件的变化和财政体制改革的需要，而不断发展和相对规范化。我认为，大抵会经历三个发展阶段：第一，基金式财政的创建阶段——不完全的财政信用。在这个阶段，基金式财政的支出沿用有偿使用，但资金的筹集基本上是无偿集中，且资金来源的构成绝大部分属预算内资金。第二，基金式财政的发展阶段——混合型的财政信用，即不完全的财政信用和完全的财政信用并存阶段。在这个阶段，基金式财政的支出仍采取有偿使用方式，资金的筹措集中兼具无偿和有偿形式，预算内资金在筹资总额中的比例相对下降，运用信用形式筹集的预算外资金及其他社会资金的比重上升。第三，基金式财政的成熟阶段——完全的财政信用。在这个阶段，基金式财政的支出无疑还是采取有偿使用方式，其资金来源，除经常性收支预算余额的部分拨入外，资金来源的主体则是依靠收入信用所筹措的资金。

笔者之所以提出上述发展阶段的构想，目的是想提供一种改革的思路。至于每一个阶段需要持续多长时间，前一阶段演进到后一阶段的条件是什么，均取决于客观实际的要求，而这正是我们需要进一步研究的问题之一。

可以预期，基金式财政的理论必将随着实践的发展而充实、完善，但对现阶段的基金式财政的理论与实践的探索，有助于基金式财政的建设和规范化，有助于基金式财政与传统财政在分配范围、对象、形式等方面的分工和协调，促使整个地区（乃至国家）财政收支状况的根本好转，为经济发展和体制改革提供更多的财力，保证有计划商品经济的顺畅发展。

（原文载《四川财政研究》1988 年第 7 期）

略论财政信用的发展及阶段特点

王国清

一

古老的财政信用——财政信用的萌芽期。这个时期可称为财政信用发展的第一个历史阶段。古老的财政信用包括国债和政府借贷，它是建立在奴隶社会和封建社会的经济基础之上的。早在奴隶社会，无论东西方，国家都开始借债。例如，据我国历史记载，战国时，周赧王因欠债太多，无法归还，被债主逼迫躲在一个台上，后人因称其台为"逃债台"。"债台高筑"一词，就是从这一典故来的。有的君主在国用和私用不足时借债，有的君主则以贷款形式来增加自己的收入。西周由国家举办贷款，对贵族实行无息优待，对商人和小生产者则高利盘剥。债务人在不能还清债务的情况下，往往出卖妻子儿女或自身为奴，世称债务奴隶制。汉晁错说"卖田宅，鬻子孙，以偿债"，这个现象长期存在，不是某个别朝代或个别国家所独有的。王莽时期的贷款对象，仍是城市工商业者，不及于农民。在我国封建社会，由政府举办社会影响较大的农村借贷事业，当数北宋王安石变法中所规定的"青苗法"。青苗法不是单纯的借贷，而是农贷和预购的结合。宋初，政府以调节粮价、备荒赈恤为名，设置粮库——常平仓，但收效不大。王安石执政后，于熙宁二年（1069 年）实行青苗法，其具体办法是：以各路仓库积存的钱谷 1 500 余万石，除作平粜外，即充作本钱，各地的部分税收也加在一起通融周转，贷借给农民。以苗青时贷钱，谷熟时还官。凡州县各等民户可在每年正月底、五月初以前，自愿向当地官府请现钱（或粮谷），借以补助耕作，称为青苗钱。借户贫富搭配，五户或十户结为一保。贷款数额依民户资产分为五等，一等户每次可借 15 贯，末等户不超过 1 贯 500 文，随同当年夏秋两税分别于 6 月、11 月偿还。如遇灾荒可延至下次收成时归还，利息二分，实际有高达三四分的。原则上贷款以现钱发放，按前 10 年粮食的平均价将贷款折算为实物数，到期归还实物。统而观之，古老的财政信用大致具有以下两个特点：①古老的财政信用具有国家和君主个人借债相统一的特点；②古老的财政信用时断时续，兴废无常，尚未确立为经常性的财政信用制度，因而不具有连续性，而具有波动性。

二

财政信用制度的确立——财政信用的形成期。这个时期又可称为财政信用发展的第二个历史阶段。财政信用制度产生于封建社会末期，确立于资本主义经济基础之上。就当时典型的财政信用的基本形式——国债而言，正如马克思所指出的："公共信用制度，即国债制度，在中世纪的热那亚和威尼斯就已产生，到工场手工业时期流行于整个欧洲。殖民制度以及它的海外贸易和商业战争是公共信用制度的温室。所以它首先在荷兰确立起来。国债即国家的让渡，不论是在专制国家、立宪国家还是共和国家，总是给资本主义时代打下自己的烙印。在所谓国民财富中，真正为现代人民所共有的唯一部分，就是他们的国债。"[1] 随着国家职能的不断扩展，单靠税收已不能或来不及满足财政支出的需要，国家就可能采用发行国债以筹措资金。诚如马克思所言："国家支出经常超过收入，……既是国家公债制度的原因又是它的结果。"[2] 但可能性还不等于现实性，就是要有钱可借，即社会上要有大量闲置的货币资本。仅从欧洲来看，公债最早产生在比较发达的热那亚和威尼斯，"在 14 和 15 世纪，在地中海沿岸的某些城市已经稀疏地

---

① 马克思，恩格斯. 马克思恩格斯全集：第 23 卷［M］. 北京：人民出版社，1972：822-823.

② 马克思，恩格斯. 马克思恩格斯全集：第 7 卷［M］. 北京：人民出版社，1959：90.

出现了资本主义生产的最初萌芽"①。当时靠垄断近东贸易兴起的意大利北部的热那亚、威尼斯这些城市，是当时欧洲与近东之间的贸易中心，商品经济发展较早，封建统治比较松弛，因而在传统的纺织业中较早地冲破封建行会的束缚，产生了由商人控制的分散和集中的资本主义手工工场。当然，这些城市出现的资本主义生产关系和商品经济的发展，从整个西欧来说是点滴的，不足以标志一个新时代的开始，还没有确立近现代意义的财政信用制度。资本主义时代是从 16 世纪才开始的，公共信用制度之所以在荷兰首先确立，是因为荷兰早在 13～15 世纪就是西欧经济比较发达的地区，而美洲的发现，绕过非洲的航行，又进一步促进了这一地区的经济发展，因而手工场、商业、捕鱼业、航海业和造船业都较发达。至 16 世纪上半叶，形成了一个经济实力比较雄厚的、以大商人为首的资产阶级。1572 年，以荷兰省为首的北部诸省，在资产阶级领导下宣布独立，并在 1579 年建立了历史上最早的资产阶级革命的产物——联省共和国。独立不久，荷兰就开始加紧向海外殖民和对外贸易，号称"海上马车夫"。它不仅垄断东印度贸易，而且独占了西南欧与北欧之间的贸易，阿姆斯特丹是当时世界的商业中心。荷兰作为一个优势的商业国，外贸远较工业发达，出现了大量闲置的货币资本。加之财政支出的需要，致使财政信用制度在荷兰首先被确立起来。至于以政府的名义发放贷款，在欧洲大陆上，法国著名的重商主义者柯尔培尔（1619—1683 年）开了先例。他在路易十四时代（1661—1715 年）曾担任过财政大臣，利用国家财力给工场手工业者发放贷款，并提供各种优惠条件，促进了工商业的发展。资产阶级在夺取政权之后，为了加速发展和尽快巩固，要求国家严格奉行"自由放任，自由竞争"政策，反映到经济理论界，以亚当·斯密、大卫·李嘉图为代表的古典学派，反对政府举债，认为国债是把用于生产性的资本转用于非生产性用途。在这个时期，财政信用具有如下特征：①对封建国家的财政信用进行改革，把财政信用制度建立

---

① 马克思，恩格斯. 马克思恩格斯全集：第 23 卷［M］. 北京：人民出版社，1972：784.

在资本主义的经济基础之上。②改进财政预算制度，制定发行公债以及公债还本付息的规定。③国家不轻易举债，且债信较好。④财政信用主要是弥补财政赤字的手段。

<h1 style="text-align:center">三</h1>

现代的财政信用——财政信用的发展期，这个时期可称为财政信用发展的第三个历史阶段。这个时期的财政信用，形式日趋复杂多样，不仅包括收入信用，而且富含支出信用，且有较严格的管理制度。不仅如此，财政信用不仅是弥补财政赤字的手段，而且成为国家有意识地调节经济的重要杠杆。财政信用是建立在发达的商品经济基础之上的。从时间上看，这个时期大致可从 19 世纪末 20 世纪初算起，即资本主义进入垄断阶段。到了垄断资本主义时期，尤其是 1929—1933 年世界性的经济大危机发生之后，凯恩斯主义应运而生，主张国家干预经济。资本主义国家的职能除原有的对内实行暴力统治和对外进行战争的基本职能之外，也扩展了调节国民经济与所谓增进社会福利（实质上是缓和阶级矛盾）的职能，财政收支的内容日益复杂。为了推迟经济危机的爆发或减轻经济危机的破坏程度，资本主义国家运用财政信用干预经济，试图促进经济的稳定发展，这可以说是运用财政信用的一种"自觉调节"（或有意识调节）。财政信用不仅是弥补财政赤字的手段，而且是干预经济的重要调节手段。在这个时期，财政信用作为借贷资本的特殊运动形式，不仅是弥补财政赤字，有利于资产阶级对国民收入再分配的有效方式，而且促进了资本主义商品经济的发展，促进了股份公司、银行以及证券市场等金融市场的兴盛，使资本主义商品经济进一步交换化，使商品市场进一步多样化和具有多层次性。随着资本主义商品经济的发展，财政信用如同银行信用一样把按性质来说可以伸缩的再生产过程"强化到了极限"[①]。在资本主义条件下，财政信用促进了资本主义商品经济的发展，同时也发展和深化了资本

---

① 马克思，恩格斯. 马克思恩格斯全集：第 25 卷［M］. 北京：人民出版社，1974：498.

主义的经济危机，其形态表现为：债台高筑，财政赤字居高不下，财政危机愈演愈烈，等等。

在社会主义条件下，尤其是在新旧体制模式转换时期，有计划商品经济发展的客观要求，加之中华人民共和国成立以来是否重视和运用财政信用正反两方面的经验与教训的启示，人们对财政信用筹集和吸引资金以及调节经济的功能有了进一步的认识，要求在经济的运行之中，把财政信用作为国家筹集、运用和管理资金的重要手段，财政信用形式日益复杂化和多样化，成为国家主动调节经济的不可替代的杠杆，财政信用的发展和形成进入了一个新阶段。

概言之，现代的财政信用具有以下几个特点：第一，财政信用形式复杂多样，具有形式的多样性；第二，财政信用的收入和支出不仅是弥补财政赤字的手段，而且是调节经济的重要杠杆，即财政信用职能的发展性；第三，财政信用有一套相对独立的管理体系，收入和支出一般具有对称性、周转性和周期性，等等。

此外，财政信用的发展还可以从下列几个方面考察：①从低级的政府信用发展到独立的财政信用，再发展到和银行信用综合配套的财政信用；②从财政信用的实物形式向货币形式的发展；③从财政信用的单一国债形式（收入信用）到财政信用收入、支出配套体系的发展；④从单纯弥补财政赤字到还要考虑财政信用的经济影响而自觉运用其调节经济的发展；⑥从纳入传统的经常性收支预算到设立专门的财政信用基金预算管理的发展，等等。

（原文载《债事纵横》1990 年第 6 期）

对民族地区财政问题的几点认识

王国清

我国是一个统一的多民族国家，有50多个少数民族，（1990年前后）人口达5 600多万，占全国人口总数的5.7%，民族地区辖区面积占全国总面积的60%以上，所以，民族地区的经济发展和财政问题，不仅关系到国家的长治久安，而且牵连着全国的经济发展。就民族地区财政而言，它是我国社会主义财政的重要组成部分，在民族地区诸多经济关系中处于重要的地位。如何认识和处理民族地区的财政问题，不仅是一个经济问题，而且涉及民族关系等政治问题，有着重要的战略意义。本文拟对民族地区财政问题谈几点不成熟的看法。

一、民族地区财政的特征

对如何理解和认识民族地区财政的特征，理论界尚有不同的意见。我认为，如同研究其他事物一样，研究民族地区财政的特征，需要从不同的角度和按照不同的标准，从各个视角来认识和把握。仅仅停留于从一个角度来认识民族地区财政的特征，难免有片面性，既不利于适当的理论概括，又不利于指导实践。理应全方位、多角度来予以把握。兹择其要者述之于后。

从民族地区财政和非民族地区财政的区别，以及它们和中央财政（或上级财政）的关系来看，民族地区财政的特征可做如下概括：

（1）民族性。我国50多个少数民族，受自然条件和社会历史条件等的制约，各民族在社会形态、经济基础、经济结构、地理环境、生产生活方式和独特的风俗习惯及独特的心理情感等方面，都各有其特点。但民族地区的共同特点，就是一般比汉族地区在经济上、文化上落后，人民生活也较为贫困，尤其缺乏相应的工业基础。其经济和社会发展与汉族地区发展不平衡，民族地区的特点和民族差异，赋予了民族地区财政内在固有的不同于其他地区财政的民族特性。民族性是民族地区财政独有的特性，是我们正确处理中央财政（或上级财政）与民族地区财政，以及民族地区财政和其他地区财政关系的基本出发点和核心。

既然民族地区财政有着不同于其他地区财政的民族特性，那么其财政经济等问题的解决，则需用相应的方式和方法来处理，这就决定了民族地区财政具有自治性。我们认为，自治性是从民族性这一特征派生出来的，自治性受制于、发端于民族性，没有民族性，就无所谓自治性，而自治性这一特征，又使民族性特征更鲜明、完善和丰富。

（2）地方性。民族地区是我国不可分割的一部分。民族地区财政和其他地区财政共同构成我国的地方财政体系，所以，民族地区财政和其他地区财政都是统一的社会主义财政的有机组成部分。以此观之，地方性是民族地区财政和其他地区财政所共有的一个重要特征。正因为如此，作为地区财政体系之一员的民族地区财政，其和中央财政（或上级财政）的关系，也必须按照"统一领导、分级管理"的基本原则来处理。民族地区财政必须自觉地维护宪法，服从中央和上级财政的统一领导，认真执行国家统一的方针政策，执行国家规定的财政体制、统一的税法和若干基本的财政规章制度。这是问题的一个方面。从另一个方面来看，民族地区财政的地方性和其他地区财政的地方性毕竟有差异，其内涵有所不同。民族地区财政具有的地方性这一特征，内含着民族性和自治性，或者说民族地区财政的民族性和自治性特征，赋予了民族地区财政的地方性和其他地区财政的地方性在共性之中有着特殊之差异。所以，无论是中央财政（或上级财政），还是民族地区财政，都必须按照民族地区财政所固有的内在特性，正确处理统一领导和民族地方自治的关系。就中央财政（或上级财政）而言，在坚持统一的方针政策和计划、制度之外，要根据民族地区的特点和民族差异，赋予其比其他地区财政更大的财政自主权。就民族地区财政而言，在坚持统一领导的基本前提下，按照中央或上级机关的战略部署，具体落实《中华人民共和国民族区域自治法》关于经济建设和财政自主权的各项规定，运用扩大了的民族地区财政、投资、税收、计划、物资、金融、商贸、经济技术合作、口岸建设等方面的管理权限，结合本地区的实际情况，自主地运用财政、税收、价格、工资等经济杠杆调节和控制本地区的经济运行。

从民族地区财政是统一的社会主义财政的有机组成部分来看，民族地区财政亦具有不同于其他经济范畴的特征，即无偿性为主、有偿性为辅的特征。社会主义财政在具有无偿性特征的同时，还存在有偿性的特征，这已为社会主义财政的实践所证实。这是因为，首先，税收的特征和财政的特征是有区别的，税收具有无偿性特征，而且税收是财政的重要组成部分，但税收的特征不能代替财政的特征，财政还具有更为广泛的内容，二者除有密切联系之外，依然存在着区别之点。其次，社会主义财政具有无偿性为主、有偿性为辅的特征，并不会失去判定财政分配和其他经济分配的区分标准。区分的标准不能仅仅是无偿性，而应该是国家主体性这一最基本的特征和其他特征作为综合标志来加以评判。再次，实践中财政资金的有偿使用不只是管理方式的改变，而在于这种改变了的管理方式反映了财政分配包括所有权和使用权相分离的分配，反映了财政分配包括有偿性分配，反映了财政分配包括间接分配和间接调控这样一种性质的财政分配。它不仅没有否定财政分配的无偿性特征，又以外化的形式体现着财政分配所具有的有偿性质和特征。最后，财政的生产性投资包括直接生产性投资和间接生产性投资。财政资金有偿使用作为一种间接的生产性投资，在企业成为投资主体之后依然存在，并不是一时的权宜之计，会随着有计划商品经济和体制改革而不断发展和完善。总而言之，社会主义财政具有无偿性为主、有偿性为辅的特征。既然民族地区财政是社会主义财政的有机的重要组成部分，民族地区财政亦具有无偿性为主、有偿性为辅的特征，则是合于逻辑的。

综上所述，无论从哪个角度来认识和概括民族地区财政的上述特征，都决定了我们研究和处理民族地区财政问题，以及深化民族地区财政体制改革都必须以之为逻辑起点或出发点。

二、从实际出发，积极发展财政信用

民族地区的经济文化事业的发展，离不开各级财政的大力支持，离不开国家在人力、物力和财力上的大力支援，这是毫无疑问的。但是中央财政（或上级财政）目前也十分困难，不可能给予更多的财政支援。面对摆脱贫困落后面貌，加快经济的开发和建设的重要任务，民族地区财政应采取引进外来资金、增强自身积累和发展的能力以及争取上级财政支援同时并举的做法，着力于自立为主、量力而行，加快民族地区的经济发展。

从民族地区财政自身状况来看，资金短缺是一个突出的矛盾，这不仅遏制着民族地区优势资源的开发和利用，而且遏制着经济文化事业的发展，资金供需矛盾尖锐将是一个长期性的问题。因此，千方百计地筹集和运用有限的资金，提高资金的使用效益，积极发展财政信用，是发展民族地区经济的一项重要手段。

有的同志认为，社会主义财政具有的无偿性为主、有偿性为辅的特征是一种总体概括，民族地区财政的民族性、地方性特征正反映了民族地区商品经济不发达、市场体系发育不充分的状况。既然财政信用是商品经济发展的必然产物，那么，在商品经济发达的地区可以发展财政信用，而在民族地区，无论是中央财政（或上级财政）的支援还是民族地区财政的自身运行，应采取无偿支持的形式，不宜搞有偿性分配，不宜发展财政信用。

我们认为，财政信用既是商品经发展的产物并随着商品经济的发展而发展，但它同时又是商品经济迅速发展的重要支柱和力量之一。民族地区大多地处偏远，交通不便，商品经济基础薄弱，市场发育更为落后，这只能说明民族地区的财政信用的发展必须因地制宜地进行，密切结合民族地区的实情，从实际出发来发展财政信用。事实上，民族地区已经在不同程度、不同水平、不同阶段上以开拓精神发展财政信用。例如，四川省阿坝藏族羌族自治州（简称"阿坝州"）财政局根据该州的实际情况，经州政府同意，建立了八项财政信用基金："三州开发基金""工业生产发展基金""支农周转金""工业新技术发展基金""科技发展基金""文教卫生发展基金""环境保护基金""能源建设基金"。截至 1988 年底，各项基金累计总额达 6 400 多万元，通过州投资公司委托贷款 6 201 万元。此外，他们对预算外资金实行了"专户储存"，并利用其部分沉淀资金发放贷款 1 612.3 万元，用财政部门的预算外资金委托贷款 553 万元。阿坝州通过发展财政信用为其重点建设和经济效益好的一些项目筹集、运用更多的资金，为阿坝州的经济建设做出了贡献。

我们认为，要进一步推动民族地区经济的发展，应通过多种渠道和采取多种形式来进行，其中，从实际出发，积极发展财政信用，有利于缓解资金紧缺的矛盾，有利于理财思想的转变和经营型财政的形成，有利于培养和发展民族地区的商品意识、竞争意识、市场意识和金融意识，有利于"输血—造血"机制的转换，从而加快民族地区经济的发展。

由于财政信用和银行信用的主体不同、资金运动的方式不同、适用的利息及形式不同，以及资金运用的侧重点有所不同，所以财政信用较奉行商业原则的银行信用，在民族地区承受能力较弱的条件下，更能灵活采取无息、低息、高息和贴息等多种形式，乃至于经过审批对执行情况发生变化而把有偿扶持变为无偿支援，从而更有利于对民族地区的扶持、经济的开发、生产力配置的改变和财源的培植。

财政信用有利于民族地区财政拓宽资金渠道，扩大理财范围，加大货币资金的供应量，增强民族地区财政工作的主动性，从而可以缓解资金短缺的矛盾，促进民族地区经济的发展。

财政信用借助于一部分预算内财政资金的有偿使用，加强融资双方的经济责任，减少盲目性，用好用活资金，使其在运动中周转循环，一个钱当几个钱，且有利息收入，其效能无异于无偿投入资金量的倍加，实际上增加了民族地区财政使用的资金总量。

财政信用通过发行地方债券、利用预算外资金"专户储存"沉淀部分等引导、调节、控制和管理日益增长的预算外资金，通过对预算外资金流量和流向的调整，将一部分消费基金转化为积累基金，调整消费基金和积累基金之间以及积累基金内部的比例关系，改变资金的使用与构成，扩大民族地区财政对资金的可调范围和可调密度，以有计划地管理使用资金，增强民族地区财政的宏观控制能力。

通过财政信用发挥资金的"启动效应"，在某一项目投资主体或资金来源多样化的前提下，财政信用资金能够启动、吸引银行贷款。企业自筹资金，结合产生一种新的聚合力，推动和持续推动非财政信用资金投入的方向、结构和具体项目，从而推动民族地区经济的发展。

发展财政信用，还可以延伸到本区域之外，乃至国外，既可以引进资金，发展本地区经济，又可视其情况贷出资金，牵动利润返还机制，从而有利于民族经济的外向型发展及区域横向联系。

通过财政信用资金筹集和使用，加快民族地区经济的发展，为民族地区财政提供更多的税利，从而开拓更多的后续财源，把民族地区经济引向良性循环。

积极发展财政信用，有利于转变观念，有利于经营管理型财政的最终形成。中央书记处在批转财政部整党报告的批示中指出，"要把财政部办成经营管理部"，这一重要思想，对各级财政部门都有着重要的指导意义，民族地区财政也不例外。通过发展财政信用，可突破传统财政只能无偿使用的框框，讲究生财、聚财、用财的理财之道，要改变那种"不要白不要，不吃白不吃"的"等、靠、要"思想，加强资金价值的观念、时间的观念，以及商品的观念、竞争的观念、市场的观念、经营的观念、金融的观念和效益的观念，从而有利于把理财思想从过去那种供给型财政转到经营管理型、开拓型和效益型财政上来。

积极发展财政信用，有利于民族地区"输血—造血"机制的形成和转换。民族地区财政在民族地区经济体系中居于主导地位，在相当程度上维系着当地的资金、人才和信息等资源，而财政"分灶吃饭"改革，更强化了民族地区财政的利益动机，促进合理用财理财、增强发展经济的积极性和紧迫性。因此，民族地区经济比其他地区更需要借助财政第一推动力的作用，加快民族经济的发展，实现"输血—造血"机制的转换。问题在于资金短缺，财政无偿性直接投资的比重可能相对下降。但财政可以通过各种渠道和形式，加强为促进商品生产和市场发育的经济服务工作，其中包括发展财政信用，通过有偿性的间接投资开辟"第二战场"，扩大和拓宽财政分配的范围和领域，以发挥民族地区财政在实现"输血—造血"机制转换中的作用。

三、优化资金的分配结构和融通调度

当前，民族地区财政经济存在的主要问题，是社会生产力水平低，经济基础薄弱，开发建设资金严重短缺，资金使用的效益差。因此，为改变这种状况，既要争取国家财政的大力扶持，又要从本地区的实际情况出发，优化资金的分配结构和融通调度，完善现行的财政体制。为此，必须正确处理好以下几个问题：

（1）正确处理对物的投资和智力投资的关系。财政资金用在物资救济方面的比重越大，智力投资就相对越少，从长远来看，也就越无力改变落后面貌，就越是陷入贫困。不正确处理好资金分配的这种关系，就只会陷入恶性循环，更无助于经济的振兴。

（2）在对物的投资中，正确处理生产性建设和非生产性建设投资的比例关系。对经济文化比较落后的民族地区来说，为了改善投资环境、吸引外来人才、创造较好的旅游条件、提高人民的物质文化水平等，建设适应现阶段经济发展水平的某些基础设施和非生产性建设是必要的、不可或缺的。但可供调度的资金毕竟是一个定量，如果投资结构不合理，财政资金用于非生产性投资方面多了，用于生产性建设方面的资金就减少了，这对经济的发展最终是有影响的。

（3）财政资金要重点扶持经济效益高的带头产业，增加对地区短缺而又急需的产品，如外贸产品、优势资源产品、民族特种产品、旅游产品等的投资，调整不合理的产业结构，以尽快地改变民族地区的经济面貌，加快经济的发展，并为进一步发展经济积累更多的建设资金，从而使同样多的财力投入，取得比较大的经济效益。

（4）结合投资结构的调整，优化财政无偿性投资和有偿性投资的结构配置。哪些项目由财政无偿拨款解决,哪些项目由财政有偿贷款解决;哪些项目以财政无偿投资为主、有偿投资为辅,哪些项目以财政有偿投资为主、无偿投资为辅;哪些项目由银行贷款解决,财政视其情况给予贴息等,应综合平衡,统筹安排,增强资金调度的计划性和有效性。

（5）正确处理财政和银行之间的关系,立足于民族地区的实际情况,发展各种形式的资金融通调度。除建立和发展金融同业之间、财政同业之间的资金融通之外,也要开展财政部门和金融部门的资金融通,以引进和沉淀资金于民族地区,缓解民族地区资金供求矛盾,优化资金的区域配置,并有效地使用,为发展民族地区经济服务。处理好了以上这些关系,就为理顺民族地区财政关系,推动经济发展做了良好铺垫。

（原文载：韩启方,卿太金. 中国少数民族自治州财政理论与实践 [M]. 成都：西南财经大学出版社,1990.)

国债市场的培育和完善

王国清

　　国债市场是金融市场的重要组成部分。国债信用度高、存量大，金融市场的培育和完善，可以把国债市场作为突破口和先导。目前，国债市场既面临着严峻的形势，但又是国债市场完善的极好机遇。

一、国债市场的结构及其相互关系

　　国债市场一般分为两级，即国债发行市场（或叫一级市场）和国债流通市场（或叫二级市场）。两级市场既有联系，又有区别，二者相辅相成，互为条件，互为补充。

　　从二者的区别来看，首先，两级市场的功能不同，发行市场主要是为国家筹集资金，流通市场则主要是保证国债的流动性；其次，两级市场的数量也不同，发行市场的发行量小于流通市场的交易量，或者发行市场的发行大于流通市场的交易量，这取决于流通市场的发育程度、上市债券的数量及其交易的频率。

　　从二者的联系来看，首先，两级市场互为条件，发行市场是流通市场的基础和前提，流通市场是发行市场得以持续和扩大发行的必要条件；其次，两级市场具有互补性，完善的两级市场结构和配置是最为理想的，但有缺陷的发行市场，可以通过完善的流通市场来弥补；反之，有缺陷的流通市场，也可以通过完善的发行市场来弥补，整合的国债市场也可以较为有效地运行。

二、增发国债与国债市场现状的矛盾

分析国债发行所面临的国债市场不完善现状，是我们研究国债市场完善的前提条件。所以，问题还得从这里说起。

从 1981 年至 1990 年，全国共发行国库券 562 亿元（已部分偿还）。此外，1987 年还发行重点建设债券 55 亿元，重点企业债券 45 亿元，1988 年发行财政债券 80 亿元、建设债券 80 亿元，1989 年发行特种国债 50 亿元，保值公债 120 亿元；1990 年发行特种国债 45 亿元。总的来看，国债的形式从单一式向复合式发展，其发行不仅有重要的经济意义，而且有重要的政治意义。所以，国债仍将继续发行。从发行债券本身来说，它不仅是弥补财政赤字的重要手段，稳定经济、筹集建设资金的重要工具，而且是调节经济、协调国民经济内部比例关系，促进经济持续稳定的有力杠杆。从国家财政状况来看，国债收入已成为财政的固定来源之一，面对尖锐的财政收支矛盾，国债的发行将成为一种经常性的制度，发行数量在相当长的时期内将有增无减。从国债的偿本付息来看，1990 年，我国进入国债的还本付息高峰，除强化我们通常所强调的开源节流、增收节支等诸种具体措施，堵塞收入中的"跑、冒、滴、漏"和消除支出中的损失浪费之外，也需要发新债换旧债，并合理增大国家可支配的净债务收入；从我国当前的现实来看，增发国债也是可能的，全国的预算外资金已与预算内资金并驾齐驱，1988 年已达 2 270 亿元；1990 年 9 月末，全国城乡储蓄存款余额已突破 6 100 亿元大关，这还不包括手持现金在内。如一年发行 400 亿元国债，其比重应该说是不大的。问题在于现行国债市场的不完善状况使得国债的发行面临着严峻的形势。

（一）从发行的方式来看

目前，国库券发行仅靠带强制性的行政分配办法，而宣传教育工作又未能切实有效地配合，存在诸多不足。这对具有一定逆反心理的人们来说，国库券的形象似乎不佳，阻碍着国债的继续发行与承购。而且，国库券票面设计不规范和缺乏持续性，既影响发行，也不便于流通。

（二）从国库券的流通来看

其已从非上市债券向上市债券转化，并在全国60多个大中城市中开展国库券的买卖业务，但网点布局尚有待拓展，发行市场的全国性和流通市场的局部性之间的矛盾依然尖锐，其发展程度比发行市场更低。

（三）从国库券的贴现政策来看

国库券的贴现政策可以增强国库券的变现能力，优化国库券的形象。但现行贴现制度适用范围窄，规定的贴现率太高，初始贴现期过长，实际上仍未妥善地通过贴现制度解决国库券的变现能力，增强债券的灵活性和流动性。

（四）从国库券流通市场的运营和管理来看

急需强化对市场的管理，掌握一笔能维持市场价格水平和稳定市场的运营资金，否则，通过购入和出售国债调节货币供应量，协调经济的均衡发展将难以实现。

总之，解决上述诸多矛盾的根本途径，在于完善国债市场，增强国债的安全性、流动性和盈利性。但国债市场的完善，有赖于诸多条件的成熟，加之历史因素的惯性作用，不可能一蹴而就，尤其是在当前的治理整顿期间，如果配套工作未能及时改进和跟上，各种国债均采取自由认购方式，既不现实，也不利于治理整顿的进行；如果允许国债全部贴现，反而会增加市场的货币流通量，造成不良的逆向调节，既增加货币的宏观控制难度，还可能加剧通货膨胀。但是，我们也应同时看到，视购买国库券为负担的心理正在向投资意识转化。仅上海市某证券公司代售1990年国库券，一天的销售额即达80万元（系自由认购），1990年两次下调居民储蓄存款利率，国债利率优先的原则颇为突出。虽然1—9月银行储蓄存款仍新增近1 500亿元，但争购包括国库券在内的各种证券的热潮方兴未艾，我国第一家证券交易所在上海诞生，也预示着流通市场将渐进式完善，这又为国债市场的完善提供了一个机遇。基于我国国债发行和流通市场的情况，基于发行市场是流通市场的基础、流通市场是发行市场的必要条件及其具有互补性的原理，在完善国债市场的过程中，改善发行工作。优化国债的期限结构配置，尽量提高发行市场的发育程度，同时发展流通市场，应是近期国债市场完善的一项选择。

三、国债期限结构经济影响的理论分析

国债的结构，有种类方面的结构，如上市公债和非上市公债的比重等；有期限方面的结构，如短期、中期、长期公债的比重；有持有者方面的结构，如政府、金融机构、企业单位和个人等方面的比重。各种不同的结构，对经济的影响和调节是有所不同的，在国债利率优先和债券票面规范化等条件下，尽量提高发行市场的发育程度，并适时完善流通市场，以及顺利度过偿债高峰期，国债期限结构的配置就显得尤为突出。

就国债的期限而言，国际上通行的一般标准是，1 年或不到 1 年的债务为短期国债；1—10 年的债务为中期国债；10 年以上的债务为长期国债。我国自 1981 年开始发行国库券以来，各种财政债券的期限一般为 3—10 年，可统称为中长期债券。尚未发行短期债券，尽管随着前些年度发行的债券临近到期，事实上的短期债券早已存在。单就国债的发行来看，短期国债和中长期国债的结构配置，在不同的经济环境之下，有其不同的效果。

（一）国债期限结构的货币效果

短期国债流动性强，可变性大，中长期国债则稳定性强，国家可以在比较长的期限内稳定地支配其所筹集的资金，还本付息的时间也较充裕。但中长期国债流动性差，而且期限越长，上市交易的冲动也将越大，对贴现的要求也更强烈。短期国债和中长期国债相比，短期国债更具"货币化"，所以，短期国债、中长期国债和流通货币之间有一种替代和转换要求。

从国债的发行来看，例如居民个人用 100 元购买国库券，财政则增加了 100 元。如果财政将 100 元中的一部分投入社会流通，则等于抽走了一部分流通货币，起紧缩通货的效果；如果财政将这 100 元全

部投入社会流通，则社会货币流通量不变，但流向将发生改变；如果允许这100元债券贴现，贴现后的市场货币流通量增加至200元；如再贴现，则会增加至300元。在这种情况下，则可能激起通货膨胀，抵销通货紧缩的货币效果。

从国债的偿本付息来看，仍以居民个人为例，财政以现金兑付居民个人手中的到期债券，则会加大市场货币流通量，也易激起通货膨胀，除非经济形势已发生变化。如果此时政府发新债换旧债，乃至于增大净债务收入，则可收到维持或紧缩通货的货币效果。其中，以短期公债换长期公债，也易产生前述的扩张效果；以长期公债换短期公债，则可收通货紧缩之效果。

（二）国债期限结构的财政效果

无论是短期公债，还是中长期公债，其发行、偿本付息、调换，均会产生不同的财政效果。

从国债发行来看，短期公债、中长期公债，都可产生弥补当年财政赤字、平衡政府预算的功效。如果连年出现财政赤字，财政平衡困难，国债经营管理尚不健全，无论持续或短期经济不平衡稳定所出现的赤字，以中长期公债为主的发行结构是相宜的；如果赤字仅源于经济严重滑坡，通货膨胀高企、增加税收的潜力一时有限等紧急情况，则可适当提高短期公债在整个公债总额中的比例。此外，公债的发行还能增加有效供给，起到抑制需求的功效。公债的发行可根据国民经济计划和产业政策的需要，通过运用短期和中长期国债聚集的资金，弥补建设资金之缺乏，选择投资方向和范围，增加短线产品有效供给，抑制长线产品的生产。如果投向基础产业，则倚重中长期公债；如果投向见效快的项目，则倚重短期公债；兼而有之，则相机选择形式和界定数额。

从国债的偿本付息来看，国债兑付将扩大当年财政支出。如果财政收入不充裕，则会加大财政收支的缺口，增加财政困难；如果政府以新换旧，则可推迟偿本付息的时间，缓解财政的困难。其中，以短换旧，其还本付息的时间较紧迫；以中（长）换旧，则还本付息的时间较为充裕。

（三）国债期限结构的经济效果

在经济发展为正常状态时，无论是短期公债还是长期公债，都不是为了弥补财政赤字，整个公债总额减少，短期公债依存税收等财政收入的潜力而调整；中长期公债逐渐减少，没有必要付出过大的信用代价，各种期限的国债的发行对经济发展起维护和微调作用。其着眼点在于为经济的稳定发展创造条件或注入新的潜在能力。

在经济发展为滑坡状态时，如果需要鼓励企业单位积极进行生产投资，增加社会有效供给，通过计划和产业政策的引导，已可收效的情况下，则不必完全借助中长期公债，政府可以发行部分中长期公债，通过示范投资效应的引导，收稳定经济的效果；适当增大短期公债的发行量，借助于财政资金的供应，增加整个经济的货币推动力和资金的启动、吸引效应，对经济的发展和稳定也有其显著的效果。一般来说，在通货膨胀时期，由于期望高通货膨胀率下降，为避免在高利率下借入长期资金，适当发行短期债券，对政府来说是适宜的；而公债的承购人面对通货膨胀，未来对他们来说具有不确定性，其也避免在购买债券时选择长期债券，所以短期国债对双方来说都是可以接受的。除非政府发行行政性分配公债。

以上仅是对国债的期限结构作了规范性的说明，而现实的选择还须结合实际诸多条件来进行。

四、优化期限结构配置和完善国债市场的抉择

根据治理整顿和深化改革的要求，针对国内债务进入偿债高峰，财政收支的客观需要和若干经济、心理因素的现实，优化国债期限结构的配置，在继续做好发行中长期债券的同时，推行短期国债的试点发行工作，实行部分到期债券的调换。既立足于现实，又着眼于未来，切实做好国债发行的期限结构和事实上的期限结构的调整，对于缓解财政困难和稳定经济，分层次地完善国债市场，都有着重要的意义。

（一）切实做好中长期国债的发行

在当前的形势下，继续发行中长期债券，动员各单位和广大群众，

从大局出发，发扬爱国主义，积极认购，保证如期如数完成，在发行方式上仍可援用行政性分配的办法，但须切实做好国债的促销宣传工作。

除居民个人认购的部分外，可规定企事业单位、机关团体、专业银行和非银行金融机构购买的中长期债券不得流通或作为第二准备金。这可以弥补财政赤字，聚集建设资金，调控经济的正常运行，切断财政赤字与银行透支的自动关系，通过中长期国债的发行，压缩信贷规模，减少不合理的投资需求和消费需求，抑制通货膨胀。

中长期债券所筹集的资金总量，在通货膨胀时期可建立类似于银行的准备金制度，即财政收入信用总量要大于财政支出总量。在此基础上，通过选择支出的形式（无偿和有偿的形式），调整使用的方向和范围，遵循国民经济计划和产业政策，增加有效供给、抑制总需求，调整产业结构和产品结构，硬化企业预算约束。

中长期债券的发行质量要提高到一个新的高度，不能仅满足于债券发行任务的层层分摊和托款，要辅之以各种渠道、各种形式，切实做好国债的促销宣传工作，通过对购买国债的认识与教育，影响社会风尚和给予引导。这不仅有助于债券发行工作的顺利完成，而且对国债市场的进一步完善也有着潜在的、不可估量的影响作用。

发行的各种期限的债券，其票面设计应规范化。票上除载明金额、年度等之外，还应载明利率、还本付息的期限和方式、可否记名挂失、可否转让买卖等要素，使债券本身就具有较为完善的认识与教育的功能。这一传播面广的极好的宣传载体，使债券本身就能影响社会风尚，密切人民群众同财政、银行的关系，增强国民的金融意识，以利国利民；使债券本身有助于把人们的消费心理引导为自觉的投资意识，促进债券的推销和认购；使债券本身具有便利的功能，一券在手，就能把债券发行、流通和兑付联系起来，为进一步完善政府债券市场创造条件；使债券本身就可以增强政府债券的权威性和可信度，也可以使那些肆意进行黑市交易欺骗的不法分子失去一个条件，从而保护广大债券持有人的利益。总之，债券发行的质量问题，是事关国债良好形象的基础性工作。应在总结经验的基础上，切实和持续进行，不可小视。

在做好行政性分配中长期国债的同时，应充分考虑国债的信用高度和利率优先条件。针对"怕露富"和保密心理，在发行期间，以柜台交易方式，将一部分中长期国债按面值出售，推行自由认购。

（二）推行短期国债适度发行的试点

在确保中长期国债发行任务顺利完成的前提下，可首先选择已开展国债买卖业务的城市，适当发行短期国债，从而使国债的期限安排得灵活一些。前已述及，发行中长期国债可收稳定之功效，还本付息的时间也较充裕，但是，仅执着于中长期债券的票面期限意义不是很大，因为我国目能国债的实际期限结构已经形成年年皆有的期限结构了。以 1988 年发行的为期三年的国库券为例，尽管规定三年到期时一次还本付息，但对于 1988 年政府和持有者来说，事实上只有一年的期限，如从 1989 年开始，每年仍发行中长期债券，则每年都有到期的国债。所以，与其如此，从实际期限来看，不如灵活处置，适度增发一年期的短期国债。之所以首先选择已开展国库券买卖业务的城市试点，是为了把增发的短期国债和自由认购的可流通的债券集于一身进行。为了吸引人们对短期国债自由认购的兴趣，比之同期限金融债券，企业债券等的利息率可略微提高。

首先，有选择地、适度地增发短期国债，可以适应当前国债流通市场不完善的状况，因为是短期国债，上市量自然可以减少，可以避开贴现或贴现制度不尽合理的地方，还可以适应国债发行的全国性与流通市场的局部性矛盾状况。其次，可以聚集一笔资金，以其全部或部分资助国债市场的管理，维持市场价格水平和稳定市场之用，从而有助于发展和完善国债市场。再次，可以通过国家有关部门及时卖出和适时购进，为国债发行、流通的转换提供准备和总结经验。最后，在银行存款利率低于国债利率的前提下，国债在可选择的金融资产中就是有吸引力的。加之流通市场渐进式完善，可相机抉择增发自由认购的可流通的中期国债。

（三）发行新债券调换部分到期债券

那么，对事实上的国债期限结构又如何处置呢？毋庸置疑，对到期债券及时还本付息，这是偿债的首要选择。问题在于我国已进入偿债高峰，而国家财政又面临困难，财政收支的缺口仍然较大。在这种特定的条件下，可供选择的偿债方式有如下几种：

（1）按期全数偿本付息。但财政困难，增收节支的情况下仍然会出现赤字，如不采用发新债换旧债的方式，则只能向银行透支。向银行透支，则可能引起货币增发，对整个国民经济、企业、单位和人民生活都会产生消极影响。此法实不足取。

（2）对到期的债券，宣布推迟偿还本息。这虽然可以减轻财政困难，但应避免推迟偿还对国债信誉的不利影响。考虑到对单位持有的1981—1984年发行的国库券已经推迟三年偿付本息的情况，此法也不宜采用。

（3）按期全数偿本付息，所需资金由新筹集的公债作为保证。这种方式既能维护国债信誉，又能减小财政收支的缺口，缺点是改变债权人需要重新分配任务，增加发行困难。

（4）按期全数偿本付息，其中对城乡个人持有的到期国债，按期以现金兑付本息；对企事业单位、机关团体、部队、专业银行和非银行金融机构等单位持有的到期国债，以其本息偿还额调换为新的中长期债券。这种方式既能减轻财政困难，稳定经济，度过偿债高峰期，又能及时兑现到期债务的承诺，避免推迟偿还对国债信誉的不利影响，还能通过以偿还本息额安排发行任务，不改变债权人的具体构成，有利于发行和维护国债信誉，而且，通过调换可以重新配置国债的期限结构。由此也可看出，对部分到期债券实行调换，仅是在特定时期、特定条件下所选择的特定方式。

综合上述，无论是到期国债的偿付，还是通过发行债券调整国债的期限结构，都将会使政府的稳定任务更为艰巨。但是，包括短、中、长期债券在内的国债期限结构，比全部是短期国债的期限结构，抑或全部是中、长期国债的期限结构，更为可取。在国债市场的发展不可能一步到位的情况下，依据两级市场互补性原理，尽量完善国债发行市场，实行渐进式战略，分层次地推进国债市场的完善，也更为可取。

（原文载《计划与管理》1991年第4期）

财政补贴代替价格分配作用的偏差与协调

王国清

财政补贴由于其总量过大、增速过快、结构欠佳和环节错位等，已成为财政理论和实际工作同志关心的一个重要问题。毫无疑问，财政补贴和价格分配有着密切的联系。在很多情况下，财政补贴是为了缓解价格矛盾，从而对价格分配起着补充作用。但是，在运用财政补贴杠杆时，却存在部分代替价格杠杆问题，以致出现财政补贴代替价格分配的偏差进而导致逆向调节。本文拟就此问题，谈几点不成熟的看法。

一、财政补贴可能会导致流通领域的逆向调节

由于财政补贴具有收入效应，可以直接成为企业的盈利，所以，当不合理的价格使企业出现亏损或减少利润时，可以通过财政补贴使这些企业扭亏为盈或增加利润。本来，通过价格的变动也能形成这样的结果，但基于价格杠杆的相对稳定性，在这种情况下，它的作用就被财政补贴杠杆代替了。这仅仅是从分配角度进行的考察。再从分配和交换结合的角度来考察，情况就有所不同了。因为，既然财政补贴能使享受财政补贴的企业扭亏为盈或增加利润，就会刺激这些企业生产的积极性。联系到供求状况，接受补贴的价低利薄产品大致有三种组合：①价低利薄且供不应求的产品；②价低利薄且供求平衡的产品；③价低利薄且供过于求的产品。显然，只有对第一类组合的产品给予财政补贴，财政补贴所产生的双重调节作用才都是积极的，因为财政补贴既可以消除企业间不合理的利润差额，同时又能刺激该类产品的

供给，从而平衡供求。而对第二类组合、第三类组合的产品给予财政补贴，虽然能弥补企业因价格偏差而导致的亏损或减少的利润，使其扭亏为盈或增加利润，但可能刺激这两类产品的供给，形成或加剧供过于求的状况，这就使财政补贴在调节分配和交换时发生冲突，出现偏差而导致逆向调节。所以，运用财政补贴调节因价格不合理出现的企业利润差额，可能出现流通领域的逆向调节。

二、财政补贴可能会导致分配领域的逆向调节

由上可知，运用财政补贴是可以调节供求关系的。问题在于，如果偏重于调节供求关系，在这种情况下，则又会出现新的偏差，即导致分配领域的逆向调节。现实经济生活是纷繁复杂的，某些供过于求的产品并不一定是价格高于其价值；反之，某些供不应求的产品也并不一定是价格低于其价值。如果对那些虽然供不应求但价格高于价值的短线产品仍然采取给予财政补贴的办法，虽然可以刺激其供给，促使供求平衡，却会导致生产该类产品的企业的利润高于平均水平，进一步扩大不合理价格形成企业的利润差额，从而出现分配领域的逆向调节。

三、财政补贴可能会保护不合理的价格体系

尽管运用财政补贴能够调节不合理价格造成的企业的利润差额，但这并不能解决不同产品之间的不等价交换，只不过是使不等价交换在利润水平大体相当的条件下进行而已，由此却会产生以下偏差：

（1）这种不等价交换，虽然不影响企业能获得大体相当的利润，从而有一个大体均等的竞争条件，但这是以财政补贴为前提的。其结果并不能促进不同商品之间的合理流通，也不利于形成合理的产业结构。

（2）这种不等价交换，在某种程度上会进一步掩盖价格不合理的状况。如果说在没有财政补贴的情况下，价格与价值的背离现象颇为

明显的话，那么，在给予了财政补贴之后，这种背离现象则被财政补贴的表象所掩盖了。

（3）这种不等价交换，既然是在企业得到财政补贴，保证企业能获取相当的利润这一前提下进行的，则会在一定程度上减弱企业对改革不合理价格体系的迫切要求，从而贻误价格改革的大好时机。

总之，运用财政补贴不能从根本上解决不合理的价格体系带来的严重后果，在调节因不合理价格造成的企业利润差额的同时，还会产生某种保护不合理价格体系的偏差。

四、财政补贴可能会加剧资源的浪费

资源的合理配置，以合理的价格为前提，即资源的价格既反映其价值，又反映其供求关系。本来，资源的配置不合理，通过价格的变动，一方面能使相关的企业扭亏为盈或增加利润，另一方面又能促进资源的最优化。但在不合理的价格一定的条件下，企业为了获取财政补贴，进而弥补亏损或增加利润，不仅会不惜耗费低价的原料、材料和燃料进行扩大再生产，甚至会寻求可以替代的、价格合理或价格偏高的生产要素，因为这里存在生产越多，获取财政补贴越多的动机。但这样的结果，必然导致原料、材料和燃料的更大浪费，不利于资源的合理配置，还会加剧产业结构的不合理状况。

五、财政补贴可能会使价格改革更趋复杂

前已述及，运用财政补贴调节价低利薄且又供不应求的产品，能够产生同时调节分配和交换的双重作用，这种积极的作用确实能缓解价格的矛盾。即使如此，从发展的角度来考察，情况则有所不同。因为财政补贴可能阻止对不合理价格体系的改革，增加价格改革的难度。如果说，财政补贴的运用，是为了校正和补充不合理价格的作用，既能使生产不同产品的企业在不合理价格这一前提下保持大体相当的盈利水平，又能促使供求平衡的话，那么，在这种条件下再进行价格改

革，至少增加了财政补贴这一因素，而不仅仅是考虑价格背离价值的程度、供求关系等因素。以下情况可以佐证：

（1）对那些已经给予财政补贴（无论多少）的价低利薄且供不应求的产品，如按价格低于价值的程度调高价格，则会使该类产品获取双重收入，从而会使该类产品的企业利润超过平均水平。

（2）如果不按照该类产品的价格与价值的背离程度来调整价格，无论财政补贴有无及多少，价格自身都依然是不合理的，价格杠杆本身所固有的功能仍然得不到正常的发挥。

（3）如果坚持按照价格与价值的背离程度来调整价格，就必须同时重新调整财政补贴，取消财政补贴或减少财政补贴。但财政补贴又是一种辅助性的调节手段，不能一概简单取消。如何再调整财政补贴的数额与价格的涨幅，理论上是绝对可行的，但在实践的操作上则是有一定难度的。

六、协调偏差的着力点

从治标的角度来考察，首要的条件是选准补贴对象，缩小补贴规模。从治本的角度来分析，则须综合配套，着力于价格改革，让价格改革唱主角，这就必然减少财政补贴的数额，使财政补贴真正成为一种辅助性的调节手段，促使财政补贴的相当部分向个人直接补贴倾斜并纳入工资配套改革。

（原文载《四川财政研究》1992 年第 9 期）

分税制与民族地区财政经济的发展

王国清

民族地区是我国不可分割的一部分。民族地区财政经济的发展，离不开全国财政经济的支持，而民族地区财政经济发展的滞后，又会阻碍整个国家财政经济的发展。因此，在社会主义市场经济条件下，怎样加快民族地区财政经济的发展？在实施分税制财政体制条件下，如何处理民族地区的财政经济关系，促进民族地区财源建设？这些不仅是重大的经济问题，而且是重大的政治问题。

一、民族地区财政经济的特点

（一）民族地区财政的民族性

受自然条件和社会历史条件的制约，民族地区的经济基础、经济结构、地理环境、生产生活方式和独特的风俗习惯及独特的心理感情等方面都各有其特点。而且，民族地区的经济和社会发展与汉族地区发展不平衡。民族地区的特点和差异赋予了民族地区财政内在的固有的不同于其他地区财政的民族特性，这是我们正确处理中央财政（或上级财政）与民族地区财政，以及民族地区财政和其他地区财政关系的基本出发点和核心。

（二）民族地区财政的自治性

既然民族地区财政具有独特的民族性，那么，其财政经济问题的解决，则需要相应的方式和方法来处理，这就决定了民族地区财政具有自治性。自治性发端于并受制于民族性，没有民族性，就无所谓自治性，而自治性这一特点，又使民族性特点更鲜明、完善和丰富。以此观之，在坚持"统一领导"的基本前提下，按照中央或上级机关的战略部署，具体落实《中华人民共和国民族区域自治法》关于经济建设和财政自主权的各项规定，运用扩大的民族地区财政、投资、税收、计划、物资、金融、商贸、经济技术合作、口岸建设等方面的管理权限，结合本地区的实际情况，自主地利用财政、税收等经济杠杆调节和控制本地区的经济运行来加快经济的发展。

总之，民族地区财政的民族性、自治性特点，是我们研究民族地区财政问题以及深化民族地区财政体制改革的逻辑起点，也是必须立足实际，实施分税制财政体制改革的出发点。

二、财政在民族地区的地位和作用

（一）经济的第一推动力和持续推动力

从民族地区财政自身状况来看，资金短缺是一个突出的矛盾，这不仅遏制着民族地区优势资源的开发和利用，而且遏制着经济文化事业的发展，资金供需矛盾尖锐将是一个长期存在的问题。因此，千方百计地筹集和运用有限的资金，提高资金的使用效率，调整、巩固、充实、提高财政在民族地区经济发展中的地位是一项重要选择。从民族地区财政在民族地区经济体系中的地位来看，它在相当程度上维系着当地的资金、人才和信息等资源，而分税制财政体制改革，更强化了民族地区财政的利益动机和推动经济增长的积极性和紧迫性。因此，民族地区经济，比其他地区更需要借助财政第一推动力和持续推动力的作用，加快民族地区的经济发展。而这一作用，比以往任何时候都显得更重要。

（二）市场的培育者、参与者和调节者

民族地区大多地处偏远，交通不便，商品经济基础薄弱，市场发育更为落后。这只能说明民族地区财政经济的发展，是建立社会主义市场经济的需要，它不仅是缓解建设资金不足的一个手段，而且也是加强财政宏观调控职能的重要内容。党的十四大提出把建立社会主义市场经济体制作为改革的目标，这就需要在资源配置方面，克服市场自身的弱点和消极方面，比如税收、投资、补贴、国债等方式，不仅直接作为资源配置的一种形式，而且可以调节社会资源配置的过程，决定或影响资源配置的数量和方向。这就需要在调节分配关系方面，克服市场中造成的收入分配不公平情况，通过按支付能力原则的税收制度和按受益能力原则的转移支付制度，调整并改变市场机制造成的收入分配关系，调节国家、企业和个人的分配关系，使之公平合理。这就需要在经济稳定和增长方面，克服市场会出现的经济波动状态，通过财政收入和支出的松紧搭配、相机抉择，决定或影响经济滑坡的阻止和繁荣的持续，使整个经济协调、稳定发展，并有适度的增长。总之，建立社会主义市场经济体制，财政有其重要的功能，它既是市场的培育者、市场的参与者和推动者，又是市场的调节者。如果把市场比作足球运动，那么财政既是运动员、守门员，又是裁判员。这在民族地区显得尤为突出。

三、分税制和地方财源的培植

分税制财政体制改革，把税制改革纳入同步进行，保证了地方的既得利益，中央主要是在以后的增量收入中才取得收入的主要部分，并和原财政大包干体制衔接，采用税收返还和转移支付制度，是符合实际的、缓缓而行的、渐进式的改革过程。在这一过程中，民族地区既要涵养中央财源，保障中央利益，又要着力培植地方财源，促进地方经济持续、快速、健康发展，是摆在我们面前的重要课题。

实行分税制是强化中央宏观调控的手段，无疑对原有的财源结构会产生重大影响，进而对地方利益产生影响。实行分税制后，增值税成为我国最大的一个税种，中央分享75%，地方分享25%，但仍然是地方的主要税源。如果这块税源萎缩了，中央和地方利益都会受到损害。因此，各级地方政府必须在重视抓好地方财政收入征收的同时，搞好中央税源的建设，借以促进整个财政经济的全面稳定增长。为此，民族地区务必在培植财源上下大功夫，务求抓出实效。

（一）坚持搞好企业改革

坚持搞好企业改革，尤其是国营大中型企业改革，积极促进企业经营机制转换，建立现代企业制度。狠抓企业扭亏增盈，大搞企业技术改造，加强企业管理，千方百计筹措流动资金，保证企业正常运转，提高经济效益，实现企业由速度型向效益型转变，使之成为民族地区财政收入的支柱财源。

（二）下大力气抓好农村收入

农业是国民经济的基础，也是财政收入的基础，这在民族地区是很重要的一环。只有积极支持科技兴农，搞好农村基础设施和农村社会化服务体系建设，支持农业综合开发，通过农业来发展农林特产业、生猪业、牛羊畜牧业、养殖业等相关产业，才能稳定并拓展农牧业税及相关的各项税收。

（三）抓好和发展乡镇企业，提高来自乡镇企业的收入比重

四川省新都县（今成都市新都区）乡镇企业新兴公司，一年上缴财政收入占全县财政收入的1/3，是颇为引人注目的明星企业。民族地区也需要抓好点上的典范，而且在面上促使来自乡镇企业的收入比重提高。这不仅有利于提高和实现乡镇财政的自给能力并做出更大贡献，而且有利于各级地方经济的发展和财政困难的解决。这就需要在政策上、技术上及组织机构上采取措施，促进发展，加强管理。

（四）狠抓第三产业的发展，扩大营业税税源

第三产业，例如各种服务业、交通运输业、建筑安装业、邮政电讯业、旅游业等，在民族地区有着巨大的潜力。要坚持国家、集体、私营、个体、外资一齐上，在政策上给予大力扶持；在资金上要多渠道、多形式增加对第三产业的投入，争取来自第三产业的固定收入不断增加。

（五）恢复和开征部分地方税种，发掘潜在财源

各地应根据民族地区经济和社会发展的需要，适当新设或恢复征收符合地方特点的税种。例如，恢复对自行车征收的车船使用税。该

税是具有使用行为兼受益性质的地方税，不仅群众能够承受，而且能够增加市政建设的投入，并有利于交通管理和保证行车安全畅通，还能增强公民的纳税意识。以一个地区拥有450万辆自行车计算，如以每辆5元计征，一年即可增加财政收入2 250万元；如以每辆10元计征，一年即可增加财政收入4 500万元。固然，这是以经济较发达地区为例，但民族地区将潜在财源转变为现实财源，是有其必要性的。

（六）规费收入纳入地方财政预算管理

世界上实行分税制的国家，规费收入是地方财政的重要收入来源。民族地区既要坚决贯彻中央不准乱摊派、乱收费的命令，也要强化财政职能，抓住中央办公厅、国务院办公厅关于将行政事业性收费、罚没收入作为地方财政收入纳入预算管理这一机遇，规范规费收入的管理，同时抓好土地有偿使用收入、国有资产收益等，拓宽理财领域，切实疏导和培植新兴财源。

（七）发挥综合财政的功能，积聚资金建设重点设施工程

在预算资金紧缺的状况下，以预算资金为引导，调动银行信贷资金、外来资金、预算外资金和城乡居民手持货币，综合开发符合生产力配置、确有效益的项目和工程，为民族地区财源培植注入新的、潜在的活力。

总之，在分税制条件下，民族地区应根据实际情况，积极调整财源建设思路，着力理顺地方财源培植的途径，使中央与地方财源并茂，保证民族地区经济在国家宏观调控下，持续、快速、健康地发展。

四、分税制和地方公债的发展

鉴于民族地区的特殊性，在财政分配方面更应贯彻无偿性为主、有偿性为辅的特性，增加财政无偿性投入。这并不否定民族地区财政信用的规范发展，相反，还应该加强财政信用的管理，经过整顿把它纳入规范轨道，并纳入中央银行的监管范围。就财政信用之公债来看，与其变相发行地方债券，不如增加其透明度，规范地方公债的发展。

目前的分税制，从地方收入的角度考察，其收入包括地方税收入、划归地方的共享税收入、税收返还和转移支付。但我认为，随着分税制改革的发展，地方可供支配的收入，尚应包括地方债务收入，这是分税制所涉及的地方的特殊性、中观地方的相对自主权和财政的相对独立性、深化和扩大对外开放的要求、财政复式预算实行分经济性质管理的要求、国外实行分税制体制的国家（无论是单一制还是联邦制国家，不少的地方政权都曾有过或正在从事地方公债活动）的实践可资借鉴等使然。这就说明地方政府（主要是指省、直辖市、自治区一级）在中央的领导下，分层次、有区别、有针对地发展地方公债，不仅是必要的，也是可能的。总之，分税制在根本上会导致地方公债的发展，只不过需要决定在什么条件下施行、如何施行、怎样加强中央的宏观调控力度而已。可以设想采取分步走的办法。在条件较为成熟之时，先行采取与地方（包括民族地区）完成国库券的推销量挂钩，在募集的国库券总额中，依一定比例，有区别地划归地方使用，其还本付息以地方预算收入作为来源。在条件更为成熟的条件下，再行采用由中央宏观控制的、规范的地方公债制度。对此，包括民族地区在内的有关各方，应加强超前的理论研究和可行性探索。

五、分税制和建立有效的转移支付制度

建立有效的转移支付制度，是这次分税制改革的一项重要内容。按照财政支出有无代价为标准，判明其与市场关系的财政支出分类，分为购买支出和转移支付支出。购买支出是政府直接购买商品和劳务的支出，体现政府的市场性再分配活动；转移支付支出则直接表现为政府资金无代价的、单方面转移的财政支出，体现政府的非市场性再分配活动。就转移支付而言，主要包括补助支出、捐赠支出和债务利息支出，其中补助支出是应着重研究的对象。转移支付还可进一步分为政府对企业、单位和个人的转移支付；上级政府对下级政府的转移支付等。

这次分税制改革实行的税收返还，是与原财政包干体制挂钩的一种定额定率的中央对地方的补助支出形式，也可以理解为一种特殊的

转移支付。为加强中央的宏观控制，正确处理中央与地方的分配关系、上级财政对下级财政的分配关系，实行规范的转移支付制度势在必行。就民族地区而言，在采用因素法确定其支出数额时，考虑财政供养人员、总人口，以及工农业产值、国民收入、城市人口、贫困人口、少数民族人口、地理位置、农副产品调出量等诸因素，确定不同的系数，充分考虑民族地区的特有因素核定民族地区的财政支出数额，再以此支出数额与民族地区的地方固定收入进行比较，确定对民族地区的转移支付额度，平衡和调节民族地区与经济发达地区之间的分配，加快民族地区逐步走向共同富裕之路。

六、严格减免税和民族地区税收优惠

过去曾出现的那种乱减免、越权减免，是必须严格禁止的，因为税制、税法是国家统一制定的，是国家的法律。建议在有关税法条文中，明确对民族地区生产民族用品、出口创汇产品和民族贸易企业给予一定程度的减免税。鉴于减免税的预算管理可控性较松软，鉴于减免税与财政补贴具有一定的替代性，也可考虑先收后支的办法。

新税制之所得税改革的目标是调整、规范国家与企业的分配关系，促进企业经营机制的转换，实现公平税负，平等竞争，所以从1994年1月1日起先统一了内资企业所得税，下一步再统一内、外资企业所得税。统一税法、统一税基、统一优惠政策，规范国家对企业分配关系，使企业所得税硬化起来。当然，对外商投资企业的税收优惠如何处理，是对外开放的一项重要政策，需要慎重研究。但我认为，鉴于民族地区的特殊情况，为引导发达地区一部分财力、物力和人力流向民族地区，为鼓励本民族地区资金沉淀于本地的经济建设与事业，可以借鉴外商投资企业的做法，对再投资于民族地区的企业给予再投资退税的优惠，可以根据再投资于一般企业和产品出口企业、技术先进企业的类型，分别制定不同的退税率。

（原文载：唐和光. 开拓奋进：四川省民族自治地区财政经济发展研究 [M]. 成都：西南财经大学出版社，1995.）

财政文化与振兴财政初论

王国清

　　随着改革开放和社会主义市场经济的发展，现代经济文化作为新的研究课题，在我国取得了引人瞩目的成就，而对作为经济文化独立子系统的财政文化，则涉及不多。但财政文化的协调运行和综合发展，正以不同的内容和形式展现在现实生活之中，迫切需要我们随着社会的发展和改革开放的深化，进一步重视财政管理和财政体制改革中"文化力"的因素及其投入，探索财政文化协调发展的理论总结，促进财政和文化整体关联、协调发展，借以振兴财政。本文拟就此谈点粗浅的看法。

一、财政文化及其内容体系

　　财政文化是人们在国家的财政活动中所形成的思维模式、行为规范和价值导向。它既是财政与文化整体关联、协调发展的总结，又是进一步推进财政文化一体化发展，振兴财政的原动力。

　　就财政文化本身的性质来看，有许多健康向上的财政文化，即"好"文化，例如国家利益准则、财经法纪准则等；但财政文化中也有不健康的、消极的财政文化，即"坏"文化，例如财政工作中的"不打赤字吃亏""不花白不花"，纳税中的"查出了是你（国家）的，没有查出是我（小团体或个人）的"，等等，就是这种性质的财政文化的表象。

　　就财政文化涵盖的内容来说，财政活动中体现的思维模式、行为规范和价值取向，贯穿财政理论、财政政策和财政制度，贯穿财政管理和财政体制改革。例如，其构成的基本要素即理财准则表现为国家利益准则、财经法纪准则、资金效益准则、收支平衡准则、渴求理解准则、公平和效率准则、硬化预算准则、勤俭节约准则、特事特办准则等。

就财政文化的体系来看，财政文化涵盖基础财政、税收、政府与国有经济、债务、积累性支出、消费性支出、社会保险、财政补贴、财政预算、预算管理体制、财政平衡、财政制度和政策、国际财税等财政文化意蕴。

就财政文化的主客体来看，财政文化分为财政主体文化和财政客体文化这两个层面。财政主体文化是指财政部门及其人员的理财思维模式、行为规范和价值导向；财政客体文化是指财政活动涉及的客体部门、企业单位和个人的思维模式、行为规范和价值导向。财政主体文化和财政客体文化既相统一，又相矛盾。

二、财政文化的功能

（1）整合功能。财政文化作为财政活动中的思维模式、行为规范和价值导向，是整合、立体、全方位地研究财政，并力图阐明财政各个子系统之间、财政主客体之间的内在联系。财政文化的这种整合功能，体现着财政管理科学发展的新趋势，标志着财政文化一体化发展的新阶段。

（2）导向功能。财政文化作为财政活动中的思维模式、行为规范和价值导向，对财政主体文化和客体文化涉及的部门、单位和个人的理财心理、行为规范和价值取向起着导向功能，从而对振兴财政，发展财政有着重要的作用。

（3）规范功能。财政文化既包括有形的、正式的、带强制性的行为准则，是人们思想和行为的硬约束，财政文化又包括无形的、非正式的、非强制性的行为准则，是人们思想和行为的软约束。但无论何种约束，都将对人们的心理直到行为起作用。在一个特定的文化氛围中，人们合乎特定准则的行为得到认同和赞扬而感受到心理上的满足；

反之，人们的行为得不到承认甚至遭到谴责而产生失落感。所以，拓展健康、向上的财政文化，从而振兴财政，以便使具有该素养的部门、单位和个人自觉遵从根据国家利益和人民根本利益而确定的行为准则。

（4）凝聚功能。健康的财政文化能使财政部门及其人员，以及财政活动涉及的部门、单位和个人，感到强烈的使命感、归属感和自豪感，从而不仅在财政部门内部形成一股强劲的凝聚力，而且使财政分配涉及的客体单位和个人在国家利益、人民根本利益基础上产生凝聚力，从而对每一个人都起着感召作用和融合作用，在参与和涉及财政的实践中实现自身的价值。

（5）激励功能。财政文化作为财政活动中的思维模式、行为规范和价值导向，能指导和激发人们内在的积极性，继而转化为自觉的行动，有助于达到预定的目标和取得预期的效果。

（6）辐射功能。财政文化通过财政收支的各种方式及其制度规定、财政意识、财政行为、财政各类教育和宣传活动，向社会辐射和传播其丰富的文化内涵，影响整个经济文化的建设，促使财政工作有效运行，提高财政在整个国民经济中的地位，并通过财政文化的改善、重构和优化，直接或间接有力地推进整个社会精神文明建设。

三、拓展财政文化与振兴财政的主要途径

（1）培育和发展财政文化，应不断完善财政体制改革。因为，古今中外的历史证明，占主导地位的财政文化态势决定财政体制改革的模式。凯恩斯主义主张国家运用包括财政政策、货币政策和对外扩张政策，核心是财政政策的主张，就决定了美国罗斯福总统施行的"新政"；美国供应学派的思想，就导致了美国里根政府和英国撒切尔夫人施行的减税政策，等等。因为，财政文化的价值认同决定了财政体制改革的推进成效。价值认同是指价值观念的灌输、培养及强化，目的是使有关部门、单位、个人接受、赞同和遵守相应的价值准则。随着如何做大"蛋糕"和如何分"蛋糕"的讨论，我们经历了利改税→承包制→"税利分流"→现代企业制度下的政府收入分配形式的规

范，与此相适应，经历了"划分收支，分级包干"→"划分税种，核定收支，分级包干"→六种形式的财政大包干→分税制。在这一系列的改革中，符合客观实际的价值认同越正确，遵循越规范，效果就越好，并随着客观条件的变化而发展。还因为，财政文化的整体协调制约财政体制改革的方向。财政部在坚持社会主义的条件下，结合我国实际，大胆吸收和借鉴资本主义国家市场经济的做法，充分考虑我国的经济发展水平，特别注意与我们有相似文化背景的"亚太模式"对我们有用的经验，于1994年推行了初始的、渐进式的分税制财政体制改革，经历了对这一改革的责难、怀疑、误解、认同、推进。目前要求我们正确处理改革、发展、稳定的关系，把支持经济和社会发展摆到中心位置；积极推进经济增长方式转变，提高经济增长的效益和质量；努力实现国民经济总量平衡和财力分配结构的合理调整。为此，应继续深化财政体制、税收制度和预算管理制度等方面的改革；基本消除财政赤字，合理控制债务规模，避免债务拖累；理顺分配关系，健全财政职能等。

（2）加强财政制度文化建设。财政的制度文化，是财政多年经营管理经验和文化沉淀的结晶，它不仅关系到财政内部，而且涉及社会有关各方及个人。随着社会经济对财政提出新的要求，财政业务不断完善和发展，要求加强制度文化建设以增强财政内部诸方面及个人之间的团结合作，以及财政同其他部门、单位和个人之间的团结合作，借以调动各方面的积极性和创造性，科学、有效地控制财政管理的全过程，约束各个部门、单位和个人的言行，建立共同价值取向，统一步调，增强协调性和战斗力。例如，振兴财政需要地方财政与中央财政共同振兴，在振兴四川财政的阶段性具体目标——2000年前消除全省历年滚存赤字，绝不把赤字结转到下个世纪，并使全省财政逐步步入良性循环轨道，要坚定不移地贯彻执行好川府发（95）111号文件这一"以奖代补"的过渡期转移支付的补充形式，纠正对这一政策制度理解上的偏差，并通过实施细则的修订，行之有效地贯彻落实，以达到预定的目标。

（3）必须把财政文化建设贯注到财政管理活动中去。应对财政内外的部门、单位和个人进行观念更新教育，使之树立起现代财政的各种观念。例如，财政资金的"三防一保"问题，即防诈、防盗、防抢，保证财政资金的安全。为此，各级部门、单位和个人要严格遵守各项法律法规，加强廉政建设和财政监督、约束，堵塞管理上的漏洞。又如，强化预算外资金是财政性资金的观念。为此，须把预算外资金所有权还权于国家、把调控权还权于政府、把管理权还权于财政，整顿分配秩序，健全财政职能，控制行政事业性收费和政府性基金，并对已设立的各种收费和基金进行清理整顿，在此基础上重新核定收费项目和基金规模，将一部分该纳入预算内管理的纳入预算管理，并随着发展，适时将其中一部分收费和基金规范为税收管理，纳入地方税体系建设。在管理基础方面，运用财政文化建立起独具特色的标准化管理体系，制定和完善各类规章制度，建立健全信息系统，努力做到规范化。要让财政内部及有关各方与个人明确振兴财政的管理目标，包括精神文明建设目标、长短期目标、宏微观目标。运用目标激励的方法，最大限度地调动财政及有关部门、单位和个人的积极性。

（4）把财政文化与财政的思想政治工作和队伍建设结合在一起。面对新形势、新情况、新问题，大胆地吸取财政文化理论精粹，把财政文化建设作为加强和改进思想政治工作的一个重要途径来抓。发展财政文化的一个目的就是建立以人为中心的管理，为此，在振兴财政中，既要有一批政治素质高、业务能力强的领导干部，又要加强对广大财政干部的培训。只有加强"讲学习、讲政治、讲正气"，并提高干部职工的科学文化水平和业务素质，方能适应振兴财政的迫切需要。

（原文载《四川财政》1996 年第 10 期）

理顺分配关系 强化财政管理

王国清

　　党的十五大报告是一个理论性和实践性很强的纲领性文件。报告根据邓小平理论和党的基本路线，认真总结改革开放近 20 年特别是党的十四大以来的丰富经验，第一次系统地、完整地提出并论述了党在社会主义初级阶段的基本纲领，对跨世纪的伟大事业做出了战略部署。

　　报告用较大篇幅论述了经济体制改革和经济发展战略。这部分有一系列理论突破，是又一次的思想解放。报告关于把"公有制为主体、多种所有制经济共同发展"，"非公有制经济是我国社会主义市场经济的重要组成部分"，"公有制经济不仅包括国有制和集体经济，还包括混合所有制经济中的国有成分和集体成分"，"公有制实现形式可以而且应当多样化"，"股份制是现代企业的一种资本组织形式，……资本主义可以用，社会主义也可以用"等论述，都很有新意，必将有力地推进改革，特别是促进国有企业改革大步向前，不断完善社会主义市场经济体制建设。

　　与此相适应，我们应按照党的十五大对财政工作提出的很高的要求，继续坚持国家的一般性——作为主权者或社会管理者，凭借政治权力，以税收的形式参与国有经济在内的各种经济成分和资本组织形式的收入分配，并进行相应的再分配；又以国家的特殊性——作为生产资料所有者或投资者，凭借财产权力，以上交国有资产收益的形式参与国有经济及相关的资本组织形式的利润分配，并进行相应的再分配。以此规范政府与企业之间的收入形式，进一步调整规范财政收支结构。在此基础上，集中财力，振兴国家财政，并继续大力支持经济发展，配合企业改革，参与搞好结构调整问题；进一步理顺分配关系，正确处理国家、企业、个人之间和中央与地方之间的分配关系，完善财税管理体制；强化政府分配职能，加强预算外资金管理；在宏观调控中，与货币政策相互配合，建立一个稳定、平衡的财政机制。

（原文载《四川财政》1997 年第 10 期）

中国首部《财政学》理论框架解析
——兼论陈豹隐先生的财政贡献

王国清　彭海斌　胡　黎

一、从"财政"到"财政学"的由来扫描

近年来，理论学术界对英文"public finance"对应的中文"财政"或"财政学"，尤其是"'财政'一词的由来"又有了新的研究。对英文"public finance"相对应的中文"财政"的研究，如李俊生、王文素于 2014 年 6 月在《财政研究》上发表的《再论"财政"——"财政"渊源探究》颇具代表性。李俊生、王文素在对理论学术界"财政"一词的由来的四种观点，即"财政"一词最早出现在清朝大臣呈送皇帝的奏折上；"财政"一词最早出现在清朝皇帝的"诏书"上；"财政"一词是我国从日本引入的，第一次在我国的使用是严复翻译的《原富》一书中；严复在翻译《国民财富的性质及原因的研究》（意译为《原富》）时并没有将 finance 译为"财政"，是郭大力、王亚南共同翻译的《国富论》（《国民财富的性质及原因的研究》）才将其译为"财政"，以及蔡次薛先生关于"财政"是清末由日本移植而来的观点。李俊生、王文素对上述观点作了归纳、分析、论证，认为"第一，'财政'一词的确是从日文翻译而来的；第二，'财政'一词在 1894 年出现在政府的官方文献中，以'财政'为名的机构设置，最早时间为 1902 年"。应该说，这是财政学界在传承学术基础上的一种最新研究。无独有偶，历史学界也有学者关注这一命题。中国社科院历史研究所万明同志于 2014 年 12 月 17 日在《中国社会科学报》上发表《"财政"一词并非舶来品》一文。万明通过仔细爬梳明代文献，认为明代内阁权臣严嵩文集有《赠李运司序》云："《易》曰：何以聚

人，曰财。夫财者，王者所恃以合天下之众也。《周礼》一书，理财居其半，圣人思理财之难，故制为法，纤悉备密，择吏而慎守之。故吏者，天子所恃以守天下之法也。吏不良则法废而莫守，法不守则财弊而莫理，财莫理，则天子不得。今之盐课，国用所需，财政之大者也，特置运司以领之。其长曰使，曰同知，皆秩高而位宠，常选诸吏有材谓劳绩者表用之。"又云："户部郎中新城李君擢为两浙运司同知。君初为令、为州守、为扬州同知，以入户部，前后皆有财政，君皆优为之。"严嵩所云"财政"，与英文"public finance"对应的国家之理财之政的意义是相符合的。所以，万明先生认为，"财政"是16世纪中国本土已有之义，并非舶来品。

由此可见，理论学术界关于"'财政'一词的由来"的讨论正在进行。我们认为，英文"public finance"对应的"财政"还是"财政学"的具体含义，需要我们充分考察其所在的具体语境，结合上下文的内容去思考和理解，而中文除此之外，"财政"和"财政学"字义本身就有明显的差别。我们认为，"财政"是一个"经济范畴"、一种"经济活动"；"财政"是一项"事务"、一种"关系"或是"行为"；而我们通常所说的"财政学"是一门有体系、有结构、有章法、有逻辑的学问，是一门科学。

那么与英文"public finance"相对应的另一中文译义"财政学"是不是舶来品呢？中国人自撰的第一本《财政学》是何时由何人撰写的呢？对第一本《财政学》的基本内容架构及其产生的学术背景又该怎样理解和把握呢？这正是本文研究的重点。

二、国外财政学传入我国之前的简要回顾

初始的系统的财政学体系，是由英国经济学家、西方经济学古典学派的创始人亚当·斯密建立的。亚当·斯密在其1776年出版的《国民财富的性质及原因的研究》中，系统地讨论了财政赋税等问题，特别是在第五篇《论君主或国家的收入》中专门讨论了国家财政问题，包括国家经费（国防费、司法经费、公共工程和公共机关的费用），其收入源泉（各项赋税和公债）以及征税的原则与方法等，形成了财

政学比较完整的体系。由于亚当·斯密首先把财政作为政治经济学的一部分来研究，作为一个经济范畴来分析，作为国家经济与私人经济相区别，所以弗里德里希·恩格斯说斯密首创了财政学。

后来的古典经济学家和庸俗经济学家，如大卫·李嘉图、让·巴·萨伊、约·斯图亚特·穆勒、阿瑟·塞西尔·庇古以及约翰·穆勒、阿尔弗雷德·马歇尔、埃奇沃斯、西斯蒙第等自由资本主义时期古典学派和英法庸俗学派的财政学，只限于赋税、支出和公债等几个范畴。英法财政学在这个时期一般也是归在政治经济学之中的。到了19世纪末和20世纪初，英法财政学也发生了一些变化。资产阶级的经济学替代了资产阶级政治经济学，虽有些流行的经济学教科书中仍包含有巨大篇幅的财政学篇章，但一般的经济学著作已不再包括系统的财政学。这种发展的另一面则是出现了财政学专门著作，如英国巴斯塔布尔于1892年出版了《财政学》，道尔顿于1922年出版了《财政学原理》等。

德国有其独立体系的财政学，可谓独树一帜。19世纪末20世纪初，自从官房学派被划分为经济学、行政学、财政学之后，德国庸俗学派财政学者撰写了不少财政学论著，著名的有阿·瓦格纳认为，财政是以国家为主体的公共经济的科学，并提出了累进税制，阐述了国家经费膨胀的规律，即著名的"瓦格纳法则"，强调国家干预的作用，以缓和阶级矛盾和减缓贫富分化。

总而言之，在我国自撰的《财政学》出版之前，国外最新的《财政学》教材依陈豹隐先生"据所能考知者，略举人名及著作于下"：

（一）德国之财政学界

（1）Eheberg, Finanzwissenschaft l7, aufl. Leipzig, 1921.

（2）M. V. Heckel, Lehrbuch der F. W. Leipzing, Ⅰ. Bd, 1907；Ⅱ. Bd, 1911.

（3）Cohn, System der Finanzwissenschaft, Stuttgart, 1889.

（4）Conrad, GrundriSS Zum Studium der F. W. 6 aufl. Jena, 1913.

（二）意国之财政学界

（1）Cossa, Primi elementi di scienza delle Finanze. 8ed.,

Milano，1901.

（2）Flora, Manuale della scienza delle Finanze 4 ed., Livorno, 1912.

（3）Nitti, Scienza delle Finanze 4 ed., Napoli, 1912.

（三）法国之财政学界

（1）Leroy-Beaulieu, Traite de la Science des Finances 2 V01. 7 ed.,
Paris, 1901.

（2）Stourm, Cours des Finances, Paris, 1890.

（3）Boucard et Jeze, Elements de la science des Finances, 2 ed.,
Paris, 1901.

（四）英美之财政学界

（1）Bastable, Public Finance, 3ed., London, 1917.

（2）Adams, The Science of Finance, N. Y., 1898.

（3）Scligman, Essay in Taxation, 9ed., N. Y., 1922.

（4）Plchn, Introduction to Public Finance, 4ed., N. Y., 1921.

（五）日本之财政学界（尚未脱离翻译时代）
（1）田尻稻次郎，《财政与金融》；
（2）宇都宫鼎，《财政学》，同人著《最新财政学纲要》；
（3）小川乡太郎，《财政学》《公债论》《租税论》；
（4）堀江归一，《最新财政学》；
（5）小林丑三郎，《财政学提要》；
（6）大内兵卫，《财政学讲义》。

三、《财政学》引进概览

据许康、高开颜研究，他们以《财政学》检索中国国家图书馆中
文书目和湖南图书馆中文书目，最早的《财政学》编译本作为财政学
正论的为清代版本胡子清的《财政学》。1905 年以夏同龢（戊戌科状
元）、杨度为首的一批留日学生（湘、鄂、赣、黔省籍）在东京编译
出版"法政萃编"（一套丛书），在全国占得先机。"法政萃编"收入

了胡子清编译的《财政学》等。胡子清（1868—1946）是湖南省湘乡县（今湘乡市）人，参加了湖南省末届（1902年）乡试，以《理财论》等几篇策论得中举人；1903年出版《历代政要表》，并被选派赴日本早稻田大学法政科留学，成为编译中国最早的《财政学》及其引进者。另据上海财经大学著名经济学家、中国经济思想史权威学者胡寄窗先生的《中国近代经济思想史大纲》（中国社会科学出版社1984年版）介绍，早期编译的《财政学》有1907年出版的黄可权编译的《财政学》（天津丙午社）和张锡之、晏才杰等译的《比较财政学》。前述许康、高开颜为此特别指出，"我们查得，前者根据松崎藏之助和神户正雄两本同名书编译，引入'法政讲义'第一辑；后者原著者为小林丑三郎，中译本1909年（编者按：并非胡寄窗所言1907年）由东京财政调查社发行。"

正如许康、高开颜先生所说，"当年对财政知识的引进是同时段、多渠道的，只是有主有次罢了"。在这一引进的过程中，尚有其他不少学者编译的《财政学》问世，值得特别关注的尚有陈豹隐先生翻译的日本小林丑三郎的《财政学提要》，这不仅是因为陈豹隐先生之后成为自撰《财政学》第一人，还因为陈豹隐先生的译本有其鲜明的特点。

陈豹隐原名陈启修，1886年出生于四川省中江县，其父陈品全是清朝翰林，曾任广西桂林书院院长。陈豹隐幼年就读于私塾，1898年12岁时就读于法国人办的五年制初中。这是一所法国人为他们在中国工作的外交人员、传教士和商人子弟开办的学校，只收少数中国学生，并为中国学生开讲法文课。这为他在幼年时期就牢固地掌握一门外语提供了机会，为以后学习其他外语增强了信心和兴趣，也为他日后通晓法、德、英、日四国语言打下了坚实的基础。初中毕业后，他随当时的"东渡"潮流，于1907年赴日留学，考上东京第一高等学校预科。这个"一高"，在当时的日本牌子最硬、声望最高，学生除必修英语外，尚须选修一门第二外语，陈豹隐在"一高"通晓了英语和德语，为他参照各种外语版本，翻译国外著作提供了条件。"一高"毕业后，他于1913年升入东京帝国大学，攻读法科，随即翻译了日本小林丑三郎著的《财政学提要》，并由上海科学会编译部（商务印书馆的前身）于1914年出版发行。这部译著，是陈豹隐一生著述丰述，财政学、经济学、哲学、文学跨界学识渊深的起点，成为陈先生一生学术活动的开始，此其一；其二，扫除了当时译文夹杂文言的积习，开创了完全使用白话文翻译经济著作的先河；其三，全部译文约20万字，主要内容是全面而系统地介绍欧洲资产阶级的租税论及资产阶级政府理财的办法。在我国刚刚推翻清王朝的中华民国四年（1915年），在废除了封建王朝的纳捐办法后，如何建立民国财政，尚缺乏全面的、系统的办法。这部译著的出版，不少大学以此书为教材，还深受国民党革命派的欢迎，对于巩固旧民主革命起到了积极作用。

四、陈豹隐所著之《财政学总论》为最早

经无产阶级革命家、教育家吴玉章推荐，陈豹隐先生于1919年被北京大学校长蔡元培聘请为北京大学法学院教授，兼政治系主任，于1924年11月由上海商务印书馆出版发行《财政学总论》。据朱通九称："设以国人所编财政学出版日期之先后而论，则以陈启修氏（陈豹隐）所著之《财政学总论》为最早，而读其书者之人数亦最多。"

（一）出版日期及版次

在过往的文献中，对《财政学总论》是1924年抑或是1928年出版是有疑问的。常裕如在《陈豹隐：我国早期马克思主义经济学家》一文中说，"财政学总论，陈启修著，1928年，商务印书馆"。王国清在《财政基础理论研究》的总序中也据此引证为"1928年由商务印书馆等出版为《财政学总论》、《地方财政学》等书"，这在出版时间上是以讹传讹的。为此，王国清等学者在《财政学》（高等教育出版社2010年6月版）特别注明陈启修自撰的《财政学总论》为商务印书馆1924年版。西南财经大学马克思主义经济学研究院、西南财经大学经济学院为纪念陈豹隐127周年诞辰而编辑的《陈豹隐全集》第一卷第3册为《财政学》，由西南财经大学出版社出版发行。该版《财政学》收录了陈豹隐先生的《财政学总论》和《战时财政新论》。其中编者

按特别说明："《财政学总论》，署名'陈启修'，1924年11月由上海商务印书馆出版发行，本次所选底本为1931年5月第五版。"《财政学总论》十年间至少印行了七版（前五版和1933年国难后版、1934年国难后又版）。

（二）结构体例及书名

《财政学总论》的绪论部分讲述了财政、财政学及财政思想发展史略，在此基础上分为五编：第一编"财务行政秩序论"，第二编"公共经费论"，第三编"公共收入论"，第四编"收支适合论"，第五编"地方财政论"。陈豹隐先生认为，"唯我人所研究者，本为财政学总论而非各论，故对于各部分，俱仅能述其大略而已，不能及其详也"。据此，有学者研究认为，"直到20世纪30年代中期，中国人所撰财政学著作，仍有许多摘抄该书。其所开创的体例成为民国财政学著作的典范。"

五、《财政学总论》出版发行的理由及学术背景

（一）出版发行《财政学总论》的主要原因

陈豹隐先生讲了三点理由：

（1）为适应时代之变化，满足学界之要求，提高一般著作之水平。陈先生说："近年法政经济之系统的著作，新刊者绝少，不足以应时代之变化、供学界之要求。推其原因，似非在专门学者之日少，而在专门学者之有重心者之渐多。我则以为一般著作之进步必为渐次的，故著作过于草率粗疏固不可，然过于矜持而必求其名世，亦实足迟延一般著作界之进步，诚以登高必自卑，名世的著作必以无数通常的著作为背景或基础，始能发生而益见其大也。故我之此书，为一般著作界之进步，原附于通常著作界之列。"为此，陈先生为抛砖引玉，出版了此书。

（2）在财政学史上，以《财政学》教材付印以自荐于全国之讲授财政学者。陈先生说："以我所知，现今英德文财政学著书中，能兼

顾理论及事实两方面之材料，妥为排列，使适于为教本之用者，盖不多见。若中国文之财政学著述中则即谓尚属绝无仅可，故数年以来，同事中互有苦无财政学良教本之叹。我之此书，在财政学史上，固属未成品，然在教本一类书中，则不欲妄自菲薄，故敢付印以自荐于全国之讲授财政学者。"陈先生为推出一本财政学好教材，出版了此书。

（3）为杜绝盗印，避免误人不浅。陈先生说："近年各校所发讲义，往往被趋利的书店，窃行印售。即以我一人之经验言之，数年前在北京内务部地方自治讲习所所授之地方财政学，为某书店私自印行，且不标讲授人姓名。假使其所印者能不失编者真意，则为学问之传播计，即牺牲姓名及版权，亦未为不可。无如其中鲁鱼亥豕，错落过甚，实有误人不浅之虑。我之此书恐仍蹈覆辙，故欲速以自己之名义印行，虽为己，亦为人也。"陈先生为杜绝盗印，出版了此书。

（二）出版发行《财政学总论》的其他原因

这里我们主要是从陈豹隐的生平阅历和博学群书出发以期找寻其中原因：

（1）作者留学海外，外语稔熟，视野广阔。前已述及，陈豹隐先生毕业于日本东京帝国大学，1919 年到北京大学任教。1922 年 12 月陈豹隐被派遣到欧洲考察。他在欧洲调查研究八个月后离德去苏，进入莫斯科东方大学学习。1925 年秋，陈豹隐由苏回国，仍在北京大学执教。在这个时期，陈先生在熟稔英、法、德、日四门外语的基础上，又学习掌握了俄语。

（2）站在专业前沿，积累参阅了国外财政学及其他经济学的最新资料。除前文所述陈先生 1914 年翻译出版日本小林丑三郎的《财政学提要》外，以及前文列示最新《财政学》之德国、意大利、法国、英国、美国、日本等国外《财政学》20 部，在自撰的《财政学总论》中直接注释的中文财经著作亦有 20 种之多（这里还只是搜寻了《陈豹隐全集》中第一章专门写"财政"和"财政学"的内容中注明的参考资料）。

（3）教学讲义的编写为正式出版提供了前提。陈豹隐先生 1919 年赴北京大学任教，其中，《财政学》授课的讲义，即是《财政学总论》，"此书本为我在北京大学所授之讲义录。"《陈豹隐文集》编者按说："今中国国家图书馆藏有署名'陈启修'的铅印本《财政学总论讲义大纲》两册，疑为该书雏形。"

（4）学养深厚，地位崇高。陈豹隐教学一生，留下了大量著述，跨界于经济学、政治学、哲学、文学等领域，是我国《资本论》中文本翻译第一人、早期马克思主义经济学家。中华人民共和国成立后，他任职于四川财经学院（现西南财经大学），被聘为经济学一级教授，并担任全国政协常委。这虽是后话，但陈豹隐在出版发行《财政学总论》时已经在北京大学讲授《经济学》《财政学》《统计学》等课程，此外还应邀到地方部门做财政专题讲座，有相当的学术地位和影响。历史造化了陈豹隐先生为中国人自撰《财政学》第一人。

参考文献：

［1］李俊生，王文素. 再论"财政"："财政"渊源探究［J］. 财政研究，2014（6）：8-13.

［2］万明. "财政"一词并非舶来品［N］. 中国社会科学报，2014-12-17（A6）.

［3］亚当·斯密. 国民财富的性质和原因研究［M］. 郭大力，王亚南，译. 北京：商务印书馆，1974.

［4］陈豹隐. 陈豹隐全集：第1卷第3册［M］. 成都：西南财经大学出版社，2013.

［5］许康，高开颜. 百年前中国最早的《财政学》及其引进者：湖南法政学堂主持人胡子清［J］. 财经理论与实践，2005（6）：123-127.

［6］魏祥杰. 光华日月五十春［M］. 成都：西南财经大学出版社，2002.

［7］朱通九. 近代我国经济学进展之趋势［J］. 财政评论，1941（3）：124.

［8］王国清. 财政基础理论研究［M］. 北京：中国财政经济出版社，2005.

［9］王国清. 财政学［M］. 北京：高等教育出版社，2010.

［10］邹进文. 陈启修《财政学总论》［M］. 武汉：武汉大学出版社，2008.

［11］曹华伟. 陈豹隐教授［M］∥廖明铨. 西南财经大学民主党派史略. 成都：西南财经大学出版社，2000.

（原文载《财经科学》2018 年第 2 期）

央行经理国库的法制化展望
——改革开放 40 年国家金库制度发展历程的回顾与展望

王国清　罗　青

一、引言

自从 1978 年党的十一届三中全会开启我国的改革开放进程以来，我国的改革开放事业已经走过了 40 年。在这 40 年里，我们沿着中国特色的社会主义道路不断向前迈进；在这 40 年里，我国经历了从计划经济到商品经济再到市场经济的探索；在这 40 年里，我国的财税体制，也经历了从"利改税"，到"划分收支、分级包干"，再到"分税分级"的财政体制改革。

在我国改革开放 40 周年之际，借此新的历史起点，本文将梳理和回顾改革开放以来，国库的定义与国际经验，并在此基础上，践行"国库天然不是央行，但央行天然是国库"的理念，回顾我国国库管理制度的发展历史，辨析关于国库"代理"和"经理"方面的争论，对央行经理国库做进一步的法制化展望。

二、国库的定义与国际经验

（一）出纳——国库的基本属性

国库是随着国家的出现而产生的，同时也是随着历史的发展而不断变化的。从历史的角度来看，国库概念发生的变化主要体现为国库职能的变化。因此，学者们也大多从职能这方面对国库的概念进行界定。

总的来说，对国库概念界定的观点可以分为三种。

第一种观点认为国库是国家预算收入和支出的出纳机关。国库的全称为国家金库，是国家财政收支的出纳机关（商英，崔国忠，2000）。第二种观点认为国库不仅仅是出纳机关，也是保管机关。即国库为"国家金库"（national treasury，简称"国库"），是政府财政资金的出纳保管机构，国库担负着政府财政收入收纳、划分、报解、退库以及政府财政支出支拨、报告政府预算执行情况的任务（张明，2002）。第三种观点则认为国库随着时代的变化，除了具有传统意义上的出纳和保管功能，还成为一个综合信息、全面性的管理机构。即现代意义上的国家金库已不仅仅是经办政府预算收支的保管出纳机关，而是政府实施宏观财政管理和微观财政控制的重要工具，是全面履行财政管理职能、对政府财政收支进行全方位管理和控制的综合性管理机构（马海涛、安秀梅，2003）。

从上述观点来看，学者们对国库定义的界定区别在于国库的职能，然而国库的基本属性即国家财政资金的出纳机关，并没有发生变化。即便是在区别传统国库和现代国库的概念时，也仅仅是国库职能发生了变化，即由原来的核算性国库发展为管理型国库，国库职能进行了发展和强化，但是国库的基本属性没有发生变化，还是国家财政资金出纳机关。

（二）国库管理的国际经验

世界上大多数国家采用的是委托国库制。

美国的《美国联邦储备法案》第 15 章规定，"联邦储备银行是美国政府的存款银行和财务代理机构"，其中，代理财政行使筹集、保管和转移国库资金是美国联邦储备体系的一项重要职能。

在意大利，从 1991 年起到如今，依据国库与中央银行的协议，由中央银行代理国库业务。

在英国，实行委托金库制，国家委托英格兰银行代理国库的相关职能，即行使政府收入的收纳和拨款的拨付任务。

在法国，法兰西银行作为法国的中央银行，除代表政府办理公债登记、发行和还本付息等工作外，还具体代理国库的往来账户，管理国家金库业务，并允许在一定额度内向政府自动提供无息透支，用国库券贴现的办法间接向政府提供贷款。

在匈牙利，财政部的国库局通过使用中央银行的国库单一账户、国库总分类账册系统，从而实现其预算执行和政府财政资金管理职能。

在哈萨克斯坦，该国财政部在中央银行开立国库单一账户，并将其国家预算收入的所有现金支付，通过国库单一账户支付。与此同时，中央银行还需要对已发生的预算收支业务进行会计核算。

在日本，国库的资金均需存入日本银行，由其负责保管国库资金，并经办出纳事务，办理国库资金支付。

在上述国际经验中提到的央行，既有相关国家设立的专门的央行机构，例如美国的联邦储备银行，也有委托商业银行行使央行职能的情况，例如英国的英格兰银行成立之初就是一家商业银行。尽管如此，它们行使的央行职能却是共同的。

因此，在实行委托代理制的国家中，尽管其在制度和法律上是否明确规定由央行"代理国库"或者"经理国库"不尽相同，且央行在执行国库管理的具体职能上存在个别差异，但央行实际参与国库的经营管理，作为国库出纳机构的事实是毋庸置疑的。

三、央行经理国库的历史回顾

（一）我国国库管理的两大理论观点回顾

在国库管理的理论研究方面，学者们通过长期的观察和研究，主要形成了两大类观点，即央行代理和财政经理，具体的情况如下。

（1）坚持"经理国库论"。这种观点认为，经理具有主动性，是国家委托人民银行经理国库，国库管理和监督是经理国库的必然要求和重要特征。例如中央财经大学的王雍君教授（2012）曾提出，如若取消现行的央行经理国库制，"对于财政部门办理的每笔公款缴库和支付、存放与处置，央行国库将无法行使核实、监督和纠正之职责"。因此，他认为"国库经理制才是中国国库体制模式的不二选择"。复旦大学李伟森教授（2012）认为"'经理'具有主动性，'代理'具有被动性，'代理'即是把国家委托人民银行经理国库变为财政委托人民银行代理国库，这将改变现行国库管理中部门合作与监督制衡的关系"。此外，有些专家还认为经理国库制才能赋予国库监督权力，而代理国库没有监督职能，经理国库和代理国库的根本区别在于是否赋予国库监督权。

应该说这种"经理国库论"的观点坚持经理的实质即"经营管理"，而且坚持国库即国家金库的精髓，明确是国家这一主体委托人民银行经理国库，这无疑是正确的。但是，把国库管理和监督仅仅归之于"经理国库"，不仅是对人民银行 1985 年以前代理国库所体现的管理和监督事实上的否决，而且也让自己陷入混乱的逻辑之中。显然，对"经理国库"这一问题尚需进一步拓展研究。

（2）坚持"代理国库论"。这种观点认为，人民银行事实上只是在受国家财政委托代理国库业务，用人民银行"经理"国库这一表述名不副实（刘尚希，2012）。将国库"经理"改为"代理"强化了预算执行的管理与监督，是走向现代国库管理制度的必然选择（马海涛，2012）。并且，将国库"经理"改为"代理"是与我国财政制度和国库现代化理念相适应的（杨志勇，2012）。

这种观点秉持国库设立中合作与监督制衡的精髓，符合现代国库管理制度的必然选择。但是这种观点把国家金库即国库的主体——国家或政府说成是"财政"委托人民银行，这种说法又是值得商榷的。国家或政府委托人民银行代理国库就是委托人民银行代为经理国库，怎么能说代理国库意味着央行对国库失去了监督职能呢？这不仅与央行 1985 年以前"代理"时期的现实情况相悖逆，而且根本就不符合"代理"的本质属性，这正是需要我们研究的。

有人认为"经理制"是指央行经理国库，即各级政府都在央行开设唯一的"财政存折"，也就是在央行设置国库单一账户。"代理制"就是央行国库受财政部门领导、对财政部门负责，财政部门可以不经过人民代表大会批准和中央银行国库授权，自行在国库体系之外开设财政专户，处置、存放公款。这已经超越了我们关于中央银行代理或经理国库的议题。即使如此，我们认为与党的十八届三中全会决议中提出的"全面规范"的预算管理要求"全口径预算"——包括公共财政预算、政府性基金预算、国有资本经营预算和社保基金预算，以增强预算的整体性、法制性和透明性一样，"全口径国库管理"也是发展的必然方向。产生于预算外资金及其管理的专户存储制度，随着预算外资金的取消和"全面规范"预算管理的逐步落实，将其归属于国库管理是必然趋势。

（二）我国央行经理国库的法制化回顾

从改革开放以来，我国国库管理法制化的发展主要经历了以下几个阶段：

第一阶段。1985 年 7 月，国务院颁布《中华人民共和国国家金库条例》，其中规定了由中国人民银行经理国库，对国库业务则是实行垂直领导。新的条例将 1950 年颁布的《中央金库条例》中涉及国库的管理规定，采用的中央银行"代理"国库改为"经理"国库。在1986 年，中国人民银行与财政部又相继制定、颁发了《国家金库条例实施细则》和《关于专业银行办理国库经收业务的管理办法》等具体的管理办法。

第二阶段。为了适应分税制改革的要求，1995 年我国又重新修订了《国家金库条例》及其实施细则、《关于专业银行办理国库经收业务的管理办法》《中央级事业行政经费限额拨款管理办法》等，制定并实施了《国库会计核算业务操作规程》《关于进一步加强国库会计基础工作的通知》等制度、办法。1995 年颁布的《中华人民共和国中国人民银行法》第一次在法律上确立了我国的国库管理体制为央行经理国库制度。

改革开放以来，我国国库管理法制化的发展，基本上是把我国的国库管理体制确定为央行经理国库制度，但是在 2012 年我国的《预算法修正案》二审稿征求意见的过程中，涉及财政与人民银行之间的关系问题，从而引发了关于人民银行经理国库还是代理国库的争论。随后，在 2014 年 4 月第十二届全国人民代表大会常务委员会审议《预算法修正案草案》中再一次涉及国库是"代理"还是"经理"的争论。

有些专家、学者认为应该在《中华人民共和国预算法》中"删除人民银行经理国库的表述"，改为"国库业务由中国人民银行代理"；而另外一些专家则反对这种意见，要求坚持"经理国库"这一表述。

在这些争论之下，2014年8月通过的"预算法"修订决定，并未改变1995年"中央国库业务由中国人民银行经理"这种表述。

从我国的实践来看，如果说1985年以前央行"代理国库"和1985年之后央行"经理国库"并无本质的差异，那么即使是将《预算法修正案》拟议中的"经理"改为"代理"在本质上也应无差异。问题在于，当前的理论界和实务界对"代理"和"经理"的理解出现了差异。如何认识这些偏差，从而正视这些偏差，是我们的任务所在。

四、对"代理"和"经理"的再认识

（一）"代理"与"经理"的语境条件分析

我们认为，"代理"是指代为经营管理，"经理"是指"经营管理"，其实质并无差异，只是语境条件有差异罢了。国库是国家金库的简称，是财政资金的出纳机构。从理论上来讲，国库这一出纳机构的设置可以有三种情况。

第一，在财政系统内部设置国库这一出纳机构。但这会出现自收自支、监督软化的情况。在现代国库体系条件下，这种情况不可能成为选项，因为它违背财会制度的基本原则。至于当今我国财政系统设置的国库系统，并不是国家的出纳机构，而是与国库这一出纳机构相衔接的、负责拟定和组织财政资金的收缴、支付等总预算会计业务及其制度等的总称，属于预算执行范畴。当然，在财政统一集中支付等条件下，就财政内部而言，现行财政国库系统既有总会计功能，又有出纳功能。

第二，在财政系统之外设置独立的国库制。但是独立国库制实行国库与银行的分离，这就意味着国库不能直接采用银行系统，包括其已形成的网络系统和清算核算渠道，而是另外单独设置与银行功能类似的机构和系统。这必将耗费政府大量人力、物力、财力，并给财政支出造成巨大负担。例如，美国曾经就实行过独立国库制，但运行结果表明这种管理模式的效果并不理想，因此目前实行独立国库制的国家较少。

第三，委托银行代理国家金库。委托代理制是 1932 年美国经济学家伯利和米恩斯针对企业管理存在的问题而提出的。他们的研究表明，企业所有者同时又是经营者，这种经营模式其实存在很多问题。所以他们建议将企业的所有权和经营权进行分离，即企业所有者保留剩余的索取权，而将企业的经营权利让渡。可以看出，委托代理制的出发点就是一种权力的分割和制衡。因此，国库管理采用委托代理制是为了实现独立、客观、公正的财政资金代理人的目的。目前西方市场经济较为发达的国家基本上都实行委托央行代理国库制度。

总之，"国库天然不是央行，但央行天然是国库"。人民银行"代理"国家金库，其语境条件是国家金库的设置有多项选择时，选择了委托人民银行代为经营管理国库这一模式；人民银行"经理"国库，其语境条件是在已经选择了"委托代理"模式下人民银行肩负的功能和职责就是"经营管理"国库。所以，"代理"和"经理"只是语境条件不同，其实质都是"经营管理"。而监督又是经营管理的一个有机组成部分。

（二）我国国库"代理"与"经理"的实践

从我国的国库管理历史来看，主要经历了以下四个阶段：

第一阶段是从 1950 年至 1957 年的集中统一金库制度。1950 年 3 月，政务院发布《中央金库条例》，规定我国的各级金库均由人民银行代理，国家的一切财政收入全部缴入同级金库。自中华人民共和国成立之初，根据我国国情，在权衡各种不同管理体制利弊的情况下，经国务院审议确定，我国实行的就是委托代理国库制度。这个阶段的国库由人民银行作为央行代理，不仅包括经理国库，而且包括国库监督职能。

第二阶段是从 1958 年至 1977 年的分级管理金库制度。在 1969 年，人民银行同财政部合并，人民银行的职能受到严重影响，主要是两个部门的职能发生混淆和冲突，例如信贷管理职能和各级财政预算职能容易混淆。从今天的视角考察，这种合并是值得商榷的。但即便如此，人民银行行使央行职能，从而代理国库，在这个阶段依然包含了监督职能在内的经营管理。

第三阶段是从 1978 年至 1984 年的四级金库制度。在 1978 年，人民银行与财政部分离，开始专门行使中央银行的职能。这说明了央行和财政部的职能是有区别的，最为重要的是国家资金的管理不能由某个部门独立承担，财政部不能坐收坐支。这也从历史选择的角度证明，财政部与央行是两个独立的部门，是属于分工、合作和互相制约的关系。在这个阶段，人民银行专门行使央行职能代理国库，不仅包含经营管理，而且包含监督功能。

第四阶段是从 1985 年至今的经理国库制度。前已述及，在前三个阶段，我国一直是按照 1950 年颁布的《中央金库条例》进行国库的管理，其中涉及国库的管理规定中，采用的是"代理"这个词语。在 1985 年 7 月 27 日，国务院颁布了《中华人民共和国国家金库条例》，其中相关表述为"中国人民银行具体经理国库"，便是把"代理"改为"经理"。在 1994 年颁布的《预算法》中也规定由中国人民银行经理中央国库业务。随后在 1995 年颁布的《预算法实施条例》，则规定由中国人民银行分支机构经理地方国库业务。这几次修订是有前提和背景的，即首先承认人民银行代理国库管理，修改为"经理"，这样换一种说法也是顺理成章的。在这个阶段，"经理"的实质也是经营管理，当然监督职能也包含在内。

因此，无论是从世界其他国家的国库管理经验来看，还是从我国国库管理的历史发展来看，无论是"代理"还是"经理"，其实际上都是一回事，都是指国库的经营管理，国库是国家的金库，并非某个部门的金库，因此都是代为管理国家资金而已。

综上所述，首先，国库是国家金库，不是某个部门的金库。国库是由国家或政府授权设立和经营管理的国家出纳机关。其次，从中外理论与实践来看，央行"代理"和"经理"实质上都是指"经营管理"，监督则是经营管理的有机组成部分。央行"代理"国库，其语境条件是国家金库的设置有多项选择时，选择了委托央行代为经营管理国库这一模式；央行"经理"国库，其语境条件是已经选择"委托代理"模式下央行肩负的职责和功能是"经营管理"。因此，国库"代理"和"经理"实质上都是指经营管理，是没有区别的。最后，在争论"代理"和"经理"国库的背后，其核心是财政与央行的关系问题。所以，在把握"代理"和"经理"国库实质上是经营管理的基础上，从国家层面上，处理好财政与央行在国库管理方面合作、监督与制衡的关系，具有重要的理论价值和现实意义。

五、我国央行经理国库的法制化展望

在国家治理现代化、建立现代财政制度的改革背景下，建立现代化国库管理制度框架已经具备一定基础，而对《预算法》的修订则只是推动国库管理法制化进程的一个具体表现。

国库管理的现代化过程是一个不可阻挡的进程，而央行经理国库的法制化过程除了严格依法行政，更要将法律规范进一步完备，将现有的法律条款继续细化，避免央行和财政部门之间在国库管理方面出现职责划分不清等问题。

因此，本文对我国央行经理国库的法制化提出以下三个建议。

（一）全国人民代表大会及其常务委员会对国库作职权性立法，探索委托第三方起草国库法草案，最终制定和颁发《中华人民共和国国库法》

为增强法律规范的完备性和权威性，应由全国人民代表大会及其常务委员会对国库问题做出职权性立法，建立和颁布《中华人民共和国国库法》。鉴于国库问题争议较大，为明确立法权力边界，从体制机制和工作程序上有效防止部门利益，站在国家的角度可由决策机关引入第三方评估，充分吸取多方意见，积极探索委托第三方起草国库法草案。

（二）明确执法主体央行经理国库的法律规范，明确权限和范围，明确解决过去遗留的未尽事宜，从而保证国库执法实施的高效

要实施高效执法，首先要明确执法主体的法律规定。鉴于央行的一个基本职责是国家的银行，经理国库是其主要内容，"国库天然不是央行，但央行天然是国库"。根据前文所述，国库这一出纳机构的设置可以有三种情况，分别为：在财政系统内部设置国库这一出纳机构、在财政系统之外设置独立的国库与委托银行代理国家金库。

而我国在 1950 年颁布的《中央金库条例》就已表明，我国在面临国库设置的多种形式下，选择了委托央行代理国库的形式。总之，金库是国家的金库，不是央行部门的金库，央行是国家授权而代为经营管理国库的执行主体。财政系统目前设置有国库系统，但它不是国家的出纳机关，而是与国家出纳机关相衔接的、负责拟定和组织财政资金的收缴、支付等总预算会计业务及其制度等的总称，属于预算执行范畴。在财政统一集中支付等条件下，就财政系统内部而言，它既有会计功能，又有出纳功能，但站在国家角度，将财政及其国库系统称为国家会计范畴更妥帖。

要做到实施高效执法，还要明确法律规范和范围，明确解决过去遗留的未尽事宜。为此，需要进一步以法制规范"政府的全部收入应当上交国家金库"，取消财政专户；进一步以法制规范"国家集中支付制度"，真正实现"国库收支一本账"以及国库资金收缴支拨流程的优化；进一步以法制规范现金管理，既注意与授权执法主体一般现金管理的共性，更要把握国库现金管理的特殊性。

（三）努力形成科学有效的国库运行制约和监督体系，增强国库监督的合力和效果

从国库法制监督体系来看，国库设在财政部或商业银行，理论上是可以的，尤其是在国库产生和建立的初始阶段。在现代生活中，需要强化对行政权力的制约和监督，也需要易于对国库加以制约和监督，

央行代理即经理的国库监督能对财政资金分配使用强化流程控制和防止权力滥用。

除需完善国库内部层级监督和专门监督，建立常态化的监督机制之外，还要加强党内监督、人民代表大会监督、民主监督、行政监督、司法监督、审计监督、财政监督、银行监督、社会监督、舆论监督制度建设，努力形成科学有效的国库运行的制约和监督体系，增强国库监督的合力和效果。

参考文献：

［1］邓大悦. 现代国库职能与管理研究［D］. 成都：西南财经大学，2004.

［2］刘溶沧，赵志耘. 中国财政理论研究前沿Ⅲ［M］. 北京：社会科学文献出版社，2003.

［3］刘尚希. 国库管理主体只能是财政［J］. 瞭望，2012（32）：64.

［4］李伟森. 切莫撑开腐败寻租的制度保护伞［EB/OL］. http://www.ftchinese.com/story/001046042？archive.

［5］马海涛. "经理"改"代理"：走向现代国库管理制度的必然选择［N］. 中国财经报，2012-08-09（01）.

［6］马寅初. 财政学与中国财政：理论与实践［M］. 北京：商务印书馆，2001.

［7］汤孝军. 哈萨克斯坦财政国库改革经验及其对中国财政国库管理制度改革的借鉴意义［J］. 审计研究，2002（5）：55-58.

［8］商英，崔国忠. 乡镇财政管理［M］. 大连：东北财经大学出版社，2000.

［9］王雍君. 中国国库体制改革与防火墙建设："代理""经理"之争的诠释［J］. 金融研究，2012（7）：112-122.

［10］王雍君. 为什么必须是国库经理制而不是代理制［N］. 金融时报，2012-07-28（02）.

［11］西南财经大学财税学院. 国库改革与发展［M］. 北京：中

国金融出版社，2007.

[12] 杨志勇. 国库制度应与国库管理现代化相适应［N］. 中国财经报，2012-08-11（01）.

[13] 张明. 政府预算与管理［M］. 成都：西南财经大学出版社，2002.

[14] 赵鹏华，朱苏荣. 意大利、挪威的国库管理模式与启示［J］. 预算管理与会计，2000（3）：13-17.

（原文载《财政监督》2018 年第 21 期）

发展财政学论

王国清 著

FAZHAN
CAIZHENGXUE
LUN

下册

西南财经大学出版社

第二篇
税收理论与改革

第一章　税收基础理论

税负转移的性质及其作用

王国清　刘　欣

一、税收负担与税收的调节作用

作为国家参与国民收入分配的形式，税收体现的是一定的分配关系——国家与纳税人之间的征纳关系。无论这种分配关系的性质如何，它总是要以一定量的比例表现出来。无论国家征多征少，纳税人始终存在一个税收负担问题。我们通常说的社会主义税收经济杠杆的调节作用，无非是通过税种、税目的设置，税率的升降，附加、减免等手段来达到一定的经济目的。这些手段的运用，最终必然归属于税收负担，否则税收对经济的调节作用就只能是一句空话。事实上，正是因为征税有一个税收负担的问题，才使得税收具有调节经济的功能。而且，只有税收负担设计合理，才能有效发挥税收调节经济的作用。可以说，税收经济杠杆的实质在于税收负担，税收调节经济所运用的一切外部手段，最终都是以税收负担的变动来实现的。

在社会主义条件下，对全民所有制企业、集体所有制企业和劳动者个人征税都存在一个税收负担的问题。从全民所有制企业来看，企业是相对独立的经济实体，有其自身的物质利益。由于征税的结果，企业承受着实实在在的税收负担，而税收负担的大小又直接关系到企业物质利益的大小；从劳动者个人来看，由于征税的结果，劳动者个人也承受着一种真实的负担，而负担的大小直接关系到劳动者自身的物质利益，在一个时期内，税负大了就会使劳动者个人的收入相应减少。税收对经济具有调节作用，正是因为税收负担直接关系到纳税人的物质利益。

为了充分发挥税收调节经济的作用，必须研究纳税人的负担能力，正确处理和平衡不同纳税人之间的税收负担。譬如，对企业征税，企业税收负担的弹性以不影响企业简单再生产为限。如果税收课及成本部分，就会使企业的生产耗费得不到补偿，影响企业简单再生产和扩大再生产的进行，税源也会枯竭，就必然给经济的发展带来严重后果；对劳动者个人而言，税收负担，应以维持劳动者本人及其家属正常生活为限，以保证在经济发展的基础上使其生活水平逐年上升。如果劳动者的税收负担过大，就必然会挫伤其生产积极性，对经济的发展也不利。如果不研究纳税人的负担能力，制定出的税率以及减免税等，必然会脱离客观实际，就不能有效地发挥税收的调节作用，甚至会对经济的发展产生消极的影响。研究税收负担，实际上就是研究纳税人的负担能力同他实际承担的税负之间的关系。但如果纳税人与最终负税人不是同一主体，原纳税人在纳税后将其税负转移（嫁）到了其他人身上，那么税收负担的影响又是如何的呢？为此，我们就不能不研究税负运动这一经济现象。

二、税负运动的共性与特性

税收的强制性、无偿性和固定性，是税收在不同社会制度下所具有的共性。在不同的社会制度下，税收具有不同的特性。税负运动是伴随着税收而存在的经济现象，是税负在不同所有者之间的转移，因而税负运动也具有共性和特性。

税负运动的共性是税负运动在不同社会形态下所具有的基本特征，其现象形态就是税负转移。从通行的税负转嫁的概念来看，就是"税负从原纳税人身上转嫁到其他人身上"。如果撇开其阶级本质，税负转嫁所反映的也是税负运动的某种共性。虽然税收负担转移与否要受多种因素的制约，但只要税收存在，税负转移的可能性就始终存在。

从方法论来说，抽象的税负转移和任何理论的抽象一样，它只存在于具体之中。税负转移一般的合理性，在于它概括了税负运动的一般特点，而并不说明任何具体的税负转移的特殊性质。研究税负运动的共性，正是为了不致忘掉它在不同社会制度下的特性。当我们讲到某一社会条件下的税负转移时，就不仅仅是指它的一般性质，而且是讲它的特殊性质。

在资本主义条件下，税负运动的特性表现为税负转嫁。税负转嫁是税负转移在资本主义条件下现象和本质的统一、抽象和具体的统一、一般和特殊的统一。事实上，我们一讲到税负转嫁，总是指资本主义的经济现象。

马列主义经典作家在论述税负转嫁的时候，也是把它作为资本主义经济现象加以论述的。马克思说："在我们目前的这种企业主和雇佣工人的社会制度下，资产阶级在碰到加税的时候，总是用降低工资或提高价格的办法来求得补偿的。""每出现一种新税，无产阶级的处境就更恶化一些；取消任何一种旧税，都不会提高工资，而只会增加利润。"综上所述，税负转嫁是以资本主义制度为前提的，是资本主义社会的普遍现象，又是资本主义生产关系的理论概括。

必须指出，税负转移与税负转嫁，尽管在形式上没有根本区别，但税负转移反映的是税负运动在不同社会制度下的一般性质，而税负转嫁反映的是资本主义的生产关系，因而不能将二者混淆。马克思有这样一句名言："如果事物的表现形式和事物的本质会直接合而为一，一切科学就都成为多余的了。"因此，对于那种把税负转嫁这一经济范畴引入社会主义经济中的观点，我们认为是不恰当的。

既然税负转移是税负运动在不同社会制度下的共性，那么在社会主义条件下是否存在税负转移，它的特性及作用又是什么？这正是需要我们进一步探讨的问题。

三、社会主义条件下的税负转移及其作用

在社会主义条件下，税收是国家参与社会产品和国民收入分配的一种形式，又是国家调节经济的杠杆。毋庸讳言，税负转移在社会主义社会也是客观存在的。由于社会主义税收是国家财政取得收入的重要手段，同时又是一个经济杠杆，因此，税负转移在社会主义条件下

具有两方面的特性：一方面它是税收分配职能的延伸，另一方面它又是经济杠杆作用的体现。它与资本主义条件下的税负转嫁具有本质的不同，它反映的是社会主义的生产关系。

税负转移是税收分配职能的延伸。从税收分配职能来看，税负转移在社会主义条件下的特性表现为国家有计划地对一部分国民收入进行再分配，即把本来应该由国家集中支配的一部分国民收入从劳动者个人集中到国家的过程，或者说是对劳动者收入的再分配。有的同志认为税收是来源于国民收入中的 m 部分，不是劳动者 v 部分的扣除。我们认为这是不正确的。

从理论上看，税收是对一部分国民收入的分配和再分配。而国民收入是一年中新创造的价值，包括 v 和 m 两部分。因此，税收参与分配的就不仅是 m 部分，当然还包括 v 部分。

从现实生活来看，税收对 v 部分的扣除也是客观存在的。譬如：

（1）对劳动者个人拥有的房地产、车船等课征的房地产税、车船使用牌照税就是对劳动者 v 部分的一种扣除；

（2）开征个人所得税，其课税对象和税源都是 v，这更是十分明显的对劳动者 v 部分的扣除；

（3）对一些消费品课征的税收，其课税对象是企业产品销售收入 W，但由于 $W = c + v + m$，所以其中仍包含了对劳动者 v 部分扣除的因素。

再从税收调节劳动者收入的角度来看，用税收形式对劳动者收入 v 部分予以扣除也是必要的。现阶段劳动者所取得的收入，还不完全是马克思、恩格斯所设想的没有商品生产与等价交换的按劳分配，劳动者在个别场合取得的收入中尚有非按劳分配的部分，还存在着差别。因而在这种情况下，国家当然可以通过包括税收在内的各种形式来加以调节。这种调节实质上就是对劳动者个人收入 v 部分的再分配。我国现阶段还存在商品货币关系，因而按劳分配只有在劳动者购买了消费品之后才最后实现。

税收对社会产品和国民收入的分配，一般是要借助价格来实现的。由征税而发生的税负运动，是由于税收是价格的组成部分并在价格运动过程中发生的，即纳税人所承担的税负在产品价值实现的过程中，随着价格运动分别转移到不同消费者身上。我们认为税负转移正是税收渗透到交换领域内对劳动者收入的再分配。税负转移能渗透到交换领域对劳动者个人的收入进行再分配，是因为"生产创造出适合需要的对象；分配依照社会规律把它们分配；交换依照个人需要把已经分配的东西再分配"。其实，商品的价格是含税价格就已经说明了这样的事实：劳动者在购买商品时所支付的价款中包含了一定比例的税款，而这部分税款又是由原纳税人上交给国家的，但原纳税人并没有负担或没有全部负担这部分税款，所以说税负转移是税收分配职能的延伸。

税负转移是税收杠杆作用的体现。社会主义条件下税负转移的另一个特性表现为税收杠杆作用的体现。它除了在性质上与资本主义的税负转嫁有根本区别之外，在范围和作用方面也与税负转嫁不同。在社会主义条件下，税负只在一定的范围内才能转移。一般来说，只有以商品流转额为课征对象的税收才会发生税负转移，因而它的作用主要表现在对消费的调节方面。

社会主义税收对消费的调节有两个层次。通过设置税种、税目，借助于税率变动、附加以及减免直接对消费进行的调节，是税收调节消费的第一个层次；而税收与价格杠杆相配合，通过税负转移最后以价格形式对消费的调节是税收调节消费的第二个层次。税收对消费的调节是两个层次的统一，没有第一个层次，也就没有第二个层次；而有了第二个层次，税收杠杆对消费的调节作用才更充分、更有效。因此，要研究税负转移对消费的调节作用就必须研究价格与税收的关系。

由于税收杠杆和价格杠杆是密切配合，相互联系、相互制约的，特别是由于税收是价格的组成部分，因而在价格调节消费的作用中，税收具有不可否认的独特作用。我们认为税收与价格相互制约表现为下述两种情况：

（1）在税率一定的条件下，税款的增减与价格的升降成正比。这种情况表现为价格制约税收。商品的价格构成是 W＝c+v+m（税+利），假定商品价格为 100 元，成本为 50 元，税率为 30%，那么 100＝50（c+v）+30（税金）+20（利润），如果商品价格提高为 150 元，成本、税率不变，则 150 = 50（c+v）+45（税金）+55（利润），税金增加 15 元，利润也大大提高了。可见，增加的那部分税收是价格提高所带来的，是由购买商品的消费者最终承担的。因此，即使在这种情况下也同样发生税负转移。

（2）税收与价格相互制约的另一种情况是税收制约价格。即在定价时考虑到税收的因素，由税率变动而引起价格的升降。与上一情况同例，如果成本不变，税率由 30% 提高到 40%，价格也随之由 100 元提高到 150 元，则 150 = 50（c+v）+60（税金）+40（利润），在这种情况下，税收和利润都增加一倍，增加的税收是税率提高而伴随价格运动转移给消费者承担的，这更是显而易见的。此外，如果成本和利润保持不变，减低税金（如通过减税、免税），在这种情况下，价格降低。这也是税收制约价格的一种表现。

从上述两种情况可以看出，税收与价格相配合对消费的调节都有税负转移的因素。在第一种情况下价格起主导作用，而在第二种情况下则是税收起主导作用。调节的结果，或者限制消费，或者转移消费，或者刺激消费。

有的同志认为，国家制定与调整商品价格都是根据生产这种产品的社会必要劳动量、产品盈利水平、消费水平、生产水平、供求关系和国家在一定时期执行的方针政策来进行的，而不是根据税率的高低。绝不是税率定得高价格才高，恰好相反，是由于该商品价格高，税率才定得高。这种看法是值得商榷的。我们认为，价格是由产品成本、利润和税金构成的，税收对价格有制约作用，因而国家在制定和调整价格的时候，就不能不考虑税收因素。如果国家在制定和调整价格时不考虑税收因素，那就没有什么税收杠杆与价格杠杆相配合可言。在产品成本和企业盈利水平不变的条件下，正是由于税率高，价格含税额大，价格才高。一些高税率商品如烟、酒等就是这样的。

从税负转移对消费的调节来看，由于消费者——负税人是不稳定的、分散的；消费者承担的税负大小是变动的，是由消费者的消费结构和数量决定的，因而这种调节表现为动态的调节，它具有广泛性和灵活性，对经济的发展起着积极的作用。但长期以来，我们对此认识和研究不够，甚至不承认在社会主义条件下还存在某种形式的税负转移，即使承认也是把它作为消极因素看待。形成这种观念的根本原因，在于忽视了税负转移在社会主义条件下的特性而把它同资本主义的税负转嫁等同起来了，这显然是有悖于辩证唯物主义原则的。

随着经济的发展，税收在促进国民经济发展中的重要作用已为人们所认识。在当前的税制改革中，除了对国营企业实行利改税之外，对现行的工商税将逐步改为征收产品税、增值税和营业税。改革后的税制中，以商品流转额为课征对象的税收仍然有着举足轻重的作用。要使税收更好地组织国家财政收入和调节经济，就必须根据党和国家的方针政策，充分发挥税收调节经济的功能，及时而灵活地调整税率以平衡纳税人的税收负担，并合理地利用税负转移的特殊作用，使税收在促进国民经济全面发展中起更大的作用。

（原文载《财贸经济》1984 年第 5 期）

税金是商品价值的有机组成部分

——与贾克诚同志商榷

王国清　刘　欣

读了贾克诚同志在《经济研究》1984 年第 9 期发表的《关于价格与税收的几个问题》（以下简称"贾文"）一文，我们对其中主要观点有些不同的看法。在此谨提出我们的商榷意见，以就教于贾克诚同志。

税金不仅是商品价格的合理部分而且是价值的有机组成部分。

税收是国家参与社会产品分配的工具。从价值形式来看，税金是社会产品价值的一个组成部分。而贾文认为："现行的工商税率及其征税环节，不一定都合理，但从定价的办法来看，却是合理的。"贾文又说："商品的工商税是按产品出售的价格计征的。而在生产者出卖它时，把这部分税金加在价格中去出售。"即商品价格中的税金虽然是合理的，但"税金是在价值之外的一个加量，是商品价值之外的一个独立因素"，并由此得出结论：商品价格中的税金不是由生产者负担的，而是由消费者负担的。对此我们是不敢苟同的。

我们同贾文的分歧不在于商品价格中包含的税金是否合理这一命题本身，而在于如何认识这种合理性以及其理论依据是什么。由于价值规律的作用，价格与价值的关系表现为一致和不一致两种情况，因而研究包含在价格中的税金也应从这两种情况来分析。

一、从价格与价值一致的情况来看

首先，就个别产品来看，假定某种应税产品的价格与价值是一致的，在此前提下，贾文所认为的税金"是商品价值以外的一个独立因素"，显然是不能成立的。

在我国现行价格制度下，税金是商品价格的有机组成部分。用公式来表示，即商品价格＝成本＋税金＋利润。就工商税或工商税改革后的产品税而言，是以产品的销售价格，即以 W＝c＋v＋m 为课税对象。在 W 的价值构成中，c＋v 是用于补偿的，所以 W 虽然是课税对象，但税源却是来自 m 部分的。诚如贾文所言，包含在价格中的税金是合理的，其所以合理就在于税收是国家参与物质生产部门劳动者创造的社会产品和国民收入分配的形式。由 m 的一部分转化而来的税金，其经济实质就是劳动者创造的某一产品补偿包含在成本内的物化劳动和活劳动消耗之后，为社会提供的剩余劳动产品的货币表现。税金的多寡与应税产品中归国家支配的那部分剩余劳动产品是一致的。既然价格中包含的税金是合理的，价格与价值又是一致的，那么税金也就是价值的一个有机组成部分，而绝不是如贾文所说，是"价值之外的一个独立因素"。从理论上讲是如此，从现实经济生活中含税价格的设计来看也是如此。例如：某产品的成本为 200 元，该产品的合理利润为 50 元，则该产品的不含税价格为 250 元。现假定该产品的税率为 25%，要求出其税款须先求其含税价格。

或应纳税款＝333.33×25%＝83.33 元，在价格与价值一致的条件下，该产品的价格（价值）构成如下：W（333.33）＝200（成本）＋83.33（税金）＋50（利润），包含在该产品价格中的税金（83.33 元）是 m 中由国家以税收形式集中的由国家统一使用的纯收入，是生产该产品的劳动者为社会劳动的一部分，是价值的内涵。

而贾文认为："商品的工商税是按产品出售的价格计征的，而在生产者出售它时，把这部分税金加在价格中去出售。"并举例论证说："如某种产品征税的出厂价是 1 元，税率是 60%，税金是 0.6 元，而产品出售价格是 1.6 元。"我们认为，贾文的这一观点及其例证是不正确的，不仅与征收工商税的实际情况相悖，也与含税价格的设计不相符，有税上加税之嫌。按含税价格设计公式，如果贾文所说的某种产品的出厂价是指不含税价格的话，则出厂价为 1 元，税率为 60%，那么出售价格（含税价格）就应是 2.5 元，税金是 1.5 元而不是 0.6 元；如果贾文这里所说的出厂价是指含税价格的话，则出厂价格为 1 元，税率为 60%，税金为 0.6 元，那么不含税价格就应是 0.4 元，生产者出售时也并不是贾文所说的按 1.6 元出售，而应按 1 元的价格出售。总之，商品的出售价格即含税价格是税收与价格配合的一种具体表现形式。既然价格已经含税，就断然不存在出售产品时再把税金加到价格中去出售的道理。

据此我们认为，在价格与价值一致的条件下，税金既是价格的合理部分，又是价值的有机组成部分。

其次，从整个社会范围来看，在社会产品总价格与总价值相一致的前提下，所谓"商品价格中的税金是商品价值之外的一个独立因素"就更显得论据不足。

在商品货币关系下，由于价值规律的作用，尽管存在着个别产品的价格与价值相背离的情况，但从全社会范围来看，社会产品的总价格与总价值总是一致的。按贾文的逻辑，必然不能解释这样两个问题：第一，形成国家财政收入的主要来源——税金是从何而来的？岂不是成了无源之水、无本之木？第二，现实生活中实实在在存在着的税金，其经济体现是什么？按贾文的说法，税收岂不是根本没有存在的必要（至少是包含在价格中的工商税或改革后的产品税等没有存在的必要）！

我们认为，税收是国家参与社会产品分配的一种形式，因而税金必然是社会产品价值的一部分，而不是什么天外之物。易言之，税金是物质生产领域的劳动者社会必要劳动创造的价值的一部分，其物质形态就是劳动者为社会提供的一部分剩余劳动产品。从整个税收来看是如此，从单个税种（如工商税或产品税）来看也是如此，这是毫无疑义的。所谓"商品的含税价格实际上是由商品的价值加上税金构成"的说法是根本错误的。

在明确了税金是内在于价值的一个"因素"而不是"价值之外的一个独立因素"这一问题之后，需要澄清贾文的另一论点，即"税金的多少与商品价值的大小没有内在联系"。根据前面的论述，我们认为税金是价值的一个内在因素，因此，税金的多少与商品价值的大小必然有着密切的内在联系。在成本一定时，税率的高低决定着对 m 的分割比例：商品价值越大，意味着 m 越大，同一税率分割的税金的绝对量就越多；反之，商品价值越小，则意味着 m 越小，同一税率所分割的税金的绝对量也就越少。无论是从单个产品来看，还是从整个社会产品来看，都是这样的。既然税率的高低决定对 m 分割的比例，而不同的商品的价值大小又是不一样的，所以对"利润和税金必须分别计算"。

二、从价格与价值背离的情况来看

首先，就价格高于价值的情况来看。如果个别商品的价格高于价值，价格中包含的税金是否就是贾文所说的是"独立于价值之外"的呢？我们认为也不是的。就个别商品而言，即使在价格高于价值时，其所包含的税金仍有一部分内在于价值之中。例如，某商品价格为 100 元，其中成本为 50 元，税率为 30%，则：100 = 50（c+v）+30（税金）+20（利润），在价格与价值一致的情况下，税金为 30 元。如果价格提高到 150 元，成本不变，税率不变，则：150 = 50（c+v）+45（税金）+55（利润），税金比原来增加 15 元。我们认为，原来的 30 元税金是该商品价值的组成部分，而因提价增加的 15 元税金则不是该商品价值的组成部分。贾文的观点仅在这种情况下才有一定的合理性，但也绝不能由此而得出"税金是价值之外的一个独立因素"的结论。因为就该商品而言，增加的 15 元税金不是其价值的一个组成部分，但总是整个社会产品价值的组成部分。

其次，从价格低于价值的情况来看。针对这种情况，国家根据生产发展的需要适当地减免税收，甚至对一些价格远远低于价值而与国计民生关系密切的产品（如农副产品）采取价格补贴的办法来促进其生产发展。在这类产品的价值中确确实实是不包含税金的。关于价格补贴的作用以及怎样利用价格补贴的手段来发展生产，这里不专门讨论。但通过价格补贴使这类产品价格低于价值的部分得到补偿，因此，可以把价格补贴视为"负税金"，这部分"负税金"也是物质生产部门劳动者创造的剩余产品的货币表现。

我们认为，个别商品的价格与价值相背离，反映了市场供求关系的变化，并通过背离来调节经济活动。从宏观来看，社会产品中有的产品价格高于价值，而有的产品价格又低于价值，故从整个社会产品来看，总价格与总价值总是一致的。因此，无论是个别产品价格高于价值的那部分税金，还是个别产品价格低于价值的那部分"负税金"（价格补贴部分），都是社会产品总价值的一部分，而不是独立于价值之外的一个"加量"。

价格中的税金是由谁负担的？

贾文认为："价格中的税金（工商税）是由商品的购买者或消费者负担的，不是由生产者负担的。"在社会主义条件下，纳税人与负税人一般是一致的。按贾文的说法，缴纳工商税的纳税人（改革后产品税、增值税等的纳税人）不是税金的实际负担者，即纳税人与负税人总是相分离的。

税收作为参与国民收入分配的形式，体现了国家与纳税人的特定的分配关系，无论国家征多征少，纳税人始终存在一个税收负担问题。我们认为，商品价格中的税金一般来说是由生产者负担的。例如，假定某商品价格为 100 元，成本为 50 元，税率为 30%。那么 100 = 50（c+v）+30（税金）+20（利润）。在商品价格与价值一致的条件下，该商品价格中包含的 30 元税金是由该商品的生产者负担的，生产者既是纳税人，又是负税人。这 30 元税金是生产者为社会的劳动所创造的价值的货币表现，是在出售商品时实现的。

但是，在价格高于价值的条件下，价格中的税金负担情况则有所不同。引起价格高于价值的因素固然很多，但就税收与价格的关系来看，无非表现为两种情况：①与税收无关的提价；②由税率变动引起的提价。下面就这两种情况引起的税收负担变化进行分析。仍援用上例。

（1）如果成本不变，税率不变，商品价格由 100 元提高为 150 元，则：150 = 50（成本）+45（税金）+55（利润），税金比原来增加 15 元。

（2）如果成本不变，税率由 30% 提高到 40%，价格也随之由 100

元提高为 150 元，则：150＝50（成本）＋60（税金）＋40（利润），税金比原来增加 30 元。

从这两种情况不难看出，无论哪种因素引起的提价都会增加税金。增加的税金既不是降低成本带来的，也没有减少利润，故从微观角度来看，我们认为只有在这种情况下，价格中包含的税金才不完全是由该商品的生产者负担的，而是由生产者和消费者共同负担的（生产者负担原有的 30 元税金，消费者负担由提价增加的税金 15 元或 30 元），也绝不是贾文所说的是由消费者负担的。从宏观角度来看，价格中包含的税金不论是由生产者负担还是由消费者负担，最终都是物质生产部门的劳动者创造的、归国家集中支配的剩余产品价值的货币表现。

至于说增加的税金为什么能够通过价格运动转移给消费者负担，这种转移的性质与作用是什么，则不是本文所要讨论的问题。

（原文载《经济研究》1985 年第 6 期）

《资本论》地租学说中的赋税思想初探

王国清

《资本论》地租学说中所蕴含的赋税思想，是马克思给我们留下的宝贵遗产之一。重温马克思地租学说中有关赋税问题的论述，不仅有理论意义，而且有现实意义。本文拟就赋税的形式、赋税从实物形式转化为货币支付的条件、赋税是否与产品价值无关的要素等问题做一些探析，请学术界评正。

一

马克思在《资本论》中提出了与地租形式相联系的诸种赋税形式问题。

（一）与劳动地租形式相同的赋税

马克思指出："如果不是私有土地的所有者，而像在亚洲那样，国家既作为土地所有者，同时又作为主权者而同直接生产者相对立，那么，地租和赋税就会合为一体，或者不如说，不会再有什么同这个地租形式不同的赋税。"劳动地租，这一最简单、最原始形式的地租，和其他形式的地租一样，是土地所有权在经济上实现自己的形式，而赋税则是国家存在的经济体现。但在国家就是最高的地主、国家主权就是在全国范围内集中的土地所有权的条件下，地租和赋税就会合为一体。这种与劳动地租形式相同的赋税，与地租在量上是别无二致的。这种赋税形式对于研究我国税收的起源和发展问题，是有重要的指导意义的。

（二）与地租的实物形式或货币形式相同的赋税

马克思在《资本论》第一卷中就曾指出："在亚洲，地租的实物形式（它同时又是国税的主要因素）……。"马克思在《资本论》第三卷中又说："……至少把实物地租中作为国税存在的部分转化为货币地租"，马克思还说："对地主和国家缴纳的实物租和实物贡赋转化为货币租和货币税。"马克思在这里提出了与地租的实物形式或货币形式相同的赋税。在马克思上述的阐述中还包含着这样几层意思：地租和赋税都有一个从实物形式向货币形式转化的过程，此其一；其二，地租和赋税的形式相同，但量上已不是一致的了；其三，实物租或货币租是对地主的缴纳，而实物贡赋或货币税则是对国家的缴纳。

此外，马克思还谈到了影响纳税期限的因素。他说："在每个国家，都规定一定的总的支付期限。撇开再生产的其他周期不说，这些期限部分地是以同季节变化有关的生产的自然条件为基础的。这些期限还调节着那些不是直接由商品流通产生的支付，如赋税、地租等等。"可见，影响纳税期限的因素包括再生产的其他周期和与季节变化有关的生产的自然条件。例如，近代各国的商品税就是在生产或取得销售收入后即行纳税。农业税不论是征收实物还是征收货币，一般也是在农作物收获季节进行征收的。

（三）绝对地租形式的"赋税"或作为绝对地租的"赋税"

马克思说："……把地租（指绝对地租——引者注）作为赋税（这种赋税只不过由土地所有者征收，而不是由国家征收）……这种赋税有它一定的经济上的界限，这是不言而喻的。旧租地上的追加投资，外国的土地产品——假定土地产品可以自由进口——的竞争，土地所有者之间的互相竞争，最后，消费者的需求和支付能力，都会使这种税赋受到限制。"可见，马克思在这里提出的绝对地租形式的"赋税"或作为绝对地租的"赋税"，并不是真实意义上的赋税，即"由国家征收"的赋税，而是从价值分配和强制性的角度，用借喻的手法，把绝对地租称之为由土地所有者征收的"赋税"。诚然，这种绝对地租形式的"赋税"，与真正的赋税的形式无关。但是，马克思正是运用劳动价值论、剩余价值理论、平均利润与生产价格理论以及竞争和垄断学说，剖析了绝对地租形式的"赋税"，才解决了李嘉图所无法解决的难题。马克思关于绝对地租形式"赋税"的分析，对于我们研究真正意义上的赋税，是颇有启迪的。

在马克思关于赋税的诸种形式的论述中，我们还可以看到，不论赋税采取劳动地租形式、实物形式还是货币形式，它都体现着国家"作为主权者"，"由国家征收"或是对"国家缴纳"这样一种特定的分配关系。马克思的这个思想，是他关于"税"是"资产阶级社会在国家形式上的概括"在《资本论》地租学说中的贯彻与运用。它对于我们研究财政、赋税的本质有着重要的指导意义。

二

与地租形式的发展相应，赋税的形式也有一个从实物形式向货币形式转化的过程。那么，这种转化的前提或条件是什么呢？这正是需要我们进一步认识和研究的问题。

马克思说："在商品生产达到一定水平和规模时，货币作为支付手段的职能就会越出商品流通领域。货币变成契约上的一般商品。地租、赋税等等由实物缴纳转化为货币支付。"马克思还以罗马帝国两次企图用货币征收一切赋税都告失败，以及路易十四统治下由实物税改为货币税造成的法国农民极端贫困为例，从而强调实物缴纳转化为货币支付"取决于生产过程的总的状态"。马克思在《资本论》第三卷中指出了转化的前提条件。他说，这种转化"要以商业、城市工业、一般商品生产从而货币流通有了比较显著的发展为前提。这种转化还要以产品有一个市场价格，并或多或少接近自己的价值出售为前提。"虽然，在这里马克思讲的是产品地租向货币地租转化的前提条件，但我认为，这两个前提条件与"商品生产达到一定水平和规模"的含义是一致的，所以赋税的实物缴纳向货币支付的转化也应是以此为前提条件的。总之，"没有社会劳动力的一定程度的发展，这种转化是不能实现的"。马克思的这些论述，有助于加深我们对我国农业税折征代金改革的认识。

长期以来，我国农业税是以征收粮食为主的。这种实物税形式，在农村自给半自给的经济基础上，以及在战争年代和中华人民共和国成立初期这些特定的历史条件下，对于保证军需民用起了重要的作用。党的十一届三中全会以来，随着农业生产的发展，我国农村正处于伟大的历史性的转变之中。近年来，农业全面增长，农村经济蓬勃发展。整个农业生产正在向商品化、专业化转变，农村经济结构按照发展商品生产和商品交换的要求进行调整。此外，农村的工业、商业及其他行业也得到了发展。在这种条件下，农业税继续采取征收实物的形式，就会限制农民因地制宜安排作物的种植，进而限制农业商品经济的发展。农业税改为折征代金这一改革，农产品统派购制度的改革固然是其直接原因，但农村商品经济发展的水平和规模，则是改革的前提和条件。我们应该看到，农业税改为折征代金是符合农村商品经济发展的规律性的必然结果。我们还应该看到，只有大力发展商品经济，促进社会生产力的提高，才能保证这一改革的顺利进行和最终完成。

三

我认为，马克思在地租学说中，不仅论证了绝对地租绝不是一个和产品价值无关的要素，而且也回答了商品税是商品价值的一个有机组成部分这个重要的理论问题。

马克思说："……问题在于，最坏土地支付的地租（指绝对地租——引者注），是否像商品税加到商品价格中去一样，加到土地的产品的价格（按照假定，它调节着一般的市场价格）中去，也就是说，是否作为一个和产品价值无关的要素加到这种土地的产品的价格中去。"在这里，马克思提出了绝对地租和商品税是否作为一个和产品价值无关的要素这一重要的理论问题。我认为，马克思对绝对地租所做出的结论，同样是适用于商品税的。马克思指出："这决不是必然的结论，而所以会作出这样的论断，只是因为商品的价值和它的生产价格之间的区别一直没有被人理解。"

众所周知，我国现阶段的税收制度是以产品税为主体的税收制度，产品税在整个税收收入中占有举足轻重的地位。

问题在于，产品税是商品价值的一个有机组成部分，还是商品价值的附加因素或加量。对此，学术界是颇多争议的。

持产品税是商品价值的附加因素或加量之说的同志认为，生产价格是商品价值的转化形式，是由产品成本和平均利润组成的，并不包括税金，所以产品税是商品价值的附加因素或加量。

我认为，产品税是商品价值的有机组成部分。上述看法之所以错误，"只是因为商品的价值和它的生产价格之间的区别一直没有被人理解"。

首先，生产价格是以商品价值为依据的，而不是相反，生产价格是价值的转化形态。如果把商品价值看成是以生产价格为依据的，也就是说，是生产价格决定商品价值的变动，那么，因为生产价格并不包括税金，所以税金也就不是商品价值的一个确定部分——这显然是对生产价格和商品价值关系的一个误解，以至于得出不正确的结论。

其次，一个商品的生产价格和它的价值绝不是等同的。马克思说："虽然商品的生产价格，就商品的总和来考察，只是由商品的总价值来调节，虽然不同种商品的生产价格的变动，在其他一切情况不变时，完全是由这些商品的价值的变动决定的。我们已经指出，一个商品的生产价格可以高于它的价值，或低于它的价值，只有在例外的情况下才和它的价值相一致。"所以，市场价格即含税价格的商品"高于它们的生产价格出售这一事实，决不证明它们也高于它们的价值出售，正如工业品平均按它们的生产价格出售这一事实，决不证明它们是按它们的价值出售一样"。在国家为实现自己的职能，强制无偿地参与产品价值的分配的前提下，市场价格即含税价格的商品"高于它们的生产价格但低于它们的价值出售的现象是可能的"。如果商品的价值高于它的生产价格，那么，生产价格＝成本＋平均利润，价值＝成本＋平均利润＋税金，可见，税金是商品价值的一个组成部分，而绝不是一个和产品价值无关的要素。

像烟、酒、手表等高税率产品，据我看来，在一般情况下，它们的价格（商品市场价格）中，市场价格高于价值的部分是其他一些产品的生产者创造的价值的一部分，价值高于生产价格的部分是这类高税率产品的生产者创造的。如果此种说法成立的话，那么这种高税率产品的价格的构成则如下文所示：

←················高税率产品价格················→

←················高税率产品生产价格················→ 税金

←················高税率产品价值················→

　　高税率产品价值高于生产价格的那部分税金，是该产品价值的一个组成部分，已如上述。包含高于价值的那部分税金的高税率产品价格，是国家根据其经济政策的要求，部分地是以生产消费者或个人消费者的要求和支付能力决定的。但即便如此，"由商品价值规定的界限也不会因此消失"。因为超过这种高税率产品价值的那部分税金，不过是通过对其他生产者的利润和消费者收入的扣除来支付的。这里对利润和收入的扣除，是通过产品的销售来实现的。

（原文载《财经科学》1985 年第 6 期）

减免税理论与实践的若干问题

王国清

近年来，减免税在支持改革、搞活经济中起到了重要作用。但是，一些地区存在着审批不严、减免不当，甚至越权减免的情况，对减免税金的使用也缺乏严格的监督管理，以致其中一部分使用不当、效益不高。形成上述状况的原因固然颇多，但在理论上对减免税问题研究不够，不能不说是其中的一个重要原因。因此，对减免税做一番理论考察和思索，是我们的任务所在。

一、减免税的特征

减免税有无特征？如果有，应该如何理解？

问题还得从减免税的概念说起。人们通常认为，减免税是对某些纳税人和课税对象给予鼓励或照顾的一种特殊规定。既然谓之为"特殊"，则减免税必然具有特殊的质的规定性。因为，减免税虽是税制诸要素之一，是税收的一个组成部分，但又不等同于一般意义的税收。减免税是一种财政支出，但又同一般的财政支出有些区别。可以说，减免税具有一身兼二任的特殊功能。

那么，减免税具有什么样的特征呢？我认为，减免税具有严肃性和必要的灵活性相结合的特征以及一般性和特殊性相结合的特征。如果仅从相对统一固定的税种、税率的严肃性和一般性出发，片面强调减免税的灵活性和特殊性，从而忽视减免税自身亦存在着的严肃性和统一性（一般性），则易产生一种倾向掩盖另一种倾向的弊端，对理论和实践都是有害的。

二、减免税包含的三要素

既然减免税是对某些纳税人和课税对象给予鼓励或照顾的一种特殊规定，那么，这种特殊规定适用于某些纳税人，或适用于某些课税对象，或适用于某些纳税人和课税对象，则可能有多种理解或解释。

对减免税的理解或解释，不外有四种情况：第一，把减免税单纯理解为是对纳税人的减免；第二，把减免税单纯理解为是对课税对象的减免；第三，把减免税理解为是对某些纳税人的课税对象的减免；第四，把减免税理解为是对具有特定地域范围的某些纳税人的课税对象的减免。第一种理解单纯着眼于纳税主体，第二种理解单纯着眼于课税客体，其解释都有失妥帖，理解偏窄，未能从总体上对减免税做全面的、准确的解释。第三种理解可以对减免税作较清楚的阐述和概括，第四种理解则更为严谨和明确。鉴于减免税包括纳税人、课税对象和地域范围这三个要素，下面拟对后两种理解做进一步的分析。

（1）减免税应包括对纳税主体的减免，即包括对纳税人的减免。众所周知，纳税人是法定的负有纳税义务的单位和个人。它既是缴纳税款的主体，又是承担减轻或免除实际税收负担的主体。这里所说的对纳税人予以减免税照顾，主要是以纳税主体的“人”为基础，着重考虑“人”的不同情况和纳税能力，按照不同的标准和方法减少或免除其税收负担。这种侧重考虑纳税人的情况给予的减免税，在每一具体的税种中都有相应的规定。由于对“人”的减免都有税收减免的“物”，所以对纳税主体的减免必然与对课税对象的减免紧密联系。

（2）减免税应包括对课税客体的减免，即包括对课税对象的减免。大家知道，课税对象是一种税区别于另一种税的主要标志，是课税的依据和标的物，也是减免税的计算依据和基础。这里所说的对课税对象给予减免照顾，主要是以税收客体的“物”即课税对象为基础，着重考虑“物”而不着重考虑“人”的个人情况和纳税能力，按照一定的标准和方法减少或免除其税收负担。例如，对新产品的减免税是鼓励技术革新、产品更新换代的一项重要措施，就属于对课税客体的减免。这种侧重考虑课税客体的情况给予的减免税，在不少的税种中都有明确的规定。

（3）减免税应包括纳税主体和课税客体在特定地域范围内的减免。税收管辖权是一国政府在征税方面所行使的管理权力，它受制于国家政治权力所能达到的该国疆界内的全部空间和该国认定的公民与居民。与此相适应，减免税所涉及的该国认定的公民与居民，通过对纳税主体的减免已有所规范，这里则进一步对纳税主体和课税客体在特定地域范围内的减免予以明确。就对纳税人的减免而言，它包括是对外国籍纳税人的减免还是对本国籍纳税人的减免，是对本国居民的减免还是对非居民的减免；就课税对象的减免而言，它包括是对产自本国的产品还是对产自国外的产品的减免，是对来源于本国的所得还是来源于国外的所得的减免，等等。减免税的地域范围有两层含义，其一是指全局性的地域减免，即全国统一执行之税制规定，其减免的地域范围适用于全国范围，这是不证自明的；其二是指局部性的地域减免，即中央政府确定，或授权、批准，适用于某些局部范围的减免。例如，在我国经济特区、经济技术开发区和沿海港口城市的老市区开办的中外合资经营企业、外国企业所享受的减免税优惠待遇；中央政府授权地方政府及其财税机关规定的减免税；地方政府设置、开征的地方税种的减免税；农业税的减免中，包括的贫困地区减免、一般地区社会减免，等等。全局性的地域减免是地域减免的基本形态，局部性的地域减免是地域减免的演化形态。全局性的地域减免是局部性的地域减免的基础或规范，局部性的地域减免既是全局性的地域减免的发展和灵活运用，又是全局性的地域减免的辅助与补充，因而具有一定程度的深化和相对的独立性。

那么，减免税包括的三要素有着什么样的关系呢？三要素是相互制约、相互联系的，其中，对课税对象的减免是减免税的首要因素，对纳税人的减免是减免税的必要因素，地域范围则是减免税的规范或制约因素。

三、减免税的类型与方法

（1）按照规范的层次性的不同，减免税可以分为法定减免、特定减免和临时减免。

法定减免是指各种税的基本立法中列举的、具有长期适用性的减征或免征税款的规定。它规范列举减免税项目，或规范减免税的原则与范围。

特定减免是在法定减免的基础上，根据政治、经济形势的发展变化和贯彻税收政策的需要，专案规范的减征或免征税款的规定。它规范新的减免税规定，或者专案规范法定减免中不能或不宜一一列举的部分。特定减免通常由国务院或国家主管业务部门财政部、海关总署等决定。

临时减免是法定减免和特定减免以外的其他临时性的减免。它主要是照顾纳税人的某些特殊的、暂时的困难，从而临时规范的定期或一次性的减免税。临时减免通常是由国家主管税收部门或地方政府按照税收管理权限的规定临时决定的。

（2）按照减免权限的行使期限的不同，减免税可分为无期限减免、定期减免和一次性减免。

无期限减免是指没有规定具体的时期限制，具有长期适用性的减免税，除非税收立法或税制规定有所变更。

定期减免是指规定有具体时期限制的减免税，期满后，除另有规定者之外，应即恢复征税。

一次性减免是指没有时间的继续性，仅给予一次的临时减免。

（3）按照计算程序和方法的不同，减免税分为直接减免和间接减免。与此相适应，减免税的方法也就分为直接减免法和间接减免法。

直接减免是指按照税法规定的税率，根据课税对象总额计算出应纳税额，而后再按照一定标准给予的减免。间接减免是指适用于先从纳税人的课税对象总额中按照一定标准预先扣除一部分，只对剩余部分依率计征，从而减少或在一定限度内免除应纳税款的减免。

无论是直接减免还是间接减免，最终都可使纳税人实际负担水平降低或解除。直接减免既可以维护税率的严肃性和统一性，又调节了纳税人的税收负担，而且对于恢复全额征税的阻力也较小；间接减免既可以维护税率的严肃性和统一性，又可以把一部分收入较低者完全排除在课税范围以外，或给予一部分收入以固定的税收豁免，有利于缩小征税面，兼顾纳税人的合理负担。

现在的问题在于，如何对起征点、以税还贷和税前还贷进行归类呢？我认为，起征点的规定，属于间接减免的范畴，只不过具有某种特殊性。因为它是课税对象达到征税数额起始征税的临界点，课税对象的数额未达到起征点的不征税；达到或超过起征点的，就其全部数额征税，不足仅就超过部分征税。因此，起征点规定，是有限度的间接减免。在方法上，可称为有限度的间接减免法。以税还贷和税前还贷是减免税的重要组成部分。以税还贷是允许规定的企业用新增产品缴纳的产品税或增值税，归还银行到期的贷款本金和利息。按照还贷的程序和金额的不同，以税还贷是减小或免除一部分或全部新增的税收负担，只不过是对减征或免征的税金规定用于归还银行到期的该新项目的贷款本金和利息，即规定了特定的用途，所以，以税还贷属于直接减免。税前还贷则不同，它是以课征所得税前的税前利润归还贷款，即在归还技术改造性借款项目和基本建设改扩建项目借款时，经过财政部门批准，可在计算缴纳所得税之前，用该借款项目投产后新增利润归还贷款。由于税前还贷是先从纳税人的全部利润所得总额中预先扣除新增利润的一部分或全部，仅就剩余的利润所得依率计征所得税，所以，税前还贷属于间接减免。

减免税还可以分为政策性减免、新产品减免和困难减免，等等，兹不赘述。

四、减免税与税率的关系

从减免税和税率的关系来看，就具体的纳税人和课税对象而言，采取降低税率，或在税率固定的前提下减免税款，均可收到相同的财务效果，减轻或免除纳税人的税收负担。但一户一率的办法，会形成高低不同的多种税率，破坏税率的统一性和严肃性。理论上、政策上和实践上都可行的办法是，不降低税率，只减免税款。从这里可以窥见税率和减免税有着某种关系。

我认为，减免税和税率关系密切，它们都植根于税制，有着异乎寻常的"血缘"关系。

（1）减免税和税率都是税制要素，二者都体现征税的深度，核心都是税收负担问题。因而，它们在功能上具有相关性，共同形成调节税负的功能或机制。

（2）从减免税的实际操作来看，无论是直接减免，还是间接减免，都必须借助于税率来实现，它们之间具有有序性和互相感应的作用。

（3）从减免税和税率的配置来看，它们是税制设计中必须结合考虑的相关因素。在税制中，通常高税率必然导致高税负，高税负一般就引发多减免；中税率形成中税负，中税负自然形成少减免；低税率形成低税负，低税负一般就不减免。因此，它们之间存在着互为因果的关系。

五、严格减免税管理的依据和方式

（一）严格减免税管理的依据

一个经济体在一定时期的社会产品或国民收入是一个定量，而税种、税率及财务成本管理等因素如既定，那么，政府应取得的税收数额就是一个既定的常量，即为可能税收。但实际上，经过一系列环节之后最终取得的税收又往往低于可能税收。形成二者差额的因素颇多，诸如减免税、逃避税、偷漏税等。显而易见，对合理合法的减免税仍需坚持并不断完善其管理；对违反税法和税收管理权限而擅自给予的减免税，必须进行清理并严加杜绝；对避税要通过修改并完善各项法规来减少；对漏税要通过宣传并加强征管来预防；对逃税和偷税、抗税，则需严肃处理，坚决制止，以确保税金及时、足额入库。

由上文也可看出，减免税金本来是国家应该取得的一部分收入，只不过是国家视其客观情况而给予的一定返还或支付。国家对这部分减免税金拥有始发性的、基础性的、最高级次的所有权和使用权，因而，国家对这部分减免税金加以控制、管理、考核和监督，是理所当然、毫无疑问的，至于管理的方式，可依减免税的有无代价来确定。

（二）减免税管理的方式

国家在进行减免税时，可以采取两种方式：一是将减免税金的所有权和使用权统一地转移给纳税人，使纳税人拥有派生的、表层性的、较低级次的相对所有权和使用权。这种性质的减免税，是无偿性的减免税。与之相适应的管理，称为无偿性管理。它一般适用于确有困难的纳税人的自救性生产、简单再生产等。二是将减免税金的所有权和使用权适当分离，国家仍保有这部分资金的所有权，但把税金的使用权让渡给纳税人，纳税人应在一定时期后部分还本，或还本，或还本付息（付息数量可考虑分若干档次）。这种性质的减免税，是有偿性的减免税。与之相适应的管理，称为有偿性管理，它一般适用于纳税人的扩大再生产。

（三）有偿性的减免税是财政信用的一种形式

有偿性减免税是不是税收信用呢？我认为，将有偿性的减免税称为税收信用是不妥当的。就有偿性的减免税而言，它体现了这部分资金的所有权和使用权的分离。从信用范畴来把握，它反映了这部分资金的有偿性质和特征；从财政范畴来把握，它反映和体现的是作为一项财政支出（不是税收本身）的有偿性质和特征。它属于财政范畴，而不单纯是税收范畴，因而是财政信用的一种形式。有偿性的减免税体现了支出资金的来源，但资金一经转化为一种支出，就不能仅从源泉的归属来判定资金的性质，源泉的性质和经过转化之后被赋予新的质的规定性毕竟不是一回事。

至于有偿性的减免税（当然还应包括无偿性的减免税），具体由税收部门还是财政部门来管理，至少在近期内无须重新划分，仍按现行规定和划分为好，但税收部门和财政部门必须进一步加强协调和配合，这是肯定无疑的。对减免税实行有偿性管理，可以增强财政、税收部门和纳税人双方的责、权、利，提高减免税金的使用效益。

六、强化减免税的预算管理

减免税自成一个相对特殊的独立体系，它不仅联系着税收和税制本身，涉及财政信用，而且构成财政支出的一项重要内容，在预算管理中有其自己的地位和作用，因而，将减免税纳入复式预算管理，也就势所必然了。

无论是无偿性的减免税，还是有偿性的减免税，都必须严格按照有关规定办理，并需加强减免税金使用用途的科学性和数额的合理性研究。应编制减免税计划表、统计表，单设减免税账户和总账，对减免税的总规模、具体的使用数额和去向进行控制和监督，其中，无偿性减免税和有偿性减免税应以二级账户的形式加以管理。总之，建立减免税体系，按其经济性质下设两个子系统，并在此基础上纳入预算支出管理，列为一项或多项特种基金预算，使之成为预算总支出的一个部分，构成复式预算的一个特殊组织形式，与其他预算支出进行综合平衡和协调。

七、减免税的现实选择与法律规范

（一）减免税的重新配置

在深化改革之中，必须重新配置减免税与税种设计、课税对象和税率等要素的关系，增强减免税与这些要素之间的整体性和配套性，处理好减免税与这些要素之间的关系。

首先，对减免税作彻底的清理整顿。按照国务院关于整顿税收秩序、加强税收管理的决定，任何地区、部门和个人都无权变更国家税法，不得乱开减免税的口子。今后，对越权批准减免税的，要严格按照国务院有关法规严肃处理。

其次，在清理整顿减免税的基础上，取消某些减免税种类，降低减免税的数额，切实做好减免税的重新配置。总的思路应是：扩大税基，降低税率，严格减免。既要适当集中财力，强化预算观念，又要增强企业自我改造、自我发展的能力，理顺国家和纳税人之间的分配关系。

最后，就大中型国营企业而言，取消国营企业调节税，取消税前还贷和提取职工福利基金、职工奖励基金的规定，降低所得税税率，并适时改比例税率为累进税率，企业税后利润则实行承包的办法，在取得试点经验的基础上，逐步推进税利分流改革。

（二）建立减免税法制的新规范

为了及时与经济体制改革同步配套，发挥税收的经济杠杆作用，落实治理经济环境、整顿经济秩序和全面深化改革，必须坚持以法治税，建立减免税法制的新规范。

首先，在阐明减免税基本规则、理论认识比较统一的基础上，以法的形式规定减免税，构成税收基本法的重要内容。

其次，按照税收基本法确立的基本准则，制定减免税的特别法。为强化法律的导向功能和充分认识立法的超前性，在时机成熟之前，可充分利用"暂行""规定"等方式，待时机成熟，再制定正式法律。

再次，每一具体税种中减免税法律规范和减免税特别法、税收基本法等之间具有层次性、递进性、连续性和整体性，共同构成减免税的法规体系。

最后，减免税法规的实施细则或补充规定，由国务院或税法授权的财政部、国家税务局等制定施行。

（原文载《财经科学》1989 年第 5 期）

两权分离理论与税利分流

王国清

"税利分流"正在试点，理论界和实际工作者就其理论依据进行了有益的探索。本文拟从马克思的两种权力学说出发，立足国家参与国营企业分配的形式，对税利分流问题做进一步的理论思考。

一、马克思的两种权力学说

在关于"税利分流"的理论依据的讨论中，有的同志援引马克思关于政治权力和财产权力的论述，论证社会主义国家的二重职能，从而论证"税利分流"的客观必然性，这无疑是正确的。但我认为，仍有进一步研究之必要。政治权力和财产权力的关系如何？在什么条件下，二者可以相互作用而分离或相互联合而统一？显然，全面地、完整地、准确地理解马克思关于两种权力及其相互关系的原理，不仅有理论意义，而且有现实意义。

（一）马克思率先提出了两种权力学说

马克思于1847年10月底在《道德化的批判和批判化的道德》这篇文章中指出："无论如何，财产也是一种权力。例如，经济学家就把资本称为'支配他人劳动的权力'。可见，在我们面前有两种权力，一种是财产权力，也就是所有者的权力；另一种是政治权力，也就是国家的权力"。从而，马克思提出了两种权力学说。

（二）两种权力在经济上的实现形式

政治权力为国家所独有，其主体就是国家。马克思指出："捐税体现着表现在经济上的国家存在"，马克思又说，"国家存在的经济体现就是捐税"，所以，政治权力在经济上实现自己的形式就是税收。

财产权力就是"所有者的权力"，其在经济上实现自己的形式是什么？仅仅是利润吗？马克思指出："生产剩余价值即直接从工人身上榨取无酬劳动并把它固定在商品上的资本家，是剩余价值的第一个占有者，但决不是剩余价值的最后所有者。以后他还必须同整个社会生产中执行其他职能的资本家，同土地所有者等等，共同瓜分剩余价值。"财产权力即所有者的权力在经济上的实现形式包括剩余价值转化为利润的进一步分割形态：产业利润、商业利润、借贷利息、地租等。

以上仅是两种权力在主体不同一的前提下，在经济上实现自己的形式。在一定条件下，如果两种权力的主体同一，其在经济上实现自己的形式就可能合为一体。为行文方便，容后文再述。

(三) 两种权力的关系

政治权力和财产权力的关系如何？马克思特别提醒说，对两种权力不能"在看出有差别的地方就看不见统一"，不能"在看见有统一的地方就看不出差别"。在一定条件下，政治权力和财产权力，可以"相互作用，直到两者联合起来"。

如何理解两种权力的"差别"呢？其条件又是什么呢？马克思借用海因岑的"权力也统治着财产"来阐明两种权力的"差别"。马克思阐释道："这就是说：财产的手中并没有政治权力，甚至政治权力还通过任意征税、没收、特权、官僚制度加于工商业的干扰等等办法来捉弄财产。"马克思在阐释两种权力的"差别"即"权力也统治着财产时"，明确指出其条件是"资产阶级在政治上还没有形成一个阶级。国家的权力还没有变成它自己的权力"。我的理解是，两种权力的主体不同一时，政治权力可以凌驾于财产权力之上，宣布对财产征税。

又如何理解两种权力的"统一"呢？其条件又是什么呢？马克思通过对现代资产阶级社会的"政治统治直接属于财产"的分析，指出两种权力的"联合"就是两种权力的"统一"。马克思指出，"在资产阶级已经夺得政治权力的国家里，政治统治已成为资产阶级对整个社会的统治，而不是个别资产者对自己的工人的统治"时，政治权力和财产权力之间就具有"统一"性了。马克思在《资本论》中研究地租问题时，也具体运用和阐发了两种权力学说。他说，"如果不是私有土地的所有者，而像在亚洲那样，国家既作为土地所有者，同时又作为主权者而同直接生产者相对立，那么，地租和赋税就会合为一体，或者不如说，不会再有同这个地租形式不同的赋税"。马克思又说，"在这里，国家就是最高的地主。在这里，主权就是在全国范围内集中的土地所有权"。在国家既是土地所有权（财产权力）的主体，又是国家主权（政治权力）的主体时，主体同一导致两种权力"统一"，因而其经济上实现自己的形式同一，即两种权力"统一"在经济上实现自己的形式就是地租和赋税合为一体。在这种场合，地租和赋税在量上也是别无二致的。总之，我的理解是，在一定条件下，如果政治权力和财产权力的主体同一，两种权力就可能"统一"，其经济上实现自己的形式也就可能合为一体。

重温马克思的两种权力学说，对于我们在社会主义条件下，在研究和把握各项政治、经济条件的基础上，合理选择、运用政治权力和财产权力的"差别"或"统一"，确定国家参与包括国营企业在内的单位和个人所创造的一部分社会产品或国民收入的具体分配形式，不仅有理论意义，而且有现实意义。

二、国家参与国营企业分配的形式及类型

依据马克思的两种权力学说，国家参与国营企业分配的形式，可以概括为宽口径、中口径和窄口径的税利分流形式，而且，国家两种权力在经济上的实现形式，以不同的组合，构成国家参与国营企业分配的不同基本类型或格局。

（一）"税利分流"的两种基本形式

在社会主义条件下，即使在"利改税"以前，"税利分流"也是客观存在的事实。从国家凭借两种权力参与国营企业和非国营企业纯收入的分配来看，国家凭借政治权力，以税收形式参与非国营企业纯

收入的分配；国家凭借财产权力，以上交利润的形式参与国营企业纯收入的分配。显然，这也是一种税利分流，是一种宽口径的"税利分流"，本文对此不加讨论。

从国家凭借两种权力参与国营企业创造的一部分社会产品和国民收入的分配来看，国家凭借政治权力，以工商税（改革后则为产品税、增值税、营业税等）形式参与国营企业创造的一部分社会产品和国民收入的分配；国家凭借财产权力，以上交利润的形式参与国营企业创造的一部分社会产品和国民收入（具体仅参与分配其中的纯收入部分）的分配。显然，这也是一种"税利分流"。这种基本分配形式，是一种中口径的"税利分流"。

目前谈及的"税利分流"有特定的限制，是专指国家参与国营企业纯收入分配的两种基本形式。我把国家凭借两种权力参与国营企业纯收入分配的所得税和上交利润这两种基本分配形式，称为窄口径的"税利分流"。我认为，依据马克思的两种权力学说，应该拓展我们的视野。国营企业纯收入分配的"税利分流"是从属于国营企业创造的一部分社会产品和国民收入的"税利分流"。窄口径的"税利分流"是对国营企业利润形成后的分配，中口径的"税利分流"除包括窄口径的"税利分流"之外，尚包括对利润形成之前的分配。总之，我认为窄口径的"税利分流"是包含在中口径的"税利分流"之中的，前者只是后者的一种具体存在形态，后者涉及的范围更宽泛，具体形式更多样。

（二）国家参与国营企业分配的类型或格局

国家凭借政治权力和财产权力参与国营企业分配，在经济上实现自己的形式可以分列如下：

（1）国家凭借政治权力实现自己的形式：非利润所得方面的税收，如产品税、增值税、营业税等。

（2）国家凭借财产权力实现自己的形式：上交利润。

（3）国家凭借高度统一的政治权力和财产权力在经济上实现自己的形式：所得税。我认为，在社会主义条件下，国营企业所得税和国家拥有的生产资料所有权（财产权力）有密切联系。由于国家在这种场合作为两种权力的主体，所以国营企业所得税毕竟不是单纯的财产权力在经济上的实现形式，也不单纯是凭借政治权力的课征，而是国家财产权力和政治权力高度统一结合的结果。或者说，在政治权力的课征形态中内含着财产权力的实现。而且，国营企业所得税只是国营企业应上交利润中的主要因素或存在的一部分，也就是说，国营企业所得税和国营企业应上交利润在量上不完全一致，只是应上交利润的一部分与税收合为一体。在这种场合，税收和利润合为一体，借用马克思的表述，或者不如说不会再有同这种上交利润形式不同的税收。因为它已具有税收的形式特征，因而也是名副其实的税收，自然也就和其他财政收入形式区分开来。

（4）国家凭借财产权力实现自己的形式：所得税后缴纳的调节税、承包费、租赁费等。承包费、租赁费是国家财产权力在经济上的实现形式，界限是清楚的。所得税后缴纳的调节税，我同意王绍飞先生的描述，即"一户一率的调节税，使企业税后利润的分配采用税收名称，形成似税非税，是利不叫利"。

上述四种形式，以第一种形式为基础，和其他三种形式搭配组合，形成国家参与国营企业创造的一部分社会产品和国民收入（含纯收入部分）的分配的基本格局。第一种和第二种形式的结合，构成国家参与暂不征收所得税的国营企业（军工、邮电、粮食、外贸、农牧、劳改企业）和试行上交利润递增包干等办法的国营企业的分配格局。第一种、第三种和第四种形式的结合，构成国家参与实行"利改税"的国营企业创造的一部分社会产品和国民收入的分配格局。第一种、第三种和第四种（改革税后利润缴纳调节税形式）形式的结合，构成国家参与试点"税利分流"改革的国营企业创造的一部分社会产品和国民收入的分配格局。第三种和第四种形式的结合，专指国家参与实行"利改税"的国营企业纯收入的分配格局。第三种和第四种（改革税后利润缴纳调节税形式）形式的结合，则专指国家参与试点的国营企业的纯收入分配的格局——"税利分流"。"税利分流"是窄口径的税利分流，其中所得税则是税利合一为税的具体形式。我们不能在看到两种权力有差别的地方时就看不到统一。当然，如果我们把所得税这种税利合一分配形式固定下来，不致因见到差别而忘掉统一，或不致因见到统一而忘掉差别，从国家凭借两种权力参与国营企业纯收入分配，在第一个层次意义上使用"税利分流"概念，也是可以的。

三、利改税与"税利分流"的异同

"利改税"就是把国营企业原来上交利润，改为按照国家规定的税种、税率，向国家缴纳税金，税后利润主要归企业支配，逐步通过税收形式固定国家与国营企业分配关系的一种形式。

我们认为，在新形势下，"税利分流"既是利改税的进一步完善与发展，是国家与国营企业纯收入分配关系的规范，又是矫正承包制所存在的问题，完善和发展承包制的步骤。"税利分流"是对利改税的扬弃，是利改税在新形势下的进一步完善和发展，二者既有不少相同之处，又有许多不同之点。分析这个问题，对我们正确认识税利分流的作用等有一定意义。

（一）"利改税"和"税利分流"的相同点

（1）理论依据相同。"利改税"和"税利分流"的理论依据都是马克思关于政治权力和财产权力及其相互关系的原理，二者都是社会主义国家作为政治权力和财产权力的同一主体，在经济上实现自己的形式；利改税和"税利分流"的理论依据都包括国营企业生产资料所有权和经营权适度分离理论等。

（2）国家参与分配的标的相同。从国家参与分配的经济单位即从直接负有缴纳义务的单位来看，除另有规定者外，都是实行独立核算的国营企业；从国家参与分配的对象来看，都是国营企业的纯收入；从国家参与调节的阶段来看，都是在利润分配阶段，而不是在利润形成或使用阶段。

（3）国家首先参与国营企业纯收入分配的形式相同。在一定条件下，由于国家是两种权力的同一主体，主体的同一性决定了其经济上实现自己的形式具有同一性——所得税。税后利润再以其他形式参与分配。

（4）基本目的相同。"利改税"和"税利分流"的基本目的，都是理顺国家和国营企业的分配关系，正确解决国家、企业和职工个人之间的分配关系，既保证国家财政收入的稳定，加强宏观控制，又能强化微观调节，使企业充满活力。

（二）"利改税"和"税利分流"的相异点

（1）施行条件不尽相同。"利改税"是在相继试行企业基金、利润留成等办法的基础上，在其他改革尚未配套的前提下，作为城市经济体制改革的突破口，首次把国营企业以相对独立的商品生产者身份作为所得税纳税人，以解决国家与国营企业分配关系的一种新型方式。"税利分流"则是在利改税的预期目的没有得到完全实现的条件下，同时针对承包制存在的问题，依据以公有制经济为主体的多种所有制经济并存和合理配置，各种形式的承包制的推行和完善的要求，以及根据公平税负、促进竞争和体现产业政策的原则，合理配置与逐步统一企业所得税制，推行财政复式预算等的要求，针对"利改税"存在的缺陷和不足，采用"利改税"的合理内核，从而成为"利改税"的进一步完善，并成为进一步理顺国家、企业和职工个人之间分配关系的一种形式。

（2）处理两种权力的相互关系不尽相同。"利改税"对政治权力和财产权力相互关系的处理，偏重于二者的同一性，几乎把国营企业全部上交利润统统变成税。"税利分流"则在把握政治权力和财产权力差别的基础上，再行处理两种权力的同一性，从而使国家参与企业的纯收入分配，以税收和利润上交两种形式同时并存，所得税部分又可视为是两种权力统一的结果。

（3）包含的内容不尽相同："利改税"对所得税后利润分配的具体形式，除上交的承包费、租赁费之外，主要是大中型企业缴纳的调节税（尽管是利不叫利，有税收的形式）。同时，"利改税"不仅是国营企业利润分配制度的一项改革，而且是整个工商税收制度的一项重大改革，开征和恢复了若干新的税种。"税利分流"对税后利润则取消了调节税，统一规范为上交利润，改税前还贷为税后还贷，其具体形式包括承包费、租赁费等。国营企业缴纳的所得税和上交的利润占整个实现利润的比率相对有所提高。

（4）所得税制的具体规定不尽相同。从计税依据的确定来看，"利改税"确定纳税人应纳税所得额的计算，是在国营企业实现利润中减去有关规定扣除不缴纳所得税的扣除项目，其中包括财政部门批准用基建、改建借款项目投产后新增利润归还借款的部分，企业用技术改造性借款项目投产后新增利润归还借款部分和归还借款利润中应提取的职工福利基金、奖励基金部分。"税利分流"在计算国营企业所得税的计税依据时，则不扣除上述项目。从所得税适用的税率来看，"利改税"对国营大中型企业适用55％的固定比例税率，对国营小型企业适用与集体企业所得税相同的八级超额累进税率。"税利分流"则对试点国营企业的统一所得税率定为五级超额累进税率。从所得税后利润分配的次序来看，"利改税"对国营大中型企业再征一道"一户一率"的调节税，对国营小型企业税后利润较多的，则以承包费、租赁费等形式上交财政一部分。"税利分流"则是在缴纳所得税后，对税后利润首先是归还贷款，再由国家和企业分配利润，上交利润之后，其余额才作为企业各项基金的来源。

（5）与承包制的承包办法不尽相同。"利改税"前后，国营企业中曾实行过各种形式的承包制。未实行"税利分流"的"利改税"企业，随着承包制的推行，承包的办法是把企业的所得税、调节税和承包费全都包了。实行"税利分流"的企业，则是在缴纳所得税、税后扣除还贷之后，再行承包应上交利润的办法。

总之，"利改税"和"税利分流"在本质上是一致的，二者不是对立不相容的。它们的联系和区别，正说明"税利分流"以"利改税"为基础，继承和发扬利改税的合理内核，并针对承包制所存在的问题，把利改税和承包制妥善地对接起来，使"税利分流"成为相对更规范的、更适应变化了的客观情况的、进一步理顺国家与国营企业分配关系的一种具体方式。

（原文载《财经科学》1990 年第 6 期）

税利分流的条件简析

王国清

在对"税利分流"的理论依据的研究中，不少同志都概括了两条理由：社会主义国家具有社会管理者和生产资料所有者双重职能，凭借国家政治权力和财产权力实现其经济上的形式，此其一；其二，国营企业生产资料所有权和经营权的分离。这两条依据是正确的。但"利改税"的理论原因，不也是包括这两条依据吗？尽管当时的理解失之偏颇。由此可见，仅从这两个条件来考察，还难以充分说明问题。其实，在其他条件一定的前提下，上述理由既是税利合一的原因，又可以是税利分流的条件。本文试图对"税利分流"的条件作一简要分析。

一、"税利分流"或"合一"是有条件的

国家参与国营企业的分配采用税利分流形式，抑或是税利合一形式，或兼而有之，是有其条件的。

从实践的结果来看，1959 年 1 月，在"大跃进"和人民公社化运动的影响下，一些人不切实际地在一些城市试办税利合一（定名为"企业上交收入"），尽管这种税利合一超出了国营企业纯收入分配范围，但实践也证明了是行不通的，其原因就是未能遵照客观条件的要求，还不具备实行税利合一的条件。

从理论的指导来看，需要全面、完整、准确地理解马克思关于两种权力及其相互关系的原理。马克思在《道德化的批判和批判化的道德》《资本论》等文献中，在论及两种权力学说时提出了权力包括政治

权力和财产权力；政治权力在经济上的实现形式是税收，财产权力在经济上的实现形式是利润和工资。政治权力和财产权力是有差别的，在一定条件下，二者是相互作用的；政治权力和财产权力又是可以统一的，即在一定条件下，二者又是可以联合的，乃至于其经济上的实现形式可以合为一体。所以，从理论上来考察，税利分流或税利合一也是有条件的。

二、"税利分流"包含"税利合一"的因素

目前试点的"税利分流"是指国家以社会管理者和生产资料所有者的身份，凭借政治权力和财产权力，参与国营企业纯收入分配的所得税和上交利润这两种基本形式，这是狭义的税利分流。其实，国家以社会管理者和生产资料所有者的身份，凭借政治权力和财产权力，参与国营企业创造的一部分社会产品和国民收入分配的税收和上交利润这两种基本形式，也是税利分流，只不过它参与分配的范围更广泛，具体形式更多样，因而可以称之为广义的税利分流。狭义的税利分流是归属于广义的税利分流的，前者只是后者的一种具体存在形态。

现在再来进一步考察狭义的"税利分流"包含"税利合一"的因素，因为对国营企业纯收入分配采用"税利分流"的形式，其中的所得税则是"税利合一"的具体形式。之所以说所得税是"税利合一"，是因为国家政治权力和财产权力可以高度统一，是因为所得税只是国营企业应上交利润中的一部分，而这部分与税收合为一体。所以，我们在考察"税利分流"时，就不能在看到有差别的地方就看不到统一。当然，如果我们把所得税这种"税利合一"之统一固定下来，免得我们重复，不致因见到差别而忘掉统一，或不致见到统一而忘掉差别，从国家凭借两种权力参与国营企业纯收入分配，从第一个层次意义上理解和使用"税利分流"概念，这也是可以的。

三、"税利分流"的条件

为行文方便，仍援用"税利分流"概念对其条件做一分析。我认

为，"税利分流"是受制于若干主导条件和辅助条件的。其中，主导条件包括：社会主义国家的两种权力和国营企业生产资料所有权和经营权的适当分离；现阶段生产力发展水平；社会主义有计划商品经济的发展；社会主义国家职能的转轨和以社会主义公有制经济为主体的多种所有制经济并存与合理配置的发展。辅助条件的阶段性特征更为浓郁，它包括承包制的推行与完善、财政复式预算制度的推行和企业所得税制的统一。下面分别予以简述。

（一）"税利分流"的主导条件

（1）社会主义国家具有两种权力。在社会主义条件下，国家既是政治权力的主体，同时又是国营企业财产权力的主体。作为两种权力主体的国家，与广大国营企业和职工之间，存在根本利益一致基础上的整体与局部、当前与长远矛盾的分配关系，在其他诸条件存而不论的前提下，国家凭借两种权力参与国营企业纯收入的分配形式，采取税利分流，或税利合一（全部或部分），或兼而有之，都是可能的。这种可能之变为现实，则还取决于其他若干条件的制约。

（2）国营企业生产资料所有权和经营权适当分离。从两权存在的形态来看，包括直接统一形态、适当分离形态和既统一又分离的层次形态。在两权分离的基础上，在国家——所有者这一宏观层次上，所有权和经营权是统一的；在企业——经营者这一微观层次上，所有权和经营权也是统一的。从所有权来看，国家对国营企业的生产资料拥有始发性的、基础的、最高的所有权，国家是最高的所有者；国营企业对生产资料则拥有派生的、表层性的、较低的所有权，企业是相对的所有者。两权适当分离形态和两权既统一又分离的层次形态在本质上是一致的。在肯定两权适当分离形态的前提下，既统一又分离的层次形态则不是独立存在形态，它是依附于两权适当分离形态的，即是说，两权层次形态是对两权适当分离形态的诠释和界定。从这个意义上讲，两权适当分离形态不是二维的、平面的，而是一个立体的、多维的模式。总之，国家所拥有的最高的所有权在经济上的实现形式，乃至于和国家政治权力高度统一结合在经济上的实现形式，使得国家参与国营企业纯收入分配的具体形式，既可以以税收和上交利润同时并存，还可以以税收和国营企业应上交的全部利润或一部分在量上一致，即所得税集二者于一身的形态存在。所以，在其他条件存而不论的前提下，该条件使得国家参与国营企业纯收入分配的上述形式均成为可能。

（3）现阶段生产力发展水平。国家参与国营企业纯收入分配采用"税利分流"形式，受我国现阶段生产力发展水平的制约。无论是国营企业，还是非国营企业，其在地区之间、部门之间、行业之间，乃至于同一部门、同一行业的企业，其生产力发展水平也是很不平衡或差别悬殊的。仅就国营企业而言，其整体生产力发展水平相对较高，其生产力水平也呈现为多层次的结构。为了克服生产力发展的不平衡性，促进生产力的发展，充分利用所得税和上交利润的形式，综合配套地运用它们合理聚财和促进生财的功能，综合配置地运用它们调节和控制经济发展、稳定经济并保持其适当增长的功能，综合配套地运用它们监督和反映财税自身及整个国营企业经济的功能，比运用单一的形式更符合现阶段国营企业生产力发展水平多层次、不平衡的状况。而这正是现阶段生产力发展水平的客观制约。

（4）社会主义有计划商品经济的发展。社会主义有计划商品经济，与产品经济不同，它具有某种复杂性，需要妥善地处理好计划与市场的关系，而且，它要求财政分配必须自觉地依据和运用价值规律。价值规律在经济运行中要求节约社会劳动和在各种生产间分配社会总劳动，从而要求经济的发展既要不断提高经济效果，又要合理配置和协调平衡。总之，社会主义有计划商品经济的发展，客观上要求国家运用所得税和上交利润的形式参与国营企业纯收入的分配，借以综合配套地调控经济的有序运行。

（5）社会主义公有制经济为主体的多种所有制经济并存与合理配置。现阶段我国存在着多种所有制经济并存的状态，其中，占绝对优势的是社会主义公有制，包括全民所有制和集体所有制，它维护和保证着整个社会的社会主义性质和方向；不占统治地位的非社会主义所有制，包括私营、个体经济、国家资本主义经济和特殊的资本主义经济等。在坚持社会主义这一前提下，它们可以成为社会主义经济的有益的、必要的补充。所以，现阶段多种所有制经济并存和合理配置，要求坚持以社会主义公有制经济为主体的多种所有制经济并存和发展，从而要求国家综合配套地以所得税和上交利润的形式参与国营企业纯收入的分配，以保证公有制经济为主体的多种所有制经济并存和合理配置发展，使所得税和上交利润成为所有制结构合理配置的一项重要杠杆。

（6）社会主义国家经济职能的转轨。随着党和国家的工作重点转到经济建设为中心的社会主义现代化建设轨道上来，国家的经济职能从过去的直接经济管理为主转变为间接经济管理为主，有机结合计划手段和市场调节手段，逐步建立以国家计划为依据的经济、行政、法律手段综合配套地调控经济运行的体系。在国家掌握的诸多手段中，所得税和上交利润有着其他手段不可替代的独特作用，成为国家调控体系中不可或缺的重要工具，成为国家经济运行的重要手段。所以，国家参与国营企业纯收入分配采用所得税和上交利润的形式，是国家经济职能转轨的客观要求。

（二）"税利分流"的辅助条件

（1）承包制的推行与完善。1986 年下半年，"利改税"在其他改革没有配套跟上，免不了还带有旧体制的痕迹，从而存在着一些缺陷和不足时，在国营企业所得税税率偏高，大中型企业还保留了调节税，企业税负不平衡、活力相对不足这一状况下，承包制再度得到社会的肯定并全面推行。各种承包制企业负担相对稳定，企业通过改善经营管理，可从其新增利润中获取较多的利益，但以承包财政收入为主要内容的各种形式的承包制，其承包办法把企业所得税、调节税和承包费全都包了，致使税收软化，限制了财政收入。为了矫正承包制所存在的问题，完善和发展承包制，较好地兼顾整体与局部、国家与企业、长远利益与眼前利益，规范国家和国营企业的纯收入分配关系，推行"税利分流"，并适时改税前还贷为税后还贷，实行税后承包，也就是势所必然的了。

（2）财政复式预算制度的推行。复式预算是全部财政收支分别编入两个或两个以上的预算组织形式。在复式预算中，除按收支的经济性质不同分别编制外，税收作为普通预算的主要收入来源，承担国家安全、行政管理、科教文卫等日常开支与基建；在投资预算中，除建立有偿性的各项基金预算外，还须建立对国营企业的投资、管理、积累的国有资产专门基金预算，配合国家的产业政策、投资结构的调整，大力提高经济效益，增强国家预算的科学性、计划性和有效性。所以，实行"税利分流"，是改当前的单式预算制度为复式预算制度工作的基础性任务的客观需要。

（3）企业所得税制的统一。建立统一的企业所得税制，首先应尽快将国内企业所得税条例合并，统一国内企业所得税；同时，将涉外的两个企业所得税法合并，统一涉外企业所得税制。在此基础上，再行将国内和涉外的企业所得税法合并，统一整个企业所得税制。要建立统一的企业所得税制，必须改变按经济成分设置独立税种的做法。就国营企业而言，必须实行"税利分流"，借以公平税负、促进竞争和体现产业政策，正确处理国家、企业和个人的经济利益关系。同时，针对国营企业所得税税率偏高及税前还贷等问题，适当降低税率，取消国营企业调节税，适时改税前还贷为税后还贷，实行统一的计税依据，企业所得税制的统一方可完成。所以，实行"税利分流"，税后还贷，是统一企业所得税制的客观要求。

较全面地考察"税利分流"的各种条件，有助于我们全方位地、适时地把握和选择国家参与国营企业纯收入分配的具体形式。主导条件在全部条件中居于主导地位，辅助条件也是不可或缺的具有阶段性特征的重要条件。

（原文载《四川税务研究》1990 年第 6 期）

税利分流的功能目标与试点方案的改进

王国清

税利分流，是国家凭借政治权力和财产权力，以所得税和上交利润这两种基本方式，参与国营企业纯收入分配的模式。它是理顺国家与国营企业分配关系的一种具体形式。从目前试点情况来看，税利分流在理论上仍需进一步探索，试点方案也需逐步完善。本文拟从税利分流的功能目标角度，就各地现行试点方案的完善谈点不成熟的意见。

一、税利分流的多重目标决定了试点方案的过渡性

税利分流是一个系统工程，它涉及上下左右和四面八方，需要妥善地协调和配置，而要实现这个多目标系统的正常运行，有赖于试点方案的不断完善。税利分流改革是一个不断完善的过程，它受多种因素的制约，不可能一蹴而就。税利分流至少包括以下目标：第一，正确处理国家与企业（不仅包括国营企业，而且还涉及非国营企业）及职工之间在根本利益一致基础上的整体与局部、当前与长远矛盾的分配关系，既保证国家财政收入的稳定，加强宏观控制，又能强化微观调节，使企业充满活力；第二，统一企业所得税制，公平税负、促进竞争和体现产业政策，促进以社会主义公有制经济为主体的多种所有制经济并存和合理配置；第三，妥善地衔接国营企业的承包经营责任制，使企业的各种负担（税、费或上交利润）与其承受能力相适应，从而使企业留利能满足自我改造、自我发展的独立商品生产者这一"直接生产者"的需要；第四，税收和国有资源收益在价值形态上形成各自相对独立的资金运动体系，建立财政的复式预算制度。

与税利分流的多目标相对照，目前的试点方案只是初始的、过渡性的方案，需要逐步改进与完善。

二、试点方案在税利分流的目标中所面临的困惑

首先，从历史延续来看，税利分流试点方案无论在理论上还是在实践中，都是对利改税的完善和深化，这主要表现在二者的异同上。从二者的相同点来看，其理论依据相同、国家首先参与国营企业纯收入分配的形式相同、基本目的相同；从二者的相异点来看，其施行的条件不尽相同、处理政治权力和财产权力的相互关系不尽相同、包含的内容不尽相同、所得税制的具体规定不尽相同、与承包制的承包办法不尽相同。但是，如果再进一步考察，不难发现试点方案在继承和发扬利改税的合理内核，并矫正承包制所存在问题的同时，也依然未能彻底解决以致在某种程度上仍带有利改税的某些不足或缺陷。其表现：第一，企业缴纳的所得税及其他税利，其结构配置是否合理？其总量界限是否科学？利改税未能妥善解决这个问题，试点方案也面临这一严峻的问题。第二，两步利改税涉及的纯收入分配的改革目标范围，仅限于国营企业，因而维持和发展了按经济成分设置独立税种的做法，税利分流试点方案虽然在更宽广的范围内推进，但目前推进的目标范围仍缺乏相当的充分性、协同性和全面性。第三，两步利改税的所得税均包括"税利合一"的因素，试点方案较利改税无疑是一个进步，但受配套条件和试点方案本身的约束，仍需进一步较充分地解决国营企业和非国营企业之间及其各自内部资源条件差异对企业实现利润水平的影响。因为目前的资源税、土地使用税以及所得税等计税所得额中有所扣除，但远未达到较充分的扣除程度，这就不能妥善地解决企业在平等基础上的合理竞争与配置。

其次，从理论上来看，社会主义国家既是政治权力的主体，又是财产权力的主体。就国营企业而言，只要国家作为主权者而与"直接生产者"相对立，国家的政治权力在经济上的实现形式就是税收；国家的财产权力即"所有者的权力"则包含两方面的内容：一是国有自

然资源所有权，其在经济上的实现形式就是地租（它是利润的一部分，又是利润的一种转化的特殊形式）；二是非自然资源所有权（如劳动的产物或其价值形式），其在经济上的实现形式就是利润。再就非国营企业来看，国家除仍是政治权力的主体，要以税收的形式参与其收入分配之外，同时也是拥有国有自然资源所有权的主体，与国有企业一样，其经济上的实现形式也是地租。至于采用税租分离或采用税租合一为税，则取决于其他条件，但有一点是共同的，即国家的财产权力（自然资源所有权和非自然资源所有权）必然且必须在经济上得到实现。

问题在于，税利分流的功能目标，要求改变十年税制改革以来均存在的、把含有国有资源收益的实现利润总额作为课税对象这一关键性因素，剔除现行不同经济成分或同一经济成分企业应税所得额的构成差异，理论上才是透明的、同质的。

再次，从实践方面来看，既然理论上未能解决课税对象的透明性和同质性，那么，试点方案也就不能解决自利改税以来的税（租）利不分的弊端，即使企业税后留利中也含有部分国有资源收益，仍然不能正确评价企业的经济效益，妥善地解决客观资源条件造成的企业留利水平悬殊和苦乐不均的问题；仍然不能使企业一开始就处在平等的起跑线上合理竞争。相反，企业为了争取良好的竞争条件，必然追求对国有自然资源和非自然资源尽量占用，这不仅造成国有资源的大量浪费，而且争投资、争资源等现象也得不到有效制止，还会产生一系列连带的负面效应。

三、税利分流模式的分配顺序

税利分流模式是先税后利，还是先利后税？理论界对此仍有分歧。一种意见主张先税后利，即：缴纳所得税→税后还贷→上交利润→企业留利；另一种意见则认为应先利后税，即：上交利润→缴纳所得税→税后还贷→企业留利。按照前面的论述，企业所得税的课税对象应充分剔除国有资源收益，这是否也属于先利后税的税利分流模式呢？

按照税利分流的基本含义，其分配顺序应是先税后利，如前项扣除后无余额，则后项的分配将自然终止。因为从理论上来看，在全民所有制经济内部，国家集政治权力和财产权力于一身，但国家的这两种权力是有区别的、有层次的，国家的政治权力仍然是凌驾于国家的财力运转和社会的财产权力之上的；再从实践上来说，国家职能的实现，首先必须保证国家机器的运转和社会的发展，然后才是组织社会经济建设。

目前，试行税利分流的企业实现利润采用缴纳所得税→税后还贷→上交利润→企业留利的顺序，即先税后利。如何看待企业实现利润首先应剔除国有资源收益因素，其余额才是所得税的课税对象这一问题呢？我认为，这不是税利分流的分配顺序问题，而是实行税利分流涉及的计算问题。总之，税利分流模式的分配顺序应是先税后利。

四、规范企业所得税制的基本要素

按照税利分流功能目标的要求，要统一企业所得税制，应统一税种、税率和计税依据，等等。

（1）税种：必须改变目前按经济成分设置独立税种的做法，通过税利分流，使国营企业和其他各类企业，在公平税负、保护竞争和体现产业政策的基础上，统一税种、统一内资企业所得税、统一涉外企业所得税，在此基础上，统一整个企业所得税制。最终统一后的税种为企业所得税或法人所得税。同时，在整个税种的配置上，流转税等诸税种亦应配套地相应改革。

（2）税率：税率是税制的中心环节，它体现征税的深度，但是，反映企业税负水平的要素，还包括计税依据和减免税等。如果从企业承受的各种税负来看，所得税税率的确定，还要受到诸如流转税税率高低的影响。在企业税负水平一定的条件下，流转税率低，所得税率则高；反之，亦然。总之，企业所得税税率到底确定在什么样的水平，应充分考虑各种相关因素，在大量调研的基础上进行测算之后确定。应该说，统一后的企业所得税制之税率，现在还难确定，但从原则上来说，既然课税对象已经剔除国有资源收益因素，税率无疑比目前的35%要低，而且还应根据流转税税负等的变化情况，做出降低或提高的修正。

（3）计税依据：计税依据的规范和税前列支有着密切的联系。统一后的企业所得税制，要求计税依据在质上要统一，既不同于利改税的规定，也不同于目前税利分流的试点方案，而是在目前的试点方案的基础上，对企业实现利润减去有关规定扣除不缴纳所得税的扣除项目，其中包括充分剔除国有自然资源所有权和国有非自然资源所有权收益，其余额才是所得税的计税依据。

五、国有资源收益扣除的实践选择

（一）扣除的形式选择

首先，按照企业占用国有自然资源的状况和核定的比率，从实现利润中扣除地租（级差收益）。

其次，按照企业占用的国有资金数额和一定的占用费率，从实现利润中扣除应交国有资金占用费（实质即上交利润）。其计算公式为：

企业应交国有资金占用费＝企业国有资金年均占用额×地区（行业）年均占用费率

其中，地区（行业）年均占用费率，可参考银行利率确定。

最后，考虑到目前的资源税、土地使用税等对国有自然资源收益有所扣除但未达到较充分的程度，考虑到租税可以合一为税，所以，扣除地租的形式可沿用税收的形式，但扣除应比目前的范围有所拓展，以较充分地扣除为准则。至于国有资金占用费，不宜选用税收的形式，而应以上交利润的方式向国家缴纳。

（二）扣除的顺序选择

首先，对国有自然资源收益的扣除，应放在所得税前进行，这不仅适用于不同经济性质的各类企业，而且也只有这样，才能剔除国有自然资源条件对企业实现利润水平的客观影响。

其次，国有非自然资源所有权收益的扣除，仅适用于国营企业，从企业实现利润中首先剔除，并不意味着上交利润在所得税前进行。因为，首先剔除是为了净化计税依据，此其一；其二，首先剔除并非是准确的、完全的，只是相对的；其三，如果在所得税前缴纳国有资金占用费，虽可稳定国家财政收入，可起到抑制争投资、争项目，控制投资规模的功效，但是这就形成了国有资金收益的旱涝保收，既不能灵活调节企业的盈利，相对减轻企业的负担，更不能体现投资者和经营者共负盈亏和共担风险的原则；其四，在实际操作上，放在所得税后进行，可以国有资金占用费的数额为基础，参照地区、行业和企业的盈利水平、价格因素和产业政策等因素，配合所得税，相应做出降低或提高的调整，并以此作为企业税后承包的基数，从而使得上交利润成为一个有弹性的范畴；其五，放在所得税后进行，能充分体现国营企业拥有国有资金这一特殊性，并能和税后还贷配套进行，可以通过减少企业应上交利润额的办法，减少部分作为国有资金投入的增量，增强企业发展的后劲，还可根据国家政策，区别企业实际情况，在一定时间内，采取上交利润额适当的减、免、缓办法。

总之，税利分流是处理国家和企业分配关系的一种比较规范、比较理想的模式，它既是一个方向，又是一个过程，应围绕其功能目标，适时地对试点方案进行修正和纠偏，借以总结经验和妥善地处理实际问题，达到预定的目的和取得预期的效果。

（原文载《四川财政研究》1991 年第 2 期）

对全民所有制经济征税必然性的若干观点述评

王国清

在社会主义条件下，税收有其存在的必要，这似乎是已成定论的问题。但对全民所有制经济为什么要征收所得税，仍是一个涉及基础理论方面的难题，而现实经济生活又迫切要求我们对此做进一步的探讨，因为税利承包制要求我们在理论上解答税收有无存在的价值，"利税分流"及税收体制改革也迫切需要阐明税收有无存在的必要。利改税以前，理论界便开始对社会主义税收存在的必然性进行了广泛的讨论。利改税突破了传统的非税论，第一次把全民所有制企业纳入了所得税纳税人的行列。时至今日，对社会主义社会为什么还会有税收，特别是对全民所有制经济为什么要征收所得税，理论界众说纷纭，形成了以下几种主要的观点：

一、所有制决定论

这种观点认为，我国现阶段之所以存在税收，是因为社会主义初级阶段多种所有制经济并存，对于全民所有制以外的其他经济成分，国家不可能以生产资料所有者身份参与其收入的分配，只能通过税收集中它们的一部分收入。全民所有制经济要与其他经济成分发生经济交往，为了有利于全民所有制企业的经济核算，鼓励各种经济成分在平等的条件下公平竞争，对全民所有制经济也必须与非全民所有制经济一样，其生产经营收入和利润均应征收流转税和所得税。

这种观点仅就非全民所有制经济而言，是完全有道理的。但对全民所有制经济来说，这种观点尚缺乏深层次的阐释，说服力还不强。

因为从便于各种经济成分的经济交往和全民所有制经济核算角度上讲，至多只是流转税的问题，不能说明所得税对于全民所有制经济的必要性。同时，把对全民所有制经济征税的原因看成是由非全民所有制经济的存在决定的，仅从事物的外部去寻找根据，显然是不完备的。尽管外因是变化的重要条件，但决定事物变化的根本原因还是其内因。

二、经济条件决定论

这种观点认为，税收的产生和发展必须依附于一定的社会经济条件，只要这种经济条件存在，税收也就必然存在，社会主义税收也不例外，进而认为社会主义税收（含对全民所有制企业征税）和商品经济是同源的，全民所有制经济内部存在商品经济的根据同时也就是决定税收存在的内在根据。只要商品经济存在，税收也就必然存在。

这种观点从现实的经济条件来考察社会主义税收（包括对全民所有制经济征税）存在的内在原因，是完全必要的，也有较强的说服力。但是，这种观点排除了税收与国家的本质联系，因为没有国家就不会有税收，仅以全民所有制经济内部的商品经济关系来阐释对全民所有制经济征税的根本原因，其论证是欠充分的。如果把国家的存在作为既定的前提来论证税收与商品经济同源，这恰恰说明了税收与国家有着本质联系，但仅把国家的存在作为既定前提，尚未深入分析税收与国家的关系，显然又是不够的。

三、国家决定论

这种观点认为，税收是为国家实现其职能服务的，是国家存在的经济体现。国家的产生和存在，决定着税收的产生和存在，社会主义国家存在，税收必然也存在，对全民所有制经济征税也就顺理成章了。

这种观点抓住了税收与国家的本质联系，使得社会主义税收，包括对全民所有制经济征税的依据这一特殊寓于国家与税收具有本质联系这一一般之中。但是，这种观点尚须深化，因为一般是对特殊的共性概括，没有一般也就没有特殊，但一般毕竟不能代替特殊，没有特殊，一般也是空洞的，缺乏说服力的。社会主义国家的性质以及职能作用都是具体的，较其他社会制度的国家有自己的特殊性。在把握社会主义国家存在税收的原因时，既要看到一般，更重要的是还要分析特殊，在坚持一般的基础上阐发特殊，这才是辩证唯物主义的方法。总之，这种观点将一般简单套用于社会主义之特殊，缺乏从一般与特殊的统一来研究社会主义税收存在的原因，更缺乏对社会主义国家在现实经济条件下丰富内涵的分析，说服力还有待提高。

四、税收特征决定论

这种观点认为，税收的历史表明，税收长期存在的根本原因就是税收是凭借国家政治权力取得财政收入，具有强制性、无偿性和固定性的特征。社会主义税收的这三性特征所体现的阶级内容尽管有别于剥削阶级统治的国家税收，但仍未改变税收三性特征的一般属性。中华人民共和国成立40多年来，不同历史时期的税收工作实践也从正反两个方面证明了税收三性特征对保证国家职能顺利实现的重要意义。因此，税收所固有的特征是税收在社会主义社会得以存在的内在原因。与此相类似的观点还有税收作用决定论、收入可靠论等。

这种观点从税收与其他财政收入形式的区别着眼，有一定的道理，但它也未能阐明，甚至未能涉及社会主义存在税收（含对全民所有制经济征税）的本质原因。因为它除了包含前面几种观点的不足之处外，最明显的莫过于逻辑颠倒。应当是先有税收存在才谈得上税收的作用以及如何发挥税收的作用，而不是税收的作用决定了税收的存在。就全民所有制经济而言，上交利润这种形式也不是不可以事先以法律形式加以确定以增强其刚性。在这种情况下，税收是否还有存在的必要呢？这值得我们再思考。

五、综合决定论

这种观点认为，社会主义社会之所以存在税收，是国家的存在、多种所有制经济并存、客观经济条件（有计划商品经济）、国际经济交往诸多紧密联系的因素共同决定的。

这种观点能较好地克服上述几种观点的不足之处，有较强的说服力。但这种观点所罗列的诸因素间的内在联系尚不够清晰，以致看不出本质的和关键的因素，并且对全民所有制经济为什么要课征所得税的原因阐释尚欠充分性，似有进一步研究之必要。

简要地评析上述观点，找出其不足之处，又可以从中吸取其合理思想，对于我们进一步研究这一课题并提出相应的理论思路，是有裨益的。我们认为，解答这一难题的思路有两条：一是从多种客观因素来全面地、较充分地论证社会主义社会必然存在税收这一结果，其中，通过阐明国家与全民所有制经济关系的特殊性，解答对全民所有制经济征税的客观原因，对此，理论界已经并仍在进一步探讨；二是紧扣税收与国家的本质联系，抓住社会主义国家及其性质、职能的丰富内涵这一主要矛盾入手破题。

就后一思路而言，我们认为，社会主义国家及其性质、职能本身就是社会主义条件下多种经济条件、经济规律和社会发展的最充分体现，社会主义国家及其性质和职能本身就是多因一果现象。因此，紧扣社会主义国家这一特殊与一般相结合的丰富内涵，从一般与特殊的统一来探讨社会主义国家与税收的本质联系，进而揭示社会主义社会存在税收的必然性，以及阐发对全民所有制经济征税的原因，也不失为一条可行的思路。以此观之，问题的症结，不在于对非全民所有制经济征税原因的分析，恰恰在于对全民所有制经济征税的必然性之研究。我们认为，建立在生产资料公有制基础之上的社会主义国家，其政治权力及管辖范围客观上要求税收存在，其国家产权层次关系客观上要求税收存在，其国家职能的实现形式客观上要求税收存在。总之，只要社会主义国家作为主权者而与"直接生产者"（马克思语）相对立，无论这个"直接生产者"的经济性质如何，也无论这个"直接生产者"涉及的产权的具体存在形式如何，国家的政治权力必然且必须得到实现，其经济上的实现形式——税收的存在也就是势所必然的。这是破解这一理论难题的核心之所在。

（原文载《经济学动态》1992 年第 3 期）

对全民所有制企业征税的本质原因探微

王国清

社会主义社会为什么还会有税收？特别是对全民所有制经济为什么要征收所得税？这一问题在实行利改税改革时似乎已得到解决，然而，在当前诸如"税利统考""大包干上交"等种种改革思路纷纷出现并已付诸实施时，税收，至少全民所有制经济的税收几乎已成"空壳"的情况下，重新探讨这一问题，具有一定的现实意义。本文就这一问题阐明自己的观点。

一、社会主义国家政治权力及其管辖范围客观上要求税收存在

社会主义国家是建立在生产资料公有制基础之上的新型国家，它具有国家的一般性——作为主权者，凭借政治权力，以税收的形式参与包括全民所有制经济在内的各种经济成分的收入分配；它又具有国家的特殊性——作为生产资料所有者，凭借财产权力，以上交利润的形式参与全民所有制经济的利润分配。社会主义国家的双重身份，使之具有两种权力，而且，只要这两种权力存在，税收也就必然存在，即使在单一的全民所有制经济条件下，亦是如此。

（一）政治权力与财产权力的差别

马克思指出："在我们面前有两种权力：一种是财产权力，也就是所有者的权力；另一种是政治权力，即国家的权力。"可见，政治权力为国家所独有，即国家"作为主权者"的权力，它在经济上实现

自己的形式就是赋税。财产权力即所有者的权力，它在经济上实现自己的形式就是利润（生产资料所有权在经济上的实现形式）和工资（劳动力所有权在经济上的实现形式）。在主体不同一的条件下，政治权力和财产权力的差别是明显的，其表现为：政治权力是绝对的、至高无上的，即政治权力统治着财产权力。社会主义国家两种权力的存在是社会主义国家对各类经济性质不同的企业与个人进行征税的原因所在。就全民所有制经济而言，两种权力的主体都是国家，似乎"两种权力的差别"就显示不出来了。但国家的两种权力也是有区别、有层次的，国家的政治权力仍然是凌驾于国家的财产权力之上而处于首位的。只要国家作为主权者而与"直接生产者"相对立，无论这个"直接生产者"的经济性质如何，也无论这个"直接生产者"涉及的产权的具体存在形式如何，国家的政治权力必然且必须得到实现，对全民所有制经济课税是势所必然的。

（二）政治权力和财产权力的统一

既然两种权力及其经济上的实现形式是有差别的，那么两种权力的统一必然是有条件的。马克思在《资本论》中曾经说："如果不是私有土地的所有者，而像在亚洲那样，国家既作为土地所有者，同时又作为主权者而同直接生产者相对立，那么，地租和赋税就会合为一体，或者不如说，不会再有什么同这个地租形式不同的赋税。"根据马克思论述的基本原理，在全民所有制经济内部，社会主义国家集政治权力和财产权力于一身，在一定条件下，两种权力在经济上的实现形式可以合为一体。问题在于：税利合为一体后是税还是利？税利合一是全额合一还是部分合一？我认为，国家的政治权力高于一切，税利合一应是合一为税，至于是全额合一为税还是部分合一为税，这还要取决于更多的条件。例如，包含社会主义国家存在、只存在单一的全民所有制经济等在内的若干条件下，税利合一就可以是全额合一为税；包含社会主义国家存在、存在以公有制经济为主体的多种所有制经济并存与合理配置等在内的若干条件下，税利合一就只能是部分合一为税。因此，税利分流具有坚实的理论基础。

（三）政治权力的管辖范围

社会主义国家作为主权者行使政治权力有其特定的范围。课税权是国家主权的体现，它受制于国家政治权力所能达到的疆界内的全部空间和所认定的公民与居民。从涉外的角度来考察，如果国家无权对本国境内"三资"企业和个人以及来源于本国境内的收入征税，则意味着丧失了部分主权。所以，为了维护国家权益，在国际经济技术文化交往中，国家作为主权者必然在其管辖范围内行使权力，这正是国家政治权力至高无上的表现。从对内的角度来考察，国家对其政治权力管辖范围内所有公民与居民，即所有法人和自然人，都要行使管辖权。全民所有制经济单位是法人，国家凭借政治权力对其征税，这是不言而喻的。

二、社会主义国家所有权与经营权的存在形态客观上要求税收存在

从所有权、占有权、支配权、使用权这四权的关系来看，所有权和占有权、支配权、使用权（后三权一般被称为经营权）既可以统一，又可以适当分离。就全民所有制企业而言，其存在的形态主要有三种：

（1）直接统一形态。在高度集中的计划管理体制下，国家作为全民所有制企业生产资料所有者的代表，把全民所有制企业的所有权和经营权统一起来集于一身，由国家所有并直接经营。这在中华人民共和国成立初期和"一五"计划时期，是可行的，并取得了较好的成效。

（2）适当分离形态。在新旧体制转换和社会主义商品经济发展过程中，国家有必要将全民所有制企业生产资料所有权和经营权适当分开。同时，对全民所有制企业主要是宏观的间接调控，通过制定国家的经济与社会发展计划，为企业的生产经营创造良好的外部环境；主要运用各种经济杠杆，调节控制企业的行为；加强经济立法，运用法律手段保障和监督企业的生产经营活动等。因此两权适当分离在理论和实践上都是可行的。

（3）既统一又分离的层次形态。在两权分离的基础上，在国家——所有者这一宏观层次上，所有权和经营权是统一的；在企业——经营者这一微观层次上，所有权和经营权也是统一的。就宏观层次来看，国家不仅必须拥有所有权，而且必须拥有对社会生产资料的经营权，这种宏观层次上的统一，和前述的两权直接统一形态是有区别的。就微观层次而言，全民所有制企业不仅要有经营权，同时还内含有一定的所有权，国家以财政信用形式（如国库券、公债等）集中企业手中的一部分预算外资金，届时还本付息，这正是企业拥有一定的所有权的表现。

仅从所有权来考察，国家和全民所有制企业都拥有所有权，但所有权在这里有层次之分。因为对同一对象（如生产资料）可以同时有不同等级的所有者。国家对全民所有制企业的生产资料拥有始发性的、基础的、最高的所有权，国家是最高的所有者；企业则拥有派生的、表层性的、较低的所有权，即相对所有权，企业是相对所有者。在一定的条件下（最高的所有权以上交利润形式实现其经济利益），企业的相对所有权具有排他性，是一个有相对独立经济意义的概念。

在所有权和经营权直接统一形态中，表面上，作为财政收入的形式——所得税和上交利润，对于保证国家实现其职能需要，似乎没有必要分开，乃至于以利代税，但这并不能排除国家的政治权力从更高层次或更深层次要求税收存在客观性。1959年取消税收，实行税利合一为利的试点以失败告终；长期以来对全民所有制利润分配仅实行上交利润制度，以至于我们今天还在强咽税法不健全、所得税制软化的苦果，这都从另一个侧面告诉我们，缺位或淡化国家政治权力，忽视社会主义税收存在的客观必然性，是行不通的。

在所有权和经营权适当分离或既统一又分离的层次形态中，由于全民所有制企业作为相对独立的生产经营者，有其独立的经济利益，收益课税的客观依据更充分显现，更易于为人们所接受。一方面，国家作为与"直接生产者"相对立的主权者，其政治权力在经济上的实现形式是税收；另一方面，全民所有制企业经营国家资产，有自己独立的经济利益，这种区别于国家利益的、独立的企业利益，天然地成为所得税的课征对象，全民所有制企业自然成为完全意义上的纳税人；与此同时，社会主义国家作为最高层次的生产资料所有者，还必须以产权所有者的身份，凭借财产权力，以上交利润形式参与全民所有制企业利润分配，税利分流也就顺理成章。

三、建立在有计划商品经济基础上的国家职能客观上要求税收存在

社会主义国家职能及其经济职能的实现形式，客观上要求税收存在并充分地发挥其职能作用。马克思主义的国家理论认为，国家是阶级矛盾不可调和的产物，是阶级压迫的工具。显而易见，政治职能是国家最基本的职能。社会主义国家政治职能的充分行使，必须以最有效的财政收入手段——税收来保证。国家的经济职能实际上是国家代表社会行使对全社会（包括全民所有制经济）经济活动的组织、领导和管理权力。随着党和国家的工作重点转移到以经济建设为中心的社会主义现代化建设的轨道上来，国家的经济职能比过去任何时候都显得更重要。同时，我国实行的是有计划商品经济，其计划性与商品性既相适应又相矛盾，为了充分发挥价值规律的积极作用，克服其消极作用所产生的盲目性，这就客观上要求社会主义国家职能的实现，必须依靠经济手段、法律手段组织与管理经济活动，以国家计划为依据，经济、法律、行政手段综合配套地作为实现职能的工具，调节和控制经济的运行。税收是调节经济运行的重要经济杠杆，具有经济手段的属性；税务管理是国家行政管理的组成部分，依靠行政力量来推行，又具备行政手段的属性。在国家的宏观调控体系中，税收是集经济、法律、行政手段于一身的重要工具，具有其他调控工具不可替代的功能，是实现国家职能不可或缺的手段。

（原文载《四川财政研究》1992 年第 8 期）

对税收基础理论几个问题的再认识

王国清

一、税收概念：税收绝不只是收钱

什么是税收？税收就是收钱。这是普遍存在的一种简单的认识；推而论之，从部门的角度，税务部门是干什么的？当然是收税（或收钱）的；再推而论之，税收的功能是什么？当然也是收税（或筹集财政收入）。至于税收调节经济的功能等，是不存在的，至少部分同志感受不到。

再从税收理论的角度来看，对税收概念的表述概括，尽管要抽象一些、复杂一些、规范一些，但和上面的简单认识实际上也是一脉相承的。例如，"税收是国家以法律形式规定向居民、经济组织征收实物或货币"；"税收是国家为了实现其职能，按照法律规定的标准，强制地、无偿地取得财政收入的一种手段"；"税收就是国家凭借政治权力，用法律强制手段，对一部分社会产品进行分配，以无偿取得财政收入的一种形式"，等等。以上列举的学术理论界对税收概念不同的表述，大同小异；除此之外，有的则还强调，税收体现凭借政治权力参与国民收入分配和再分配所形成的特定分配关系。但无论怎样，对税收概念的认识均偏重于税收就是收税或收钱，这就难怪普通民众的一般认识了。

其实，把税收定义为收税，实在是太偏狭了，这不仅是一种自我束缚，就税收论税收，而且与现实经济情况不符。

我认为，税收是国家为了实现其职能，凭借政治权力，参与一部分社会产品或国民收入分配与再分配所进行的一系列经济活动。

对这一概念的理解，可概括为下面几点：

（1）税收的课税权主体是国家，具体包括各级政府及其财税部门。这里的各级政府包括中央政府和地方政府，政府又设置相应的专职机构，如目前的财政、海关、国家税务局、地方税务局系统等。

（2）税收活动的目的是实现国家的政治和经济职能。国家的职能可以有政治、经济、社会职能等多种概括，如果不细分的话，一般可概指政治职能和经济职能。诚然，国家是阶级矛盾不可调和的产物，但国家在执行其阶级的职能时，必须同时执行其社会的职能。新科技革命为执行社会的职能提供了相应的物质条件，使得税收运行还必须考虑提供公共福利和优化资源配置、公平收入分配、稳定经济并有适度的经济增长，而这些均属于社会的公共需要。所以，在实现国家的政治、经济职能过程中，是包括社会的公共需要的，只不过公共需要在不同的历史发展阶段的内容和范围有所差异，并反映着不同的生产关系。

（3）税收课征的依据是国家的政治权力，即国家作为主权者的权力。马克思指出："在我们面前有两种权力：一种是财产权力，也就是所有者的权力；另一种是政治权力，即国家的权力。"政治权力为国家所独有，其主体就是国家。国家政治权力的范围，从地域的角度来看，就是政治权力所能达到的全部空间，如领土、领空、领海；从人员的角度来看，就是该国所认定的公民或居民。政治权力在经济上的实现形式就是税收。

（4）税收课征的对象是一部分社会产品或国民收入。国家本身并不直接从事物质资料的生产，而要实现其职能，只有凭借手中的政治权力去占有一部分社会产品。从总体上来看，国家不可能占有全部社会产品，因为如果这样，企业单位和个人的物质资料的简单再生产和人的简单再生产就不能维持，更谈不上扩大再生产了。再从结构上来看，社会产品的价值由 c、v、m 所构成。c 补偿消耗掉的劳动对象和劳动手段，税收一般不参与其分配，只有在特殊情况下才调节分配一部分；v 的数量大小取决于社会生产力发展水平、劳动生产率高低，税收可以直接或间接来自 v，但其不可能成为税收的主要来源；m 是社会积累的唯一源泉，是税收的主要来源，借以满足社会的部分积累和社会消费的部分需要。在一般情况下税收不参与 c 的分配，税收就只参与一部分国民收入（主要是 m）的分配。

（5）税收参与的"分配和再分配"，这里的"分配"是指初次分配。如只讲"一部分社会产品或国民收入的分配"，则包括初次分配和再分配两部分内容。判定分配和再分配主要以是否在物质生产领域内分配为标志，并辅之以产权形态划分。

（6）税收是国家参与一部分社会产品或国民收入分配和再分配所进行的一系列经济活动，包括税收分配活动、税收调控活动、税收监督管理活动等。

二、"取之于民，用之于民"：税收本质的社会特征

社会主义税收"取之于民，用之于民"，大家都很熟悉，但是，对于如何理解社会主义税收"取之于民，用之于民"这一特征，还存在着不同的看法。有的同志认为，税收是用之于民的，所以要对民征税，把这一特征作为征税的依据；有的同志根据这一特征，推论出社会主义税收具有整体有偿性的特征；还有的同志认为，社会主义税收具有返还性而无无偿性，或者认为是无偿性与返还性相结合的。其实，上述这些看法均陷入了误区，其原因在于对社会主义税收"取之于民，用之于民"这一特征有误解。

（一）从税收现象入手考察税收的本质

1. 税收现象和税收本质的关系

现象是事物的表面特征以及这些特征之间的外部联系；本质则是事物的根本性质，是组成事物各基本要素的内部联系，或客观事物本身所固有的规定性。任何事物都是现象和本质的有机统一，税收现象和税收本质也不例外。那种把税收现象和税收本质绝对对立起来，或者把税收现象和税收本质相混同的观点，都是错误的。其原因就在于，税收本质是税收事物本身所固有的规定性，税收现象是税收这一事物的外部象征。例如，各个税收种类及其实物形式或价值形式，税收要

素构成中的纳税人、课税对象、税率、纳税期限、违章处理等，就是税收事物的现象形态，而这些现象形态的内部联系或其本身所固有的规定性，即本质，就是以国家为主体的分配关系。所以我们不能离开税收现象去认识税收的本质，不能停留在对税收现象的认识上，要继续研究新的税收现象，使认识不断扩展和深入，从而更深刻地把握税收的本质。

2."取之于民，用之于民"体现的是本质的社会特征

税收的本质就是以国家为主体的分配关系，这无论是对资本主义税收，还是对社会主义税收，都是适用的。体现税收本质的一般（共性）特征就是税收的强制性、无偿性和固定性特征，而"取之于民，用之于民"则是对社会主义税收本质的社会特征的概括。

显而易见，把"取之于民，用之于民"作为税收的依据是欠妥的，尽管它和征税的依据有一定的联系。如果说它是社会主义条件下征税的依据，那么在资本主义条件下征税的依据又应如何概括呢？我们认为，说到征税依据，它至少涉及：为什么要征税（目标）、凭什么征税（依据）、对什么征税（对象，含对哪些人及什么东西）。

（二）应把握税收本质特征的两个层次

在前面的描述中，我们已经能够窥视到税收本质的共性特征和社会特征的差异，这里再做进一步的分析。

自然科学所研究的对象，其物质形态、结构、运动规律，其本身是不具有社会属性的。这种不具有社会属性的客观事物，例如高新技术及其产品，说到其本质，即只有此一事物与其他事物的质的差异或同一事物的质的共性，不存在同一事物在不同社会条件下的质的差异。

社会科学所研究的对象，例如税收，其本身是具有社会属性的，是自然属性和社会属性的统一。

就税收的自然属性这一层次来看，说到税收本质，就是指税收与支出、信用、价格、工资、财务，以及国有资产收益、政府收费、债务收入的质的差异，或者指税收在同一社会或不同社会的共性。税收的这种"差异"和"共性"的体现，就是税收的（共性）特征：强制性、无偿性和固定性。它既决定了税收和上述范畴的区别，即"异名

异质"，又表明了社会主义税收和资本主义税收"同名同质"，具有质的共性。

就税收的社会属性这一层次来看，除了税收的共性特征之外，作为具有社会属性的税收，还具有税收的社会（制度）特征，即在不同性质的社会中，税收还有着特殊的差异，社会主义税收和资本主义税收就有着本质的区别。社会主义税收建立在以公有制经济为主体的多种所有制经济并存和共同发展，建立在社会主义国家的基础之上，是为了实现国家的政治、经济职能；社会主义税收体现着国家、集体和个人之间在根本利益一致基础上的整体与局部、长远与眼前利益的关系，则用"取之于民，用之于民"这一体现本质的社会特征来概括。反观资本主义税收本质的社会特征，则用"取之于民，用之于己"来描述，"民"与"己"仅一字之差，便反映了社会主义税收和资本主义税收在社会属性方面的本质区别，反映着不同的分配关系。

至于从"取之于民，用之于民"推论出的返还性和有偿性等观点看法，核心之点在于对有偿和无偿的理解。有偿和无偿是与一定的当事者和特定活动、行为或事件相联系的。有偿性体现的是一种直接的、一一对应的关系和至少是等量的关系，例如国家以债务人的身份向银行、企业单位、居民个人等发行公债，届时向这些债权人还本付息，这就是有偿性，而税收却不具有此有偿性。

三、税法：评判消费者是不是纳税人的标准

（一）消费者是不是纳税人应以税法为准

纳税人是税法规定的直接负有纳税义务的单位和个人，这里的单位和个人，用法律用语来表述，即是法人和自然人。有关报刊引用专家的话说："纳税人并不只是履行法定义务直接向税务机关缴纳税款的法人和自然人，我们国家最广大的工人、农民、知识分子、干部和解放军指战员，正是我们最广大的纳税人。我们只要购买商品或服务，在价格中就会包含一定的税款，它可能是增值税，可能是营业税，也可能是消费税。这些税款都是生产或服务企业直接向国家缴纳，但真

正的负担者却是广大的消费者。流转税占我国税收总收入的比重达60%以上，所以说广大消费者是我国最主要的纳税人。"这里有三个问题需要弄清楚。

首先，单位和个人是否成为纳税人，应当遵循"税法规定的"，如果税法没有规定，则这些单位和个人就不成为纳税人。单位和个人是否成为纳税人，还应当遵循"直接负有纳税义务"，也就是说，间接负有纳税义务的单位和个人，也不成为纳税人。所以，该文所说的"纳税人并不只是履行法定义务直接向税务机关缴纳税款的法人和自然人"，是不符合税法的规定的。

其次，无论是增值税、营业税，还是消费税，我国现行税法都明确规定：在我国境内销售货物或提供加工、修理、修配劳务及进口货物的单位和个人为增值税的纳税人；在我国境内提供劳务、转让无形资产或者销售不动产的单位和个人，为营业税的纳税人；凡是在我国境内生产和进口规定的消费品，以及加工应税消费品的单位和个人，包括各级行政、事业、军事单位、社会团体和各类企业等，都是消费税的纳税人。所以，按现行增值税、营业税和消费税税法的规定，广大消费者都不是纳税人，除非税法作相应的调整。

最后，纳税人和负税人是有区别的。前已述及什么是纳税人，而负税人是实际负担税款的单位和个人。在税法上，只能确认纳税人，而不会也不能规定负税人。应该说，在进行经济分析的时候，引入负税人概念是必要的。在价值和价格一致时，税金是价格（成本+税金+利润）的一个部分，当然也是价值的一个部分，而且在量上是一致的。这时，纳税人和负税人是一致的。在价格高于价值时，价格中所包括的税金就分为两个部分：一个部分是该商品价值的一个部分，另一个部分是该商品价格高于其价值的差额。就税金而言，前一个部分是在商品出售时实现的，后一个部分是在商品出售时通过对购买者收入的扣除实现的，这并不违背劳动价值论，而恰恰是价值规律的一种表现形式，这一部分税金不是该商品价值的一部分，但它是其他社会商品价值的一部分。在价格高于价值的条件下，纳税人和负税人是分离的。所以，把负税人等同于纳税人也是不正确的。

（二）消费者的购买行为在税金实现中的作用

我们虽然认为消费者不是纳税人，但并不否定消费者的购买行为在税金实现中的重要作用。税金的实现包括在整个价格的实现中，而价格实现的另一面，就是商品的实现。如果商品不能销售出去，那么包含在商品之中的成本、税金、利润也不能实现，成本费用不能补偿，利润不能实现，当然也无税收可言。正是在这个意义上，消费者的购买行为意义非凡，因为商品到货币的转化或者说售卖，是"商品的惊险的跳跃"（马克思语）。如果这个"跳跃"不能实现，商品所有者是会受到打击的。这一"跳跃"的致命性，在经济疲软时期表现得最为明显。消费者的购买行为恰巧能帮助实现这个"跳跃"，包含在商品中的税金自然也能顺利实现，但不能置税法于不顾，将消费者称为纳税人。消费者是不是纳税人，只能以税法为准。

四、税收意识：仅有纳税意识是不够的

在多年的税收理论研究和税收实际工作中，"提高或增强公民的纳税意识""依法纳税光荣""向纳税人致敬"等字句、口号、标语等随处可见，不绝于耳。问题在于，仅仅提高或增强纳税意识是不够的，还应该提高或增强包括纳税意识、征税意识、用税意识、创税意识等在内的整个税收意识。

（一）纳税意识的主体

应该说，前述字句、口号、标语是正确的，没错！因为根据我国宪法的规定，公民有依法纳税的义务，纳税意识的高低是评价社会文明程度的一个标志；纳税人依照税法的规定，及时、足额地缴纳税款，对这一行为做一个价值评判，称之为"光荣"，进而向其表达敬意，致以敬礼，亦是无可非议的。

纳税意识的主体绝不限于纳税人。在避免对公民直接课税的条件下，我国的一些公民可能一辈子也不够纳税人资格，当然就不可能"光荣"；依照税法的规定，代扣代缴税款的单位和个人——扣缴人，

要及时、足额地履行扣缴义务。因此，仅向纳税人而不同时向扣缴人"致敬"显然也是不够的。

再从税制的设计和规范来看，它涉及征纳双方的观念和行为，直接牵连到征税意识和纳税意识，忽略征税意识是片面的，把纳税意识囿于纳税人也是有偏颇的。按照流转税的特性，一般应以应税产品的销售收入为计税依据，以销售者为纳税人，但在有的情况下，如对应税农、林、牧、水产品征税，应税产品交售给国有、集体收购单位的，在征收原产品税的条件下，对纳税人的设计有三种情况可供选择：第一，谁销售，谁就作为纳税人，并以销售收入金额为计税依据；第二，以国有、集体单位作为纳税人，以购进应税农副产品所支付的金额（与销售者销售应税农副产品的销售收入金额在数量上一致）为计税依据；第三，以销售者为纳税人，以销售收入金额为计税依据，以收购单位为扣缴人。在这三个可选方案中，第一个方案符合流转税的特性规范，但不利于控制税源，征纳手续烦琐，也不利于保证国家财政收入；第二个方案有利于控制税源，简化征纳手续，保证国家财政收入；第三个方案符合流转税特性这一规范，又有利于从源头控制征税，简化征纳手续，保证财政收入，还可增强纳税人的权利和义务，强化纳税人对扣缴人的监督。尽管当时的税法规定倾向于第二种方案，但根据我们上述的分析，在第一种和第二种方案中，纳税人是迥然不同的，如果说在第一种方案中，销售者作为纳税人并依法纳税是"光荣"的，应当而且可以向他们"致敬"，那么到了第二种方案中，"光荣"和"致敬"的对象则变成了收购单位这一纳税人，但销售者与税收就无缘了吗？在第三种方案中，销售者作为纳税人是"光荣"和"致敬"的对象，但"光荣"和"致敬"不应该包括收购单位这一扣缴人吗？总之，纳税意识的主体绝不限于纳税人，仅向纳税人"致敬"是不够的。

（二）税收意识是一个有机的整体

税收制度直接规范和涉及征税意识和纳税意识，但我们的视野应该在更宽广的范围内推进，从整个社会经济系统的角度分析和把握，强化整个税收意识，因为税收意识是纳税意识、征税意识、用税意识、创税意识等的有机统一体。

税收意识是人们对税收的基本看法和态度，亦即人们在国家税收所进行的一系列经济活动中所形成的思维模式、行为规范和价值导向。它不仅直接包括与税收制度相联系的纳税意识和征税意识，而且包括与整个税收活动相联系的用税意识和创税意识。

纳税意识是人们在缴纳税款过程中的思维模式、行为规范和价值导向，其核心是依法纳税。它既涉及纳税人，也关联到扣缴人，实则可辐射到法律所认定的公民和居民。

征税意识是人们在征收税款过程中的思维模式、行为规范和价值导向，其核心是依法征税，辐射到国家利益和税收法制、执法无私、独立执法、优化服务、带好队伍等。它既涉及国税、地税、财政、海关等部门及其工作人员，也关联到各级政府。

用税意识是人们在使用或享用税款的过程中的思维模式、行为规范和价值导向，其核心是法制、效率、公平、透明。它既涉及财政部门及其工作人员，又关联到税收用途的单位和个人，还涵盖直接或间接享受税收带来利益的所有单位和个人。

创税意识是人们在创造税收的价值实体（劳动者抽象劳动的凝结物即价值，而价值分割出一部分为税收，归国家所有）过程中的思维模式、行为规范和价值导向，其核心是税收的最终来源，辐射到税收的价值运动过程，即创造→缴纳→征收→使用→享用等一系列环节。创税意识关联到劳动者自身，劳动者理所当然有权关注、维护、监督税收活动的全过程。

就税收意识本身来说，我们前面所描述的是规范的、健康向上的税收意识，即"好"意识，但税收意识中也有不规范、不健康的税收意识，即"坏"意识，例如征税中的"收人情税"、应收不收等；纳税中的偷逃税、"查出了是你（国家）的，没有查出是我（小团体或个人）的"等；用税中的"不用白不用，不花白不花"等；创造税收的经济主体（创税人）认为税收与己无关，只与纳税人相关等，就是这种税收意识的表现。我们应该灌输、培养和强化税收意识中"好"的部分，反对和防止"坏"的部分，提高税收意识的健康水准，建立适合于社会主义市场经济发展的、统一的、健康的税收意识模式。

　　总之，税收意识是一个有机的统一体，只讲纳税意识是不够的。税收意识包括征税意识、纳税意识、用税意识和创税意识，它们之间是相互牵制的。只有提高和强化整个税收意识，才能切实使征税人、纳税人、扣税人、用税人、创税人，亦即切实使政府、企业单位和个人，以及社会各界关心税收、爱护税收、监督税收。税收意识无处不在、无时不有，离我们每一个人并不遥远。

　　　　　　　　　　　　　　　（原文载《经济学家》2000 年第 6 期）

入世与西部大开发的税制调整

王国清

　　入世对中国是一次严峻的挑战。世界贸易组织（WTO）主张自由贸易，要求各成员保证资源的自由流动，从而形成了一系列基本法律规则，如无歧视待遇原则、最惠国待遇原则、国民待遇原则、互惠原则、透明度原则及关税减让原则等。其中，国民待遇原则、透明度原则及关税减让原则对我国经济的影响尤为重大。因此我国既要建立符合 WTO 规则的一系列贸易制度，推动我国对外贸易的迅速发展，又要建立与产业政策相匹配的税收制度及政策体系，保护并推动我国各产业的稳定健康发展，还要在西部大开发中遵循入世的规范对税收政策做适度调整。

一、入世对涉外税收制度的影响

　　目前我国的涉外税收制度特别是关税制度既不能适应 WTO 贸易规则的公平、无差别待遇要求，又不能有效保护国内幼稚产业，必须进行相应的改革。因此入世后我国必须按照 WTO 的基本原则重构关税制度，大幅度削减关税及非关税壁垒，降低算术平均税率。

　　第一，我国必须按照国际惯例建立我国的关税税则。保证关税制度的国际可比较性和可交流性；大幅度削减关税及非关税壁垒，实现商品、生产要素及服务的国际自由流动，避免不必要的贸易争端；降低我国关税税率，在考虑我国经济发展承受能力的条件下，达到发展中国家水平。我国的关税经多次调整已平均下降到 17%，但仍高于其他发展中国家的 13% ~ 15%，远远高于发达国家的 3.5%。

第二，建立与我国经济发展态势相一致的关税和非关税保护体系。综观各国的贸易政策，先后经历了自由贸易、保护贸易、超保护贸易、管理贸易及新贸易保护主义政策。GATT（关税与贸易总协定）组织成立以后，各国在多边贸易谈判中不断削减关税，倡导贸易自由化，降低国际贸易保护程度。但是在国家主义仍然是处理国际事务的主导性原则的条件下，各国总是不断谋求本国的经济利益，保证其在国际政治经济竞争中处于优势地位。从博弈论的观点来看，无论对方国家采取自由贸易还是保护贸易政策，贸易保护总是本国的占优策略。但要注意的是，在新的政治经济形势下，贸易保护的方法和措施都有了很大的改变。

第三，清理复杂的关税及其他涉外税收优惠措施，按照有效保护理论建立我国的关税税率结构。长期以来，我国实行较高的名义关税税率，但是对我国产业的保护程度并不理想。我国 1986 年、1991 年和 1995 年关税税率实际征收率分别为 10.1%、6.2%、2.7%，占当年名义税率的 23%、12.5%、7.5%。这主要是由于我国存在非常复杂且无效的关税优惠措施，不仅使我国每年都要损失大笔关税收入，而且大大降低了我国关税的保护程度。因此我国要借入世之机，认真清理不必要的关税及其他优惠措施，做到降低名义税率，满足贸易规则之要求，又使实际税率具有一定的稳定性，保证关税收入的增长及贸易和产业保护的有效性。同时，我国应当按照有效保护理论来规划我国的关税税率结构，建立紧急关税制度、关税配额制度、混合关税制度及再出口减免制度等特殊关税制度，满足我国产业及贸易保护的要求并推动出口贸易的顺利发展。

二、入世对国内税收制度的影响

我国对各国的商品及生产要素的进口仍然实行区别对待，给予国外法人及自然人的国民待遇也不完全，而税收制度及其实施办法的经常性变更使税收制度的透明度非常低下，因此世界贸易组织所要求的无歧视待遇原则、国民待遇原则及透明度原则对我国税制的影响非常大。总的来说，我国国内税收制度的公平性或中性程度不够，税收优惠比较混乱，税收管理水平也较低。从近期来看，我国应按照世界贸易组织有关规则改造我国的国内税收制度并调整税收政策，既保证贸易自由化，又切实加强国内产业保护，促进出口贸易，推动国民经济稳定发展。

（1）尽快统一内、外资企业所得税，统一税率及税前列支标准，给予各方合理有效的无差别待遇及国民待遇，保证国外投资者的合法投资利益，同时要实现内、外资企业间接税及其他税种的统一。虽然增值税及消费税等间接税名义上适用于内、外资企业，但是对外资企业的超负返还政策实际上使二者处于不平等的竞争地位上。在房产税及车船使用税方面也有类似的情形。

（2）规范我国的税收优惠政策，不仅要统一对外税收优惠政策，而且要统一内、外资企业的税收优惠政策及措施。一国实施无差别待遇及国民待遇并不反对合理有效的税收优惠政策。多年来我国一直不分投资领域、经营类型都给予大体一致的减免期限及减免额度；另外，各地区吸引外资的竞争又进一步使税收优惠复杂化，从而使我国税收优惠层次多、方法单一且呈无序化发展状态。我国急需按照产业政策及区域发展政策调整税收优惠政策，鼓励外资向基础设施、原材料、能源、高新技术及农业等方面投资，并带动国内资金的合理配置。基于产业政策而给予的税收优惠，也应同样提供给国内企业。

（3）进一步提高出口退税率，加大出口退税力度，扩大出口贸易，保证我国经常项目的国际收支平衡。当前受到中央财务的影响，我国出口商品不能做到征多少退多少，影响了我国商品在国际市场上的竞争力；在退税限额较小的条件下，对内、外资企业的出口退税实行区别对待，进一步恶化了企业的平等竞争环境。入世以后，短期内进口关税将大幅度降低，进口贸易额会迅速增加，可能会影响我国的国际收支平衡，这就要求我们不断扩大出口以弥补收支缺口。因此，我国必须实行零税率出口，增强商品的国际竞争能力，保证内、外资企业的平等待遇，促进出口贸易，平衡国际收支。

（4）加快增值税由生产型转向消费型的改革。可首先选择高科技产业等进行试点，而后再行全面推广；规范农村税费征收，减轻农民负担；适时开征遗产税和社会保障税，适应加入 WTO 后的产业政策要求和避免可能的失业、农业收入降低等负面影响。

（5）改革税收征管制度，建立一支高素质的税收管理队伍。首先要改革涉外税收管理制度特别是关税征收管理体制，建立海关征税与退税相协调的协作体系，堵塞走私等偷漏税及避税漏洞，全面高质量地实现关税等涉外税收管理、海关执法及进出境监管和服务各项职能。其次要改革国内税收征管制度，构建以"金税工程"为主的先进征管手段体系，提高税收征管效率。最后要不断提高税收征管人员的素质。加入 WTO 以后，我国的对外经济依赖程度会进一步提高，国际经济交往更加频繁，国家间税收关系更加复杂，这就要求我国培养一批熟悉国际税收惯例，通晓国际避税及反避税业务，能够正确处理国际税收关系的高素质征管队伍。

三、西部大开发过程中的税收政策调整

（1）西部大开发的系统性。西部大开发是中央制定的战略决策，需要妥善处理东部与西部、外资与内资、资金与人才、需求与供给、基础设施与生态环保、产业结构调整与升级、科技与教育等关系。这就要求政府与市场在立法上和众多支撑的手段上形成合力，而税收是不可或缺的，也就要求税收政策及制度作相应的调整。

（2）西部大开发的过程性。西部大开发是一个过程，不是一哄而起，也不能一蹴而就，具有明显的阶段发展过程。这就决定了税收政策的调整具有渐进性，从中期角度考察，甚至可以试行东、中、西部有差别的分税制及相应的税收制度。

（3）税收政策调整的取向。该征的税征上来，该减的税减下去。一是加强税收的征管力度，强化税源管理，引进高科技手段和现代化征收工具，逐步建立现代化税收征管运作机构。二是全面推动增值税防伪税控系统，强化个人所得税的征管力度，推行储蓄存款实名制等。三是提高税收的"软件"或"软环境"质量，切实提高税务人员的思

想观念素质、政治业务素质、文明服务素质，信守承诺，杜绝"关门打狗"之类现象的发生。四是坚决贯彻实施已调整的税收政策：①提高出口退税率；②恢复征收利息税；③停征固定资产投资调节税；④减免房地产的营业税、契税、土地增值税；⑤涉外企业减按15%征收所得税；⑥技改项目的国产设备投资按40%的比例抵免企业所得税等，鼓励投资、消费和出口。

（原文载《四川财政》2001年第1期）

对几个税收基本范畴的规范分析

王国清

税收基本理论和基础知识是有其独特的语言特色的，正因为如此，学习并准确掌握税收基本范畴，对于我们制定、理解和执行税收政策法规，甚至发现问题并提出改进意见，有着非常重要的基础性作用。鉴于理论界、实务界对诸多税收基本范畴的认识尚不尽统一，本文拟选取其中的几个进行辨析，并提出自己的看法。

一、税收与政府收费有别

社会各界关注的燃油税将在适当的时候开征，它是由道路收费等改革而来的；从宏观上来看，我国税收占 GDP 的比重为 12% ~ 13%，在世界上也算是低的，但企业老喊税收负担重，究其原因，是企业总体负担（税+费）重，所以政府近年来削减和取消了不少的收费项目；在农贸市场上，有一些人往往把工商行政管理部门收取的市场管理费也称作税收，等等。其实，税收和政府收费是有区别的。在这里，首先从理论上规范税收与政府收费的区别，再以此来审视"清费立税"的改革思路。

（一）政府收费及其内容

说到政府收费，从广义的角度讲，包括行政性收费、事业性收费和经营性收费。经营性收费是一种市场行为；事业性收费在市场经济条件下与严格意义上的政府收费将逐渐脱钩，所以狭义的政府收费主要是指行政性收费。行政性收费是指政府机关或国家授权行使行政管理职能的单位，为加强社会、经济、技术和自然资源管理，对特定的单位和个人提供特定的服务，或授予国家资源和特别许可的使用权而收取的代价。所以，规范化的政府行政性收费主要包括规费和特许权使用费，其内容可以分为：

（1）证照性收费。这是国家行政机关依据法律、法规，批准颁发有关证照时的收费。例如，身份证费、结婚证费、护照费、营业执照费等。

（2）管理性收费。这是国家行政机关和行使行政管理职能的单位，在对特定对象实施社会、经济、技术等监督、协调、指导的活动过程中，向受益单位和个人收取的费用。例如，集贸市场管理费、商标登记费、商品检验费、度量衡鉴定费、诉讼费和非诉讼费等。

（3）资源性收费。这是政府转让国有自然资源（如土地、森林、草原、矿藏等）的使用权或开采权，向受益对象收取的费用。例如，土地使用费、矿山管理费等。

（4）专项性收费。这是政府为兴办某种事业向社会或特定受益对象收取的费用。例如，公路养路费、机场建设费等。

（5）惩罚性收费。这是行政机关对相关当事人违章违纪行为采取惩罚措施而收取的费用。例如，排污费、交通违章罚款等。

（二）税收与政府收费不尽相同

税收和政府收费都是政府收入的形式，它们的区别在于：

（1）二者在财政收入中的地位不尽相同。税收在财政收入中占有优先的、绝对的地位；政府收费在财政收入中只能占次要地位，因为规范化的政府收费在数额上是相对不大的。

（2）二者的征收依据不尽相同。税收是凭借国家的政治权力，即税收管辖权而课征的；政府收费是依据特定的行政管理权力而收取的。

（3）二者的特征不尽相同。税收和政府收费都带有一定的强制性，但税收是一种无偿的强制课征，课税权主体和纳税人之间没有直接的、一一对应的或至少是等量的偿还性；政府收费则有一定的直接偿还性，有其特定的服务对象、管理对象或特别许可的对象，虽然这种偿还性表现在收费与服务、管理或特许权在价值上可能不相等。

（4）二者涉及的征收对象范围广狭程度不尽相同。税收是对税法规定的企业、单位和居民个人，凡合乎纳税条件的，都须征税，征收范围相对具有普遍性；政府收费一般只对特定的受益对象或被管理者收取。

（三）"清费立税"的改革思路

既然税收与政府收费有联系，也有区别，那么，针对现实生活中的政府收费和税费不分、费大于税的现状，把握"清费立税"的改革思路，就显得很有必要。前几年政府收费的力度之大，政府收费项目之多，政府收费的额度之高，应该说是非常惊人的。从收费的主体来看，公安、工商、城建、交通、土地、教育、卫生、计量、环卫以及企业主管部门等都在收费，形成了政府分配多元化的状况；从具体收费项目来看，多达上千种；从收费的数量来看，1997 年至少也有4 000 多亿元，在不少地方已出现收费收入与税收收入并驾齐驱的态势。所以，在市场经济条件下，政府行为要规范，税收要规范，政府收费要规范，"清费立税"改革是一个必然的趋势。

"清费立税"可以达到一石几鸟的效果：一是可以规范政府行为，二是可以减轻企业和个人的负担，三是可以防止税收的流失并增加税收。对乱收费要取缔或禁止，对该收的费也应进行规范而保留，各级政府近年来已经取消了若干收费项目或降低了收费标准。还有一部分收费实际上具有税收性质且适宜于税务部门征收管理，在条件成熟时，应纳入税收这一规范化的轨道上来。一是增设征税项目，扩大税基，如对类似于文化事业建设费之类的收费，可以在营业税等税种中增加税目；二是将部分收费改为新的税种，如改养路费等为燃油税，改排污费等为环境保护税等，借以做到更加规范化的管理。

二、税率不是决定税负水平的唯一因素

税率是应纳税额与根据课税对象所推定的计税依据之间的比例，是计算应纳税额和税收负担的尺度，体现征税的深度，是税收制度的中心环节。税率又可称为税收负担率，是一种相对负担水平，而税额大小则可理解为绝对负担或绝对负担水平。一般来说，在其他条件不

变的情况下，税率调高，不仅绝对负担水平提高，而且相对负担水平也提高；反之，则相反。但在现实生活中，税率调高意味着相对税负水平提高，这是否必然导致绝对税负水平提高呢？这需要结合上述"其他条件"加以分析，切不可简单地望"率"生义。

（一）必须结合计税依据和税率考察税负水平

作为相对税负水平的税率，这里的"相对"是指计税依据，在其他条件不变的前提下，计税依据的大小，不仅影响相对税负水平的变化，而且影响绝对税负水平的变化。如果计税依据不变或增大，税率调高，则意味着相对税负水平和绝对税负水平的提高。如金融业营业税税率由5%调到8%，不仅相对税负水平提高，而且绝对税负水平也提高了。

如果计税依据变小，税率相应调高或超常调高，意味着相对税负水平提高，但绝对税负水平可以不变或提高。例如，1994年以前的流转税的负担水平为14.5%，其"相对"的计税依据是含税价格即生产成本+销售税金+销售利润，其中销售税金＝含税价格×税率，而税率＝税金/销售价格；1994年以后的增值税的一般负担水平为17%，其"相对"的计税依据是不含税价格即生产成本+销售利润，其中税金＝（生产成本+销售利润）×税率，税率＝税金/不含税价格，这里的不含税价格则为生产成本和销售利润。按照1994年新税制改革的内容来看，流转税改革要求体现公平、中性、透明、普遍的原则，总体税收负担基本保持原有水平，这里的税负水平显然是指绝对负担水平即税金额度不变，但计税依据由大变小，税率则由低（14.5%）变高（17%）。所以，在计税依据变小的情况下，相对税负水平尽管变高了，但绝对税负水平（税金额度）可以不变。也可以说在这种情况下，税率即相对税负水平调高了，但绝对税负水平可以不变，当然也就说不上税负加重了。除非税率超常提高至前述例子中的17%以上，才会出现相对税负水平和绝对税负水平均提高的情况。

（二）必须结合减免税考察税负水平

由于减税是对应缴税款的部分免除，免税是对应缴税款的全部免除，所以减免税体现和调整实际征税的深度，是对实际的相对税收负担水平和绝对税收负担水平的第二次调节。如果说税率是体现征税深度的首要因素，在体现征税深度的功能层次上是居于首位的，那么，减免税则是在此基础上的再调整，在体现征税深度的功能层次上是居于第二位的，二者在调节税收负担水平方面具有层次性和递进性。

从税额减免来看，其导致实际的绝对负担量占整个计税依据总额的比重降低或解除，这无异于计税依据的缩小或消失；从税基减免来看，由于其本身就是直接从课税对象乃至计税依据总额中预先扣除一部分或全部，更是会明显地缩小或消除课税对象乃至计税依据的数额。

总之，减免税不仅影响实际的相对税负水平，而且影响绝对税负水平。即使在税率调高的情况下，只要减免税存在，实际的相对税负水平就可能出现或略高于、或持平、或略低于，或甚至解除原来的相对税负水平和绝对税负水平。因此，不能一见到税率调高，不做具体分析，就笼统地认为税收负担会加重。

三、非法行为不因征税而合法

经营、行为方面的"合法"和税收方面的"合法"不是一回事，既不能以"经营、行为合法"推论其缴纳税款必然"合于税法"，也不能以征税与否来反证其"经营、行为合法"。

（一）"合法"的含义及其辨析

我们对"合法"二字的理解：一是经营、行为的"合法"，是由除税法之外的多种法律、法规来界定的，即"合于××法"；二是税收上的"合法"，由税收法律、法规来明确，即"合于税法"。显然，二者并不是一回事。而且，"合法"还受到时间和空间的制约。过去允许经营旧服装（含洋旧服装），到了现在，旧服装因易携带病毒、细菌，有害人体健康，国家有关部门早就明令禁止经营，媒体经常报道打击经营进口"洋服装垃圾"的事件，对这些违法事件，除禁止经营之外，还处以罚款和没收，无须再另行征税。至于税收方面的"合于税法"，也随着税法的调整而改变。再就空间而言，赌博、嫖娼等社会丑恶现象，在我国明令禁止，通过取缔、打击等强硬手段来干预；但在许多西方国家和地区，赌城、红灯区是合法的，如美国、澳大利亚等，按其税法规定，要征收博彩税等相应的税收。

（二）不能以征税与否反证"经营、行为合法"

对业已确定的非法或不合法经济行为，该不该征税呢？如假冒伪劣、走私贩私等。毋庸置疑，公安、海关、工商等部门，对这些违法、非法行为应依照相关法律、法规进行处置，如取缔、罚款、没收、处以刑律等，在这种情况下，是无须再课以税收的。

世间的事物是复杂的，如有人打着合法经营的幌子，实则干着假冒伪劣、走私贩私的勾当，在确定其违法并予以打击、取缔之前，只能按税法规定予以征税，因为征税遵循"合于税法"，至于"经营是否合法"则由除税法之外的其他法律、法规来界定，不能以征税与否来反证其"经营合法"。

以假冒伪劣商品为例，假冒伪劣商品不仅在一些集贸市场和商店中畅行无阻，在某些大中型商业企业中也时常出现。对假冒伪劣商品，消费者很难凭经验或常识判断，如若挂着合法经营的牌子，税务机关依税法之规定对其征税，事实上和事发后，其假冒伪劣性质都不因曾经征税而改变。

许多西方国家，如德国、美国、澳大利亚等，对此在税法上做了有关的规定。德国《税收通则法》第四十条明确规定："满足全部课税要素或部分课税要素的行为，不因违反法律上的命令或禁止性规定，或者是违反善良风俗的情况而妨碍对其征税。"

总之，非法行为不因征税而合法（经营、行为合于相关法律、法规），因为征税要合法（"合于税法"）。无论从理论上和实践方面的要求来看，在税收征管法内明确这一相关条款，是值得思考和研究的。

四、起征点和免征额不能混淆

报纸、杂志和网络纷纷报道，未来几年，国家将考虑增加个人所得税的税前扣除项目，增大纳税前扣除部分的额度。国内理论界、实务界和新闻界以及社会民众中有相当部分同志将上述说法概括为个人所得税的"门槛"将会提高，更有甚者，将"门槛"称之为"800元起征点有望提高"。这就值得商榷了，这不仅有违"调整"税前扣除项目的原意，而且与"800元起征点有望提高"的拥趸的初衷相悖逆。

"门槛"之说，是一种通俗说法，没跨过"门槛"的，不予征税；跨过"门槛"的，则予征税。所以"门槛"之说，偏重于"要征税"，不涉及怎样征税的问题，这是一种情况。再一种情况是，把"门槛"理解为"税前扣除项目"即"免征额"，这就不仅涉及"要征税"的问题，而且关联到"怎样征税"的问题，这种理解才是正确的。把"门槛"这一"税前扣除项目"错误地理解为"起征点"，虽然可以包含"要征税"和"怎样征税"的因素，但依据这一理解所得出的结论却是错误的。

这种错误的理解已持续了相当长的时间了，把"免征额"和"起征点"混为一谈，虽不至于比比皆是，但出现的频率越来越高。有的税收类专业书籍在讲到我国个人所得税时说"对工资、薪金所得，每月定额扣除800元，作为本人及赡养家属生活费用和其他必要的费用，仅就超过800元的部分作为应纳税所得额，计算征收个人所得税"。本来，这800元是免征额，上述理解是正确的。但是，该书又说，"对工资、薪金所得……一律实行定额扣除，不仅简便易行，而且实际上起了起征点的作用。以每月收入800元为起征点。"我们不禁要问，到底是起征点还是免征额？某财经类报纸组织一批公司老总座谈我国个人所得税的改革时，不止一个老总都谈到了应提高个人所得税的起征点，如起征点应定在1 500元，或1 800元，或2 300元等。

最近，报纸、杂志和网络把个人所得税的免征额称为"起征点"的则更多了，且许多人提议将起征点提到2 500元，或2 800元，或3 000元。这里，暂不讨论数额大小怎样才算合理，只想说把免征额混为起征点是错误的，如若这些提议者的工资、薪金所得每月均超过他们认定的"起征点"，则其全部工资、薪金所得均应纳税，是谈不上什么优惠照顾的，而这又和他们提议的初衷是相悖逆的。那么，问题出在何处呢？显然，弄清起征点和免征额的联系与区别，就显得很有必要了。

起征点亦称"征税起点"，是指税法规定对课税对象开始征税的临界点。课税对象没有达到起征点的不征税；达到或超过起征点的，应按课税对象的全部数额征税。从 20 世纪 50 年代以来，我国的有关税种均有此种规定，例如 1958 年开始实行的工商统一税，其销售收入的起征点为 90~150 元，劳务收益的起征点为 60~100 元；1963 年分别降为 80~120 元和 40~60 元。1963 年规定的集市交易税起征点一般为 5~10 元，个别物价特高的地区，经过批准，也可超过 10 元。又如 1993 年前的营业税原规定的起征点是：经营商品零售业务的，月销售收入额 200~400 元；经营其他业务的，月营业收入额 120~200 元；从事临时经营的，每次（日）营业收入额 15～30 元。1994 年税制改革后，营业税的起征点为月营业收入额 200~800 元；按次纳税的起征点为每次（日）营业收入额 50 元。规定起征点可以照顾收入较少的纳税人，从而贯彻税收合理负担的原则。

免征额是指税法规定课税对象的全部数额中免予征税的数额。无论课税对象的数额多大，免征额的部分都不征税，而只就超过免征额的那部分余额征税。例如我国个人所得税税法规定，对工资薪金所得，以每月收入额减除费用 800 元，就超过 800 元的部分征税；对劳务报酬所得、特许权使用费所得、财产租赁所得等，每次收入不超过 4 000 元的，减除费用 800 元，4 000 元以上的，减除 20% 的费用，然后就其余额征税。这种在计算应纳税所得额时，要在其所得收入中，依法减除一定费用的数额，就是法定的免征额。免征额可以照顾纳税人的最低需要，从而体现税收的合理负担原则。

由此可见，起征点和免征额的区别是显著的。之所以出现将二者混为一谈的情况，是因为仅仅看到了二者的联系。起征点和免征额实际上都是减免税的一种特殊形式，它们都可减轻或消除纳税人的税收负担；不同的是，起征点免除的是一部分低收入纳税人的税收负担，免征额免除的则是所有纳税人的一部分税收负担。在弄清二者联系的基础上，又把握二者的区别所在，不仅可以做到眉目清晰，而且有助于我们对税收制度和政策有一个正确的理解。

（原文载《经济学家》2002 年第 5 期）

论税收制度建设的外延性与内涵性

王国清

中华人民共和国成立以后的税制经历了由繁到简、由简到繁的多次反复。50 多年来的税制建设，尤其是改革开放 20 多年来税制改革的实践表明：税收对经济的调控功能和聚财功能的发挥，国家与纳税单位和个人的税收分配关系的正确处理，关键在于税制的完善程度，在于税制构成的科学化、合理化和规范化程度。但是，由于长期以来忽略了对税收制度内在的客观规律性和税制各要素及其相互联系的研究，致使某些时期的税制改革基本上是沿着税制外延性无序扩张或简化的道路推进，并不侧重依据税制建立的原则和客观规律，在税制的内涵性建设方面下功夫，从而难以充分发挥税收对经济运行的调节控制职能。因此，本文试图从一个新的角度，即从税制的外延性和税制的内涵性的角度，来揭示税收制度建设的基本理论及今后我国税制的演进趋势。

一、税制的外延性建设及其特点、内容

（一）税制的外延性和特点

税收制度以是否侧重于税种的增减为标准，可分为外延型税制和内涵型税制。

所谓税制的外延性，就是通过税种的设置及组合搭配，调整税制的外部结构，以实现组织财政收入、调节和监督国民经济的运行、发挥税收各种作用的税制之外部层面及特质。税制的外延性具有以下特点：

1. 宏观规定性

税制的外延性建设主要反映税制的外部构成，也就是税制的主体框架，体现的是税制的总体布局，属于宏观问题。税制的外延性也是具体税种各征税办法设置的基础，它必然要包括一国税制由哪些基本税种构成，分成几个大类；其中，哪类税种起主要作用，居于主导地位；哪类税种起辅助作用，居于次要地位。这种总体上的描述，就基本上规定了现行税制的性质、总体规模、税收活动的方向以及征税范围等重要内容。

2. 长期目的性

政府课税的目的或偏好可以通过多种途径和形式体现出来，以预期目的持续的时间为依据，有短期目标和长期目标之分。长期重大的征税目的侧重于通过不同的税制的外部层面及特质体现出来。例如，由于不同的税种在保证财政收入方面的功能不同，我国税收实现组织财政收入的目标主要依赖于对税制的外延性建设；谋求社会公平分配是政府征税的又一长期目标，要实现这一预期，除了需要制定相应的税收政策外，还要配置新税种和调整税种构成。

3. 相对稳定性

税制的外延性不包括具体征税办法，也不同于时效性较强的税收政策。它所涉及的是税收制度的总体形式及其外部构成因素。因此，它可以在一个较长的时期里保持相对稳定性。而且，由于制约税制外延性的因素如经济发展水平、经济结构等大都具有客观性、宏观性、长期性，这些也决定着税制的外延性不宜也不能频繁进行变动。

（二）税制外延性建设的内容

1. 税制外延性建设的着眼点——税种设置

税种设置，又称税制结构，是指在一定时期内，国家为组织财政收入，调控经济运行，公平税负而建立起来的税种体系。税制的外延性建设着重考虑的是税种的数量变化。在计划经济时期，为适应单一所有制的经济形式，需要实行简化税种设置的税制建设措施。而在有计划商品经济时期，为适应以公有制经济为主体、多种所有制经济形式并存的社会经济发展需要，实行增加税种数量的税制建设措施。这种通过税种设置变化来实现组织财政收入，健全分配关系的方式，是税制外延性建设的主要内容。

2. 税制外延性建设的归属——税负总量在税种之间分配

增加财政收入是税制外延性建设的主要目的，通过税负总量在税种之间分配则是税制外延性建设的主要特点。国家行使职能需要有稳固的财力作为保证，具体表现为要有足够的财力保证国家机器的正常运转，要有稳定的财政收入来保证国家重点建设和优化经济结构的需要，要有一定的财力来保障社会成员享有基本生活水平和均等就业机会。这些都需要有合理的税制结构，有适当的税种组合。因此，围绕增强税收聚财功能，加强税制的外延性建设是十分有必要的。

3. 税制外延性建设的广度要素——以增加税种扩大征税范围

就整个税制外延性而言，扩大征税范围一般包括两个方面的内容：一是纳税人的范围扩大，即依据健全分配关系的原则，尽可能将在我国境内从事生产、经营、就业而获得级差收入的企业、事业单位、个人等都纳入征税范围，使之都承担一定纳税义务。二是税基的扩大，即计税依据的范围扩大，依据公平税负的理论，根据纳税人的负担能力，科学确定计税依据，并随着生产的发展而适当扩大计税依据的范围。以增加税种来扩大征税范围是健全分配关系，增强税收聚财功能的重要途径，是调节社会成员分配不公，提高效率的重要措施，同时也是税制外延性建设的重要内容。

（三）影响税制外延性建设的主要因素

税制的外延性主要反映国家的税种设置及相互协调关系，中心问题在于解决税种之间的组合搭配。实现税收的职能作用在很大程度上取决于税种的设置是否科学，结构是否合理。而税种的设置与搭配，又要受到许多客观因素的制约，相应的，税制的外延性建设也要受到这些因素的影响。影响税制外延性建设的主要因素有：

1. 经济发展水平

它是影响税制外延性建设的重要因素。经济发展水平制约着税收收入的总量，并通过人均国民生产总值这一重要指标直接制约着税收收入占国民生产总值的比重，从而制约着税种的选择和配置，最终对一个国家税制的外延性建设起制约作用。如由于经济发展水平低，不发达国家的人均国民生产总值也较低，个人所得很少，这就不能普遍征收个人所得税；发达国家因人均国民生产总值高，个人有较高的收入，决定了国家可以实行累进的个人所得税的税收制度，个人所得税成为一项主要财政收入。

2. 国民经济结构

国民经济结构包括所有制结构、产业结构、分配结构、消费结构等。从所有制结构来看，多种所有制经济并存与共同发展，就要求设置相应税种，税基涵盖各所有制经济形式创造的国民收入。从产业结构来看，生产社会化水平的提高，产业结构日趋复杂，各种产业特点不同，它们创造、实现国民收入和参与国民收入分配的方式也各不相同，这就可能通过设置不同的税种来组织财政收入并调节经济运行。

3. 经济管理体制

在生产资料所有制既定的前提下，生产关系对生产力的促进或阻碍作用，主要表现在经济管理体制上。在不同的社会制度下，可以有各种不同形式的经济管理体制，但不论实行哪一种经济管理体制，都要对税制外延性建设起制约作用。如在计划经济体制下，单一的公有制两种形式，政府和企业不分，必然导致利税合一，因而税种设置也比较单一、简化。

以上制约税制外延性建设的诸要素，从经济发展变化的长远角度来看，影响和制约着税种的设置和搭配，最终影响税收职能作用的发挥。但是在税制结构一定的前提下，要实现税收的职能作用，则不可能依靠调整税制的外延，增设新的税种，而只能依靠健全和完善各个税种的课税的法律规范，实现税制构成要素的科学合理组织，也就是要进行税制的内涵性建设。如合理确定纳税人，科学界定课税对象，正确计算计税依据，制定和调整税率，正确确定纳税环节，规定纳税期限，合理确定加成和附加的比例，适当的减税免税，对违章进行及时的处理等，都可以在不调整税制结构的条件下，实现税收的职能作用。

二、税制的内涵性建设及其特点、内容

（一）税制的内涵性和特点

所谓税制的内涵性，是指通过健全和完善各个税种课税的规范，科学合理地组合各税制构成要素，规范税收管理体制，强化税收征收管理，在不调整税制外部构成和增减税种的条件下，实现税收各项职能作用的税制之内在层面及特质。

税制的内涵性与税制的外延性相比较而言，具有以下特点：

1. 结构规范性

每一个税种都需要单独立法，在每一个税种的法规中，都包含各个基本的税种要素，如纳税人、课税对象、税率、纳税期限和违章处理等，因此从整体上看，就形成了每一个独立税种结构上大体相同的规范。税制的内涵性正是着眼于这些独立税种的具体税制要素的合理搭配与组合。

2. 中短期目的性

政府的长期重大的征税目的是通过税制的外延性建设体现出来的，而中短期的、临时的征税目的则主要以某些税收弹性条款，通过税制某些要素中具体的实施内容予以表现。譬如，为了促进对外开放，引进国外先进技术，提高生产力，对外商投资企业、中外合资企业等实行一定时期内的减免税优惠政策。

3. 相对变动性

税制内涵性体现的常常是政府的短期目标，制约这些目标确定的因素也大都具有微观性、中短期性等特点，因此各税种所包括的税制要素、税收征收管理办法等就需要经常进行局部性的，有时甚至是全局性的改革，以适应新的经济情况。这些也使得税制内涵性与税制外延性相比更具有针对性、灵活性和相对变动性。

（二）税制内涵性建设的内容

1. 税制内涵性建设的着力点——税负在税制要素中的结构配置

税收负担，简称税负，是指一定时期纳税人因国家课税而承受的

经济负担，反映一定时期内社会产品在国家与纳税人之间的税收分配数量关系，是一个国家税收制度的核心。以往的税制建设，过分侧重于税种的数量和结构调整，也就是把重点放在了税制外延性的建设上，没有全面考虑涉及更深更广的税收负担问题，以致以往的税制都不够健全、完善。税制的内涵性则把重点放在税收负担在税制要素的结构配置上，着力于税收负担的设计，据此来正确处理国家与纳税人之间的经济利益分配关系，达到既能组织财政收入和调节经济，又能促进经济和社会不断发展的目的。

税制内涵性建设，归根结底是为了解决这一基本问题：在确定税收负担总量的前提下，如何将这些总的税收负担在税制要素方面进行公平分配。税收制度的不合理、不完善，其最终原因总不外乎税收负担方面的问题，要么是税负过轻或过重，要么是税负的分配不合理，或者二者兼而有之。因此，税收制度的设计问题，也就是税收负担的设计问题。纳税人、课税对象、税率、减税免税等税制要素，与税收负担之间密切相关，是进行税负设计时必须考虑的因素。

（1）税收负担与纳税人、课税对象

纳税人、课税对象是影响税收负担的直接要素。税制要素中的纳税人范围越广，税负水平就越低，形成的税负分布也就越广。在税率既定时，课税对象数额的大小是决定税收负担的主要税制因素。课税对象数额越大，税负越低；反之，则越高。此外，诸如税前扣除等某些特殊规定，也会造成课税对象范围的差异，从而使税负发生变化。

（2）税收负担与税率

税率是影响税收负担的重要因素。税率同税收负担同向变化，但税率形式不同，对税收负担的影响也有所不同。比例税率可以近似看作税收的名义负担率。在累进税率条件下，它的最低税率低于税收负担率，最高税率则高于税收负担率，即税收负担率介于累进税率的最低税率与最高税率之间。在累进税率结构中，若级距一定，则累进程度越高，税收负担越重；累进程度越低，税收负担越轻。若税率档次既定，则级距越窄，税收负担越重；级距越宽，税收负担越轻。在定额税率条件下，税额并不随课税对象价值量的变化而变化，税收负担的数额只随课税对象数额大小的变化而变化。

（3）税收负担与减免税、加成加倍征税

无论是减税还是免税，都会缩减纳税人或课税对象的应纳税款，从而降低其税收负担。加成征税是按应纳税款的成数加征税款，加倍征税是按应纳税款的倍数加征税款。加成、加倍征税后，纳税人缴纳的税款比按一定税率缴纳的税款多一些，因此它也是提高税收负担的因素。

2. 税制内涵性的归宿要素——纳税人、课税对象

就某一税种而言，纳税人是指直接负有纳税义务的单位和个人，课税对象是进行课税的目的物。二者虽然外在表现形式不同（一个表现为人，一个表现为物），但都是税负的法定承担者，是税负的归宿对象和方向。科学配置两个归宿要素是税制内涵性建设的最基本问题。传统的理论是把纳税人、课税对象作为征税的主体和客体分别阐述的，而忽视了二者的内在联系。实际上，任何税种都既有作为课税对象的物，也有作为纳税主体的人，但是其着眼点有所不同。如所得税，它虽然是以纳税人的所得和收益为课税对象的税收，但其着眼点在纳税人，发挥调节纳税人的收入分配水平的作用。在设置税制内涵性的归宿要素时，要正确把握纳税人和课税对象二者之间的联系。对于以所得和财产为课税对象的税收，其着眼点在于"人"，设置课税对象时，应以纳税人为基础，考虑纳税人的个人情况和纳税能力，课税对象的选择也应以是否易于衡量纳税人的纳税能力为依据；以各种不同种类的流转额为课税对象的税收，其着眼点在于"物"，课税对象的选择无须考虑纳税人的个人情况和纳税能力，也不必以是否易于衡量纳税人的纳税能力为依据。

因此，设计课税对象时，除了要注重它与纳税人之间的联系外，还应当遵循以下原则：

第一，避免交叉原则。不同的税种有不同的课税对象，课税对象是一个税种区别于另一个税种的主要标志。凡是属于课税对象范围的，就应课税；反之，不属于课税对象范围的，就不征税。不同税种的课税对象不宜交叉重复。

第二，税源保障原则。税收作为国民收入再分配的一种形式，其税源就是在国民收入初次分配中已经形成的各项收入。由于课税对象不同，税收的具体来源也不尽一致。有的直接来源于国民收入，如对所得课税；有的则间接地来源于国民收入，如对财产课税。选择课税对象时，应当坚持课税对象与税源一致的原则，即课税对象必须要有一定的税源作为保障。

3. 税制内涵性建设的深度要素——税率

税率是应纳税额与课税对象所推定的计税依据之间的数量关系或比例，体现征税的深度。在税种结构既定的情况下，税率的高低标志着纳税人税收负担的轻重。税收杠杆能否发挥积极作用，主要取决于税率。税率是税收制度的中心环节，对它的制订和调整必须慎重。税率设计的总的原则是：①要体现国家的政治、经济、社会政策；②要保持公平、简化的性质。

对所得额课税应遵循的税率设计原则：

第一，对企业所得而言，税率主要应当采取比例税率的形式；对个人所得而言，税率主要应采取超额累进的形式。

第二，税率水平的确定必须以社会经济最低需要量为基础，即必须考虑纳税人维持其社会生存经济上的最低需要量。

对流转额课税应遵循的税率设计原则：

第一，因其课税对象是商品和劳务的价值量，不受经营成果的影响，只能采取比例税率。

第二，为了充分体现产业政策，调整产业结构，均应采用差别税率。

第三，税率水平的确定既要考虑到国家税收需要量和各项税收总原则，又要照顾到政策的影响程度。

对资源课税应遵循的税率设计原则：

第一，按不同的计量单位确定税额，从量定额征收。

第二，为了发挥调节资源级差收入的作用，根据纳税人开采资源条件的优劣以及收入高低，划分若干资源等级，实行差别税额。

第三，税率水平的确定应使征税之后的级差收入为零。

对财产课税应遵循的税率设计原则：

第一，为体现社会公平原则，应采用超额累进税率形式。

第二，税率水平的确定应参照个人所得税的税率，不应偏离过多。

4. 税制内涵性建设的时间要素——纳税期限

纳税期限是指纳税人在发生纳税义务以后，应缴纳税款的期限。合理、正确确定纳税期限，是保证税款及时、均衡入库的重要条件。确定纳税期限应遵循以下原则：

第一，应适应国民经济各部门生产经营的不同特点和不同的课税对象。如农业税一般应分为夏、秋两季征收。

第二，应兼顾纳税人缴纳税款数额的多少。如增值税、营业税可按月计算；所得税按月（季）预缴，年终汇算清缴，同时考虑企业经营情况和税额大小，分别规定不同的天数。

第三，对一些税种，应考虑其纳税行为发生的特殊情况，按次征收，如印花税等。

5. 税制内涵性建设的调整要素——减免税与税收加征

税率的确定主要体现了税收的统一性，但由于国家经济政策的需要以及应对一些特殊情况，发挥税收特殊调节的作用，还需要通过税率之外的措施来调整纳税人的负担，这就是税收减免与税收加征。

税收减免是对某些纳税人或课税对象给予鼓励和照顾的一种特殊规定，其具体形式包括减税免税、起征点、免征额四种。实施税收减免应遵循的基本原则是：

第一，适应原则。从量上来看，不能影响国家财政收入的总规模；从方向和结构上来看，必须以保证国家产业政策的实现为前提，同时尽量避免造成扭曲资源配置的现象；从地域上来看，应根据各地区经济发展的水平，确定税收减免的总量和时间。

第二，公平原则。从涉外税收上来看，必须按照国际交往平等互利的原则进行，实行税收上的对等待遇和必要的鼓励措施，不能一味地为吸引外资而追求减免。从国内税收上来看，对于具有同类性质和同等支付能力的纳税人实施税收减免，则应在实施时间上和数量上都保持一致，赋予他们平等的竞争条件，做到横向公平；对于具有不同支付能力的纳税人应该区别对待，根据每个纳税人的具体情况实施不同的税收减免，做到纵向公平。

第三，效益原则。实施税收减免应以有利于整个国民经济的发展，培植财源，有利于调动纳税人自身积极性，有利于保证社会稳定为依据。

与税收减免相对应的调整措施，就是税收加征。税收加征包括地方附加、加成征收、加倍征收三种形式，虽然它们的具体操作方法和欲达到的目的不同，但其结果都是增加纳税人的负担。税收加征的调节范围较窄，但针对性强、作用力大。在税制建设中运用税收加征的情况一般有两种：一种是对不利于社会主义的某些经济活动所采取的加重课税的措施，如过去的工商税法规定："为了同城乡资本主义倾向做斗争，对于不利于社会主义的经济活动，可以酌情加成或加倍征税"；另一种是为了贯彻合理负担政策，对个别利润特别大的纳税人所采取的调节措施。

三、税制外延性和税制内涵性的关系

（一）税制外延性和税制内涵性是税制统一体的两个有机组成部分

税制作为税收各项职能作用得以实现的载体，作为国家宏观调控体系的重要内容，作为维护国家主权的重要工具，是一个统一的整体。税制的外延性和税制的内涵性是这个统一体的有机组成部分。税制的外延性通过税种的设置变化和税收调节范围的变化构成了统一税制的框架和基础；税制的内涵性通过税收各要素的合理搭配组合，严密的征收管理和强制性法律约束，为充分发挥税制外延性的作用提供了具体内容和保证，它是统一税制有机体的不可或缺的组成部分。没有税制的外延性建设，税制的内涵性建设便无从确立；没有税制的内涵性设计和建设，税制的外延性就是一个"空壳"，税收各项职能作用就难以充分发挥，难以达到预定的目标和取得预期的效果。

（二）税制外延性和税制内涵性的目标一致

第一，税制外延性和税制内涵性都以增强税收的聚财功能，建立长期稳固的财力基础为目标。税收收入是财政收入的主体，实现国家职能需要有稳固的财源。税制外延性通过合理设置税种，健全分配关系，从税种结构入手，增强税收的聚财功能。税制内涵性通过税目、税率等税制要素的优化组合和严格征管，从加强税收法制入手，有效控制税源，堵漏增收，提高税收收入占财政收入的比重。

第二，税制外延性和税制内涵性都要以增强税收的经济调控功能、促进经济发展为目标。通过税制改革促进社会生产力的发展是税制外延性和税制内涵性建设的根本目的。税制外延性通过健全税种，借税种扩大征税范围，实现公平税负，对经济运行实施全方位调控，促进企业竞争，提高效率。税制内涵性通过税率变化、税目设置等，依法治税，达到引导产业结构优化、鼓励竞争的目的。

第三，税制外延性和税制内涵性都要以理顺分配关系，保障国家经济利益不受侵犯为目标。兼顾各方面经济利益，同时保障国家的经济利益，使国家与各方面的分配关系规范化，是完善税制的一个基本目标。税制外延性建设通过设置个人所得税规范国家与个人之间的分配关系；通过设置企业所得税规范国家与企业之间的分配关系；通过设置涉外税种规范国家与涉外企业之间的分配关系，维护国家经济利益。税制内涵性建设通过加强个人收入纳税申报，加强征管，理顺国家与个人的分配关系；通过调整企业税负总水平，取消各种"乱收费、乱摊派"，规范国家与企业的分配关系；通过税收管理体制的改革，合理划分税权，理顺中央与地方之间的分配关系。

第四，税制外延性和税制内涵性都以增强税收的监督功能，提高经济效益为目标。经济效益的提高是国民经济发展的标志，提高经济效益在当前市场经济形势下尤为重要。近年来国家对企业实行的财务监督管理机制还不够完善，企业财务工作薄弱，账目混乱，乱打成本、乱列费用、乱发奖金和实物的现象屡禁不止，成为影响企业经济效益的一个重要外部原因。税制建设有助于加强对企业财务的监督。税收具有监督的权威性和直接性，因征税持续不断并涉及企业生产经营全过程，税收的监督又具有持续性和全面性。税制外延性通过设置企业所得税，使税收成为监督企业财务的有效工具；税制内涵性通过严格监督企业执行所得税成本费用列支标准，正确核定企业所得额，达到控制"跑、冒、滴、漏"，提高经济效益的目的。

（三）税制外延性和税制内涵性实现目标的途径不同

第一，为实现增加财政收入的目标，税制的外延性主要通过完善税种结构，扩大税收调节范围的途径来提高税收占国民收入的比重；而税制内涵性主要通过税率结构调整，严格控制和缩小减免税范围等，强化税收管理。

第二，为实现对经济的调控目标，税制的外延性重在健全税种、协调配置税种、维护流转税和所得税的主体地位，统筹配置，优化结构，提高整体功能；税制内涵性重在区别课税，公平税负，协调税种的内部构成要素，达到促进企业公平竞争，优化产业结构和引导投资方向的目标。

第三，为实现理顺分配关系目标，税制的外延性主要通过建立相应税种来健全分配关系，如企业所得税、个人所得税、涉外税种等；而税制内涵性则主要通过合理划分税权，制定适当的优惠政策，提高征管水平来理顺分配关系。

第四，为实现提高经济效益目标，税制的外延性通过建立税种、依法征税来促进企业生产发展，监督企业生产经营；税制内涵性则以税制构成要素的搭配组合，严格审核企业所得额和扣除标准为主要途径。

（四）税制的外延性和税制的内涵性在一定条件下可以相互转化

税制的外延性以设置税种为外部标志，但这也可以转化为税制的内涵性建设，例如，在相关的税种中扩大纳税人、课税对象的范围，增设相应档次的税率，也可以收到增设税种的收入效果和调节效果。就 1994 年的新税制而言，增值税只设基本税率17%和低税率13%，而没有设置高税率（世界上有的国家就是如此），为了对某些商品进行特殊调节，并保证财政收入，则相应设置了消费税这一税种。

四、对我国税制演变趋势的简要剖析

中华人民共和国成立以来，我国的税制经历了几次大的改革，走了一条从复税制到单一税，又从单一税至复税制的曲折道路。1994 年以前，我们一直把税种的增减作为税制建设的首要问题，也就是过分偏重于税种的设置和组合，偏重于税制的外延性建设，所进行的税制改革以增加或简化税种为主，这就使得我国的税制不可避免地难以跳出从繁到简，再从简到繁的外延无序的圈子。诚然，依据不同时期的政治经济形势以及各时期的经济结构、经营方式变化，调整税种结构，改变税种类型，应该说是必要的。如 1953 年的修正税制，就是根据当时的经济情况，通过合并某些税种，在不减少税收总量的前提下，使相对于每一个企业缴纳的主要税种得以简化，从而不仅保证了财政收入，而且有力地配合了对资本主义工商业的社会主义改造。但此后的税制建设，无论是在"税收无用论"思想指导下，还是在"税收万能论"思想指导下，其改革内容都侧重（局限）于调整税制的外部结构，而相应忽视了从完善税制的内涵入手来达到治漏增收、稳定和扩大财力的目的。

1994 年 1 月 1 日起进行的全面税制改革，是建立和发展社会主义市场经济的重大举措。在中华人民共和国税制建设和发展史上，这次税制改革是一次前所未有的大变革。与以往的不断建立、修订、相继补充和逐步完善税制相比，这次税制改革具有历史性的不同特点和新的内容。以往的税制改革过分注重税制的外延性建设，而相应忽视了对税制各要素如税率、税目、纳税期限、减免税等的内涵性建设，对税收制度的设计问题，偏重于研究税种的合理布局，在税种的开征数量、分布上下功夫，而相应忽略了税制各构成要素的合理组合。新税制改革不仅在税制的外延方面做了较大的调整，而且把税制建设的重点放在税制的内涵方面。这完全可以说是一次划时代全方位深层次的改革，其广度、深度和力度，都远远超过以往的历次改革，充分体现出开拓创新的特征，是税制发展史上一个重要的转折点和新的里程碑。随着我国加入 WTO，我国税制仍需进一步改革和完善。

通过对我国税制演变趋势的剖析，我们可以得出结论：要建立一套完善的税制，过分地寄希望于税制的外延建设，靠增加税种和提高税收负担来聚集财力，效果是极其有限的。因此，要建立一套适应社会主义市场经济的税制，必须总结历史经验，深化税制改革，在规范税制外延性建设的同时，注重走完善税制内涵、增强税收功能的道路，通过科学合理地配置税制要素，加强税收征收管理，健全税收管理体制，实现税制的规范化。也就是说，建立以内涵性建设为主的税制新格局，将是今后税制改革的方向。

（原文载《经济学家》2003 年第 3 期）

马克思主义政治经济学教研中的"税收误区"和"税收盲区"释疑

王国清

一、马克思主义政治经济学教研中的税收缺失

众所周知，从西方古典经济学派到马克思，从来都把税收问题作为政治经济学的重要组成部分。亚当·斯密在《国民财富的性质和原因的研究》这部代表作中，就以大量篇幅论述税收问题，其中关于按支付能力大小征税的原则等迄今为止仍为经典。大卫·李嘉图的主要著作《政治经济学与赋税原理》以税收与政治经济学并列为书名，税收问题的重要性由此可见一斑。在马克思主义政治经济学中，税收问题占有相当的地位，但相当一个时期以来，"在政治经济学中，税收问题被忽视几乎近于空白"。在众多的政治经济学著作和教科书关于资本主义价值分配乃至剩余价值分割的具体形式中，大都缺乏对税收这一参与价值分配乃至剩余价值分割的具体形式的研究，我称之为马克思主义政治经济学教研中的"税收盲区"。至于对马克思主义政治经济学经典著作《资本论》中的税收问题视而不见，误以为其税收问题是写作《资本论》之后才会涉及和研究的，我称之为马克思主义政治经济学教研中的"税收误区"。

在坚持马克思劳动价值论及剩余价值理论的财税著作中，不少同志又偏重于论述财税的分配对象是社会产品的剩余部分，这本来是必要的，但对马克思主义劳动价值论、剩余价值理论与税收的关系缺乏深层次的系统研究，尚欠充分性，似有进一步研究的必要。还有的学者认为，在社会主义价格形成的基础上，"应该把税收当作独立因素来

研究"，克服实际工作中曾出现的"税利合一"改革的误区，并指导我国的税制改革。为此，谷书堂、曹振良等特别指出："税收与价格的关系属于经济范畴之间有紧密联系的问题，但在我国已发表的价格著述中却几乎没有进行过深入研究。"

与此相适应，国内出版的《马恩列斯论税收》可能是出于编辑的目的方针，没有归纳辑入马克思关于劳动价值论、剩余价值理论与税收问题关系的相关论述，正如本文后面将要指出的那样，而缺失的这些部分又是非常重要的，不仅涉及税收理论，而且关联税制改革，且我国学术界的同仁不太熟知。这正是我们理论工作者的一项任务。

总之，在我国马克思主义政治经济学的教研中存在着明显的"税收误区"和"税收盲区"，甚至可以毫不夸张地说，我国公民的纳税意识、税法意识和税收意识淡薄，原因固然很多，但在政治经济学教研中存在缺失是不可推卸的原因。政治经济学对于奠定人们的纳税意识、税法意识和税收意识有着非常重要的基础性作用。无论是作为"精英"阶段的各科类的大学生，还是作为"大众"阶段的各科类的大学生，在必修的马克思主义政治经济学中居然存在"税收误区"或"税收盲区"，政治经济学教研中的税收缺失的危害是显而易见的。

二、《资本论》中的主要税收思想

（一）税收是国家参与剩余价值分割的具体形式

税收是国家凭借政治权力参与价值分配乃至剩余价值分割的具体形式。由于研究方法所致，马克思在《资本论》中特别以脚注的方式指明，"捐税……所改变的，只是产业资本家装进自己腰包的剩余价值的比例或要同第三者分享的剩余价值的比例"。这就明确回答了税收不是天外之物，也不是可有可无、随意定夺的，而是国家为了实现其职能，依率计征提取归国家支配的那部分"剩余价值"。

（二）与地租相联系的诸种税收形式

（1）与劳动地租形式相同的赋税。马克思指出："如果不是私有土地的所有者，而像在亚洲那样，国家既作为土地所有者，同时又作为主权者而同直接生产者相对立，那么，地租和赋税就会合为一体，或者不如说，不会再有什么同这个地租形式不同的赋税。"这种与劳动地租形式相同的赋税，地租与赋税在量上是别无二致的。

（2）与地租的实物形式或货币形式相同的赋税。马克思在《资本论》第一卷中就曾指出："在亚洲，地租的实物形式（它同时又是国税的主要因素）……。"马克思在《资本论》第三卷中又说："……至少把实物地租中作为国税存在的部分转化为货币地租。""对地主和国家缴纳的实物租和实物贡赋转化为货币租和货币税。"马克思在这里提出了与地租的实物形式或货币形式相同的赋税，且还包含着这样几层意思：地租和赋税都有一个从实物形式向货币形式转化的过程，此其一；其二，地租和赋税的形式相同但量上已不是一致的了；其三，实物租或货币租是对地主的缴纳，而实物贡赋或货币税则是对国家的缴纳。

（3）绝对地租形式的"赋税"或作为绝对地租的"赋税"。马克思说："……把地租（指绝对地租——引者注）作为赋税（这种赋税只不过是由土地所有者征收，而不是由国家征收）……这种赋税有它一定的经济上的界限，这是不言而喻的。旧租地上的追加投资，外国的土地产品——假定土地产品可能自由进口——的竞争，土地所有者之间的互相竞争，最后，消费者的需求和支付能力，都会使这种赋税受到限制。"可见，马克思在这里是从价值分配和强制性的角度，在借喻的意义上，把绝对地租称为由土地所有者征收的"赋税"，对于我们研究真正意义上的赋税，也是颇有启迪的。

（三）影响纳税期限的因素

马克思实际上还谈到了影响纳税期限的因素。他说："在每个国家，都规定一定的总的支付期限。撇开再生产的其他周期不说，这些期限部分地是以同季节变化有关的生产的自然条件为基础的。这些期限还调节着那些不是直接由商品流通产生的支付，如赋税、地租等等。"可见，影响纳税期限的因素包括再生产的其他周期与同季节变化有关的生产的自然条件。例如，近世各国的商品税就是在产制或批发、或零售阶段取得销售收入后即行纳税。农业税不论是征收实物，还是征收货币，一般也是在农作物收获季节时组织进行的。

重温马克思上述关于赋税形式的诸种论述，我们还可以看到，不论赋税采取劳动地租形式、实物形式还是货币形式，都体现了国家"作为主权者"，"由国家征收"或是对"国家缴纳"这样的特定的分配关系。这个思想是马克思关于"税"是"资产阶级社会在国家形式上的概括"在《资本论》地租学说中的贯彻与运用，对于我们研究财政的本质、赋税的本质有着重要的指导意义。

（四）税收从实物形式转化为货币支付的条件

马克思说："在商品生产达到一定水平和规模时，货币作为支付手段的职能就会越出商品流通领域。货币变成契约上的一般商品。地租、赋税等等由实物缴纳转化为货币支付。"马克思还以罗马帝国两次企图用货币征收一切赋税都告失败，以及路易十四统治时由实物税改为货币税造成的法国农民极端贫困为例，强调实物缴纳转化为货币支付"取决于生产过程的总的状态"。马克思在《资本论》第三卷中又进一步指出了转化的前提条件。他说，这种转化"要以商业、城市工业、一般商品生产，从而货币流通有了比较显著的发展为前提。这种转化还要以产品有一个市场价格，并或多或少地接近自己的价值出售为前提。"马克思是在针对产品地租到货币地租的转化时谈到这两个前提条件的，但我们认为，这两个前提条件与"商品生产达到一定水平和规模"的含义是一致的。所以，赋税的实物缴纳向货币支付转化也是以此为前提条件的。总之，"没有社会劳动力的一定程度的发展，这种转化是不能实现的"。马克思上述关于赋税由实物缴纳转化为货币支付条件的论述，有助于我们加深对我国农业税折征代金改革的必然性和可能性的认识。

（五）税收是商品价值的一个有机组成部分

马克思在地租学说中，论证了绝对地租和商品税绝不是一个和产品价值无关的要素，从而回答了商品税是商品价值的一个有机组成部分这一重要理论问题。

马克思说："问题在于，最坏土地支付的地租（指绝对地租——引者注），是否像商品税加到商品价格中去一样，加到土地的产品价格（按照假定，它调节着一般的市场价格）中去，也就是说，是否作为一个和产品价值无关的要素加到这种土地的产品的价格中去。"这里，马克思相提并论地提出了绝对地租和商品税，是否作为一个和产品价值无关的要素这一重要的理论问题。我们认为，马克思在这里对绝对地租所做的结论，同样是适用于商品税的。那么，商品税或绝对地租是与产品价值无关的要素吗？马克思指出："这决不是必然的结论，而所以会作出这样的论断，只是因为商品的价值和它的生产价格之间的区别一直没有被人理解。"

持流转税是商品价值的附加因素或加量之说的同志认为，商品价值是由 c+v+m 组成的，商品的生产价格是由产品成本和平均利润组成的，生产价格是商品价值的转化形式，而商品价格是围绕生产价格上下变动的。因生产价格并不包括税金，所以流转税是商品价值的附加因素或加量。

我们认为，流转税即商品税是商品价值的有机组成部分。上述看法之所以错误，是因为没有理解"商品的价值和它的生产价格之间的区别"。

首先，生产价格以商品的价值为依据，而不是相反。生产价格是价值的转化形态。但如果把商品价值看成是以生产价格为依据的，也就是说，是生产价格决定商品价值的变动，那么，因为生产价格并不包括税金，所以税金也就不是商品价值的有机组成部分。这显然是对生产价格和商品价值关系的一个误解，以至会得出不正确的结论。

其次，一个商品的生产价格和它的价值绝不是等同的。马克思说："虽然商品的生产价格，就商品的总和来考虑，只是由商品的总价值来调节，虽然不同种商品的生产价格的变动，在其他一切情况不变时，完全是由这些商品的价值变动决定的。……，一个商品的生产价格可以高于它的价值，或低于它的价值，只有在例外的情况下才和它的价值相一致。"所以，市场价格即含税价格商品"高于它们的生产价格出售这一事实，决不证明它们也高于它们的价值出售，正如工业品平均按它们的生产价格出售这一事实，决不证明它们是按它们的价值出售一样"。在国家为实现自己的职能，从而强制地、无偿地参与产品价值分配的前提下，市场价格即含税价格商品，"高于它们的生产价格但低于它们的价值出售的现象是可能的"。如果商品的价值高于它的生产价格，那么，生产价格＝成本＋平均利润，则价值＝成本＋平均利润＋税金。可见税金是商品价值的一个组成部分，它绝不是一个和产品价值无关的要素。

那么如何理解像烟、酒、手表等高税率产品包含的税金呢？其税金可分为两个部分。高税率产品价值高于生产价格的那部分税金，是该产品价值的一个组成部分，已如上所述。包含高于价值的那部分税金的高税率产品价格，是考虑了国家经济政策的要求，部分地是由生产消费者或个人消费者的需求和支付能力决定的。但即使如此，"由商品价值规定的界限也不会因此而消失"。因为超过高税率产品价值的那部分税金，不过是通过对其他生产者的利润和消费收入的扣除来支付的，这里对利润和收入的扣除，是通过产品的销售而实现的。这并不违背劳动价值论和价值规律。总之，流转税不是一个和产品价值无关的要素，而是商品价值的一个有机组成部分。

三、《资本论》及其地租学说中蕴含赋税思想的原因

《资本论》全书并无系统的财政学、赋税学篇章，但有许多散见的关于赋税问题的论述。通而观之，在《资本论》及其地租学说中却又蕴含着较为丰富的赋税思想，在我们看来，主要有以下几个原因：

（1）从赋税的产生和发展来看，赋税和地租有着密不可分的联系，在历史发展的一定阶段上，地租和赋税甚至是合为一体的。在我国古代的典籍中，"地租"和"赋税"是作为同义语使用的，就是地租和赋税紧密联系的一个反映。随着历史的演进，地租和赋税才逐渐分离开来。总之，研究地租不能不论及税收；反之，研究税收亦不能不兼及地租。《资本论》及其地租学说中蕴含着较为丰富的赋税思想，是历史的反映和逻辑的必然结果。

（2）地租是土地所有权在经济上实现自己的形式，赋税是国家存在的经济体现，二者在价值分配和强制性方面具有相似性，这也是马克思在《资本论》及其地租学说中兼论赋税问题的一个原因。

（3）系统地论述财政学、赋税学，不是《资本论》及其地租学说的主要任务，因为按照马克思写作政治经济学的计划，系统的财政学、赋税学是《资本论》的续篇。

在马克思所拟定的政治经济学著作的结构计划中，如在1857年的《〈政治经济学批判〉导言》中写道："资产阶级社会在国家形式上的概括。就它本身来考察。'非生产'阶级。税。国债。公的信用。人口。殖民地。向外国移民。"在1859年的《〈政治经济学批判〉序言》中再次谈道："我考察资产阶级经济制度是按照以下的次序：资本、土地所有制、雇佣劳动；国家、对外贸易、世界市场。"由此可见，马克思明确地阐明了撰写《资本论》的设想，而财政学、赋税学是《资本论》的续篇，是与国家相联系的"非生产"阶级、税、国债、公的信用等。马克思的去世，使其六册结构设想未能全部实现，也未给我们留下系统的财政学、赋税学著作。尽管如此，在马克思的经济学著作中，包括《资本论》及其地租学说，在论及相关问题时，不可能不论及赋税问题。

（4）与历史和逻辑一致的原则相联系，马克思在《资本论》中所运用的抽象上升到具体的方法，既是叙述的方法，又是认识或研究的方法，也是地租学说必然论及较多赋税问题的原因所在。

马克思在《资本论》中，通过对资本的直接生产过程、流通过程和资本的总过程的研究分析，运用从具体上升到抽象、从抽象上升到具体的方法，研究了与上述过程结构划分相适应的诸经济范畴，从而在第三卷中具体而又周详地研究了对剩余价值分割的平均利润、利息、企业主收入、商业利润、地租等经济范畴，对资本主义的剖析，越来越接近现实。赋税作为资本主义现实经济中参与剩余价值分割的一个具体形式，在越来越接近现实的地租学说中，不可避免地有所反映。但赋税这一具体形式的特点，在于其是以国家为主体的特定分配。赋税对资产阶级来说，就是对剩余价值的再分割；对劳动人民来说，则是在生产过程之外的超经济剥削，是对劳动者必要劳动的再压缩。当然，资本主义的一切税收，都是以劳动人民创造的新价值为根本来源的，最终都是由劳动人民负担的。总之，赋税作为参与剩余价值分割的具体形式，在《资本论》及其地租学说中必然论及，但其所具有的特点，又决定了系统、全面地论述财政学、赋税学不是《资本论》及其地租学说的任务。

（原文载《财政研究》2008 年第 2 期）

论税制诸要素的相互关系

王国清

党的十六届三中全会指出，按照"简税制、宽税基、低税率、严征管"的原则，稳步推进税收改革。这一原则的税收学或税法学的理论基础是什么？我们认为，其理论基础的核心是税制诸要素及其相互关系，以及在此基础上的合理配置。以此观之，本文拟对税制诸要素及其相关概念、税制诸要素在税制中的地位即相互关系以及税制诸要素的合理配置等作一勾勒。

一、税制构成要素的层级性

税收制度的概念分广义和狭义两种。狭义的税收制度是指国家以法律或法令形式确定的各种课税办法的总和。它包括税种的设置以及各税种的具体内涵如课税对象、纳税人、税率、纳税期限等。而广义的税收制度除上述内容外，还包括税收征收管理体制和税收征收管理制度等内容。党的十六届三中全会提出的税制改革原则，涵盖以税制要素为中心的广义的税收制度。

国家开征的税种有各种类型，具体内容各不相同，作用甚至也有较大差别，但其构成的结构具有规范性，即构成要素是基本相同的。需要指出的是，关于税制构成要素到底有哪些，理论界众说纷纭，至今没有定论。我们认为，税制构成要素具有层级性，不同层级的要素或概念不宜简单归类和对比。一般所讲的税制构成要素应该是指税制构成的一级基本要素，即税制所普遍具备的、基础性的构成要素。至于那种在一级基本要素基础上的二级推定概念，有两种情况：一种情况认为二级推定概念是对一级基本要素的具体化，在税法中必然涉及，换句话说，也可以称之为税制的二级构成要素，如税率是税制的一级构成要素，而比例税率、累进税率、定额税率则是二级构成要素；另一种情况认为二级推定概念是一级基本要素的经济的、社会的阐述与对比，但在税法中是不予规定的。如纳税人是税制的一级构成要素，负税人则是在税法中不会也不可能规定的一种推定概念。

按照这个思路，只适用于流转税制的纳税环节就不归属于一级构成要素。税制的一级构成要素主要包括以下内容：

（一）纳税人

纳税人亦称纳税主体，它是指税法规定的依法享有税收权利，并直接负有纳税义务的单位或个人。纳税人可以是自然人，也可以是法人。自然人是指公民或居民个人。法人是指依法成立并能独立行使法定权利和承担法定义务的社会组织，如企业社团等。

（二）课税对象

课税对象亦称课税客体。它是指税法规定的征税的目的物。它是国家课税的依据，即解决对什么进行课税的问题。课税对象是一种税收区别于另一种税收的主要标志。按照课税对象的性质划分，主要可以把税收分为三大类：①流转课税，以商品流转额和非商品营业额为课税对象。②所得课税，以纳税人的纯收入为课税对象。③财产课税，以财产数量或价值为课税对象。

（三）税率

税率是税额与课税对象推定的计税依据之间的比例。税率是税收制度中的核心问题，税率的高低涉及国家财政收入水平和纳税人的负担。

一般来说，税率分为比例税率、累进税率和定额税率三种。其中超额累进税率是从绝对数这一参照物的角度加以规范的，而超率累进税率则是从相对数这一参照物的角度确定的。

（四）纳税期限

纳税期限即税法规定的纳税人缴纳税款的时间界限或时限区间，

亦即纳税的最后时点。具体包括按期纳税和按次纳税。凡在规定时点以前纳税者均为合法，凡跨过规定时点才缴纳者则属于违规行为并应受到处罚。纳税期限的确定，对于监督纳税人及时足额纳税，保证财政收入的实现有现实作用。

（五）减免税

减免税是对某些纳税人或课税对象给予照顾和鼓励的一种特殊规定。减税是应纳税额的部分免除，免税是应纳税额的全部免除，所以减免税是在税率不变的条件下实现的，即税率降低不是减免税而是税收优惠的一种形式。

（六）违章处理

违章处理是国家对纳税人违反税法的行为所规定的惩罚措施，以保障税收活动的正常进行。违反税法的行为一般包括偷税、抗税、骗税、欠税等。对这些行为的制裁集中体现了税法的严肃性，其主要表现形式有加收滞纳金、罚款和依法追究刑事责任等。

二、税制构成要素的拓展

（一）纳税人——扣缴人、负税人

和纳税人这一要素相联系的一个概念是扣缴人，扣缴人在税制中也必须予以规定，即代扣代缴税款的单位和个人。

税制对纳税人的设计有三种情况可供选择，以销售税为例：①谁销售，谁就作为纳税人，并以销售收入金额为计税依据。②谁购进（如收购单位）谁就作为纳税人，以购进应税商品所支付的金额（与销售者销售应税商品的金额在数量上一致）为计税依据。③以销售者为纳税人，以销售收入金额为计税依据，但以收购单位为扣缴人。在这三种设计方案中，第一个方案符合流转税的特性，但不利于控制税源，征纳手续繁杂，也不利于保证国家的财政收入；第二种方案有利于控制税源，简化征收手续，保证国家财政收入；第三个方案既符合流转税特性这一规范，又有利于从源头控制征税，简化征纳手续，还可增强纳税人的权利与义务，增加了纳税人对扣缴人的监督因素。总之，在税制中如何规定纳税人及相关的扣缴人是非常重要的基础性工作。

与纳税人相联系的另一个概念是负税人，即税收负担（税款）的实际承担者。在经济分析中，纳税人和负税人可以是一致的即同一个人，也可以是彼此分离的，即是不同的人。在一般情况下，纳税人和负税人彼此分离，也就意味着发生税负转嫁现象。需要指出的是，税制只能规定纳税人及相关的扣税人，不能也不会规定负税人，但负税人这一概念有助于我们进行经济动态分析。

（二）课税对象——税目、税源、征税范围、计税依据、税基

与课税对象密切联系的一个概念是税目。税目是税法规定的课税对象的具体化。课税对象范围涉及面广，需要根据具体情况确定它的不同课征范围，以便于征税和确定税率。通常依据课税对象的性质和课征本税的目的等来确定税目。但是并不是每个税种都有具体税目。规定税目，一是明确征税范围，体现征税的广度；二是对具体征税项目进行归类和界定，以便针对不同的税目确定差别税率，充分发挥税收的调节作用。

与课税对象密切联系的另一个概念是税源。税源是指税收的经济本源。有的税收，税源与课税对象是一致的，如企业所得税，它的课税对象和税源都是企业的利润所得；有的税收，税源与课税对象是不一致的，如各种财产税，课税对象是财产的数量或价值，税源则是财产所带来的收入或财产所有人的其他收入。研究税源的发展变化，是税收征收管理的重要内容，它对于开辟和保护税源，增加收入，建立和改革税制，都具有重要意义。

与课税对象密切联系的一个概念是征税范围。综观我国税法，大凡涉及征税范围的，主要有以下三种情况：①征税范围是指纳税人的范围，即纳税人具体包括哪些单位或个人。如1984年6月发布的《国营企业奖金税暂行规定》，并于1985年7月做了进一步修订。其税法规定，凡未实行工资总额随经济效益挂钩浮动的国营企业，其发放的各种形式的奖金，都要依法缴纳奖金税。具体包括国营工业、商业、

交通铁道、民航、邮电、医药、地质、建筑安装、农牧、林业、森工、劳改；物资供销，城市公用，粮食、饮食服务，文教卫生，军工、军队办企业以及其他行业的企业。与此相类似，还有集体企业奖金税、事业单位奖金税。②征税范围是指课税对象的范围，即课税对象的具体化——税目。税法中大多数情况下的征税范围都是指这种情况。③征税范围是指某些纳税人的某些课税对象的范围，这在涉外所得税中尤为明显。

与课税对象密切联系的一个概念是计税依据，即计算税额的标准。如果说流转税的课税对象的数量和计税依据的数量可以是一致的话，那么所得税的课税对象的数量和计税依据的数量则一般是不一致的，由于所得税有允许扣除的项目，故计税依据的数量是小于课税对象的数量的，与此相联系，把税率定义为应纳税额与课税对象数量之间的比例就是值得商榷的，而应代之以新的表述。

与课税对象密切联系的一个概念是税基，广义的税基相当于税源；中义的税基是指某税种的课税基础，即课税对象；狭义的税基是指计算税额的课税基础，即计税依据。需要指出的是，一般条件下所讲的税基是指狭义税基，"宽税基"是指扩大课税对象中征税部分，"窄税基"或"税基侵蚀"是指课税对象中征税部分的缩小。

（三）税率——比例税率、累进税率、定额税率

1. 比例税率

比例税率是不管课税对象数额的大小，规定一个比例的税率，用百分比表示。比例税率又可以分为：①统一的比例税率，如我国的关税等。②差别比例税率，即不同的纳税人或不同地区、不同行业、不同产品采取不同的比例。如我国的农业税就是根据各地区的不同生产水平规定差别比例税率。比例税率一般适用于对商品课税。比例税率的特点是同一课税对象不同纳税人的负担相同。其优点是有利于鼓励先进、鞭策落后，同时计算简便，便于税收征管。

2. 累进税率

累进税率是按课税对象数额的大小划分若干等级，每个等级由低

到高规定相应的税率，课税对象数额越大税率越高；课税对象数额越小税率越低。累进税率一般适用于对所得课税。

累进税率又分为全额累进税率和超额累进税率两种。全额累进税率是把课税对象的全部数额都按照与它相适应的税率征税，即按照课税对象数额适应的最高级次的税率统一征税；超额累进税率是课税对象数额大小划分为若干不同的等级，每个等级由低到高分别规定税率，各等级分别计算税额，一定数额的课税对象可同时使用几个税率。

全额累进税率和超额累进税率都是按照量能纳税的原则设计的，但两者各有优缺点：全额累进税率计算比较简便，但是负担不够合理；超额累进税率计算比较复杂，但税负比较合理。为了解决超额累进税率计算方法复杂的问题，可采用速算扣除数的办法予以解决。速算扣除数是按全额累进税率计算的税额减去按超额累进税率计算的税额的差额，用公式表示是：速算扣除数＝全额累进税额－超额累进税额。使用速算扣除计算超额累进税的公式为：超额累进税额＝应税所得额×适用税额－速算扣除数。

3. 定额税率

定额税率又称固定税额，是按单位课税对象直接规定固定的税额，而不采用百分比的形式，它是税率的一种特殊形式。定额税率在计算上比较便利，而且采用从量计征办法，不受价格变动的影响。它的缺点是负担不尽合理，因而只适用于特殊的税种。如我国的车船使用税、资源税等。

（四）减免税——直接减免（法）、间接减免（法）

既然税率降低不是减免税而是税收优惠的一种形式，所以我们认为税率式减免是一个伪命题，而税基式减免和税额式减免则有一定的道理，但也须进一步阐明：与其说它们是减免税的类别或形式，毋宁说它们更体现减免税的计算程序和方法。我们认为，按照计算程序和方法的不同，减免税可分为直接减免（法）和间接减免（法）。直接减免（法）是按照税法规定的税率，根据课税对象总额计算出应纳税额，而后再按照一定标准给予的减免税；间接减免（法）是指适用于先从纳税人的课税对象总额中，按照一定标准预先扣除一部分，仅就剩余部分依率计征，从而减少或在一定限度内免除应纳税额的减免税。可见，税额式减免属于直接减免（法）；税基式减免属于间接减免（法）。

三、各构成要素在税收制度中的地位

在早期税制及其要素的研究中，对各要素没有勾勒其地位或相互关系，只是顺势而为一一加以表述。后来关于税制要素地位的研究有所进步，主要表现在把纳税人、课税对象和税率列为"基本要素"，其余要素则归之于"重要要素"。我们认为，从税收负担及其配置的角度，把税制要素的地位、作用和相互关系作一勾勒，不仅可以使之眉目清晰，而且对于税制诸要素配置及征管配合，即对税制的内涵性建设，也是有重要的理论基础意义的。

税收制度的核心是税收负担。在确定税收负担的总量的前提下，如何将这些总的税收负担在税制要素诸方面进行合理的结构配置，是税制建设的着力点。税收制度的不合理、不完善，其最终动因总不外乎税收负担方面的问题：要么是税负过轻或过重，要么是税负的分配不合理，或者兼而有之。因此，税收制度的实际问题，也就是税收负担的设计问题。纳税人、课税对象、税率、减税免税等税制要素，与税收负担之间密切相关，是进行税负设计时必须考虑的因素。

（一）税收负担的归宿要素——纳税人和课税对象

纳税人、课税对象是影响税收负担的直接要素。税制要素中的纳税义务的范围越广，税负水平就越低，形成的税负分布也就越大。在税率既定时，课税对象数额的大小是决定税收负担的主要税制因素。课税对象数额越大，税负越低；反之，则越高。此外，由于诸如税前扣除等某些特殊规定，也会造成课税对象范围的差异，从而使税负发生变化。在税收负担一定的条件下，纳税人和课税对象是税负的归宿要素，纳税人和课税对象虽然外在的表现形式不同——一个表现为人，一个表现为物，但都是税负的法定承担者，是税负的归宿对象和方向。

（二）税收负担的深度要素——税率

税率是影响税收负担的重要因素。税率与税收负担同向变化，但税率形式不同，对税收负担的影响也有所不同。比例税率可以近似地看作税收的名义负担率。在累进税率条件下，它的最低税率低于税收负担率，最高税率则高于税收负担率，即税收负担率介于累进税率的最低税率与最高税率之间。在累进税率结构中，若级距一定，则累进程度越高，税收负担越重；累进程度越低，税收负担越轻。若税率档次既定，则级距越窄，税收负担越重；级距越宽，税收负担越轻。在定额税率条件下，税额并不随课税对象数额的变化而扩大，因而税收负担也只随课税对象数额大小的变化而变化。因为税率体现征税的深度，税率的高低一般来说标志着税收负担的轻重，所以税率是税收负担的深度要素。

（三）税收负担的调整要素——减免税及税收加征

无论是减税还是免税，都会缩减乃至免除纳税人或课税对象的应纳税额，从而降低其税收负担。加成征税是按应纳税款的成数加征税款，加倍征税是按应纳税款的倍数加征税款。加成、加倍征税后，纳税人缴纳税款比按税率缴纳的税款多一些，因此它们也是提高税收负担的因素。总之，减免税和税收加征体现和调整实际征税的深度，是对纳税人或课税对象的税收负担的第二次调节，是对征税深度的补充和修正。如果说税率是体现征税深度的首要因素，减免税和税收加征则是在原税率基础上的再调整，和税率在调整税收负担的功能方面具有不同的层次性和递进性。

（四）税收负担的时间要素——纳税期限

从按期纳税来看，是指按照事先规定的固定期限纳税，如增值税、消费税的纳税期限分别为 1 日、3 日、5 日、10 日、15 日或者一个月；纳税人以一个月为一期纳税的，自期满之日起 10 日内申报纳税等。从按次纳税来看，是指按每次纳税义务发生的时间纳税，不能按照固定期限纳税，如所得税中关于每次支付所得（收入）的时间纳税。无论是按期纳税还是按次纳税，都是指税收负担缴纳的法定时间。

（五）税收负担的惩罚要素——违章处理

税法一经确立，税收负担就是一个既定的量。对不及时、足额地履行税收负担，甚至扰乱税收负担的各种行为，依其情节轻重给予相应的处罚，维护税法规定的税收负担的规范性、法制性。

（原文载《财政研究》2010年第4期）

第二章　税制改革与税收征管

提高税收占 GDP 比重的若干思考

王国清

1994 年税制改革取得了很大的进展，但税收收入占 GDP 的比重总体偏低，表现为税源结构的偏差，税收制度设计有不合理之处，税收优惠设计存在漏洞和税收征管跟不上经济发展的需要等。本文拟就完善税制，提高税收占 GDP 的比重谈几点看法。

一、完善流转税

（1）扩大增值税的征收范围。为了彻底解决流转税中存在的一些重复课税因素，避免对商品交易和劳务交易在征税时因难以划分而产生矛盾，应该继续扩大增值税的征收范围，实行消费型或收入型增值税，把固定资产中所含增值税税金也纳入扣税范围，以有利于增强企业的自我改造、自我发展的能力，推动企业技术进步，平衡资本有机构成不同的企业之间的税负。

（2）严格界定纳税人的划分标准。新的增值税将其纳税人划分为两类：一般纳税人和小规模纳税人。从实际执行的情况来看，突出的问题表现在划分标准弹性过大。根据现行规定：凡能提供销项税额、进项税额和应纳税额的，即可申请办理一般纳税人。这样，一些会计核算不规范的企业，尤其是私营企业如同过去个体挂靠国营、集体方式一样，纷纷向一般纳税人靠拢，申请办理一般纳税人，导致一些会计核算不规范的企业走向一般纳税人的行列。由于会计核算不规范，从而极易造成税款流失。解决这一问题的办法是，严格界定两个纳税人的划分标准，可采用按销售额大小这一唯一标准确定，也可以采用按销售额和设置会计账簿类别、会计报表类别等具体的硬性标准来确定划分，克服划分标准的弹性以及由此导致的随意性。

（3）应进一步规范税率结构。原增值税征收办法不尽科学合理的症结主要是税目设置过多，税率档次过多，以至税负不公，计算复杂。新的税收法规初衷是简化税制，规范税率，与国际惯例接轨，为此设计了统一实行17%的基本税率，以及对农产品、支农产品适用13%的低税率和对出口产品实行零税率。从新税制运行的情况来看，存在以下几方面问题：

一是为照顾多方市场主体利益，不得不在税率或征收率上采取多项变通措施，除税法规定的三档税率和对小规模纳税人实行6%的征收率外，陆续又出台了不少政策：山东、广东电力公司征收率为2%，海南电力公司征收率为1%，其他电力公司征收率为3%；自来水销售、县以下小型水力发电和部分建材商品可按6%征收率执行；期初存货已税外购项目的扣除率为14%，一般纳税人外购农业产品、支付运输费用和收购废旧物资按10%扣除率计算进项税额等。如此"变通"虽然解决了部分突出矛盾，但又形成了新的不公平，损害了税法的统一性、严肃性、权威性和相对稳定性。

二是仅对出口产品实行零税率，不符合我国的实际情况，如对一些确实需要扶持照顾的企业，由于没有零档税率，只好实行先征后退的办法，要么由税务部门直接退税，要么通过财政返还，这不仅与简化手续的税改原则相悖，而且影响到这类企业生产的正常进行。

三是只设13%和17%两档税率，不适应我国当前经济发展的现实状况。我国人多地广，存在着沿海与内地发展不平衡的状况，税改后，只对农产品、支农产品适用13%低税率，而对手工业、能源产业、矿产业、再生资源利用产业等，税负普遍提高，这必将弱化地方财政投资这些基础产业的积极性，由扶持基础产业转而致力于发展加工行业、零售行业，以求增加地方税收，其结果将削弱我国基础产业的发展。

四是对小规模纳税人按6%的征收率征税，且一般不得使用专用发票，旨在促使小规模纳税人健全财务核算，早日向一般纳税人转化。但从实施效果来看并不理想，税负较一般纳税人重的小规模纳税人因税负过重难以承受，在继续经营的前提下，则易于导致账外经营，弄虚作假，不如实申报，以降低实际税负，反过来又对一般纳税人产生影响，不利于健全账目核算。

由此可见，增值税税率的设计虽然遵循了简化、规范的原则，但并不能适合我国当前经济发展的要求。税率简化并非简单化，而是要充分发挥税收对纳税对象有效调节基础上的简化与规范。根据我国的国情，增值税的税率并不一定只能有零税率、基本税率和低税率三种，还应当依据产业结构优化原则调整并设置基础产业增值税税率，扩大零税率的实施范围，并对小规模纳税人适度征税，适当调整设置几道征收率，以更好地发挥调节作用，确保中小型企业正常发展。

二、逐步提高所得税的地位

我国正面临经济增长方式的转换时期，与此相对应，所得税还未完全发挥其应有的作用。据不完全统计，1992 年流转税占全部税收收入的比重为 64.5%，至 1994 年，这一比例提高到 73.32%，而同期所得税的比例则由 21.92% 下降到 5.60%。就经济增长的类型与税制的关系来看，由于流转税与商品生产、商品流通、商品价格和商品销售环节有着密切的联系，收入刚性强，有助于经济效率的提高，但也会在一定程度上造成对价格的扭曲，影响资源的优化配置，比较适应于在速度型增长模式下组织收入。所得税与经济效益直接挂钩，以"所得多的多征，所得少的少征，无所得的不征"为原则，可以较好地解决收入的公平分配问题，但又可能在一定程度上影响经济效率的提高，比较适宜在效益经济增长模式下组织收入。素有"自动稳定器"之称的所得税没有完全发挥其应有的作用，尤其是从 1987 年起在企业推行承包经营责任制时，把所得税也列入承包范围之内，这就使得所得税形同虚设，难以发挥应有的作用。1994 年的税制改革，重点还是在流转税制度方面的改革，在所得税制度改革方面，虽然也采取了合并税种、统一税法等措施，但相对于流转税而言，改革力度要小一些，况且此次改革又是在基本保持原税负结构不变的条件下进行的，因而改革后的流转课税和所得课税的总量对比不会发生多大变化，在税收体系中所得课税的地位远不如流转课税。但是，随着市场经济体制的确立，流转课税对经济的调节作用已大大降低。这主要表现在：一方面，税改后增值税只采用两档税率，说明在税制结构中，增值税已趋向于"中性"。而另一方面，随着国民收入分配格局的变化，收入分配不公的问题愈来愈突出。在这种情形下，当前的税制在改革流转税的同时，应强化所得课税的作用，逐步实现以流转课税为主到以所得课税为主。西方市场经济发达国家的实践已证明了这一点，美、英、日、德等西方发达国家的税制经过较长时期的演变和发展，都已形成稳定的税制结构，这些国家税制结构的一个共同特点是所得税在税收体系中占有举足轻重的地位，而商品和劳务的课税即流转课税则处于次要的地位。

个人所得税是一项有广阔发展前景的税种，这是因为国民经济收入分配结构发生了很大变化。1993 年我国的 GDP 为 31 380 亿元，最终分配的结构为国家所得占 12.81%，集体所得占 21.98%，个人所得占 65.3%，与 1978 年相比，个人所得上升了近 15 个百分点。随之而来的居民储蓄存款也在巨额猛增，1994 年城乡居民储蓄存款净增 6 300 亿元，与 1994 年 72 个亿的个人所得税相比，个人所得税收入相当于储蓄存款增长额的比例只有 1.14%。由此可见，我国居民对税收的承受能力已经增强，而且潜力也是很大的。目前我国的个人所得税采取收入分项计征的模式。但我国公民个人收入隐蔽性强，来源广泛，非固定性的、一次性的收入比重越来越大，因此应当建立个人收入申报制度，采取先进科技手段进行税收征管，逐步实行综合收入按年计征的办法，建立一个制度严密、手段先进、负担更为公平合理的个人所得税制度。

三、健全地方税体系

严格划分税收管理权限，防止地方政府干预税收征管，这是问题的一个层面，另一个层面则应赋予省级地方政府更大的税收立法权和税政管理权。应根据地方税的不同类型，逐步解决地方税立法权的问题。部分地方税具体税率（额）的确定及其具体实施办法等税收管理权，应划给省（自治区、直辖市）。对各地都有但税源零星分散的一些小税，应把税收立法权和税政管理权全部归省（自治区、直辖市），省（自治区、直辖市）人民政府有权决定对具有地方区域性特色的税源开征新税。

在建立健全地方税体系的过程中，应开征遗产与赠与税、社会保障税；合并现有的内、外两个房产税、车船税为统一的房产税、车船使用税；改革现行的城市维护建设税，从"附征税"改为"独征税"；规范现有的土地税征收制度，建立统一的土地使用税；扩大资源的征收范围。除此之外，结合整顿分配秩序、健全财税职能、控制行政事业性收费和政府性基金，并对已设立的各种收费和基金进行清理整顿，在此基础上重新核定收费项目和基金规模，将一部分纳入预算内管理，并适时选择一部分规范为税收，纳入地方税体系建设。

四、统一税法，公平税负

税收优惠手段是税制建设的重要基本要素之一。但是，如果减免税过多过滥，则会破坏税制的完整性、税收的强制性和税法的严肃性，导致税负不公平和税收聚财功能削弱。

根据公平税负，推进社会主义统一市场形成的需要，一个规范化税制应基本上不对个别企业进行减税免税，统一执行的减税免税项目也应尽可能少些。在新旧税制转轨时期采取的先征税后返还的办法，是过渡性的、暂时的，执行期限不能过长，期满后应纳入规范化税制轨道，以避免重新出现税负不公平的局面，避免市场机制对资源配置的主导作用发生扭曲。

尽快缩小税收政策的差异，首先要坚决杜绝开税收优惠的新口子，需要财政扶持的行业、部门，可以采用增加财政支出的形式来体现。其次要对原有的优惠政策进行重新界定，继续按照"统一、规范、公平、公正"的原则清理和取消不合理关税减免政策，并坚持积极降低关税税率总水平与扩大关税税基相结合，降低关税税率与清理减免税相结合，推进关税制度的改革；改进并出台出口退税制度，打击偷税骗税行为。最后是制定税收优惠政策的导向应向产业政策方面倾斜，按地区设置的税收优惠政策应逐步取消。为了保持政策的连续性和稳定性，缩小地区间经济发展的差距，今后应把地区性税收优惠政策严格限制在经济特区和少数高新技术开发区，逐步取消其他地区性税收优惠政策。

五、加强税收征管

税收征管制度是税制的重要组成部分。改变目前征管制度不严格、征管手段落后的局面，从根本上提高税收征管水平，建立科学严密的税收征管体系，保证税法的贯彻实施，建立正常的税收秩序，是建立以内涵型税制为主的新税制的必然要求。

（1）普遍建立纳税申报制度。建立纳税申报制度有利于形成纳税人自我约束的机制，促进公民增强纳税意识，也是税务机关实施有效征管的基础。纳税申报制度建立以后，对不按期申报的，要进行经济处罚；不据实申报的，均视为偷税行为，要依法严惩。

（2）积极推行税务代理制度。应当按照国际通行做法，实行会计师事务所、律师事务所、税务咨询机构等中介机构代理办税的制度，使其成为税收征管体系中一个不可缺少的重要环节，形成纳税人、代理办税机构、税务机关三方面相互制约的机制。

（3）加速推进税收征管计算机化的进程。在税收征管环节采用电子计算机等先进技术手段，是建立严密、有效的税务监控网络的必由之路，也有利于降低税收经常性成本。考虑到我国纳税人分布面广、计算机管理基础较差，可以先从城市和重点税种征管的计算机化做起，逐步形成全国性的、纵横贯通的税收征管计算机网络，并建立财政、金融、税务之间的信息网络系统。

（4）建立严格的税务稽核制度。在普遍推行纳税申报和税务代理制度以后，税务机关的主要力量应转向日常的、重点的税务稽查，建立申报、代理、稽查三位一体的税收征管格局，同时辅之以对偷漏税行为进行重罚的办法。

六、加强税收法制建设

建立健全税收法制体系，坚持依法治税原则，是充分发挥税收职能作用的必要保证，是促进社会主义市场经济健康发展的必要条件，是提高税收收入占 GDP 比重的基石。这就要求加强税收法制建设，加快完成税收法律法规的立法程序，逐步建立税收立法、司法、执行相互独立、相互制约的机制。

（1）建立以"税收基本法"为母法，各类实体法、程序法、组织法相配套的税收法律体系。

（2）"税收基本法"应成为明确税收工作法律规范的基本法典。其主要包括的内容是：明确国家税收的职能、作用和行为主体；税收法则；各级政府和税务机关的税收行为规范；协调、处理征纳双方及各方关系的基本准则；税法与其他法律法规的关系，等等。

（3）根据税制改革进程和税收工作法制化的要求，逐步完成税收法律法规的立法程序。例如，各种税的单行法律规范化、税务机关组织条例、税收管理体制规定等。在条件成熟时，将一些税种的条例及暂时条例上升为法律。

（4）逐步建立税收司法体系。设立专门审理税收案件的税务法庭，设立税务检察制度，进行税务治安派出所和税警联合办公试点，以增强法律威慑力，维护国家税法尊严。

（5）加强税务机关内部法制机构建设、健全税务干部培训考核制度，加强法律专业培训，开展税务行政复议应诉工作，从整体上提高税收执法水平和税务干部的业务水平，防止和惩治税务人员徇私舞弊。

（原文载《理论与改革》1996 年第 9 期）

"王海"该不该缴税？

王国清

　　"王海打假索赔"是应予肯定的，但"王海打假索赔"的赔偿金应否缴纳所得税，对此尚无明确的征税依据或免税项目。一般来说，赔偿金是可以不缴纳所得税的，也就是不列入征税项目或给予免税，因为一般所说的赔偿金，是指在发生损失后得到的应有经济补偿或给予的经济上赔偿的罚金。

　　"王海打假索赔"的赔偿金也是赔偿金的一种，但在经济转型时期和"假一罚十"等条件下，其概念或范围是比较模糊的，因为这个赔偿金既包括所购商品金额的对应部分，也可能包括"加倍赔偿"的部分，以及索赔过程中发生的合理费用，甚至额外的奖金部分。个人所得税法规定，省级人民政府、国务院部委和中国人民解放军军以上单位，以及外国组织、国际组织颁发的科学、教育、技术、文化、卫生、体育、环境保护等方面的奖金免税。依笔者之见，"王海打假索赔"的赔偿金中带有某种奖励性质的"加倍赔偿"和额外奖金部分，则应予征税。换个角度思考，从其取得来看，是新出现的问题或现象，可以"经国务院财政部门确定征税的其他所得"而明确列入征税项目；亦可看作是必然中的偶然，归属于"偶然所得"范畴，尽管目前的"偶然所得"限于得奖、中奖、中彩等偶然所得，但该条款可以明确补充认定"打假索赔"的赔偿金的归属，因为即使在假冒伪劣商品无孔不入的情形下，也毕竟不是任何厂商的任何商品均属假冒伪劣，从这个意义上讲，带有某种偶然性，尤其是在各项法规健全、经济行为及管理较有序运行之后，更是归属于"偶然"。

　　在对"王海打假索赔"的赔偿金征税时，不论是从鼓励消费者的监督角度，还是从时下其赔偿金的内容及数额来看，可以设计一个免征额，该免征额应包括所购商品在买进过程中按规定支付的有关费用和索赔发生的合理费用，以及限额（率）奖励部分。没有达到免征额的不征税，仅就其超过部分征税，并适用 20% 的比例税率，由支付赔偿金的单位或个人按次代扣代缴。如果个人得到的赔偿金用于对教育事业和其他公益事业捐赠的部分，应比照现"偶然所得"，从应纳税所得额中扣除。

以上思考仅限于"打假索赔"的个人行动，如若成为有组织的企业行为，则另当别论了，其纳税事宜可做如下考虑：

（1）"打假公司"提供有偿服务，已表明该公司运营第三产业——服务业，应对其有偿服务收入征收服务业的营业税。

（2）消费者个人得到的赔偿金，亦应依照前述办法征收个人所得税，除了减扣免征额之外，在确定应纳税所得额时，尚应扣除有偿服务的合理收费部分。

（3）"打假公司"的有偿服务收入总额减去准予扣除项目后的余额为应纳税所得额，应该缴纳企业所得税。

（4）"打假公司"自行组织"打假索赔"的赔偿金，原则上比照前述个人"打假索赔"的赔偿金应否征税的设计构想，仅就其超过免征额的部分征收企业所得税。

（5）前（3）（4）项的计税所得，操作上应合并征税，可以实行按年计征，按月（或季）预缴，年终汇算清缴，多退少补的办法。

（原文载《四川财政》1997 年第 4 期）

关于减免税优惠的思考

王国清

目前，在税制改革的同时，要把重点放在控制减免税，清理税收优惠政策，加强税收征管上。减免税是对某些纳税人和课税对象给予鼓励和照顾的一种特殊规定，是一种灵活特殊的调节手段。那么，在财政税收的内在机制之中，减免税具有哪些功能呢？各种功能又有何特点？弄清这些问题，有助于规范减免税和正确运用税收优惠手段。

一、减免税是税收和财政支出的典型结合

就税收论税收，或就支出谈支出，理论界已述及其弊端，实际工作也已有所改进。国家在运用财政杠杆稳定经济均衡，调节收入分配等诸多方面，往往采取双管齐下的政策，在税收和财政支出方面实行相应的措施，把二者联系起来协调税收和财政支出。例如，同时相应地增加或减少税收与财政支出的规模；或同时改进税收制度和财政支出制度，实行增税节支的政策等，就属于税收和财政支出双方的配合。如果研究税收的归宿，不考虑财政支出的情况；或研究财政支出利益的归宿，不考虑税收的情况，显然无助于二者的协调。因此，对税收归宿和财政支出利益的归宿进行综合考察，把二者加以对比，到底是税收大于财政支出利益，还是财政支出利益大于税收，并选择适当的方式和采取相应的步骤把二者结合起来，则有助于财政杠杆操作的多样化，借以达到预定的目的和取得预想的效果。减免税就是税收和财政支出结合的典型形态。

减免税是税制诸要素之一，是税收的一个组成部分，但它是一种

"负税收"，因而又不等同于一般意义的税收。它不仅关系到国家税收政策能否顺利实施，而且关系到税收杠杆的作用能否发挥。减免税又是一种财政支出，但它毕竟同一般的直拨财政支出有些区别，尽管减免税对受益人产生的财务效益和一般的直拨财政支出产生的财务效益可以一样，减免税对政府财政的影响和一般的直拨财政支出对政府财政的影响也可以一样。由此观之，减免税自成一个相对特殊的独立体系，它不仅联系着税收和税制本身，而且实际构成财政支出的一项重要内容，把税收和财政支出的功能有机结合起来并发挥作用，具有一身兼二任的特殊功能。

二、减免税的功能及其特点

减免税具有如下功能和特点：

（一）调节税收负担的功能和特点

减税是对纳税人应缴税款减少征收一部分，免税是对纳税人应缴税款的全部免除，所以，减免税的核心是税收负担问题，它体现和调整实行征税的深度，因而具有调节税收负担的功能。该功能的特点主要表现在以下三个方面：

第一，减免税是对纳税人税收负担的第二次调节，是征税深度的补充和修正，其现象形态是政府收入的短收。减免税之所以是对纳税人税收负担的第二次调节，是因为税率是体现征税深度的首要因素，在体现征税深度的功能层次上居于首位；减免税则是在此基础上的再调整，在体现征税深度的功能层次上居于第二位，二者在调节税收负担功能方面具有层次性和递进性。

第二，减免税对于具体的纳税人而言，使其承受的税收负担具有累退性，这在取得高销售收入或高所得的纳税单位和个人方面，表现尤为明显。因为从理论上讲，对不同的销售收入或所得水平的纳税人来说，税收负担应与其各自的销售收入或所得水平相适应。

第三，除全局性的减免税外，减免税的受益范围具有明显的局部性，而不具有普遍性。因为通过减免税来减轻纳税人的税收负担，固然是最简便的办法之一，但它不是任何单位和个人都能享受到的，至少不在征税范围的单位和个人不会受益于减免税。除普遍的、全局性的减免税外，其他类型的减免税如果出现普遍性，在一般情况下，则反而说明税率设计本身存在缺陷，务必调控税率，强化征管，依法办事，依率计征，严格减免。这既可以维护税收的严肃性和统一性，又可以切实减轻单位和个人的负担，有利于理顺国家和单位、个人之间的分配关系。

(二) 协调税收制度的功能和特点

减免税作为税制的基本构成要素之一，需要和税种的设计、纳税人、税率、课税对象等搭配组合，使整个税收制度在经济的正常运行中，具有协调税制诸要素的整体性和配套性的功能。该功能的特点主要表现在以下三个方面：

第一，减免税导致实际纳税人数减少。笔者认为，按照计算程序和方法的不同，减免税可分为直接减免和间接减免。直接减免是指按照税法规定的税率，根据课税对象总额计算出税额，而后再按照一定标准给予减免；间接减免是指适用于先从纳税人的课税对象总额中，按照一定标准预先扣除一部分，只就剩余部分依率计征，从而减少或在一定限度内免除应纳税款的减免。就累进税率而言，直接减免和间接减免的结果，不仅使适用于原税率表中高税率的纳税人数相对减少，而且导致整个实际的纳税人数绝对减少；就比例税率来看，无论是直接减免，还是间接减免，最终也可使纳税人实际负担水平降低或解除，也会形成实际纳税人数减少。

第二，减免税侵蚀征税的客观基础。从直接减免的结果来看，纳税人实际承担的税收负担数量占整个课税对象总额的比重降低或解除，这无异于课税对象的间接缩小或消失；从间接减免来看，由于其本身就是直接从课税对象总额中预先扣除一部分或全部，更是明显地缩小或消除了课税对象的数额。

第三，减免税易牵动税率的升降。减免税是在税率既定的前提下，通过减轻或解除纳税人税收负担而发挥其功效的。在税制的设计中，减免税和税率所涉及的税收负担数量，一般存在着此长彼消、互为因果的关系。所以，从另一个角度来看，正是由于减免税缩小了征税范围（纳税人的范围和课税对象的范围），如果要维持原来预计的收入水平，则易拉动原税率，导致过高的税率；如果要维持原税负总水平，则需在降低征税起点、扩大征税范围的基础上降低税率。总之，减免税会刺激税率的双向运动。至于减免税会刺激生产，从而充裕税源，在税率不变的条件下，也可以达到或超过设想的收入水平，那又是另一个问题了。

（三）衔接预算支出的功能和特点

减免税作为一种特殊的财政支出，其产生的效果、效益、效应和影响，与一般的财政支出有着某种一致性，客观上需要建立减免税的独立体系，并将其纳入预算管理，和其他财政支出综合平衡，协调它们的规模和着力的方向，因而减免税具有衔接预算支出的功能。该功能的特点主要表现在以下两个方面：

第一，减免税的预算管理可控性较弱。如果说政府的一般财政支出是一种直接财政支出的话，那么，减免税则可看作是一种间接财政支出，因而在一定范围内和某种程度上，减免税带有某种隐蔽性和偶然性，它较政府的其他财政支出，受到政府的监督和控制相对要松软些，进行规范化的操作难度要大些，相比之下，其预算管理的可控性也就较弱。

第二，减免税与直拨财政支出具有一定的替代性。直拨财政支出的作用范围较减免税要宽广得多，其中，在一定的范围和减免税的作用领域重合交叉，加之减免税作为一种"负税收"，导致财政收入减少，从而会影响到政府直拨财政支出的缩减，但减免税的支出功效又使得它与直拨财政支出具有一定的一致性，因而减免税和政府直拨财政支出有着某种替代作用。正因为如此，这就要求政府根据二者的作用范围和不同的特性，做出正确的形式选择和数量的界定。

三、统一税法，公平税负

税收优惠手段是税制建设的重要基本要素之一，对税收宏观调控起重要作用。但是，如果减免税过多过滥，则会破坏税制的完整性、税收的强制性和税法的严肃性，导致税负不公平和税收聚财功能削弱。

根据公平税负，推进社会主义统一市场形成的需要，一个规范化税制应基本上不对个别企业进行减税免税，统一执行的减税免税项目也应尽可能少些。在新旧税制转轨时期采取的先征税后返还的办法，是过渡性的、暂时的，执行期限不能过长，期满后应进入规范化税制轨道，以避免重新出现税负不公平的局面，避免市场机制对资源配置的作用发生扭曲。

尽快缩短税收政策的差异，首先要坚决杜绝开税收优惠的新口子。需要财政扶植的行业部门，可以采用增加财政支出的形式来体现。其次要对原有的优惠政策进行重新界定。继续按照"统一、规范、公平、公正"的原则清理和取消不合理关税减免税政策，并坚持积极降低关税税率总水平与扩大关税税基相结合，降低关税税率与清理减免税相结合，推进关税制度改革。改进并出台出口退税制度，打击偷税骗税行为。最后是制定税收优惠政策的导向应向产业政策方面倾斜，按地区设置的税收优惠政策应逐步取消。地区性税收优惠在本质上有悖于公平税负的原则。为了保持政策的连续性和稳定性，缩小地区间经济发展的差距，今后应把地区性税收优惠政策严格限制在经济特区和少数高新技术产品开发区，逐步取消其他地区性税收优惠政策。

（原文载《云南财贸学院学报》1997 年第 4 期）

规范发展税务代理的途径

王国清　范凤山　李　涛

我国的税务代理自 1985 年实施以来，经过起步、试点、推广三个阶段，从业人数有所增加，业务范围有所扩大，但远未形成一种制度，与规范的税务代理还有一段距离。

一、成因剖析

（一）认识上不统一，导致税务代理业务发展缓慢

长期以来，由于我国的税收管理方式、方法是按照计划经济体制下行政管理的方式、方法进行的，税务部门在税收管理工作中习惯于一包到底、一统天下的工作方法，因而对开展税务代理也产生了各种各样的不同认识。有人认为，目前我国的市场经济体制还没有完全建立起来，搞税务代理制度尚不具备应有的条件。还有人认为，税务咨询、税务代理不过是一部分离退休老干部为自己继续工作留下的后路，不客气地说，就是让离退休人员来抢在岗人员的饭碗。搞了税务代理，还要税务干部干什么？另有人认为，涉税事务理应由税务部门独立办理，税务部门过去从来没有向纳税人收取过纳税之外的任何费用，实行税务代理制度则要在税务机关和纳税人之间建立一种中介机构，并向纳税人收取服务费用，不但会影响税务机关的威信，也会给纳税人增加不必要的负担。这些认识上的偏差，将会在一定程度上给推行税务代理工作造成障碍。

（二）缺少高素质的代理人员，工作效率低下

从世界上几个税务代理业务搞得较好的国家来看，拥有一支素质

极高的税务代理人队伍是实行税务代理的前提条件。如日本的《税理士法》严格规定了税理士的独立核算，并把每年的 8 月 15 日定为税理士考试日，使之常年化、法律化。从我国目前税务代理的试点情况来看，一些地方从事税务代理的人员，多数还是离退休的老同志。他们虽然具有财税专业技能和相当丰富的实践经验，并愿为开拓税务代理事业奉献，但税务代理绝不是"老人事业"，它是大有发展前途的高智力产业，老年人毕竟受到身体条件、计算机知识和财务软件操作上的一些限制。在高科技迅猛发展的今天，代理人队伍应该是老、中、青多方面能力相结合的队伍。而目前我国的税务代理人队伍无论是数量上还是业务素质上都难以胜任，这是我国推行税务代理业一个不可忽视的难点。

（三）税企职责不分，税务代理市场不健全

税务代理制的目标在于建立一种社会机制，即帮助纳税人办理纳税申报、依法缴税的机制，从而使税收政策顺利贯彻实施，规范征纳双方的权利与义务，维护国家和纳税人的合法权益，降低税收成本。税务代理要能够实行与发展下去，还要有市场，但目前这一市场机制还缺乏，缺少纳税人主动积极寻找税务代理的动力和环境。由于税务代理是征税与纳税的中间环节，只有征纳双方对税务代理产生需要，税务代理才能存在并不断发展进而形成税务代理制度。从我国税务代理产生和发展的过程来看，我国税务代理源于国家需要，即国家从便利原则、效率原则、最小征税成本原则及深化税收征管改革需要的角度出发，实行税务代理并积极将其制度化，却忽视了纳税人的需求，导致税务代理的社会需求不足。换言之，我国税务代理从产生伊始，发展到今天，始终是"税务人"——从事税务理论研究和实际操作的人员在唱主角，缺乏纳税人的积极配合和广泛参与。原因虽然是多方面的，但主要的问题在于：①税企职责的划分仍没到位，如纳税申报、税务登记等实属纳税人的职责，仍由征税人代办，难以从根本上解决纳税人对税务代理人的现实需求问题。②税收法纪不严、威慑力不够，纳税人没有不依法纳税就要受到重罚的压力，税务代理市场建立不起来，税务代理难以制度化。

二、规范构想

（一）统一思想认识

税务代理与其他行业的咨询一样，都属于第三产业中的高层服务业。税务代理工作是一种权威性、垄断性的高智能服务项目，是社会性质和实行有偿服务的行业。它通过直接为纳税人服务而不是依靠行政服务来发挥职能。税务代理人按照纳税人的委托行使代理权限，以被代理人的名义代为实施纳税行为，被代理人对代理人的代理行为要承担民事责任。税务代理机构是处于征纳双方之间办理税务代理业务的社会中介服务机构。对这种具有社会服务职能性质的行业来说，采用服务行业管理体制是适宜的，而不适于采用行政管理的体制。

（二）加快税务代理法规体系的建设

税务代理是一种法律行为，税务代理制的建立和运行需要有一套完善的法律体系作为依托，以规范纳税人、税务代理人、税务机关在税务代理活动中的行为和关系，保证税务代理工作正常运作。从立法角度来看，税务代理制度立法应包括基本法律、配套法规、行业制度等多层次的行为规范。

（1）基本法律。应加快制定"中华人民共和国税务代理法"和"税务师法"，明确税务代理的宗旨和原则、税务代理人的法律地位、执业范围、机构的性质和组织形式、权利和义务、税务师的资格认定、等级评定、奖惩办法等。

（2）配套法规。在公司法、民法通则、民事诉讼法、行政处罚法等法律、法规中，对税务代理当有表述，以明确税务代理人与其他有关部门的关系和法律地位。

（3）行业制度。建立一整套切实可行的税务代理规范化管理制度和行业制度以及代理机构、代理人员的自律性运行机制。其内容主要包括：税务代理工作规程、税务师管理办法、税务代理人职业道德与执业纪律、税务代理业务考核制度、税务代理工作报告制度等。

（三）配套健全相关的外部环境

（1）提高公民的纳税意识，充分调动纳税人在申报纳税中的主动性。从国外实行税务代理较成功的国家来看，其公民的纳税意识普遍较强，为了合理合法纳税，他们愿意寻找中介机构为其代理纳税事宜。而我国公民纳税意识较差，很多纳税人为逃避纳税，千方百计钻税收政策及征管工作的漏洞，他们不以偷税为耻，反以为荣。对这部分纳税人而言，正常纳税尚且做不到，何谈承担代理费用并积极寻找税务代理机构为其代理纳税？为此，税务部门除开展广泛的税法宣传外，还应有侧重地对纳税大户进行纳税业务培训。在纳税申报制度刚起步阶段，有必要引进一定的激励机制。如日本的"蓝色申报制度"，即对能如实申报的纳税人采用以"蓝色"为标记的申报表进行申报，在费用、损失扣除方面给予更多的优惠，并在申报顺序上给予一定的优先权；反之则用"白色"普通申报方式。这种堵塞与疏导相结合的办法可以促进纳税人如实申报。在我国税收基础手段落后、惩处措施欠具体的情况下，这种办法就更有效了。

（2）改革征管模式，加强税务稽查，将有关法规具体化、严厉化。在实行税务代理制的国家里，税收征收管理的方法较科学、手段较先进，容易查出纳税人的偷逃税行为，而且这些国家对纳税人的偷逃税行为处罚较严，特别是在实行"轻税重罚"的国家更是如此。美国联邦及各州、县税务局每年对所有纳税人进行抽查，尽管这种抽查的概率仅占所有纳税人数的10%，然而一旦被查出，哪怕偷逃税数量很小也会被罚得倾家荡产。在加拿大，一经查出偷税行为，除了处以数额巨大的罚款外，还要将偷税行为公布于众，使偷税者声名狼藉。这样将迫使纳税人不愿偷逃税、不敢偷逃税，为了不受处罚，自愿寻找代理人代理纳税。与此相反，我国对偷逃税行为处罚不力，一是国家对违反税法者处罚力度不够，往往只是以经济处罚解决此类问题，且处罚的数额不大；二是处罚不严。即使在处罚不很重的规定下，由于执行者素质不高等原因，纳税人往往敢于铤而走险并最终有惊无险。另外，我国税收征管体制不健全，征管手段落后，部分征管人员业务不熟练，对一些纳税人的偷逃税行为检查不出来，致使偷逃税者存在侥幸心理。在这种征管环境下，纳税人很难产生委托税务代理人代理纳税的外在压力。

（3）完善税制结构，加快企业所得税和个人所得税的改革进程。一个国家的税制体系完善程度及结构的复杂程度，对于税务代理业的产生与发展起着决定性的作用。在实行税务代理制的国家里，税制以所得税为主体，结构较复杂，许多非税务人员搞不清自己的哪些经济行为属于应税行为，应缴纳多少税金，在少纳税或不纳税所受处罚较严厉的条件下，纳税人只能选择税务代理，这可同时做到节省时间、精力、费用、降低纳税成本、提高工作效率等。从我国经济发展的实际情况及税制改革的趋势来看，所得税的收入和地位也将与日俱升。尤其是个人所得税，由于来源渠道的多样性、隐蔽性、分散性，纳税人通过"化整为零"的战术，往往可绕过纳税限额，偷逃税款。而我国企业所得税虽然进行过所得税制的两次统一，但内、外资两种企业所得税法并存的局面没有被突破，仍然存在着内、外资企业之间和地区之间税负不平衡、税收优惠层次繁杂等"病症"，给纳税人偷逃税以可乘之机。因此笔者建议，当前急需做的是：统一内、外资企业所得税，重新核定减免办法及范围；在个人所得税的税制设计上先过渡到综合税制，即先就纳税人有连续来源的所得按标准税率实行源泉课征，再综合全年各类所得申报纳税，把源泉课征与自行申报结合起来。

（原文载《财经科学》1998 年第 1 期）

关税下调对经济有何影响

王国清

为加速我国经济特别是对外贸易向符合国际惯例的市场经济转变，推动世界经济一体化进程，我国进口关税水平不断降低。从 1997 年 10 月 1 日起再次大幅度降低进口关税税率降税涉及 4 874 个税号，占我国现行税则 6 633 个税号的 73% 以上。关税算术平均税率由此前的 23% 降至 17%，降税幅度达 26%。时任国家主席江泽民 1995 年 11 月在亚太经合组织大阪会议上承诺，到 2000 年，我国平均关税税率将下降至 15% 以下。中国政府已基本勾画出逐步调低关税水平的进程蓝图，即在 2000 年到 2020 年的 20 年间逐步将关税总水平降低至 5%。

一、关税水平、关税制度及其经济影响

现阶段，降低关税对经济有何影响？首先有必要把握名义关税水平与实际关税水平的差异，进而考察其对经济的影响。

我国现在实行的是复式关税税率制度，对不同贸易形式的进口商品分别实行普通、优惠、配额内、暂定或特别减免等一系列差别很大的税率。包含多种不同税率的关税措施与非关税措施的相互配合，构成了当前关税制度的三个相互依赖的组成部分：主要利用配额、许可证等非关税措施控制商品品种的进口数量；对配额内或某些符合政府要求的进口商品实行低税或免税的优惠；对配额外或不符合国家政策鼓励的进口商品实行较高的税率。这种复式关税制度，有效地控制了进口数量，保证了外汇收支平衡和汇率的稳定等，但也存在着名义关税水平高于实际关税水平的问题，使过高的名义关税失去了实际意义，

既不利于维护中国的国际形象，也刺激了走私行为；客观上给利用变换一般贸易为补偿贸易、加工贸易、设备投资、援助捐赠、易货贸易等贸易形式进行避税的行为提供了方便；以非关税措施为主的进口管理制度使得保护性收益未能有效地利用，甚至丰厚的配额利益驱动还会妨碍相应部门的健康发展。

可见，现阶段降低关税税率，实际上降低的是名义关税水平，甚至是较大幅度降低名义关税水平，对国民经济总体的影响不大。因为目前较高的名义关税水平在许多税目中并不发挥实际作用，适当降低其水平，无论是对当前进口管理体制，还是对实际贸易保护程度，都不会产生明显的冲击，也不会对国内产业构成威胁。但逐步大幅度降低名义关税水平，将有助于加入世界贸易组织的谈判，有助于进一步提高我国的国际形象，也会加速我国外贸体制逐步与国际接轨的步伐。

就实际关税水平而言，我国目前的实际关税总水平已低于国际平均水平，甚至低于许多发达国家，所以实际关税总水平不仅不会降低，而且会逐步以关税形式替代不符合国际市场原则的非关税措施，实际关税的总水平还会相应有所提高。

有关资料测算显示，当名义关税水平由 23% 降到 17%，由于幅度较小，与实际关税水平的距离较远，对经济的总量影响极小。关税名义水平再降到 15%，社会总需求上升的幅度不足 0.1%，国内生产量下降 0.1%，进口量上升仅为 0.71%。但就经济的结构而言，受影响较大的是目前市场保护程度较高的企业或部门，如毛纺、石油、电力、汽车及金融保险等。再换一个角度思考，在短期内，名义关税水平下调不会对国民经济总体带来较大影响，但下调初期在局部调整方面，也会造成国内生产能力闲置和失业程度加剧。不过随着产业结构的相应调整，国内总产出还会增加。从长期来看，我国国内市场与国际市场接轨，国内经济与全球经济一体化势在必行，我国贸易保护程度尤其是非关税措施的保护程度终将受到实质性触及。因此，充分利用目前国内贸易保护程度仍然较高的有利条件，尽早采取相应对策，对国家、地区和企业都是极其重要的战略选择。

二、降低关税对企业和地方的影响

（1）降低关税，无疑会增强国际资本对我国投资的兴趣，从而提高我国吸引外资的能力，企业和地方应充分利用这一契机。降低关税会减轻外商投资企业进口设备的关税负担，降低生产成本，加之其他优惠政策，将有力推动新一轮的外商来华投资商潮，企业和地方完全可以有所作为。

（2）降低关税，可以促使企业和地方适应改革开放形势的需要，更新观念，参与国际竞争。只有转变观念才能面对现实，中国的市场正大步向世界开放，中国推动区域经济合作，实现贸易投资自由化的决心坚定不移，中国加入世界贸易组织是必然的。

（3）降低关税，有利于抑制走私，优胜劣汰，促使企业加速改革和转变经营机制，不断提高竞争力。走私货进入中国市场，实际上进行的是低价位竞争。而过去实行的高度保护带来的又是经济的低效率运行和低效益发展，企业和地方在保护下安于现状。随着关税降低，市场开放，企业只有加速转变经营机制，通过资产重组、企业兼并、扩大规模、降低成本和价格，不断提高竞争力，在激烈的市场竞争中求得生存和发展。

（4）降低关税，有利于企业和地方引进国外的先进技术和设备，节省大量的研究开发费用，赢得时间。通过对引进技术的吸收消化，创新开发，形成我国企业和地方的后发优势，促使产品升级换代。同时，关税降低也会降低某些元器件①的进口成本，从而降低相关国产商品的成本，降低价格，进一步提高竞争力。

（5）降低关税，促使企业和地方在国内市场上了解民情，推出更适应中国国情、更实用的产品，把市场营销做得更细，甚至渗透到乡镇市场。这就需要优化服务，而优化服务的关键，在于人的观念的改变、经营机制的转换、员工素质的提高。

（原文载《四川财政》1998 年第 4 期）

---

① 元器件是指用于电子设备和电路中的各种基本组件。

企业资本经营中的所得税研究

王国清　范凤山

一、资本经营的一般内涵

资本经营，一般是指一种通过对资本使用价值的运用，在对资本有效使用的基础上，包括直接对资本的消费和利用资本的各种形态变化，为实现资本盈利的最大化而开展的活动。它包括两方面内容：一是通过资本市场对不同形态的资本进行买卖，实现资本增值；二是通过对资本使用价值的运用，实现资本价值的增长。在现代市场经济条件下，企业的一切生产经营活动，都是资本经营的实现形式。企业要搞好对资本的经营，就必须适应现代市场经济的规律，明确对资本的组合形式、管理方式，盘活资本，以实现资本效益的最大化。

应该承认，资本经营确实是一种更高级的企业经营方式，它与比较发达的市场经济相联系。它不仅包括企业内部的生产经营，还包括企业之间的并购运作。

其实，资本经营作为一种企业在风险尽量小的条件下追求最大化利润的市场竞争行为，不仅企业生产的产品成为商品，而且企业自身的资产也必须成为可以自由转让的商品，包括企业资产的实物形态（如机器设备等）和价值形态（如股权、债权等）都可以自由让渡。

在现有制度安排下，我国企业在资本运作中困难重重。但这不是资本经营本身导致的，而是受到许多外部因素的干扰。就我国目前的企业所得税收政策来讲，由于其不规范，就严重地制约了企业的资本经营。

二、制约企业资本经营的企业所得税收因素

（一）现行企业所得税管理体制

企业资本经营的一个重要前提条件就是建立现代企业制度，政企彻底分开，为企业营造一个公平的市场竞争环境。但现行的税收管理体制是按行政隶属关系划分企业所得税的，即中央企业所得税划归国家税务局，地方企业所得税划归地方税务局，强化了政府对企业的行政干预。这样，跨地区、跨行业、跨不同（财政）行政级别的并购，必然导致被并购企业在不同地区、不同级别政府企业缴纳所得税对象的改变，从而影响被并购企业原隶属的地方政府税收收入。因此，在并购行为中，往往被并购企业隶属的那级政府出于维护自身利益的需要，对影响税收收入的重组并购行为持反对态度。特别是跨地区重组，因为企业产权重组，必然会使那些在产权重组中丧失原有企业的政府部门失去一个税源，从而使自身利益受损。为维护自身利益，地方政府就进行一定的市场封锁，限制外地产品冲击本地产品；为了防止中央企业参与本地企业利益分配，有些地方明文规定不允许本地企业吸纳中央企业的投入，等等。据有关部门估计，目前我国并购行为中企业所得税体制因素影响度超过50%，从而，这种企业所得税制度从利益上加重了企业资产重组中地方与中央、地方与地方之间的利益冲突，阻碍了企业的资产重组过程。

（二）内、外资企业所得税的差异

尽管我国目前内、外资企业的名义税率都是33%，但由于二者优惠政策的差异，因此二者实际负担率有所不同。据有关部门测算，内资企业实际负担率为25%，远大于外资企业的实际负担率15%。

1. 优惠内容不同

内资企业所得税优惠政策是与我国多重宏观政策目标相配套的，如劳动就业政策、社会福利政策、产业政策、生态环境保护政策、民族地区政策等。外商投资企业和外国企业所得税优惠政策目标主要是吸引外资，引进先进技术，发展沿海区域经济。

内资企业的地区优惠侧重于"老、少、边、穷"地区，是照顾性措施。外商投资企业则侧重于经济特区及沿海经济开放区，是鼓励性措施。

内资企业的产业优惠主要在高新技术产业、劳动密集型产业、第三产业。外商投资企业的产业优惠除高新技术产业外，还有能源、农业、交通运输等生产性企业，出口创汇企业、先进技术企业等。

2. 优惠形式不同

内资企业对高新企业按 15% 的税率征收所得税，同时对规模小、利润少的其他企业，制定了 27% 和 18% 的优惠税率。外商投资企业是按经济特区、沿海经济开放区等设置 15% 加 3%、24% 加 3% 的两档优惠税率。但各地为了更多地吸引外资，便纷纷减免了外资企业 3% 的地方所得税，从而使得外资企业优惠程度不同。

在免税期限上，内资企业减免税期一般是从开业之日起计算，外商投资企业是从开始获利年度起计算。外商投资企业的优惠程度大大高于内资企业。

3. 导致的问题

（1）内资企业所得税优惠多属于照顾性措施，以税收优惠来替代财政支出职能，混淆了税收与财政职能的本质区别。产业优惠较少，缺乏对先进技术的鼓励措施，缺乏通过税收政策引导资金流向的手段，没有体现出促进国民经济协调稳定发展精神和税收优惠的效率原则，不利于优化产业结构和产品结构，不利于企业的资本经营。

（2）对外资企业的大量优惠，造成外资企业的实际税负远远低于内资企业，使内资企业处于不利的竞争地位，有违公平税负、平等竞争和实行国民待遇的税收基本原则。外资企业的优惠政策，过分向沿海地区倾斜，未能引导外资向经济不发达的中西部地区投放，不仅不利于缩小经济发展的差距，而且进一步加大了地区差距，不利于促进区域经济的协调发展。税收优惠，还刺激了中外双方投资者的避税行为，造成内资企业的假合资、"曲线投资"现象，导致了企业竞争方向的改变和资源配置的扭曲。

（3）多层次的、多种区域性的税收减免优惠，干扰了市场的平等竞争，不利于企业转换经营机制，无法进行资本经营；过多的优惠，使税制过于复杂，缺乏透明度，既容易造成执行中的偏差，也影响了投资者的投资决策和信心。

三、改革措施

（一）完善分税制的管理体制，合理划分中央与地方的所得税管理权限

根据市场经济发达国家分税制改革的经验和我国分税制改革的实践，以企业隶属关系为依据划分中央与地方收入，并相应确定管理权限，已经证明不符合建立现代企业制度的要求，它严重地干扰了企业的资本经营。党的十四届三中全会通过的决定指出，将维护国家权益和实施宏观调控所必需的税种列为中央税，同经济发展直接相关的主要税种列为共享税；充实地方税税种，增加地方税收入。目前我国所得税在税收收入中的比重虽然不大，但它是维护国家权益的重要手段，而且在强调增值税的"中性"原则后，所得税的宏观调控职能日趋重要，所以应将企业所得税划为中央和地方共享税，采取按率计征的办法，由国家税务局统一征收，然后按规定的比例返还给地方（税率为33%，其中中央征收18%，地方征收15%）。这样，既有利于中央所属企业与地方企业的平等竞争，断绝企业与各级政府的"脐带"关系，又有利于调动双方的积极性，共担风险。在这个过程中，中央财政收入将会有所减少，可采取两个办法调整：一是改变税收返还基数来弥补中央财政收入；二是通过调整中央、地方的事权范围，使中央、地方财政与自己的事权范围相适应。采用这种办法，比较符合我国目前的实际，有利于现代企业制度的建立，将在较大程度上推动企业的资本经营。

（二）合并内、外资企业所得税，建立统一的公司所得税

首先，统一纳税人。我国现行企业所得税规定，内资经营、实行独立核算的各种经济成分和类别的企业以及有生产、经营所得和其他

所得的其他组织为企业所得税的纳税人，但由于有生产经营所得和其他所得的事业单位和社会团体具有不同于一般企业的特殊性质，造成了企业所得税暂行条例无法在这些领域实施。因此，新的企业所得税应该把事业单位和社会团体排除在纳税人之外，其纳税人就可以定义为凡在中华人民共和国境内的内、外资企业和有来源于中国境内所得的境外企业。

其次，统一税率。在新的企业所得税中，要取消税率的分档现象，不论是内资企业，还是外资企业，只保留单一的比例税率33%，不再设任何优惠税率。

再次，统一税基。在现行两套所得税税制下，外商投资企业和外国企业所得税规定的费用列支范围比内资企业所得税规定的费用列支范围要广一些，税基上存在明显差异。可把现行内资企业所得税的费用列支范围稍加调整后作为统一的费用列支范围。

最后，统一税收优惠。统一内、外资企业所得税，并不意味取消税收优惠，相反，在某些方面还要强化税收优惠。新的企业所得税优惠将从全方位吸引外资的目的转移到贯彻国家的产业政策目的上来，对符合国家产业政策的企业，继续给予税收优惠。统一后的企业所得税税收优惠采用单一比例优惠税率，税收优惠税率一般不宜超过10%。

这样，内、外资企业所得税统一后，就为建立现代企业制度创造一个公平的外部环境，使企业处于同一起跑线上，为企业顺利进行资本经营奠定了前提条件。

（原文载《财经科学》1998年第6期）

我国税制改革的回顾与展望

王国清

　　中华人民共和国成立以后的税制经历了由繁到简、由简到繁的多次反复，40 多年来的税制建设，尤其是改革开放 20 年来税制改革的实践表明：税收对经济的调控功能和聚财功能的发挥，国家与纳税单位和个人的税收分配关系的正确处理，关键在于税制的完善程度，在于税制构成的科学化、合理化和规范化程度。本文试图总结改革开放 20 年的税制改革，并就完善税制谈几点体会。

一、1978—1993 年税制改革的回顾与评析

（一）为什么要改革税制

　　党的十一届三中全会决定把全党的工作重点转移到社会主义现代化建设上来，我国进入了一个新的发展时期。在对外开放、对内搞活的新形势下，原有的税收制度无论是在外延方面，即税种设置，还是在内涵方面，即税制各要素的配合上，都越来越不适应形势发展的需要。这主要表现在：

　　（1）税种过少，税制外延性急需建设。片面强调简化税制，致使我国税种很少。在新的历史时期，经济结构、经营方式和流通渠道的多样化引起税源的变化，原有的税制已远不能适应新形势发展的要求。加之实行对外开放，对于"三资"企业的发展也必须制定相应的税收政策。因此，必须增设一些新的税种，加强税制的外延性建设。

　　（2）税制内涵性存在着税负不平衡问题。由于"左"的影响，集体商业和个体工商户的税负偏重，不利于贯彻多种经济成分合理负担

的政策，需要进行税负调整。另外，为促进农村经济的发展，也需要调整税负。

（3）税利比例不合理。长期以来，税制的改革基本上是在保持原税负的基础上进行的。但许多产品的盈利水平是不断提高的，因此，在税利总额中，税收的比例越来越低。为保证财政收入，加强企业的经济核算，需要通过一定的途径增大税收在税利中的比例。此外，国家与国营企业之间，也迫切需要用征收所得税的方式来确定国家与企业的分配关系。

（二）改革的主要内容

自 1979 年以来，我国的税制改革经历了一个逐步深化、不断发展和相继完善的过程，初步建立起适应有计划商品经济发展需要的多税种、多层次、多环节调节的复税制体系框架，税制的外延方面得到了较大的改革。这一时期的主要改革措施有：

（1）建立涉外税制。1980—1981 年，先后发布了《中华人民共和国中外合资经营企业所得税法》《中华人民共和国个人所得税法》《中华人民共和国外国企业所得税法》及这三个税法的施行细则。1991 年又将两个涉外企业所得税种合并为外商投资企业和外国企业所得税。

（2）增设起宏观调控作用的新税种。为了发挥税收在宏观控制方面的作用，增加了一系列主要目的是实现宏观控制的新税种。例如，为促进节油，开征了烧油特别税；为控制投资规模，开征了建筑税，后又进一步改革完善为固定资产投资方向调节税；为加强对消费基金的控制，先后开征了国营企业奖金税、国营企业工资调节税、集体企业奖金税和事业单位奖金税。

（3）在"利改税"中，对原有税制作了较大的改革。如把工商税分为产品税、增值税、营业税和盐税，改革国内所得税制度，分别制定集体企业所得税、城乡个体工商业户所得税和私营企业所得税，并开征了国营企业所得税和调节税。此外，还陆续全面恢复征收房产税、车船使用税、土地使用税，新设城市维护建设税，逐步健全了地方税的税收制度。

通过以上改革措施，以流转税、所得税为主，其他税种相配合的复税制体系基本建立起来。

（三）对改革的评价

经过近 15 年逐步建立起的多税种、多层次、多环节的复税制体系，是基本适应经济发展和经济体制改革的需要的。它突破了历次税制改革"简化保税"的原则，由否定税收对经济的调节作用转向充分发挥多环节、多层次、多方面的税收经济杠杆作用，由单一税制向复税制方向发展。税制改革的这些突破性进展使我国税制建设进入了新的轨道。但是这段时期的税制建设仍然存在着一些问题和不足，突出的问题表现在过分注重税种的增加和恢复，即过分注重税制外延建设。由于原税制过于单一，增加和恢复一些税种，使各个税种在生产、流通的不同领域发挥各自的作用，这是适应经济形势的发展需要的，因而也是十分必要的。但是如果在设置税种时不按照税种设计的原则，合理地设置和科学地搭配税种，盲目地增加税种数量，势必造成税种过多和繁琐。税种重复，针对同一课税对象设置多个税种，还会使税种之间的结构不合理，各税种之间缺乏统一协调，产生内耗。这些问题的存在使得该阶段的税制建设存在欠科学、欠规范的地方，妨碍了税收作用的充分发挥。因此，在稳定税制结构的前提下，走税制内涵性建设的路子，从以税制外延性建设为主逐步转变为税制的内涵性建设和外延性建设并重，则是今后税制改革的主要方向。1994 年的社会主义市场经济新税制改革正是符合这一税制建设理念而进行的。

二、1994 年新税制运行的考察及完善

（一）新税制改革的内容

为了适应建立和发展社会主义市场经济的要求，进一步贯彻改革开放的方针，必须针对我国原税制中存在的矛盾，参照国际惯例，逐步建立起一个具有中国特色的、符合社会主义市场经济要求的完善税制体系。在 1993 年 11 月 14 日通过的《中共中央关于建立社会主义市场经济若干问题的决定》中，把"积极推进财税体制改革"作为改革

的一项重要内容，明确规定要"按照统一税法、公平税负、简化税制和合理分权的原则，改革和完善税收制度"。遵循该决定的要求，借鉴国际上市场经济国家税收制度的改革经验和惯例，相关部门于1993年底先后出台了一系列重要税种的税法、暂行条例、实施细则和会计处理的规定，着重对税制外延和内涵方面进行调整。主要措施有：

（1）合并税种，简化税制。对原税制中对同一课税对象设置的多个税种进行了必要的合并和简化。一是几个税种并为一种，即国营企业所得税、集体企业所得税和私营企业所得税三种税简化合并为企业所得税一种，个人收入调节税、城乡个体工商业户所得税与个人所得税合并为个人所得税一种；二是一种税并入其他税种，即盐税并入资源税，产品税、工商统一税、特别消费税、烧油特别税四种税分别并入增值税和新设置的消费税，城市房地产税和车船使用牌照税分别并入房产税、车船税。通过合并，使原来税种重复设置、税制繁杂的矛盾得到了解决，使税制的外延性和规模趋于合理，达到了税制外延性建设有序的目的。

（2）取消税种。集市交易税、牲畜交易税、国营企业奖金税、集体企业奖金税、事业单位奖金税、国营企业工资调节税、国营企业调节税七个税种，有的已经与当前的发展不相适应，失去当时制定税法的依据，已无存在的必要；有的不仅不能发挥税收的宏观调节作用或作用甚微，反而增加了征管负担，也无存在的必要。取消这些税种，既是命名税制外延性建设规范化从而适应市场经济发展的要求，也是加强税收宏观调控职能的要求。

（3）增设税种，调整税制外延性结构。在这次税制改革中，根据社会主义市场经济发展的要求，新增加了土地增值税、证券交易税、遗产与赠与税三种国际上普遍实行的新税。其中，土地增值税和证券交易税属于国家在证券、房地产等环节设置的调节税种，以发挥税收调节投资结构、引导资产方向和控制规模的宏观调控作用。遗产与赠与税属于财产转让税，是分别以财产所有者死后所遗留财产和以赠送的财产为课税对象的税种。为体现分配公平和促进社会稳定，限制财产过分集中于少数人手中，有必要通过遗产与赠与税，利用税收杠杆来调节社会财富分配,缓解社会财富两极分化的矛盾。

经过这次税制外延性建设的调整和完善,除关税和农业税外,税种由原来的 32 个减少到 18 个,使税种的设计、税种结构趋于规范、合理和简化。

(二)新税制的成功及其完善

1. 对新税制的基本评价

1994 年 1 月 1 日起进行的这次全面税制改革,是深化经济体制改革的中心环节,也是建立和发展社会主义市场经济的重大举措。在中华人民共和国税制建设和发展史上,这次税制改革是一次前所未有的大变革。与以往不断建立、修订、相继补充和逐步完善税制相比,这次税制改革具有历史性的不同特点和新的内容。以往的税制改革过分注重税制的外延性建设,而相应忽视了对税制各要素如税率、税目、纳税期限、减免税等内涵性建设,对税收制度的设计问题,偏重于研究税种的合理布局,在税种的开征数量、分布上下功夫,而相应忽略了税制各构成要素的合理组合。新税制改革不仅在税制的外延方面做了较大的调整,而且把税制建设的重点放在税制的内涵方面。可以说这是一次划时代全方位深层次的改革,从其广度、深度和力度来说,都远远超过以往的历次改革,充分体现出它所具有的开拓创新特征,是税制发展史上一个重要的转折点和新的里程碑。

从实际运行来看,新税制是成功的。税收收入正常增长,连续五年税收的平均增长都超过 1 000 亿元。新税制之所以取得成功,首先在于它符合现代税制的发展要求。1994 年新税制创造了统一税法、公平税负的新环境。在这种情况下,如果要求减税或是免税就成问题了,因为税权是集中的,这势必要求严格依法办税,依法治税。在市场经济条件下,我们的改革只会向规范化、法制化发展,而不可能走回头路,不可能再走减税让利的老路。其次新税制建立了以流转税为主体、所得税为辅的税收体系,是符合我国的现实国情的。流转税的特性是税源普遍,符合税收普遍征收的原则,只要有销售,税收就可以实现;所得税不一样,它是取得销售收入,扣除成本费用后,有利润才征,没有就不能征。二者有着很大的差异。而且流转税有着刚性,能够及时、均衡、稳定地保证国家的财政收入。可以说，目前的税制是符合我们当前的现实情况的。

2. 完善税制与"清费立税"

1994 年后新税制虽然取得了一定的成效，但不可否认的是，现在的税制确实还存在需要完善的地方。增值税需进一步完善，有它的范围问题，有如何稳定地保证国家收入的问题；针对不透明的收入状况，如何进一步加强个人所得税的征管还有很多工作要做；要按照国民待遇的原则来统一企业所得税等。

（1）关于提高"两个比重"的问题。中央一直强调要提高财政收入占国民收入的比重。财政收入中主要是税收，当然是要提高税收占国民收入的比重，用目前的统计口径来说就是税收占 GDP 的比重。要提高中央财政收入占全部财政收入的比重。中央政府要进行宏观调控，没有财力是不行的，分税制财税体制改革的核心一个是规范，一个是税权，即财权的重心向上移动。若要提高"两个比重"，必须做到为政重在理财，理财必先治税，治税必须依法。如果不能做到这些，要提高"两个比重"，可能难以做到。就国民收入分配的体系来看，现在是政府收入多元化，这样一种局面是需要改革的。目前面临着一个"清费立税"的迫切问题，第一是规范政府的行为，第二可以减轻企业的负担，第三可以防止税收流失。

行政事业性收费由来已久，导致了许多消极现象的出现，在当前尽快改革行政事业性收费已成为大众关注的焦点。目前收费的力度之大，收费项目之多，收费额度之高，应该说是非常惊人的。首先从收费的主体来看，公安、工商、城建、交通、土地、教育、卫生、计量、环保以及企业的主管部门等都在收，形成了政府分配多元化的这样一个情况。从具体收费项目来看，有 1 000 多种，从数量来看，去年中央和地方的收费收入至少是 4 000 多亿元，在很多地方已出现收费收入与地方预算内收入并驾齐驱的态势。收费作为政府收入必须进行规范，必须对收费进行清理整顿。

我认为首先要禁止乱收费，对该收的费也应该进行规范，在规范的过程中，有一部分费就要转化为税，通过清理整顿把那些必要的、具有税收性质的费尽可能地纳入税收这样一个规范化的轨道上来。一是通过扩大税基，在征税的项目上来解决；二是将一些费改为税，以做到更加规范化的管理。

减轻企业的负担不能靠减免税收，这条路在法制经济的条件下是行不通的，因为税法具有高度的统一性，不能对某一个单位和个人例外。如果进行减免，将造成企业的负担不公平，不利于公平竞争。目前，有资料显示，预算内外的收入大致相等，税收只占大口径的政府收入的1/3。从总的来说，我国企业的总体负担，不但没有降低，反而有所上升。这里所说的负担，包括税和其他各种收费、基金等。其中税收的负担是没有增加的，问题在于不规范的收费，它是造成我国企业宏观税收负担水平不重，但实际负担水平不轻的关键所在。要搞活企业，寄希望于减免税是不正确的，我们还必须堵塞税收的流失。应该通过对费的治理，来为企业创造良好的发展环境。

（原文载《四川财政》1998年第11期）

开征燃油税的立法博弈

王国清　周克清

一、税收立法博弈过程的理论分析

博弈论认为，现实经济生活中的任何一种活动，实际上都是经济主体之间的相互博弈。经济主体总是根据所获得的相关信息，特别是关于对方的行为信息，来做出自己的行动选择，以获取最大化的收益。公共选择认为所有的政府机构及其官员都是追求利益最大化的经济主体，他们有着与一般市场经济主体大体一致的偏好及类似的利益函数。

在税收立法过程中，主要存在四类经济主体：①立法者；②政府部门；③潜在的纳税人（及负税人）；④其他经济主体。其中，立法者是相对独立的行为主体，但是他们的行为受到其所代表的社会团体的影响；政府部门是未来税收的收入主体，它将获得大量的税收收入；潜在的纳税人是税收收入的源泉地，是新征税收的贡献者；其他经济主体涉及税收征管机关等相关利益主体。由于经济主体间存在不同的利益关系，因而其行为具有非一致性。而税收的立法将进一步影响经济主体以后各期的收入支出函数，因此他们总是想方设法影响税收立法过程，维护自身经济利益，保证其经济利益的最大化。这个追求经济利益最大化的过程实质就是经济主体之间不断博弈的过程。

通常认为，政府是税收立法的主要推动者，通过开征新税可以获得一定的税收收入，可以贯彻其税收政策及其他政策，达到平衡政府收支、稳定经济发展的目标。潜在的纳税人是税收立法的主要反对者，开征新税会使其损失大笔经济收入，因而通常会对代表其经济利益的立法者施加压力，使这种新税法不能通过或减轻新税法对其经济利益的影响。其他经济主体根据其所处的经济地位和新税法对其的影响也会做出相应的反应。而立法者在税收立法过程中，则会受到来自政府、潜在纳税人及其他经济主体等利益集团的压力。立法者根据各经济利益集团压力的大小和方向做出判断，从而选择最大化自身利益的行为模式。总之，各利益主体总是不断衡量自己的经济利益，并根据其他主体的利益及行动来调整自己的行动，以保证自身利益的最大化。

二、燃油税开征的税收立法博弈过程

公路收费的混乱程度社会公众有目共睹，而中央政府开征燃油税的决心也很大，但是为什么在公路法修改以后却迟迟不见燃油税开征呢？事实上，燃油税无法正常开征的最重要原因，是各经济主体根据其自身经济利益，围绕立法机构进行了大量的游说活动，各利益集团始终没有一方占据相对优势。可以预见，只要博弈活动中有某一方打破了均衡，燃油税就会正式开征或者被剔除出政府立法的议事日程。

我国开征燃油税的目的是筹集公路建设及维护费，实质上是对以前公路养路费等相关税费的替代，是公路建设及维护资金筹集方式的一种制度创新。这次制度创新涉及的主要经济主体包括：①政府部门，包括中央政府及地方政府；②公路交通收费部门；③机动车辆拥有者；④其他油品的生产经销及消费者。

中央政府是这次"费改税"的主要推动者，是开征燃油税以取代公路收费的主要动力源。中央政府希望通过开征燃油税，筹集足够的公路建设及维护资金，满足市场经济对公路交通设施的需要，同时也增加中央政府的调控能力。地方政府在燃油税的开征过程中地位比较尴尬。燃油税收入主要由中央政府管理，但通过一定渠道转移部分收入归地方使用；它在一定程度上削弱了地方政府自主使用地方公路建设及维护资金的权力，因而地方政府对燃油税的开征有抵触。

公路交通收费部门是"费改税"的主要整治对象，是开征燃油税的反对者之一。公路交通收费一向比较混乱，一是收费环节多，如在车辆购进环节要收取车辆购置费，在车辆使用环节要收取公路养路费；

二是收费标准不公平且各地不统一，有的地方按车辆的购价收费，有的按车辆吨位收费，有的按运营收入收费，没有实现使用公路的受益与费用缴纳的对等；三是筹集资金的成本高，支出管理混乱。但正是由于公路收费具有上述特点，公路交通收费部门成为寻租的重要对象。公路交通收费部门及收费管理人员不仅分享大量公路建设及维护资金带来的额外好处，而且分享一定的经济租（来源于交费部门）。一旦开征燃油税，公路交通收费部门将不仅失去上述好处，而且面临失业的威胁，因此竭力反对开征燃油税。为此，他们作为一个特殊的利益集团向中央政府及立法机构施加了很大的压力。显然，他们的反对延迟了燃油税的正式实施。

机动车辆拥有者是一个非常复杂的群体，有反对开征燃油税的，有赞成开征的，也有持中立态度的，其立场取决于燃油税的影响。由于现行的公路收费大多是根据车辆型号及吨位来征收的，因此对车辆拥有者来说就形成了车辆运营的固定成本。车辆使用频率高、运营里程长，单位固定成本就会降低。由此，可以将机动车辆拥有者划分为几个层次：一是高频率的使用者，其运营里程较长，如出租车；二是低频率使用的私家车，其运营里程较短；三是普通单位用车，其运营里程与其业务量有关；四是政府公务用车及军队用车；五是其他车辆。一般来说，出租车使用公路的频率高，占用公路时间长，是现有公路建设及养护资金征收办法的受益者；在开征燃油税以后按照其烧油量来缴税，他们将贡献更多的公路建设及养护资金，因此成为燃油税的反对者之一。对低频率使用的私家车主来说，情形正好相反，因而他们支持开征燃油税。普通单位车辆使用车辆的频率适中，开征燃油税对其影响不大，因而最初多持中立态度；但是燃油税的开征能够使其公路受益与其费用缴纳相匹配，又避免了交通收费部门可能的乱收费，因而其后来一般持支持态度。政府及军队车辆靠财政供养，无论征收公路养护费还是征收燃油税对其影响都不大，一般来说不会公开反对开征燃油税而与中央政府形成对峙；但是政府及军队车辆免征公路养护费，是公路收费制度的受益群体，同时现有的制度框架无法揭示政府及军队用车的频率及应当缴纳的公路养护资金，降低了政府及军队用车的透明度，有利于逃避公众监督，因此他们实际上是开征燃油税的反对人群。其他车辆主要涉及公交用车等特殊车辆。目前公交票价低，公交公司大多处于政策性亏损经营状态，开征燃油税则会进一步加剧其亏损。如果政府不提供提高价格的机会，或者政府不为其提供财政补贴，将使公交公司承担改革成本，那么公交系统将反对开征燃油税。

其他油品的生产经销及消费者是燃油税开征的重要阻力。就柴油的生产及经销商来说，无论在生产环节还是在零售环节征收，都会提高油品价格；在油品的需求曲线发生移动之前，其需求量会降低，从而减少其收益。至于目前石油业的不景气及外来油品的冲击也是不能不顾及的因素。除交通用油群体以外的其他用油人群如农业、渔业、工业用油群体的利益，在这次开征燃油税的过程中非常突出地体现出来。他们虽使用石油产品，但不占用公路交通设施，因而没有义务缴纳燃油税。即使考虑对其实行"先征后退"也会无端增加其税收奉行成本。因此他们也是开征燃油税的反对者之一。可以认为，目前还没有实施燃油税在很大程度上是考虑了他们的利益。

三、启示

从上述分析可知，燃油税的开征过程集中体现了各种利益集团的博弈过程。实际上，通常认为的潜在纳税人并不是这场博弈过程的主角，而地方政府、公路交通收费部门和其他油品的生产经销及使用者则充分显示了其对立法机构的影响力。因此，税收立法不仅要考虑潜在纳税人的利益，更重要的是考虑受新税法影响程度最深的利益群体的意见。

一般而言，新税法的开征过程实际上是各种利益集团相互博弈的过程。在这个过程中，利益大体一致的人群会自动结成利益集团。各种特殊利益集团向立法机构施加压力是其影响立法过程的基本手段，但是各利益集团的规模及成员来源不同，其受到的选择性激励不一样，因而其能够施加的压力也不一样。游说及寻租则是特殊利益集团向立法机关施加压力的常用方法。只要各方在博弈中能够达到均衡，新税法的出台也就顺理成章了。

总的来说，在制订新税法的过程中必然产生经济主体间的博弈活动，利益集团间的博弈活动在一定程度上可以降低税法的征收成本及缴纳成本。它可以在经济利益集团间达成一致意见，从而是具有一定积极意义的。但是，如果经济利益集团间的博弈活动超出了合适的范围，其向立法机构及其他主体的游说及寻租费用必然上升，从而导致税收立法成本过高，无法实现税收有效立法。

参考文献：

[1] 张维迎. 博弈论及信息经济学 [M]. 上海：上海三联书店，1996.

[2] 曼瑟尔·奥尔森. 集体行动的逻辑 [M]. 陈郁，等译. 上海：上海三联书店，1996.

[3] 海天. 燃油税：难以突破的突破口 [J]. 中国税务，1999 (9)：19-21.

[4] 朱洪仁. 燃油税开征的国际比较及我国的政策选择 [J]. 财经研究，2000 (3)：60-64.

（原文载《福建税务》2000 年第 11 期）

振兴重庆老工业基地的税收对策

王国清　何若昀　李　季

一、重庆老工业基地的形成及国有企业面临的困境

抗战时期，国民政府迁都重庆及抗战大后方的建立，为重庆的发展提供了特殊的历史机遇，使重庆由内陆商埠一跃成为战时大后方的政治、军事、工业、商业、外贸、金融中心和交通枢纽，为重庆形成近代工商业基础和长江上游经济中心打下了物质基础。中华人民共和国成立以后，特别是 20 世纪六七十年代，国家根据"山、散、洞"的要求进行"三线建设"，在重庆兴建了兵器、船舶、航天、电子、核工业等 60 多个企事业单位，以及相应配套的机械、仪器仪表、冶金、橡胶、化工、交通等企业数十个，同时新扩建了西南铝加工厂等一大批企业，在重庆进行的重点建设项目达 200 多个，总投资达 42 亿元，使重庆市成为西部地区最大的综合性工业基地。

无可否认，"三线建设"对西部地区特别是对重庆的发展做出了巨大贡献。但是，也要看到这种发展模式的负面效应。它是在高度集中的行政命令和计划经济体制下进行的，生产力布局以国防战备需要取代了经济原则，因而难以达到资源优化配置的目的。重庆地处内地，虽然经过了 20 余年的改革开放，进行了军转民、产品结构调整，相当一部分企业进行了不同程度的技术改造，但重庆市的工业结构、产品结构、所有制结构、科技含量、企业负担并没有发生根本性的变化，与其他三个直辖市和东部地区的差距是十分明显的。

重庆市经济面临的困难主要体现在国有经济方面。据统计，在重庆社会总资产中，国有资产比重为 72.6%，加上国家控股企业资产，

其比重高达 81.21%。国有企业工业总产值占工业总产值的 70.68%，工业增加值占比 76.14%，销售收入占比 74.01%。当前，国有企业处在从计划经济体制向市场经济体制转化的过渡阶段，新旧体制的矛盾摩擦、市场的激烈竞争等，使国有企业处境困难。就重庆市国有经济而言，面临的主要困难：一是亏损面大，亏损额增多。1997 年底，全市工业企业亏损面为 67.85%，亏损额为 25.5 亿元，比上年增加近 5 亿元。二是效益下滑。1997 年底，国有工业企业利润亏损近 10 亿元，比上年增加了 3.4 亿元。三是企业负债率过高。全市国有企业资产负债率高达 74%，每年应支付利息达 22 亿元。四是下岗职工多。1997 年下岗职工已达 40 万之多。再就业空间有限，困难职工增多。五是国有企业办社会，退休职工多，包袱重，使国有企业丧失整体竞争优势。如重庆建设集团公司一年支付办医院、办学校和退休职工工资的开支高达 1.5 亿元，按该公司 1999 年所产摩托车产量计算，平均每辆摩托车要分担费用 300 多元，如此沉重的社会负担使国有企业在市场竞争中处于劣势。

造成重庆市国有企业困难的原因，从深层次上讲，除了管理体制、经营机制不适应，国有经济布局、结构不合理外，最核心的是产品单一且老化，产品的科技含量低，生产手段落后，生产不出高附加值的产品，企业技改资金不足，设备长期落后，科研成果利用率低，大量科研人员外流，企业应变能力差，不能随市场变化而及时调整生产经营决策，不能及时调整产品结构和资产结构，更新换代产品以开拓市场。

二、技术进步是改造重庆老工业基地的途径

改造重庆老工业基地，除了转变企业经营机制、建立现代企业制度外，关键的是要通过技术进步，盘活现有存量资产，促进企业产业结构和产品结构调整。

（一）坚持产业结构调整优化与不同地区产业结构特点相结合，确定产业发展序列

一是在工业结构调整中，要始终把握发展壮大支柱产业这一重点。

重庆市从自己的实际情况出发，提出了壮大汽车摩托车、化工医药两大支柱产业，培育食品工业和建筑建材业作为新的支柱产业的发展思路。因此，要想办法，添措施，增强它们作为重庆工业经济增长点的作用。二是在坚持发展壮大支柱产业这一重点的前提下，又要根据各地产业结构特点，确定不同的发展序列。三是通过结构调整优化，不断培育新的经济增长"热点"。

（二）发展高新技术产业与改造传统产业相结合

作为老工业基地的重庆，在未来的发展中参与市场竞争的实力将取决于利用科学技术成果实施工业改造的速度、规模和效果，要培育发展信息产业、生物制药、环保工程等高新技术先导产业。从现实基础出发，重庆多数工业企业要独立承担某一领域的高技术开发是困难的，应与科研机构和高等院校合作开发，使科研成果转化为生产力，共同创办高新技术企业，开发高技术产品。

（三）形成企业技术创新的良性动力机制，以促使企业尽快成为技术创新的行为主体

当企业尚不是真正的市场主体时，由于不必对经营后果承担责任，企业的技术创新欲望与创新能力就会很弱，反而热衷于铺摊子、上项目，实行承包制，企业行为具有明显的短期化倾向。因此，提高企业技术创新能力的关键是从产权制度变革入手转换企业经营机制，使企业对外面向市场、立足市场，成为自主经营、自负盈亏的市场竞争主体和法人实体；对内要加强管理，不断开发新产品，为追求利润最大化而实施技术创新，提高生产要素的利用效率。

（四）加快现有企业的设备更新和技术改造

现有企业的设备更新往往不是同一技术设备的简单更换，应把该设备赋予其所发生的技术创新合并进去，现有企业的技术改造应是用先进技术来改造和提高原有技术。从重庆市来看，技术改造的关键是要采用高新技术改造提升冶金、机械、轻工、纺织等传统产业；要淘汰一批浪费资源、污染环境、技术落后、扭亏无望的企业。当然，在现有企业设备更新和技术改造中也要讲究经济原则。

（五）建立有效的激励约束机制

企业要在完善经营机制的基础上实行集约化的企业管理战略，形成有效的内在激励机制，强化创新意识，提高创新主体的行为能力。当前特别需要在企业内建立科技人员为主体的攻关班子，并配以相应的奖励机制，使企业的技术创新工作纳入良性循环的轨道。

三、改造重庆老工业基地的税收对策

改造重庆老工业基地涉及方方面面的改革，从税收角度支持国企改革，就是要在符合国家宏观调控政策、坚持市场经济规律的前提下，针对国企存在的主要问题，通过制定和实施税收支出政策，达到促进国企面向市场调整产业结构、产品结构，对存量资产进行技术改造和重新组合，促使科技进步成为支撑企业生存和发展的主要动力。所谓税收支出，是指国家为实现特定的政策目标，通过制定与执行特殊的税收政策、法规，给予特定纳税人与特定项目的各种税收优惠待遇，使纳税人减少税收负担，促进和扶持经济的一种特殊的政府支出。我们认为，国家应该针对重庆等一批老工业城市的国有企业在实施技术改造和进行产业结构、产品结构调整及促进技术进步方面制定特殊的税收支出政策。

（1）费用列支。允许企业就科技研究开发、试验发生的费用和为掌握新技术而发生的培训费用进行税前扣除。

（2）加速折旧。为促进现有企业的技术改造，有必要借鉴国外经验，对先进设备实行加速折旧，适当提高科技设备、仪器的折旧比例。

（3）投资税收抵免。对用于科研和开发的资本支出或现金捐赠，可享受一定比例的税前扣除或投资税收抵免，以鼓励企业对符合国家产业政策的项目和高新技术产业的投资。

（4）企校联姻。支持企业与高校共同开发研究，引导企业成立联合开发组织。对向高校提供科研资助的企业，可规定较高比率的科研费用税收冲抵优惠；对企业集体开发科研项目的预算款项，可从它们的应税所得额中部分或全部扣除。

（5）对购进的先进生产机器设备，其增值税进项税额准予全部或者按折旧年限分年从其销项税额中抵扣。据 1998 年全社会固定资产投资及《中国统计年鉴》测算，1998 年全社会基建、更新投资为 16 433.17 亿元，涉及增值税的制造、商贸等几大行业的基建、更新改造。当年新增固定资产为 5 741.39 亿元，扣除非生产用、未使用、不需用以及小规模纳税人固定资产等因素后，涉及的固定资产增量约为 4 000 亿元。允许增值税一般纳税人用于生产经营的全部机器设备增量一次性全额抵扣，增加进项税额在 580 亿元左右。如果考虑涉外企业"超税负返还""期初挂账税金抵扣"等各项优惠到期相应增加税收收入（每年可增加 400 亿元左右），因此对机器设备一次进行扣除，国家财力是能够承受的。

（6）所得税实施优惠不分地区按项目进行。即科技开发区内外的企业，采用先进技术的，该项目的所得都在一定期限内减免征收所得税。

（7）优惠个人所得税。对参与科技开发、转让科技成果的科技人员有关工资劳务报酬的所得，在个人所得税方面给予优惠。

（8）降低摩托车消费税税费，建议按排气量，分档次设置税率。摩托车是重庆市的支柱产业，现行消费税税率是 10%，比小汽车最低消费税税率3%高两倍多，这样高的消费税税率显然不利于重庆市摩托车支柱产业的发展。现在全国摩托车无序竞争，国有企业绝大部分亏损，民营企业和乡镇企业处于微利阶段，有不少地方对摩托车消费税给予了不成文的优惠政策。与其让各地进行暗箱操作，不如由国家从实际情况出发，降低消费税税率，加强征管，使大家公平竞争。消费税税率可以设置 3%、5%两档。

（9）新产品税先征后返。对比国家与省级有关部门认定的新产品，其增值税按一定比例实行先征后返办法，鼓励企业不断进行新产品开发。

（10）豁免部分国有企业欠税。对按照国家规定实行资产重组、兼并、破产、股份制改制的国有企业的老欠税，实行豁免办法，或作为国家资本金投资入股，使企业轻装上阵，参与市场竞争。

（11）发售"重庆债券"。经国家批准，向东南沿海先进省市发售"开发西部——重庆债券"，并免征利息收入所得税。此债券的款项专门用于重庆重点支柱企业、高科技企业的改造或城市基础设施建设。

（12）对环保设备增值税适当扣减。对企业为治理污水、废气和烟尘，并经省市及环保部门论证批准所购置的设备，可以在一定年限内分批作为增值税进项税扣除。对生产环保设备的企业按现行增值税办法征收后按 30%~40%的比例返还给企业。

（原文载《财经科学》2001 年第 2 期）

中小企业税收征管的困境与对策

王国清　周克清

在我国的国民经济中，中小型企业占有较大的比重，近几年的工业增加值占到了全部工业增加值的一半左右。从税收征管的角度来看，中小型经济组织的征管难度最大，而大中型企业无论是国有的还是非国有的其征管效果都比较好。但是目前对中小型企业的税收征管研究比较少。本文将对我国中小型企业税收征管的困境做一分析，并就解决问题的对策进行探讨。

一、我国中小型企业税收征管的主要问题

在我国的国民经济中，大多数企业规模比较小，但是它们却是国民经济的重要力量。大量中小型企业的存在，使得对其的征管成为我国税收征管中一个非常棘手的问题，其中最突出的是漏征漏管及偷漏税严重，造成税款征收难。

（一）企业小规模化运转，税收漏征漏管严重

由于我国企业的活动规模比较小，漏征漏管较为常见。一般认为，漏征漏管是税收征管中的一个盲区，它的存在主要有两种形态。一种是主观上的漏征漏管，它是一种有意识的偷逃税行为，即经营者明知是一种违法行为，但是受到利益的驱使，存在侥幸心理，有意逃避税务机关管理而达到偷逃税的目的。另一种是客观上的漏征漏管，它是一种无意识的间接偷逃税行为，即由于经营者法制观念不强，加上税务机关税法宣传没能及时到位，经营者缺乏主动纳税意识，认为自己

经营到税务机关检查发现后并发出纳税通知为止才是真正的纳税人。也就是说，经营者没有偷逃税的心理准备，而无形中已构成偷逃税款的行为。其实，根据我们的调查，还有一种漏征漏管情况。在现有征管力量不足及完成税收征收任务不存在困难的情况下，税务机关对中小型纳税人采取不征不管的态度，而纳税人也乐得其所。这也是很多地方吹嘘的所谓"藏富于民"的一种方式。漏征漏管现象在个体私营经济中特别常见。根据对四川某市一个区（县级）的调查结果，个体私营经济漏征漏管达到三成左右，税款漏征率达到20%左右。

（二）现金交易普遍，企业偷漏税比较多

在第三产业的批发零售商业、饮食业和服务业中中小型企业特别多，而且现金交易非常普遍，从而造成大量地下经济活动。简单来说，地下经济是指未向政府申报和纳税，政府未能控制和管理，其产值和收入未能纳入 GDP 的所有经济活动。根据业界的估计，日用品批发业的现金交易占50%左右。现金交易的普遍流行，使得中小型企业偷漏税现象非常严重。

二、中小型企业税收征管困难的原因

通常认为，中小型企业税收征管比较难的原因是微观经济主体（企业）纳税意识淡薄，偷漏税现象严重。笔者认为，征管难的主要原因是现行税收制度及征管制度不能够很好地适应复杂多变的经济发展态势，特别是中小型企业迅速发展的客观需要。

（一）税收法律制度不能够适应中小型企业发展的需要

（1）对中小型企业的高税收政策严重影响了其依法纳税的积极性。在现有的税收制度框架内，中小型企业始终处于受歧视的地位。中小型企业大多集中在商品流通领域，而我国传统的"重工轻商"的思想，使得其所承受的税收负担较为沉重。据调查，在日用商品批发业，毛利润率通常只有4%～8%，而中小型企业大多为小规模纳税人，适用增值税征收率4%，剩余的利润是很低的，为此，很多中小型企业就采用现金交易等手段偷漏税。

（2）对中小型企业征收较高税负，是基于这样一种认识，即中小型企业大多会偷漏税，高税率是对偷漏税的一种补偿。根据现代法学理论，在一个民事主体被证实犯罪（偷漏税）之前，一般要推定其无罪（没有偷漏税）。我们认为，虽然现有税制体系没有按照经济规模来进行立法，但是不同经济规模的企业所能承受的税收负担是不一致的，因此这种事实上的区分使大型企业与中小型企业享受着不同的税收待遇，遏制了中小型企业发展的良好势头。

（3）对中小型企业同时实行税收优惠与税收歧视，进一步扭曲了税收的调节功能。根据中央政府实现国有经济结构调整的战略部署，各地相继提出了发展中小型企业（特别是民营企业）、迎接国民经济调整的发展目标，税务当局则提出从多个方面对中小型企业实行优惠。这种税收优惠没有坚实的理论基础，根本无法对中小型企业的发展形成比较有效的推动力。况且，在现有的税收体系中，没有对税收歧视进行清理，从而使二者经常出现难以调和的矛盾。其实，我们认为，对中小型企业最大的优惠应当是给予大型企业与中小型企业平等竞争的税收待遇及其他经济待遇。只有在竞争中，中小型企业才能够真正成长起来，才可能为大型企业的发展提供足够的生存空间。

（二）税收征管制度很难适应企业小型化的发展模式

（1）税款征收及稽查无法适应企业小型化的发展模式。我国现在实行"以纳税申报和优化服务为基础，以计算机网络为依托，集中征收，重点稽查"的税收征管模式，这一模式过分强调了征收和稽查，对税源的管理则相对比较松散。同时，由于征收与稽查脱节，稽查部门的"重点稽查"出现了一些不易克服的困难，如稽查对象过宽（40%以上），工作量太大，稽查工作无法深入进行。而企业的小规模化倾向，更是使稽查部门只好根据举报和经验判断（如申报异常）来决定是否进行稽查，大大降低了税款有效征管的可能性。

（2）税款集中征收对纳税人形成了较高的纳税奉行成本。现在，各地大多建立了征税大厅，集中办理各类税款申报及征收事宜。征税大厅的建立，杜绝了办税人员办税的随意性。但是，中小型企业组织众多，集中办税不仅造成税务机关工作量在时序上的不均衡，而且给纳税人的纳税过程增加了许多的不便利，如等待时间延长、交通损失增加等。

（三）税收收入计划制度的存在，使中小型企业税收征管缺乏有效的法制约束

我国现有的税收收入计划制度对大型企业来说具有很强的约束力，但是对中小型企业的约束力度却显得不够。制定和完善税收制度和政策的目的，在于使税收征收机关在征税过程中有法可依。但是，目前我国税收收入计划的编制大多是根据上年税收收入的完成情况及当年预算的支出情况来编制的。税收收入计划编制的非科学性致使税收的具体征管显得随意性太大。这样的税收收入计划严重违背了税收的法制性要求，致使对中小型企业的税收征管缺乏有效的法制约束。

三、中小型企业税收征管的对策研究

（一）改革税收制度，降低中小型企业的税收负担

中小型企业纳税不积极的重要原因是其税收负担太重，其生存的权利受到威胁。国有大型企业发生经营危机时，有政府出面解决或者说最终由政府承担其经济后果，而以非国有经济为主体的中小型企业却要自己承担经济责任。因此，降低税负是解决中小型企业税收征收困难的最有效措施。事实上，现在对违章中小型企业的很多税收措施都无法实现，原因在于它们根本承受不起所谓的罚款和滞纳金等。在这样的背景下，即使中小型企业违反税收法规也难以进行正常的处理。

要进一步清理对中小型企业的税收歧视政策，保证其平等参与经济活动。对中小型企业的税收歧视主要体现在增值税中对小规模纳税人的有关规定、纳税期限及扣缴义务人的规定等方面。税收歧视的存在，严重干扰了中小型企业等微观经济主体的正常经济活动，造成了不必要的资源配置效率损失。其实，中小型企业并不需要什么特别的税收优惠，它们所需要的是真正平等的竞争待遇。

（二）改革税收征管制度，适应中小型企业小规模化发展的趋势

现有的税收征管制度不是根据企业的小规模化发展规律建立起来的，对中小型企业的税收征管及缴纳都造成了很大的负面影响。改革税收征管制度，首先要解决税款集中征收给中小型企业造成的高额奉行成本。一种优良的税收征管模式，首先是为纳税人着想的；如果它不能有效降低奉行成本，我们认为它在很大程度上是失败的。其实，对中小型企业是这样的，对大型企业也是这样的。其次要认真解决税款征收与税务稽查间的关系。合理的稽查模式应当是日常稽查与重点稽查相结合。日常稽查主要是对普通经营行为的不正确税收申报、缴纳等一般违法行为进行稽核审查，重点稽查是对大案要案等严重违法行为的稽核和审查。重点稽查不应超过稽查案件的10%，否则就会造成稽查表面化，而没有实际效果。最后要清理和整顿税务中介市场，规范税务中介机构的代理行为。税务中介市场的垄断常常使中小型企业组织遭受不必要的损失及非难，增加了微观经济主体的纳税成本。

（三）科学编制和执行税收收入计划，严格依法征税与纳税

实际上，如果税收收入计划编制合理，完全可以高效组织税收收入，并培养纳税人的纳税意识。因此，有必要改革现行的税收收入计划制度，使之适应日益复杂的经济形势。第一，要重新设计收入编制方法，要根据税收的收入弹性来分析在国民收入增长情况下税收收入的增长变化情况；同时要在建立自动稳定机制的累进税率基础上，分析税率弹性对税收收入的影响程度，合理编制税收收入计划。第二，要建立弹性税收收入计划制度，根据年度经济发展的情况，及时调整收入计划，使之适应不断变化的经济形势。第三，要在税收收入计划基础之上严格按照税收法规的规定，应收尽收，不能"藏富于民"，也不能为完成税收任务搞预征。

（四）树立正确的征税意识，认真为纳税人及社会公众服务

政府的征税意识是影响税收征管的重要变量，政府树立正确的征税意识是实现有效税收征纳的重要环节。树立正确的征税意识，首先要正确理解税收的本质。税收本质上是一种交易关系，公众缴纳税金，

政府提供服务，税收是政府服务的价格。其次税务机关要摆正自己的位置，牢记为人民服务、为纳税人服务宗旨。现有的许多税收征管措施都只是考虑了税务机关的便利及利益，而忽略了纳税人的便利。因此制定征管措施，一定要把纳税人的便利及利益放在首位。

（五）改革交易制度，实现交易的非现金化

目前对中小型企业税源监控比较困难，重要原因在于中小型企业中存在大量的现金交易。现金交易不受金融支付制度的控制，因而能够轻而易举地逃脱税务机关的监管，偷逃税款实在是举手之劳。因此，要实现对中小型企业的有效税收征管，改革交易制度实在是必需的配套措施，势在必行。

参考文献：

［1］黄如川. 浅谈漏征漏管户的几种类型及根除途径 ［J］. 福建税务，2000（3）：49.

［2］麦正华，罗章旭. 关于完善税收征管模式的思考 ［J］. 税务研究，2000（3）：61-62.

［3］胡俊坤，吴晓峰. 税收与经济协调增长初探 ［J］. 湖南税务高等专科学校学报，2001，14（2）：23-27.

［M］. 冯卫东. 政府"征税意识"亟待整理 ［J］. 南风窗，2000（7）：3.

（原文载《山东税务纵横》2001 年第 2 期）

农业税制度改革的方向与思路

王国清　周克清

中华人民共和国成立以后，我国逐渐形成了具有鲜明特色的农业税制度，它对我国积累社会主义建设资金、促进社会经济发展起了十分重要的作用。随着时间的推移和社会经济环境的变迁，现有农业税制度已经越来越不适应农村经济及国民经济发展的需要，进一步说，它已经成了农村经济发展及农民生活水平提高的障碍。改革农业税制度已经成为目前解决"三农"问题的关键环节。本文从农业税的目的及性质出发，分析我国农业税制运行中的问题，指出我国的农业税制度改革涉及整个农村的税费改革，并根据我国的客观经济情况分析我国农业税制发展的方向。

一、我国现行农业税制度存在的问题

（一）农业税制度的目的不适应社会经济的发展

根据《中华人民共和国农业税条例》，我国征收农业税的目的是"保证国家社会主义建设，并有利于巩固农业合作化制度，促进农业生产发展"。显然，这些词句是特定时代的产物，也说明农业税制度的目的已经严重滞后于社会经济的发展。

通常来说，税收的目的在于规范政府与社会公众之间的分配关系、筹集财政收入进而为社会公众提供适度的公共产品及服务。而农业税制度的目的则应主要体现在三个方面：一是规范政府与农村居民的分配关系，规范政府与农民在农业收入上的利益关系；二是保护农村居民的土地使用权益，保障农民土地使用权的合理流转；三是为基层政权的运转提供一定的财力基础，但不是其全部财力基础。总的来说，现有农业税制度的目的已经不适应现代经济的发展，需要进行彻底的改革。

（二）农业税制度的性质不清晰

根据农业税的性质，可以将农业税分为三种类型，即收益型农业税、流转型农业税和土地（财产）税。第一，收益型农业税是对农业生产的收益进行课税，它有总收入与纯收入课税之分。第二，农产品流转税是指将农产品流通纳入税收分配体系，欧共体实行的增值税将课税范围扩大到农业，就是这种性质的农业税。第三，土地（财产）税是指对土地本身进行课税，可以分为土地财产税（狭义）、土地使用税、土地转让税等。狭义的土地财产税是对土地所有者的课税；土地使用税是对土地使用者的课税；土地转让税包括土地所有权转让税和土地使用权转让税。

农业税制度的改革方向取决于农业税制度的性质，而目前我国农业税制度性质相对比较模糊，无法确认现行农业税属于上述哪一种类型。按照现行农业税法，我国的农业税根据农业生产总收入进行课税，属于总收益型的农业课税。但是，受到征管水平的制约，农业税的征管不可能按照每年的实际产量进行课征，而是确定了一个常年产量；且现行税制不是根据每一块地分别确定常年产量，而是对某个地区实行一个相同的常年产量。这样，将农业总收入作为计税依据就名存实亡了，也就模糊了其总收益课税的性质。

以统一的常年产量为基础，按照土地使用面积来征税，与其说是总收益课税，不如说是土地使用税。土地使用税是以调节级差收益、保护土地使用权为主要内容的农业税种。我国按照比较大的行政区划来确定常年产量，具有调节级差收益的性质；它不以农业收入为直接课税对象，因而在中国更具有保护土地使用权的性质。但是，现有的农业税制正好忽视了其最本质的特点，因而造成无法有效地实现促进农业经济发展、规范农村分配关系的目的。

（三）农业税的管理混乱

按照税法，现行农业税应当依照农村实际耕地来征收。但是由于垦荒、筑路、城市化等原因，农村实际耕地与早年确定的计税面积存在很大的差别。"有地无税"与"有税无地"现象普遍存在，降低了农业税的公平性。

现有农业税很大程度上是委托当地财政部门和粮食收购部门来征管的，征实与折征代金并存，征管效率低下。由于征管难度大，基层政府及村组干部大量涉入农税及相关负担的征收，增大了农业税征收中的非规范性操作风险。而基层政府及村组干部在征管过程中的某些非合规行为则在不同程度上增加了农民负担，使政府与农民间的税收分配关系更加复杂，从而降低了农业税的权威性。农业税收管理的无序性增加了税收征管成本和农民的纳税奉行成本，极大地降低了税收效率，成了农村经济发展的重要障碍。

（四）农村税费负担比较重

目前，农村税费主要包括四项内容，即农业"四税"（农业税、农林特产税、耕地占用税、契税）、村提留、乡镇统筹及其他收入。据对四川某县的调查，2001年农村税费收入合计为14 043万元，人均负担为147.101元（含"两工"即农村义务工、劳动积累工）。其中农业"四税"为2 436万元，占17.35%；村提留为2 006万元，占14.28%；乡镇统筹收入为2 242万元，占15.97%；其他收入为7 359万元，占52.40%。而其他收入包括行政事业性收入237万元、各种集资112万元、以劳折资3 377万元、其他社会负担3 633万元。由此可见，农业税在整个农村税费中的比重不大，真正影响农民负担的是各种提留、统筹、集资及乱收费。农业税制度的改革，不能只从农业税本身出发，必须通盘考虑农业税费的全部问题。

二、农村税费改革与农业税制的调整

我国的农业税制度改革不仅是农业税制本身的改革与完善问题，而且还涉及整个农村的税费改革。

（一）农村税费改革的目标

目前税费改革的目标主要是减轻农民负担。笔者认为，减轻农民负担只是税费改革的一个方面，而且是一个很初级的目标。农村税费改革要与农业税制的调整同步进行，否则农业税制的调整将很难实现。因此，农村税费改革不仅要减轻农民负担，而且要保证农民的土地使用权，保护农民土地的自由流转；不仅要提高农业税收的征管效率，而且要为今后农业税制的高级化创造条件；不仅要改革农村税费体制，而且要调整和界定政府职能。从终极目标来说，农村税费改革与农业税制调整必须有利于农村剩余劳动力的转移，促进农村产业结构的调整和农村经济的发展，最终从根本上解决"三农"问题，实现城乡经济一体化。

（二）农村税费改革与农业税制调整的内容

农村税费改革的主要内容归纳起来说，就是"三个取消、一个逐步取消、两个调整、一项改革"，具体为：①三个取消：取消乡统筹费用，取消农村教育集资等行政事业性收费和政府性基金、集资项目，取消屠宰税。②一个逐步取消：在3年内逐步取消劳动积累工和义务工。③两个调整：一是调整农业税政策，二是调整农业特产税政策。④一项改革：将村提留改为农业税、农业特产税附加，与两税合并征收，分别入库。

农业税制调整的内容包括三个方面：第一是农业税的调整，主要是统一各地常年产量、税率及计税价格，并核实计税面积。第二是农业特产税的调整，按照"税不重征"的原则确定特产税的征管环节。第三是征收主体和方式的调整，农业税和农业特产税及其附加由地方税务机构征收，征收方式以折征代金为主。

（三）农业税制调整的误区

从目前来看，尽管这次农村税费改革和农业税调整在一定程度上减轻了农民负担，但是它没有涉及现行农业税制度的根本性问题，存在不少误区。

第一，农业税制调整没有从观念上实现总收益型收入课税向土地使用税的转变，因此它没有将土地使用权的保护作为农业税法的主要内容，而仍然将土地使用权的保护交由各级党政部门的政策及文件来执行。实践告诉我们，各级党政部门的政策具有较大的不稳定性，而且很容易在基层走样，因而很难有效保护农民的土地使用权益。

第二，农业税制调整没有完成对计税面积的准确计量。为了减轻工作量和减少改革阻力，这次农村税费改革和农业税制调整要求不重新丈量土地，而以第二轮土地承包面积作为计税面积，因而无法完成对计税面积的准确计量。土地使用税要求对农村耕地进行准确的计量，而第二轮土地承包面积与农村实际耕地面积存在较大的差异；不重新丈量土地尽管回避了很多矛盾，却为进一步推行土地使用税制造了障碍。

第三，农业税制调整没有解决农村基层政权的运转经费问题和基层政权的职能转变问题。在现有的农业税费制度下，农业税及相关规费构成了农村基层政权的主要收入来源，而乡镇政权的不断膨胀及村级事务的不断扩张使其财力日益紧张，这是农业税费不断攀升的内在原因。农业税为基层政权提供一定的财力，但不是全部的财力。这次农村税费改革和农业税制调整后，农村基层政权的运转更是受到经费的强烈约束，制约了农村基层政权功能的发挥。

在现有体制下，基层政权还不是农村居民的自治权力机构，而是我国五级政治架构中的基础环节，因此基层政权的运转不应主要由当地居民来承担，而应主要由中央政府或高层次政府来负责。因此，农业税制度必须清楚地界定基层政权的职责，界定农业税在提供基层政权财力中的作用。

三、我国农业税制度改革的方向

今后农业税制度改革将朝什么方向发展，是我国近期学术界及实务界非常关心的一个话题，它也将影响农民及基层政权的切身利益和农村发展的后劲。根据我国农业税的目的及性质，结合我国的现实情况，笔者做了一个初步的判断，提出一个三阶段式的农业税制度改革方案。

第一阶段，配合农村税费改革，建立以土地使用税为主要内容的农业税制度。我国农村税收征管力量有限，农村居民的收益核算体系不健全，目前尚无力建立以纯收益为课税对象的收益型农业税。我国大部分省、直辖市及自治区在一定区域内的常年产量是基本一致的，因此要调节土地的级差收益存在困难，而以常年产量为依托保护土地使用权更有说服力。

实际上，现行农业税与其说是总收入型的收益课税，不如说是土地使用权课税。要转型的主要是我们现有的观念，不能再从收益课税的角度去理解现有的农业税制，而应当从保护土地使用权的角度去理解它。建构土地使用税实现对土地使用权的保护，不能单纯从利益交换说去理解，不可能完全按照村民从土地使用权保护中获得的利益来分摊政府保护土地使用权而付出的服务成本。同时要切实解决农业税的计税面积问题，对现有农业用地进行一次普查，核实计税面积。

建立土地使用税的目的在于维护农村居民的土地使用权益，保障农民土地使用权的合理流转。从严格意义上讲，如果能够实现土地所有权的私有化或土地所有权向农民回归，那么农村土地的自由流转会自动实现。但在现实条件下，农民只拥有部分土地使用权，因此目前开征土地财产税不太现实。建立土地使用税，在一定程度上可以进一步确认农民的土地使用权，进而促进其自由流转。笔者希望通过这种土地使用权的自由流转，促进农村产业结构的调整及农村过剩劳动力的转移。

第二阶段，在农产品商品化程度提高的条件下，建立以增值税为核心的现代流转型农业税制。增值税式农业税制度的构建，主要目的不是从农村经济中筹集财政收入，不是增加农民负担，其主要目的在于建构现代流转税制，促进农产品的进一步商品化，使增值税制更加合理有效，准确控制农村税源，防止工业产品税收负担向农产品转移。从某种程度上讲，这不是简单的农业税制的构建，而是更大意义上的流转税制度改革。在增值税式的农业税制度下，农产品税负不仅可以得到相关优惠，而且可以通过价格机制转嫁出去，因此它与当前我们正在构建的土地使用税不是一个层次上的税收，不存在要替代土地使用税的问题。目前，可以在农产品商品化程度比较高的粮食主产区进行试点，将粮食及其他特殊农产品（农业特产税课税范围内的产品）纳入增值税体系。

第三阶段，在土地使用税和农产品流转税的基础上增加纯收入型的收益课税及土地使用权转让税。建构纯收入型收益课税，其前提是农村土地集约化经营达到一定程度，从而使农村经济核算比较健全，成本收益界定清楚。而其中，土地财产权或使用权的自由流转则是关键前提。实际上，建立现代流转型农业税也要求有上述前提，只不过纯收入型收益税是在原有的农业税负上增加税收负担，而增值税式农业税不增加农业负担，因而后者可以先行推广。我国土地实行私有化的可能性不大，建立狭义的土地财产税及其转让税不大可能，但是在农村土地使用权自由流转的情况下则可以考虑开征土地使用权转让税，以规范土地使用权的合理流转，同时也保护这种流转。

在进行农村税费改革和农业税制调整的同时，必须准确界定基层政权的职能，合理界定各层次政府的职能。界定基层政权的职能，目的在于防止地方行政权力扩张，既减少财政支出的压力，又不妨碍农村居民的自主投资决策权；政府职能界定，在于维护地方政府的利益，防止上级政府向基层推卸责任，维持地方财权与事权的平衡，从而保证税费改革后农民负担不反弹。

（原文载《福建税务》2003 年第 5 期）

浅析税收战略管理及其思维模式

王国清　陈宗贵

随着全球化、信息化和知识经济时代的发展特别是当代政府改革运动的兴起，战略管理作为一种新的管理途径和思维方式日益受到重视。在我国的税收管理领域，对战略管理理论的研究和运用还较为缺乏，本文借鉴企业战略管理理论及其思维模式，对税收战略管理及其思维模式作一基础性研究。

一、税收战略管理的提出及概念界定

"战略"来源于古希腊"stratege"，其含义是"将军指挥军队的艺术"。西方管理学名著《经理的职能》一书，首次将战略和企业的经营管理联系在一起。该书的作者巴纳德为说明企业组织决策机制，从企业的各种要素中产生了"战略"因素构想。但是企业战略管理得到广泛应用是1965年美国经济学家安索夫所著《企业战略论》问世以后，并在此之后被广泛应用于社会、经济、文化和其他领域。随着战略管理理论的发展，目前战略管理一般认为指的是：组织在宏观层次充分利用本组织的人、财、物等资源，以达到优化管理、提高效益、实现成功的目的。整个战略管理过程应该包括三个阶段：战略制定、战略实施、战略评价。

战略管理是全球新公共管理运动的一个子体，在全球化浪潮推动下，新公共管理运动也波及中国，并得到较大发展。笔者认为，既然作为母体的新公共管理运动能在我国发芽、生长，那么作为子体的战略管理也能够运用于税收管理及其改革之中。

二、税收战略管理的思维模式

（一）税收战略管理的思维模式

税收战略管理考虑的是如何利用自身有效的资源，使实际工作效能无限接近理想工作效能，从而实现职能作用最优发挥。

1. 以税收资源为本的战略思维

以税收资源为本的战略思维认为，税务机关是一系列独特资源的组合，不同时期和不同个体的税务机关在管理中之所以不可能取得相同的绩效，其原因在于它们之间掌握和利用某些核心资源的能力不同。税收资源主要包括税务机关的人、财、物、社会关系、税收法律法规、自身法定地位等。以税收资源为本的战略思维实际上就是从税收资源的占有度、税收资源的配置、高质量税收资源的多少等去审视发展，制定发展战略。税务机关在不同时期的资源一般存在差异，这种差异化是竞争优势之源，因此我们在进行长远发展战略规划时，应当考虑以税收资源为本进行战略思维。笔者认为以税收资源为本的战略思维主要就是研究核心资源的运用、资源的最佳组合。

税收权力是税收资源的一个基础性资源。税收权力包括税收立法权、税收执法权和税收司法权，税法的权威性、税收的强制性无不以税收权力作为保证。因此，对于税务机关而言，要充分利用国家赋予的税收权力，积极组织税收收入，确保税收收入持续稳定增长，为经济与社会发展提供强大的财力保障。但是，税收权力的使用必须以依法为前提，税务机关必须在宪法、法律的框架内活动，坚决防止税收权力滥用、私用。

从税务机关内部来讲，人力资源是一项十分重要的税收资源。近年来，我国各级税务部门都高度重视税务干部队伍的建设，收到了较好的效果，近年来也加快了税务文化建设和信息化建设步伐，体现出了我国税务部门对资源的重视。特别是信息化建设进程的不断加快，有效改革了传统的税收征管方式，大大提高了税收征管的质量和效率。

值得一提的是，在以税收资源为本进行战略思维时，税收管理资源的整合和综合利用越来越受到重视，资源变化重整反应灵敏度也越来越高了。

2. 以纳税人为本的战略思维

以纳税人为本的战略思维认为纳税人是社会财富的创造者，理应是税务机关的服务对象，研究纳税人需求和满足纳税人需求，建立良好征纳关系是税收管理战略的出发点。

"维系纳税人"就是要求维护纳税人合法权益、维护公平竞争的经济秩序，把征纳的对立向征纳都能互惠的方向引导，努力构建和谐的征纳关系，不断提高纳税人的纳税遵从度，促进经济和谐持续发展。而"纳入纳税人"往往是将征与纳置于管理与被管理的对立位置，很难达成共同目标。因此，以纳税人为本的战略思维积极推崇维系纳税人思维而非纳入纳税人思维。

（二）两种战略思维模式的比较

以税收资源为本的战略思维和以纳税人为本的战略思维并没有优劣之分，仅仅反映了不同环境条件下制定税收战略时的战略思考方向和着力点。

以税收资源为本的战略思维把所能掌握和利用的资源视为持续竞争优势的源泉。从本质上来讲，这是一种从自身出发的战略观点，由内而外来考虑战略的制定。这种战略考虑更多的是自身具备什么独特的资源，如何充分利用这些资源来获得更大竞争优势。但是，以税收资源为本的战略存在一个问题，即战略不是以纳税人需求为中心的，特殊情况下甚至可能导致征纳矛盾尖锐，这样，以税收资源为本的战略就起了不良作用。

以纳税人为本的战略思维则是由外而内的一种战略思维方向，考虑的是纳税人需求什么，应该如何满足需求，把维系纳税人作为发展的基础，并由此来进行变革，以应对这种要求。这种战略思维是将纳税人作为战略价值的取向，但若没有税收资源为本的战略管理作为前提和配套，其效能则会大打折扣。

从以上分析可以看出，以税收资源为本和以纳税人为本的战略思维，是相辅相成、相互补充的。实施税收战略管理，必须综合运用两种战略思维，整体规划，各有侧重，从而制定出全面完善的改革规划。

三、研究税收战略管理对我国税收管理及其改革的意义

当前，我国的税收管理及其改革取得了显著成绩，但仍存在着很多问题，这些问题不是简单地通过局部改进或技术更新就能得到有效解决的，需要从战略高度上对税收管理及其改革进行全面思考和规划。因此，深入研究税收战略管理对我国税收管理及其改革具有重要意义。

其一，研究税收战略管理，可以解决税收管理及其改革方向性和全局性问题。没有对税收管理进行战略思考，简单地借鉴或照搬国外行之有效的管理经验，已经使我国税收管理的改革走了不少弯路，而对我国社会、经济、文化的特殊性认识的不断深入，也为我们研究税收管理及其改革战略问题提供了国情视角。

其二，研究税收战略管理，可以使改革的配套措施能有的放矢、落到实处，而不至于流于形式，为改革而改革，甚至与改革的大方向相背离。税收管理及其改革的配套措施是为提高管理效率服务的，如税务组织机构的设置、业务流程的重组、信息化办公等，这些配套改革只有在正确的税收管理战略思路下推进才能取得预期效果。为此，要想使税收管理配套改革都达到预期效果，首先要弄清在我国国情下税收管理到底要做什么、资源如何分配，也就是要先解决要做什么，然后才是怎么做的问题。在税收管理及其改革战略明确后，为推进和落实战略，相关配套改革的目标和步骤自然就清晰了。

参考文献：

[1] 陈振明. 政府再造：西方"新公共管理运动"述评 [M]. 北京：中国人民大学出版社，2003.

[2] 李子清. 现代公共部门管理理论的创新与实践 [M]. 北京：人民出版社，2001.

[3] 刘蓉. 公司战略管理与税收策略研究 [M]. 北京：中国经济出版社，2005.

（原文载《税务研究》2008 年第 3 期）

完善我国促进就业的税收政策

王国清　祝遵宏

我国劳动力资源丰富，每年毕业的大学生和初高中生、农村剩余劳动力、企业改组改制分流人员、城市发展过程中"农转非"的失地农民、退伍复员军人、"两劳"释放和"四残"人员等，总体数量庞大。近期每年有 2 400 万以上的城镇新增就业需求，能提供的就业岗位则在 1 200 万个左右。同时，尚有 1 亿农村富余劳动力需要逐步向非农领域转移，就业形势非常严峻。国家发展高新技术产业，通过提高关键产业、骨干企业的资本和技术密集度，提高了资本有机构成，一定程度上也对就业起到了逆向调节作用。加之我国目前存在高技能人才严重短缺与劳动者整体技能水平偏低的结构性矛盾等因素，都使就业问题非常突出。2008 年以来，受国际金融危机影响，中国经济的增长有所放缓，就业压力进一步加大。最近两个月，国务院连续下发了《关于做好当前经济形势下就业工作的通知》（国发〔2009〕4 号）、《关于加强普通高等学校毕业生就业工作的通知》（国办发〔2009〕3 号）、《关于切实做好当前农民工工作的通知》（国办发〔2008〕130 号）、《关于促进以创业带动就业工作指导意见的通知》（国办发〔2008〕111 号），专门对解决当前面临的就业问题作出部署。

一、我国促进就业的税收政策现状

我国现有促进就业的税收政策措施主要包括：①提高了增值税、营业税起征点，激发更多的人自主创业。②促进下岗人员再就业，对下岗失业人员自谋职业、从事个体经营的，3 年内免征营业税、城市维护建设税、教育费附加和企业所得税。鼓励企业积极吸收下岗失业人员，对劳动密集型企业和从事服务业的企业，在新增岗位中新招用下岗失业人员，并签订 1 年期以上劳动合同的，3 年内按招用人数定额减免营业税、城市维护建设税、教育费附加和企业所得税。对国有大中型企业主辅分离和辅业改制分流安置富余人员，符合规定条件的，可在 3 年内免征企业所得税。③促进残疾人员就业，对残疾人员提供的劳务以及接收残疾人员就业的福利企业，按规定免征相关税收或加计扣除工资。④促进复员转业军人及随军家属就业的税收优惠政策等。

目前促进就业的税收政策存在一些问题：政策覆盖面太窄，限制太多，有失公允；政策规定的优惠期限一般只有 3 年，缺乏长期性和稳定性；鼓励就业的措施实施程序手续复杂，就业的促进效果受到限制，征管难度大，等等。税收政策应准确界定税收优惠的对象及其范围，科学制定优惠的期限，长期战略性的政策和临时性的应急措施要有所划分，并注重降低纳税人的税收奉行成本。

二、落实和完善我国促进就业的税收对策

（一）改革调整相关税种，直接增加就业

（1）进一步提高增值税和营业税的起征点。调高增值税和营业税起征点的标准，应使经营者能够取得与其所付出劳动相匹配的报酬，可考虑在经营收益只能维持两人基本生活时，不对其征税。

（2）鼓励劳动密集型产业和中小型企业的产品出口。为了抗击国际金融危机的冲击，我国从 2008 年 11 月 1 日起，调高了部分劳动密集型和高技术含量、高附加值商品的出口退税率。还应进一步提高劳动密集型产品的出口退税率，并取消中小型企业出口限制性规定，在外资引进方面兼顾促进就业。

（3）调整所得税政策。运用所得税优惠政策鼓励全社会对教育的投资，降低劳动者的教育投资成本。一是鼓励用人单位加大员工在职培训力度，允许用人单位发生的职工培训费用在企业所得税前据实予以扣除。二是对各种教育机构、社会上依法成立的专门提供就业培训

的机构取得的各种正常收入给予减免企业所得税的优惠待遇。三是加快个人所得税改革，将家庭教育支出如个人继续教育支出、再就业教育培训费用支出、家庭成员的教育支出等，允许按一定比例甚至据实税前扣除，提高个人及其家庭接受教育的能力。同时加强对教育投资的监管，避免个人教育支出计税时出现多重扣除，并允许企业支持教育的捐赠支出，符合规定条件的全额在企业所得税前扣除。四是开征社会保障税。从长期战略考虑，应该积极创造条件，适时将社会保障费改革为社会保障税，为下岗失业人员、城市化过程中的失地农民、农村剩余劳动力转移的生存保障和再就业的技能训练等提供必要的物质基础，减轻大学毕业生自由择业、下岗失业人员自主创业、社会人才流动的后顾之忧。为了鼓励企业吸纳劳动者就业，可效仿西班牙等国做法，对企业每招用一名登记失业 1 年以上的人员，第一年免缴应由用人单位负担该员工社会保障税部分的 50%，第二年免缴 40%。

（二）加大对就业弹性系数较高行业的税收扶持力度

（1）大力支持第三产业发展。世界上发达国家第三产业从业人员的比重约为 70%，发展中国家约为 40%，而我国目前不足 30%。究其原因，第三产业中相当一部分的传统服务业收益率太低，对投资的刺激不足，而收益率较高的新兴服务行业又对劳动力素质要求较高。因此，有必要通过税收优惠政策扶持传统服务业的发展。通过税收优惠鼓励劳动密集型产业的发展，比如养老服务、医护服务、残疾人居家服务、物业服务、廉租房配套服务等社区服务业，就业容量较大，安置成本相对较低，政府应放宽其市场准入，加大政策支持力度。可以规定对新办的社区服务业 5 年内免缴营业税，并根据其劳动密集程度给予一定的所得税减免。

（2）大力发展中小型企业。中小型企业在国外已被证明是"创造就业的机器"，美、日等国的中小型企业吸纳了本国就业人员的一半以上，西班牙更是达到 80% 左右。我国新《企业所得税法》已经扩大了中小型企业（税法称"小型微利企业"）的适用范围，税率也较统一税率低。但迄今为止，中国还没有专门针对中小型企业的税收扶持政策。根据我国中小型企业发展现状，借鉴国外做法，中小型企业所得税税率可以再适当降低至 15%～18% 左右；对设在中西部地区的中小型企业，允许成立后前 5 年免征各种流转类税收；配合采取加速折旧扣除、再投资退税、科研费和设备投资税收抵免等优惠措施，促进中小型企业的可持续发展。强化纳税服务意识，制定出一套符合中小型企业特点的税收征管办法。

（3）积极推进新农村建设。大力发展县域经济，调整农业产业结构，扶持农产品精深加工和销售，支持乡镇企业发展，鼓励农民联合创办经济实体，就地就近消化农村剩余劳动力。实践证明，通过发展乡镇企业吸纳农村富余劳动力可以有效缓解城市就业压力，是促进农村劳动力由农业向非农业转变、由农村向城镇转变的有效途径。截至 2002 年底，乡镇企业已吸纳农村富余劳动力 1.33 亿人，占农村劳动力的 27%，占全社会劳动力的 18%。因此，要通过税收优惠政策促进乡镇企业的发展，如可以规定 2015 年底以前在中西部地区农村新设立的乡镇企业包括个体经营户，一律免缴各种税费，鼓励投资者在这些地区农村从事生产经营的积极性，拉动农村富余劳动力就业。同时积极鼓励乡镇企业引进高级人才，可对乡镇企业为其引进的高级人才代扣的个人所得税在计算企业所得时予以扣除，降低其人力资源成本。为了鼓励上述第三产业、中小型企业和乡镇企业以及其他各种类型企业更多地吸纳待就业者，应该进一步扩大享受优惠的企业范围，对上述各种企业，不管是新成立的还是老企业，凡是新接纳下岗失业人员的，都享受同等税收优惠；享受优惠的失业人员范围也不应仅包括持有《再就业优惠证》人员，应包括集体企业和其他所有下岗、待就业者；并允许各类企业采取多样化形式接纳失业人员，如非全日制、临时性、季节性、钟点工、弹性工作等不同用工形式。对这些用工形式的税收减免可采用减半享受优惠等简易方式，鼓励各类企业采用灵活多样的形式增加就业。

参考文献：

［1］王国清. 税收经济学［M］. 成都：西南财经大学出版社，2006.

［2］王裕国，陈爱民. 中国劳动力市场与就业问题［M］. 成都：西南财经大学出版社，2000.

［3］本刊记者. 我国当前的就业形势及促进就业的对策［J］. 中国财政，2008（3）：26-27.

［4］江苏省税务学会课题组. 促进就业的税收政策调整思路［J］. 税务研究，2005（2）：8-13.

［5］秦新建. 税收扶持再就业问题的几点思考［J］. 学习与研究，2008（2）：46-47.

（原文载《税务研究》2009 年第 5 期）

税收征管组织模式变革取向及其路径选择

王国清　龚　秋

检视中华人民共和国成立以来税收征管组织的发展变化可以发现，随着经济与社会环境的发展变化和政治体制的自我优化，税收征管组织都要作适应性调整，以保证其职能作用的充分发挥。

一、封闭型与开放型税收征管组织模式

中华人民共和国成立以来，我国经济体制经历了由计划经济向市场经济的转型，政府职能由管理型向服务型的转变。从发展的视角来看，我国税收征管组织可分为两大类型，即以行政化为取向的封闭型模式和以企业化为取向的开放型模式。

（一）以行政化为取向的封闭型模式

所谓以行政化为取向的封闭型模式，是指以官僚制为基础，在行政主导下实行"征、管、查"的全能型职能分配，在征管组织内部封闭式运作的征管组织模式。

作为我国传统的征管组织模式，以行政化为取向的封闭型模式在计划经济时期及计划经济向市场经济转变初期，与经济体制是相匹配和适应的。20世纪50年代至80年代，我国一直实行这种高度行政化的模式，对纳税人的关注仅限于管理上，税务部门高度集权。

1988—1994年，为适应经济体制改革和税制改革不断深入发展的新形势，我国启动了以"征、管、查"三权分离为核心内容的征管改革，在税务机关内部划分征收、管理和检查的职能部门，实行内部征

管权力的分离和制约，由"全职能"管理模式向"专业化"管理模式转变，以强化内部制约，提高征管效率。但这种改革仍然没有突破中华人民共和国成立以来行政主导组织结构设计的封闭型模式。

（二）以企业化为取向的开放型模式

所谓以企业化为取向的开放型模式，是指以纳税人为本，以纳税服务为支撑，以提高组织绩效为目标，在市场经济主导下实行征、管、查、服务和法律救济等职能的专业化运行，并注重与外部环境及纳税人进行沟通与协调的开放式运作的征管组织模式。

开放型模式的基本特征是，借鉴和学习企业的管理理念、运作方式，以纳税人为导向来设计征管组织机构，将税务机关与纳税人置于平等互利的关系定位，尊重纳税人的权利，强调服务与管理并重，努力使税务管理和服务工作适应各类不同的纳税人，整体上表现为开放型管理，是一种企业化（以顾客为中心）的组织结构模式。

从实践来看，1994 年开始，经过十多年的努力，我国各级税务机构都强化了纳税服务，强调围绕纳税人开展服务性的税务管理，从信息技术、管理创新、流程优化等方面降低征纳成本。2008 年启动的税务机构改革，专门新建了主管纳税服务工作的综合职能部门，负责组织、协调和指导各部门、各税种、各环节的纳税服务工作等职责。可以说，目前税务机关已经实现了从"外出下户、分散征收"到"集中征收、优化服务"的角色转换，以企业化为取向的开放型模式已具雏形。

（三）封闭型模式与开放型模式的比较

我国税收征管组织封闭型模式与开放型模式是两种不同经济体制下的不同组织模式，也是两个历史阶段的不同产物。从历史作用的角度来看，两种模式没有优劣之分；从组织理论的角度来看，可以进行以下比较：

（1）从组织目标和方向定位来看，封闭型模式侧重于以行政命令为方向，强调统一领导，集中控制，建立集权的组织机构；开放型模式侧重于市场化的方向，强调与纳税人关系的平等，建立一个企业化的组织机构。

（2）从组织核心理念的定位来看，封闭型模式强调以税务机关为本，认为税务机关是税收一切关系的指挥棒。开放型模式强调以纳税人为导向，认为纳税人是税收征管组织的宝贵资源，要以纳税人为中心，以纳税人合理需求为导向，以纳税人的满意度和对税法的遵从度作为组织的使命和度量标准。

（3）从组织任务来看，封闭型模式和开放型模式都注重以结果为导向，强调积极的目标、具体的结果。但封闭型模式更注重结果的完成，而不太关注结果的成本；开放型模式更强调实际结果、预算和绩效并重，关注行政成本和效率。

（4）从组织的结构定位来看，封闭型模式采用严格的层级制；开放型模式主张采用灵活、弹性的组织结构，以不断适应征纳环境迅速变化的需要。

以行政化为取向的封闭型模式和以企业化为取向的开放型模式，在不同的时代背景下，有各自的优点和缺点，从本质上和其发挥的作用上看，两者并无显著的优劣之分，不能简单地进行评判。但从我国计划经济体制到市场经济体制转型的客观要求，以及税收改革进程中总结出的经验和教训，可以发现税收征管组织选择以企业化为取向的开放型模式是现实之需、未来之需、发展之需。笔者把税收征管组织由封闭型模式向开放型模式的这一转变称为税收征管组织企业化改造。

二、税收征管组织企业化改造的动因内涵及实践基础

（一）税收征管组织企业化改造的动因内涵

税收征管组织的企业化改造取向，其实质是税收征管组织的改制和税收征管资源的优化配置。所谓税收征管组织企业化，有两层含义，一是在管理上把税务机关定位为企业，主张把税收管理作为一个企业来运营，按业务流程各司其职、各就其位；二是把税务机关管理者的角色定位为企业家，在履行职责时，应像私人企业的经理对待客户一样，热心为纳税人服务。

实现税收征管组织由封闭型模式到开放型模式的变革途径就是企

业化改造。税收征管组织在税收管理和向公众提供服务的过程中，在某些方面和在一定程度上，仿效或借鉴企业在经营管理中的一些行之有效的做法，包括管理理念、组织体制、运作机制、人事行政以及管理方法等，使得税收征管组织可以像企业一样具有市场敏感性和变化适应性，从而不断提高税收征管组织的服务水平和信誉度。需要指出的是，企业化改造并不等于企业化。

（二）税收征管组织企业化改造的实践基础

税收征管组织这种企业化改造的取向，是与我国政府改革以及公共财政体制的建立相呼应的，在国际背景下，也受到改革开放后新公共管理运动的影响。新公共管理运动是针对政府公共行政集权化和官僚主义化形成的政府垄断而导致政府公共行政低效率、巨额财政赤字、社会成本高昂以及为了顺应世界经济一体化、全球化和信息时代的发展要求，开展的一场旨在推行绩效管理、强调顾客至上与服务意识、在政府管理中引进竞争与市场机制的政府改革运动。

政府改革的要求以及公共管理运动的影响，使我国税务机关有了以下变化：第一，竞争机制进入税收征管公共服务领域，开始注重提高税收征管的效率和质量；第二，从仅注重遵守既定的法律和规章制度，向注重实际工作绩效特别是纳税人的满意程度方向发展；第三，一些科学的企业管理方法在税收征管组织中得到应用，如目标管理、绩效评估、国际质量管理体系标准等。

流程再造理论也影响着这一时期税收征管组织演进。流程再造理论的技术基础是信息化，与税收征管组织改革的背景相一致；其目标是成本最小化和绩效最大化，与税收征管组织的目标相一致；其着眼于顾客满意度的提高，与征管组织服务纳税人的要求也一致。

综观整体环境，我国处在经济转型和社会转型的过渡时期，在政府改革与企业改革的互动过程中，行政机构为了提高效率而借鉴新公共管理理念，提倡有限政府理念，同时信息化、全球化以及城市化等技术及环境条件的变化也成为税收征管组织企业化改造的背景条件。可以说，我国税收征管组织企业化取向的变革，已成为一种"内生需求"，从内部改革的条件已经成熟。

三、税收征管组织企业化取向改造的路径选择

选择以企业化为取向的开放型模式，应该是一个渐进改革过程，需要科学设计征管组织的基本原则和目标取向，进而重建模式格局和结构体系，在动态的企业化改造过程中完成开放型模式的构建。当前的路径选择如下：

（一）建立扁平化的征管组织模式和板块化的征管组织格局

作为省以下的税务机关，无论是国税系统还是地税系统，都是一个纵横结合的、完整的税收征管组织体系。把税收征管组织定位为"扁平化模式"，其主要内容是推行"省对县直线管理"和县（区）局对税务所（分局）根据纳税人的分布撤远并近的"机关基层一体化"的征管组织模式。税收征管组织的板块就是根据经济税源确定征管组织的布局，根据数据集中程度和数据流向确定税收征管组织的层级。"板块化"的征管组织格局应以板块为主，层级为辅，是扁平化的另一展现形式。税收征管组织的板块化格局有三种实现方式：一是对同一征管区域的不同层级的征管组织机构执法、重大工作部署等内容的统一和规范，避免多头征管、职能交叉、政策理解差异等原因而导致税收征管漏洞和矛盾。二是突破按照行政管辖权和预算级次设立征管机构的状况，按照税源类型和分布设置税收征管组织，实施税收征管；三是在一定的范围内实行国税、地税合并或联合办公。

（二）关注内部与外部的需要，完善内部结构体系

建立和完善主要由以法定分工为前提的专业管理系统、以优质服务为重点的纳税服务体系、以数据流为导向的业务流程系统、以规范执法为基础的监督制约系统、以能本管理（即以人的智识技能和实践创新能力为核心的管理方式）为核心的内部管理系统和以信息技术为支撑的技术保障系统等子系统，以职能和纳税人需求为主来设置职能部门，以流程再造和绩效管理作为实现手段。

（三）构建一种以纳税人为本、以市场为中心的价值创造体系

这是与税收征管组织企业化改造的基本价值取向——"税收为

民"完全匹配和契合的。开放型征管组织的实现程度，取决于纳税服务的质量。如果纳税服务得到了广大纳税人的认可，纳税人的税法遵从度得到提高，在税收流程中发挥控制成本效率、沟通协调关系的重要作用，税收管理与服务得以有机结合并相互促进，税收征管组织企业化改造的历史使命就将由集中改造转入稳定微调。

参考文献：

[1] 谷成. 世界各国税务管理组织机构的改革趋势及借鉴 [J]. 涉外税务，2004（3）：47-50.

[2] 吉淑英. 提高我国税收征管效率的基本思路 [J]. 税务研究，2004（5）：64-66.

[3] 曾纪芬，肖刚. 现行税收征管模式的适应性分析 [J]. 税务研究，2004（8）：74-76.

[4] 朱晓波. 税务行政组织模式的理性思考 [J]. 税务研究，2005（7）：90-91.

[5] 林高星. 中国税收征管战略研究 [M]. 厦门：厦门大学出版社，2005.

（原文载《税务研究》2010 年第 5 期）

纳税人理论研究的学术轨迹与展望
——基于"权利与义务统一"的视角

王国清　费茂清　李文翠

当前，我国理论界和实务界对于什么是纳税人这一问题尚存在着不同的看法，这些观点不仅涉及税收的基础理论，而且关系到税收的运行。本文拟对纳税人文献作四种梳理和评论，并在此基础上给出理论与实践的展望。

一、纳税人义务论

纳税人义务论这种观点认为，纳税人即纳税义务人。在相当长的时期中，这种观点占据了主流地位。

（一）20世纪七八十年代的纳税人定义

《辞海》对纳税人的概念定义为："纳税人即纳税义务人，亦称课税主体，即按照税法规定，有义务向国家纳税的组织或个人。"①

《经济大辞典》对纳税人的概念定义为："纳税人亦称纳税义务人或课税主体，即税法上规定的直接负有纳税义务的单位和个人。"②

《财会知识手册》对纳税人的概念定义为："纳税人即纳税义务人，亦称课税主体，即税法上规定的直接负有纳税义务的单位和个人。"③

---

①　《辞海》编辑委员会. 辞海［M］. 上海：上海辞书出版社，1979.

②　许毅，沈经农. 经济大辞典·财政卷［M］. 上海：上海辞书出版社，1987.

③　王亘坚. 财会知识手册·财政分册［M］. 天津：天津科学技术出版社，1983.

（二）20 世纪 90 年代的纳税人定义

《中国经济百科全书》对纳税人的定义为（1991）："纳税人，是税法规定直接负有纳税义务的单位和个人，即纳税的主体。"①

黄肖广（1993）认为："纳税人，又称纳税主体，是指依照税收法规，直接对国家承担纳税义务的单位和个人；它是缴纳税款的主体，不同的税种规定有不同的纳税人。"持这一观点的学者认为，纳税人的规定主要是解决对谁征税，或者说谁该缴税的问题。

王诚尧（1995）将纳税人定义为："纳税人，简称纳税义务人，是税法规定的直接负有纳税义务的单位和个人，包括自然人和法人在内。"

邓子基（1997）将纳税人定义为："纳税人是课税的主体，是税法上规定的直接负有纳税义务的单位和个人。"

刘溶沧、杨之刚（1998）将纳税人定义为："纳税人是指税法规定的负责纳税的自然人和法人，称纳税义务人。"

（三）进入 21 世纪以来的纳税人定义

《中华人民共和国税收征收管理法》（2001 年 4 月 28 日第九届全国人民代表大会常务委员会第二十一次会议修订）第四条中将纳税人定义为："法律、行政法规规定负有纳税义务的单位和个人为纳税人。"

寇铁军（2002）将纳税人的定义概括为："纳税人是税法上规定的直接负有纳税义务的单位和个人，它是缴纳税款的主体。"

杨斌（2007）将纳税人定义为："纳税义务人，又称纳税人，是税法规定的直接负有纳税义务的个人、企业或团体，是缴纳税款的主体。"

吴旭东（2009）将纳税人定义为："纳税人是税法规定的直接负有纳税义务的单位和个人，全称是纳税义务人，简称纳税人，或纳税主体。纳税人是履行纳税义务的法律承担者。"

---

① 陈岱孙. 中国经济百科全书［M］. 北京：中国经济出版社，1991.

陈共（2009）对纳税人的定义为："纳税人又称纳税主体，是指税法规定的负有纳税义务的单位和个人。"

马国强（2009）对纳税人的定义为："纳税义务人简称纳税人，是直接负有纳税义务的组织和个人，纳税义务人的义务包括给付义务和作为义务。给付义务是纳税义务人向政府缴纳税款的义务。作为义务是为实现给付义务所设定的做哪些事和不做哪些事的义务。"

韩康（2010）对纳税人的定义为："课税主体是按照税法规定的直接负有纳税义务的单位和个人，亦称纳税人或纳税义务人。"

此外，张素琴（2009）、孔淑红、安玉华（2003）在其著作中以及笔者过去的著作和论文，对纳税人的定义也有相同或类似的描述，为免重复，就不一一详述了。除了以上列举的这些学者外，国内大部分学者对纳税人的定义都持这一观点。

我们认为，纳税人当然需要承担纳税义务，这是毫无疑问的，但这是从国家或者政府的角度来看待的。如果从公民个人的角度来看，乃至从国家或政府的角度来看，纳税人在承担义务的同时该不该享有相应的权利呢？那么，在纳税人定义方面如何给予高度概括呢？这值得我们思考。

二、纳税人消费者论

纳税人消费者论这种观点认为，尽管现行税法没有直接规定，但广大的消费者是实际负担税款的人，因此可以说，广大消费者是我国最主要的纳税人。与此类似的观点还有"纳税人直接、间接论"、"纳税人法律、经济论"等。

彭月兰（1999）认为："在我们国家，个人消费者面对的价格其实质是这样的：商品或劳务价格=商品或劳务销售成本+销售税金+利润。这里的销售税金包括增值税、消费税、土地增值税、资源税、城建税及附加、营业税、关税等；这里的商品或劳务的销售成本从核算上分解可能含有印花税、土地使用税、车船税及折旧中可能包含的部分耕地占用税、固定资产投资方向调节税，而企业所得税则是包含在利润

中。"

之中的。除非该种商品不为我们所需要，否则我们就需要对商品价格所包含的所有或部分税款予以支付。由于众多消费者在消费过程中面对的是一个价格的计算结果而不是具体的计算内容，故而对于自身的税收支付这一事实并未感觉。从这个意义上说，只要消费，消费者就是真正的纳税人。"

丰厚（2002）认为："从政治上来看，由于纳税人与负税人的概念不清，容易给人以纳税人就是负税人的错觉，并因而导致把每个消费者都为国家负担了税款的事实模糊掉。因为消费者也可以说是全体人民，这就把大部分人民排除出纳税人以外了。"

肖雪慧（2002）认为："纳税人不仅包括直接的纳税人，还包括间接的纳税人。国家财政收入是由直接税和间接税构成的，但两种税之间一个重要差异使间接税真正担税者处于不利地位。纳税义务人和实际担税人在直接税中是统一的，在间接税中却是分离的。这种分离使得一些间接税在法律上的纳税义务人其实只是名义上的纳税人，其所纳税负最终完全转嫁给了消费者。所以，最终承担了税负的消费者才是真正的纳税人。"

刘剑文、熊伟（2006）认为："对纳税人的理解不能仅限于名义，应当从广义的角度加以把握"。"北野弘久的纳税人概念不仅包括直接税的纳税人、间接税的承担人，还包括社会保险金、义务教育负担费、下水道工程负担费、公共保育所负担费等税外负担的承担人。这样，其理解的纳税人与国民的概念实际上就没有什么差别了。"

谭雄伟（2006）认为："农业税取消后，并不意味着农民从此就'无税收负担'，农村成为'无税区'。农民的生产、生活等行为涉及了生产、分配、交换和消费的各环节，其购买农业生产资料等生产投入、日用消费品或接受各类服务，都在无形中承担了消费税或增值税等间接税（流转税）的转嫁。包括农民在内的广大消费者在购买商品或进行消费时，将含在价格中的税收一起支付了。尽管农民所承担的税负从属性上看具有混合性，但不管是哪种性质的税负，其纳税人地位不可否认，农民仍然是光荣的纳税人。"

张永忠（2007）认为："因为作为权利人，纳税人可以享受公共产品，监督和控制国家行为，同时，作为义务主体，享受这种权利就需要有真正付出，真正承担纳税义务，而不是仅仅替人履行税款缴纳的手续（如商品的零售商只是流转税的缴款人，而商品众多的消费者则是流转税的纳税人）。"

许凤玉（2008）认为："每个人都是商品至少是生活必需品的消费者，只要你购买商品或服务，就会成为税款的实际负担者，成为不折不扣的纳税人。"

专业理论文献的观点如此，必然会引导大众媒体的言论。如《华西都市报》1999年3月17日第8版转引《中国青年报》的报道，认为"点气做饭烧水，你在纳税；进商店买东西，你在纳税"，总之"消费者就是纳税人"，"纳税人并不只是履行法定义务直接向税务机关缴纳税款的法人和自然人，我们国家最广大的工人、农民、知识分子、干部和解放军指战员，正是我们最广大的纳税人。我们只要购买商品或服务，在价格中就会包含一定的税款，它可能是增值税，可能是营业税，也可能是消费税。这些税款都是生产或服务性企业直接向国家缴纳的，但真正的负担者却是广大的消费者。流转税占我国税收总收入的比重达60%以上，所以说广大消费者是我国最主要的纳税人。"

上述观点是关于"纳税人消费者论"的经典表述，同时也折射了纳税人包括"直接纳税人和间接纳税人"之"纳税人直接、间接论"，还涵盖了把纳税人分为"法律上的纳税人和经济上的纳税人"这一"纳税人法律、经济论"。

在我国，现行税法对商品的产制、批发、零售环节课税时是以生产经营者为纳税人的，而并未如国外税制上设计的消费者即"谁购买谁就是纳税人"。在我国现行税法条件下，消费者未被设计为纳税人，所以上述观点并不以现行税法为准，显然是值得商榷的。

消费者的消费行为和纳税的实现的确存在一定的关联，但是否为纳税人，只能以税法为准。判断是否为纳税人的唯一标准是税法，税法规定是则是，税法没有规定的则不是。那么，我国税法是否可以考虑把消费者设计为纳税人呢？这当然可以研究。至于负税人则是实际负担税款的单位和个人，它是与纳税人相联系但又有区别的概念，负税人并不必然和纳税人是同一个人。尽管"负税人"概念对经济动态的分析很有帮助，但税法不会也不能规定谁是负税人。

三、纳税人扣缴论

纳税人扣缴论这种观点认为，扣缴人也是纳税人。

孙业群（2000）认为："纳税人是指法律、行政法规规定负有纳税义务的单位和个人，广义上的纳税人还包括扣缴义务人。"

杨斌（2007）在解释纳税人时提出："比如在个人所得税中，个人的工资薪金所得税是由企业代扣代缴的，所以企业是纳税人，而个人是负税人。"

张永忠（2008）认为："其实，扣缴义务就是纳税义务。因为纳税义务与税款的实际负担并不是一回事，不能认为纳税义务就是自己金钱的付出义务。"他认为纳税义务人可以分为扣缴义务人和自缴义务人两类。

陈学东（2000）在曾国祥主编的《税收学》中认为："纳税人的概念包括广义与狭义两种。广义上的纳税人是指所有在税收法律关系中作为纳税主体存在并现实地发挥纳税功能的全部当事人，包括公民、法人、非法人组织以及代扣代缴义务人、代收代缴义务人和代征代缴义务人；狭义上的纳税人则仅指实际履行纳税职责的公民、法人及非法人组织。"

既然扣缴人即代扣代缴（代国家扣下来，代纳税人交给国家）或代收代缴、代征代缴的单位和个人，则它履行的是一个代行纳税人和征税人的职能，它本身并不是纳税人。扣缴人是扣缴义务人吗？扣缴人有没有相应的权利呢？扣缴人和纳税人之间有什么联系与区别呢？这也是值得我们进一步研究的。

四、纳税人权利义务论

纳税人权利义务论这种观点认为，纳税人既要依法履行纳税义务，又要依法享受与纳税相关的权利，强调纳税人权利与义务的统一。

史学文（1997）认为，"一个时期以来，人们未能辩证、全面地理解纳税人的含义，更多的人认为纳税人就是负有纳税义务的单位和个人，而很少从课税主体的角度来认识纳税人的含义，即未能认识到纳税人是既遵法履行纳税义务，又依法享有一定权利的单位和个人。"

陈学东（2000）在曾国祥主编的《税收学》中指出，"所谓纳税人，应该是指那些依法参与税收法律关系，享有权利、承担义务，对国家负有并实际履行纳税义务的公民、法人或其他社会组织成员。"

庞凤喜（2002）提出纳税人应该兼具权利人身份与义务人身份，他认为："纳税人是指依法参与税收法律关系，享有权利并承担纳税义务的公民、法人或其他社会组织的成员。"

张馨（2003）提出了"纳税人范畴"的说法，他进一步明确了纳税人权利与纳税人的形成紧密相关，并明确了纳税人四大基本权利，指出只有社会公众拥有了此四大基本权利，我国才可以形成真正的"纳税人范畴"。基于此"纳税人范畴"的概念，张馨（2006）将纳税人的定义解释为："纳税人，是享有相应权利并按税法的规定直接负有纳税义务的单位和个人。"

王国清（2010）提出："纳税人亦称纳税主体，它指税法规定的依法享有税收权利，并直接负有纳税义务的单位和个人。"

刘蓉（2010）在王国清等主编的《财政学》中将纳税人定义为："纳税人亦称纳税主体，它指税法规定的直接负有纳税义务，并依法享有相应权利的单位和个人。"

总之，这类观点将纳税人权利引入纳税人概念的内容当中，是完全正确的，它彻底否决了纳税人仅是纳税义务人这一长期持续的学术界主流观点，非常鲜明地表达了纳税权利人与纳税义务人统一观。

纳税人权利义务论是从权利和义务统一的角度，对纳税人概念的最新概括。在科学发展观的条件下如何"以人为本"，在税收领域如何"以纳税人为本"，如何进一步理解、挖掘、拓展纳税人的权利和义务，优化纳税服务，显然是摆在我们面前的重要任务之一。

但是，在坚持"纳税人权利义务论"的条件下，纳税人是否应该包含代扣代缴义务人、代收代缴义务人和代征代缴义务人？"享有相应权利"的前提是指税法规定抑或其他？这些都值得我们进一步探讨。

五、新视角下的纳税人定义及其展望

（1）基于纳税人权利义务论的视角，我们赞同和坚持：纳税人是指根据税收法律规定，直接负有纳税义务并享有相应权利的单位和个人。

所以，在实际工作的运行中，在不同地区、不同单位、不同层面、不同程度上存在的"以纳税义务人代替纳税人""以纳税人代替扣缴人""以扣缴人代替纳税人"的现象应予矫正。

（2）纳税人履行义务和享有权利应以税法为准，这里说的"税法"是指"涉及税收的法律"，包括宪法、税收实体法、税收程序法等涉税法律。纳税人的"义务"我们已很熟悉，而"权利"尚需进一步明确。

狭义纳税人权利是指微观层面的纳税人权利，指纳税人根据税法的确认和规范，在履行其应尽纳税义务的过程中，可以依法做出一定行为或不做出一定行为，以及要求征税机关做出或抑制某种行为，从而实现自身合法利益的可能性。纳税人双重权利是指纳税人除享有上述狭义权利外，还应该享有广义的纳税人权利，如民主立法权与民主监督权等。总之，"纳税人双重权利论"具体观点各异，但其相同之处都承认纳税人既有狭义的权利，又有广义的权利。我们认为，纳税人权利首先表现为狭义的纳税人权利，即税法规定的纳税人权利，因为税法直接规范的是整个征纳双方的关系。就纳税人而言，税法直接规范其权利与义务。至于广义的纳税人权利，则不一定由税法来规范，而更需要由税法之外的其他法律来规范，但在源泉上溯及税收。当然，这是对纳税人权利的一种整体认识，而具体到某一税种领域涉及纳税人权利的表现，尚需我们拓展和深入考察。

（3）纳税人和负税人的联系与区别。在纳税人定义中突出"直接负有纳税义务"，是为了严格区分纳税人和负税人，确保纳税义务和税收权利的明确性。负税人是指实际负担税款的单位和个人。税法只能规定纳税人，税法不能也不会规定负税人；而且从经济上分析，纳税人和负税人可能是一致的即同一个人，但纳税人和负税人也可能是分离的，即不是同一个人。

（4）纳税人和扣缴人的关系。扣缴人是指税法规定的负有代扣代缴或代收代缴、代征代缴税款义务并享有相应权利的单位和个人。所以纳税人和扣缴人都是由税法来规范的，二者都是具有相应权利义务的独立主体。纳税人可以自行缴纳税款，也可以委托他人代缴，除另有规定者外，税法对此不予规定。扣缴人只能是代国家扣下来代纳税人缴款给国家，这是由税法来规定的。一经规定，征纳双方都必须照此办理。

（5）《中华人民共和国宪法》及《中华人民共和国税收征收管理法》相关条款修订。按照我们关于纳税人的定义及其理解，《中华人民共和国宪法》第五十六条规定的"中华人民共和国公民有依照法律纳税的义务"，这当然是正确的，但可否改为"中华人民共和国公民有依照法律享有税收权利和纳税的义务"呢？相应地，《中华人民共和国税收征收管理法》第四条规定的"法律、行政法规规定负有纳税义务的单位和个人为纳税人"可否改为"法律、行政法规规定享有税收权利并直接负有纳税义务的单位和个人为纳税人"呢？

（6）纳税人设计理念应转轨。中华人民共和国成立之后，我们在税制设计上长期避免把公民个人纳入纳税人的行列，尽管后来有了个人所得税的纳税人等。面向"十二五"规划，要提高纳税人的纳税观念，从而热爱税收、关心税收、监督税收。我们建议，在流转税制改革中的零售环节，包括增值税、营业税、消费税等，从现在的纳税人设计理念——"谁销售谁成为纳税人"改为"谁购买谁成为纳税人、谁销售谁成为扣缴人"，坚持"以人为本"和"以纳税人为本"，让广大的民众成为税法规定的直接负有纳税义务并享有相应权利之名副其实的纳税人，让关心税收、热爱税收、监督税收离我们不再遥远。

（原文载《税收经济研究》2013 年第 3 期）

房地产税与土地产权的理论研究

王国清　费茂清　张玉婷

　　关于房地产税与土地产权关系的争论，主要涉及对国有土地能否征税这一问题。理论界不少人认为，我国城镇土地都是国有土地，这迥异于国外在私有土地上可开征房地产税的情况，从而形成了我国特有的法理冲突。本文拟对此谈谈看法，以就正于学术界。

　　在有关房地产税改革的争议中，有一个主要的观点认为，我国的土地不是私有的，土地属于政府所有，并不属于购房者，因而征税不合法。北师大房地产研究中心主任董藩曾经表示，征收房产税的第一个条件是土地私有化，而中国的土地只有 70 年的居住权，所以这个税从法理上原本就不通，以目前中国的现状，还不具备征收房产税的条件。此前郎咸平教授炮轰房产税，也对房产税的合法性提出疑问："什么房产税、物业税等都不合法，因为税收的目的是对土地所有人进行征税，但是中国的土地不是私有制，土地是属于政府的，并不是购房者的。"甚至有人提出要在我国征收房地产税必须首先将土地私有化。那么征收房地产税到底会不会或需不需要改变我国的土地所有制性质呢？对国有土地能否征税呢？

一、对房地产征税的理论依据

　　马克思在《道德化的批判和批判化的道德》中提出的"政治权力和财产权力及其相互关系的理论"是对房地产征税的理论依据，这一理论的主要内容是：

　　马克思的两种权力学说的基本问题是，权力包括政治权力和财产权力；政治权力在经济上的实现形式是税收，财产权力在经济上的实现形式是利润（生产资料所有者的权力在经济上的实现形式包括产业利润、商业利润、借贷利息和地租）和工资（劳动力所有者的权力在经济上的实现形式）；政治权力和财产权力是有差别的，在一定条件下，二者是相互作用的，政治权力和财产权力又是可以统一的，即在一定条件下，二者又是可以联合的，乃至于其经济上的实现形式可以合为一体。重温马克思的两种权力学说，对于我们在社会主义条件下，在研究和把握多项政治、经济条件的基础上，合理选择、运用政治权力和财产权力的"差别"或"统一"，确定国家参与包括国有土地在内的相应的具体分配形式，以及我们今天特别关注的对房地产的征税，都不仅仅有理论意义，而且有现实意义。

（一）对土地和房产"双私有主体"的征税分析

马克思指出："在我们面前有两种权力：一种是财产权力，也就是所有者的权力；另一种是政治权力，即国家的权力。"可见，政治权力为国家所独有，即国家"作为主权者"的权力，它在经济上实现自己的形式就是赋税。财产权力即所有者的权力，它在经济上实现自己的形式就是利润（生产资料所有权在经济上的实现形式）和工资（劳动力所有权在经济上的实现形式）。在主体不同一的条件下，政治权力和财产权力的差别是明显的，其表现为：政治权力是绝对的、至高无上的，即政治权力也统治着财产权力，这就是说，财产手中并没有政治权力，甚至政治权力还通过任意征税、没收、特权、官僚制度加于工商业的干扰等办法来捉弄财产。尽管马克思是在评析普鲁士封建王朝和资本主义制度时说这番话的，但它所包含的一般原理对社会主义社会仍然是有效的。可以说，这也就是社会主义国家对各类经济性质不同土地和财产实行征税之原因所在。具体就房地产而言，房产归属于企业、单位和个人所有，是税法列举的课税对象，国家的政治权力在经济上的实现形式就是税收，尽管具体名称在各国可以有不同的称谓。土地如果归属于企业、单位和个人所有，出资者权力即财产权力在经济上的实现形式就是地租，但国家的政治权力高于企业、单位和个人的财产权力，不仅国家的政治权力可以对企业、单位和个人的房产或其收益在经济上实现自己而征税，而且国家的政治权力还要对土地这一归属于企业、单位和个人的财产或其收益征税。在这种征税的场合，国家政治权力的主体和企业、单位、个人的土地或财产主体不是同一的，土地和房产这两种财产的主体则是同一的。总之，在政治权力和财产权力的主体不同一时，政治权力高于财产权力，可以宣布对财产征税。

（二）对"土地国有、房产私有"的征税分析

归属于企业、单位和个人的私有房产，国家的政治权力行使对其征税的权力，已如上述。对公有土地，尤其是国有土地，国家的政治权力又能否征税呢？如同国家凭借政治权力对国有企业利润征税的道理一样，国家的政治权力依然高于国家的财产权力而可宣布对国有土地征税。

在主体同一的前提下，就国有土地而言，作为政治权力和财产权力两种权力的主体都是国家，似乎"两种权力的差别"就显示不出来了。但是，即使在这种场合，对两种权力也不能在看见有统一的地方就看不出差别。因为就国有土地而言，国家集两种权力主体于一身，但国家的政治权力仍然是凌驾于国家的财产权力之上而居于首位的。只要国家作为主权者而与"直接生产者"相对立，无论这个"直接生产者"的经济性质如何，也无论这个"直接生产者"涉及的产权的具体存在形式如何，国家的政治权力必然且必须得到实现，对国有土地课税是势所必然的。政治权力是至高无上的，这并不是说财产权力消亡了，两种权力毕竟是两个不同性质的范畴，其在经济上的实现形式——税收和上交利润即地租在客观上存在着质和量的分界线。总之，从税收的角度考察，国家对国有土地征税是理所当然的。

问题在于，既然就国有土地而言，国家政治权力和财产权力的主体都是国家，是同一的，但国家的财产权力在经济上实现自己的形式本来应该是地租，在什么条件下又可以成为税收呢？

既然两种权力及其经济上的实现形式是有差别的，那么两种权力的统一必然是有条件的，而且不能在看出有差别的地方就看不出统一。马克思在《资本论》中曾经说过："如果不是私有土地的所有者，而像在亚洲那样，国家既作为土地所有者，同时又作为主权者而同直接

生产者相对立，那么，地租和赋税就会合为一体，或者不如说，不会再有什么同这种地租形式不同的赋税。"根据马克思论述的基本原理，就国有土地而言，社会主义国家集政治权力和财产权力于一身，在一定条件下，两种权力在经济上的实现形式可以合为一体。问题在于：其一，税租合为一体后是税还是租？税租合一是全额合一还是部分合一？我们认为，国家的政治权力高于一切，税租合一应是合一为税，借用马克思的描述，"或者不如说，不会再有什么同这种地租形式不同的税收"，此其一。其二，至于是全额合一为税还是部分合一为税，这还要取决于更多的条件。例如，包含社会主义国家只存在单一的全民所有制经济或只存在单一的国有制土地或单一的私有土地制等在内的若干条件下，税租合一就可以是全额合一为税；包含社会主义国家存在以公有制经济为主体的多种所有制经济成分并存与合理配置、有差别的税收制度体系以及土地所有制的多样性等在内的若干条件下，税租合一就只能是部分合一为税。由此，我们可以做出如下判断：①在一定条件下，就国有土地而言，税租合一为税；②全额以税代租不能超越客观条件；③在社会主义初级阶段，税租合一既有部分合一为税也有全额合一为税。总之，对土地和房产分流征管具有坚实的理论基础。

二、对国有土地征税的税制分析

（一）摒弃所有制约束的课税对象选择

房地产权是一个权利束，或者说是一个权利集合，其中包括拥有、使用、收益、处置、开发、转让等多种权利。土地的国有制表明国家对土地享有所有权，公民、法人或其他组织只享有使用权。虽然我国仅承认对土地在一定期限内的有限使用权，但不可否认，"土地使用权"本身就是一项具有财产性的权利。《中华人民共和国物权法》规定国家保护权利者的物权，其中包括"用益物权"，而"建设用地使用权"就属于"用益物权"的一种。房屋折旧后房价却高了，其中的收益就是土地使用权带来的，因此"土地使用权"可以看作一项有财产属性的权利并可以带来收益，在法律上它有明确归属，可以成为征税的对象。这种区别于国家利益，摒弃所有制约束的独立的，企业、单位和个人的利益，天然地成为国家课税的对象。

（二）国有土地收益形式的租税选择

土地的稀缺性和公共属性，决定了土地的增值收益应归全民所有。城市土地是全体市民或公共所有的资料，明显属于稀缺性资源；土地又是市民从事社会、经济和文化活动的基本载体，必须要遵循公共福利最大化原则进行配置。由此可见，城市土地自然具有明显的社会和公共属性。与其他商品不同的是，城市土地增值主要是基础设施投入所形成的可达性、舒适性、美感度提高而产生的。因此，土地增值收益应"取之于民，用之于民"。正如前述，国有土地这一财产权力在经济上的实现形式是地租，但也可以选择政治权力和财产权力的统一而选择"租税合一为税"的形式。

（三）所有权不是确立纳税人的唯一要件

从整个税法体系来看，不仅土地使用权人，连土地的承典人（如契税）、不动产的实际占用人（耕地占用税），也可以成为纳税人。因此，只要能从财产中获得收益，就能成为纳税人。是否拥有土地所有权不能成为构成纳税主体的唯一要件。纳税人的选择既可以考虑所有权人，也可选择不受所有权约束的关系人为纳税人。所以，房地产税是对拥有房地产的所有人或占有人征收的，一般依据房地产的存在形态——土地、房产或房地合一的不动产来设置，而不完全根据土地的产权是否属于纳税人来设置。

前已述及，依据马克思的两种权力及其相互关系的理论，对私有土地和私有房产是可以同时征税的，这涉及"是否开征"的问题，是合并征税还是分别征税，则还可以进一步选择。对国有土地收租或租税合一为税，对房产则仍为征税。

总之，我们认为，对国有土地既可以收租，也可以"租税合一"为税，同时再结合房产课税而配置。本文仅涉及房地产"可税"或"应税"的理论研究，至于"怎样课税"的问题，则须秉持"统筹兼顾，区别对待，公平合理"的原则，我们拟另文论述。

参考文献：

［1］王国清，等. 社会主义税收若干问题研究 ［M］. 成都：西南财经大学出版社，1996.

［2］马克思. 道德化的批判和批判化的道德 ［M］//马克思恩格斯选集：第 1 卷. 北京：人民出版社，1972.

［3］马克思. 马克思恩格斯全集：第 25 卷 ［M］. 北京：人民出版社，1974.

（原文载《财政研究》2015 年第 8 期）

消费税中远期改革构想

——兼论税制改革的协同性

王国清 罗 青 邬 宇

一、税制改革的协同性与消费税改革的提出

（一）深化个人所得税改革需要税制协调配合

在关于修改个人所得税法的讨论中，减税已是必然趋势，除免征额和税率调整之外，专项扣除是其亮点。专项扣除是对某些纳税人的优惠，免征额是对所有纳税人的优惠，着力面是有所区别的。另外在讨论中，有人主张个人所得税成为"国民税"，即纳税人是普遍的。其实设想中的个人所得税制改革，纳税人是会相应减少的，而要让居民都成为纳税人，必须有相应的流转税配合，这也涉及税制改革的协同性。但现在对其中的免征额和税率的看法可谓是众说纷纭。应该说，主张免征额调为5 000元，或6 000元，或7 000元，或8 000元，甚至10 000元，都有一定的合理性；同样的道理，最高边际税率定为45%，或35%，或25%等，似乎亦有各自的道理。因为脱离整个税制结构及其税制要素的规范，单兵突击式的改革，自然各种选择都有其相应的道理。正如我国国有企业"税利分流"试点总结的一样，仅就税率而言，试点企业实行35%的比例税率好，实行最高边际税率为35%的累进税率也好，在经济特区的企业实行15%比例税率也还是好，问题的症结在于这种改革只限于国有企业自身。如放在更大的视野即税制中各种经济性质的企业公平税负的角度，税率应当和非国有企业的所得税率相同才是妥帖的，我国税制改革的历史也证明了这一点。以此观之，个人所得税的课税对象是v（其中职工福利、职工奖励部

分等由 m 转化为 v)，再从企业税收制度来考察，流转税如原营业税、产品税和现消费税，课税对象是税法列举产品，计税依据是 w＝c＋v＋m，但税源是来自 m 的；增值税的计税依据是 v＋m，但税源是来自 m 的；企业所得税的计税依据是应纳税所得额，税源更是来自 m 的。所以，个人所得税的改革，必然关联到前述原营业税、产品税或现消费税，以及企业所得税，也就是说总税收负担如何分配，关系着个人所得税税负的大小，从而会影响既定的税负在计税依据、纳税人、减免税等税制要素方面的配置，从而当然会影响到选择纳税人数量的多寡。这需要在深化个人所得税改革的进程中推进，而且不应当是单兵推进，而应当是系统化推进。总之，在现代条件下，除特别税外，一般税的改革必须把握各税种的协同性，这是因为复合税制要求税负平衡从而要求税制改革的协同性，是税制诸要素的优化组合要求税制改革的协同性，是税制改革的多目标要求税制改革的协同性。

(二) 从协同性的角度看消费税改革

作为商品税的一种，消费税是针对消费品和行为消费的流转额而课征的税。在理论上，消费税有两种不同的界定，一种界定为直接消费税，也叫支出税，它是对个人支出的实际消费额课征的一种税。从总体上来看，这种消费税实际上就是对个人所得中把用于储蓄部分扣除之后课征的所得税，因为消费者既是纳税人又是最终负税人，所以是直接税的一种。另一种界定为间接消费税，它是向消费品的生产经营者课征的一种税，纳税人是消费品的生产经营者，但税负可以通过价格转嫁给最终消费者，实际负税人是消费者，因而它属于间接税的范畴。由此可以看出，消费税在直接税和间接税之间、所得税和流转税之间没有绝对的界限，但秉持不同的理念将会影响立法宗旨，进而决定税制及其要素的优化设计。按照课征范围的不同，我们还可以把消费税分为两类：一类是一般消费税，它是普遍地对消费品和消费行为征税；另一类是特别消费税，它只针对部分消费品和特定消费行为征税。理论界有人主张消费税应循序渐进，分步推进。与此相适应，我们认为，当前消费税改革基于坚持总的税制格局、维护消费税作为中央税收入性质以及着力加强对"高污染、高能耗、高消费"的调控力度，从而近期消费税改革应以"特别消费税"优化为核心。而中远期（两年及其以后）消费税改革则基于统筹改革总的税制结构，协调总税收负担在诸税种之间的合理配置、完善财政分权及地方税收体系建设以及完善消费税立法等，从而中远期消费税改革应以"一般消费税"优化为核心。

二、中远期消费税改革目标条件

（一）统筹改革总的税制结构

1994 年的分税制改革，目的是扩大政府的财政收入规模，提高征税效率，建立的是以生产型增值税为主体的流转税体系。但是随着我国经济的发展和产业结构的调整，生产型的增值税造成的重复征税和对固定资产投资进行遏制的缺陷越来越明显。为了消除重复征税，建立和经济发展模式相适应的消费型增值税制度，我国实行了"营改增"的税制改革，把作为地方主体税种的营业税改革为中央和地方共享的增值税，一方面扩大了中央政府的财政收入规模，另一方面也削弱了地方政府的财权。按照世界发达国家的税收改革经验，随着经济的发展，所得税在财政收入中的比重将越来越大，为了提高征税效率，充分发挥所得税调节收入分配差距的作用，将所得税作为中央政府的主体税是必然趋势。我国现行税制的发展趋势是以流转税和所得税为双主体的税制结构，在此结构下，为了合理划分财权，在地方税体系中，建立包括消费税、财产税在内的地方税体系，也是我国地方税发展的必然趋势。所以消费税改革作为财税体制改革中重要的一环，中远期对消费税的改革应该统筹总的税制结构，与其他税种的调整进行相匹配的改革。同时，在对消费税实行改革的基础上，其他税种要协同调整税负，要对总体的税收负担配置在不同税种间以及同一税种的不同税制要素间做结构性调整，以平衡税负，减少税负变动对经济发展和产业结构调整产生的不利影响。在统筹改革总的税制结构，协调税收负担在诸税种之间合理配置的基础上，中远期消费税改革应着力于从原有的"特别消费税"模式向普遍征收的"一般消费税"模式转化，并着力在相应的税制要素方面优化改革。

（二）完善财政分权及地方税收体系建设

1994年，为了完善财税体制，增加中央政府收入，进行了分税制改革。分税制改革将营业税留归地方，作为地方政府的主体税种。但是随着"营改增"的深入，增值税已成为新的共享税。为了建立与发展地方经济事权相匹配的地方财权，现在亟须重构地方财力系统，这也是我国完善财政分权体制的必然步骤。

自从1994年开征消费税以来，作为与增值税相匹配并发挥特殊调节作用的商品税，消费税的收入规模持续增长，并且在组织财政收入和调节消费方面发挥了不可替代的作用。中远期消费税的改革应该注意重建地方税收体系，消费税成为地方和中央共享税的一种，使得地方政府在财政分权的体制下，其财权与事权相匹配，以更好地服务于地方经济的发展，克服消费税成为地方税收后造成地方税收竞争的趋向。

（三）完善消费税立法

为了适应市场经济体制改革的要求、增强消费税的法律效力，完善消费税立法是我国税制完善的必然要求。目前在我国，以法律形式确定的税收制度，仅有企业所得税、个人所得税、车船税和税收征管法等，大部分的税收政策都仍是以国务院法规的形式出现并执行。这意味着我国的税收法律效力不高，税收立法比较滞后，这就难以充分发挥税收组织财政收入和调控社会经济的功能。我国消费税自从1994年开征以来，虽然经过了2006年的消费税改革和2009年的消费税调整，但消费税制依然停留在法规政策层面。这样不以法律形式确定的消费税制，无论是对充分发挥消费税的作用还是对完善我国税收法律体系以及维护税收法律的权威性都是不利的。从国外消费税的发展趋势来看，消费税作为整个税收体系中比较重要的一个税种，加快消费税的立法，是完善一个国家税收体制的必然一环，也是消费税充分发挥消费调节作用的重要保障。

完善消费税的立法，首先应该由全国人民代表大会或其常务委员

会颁布关于消费税的基本法，即中华人民共和国消费税法，明确有关
消费税基本立法原则，是制定其他有关消费税法规规定的指导性法律。
其次由国务院制定消费税的实施细则，对开征和实行消费税的具体细
节做出规定。最后由财政部或者国税总局在已有的法律框架下，根据
经济的实际运行情况，对消费品和消费行为的具体征税情况进行调整，
从而形成一套系统的、高效的、完整的消费税法律体系。从中远期消
费税的发展方向来看，消费税是向普遍征收的一般消费税发展的，所
以中远期消费税改革必须加快消费税立法，完善消费税的法律体系，
这样才能充分发挥消费税作为一般消费税的作用，并且为完善财政分
权和重建地方税收体系做出贡献。

三、中远期消费税模式的选择及优化路径

从中远期来看，消费税改革的目的是统筹改革总的税制结构，协
调总税收负担在诸税种之间的配置，以及完善财政分权和地方税收体
系建设、完善消费税立法等，所以中远期消费税的模式选择应该是向
普遍征收的"一般消费税"发展。对中远期消费税的改革应该从以下
几个方面入手：

（一）中远期消费税设置普适的征收范围

从中远期来看，消费税除了组织财政收入和发挥消费调节作用之
外，还兼有一个更重要的作用，即培养人们良好的纳税意识，所以中
远期消费税征税范围的改革，应该是除另有规定者之外，对所有的消
费品征收消费税。尽管我国已经存在一个流转税种增值税，是对所有
的商品和劳务征收增值税，其征税的原理是对商品和劳务在流转过程
中的价值增值部分征收增值税，而消费税的征税原理是对某些商品和
行为的销售额征税，所以增值税和消费税的征税原理是不相同的。把
消费税的征税范围，由对部分商品征税改为对所有商品征税，必然会
导致人们的消费成本提高，在某种程度上会抑制人们的消费行为。在
进行消费税改革时，我们需要对整体的税负进行结构性的调整，因为
消费税改革加重了居民消费税的税收负担。当对普遍的消费品征收消

费税后，一般来说其最主要的是影响低收入人群的消费需求，因此一方面可以通过财政政策的调整，增加政府的转移支付，提高低收入人群的消费水平；另一方面可以通过税收的结构性调整，减轻居民的个人所得税或其他直接税的负担，从而使得整体税负趋向于不变和减轻。对所有的消费品征税，一方面有助于培养全民纳税意识，提高民众的纳税遵从度，减少偷税漏税行为的发生，从而加快我国的税收法制建设。对所有的商品都征收消费税，让消费商品的消费者都成为纳税人，使得每个公民都有直接成为纳税人的可能与义务，这也是我国加快完善税收制度改革不可或缺的一环。另一方面对所有商品征收消费税，增加了国家对居民消费调节的力度和广度，有利于国家加强对经济整体形势的调控。在市场经济的作用下，发挥政府运用税收对经济加以调控的作用，从而弥补市场经济自身的不足，是发展中国特色社会主义市场经济的必然要求。

（二）中远期消费税差别税率的设置

首先，在消费税实行普遍征收的条件下，合理设定一般消费品的消费税税率。对居民的日常消费品，如粮油食品类等生活必需品，应作为消费税的税收优惠对象，不征收消费税。对于一些不需要特殊调节和引导的消费品和消费行为，如购买服饰和化妆品、书籍、旅游和参加教育培训等，要设定一个较低的消费税税率，体现消费税实行普遍征收的意图，又不对这些商品和行为的消费过多干涉。

其次，对于需要特殊调节的消费品和消费行为，合理设定其税率，以充分发挥消费税的消费调节作用。对于奢侈消费品和高档消费行为，如高档手表、游艇、私人飞机、豪华轿车等奢侈品和高级 KTV、酒吧、马场、国外旅游、桑拿等高档消费行为实行高税率，以体现国家的消费调节导向；对环境污染大、能源资源耗费大的消费品，如汽油、柴油、煤等征重税，以限制其消费，发展可持续的绿色环保经济；对鞭炮烟火、电池、塑料袋、木制一次性筷子和实木地板等消费品征重税，以增强消费税促进绿色环保的作用。

最后，对某些消费品和消费行为实行地区幅度差别税率，以使地方政府按照本地的经济发展水平、组织财政收入和调节消费的需要，对这些消费品和消费行为的征税实行有差别的自主调节。如对于盛产白酒的地方，人们在当地消费本地盛产的白酒与在外地消费该种酒，按不同税率征收。对某些化妆品，发达地区可以不征税，但在不发达地区要征税等。

（三）中远期消费税设置消费者为纳税人

前已述及，消费税有直接消费税和间接消费税之分，从而反映出消费税在所得税和流转税之间并无绝对界限，选择消费者为纳税人可以优化间接税制下的直接税的表现功能。

让每个公民都能清楚自己的纳税人地位，实实在在地和税收打交道，培养纳税人的良好纳税意识，最重要的是让每个公民都有直接成为纳税人的机会。我国现行的各种税收制度，并没有使所有公民都有直接成为纳税人的机会。之前存在的农业税被取消后，底层的农民无须缴税，他们失去了直接成为纳税人的机会。实行新的个人所得税法后，纳税人数占城镇就业者人数由44%下降为15%左右。所以在中远期，消费税的改革应该注意培养民众的良好纳税意识，把消费税的征收环节改在消费品的零售环节，直接对最终消费者征税，把最终消费者直接作为一般消费税的纳税人，生产经营者即销售者为一般消费税的扣缴人。这样一方面通过直接对消费者征税，提高他们的消费成本，使他们真实地感受到政府征税所带来的税负，从而改变他们的消费决策，发挥消费税的消费调节作用，实现国家的政策目标；另一方面通过在销售环节对消费者征税，使得消费者直接成为消费税的纳税人，把一般消费税"谁买谁成为纳税人"的理念传递给消费者，有助于培养消费者良好的纳税意识，而培养民众良好的纳税意识，对减少偷税漏税，提高税收遵从度，增加财政收入和完善社会主义市场经济体制具有重要作用。

（四）中远期消费税改价内征收为价外征收

我国在1994年开征消费税时，出于减少征税阻力和适应人们消费习惯等种种考虑，采用的是价内税的征税形式，即消费税的税金包含在消费品的价格中，这样做的效果是：虽然消费者最终负担了消费税，但消费者在购买消费品时，并不清楚自己其实负担了消费税的税负，这就降低了消费税的透明度，甚至误导了消费者，相应的就减弱了消费税调节消费的作用，与消费税的立法初衷不符。为了充分发挥消费税的调节和引导作用，我国应该借鉴西方发达国家的做法，对消费税实行价外税的征税方式，消费税的计税依据为商品的不含税价格，在发票上清楚地注明商品货价和消费税金。这样做有三个方面的优势：一是通过把税款和价格在发票上分开注明，能让消费者清楚地知道自己承担的消费税负，增加了税收透明度，有助于培养消费者的纳税意识。二是通过税价分离和单独列明，能让消费者清楚各种消费品的消费税负差异，从而在一定程度上改变消费者的消费决策，进而引导消费者的消费需求，调节社会消费结构。三是实行价外税的征税形式有助于我国的对外经济交流。目前国际上的流转税大都采用价外税的计税方式，随着我国经济的发展和对外开放程度的进一步加深，客观上也要求我国的税收制度与国际接轨，有效避免双重征税。消费税由价内征收变为价外征收，需要借鉴增值税的方式，出台一系列相关措施，完善立法和征收管理，为消费税征税方式的成功过渡打下基础。

（五）中远期消费税作为中央与地方政府的共享税种

1. 中央与地方政府共享税种的特点

作为中央与地方政府的共享税种，其收入一般在地方税制结构中居于重要地位，并且在地方政府的税收收入中占有较大份额，对调节地方政府的经济发展具有重要作用。作为中央与地方共享税的税种一般具有以下特征：

（1）税收规模大，同时具有较大的持续增长潜力。作为中央与地方政府的共享税种，其有别于其他税种最重要的特征是税基广，税收收入多，在地方财政收入中占有较大比重，从而在整个地方税收体系中占有举足轻重的地位，并且中央与地方政府共享税也应该是随着地方经济的发展而具有较大的持续增长潜力的税种。

（2）税基稳定，具有非流动性。如果中央与地方政府共享税种的税基是具有流动性的税种，那么就可能导致地方政府利用税收进行恶性竞争，从而引起资源的配置不是以经济效率的高低为标准流动，而是以税收负担的高低为标准流动，造成资源配置扭曲。与此同时，政府之间为了发展经济，争相吸引投资而进行低税竞争，会造成政府税收收入大量流失。因此，作为中央与地方政府共享税种的税基一般要稳定，具有非流动性。

（3）能体现税收受益原则。地方政府提供的公共产品和服务，与地方政府的收入水平直接相关，对于辖区居民来说，地方政府对他们征收的税收其实就是他们为地方政府提供公共服务所付出的成本。根据"用脚投票"理论，地方政府提供的公共服务的价格与居民缴纳的税收成本是一致的，因而对占地方政府财政收入较大比重的主体税种征收，要基于受益原则。

（4）税收收入不随经济周期大幅波动，且具有适度弹性。地方政府组织财政收入的途径和能力都与中央政府相差较大，收入易随经济的周期变化而变化的税种，作为地方政府财政收入主要来源的税种会严重影响地方政府的财政收入，减弱地方政府财政收入的稳定性，所以中央与地方政府共享税种应具有相对稳定性，不随经济周期性波动而出现大的变化。同时作为中央与地方政府的共享税种，应该对经济发展具有适度的弹性，即税收收入能随经济变化而适度变化，假如缺乏弹性，税种的收入不能随经济的发展而增长，就无法满足随经济发展而增长的公共支出需求；反之，弹性太大，收入就不稳定，也不适合作为中央与地方政府的共享税种。

2. 消费税能成为中央与地方政府共享税种的原因

一是消费税税基稳定，具有非流动性。消费税是对消费品和消费行为征税，而需要征税的消费品和消费行为一般都是由政府立法决定的，当消费税改在销售环节征税后，其消费税税基取决于当地居民对应税消费品和消费行为的消费，而居民的消费习惯具有相对稳定性，不易变动，所以消费税的税基稳定，不具有流动性。

二是消费税符合税收受益原则。将消费税改为中央与地方政府共享税后，其所负担的公共产品将具有明显的受益区域和受益对象。对消费税进行适当改革后，消费税的税基将具有稳定性和不易流动性，消费税的纳税人一般是享受当地公共产品的居民，他们所纳的消费税的多少将影响当地政府提供公共产品的能力，因此消费税符合税收受益原则。

三是消费税具有适度弹性。消费税是对消费品和消费行为征税，而人们的消费水平与当地的经济发展水平和人们的收入水平高度相关。经济发展好、人们的收入水平高，人们的消费水平自然高，征收的消费税就多；反之，经济落后、人们的收入水平低，人们的消费水平自然就低，相应征收的消费税就少。消费税具有适度弹性，能随经济的发展水平变化而变化。

四是消费税税收规模大，征管效率高。现行消费税收入虽不及原营业税收入，但对消费税的征税范围做出调整后，对所有的消费品和消费行为征税，消费税的税基将极大地扩大，而且对消费品的税率进行合理设定，一般消费品实行低税率，特殊调节的消费品和消费行为实行高税率，并对一些需要重点调节的消费品和消费行为征收重税，这些都会扩大消费税的税收规模，使其能成为地方政府的主要税种。另外，当对所有的消费品改在销售环节征收消费税后，能有效避免偷税漏税，提高征税效率。

3. 把消费税改革成中央与地方政府的共享税种

把消费税从中央税体系中剔除，重心下移后，让其成为中央与地方政府的共享税种。消费税因其收入规模相对较大和收入的稳定性，作为共享税，一方面可以提高地方政府对于消费税征收的积极性，另一方面也有利于地方政府建立与其事权相匹配的财权，以发挥其相应的政府职能。从中远期来看，把消费税改革成中央与地方政府的共享税，是我国完善财税体制改革，重建地方税收体系的重要一环。

参考文献：

[1] 丁芸，王丽平. 论消费税的调整与完善 [J]. 税务研究，2005（12）：44-48.

[2] 董其文. 全面推进现代消费税制的改革 [J]. 税务研究，2011（11）：54-56.

［3］高亚军. 中国地方税研究［M］. 北京：中国社会科学出版社，2012.

［4］李梦娟. 我国消费税改革的考量与权衡［J］. 税务研究，2014（5）：32-35.

［5］王国清. 社会主义税收若干问题研究［M］. 成都：西南财经大学出版社，1996.

［6］王国清. 税收经济学［M］. 成都：西南财经大学出版社，2006.

［7］王金秀. "营改增"后地方财税体系重构的设想［J］. 税务研究，2014（4）：23-27.

［8］徐育珠. 财政学［M］. 2 版. 台北：三民书局，2004.

（原文载《财政监督》2019 年第 7 期）

第三章　其他税收问题

销售税的来源面面观

王国清　汤暑葵

　　在关于社会主义条件下是否存在税负转嫁问题的讨论中，除了涉及对税负转嫁概念和性质的理解之外，核心是销售税的来源问题。如果销售税只来源于企业创造的价值，那么就无税负转嫁可言；如果销售税还来源于对购买者或消费者的利润或收入的扣除，那么税负转嫁就是存在的，尽管对税负转嫁及其性质可以有不同的理解。鉴于财税理论界对销售税的来源问题仍颇多争议，在此拟提出我们的看法。

一、销售税不是企业创造的一部分价值吗？

　　有的同志认为，销售税实际上并不是企业创造的，不能认为是企业对国家做出的贡献，并提出了四条论据。然而，我们认为这些论据本身是无助于说明这一命题的，也是缺乏说服力的。下面依次来加以分析说明。

　　论据之一是："以产生基础看，销售税的征收依赖于国家的政治权力，产品价值的产生依赖于人类的一般劳动。"无疑，这一命题是正确的。但是，仅就产生的基础来看，并不能说明销售税就与产品的价值完全无关，也不能由此而得出结论，说销售税就与企业创造的纯收入没有任何联系。事实上，任何税收的征收（包括所得税在内）都必然依托于国家的政治权力，这是税收所共有的本质特征，而不独独销售税才具有这一特征。显而易见，有人之所以得出上述结论，无疑是对销售税的特性有误解。产生的基础是一回事，凭借政治权力参与产品价值的分配又是一回事，这是需要明确的。

另外，有的同志还提出："产品的价值具备相对的稳定性，而销售税不同，它的税率是由国家调节的，可高可低，是商品价值的外在的一个因素"，由此就造成了这样一种错觉：似乎税收是任意的，可高可低的。事实上却不然，税收也具有相对的稳定性。税法一经确立，就不可能朝令夕改，随意调整。但无论如何，也得不出销售税是商品价值外在的一个因素的结论，更不能说销售税不是企业对国家的贡献。

论据之二是："从课税对象来看，销售税是对产品价值征税，其本身并不包括在产品价值之内。"并得出结论："由此可见，对工商企业计征的销售税的对象，实质上是产品的全部价值，销售税是以产品价值的实现为前提的，只有产品价值已经产生并且实现了，销售税才能征收，亦即产品价值产生于前，对其征收的税收产生于后，这种前因后果的关系说明两者是互相分离的，它们产生的时间不同，性质也不同，因而企业创造的价值中并不包括销售税。"这里，我们认为其错误有三：第一，混淆了价格和价值这两个概念并把它们等同起来使用。在现实经济生活中，销售税的课税对象是产品价值（或价值的增加量）的货币表现即它们的价格，而非产品价值本身，只有在偶然的、例外的情况下，价格和价值才是一致的。在价格和价值不一致的情况下，对价格（确切地说是产品的销售收入）课税和对价值课税，其结果是迥然不同的。第二，混淆并等同了课税对象与税源这两个概念。课税对象是课税的依据，即我们所说的产品价值的货币表现，而税源原则是指税收的来源，二者在有的情况下是一致的，在有的情况下，则不是或不完全是一致的，只看到二者可能不一致，据此而得出的结论未免有以偏概全之嫌。就销售税中的产品税、盐税和营业税而言，课税对象是 W，税源都是来自 m 的，这在价格和价值相一致时是很明显的。至于价格和价值不相一致时，税金是否全部由该企业创造，后面我们还将进一步论述。第三，仅从产品价值与税金的产生先后次序来分析，并由此得出结论说销售税不包括在产品价值之内，实际上是十分牵强的。恰恰相反，正是在产品价值实现之后，税收才参与产品价值的分配的。因而这种先后次序与产品价值是否包含税金并没有必然的联系。

论据之三是："从产生的范围来看，商品价值产生于生产领域，销售税产生于流通领域。"我们说，商品的价值产生于生产领域无疑是正确的，但销售税却不能在流通领域中产生，只能说从形式上看是来自流通领域而已。由此，我们虽然没有理由得出结论说销售税完全是由企业创造的，但也没有丝毫理由否认销售税与生产领域创造的价值有关。企业支付销售税金虽然不能增加商品的价值量，但销售税金却完全有可能是对企业商品价值的扣除。如果我们把销售税理解为产生于流通领域，那么，当国家提高产品税率或增值税率时，受影响的不应当是生产该产品的厂家或那些专业化协作厂家，而首先应该是流通领域中的商业企业。然而，这与现实的经济生活是相悖逆的。因此，税金虽然不能决定商品的价值，但商品的价值中却完全可以分解出税金来。

论据之四是："从税收和价格的关系来看，销售税既可以在价内征收，又可以在价外征收。"由此得出的结论就是："销售税并不与产品价值必然成为一体，它们是可以分离的，因此，销售税不是商品价值的组成部分。"其实，在价格与价值一致的条件下，价格中所包含的税金，既是价格的合理部分，也是价值的一个确定部分。

此外，再就价外税与价内税来说，两种价格的含义并不是相同的。例如：假定商品价值 = 100 元；生产成本 = 80 元，产品利润 = 10 元；销售税金 = 10 元。如果是采用价内税形式，则 100（商品销售价格）= 80（生产成本）+ 10（产品利润）+ 10（销售税金）。销售税金 = 销售价格×销售税率；而销售税率 = $\frac{销售税金}{销售价格}$。如果采用价外税形式，则 100（商品销售价格）= 90（生产价格）+ 10（销售税金）；90（生产价格）= 80（生产成本）+ 10（产品利润），销售税金 = 生产价格×产品税率，产品税率 = $\frac{销售税金}{生产价格}$。可见，在采用价外税时，这时的价格是指生产价格而非销售价格，而在采用价内税时，这时的价格则是指销售价格而非生产价格。因此，无论是采用价内税还是价外税，都只是形式上的不同而已，当然其作用也是有所不同的。但就销售税金和产品价格（价值）的关系来看，无论是价内税还是价外税，税金都是价值（价格）的一部分，不存在采取价外税时，税金是价值的外在部分。至于价格与价值不一致时，销售税金到底从何而来的问题，我们在后面再予以论述。

二、对马克思有关论述的理解

为了论证销售税是向消费者征收的，有的同志的论据在于，马克思在论述商品价格与商品价值关系时得出这样的结论，即社会商品的总价格等于社会商品的总价值。这无疑是对这二者关系的正确表述，但必须明确，马克思在分析商品价格与商品价值时都没有考虑税金，他只是把剩余价值的最终去向归结为产业利润、商业利润、利息和地租，而不包括销售税。……若我们在商品价格中也不考虑税金，即采用价外征税，那么社会商品的总价格与社会商品的总价值就一致了。

我们认为，马克思在研究生产价格和分析商品总价格等于商品总价值时，有一个从抽象到具体的分析过程。例如，马克思首先假定产业资本单独完成资本循环的所有阶段，而无须借助商业资本和其他资本等，并假定产业资本家独自占有雇佣工人创造的全部剩余价值，得出了商品的生产价格总额等于商品的价值总额的结论。需要指出的是，这里的生产价格总额就是商品的价格总额。接着，马克思又引入了商业资本。由于商业资本参与了利润的平均化，所以前述的商品生产价格的公式就应做适当的修正。即商品的生产价格就不再是生产成本＋产业利润了，而是生产成本＋产业利润＋商业利润，就是说，原来的利润已分解为产业利润和商业利润了。总之，诚如这些同志所言，剩余价值的最终去向，归结为产业利润、商业利润、利息和地租，与此相适应，商品的价格＝生产成本＋产业利润＋商业利润＋利息＋农业利润＋地租，但是，也不能由此就得出马克思在分析商品价格和价值时都没有考虑税金的结论。为便于叙述，我们把前述的生产成本＋产业利润＋商业利润＋利息＋农业利润＋地租抽象为生产成本＋利润＝生产价格，再加入国家强制、无偿地参与分配的情况做一分析。

　　我们知道，在马克思所拟定的政治经济学著作的结构计划中，他在 1857 年的《〈政治经济学批判〉导言》中写道："资产阶级社会在国家形式上的概括（就它本身来考察）'非生产'阶级。税。国债。公的信用。人口。殖民地。向外国移民。"① 在 1859 年的《〈政治经济学批判〉序言》中他再次写道："我考察资产阶级经济制度是按照以下的次序：资本、土地所有制、雇佣劳动；国家、对外贸易、世界市场。"② 可见，马克思明确地阐明了撰写《资本论》的设想，而财政学、赋税学是《资本论》的续篇，是与国家相联系的"非生产"阶级、税、国债、公的信用等。马克思的去世，使其六册结构的设想未能全部实现，也未给我们留下系统的财政学、赋税学著作。尽管如此，在马克思的经济学著作中，不仅明确指出了赋税"所改变的，只是产业资本家装进自己腰包的剩余价值的比例或要同第三者分享的剩余价值的比例"③，而且在其《资本论》的地租学说中论及相关问题时，实际上回答了商品税绝不是产品价值的无关因素的问题。马克思在分析绝对地租的时候指出："问题在于，最坏土地支付的地租（指绝对地租——引者注），是否像商品税加到商品价格中去一样，加到土地的产品价格（按照假定，它调节着一般的市场价格）中去，也就是说，是否作为一个和产品价值无关的要素加到这种土地的产品的价格中去。"④ 在这里，马克思相提并论地提出了绝对地租和商品税是否作为一个和产品价值无关的要素这一重要的理论问题。我们认为，马克思在这里对绝对地租所做的结论，同样是适用于商品税的。那么，商品税是产品价值的无关要素吗？否！马克思指出："这决不是必然的结论，而所以会作出这样的论断，只是因为商品的价值和它的生产价格之间的区别一直没有被人理解。"⑤ 由此可见，明确商品的价值（c+v+

　　① 马克思，恩格斯. 马克思恩格斯选集：第 2 卷［M］. 北京：人民出版社，1972：81、111.

　　② 马克思，恩格斯. 马克思恩格斯选集：第 2 卷［M］. 北京：人民出版社，1972：81、111.

　　③ 马克思，恩格斯. 马克思恩格斯全集：第 23 卷［M］. 北京：人民出版社，1972：570.

　　④ 马克思，恩格斯. 马克思恩格斯全集：第 25 卷［M］. 北京：人民出版社，1974：854.

　　⑤ 马克思，恩格斯. 马克思恩格斯全集：第 25 卷［M］. 北京：人民出版社，1974：854-855.

m）和它的生产价格（产品成本+平均利润）之间的区别，有着重要的意义。

首先，生产价格是以商品的价值为依据的，而不是相反。生产价格是价值的转化形态，但如果把商品价值看成是以生产价格为依据的，也就是说，是生产价格决定商品价值的变动，那么，因为生产价格并不包括税金，所以税金就不是商品价值的一个确定部分。这显然是对生产价格和商品价值关系的一个误解，以至于会让人得出不正确的结论。

其次，一个商品的生产价格和它的价值绝不是等同的。马克思说："一个商品的生产价格可以高于它的价值，或低于它的价值，只有在例外的情况下才和它的价值相一致。"① 所以，在国家为实现自己的职能，从而强制地、无偿地参与产品价值分配的前提下，商品"高于它们的生产价格但低于它们的价值出售的现象是可能的"②。如果商品的价值高于它的生产价格，那么，生产价格等于成本加平均利润，价值则等于成本加平均利润加税金。可见，生产价格不包含税金并不等于说商品的价值中也不包含税金。事实上，税金是商品价值的一个有机组成部分，它绝非一个与商品价值无关的外在因素。

那么，是否任何销售税金都全部是该商品价值的一部分呢？我们认为，有些高税率商品的销售税金一部分是该企业劳动者创造的价值的一部分，另一部分则是对其他企业的利润和劳动者收入的扣除。尽管后一部分不是该商品价值的组成部分，但也是社会商品价值的一部分，不然，这后一部分税金岂不成了天外之物？总之，不论征收价外税还是价内税，税金都是价值的一部分，在社会商品总价格＝社会商品总价值这个公式的两端，都包含着税金的因素。

---

① 马克思，恩格斯. 马克思恩格斯全集：第 25 卷 [M]. 北京：人民出版社，1974：855.

② 马克思，恩格斯. 马克思恩格斯全集：第 25 卷 [M]. 北京：人民出版社，1974：855.

三、销售税只来源于消费者的"缴纳"吗?

那么，销售税金到底从何而来呢? 有的同志认为："销售税来源于消费者，是消费者享用了企业生产的产品后向国家缴纳的具有消费性质的税赋。"按照这一说法，缴纳销售税的纳税人（企业）不是税金的实际负担者，即纳税人与负税人总是相分离的。

乍一看，这一结论似乎是合情合理的，但如果我们再深入地分析研究，不难发现它忽略了下述事实:

第一，我国的税制与资本主义的税制无论是在本质内容上还是在形式上都有很大的差异。资本主义国家采用价外税，其中一个原因就是其流转税所占比重较小，而所得税的比重较大。如果我们采用简单的类比法，认为除现行所得税以外的销售税都不是企业劳动的成果，都是来自消费者的，那么我们不禁要产生这样一个疑问: 难道我们的企业所创造的纯收入（所得税和利润）真的那么少，而我们的消费者的收入水平真的具有这样大的税负承受力吗? 答案自然是否定的。因此，在我国现行税制的条件下，企业事实上承担了部分销售税。由此可见，要想单纯地以企业的利润（或所得税）为依据来衡量企业的经营成果，至少在目前来说是不准确的，也是不科学和不切实际的。

第二，我们认为，就销售税的来源而言，笼统地说它来自消费者是不确切的，实际情况要复杂得多。为了有助于问题的说明，下面我们仅就价外税的几种情况来进行考察。为叙述方便起见，除另有说明之外，这里的价格是指商品的销售价格（生产价格+税金）。

（1）在商品价格与价值一致的条件下，商品生产价格之外的税金是由该商品的生产者负担的，生产者既是纳税人，又是负税人。这是不难理解的。

（2）在价格高于价值的条件下，生产价格之外的税金负担情况则有所不同。如果是属于与税收无关的提价（生产成本不变，设为60；产品利润增加了20元，设为40；税率不变，设为25%），比如上述商品就为100（生产价格）= 60（成本）+40（利润）；125（价格）= 100（生产价格）+25（税金）。这时，税金就由生产者和消费者共同负担了。生产者负担原有的 20 元税金，消费者则负担了由提价所引起的 5 元税金。反之，如果是属于与税收有关的提价（假定成本不变，产品利润不变），税率由 25% 提高到 35%，则 80（生产价格）= 60（成本）+20（利润），108（价格）= 80（生产价格）+28（税金），税金比原来增加 8 元。在这种情况下，也是由生产者和消费者共同负担了税金（生产者负担原有的 20 元，消费者负担增加的 8 元）。只不过在前一种情况下，企业由于提价而享受了好处（增加利润 20 元）；而在后一种情况下，所增加的税金既不是来自成本的降低，也不是来自企业增加的利润，而是由消费者负担了。

（3）在价格不变、税率仍为 25% 的情况下，原材料的税率提高以至于其生产成本上升了 10 元，如前述商品就为：80（生产价格）= 70（成本）+10（利润）；100（价格）= 80（生产价格）+20（税金）。这样，该企业不仅负担了原有的税金 20 元，而且还通过减少利润而额外负担了原材料税率提高所增加的 10 元税金。反之，如果原材料供应者由于某种原因不得不降低卖价 10 元，而税率仍为 25%，则：80（生产价格）= 50（成本）+30（利润）；100（价格）= 80（生产价格）+20（税金）。这样，该企业负担的税金未变，而利润却增加了 10 元，增加的利润是从原材料供应者那儿转移过来的。

（4）当国家对某些产品采取价格补贴（负税收），或在商品价格与价值相一致甚至低于价值的情况下降低税率时，实际承担减少的那部分税收负担的则既不是生产者，也不是消费者，而是作为税收分配主体的国家。

第三，即使是在消费者承担税负的情况下，为了考察销售税金的实际来源，我们觉得还有必要把购买者和消费者区别开来。商品的购买者和消费者不是同一概念，只有在商品进入最后的购买者手中，且购买者自行消费时，消费者才是购买者。当购买者将商品转送给他人消费时，或购买者处于生产者和消费者的中间环节的时候，购买者就不是消费者，也即是说消费者和购买者可能是彼此分离的。在这种情况下，承担税金的只可能是购买者，而非消费者。因此，确切地说，销售税一般来自购买者。

　　此外，销售税金到底由谁负担，以及负担多少，往往还要取决于商品的供求关系，限于篇幅，这里就不再赘述了。

　　总之，价格中包含的税金不论是采取价内税还是价外税形式，也不论是由生产者负担还是由购买者或消费者负担，其最终来源都是物质部门的劳动者创造的，归国家集中支配的价值的货币表现。销售税的归宿既可能是该企业，也可能是处于生产者和消费者中间环节上的购买者，或是消费者。把企业向国家缴纳销售税金统统归属于企业创造的，仅仅是企业对国家做出的贡献，这是失之偏颇的；否认企业缴纳的销售税是企业创造的价值的一部分，从而把销售税全部说成是向消费者征收的税金，也是不正确的。

（原文载《重庆税务》1989 年第 3 期）

日本的保税制度

王国清

　　保税制度是海关对进口货物暂不征税，将其存放于指定地方而保留征税权的一种制度。设置保税制度，可以发展转口贸易，增加服务、加工及其他有关各项费用的收入。世界各国一般都设有这种制度，但具体的规定、设置的种类等不尽相同。

　　为了便于处理进出口货物报关和排除出口产品中包含的进口原料的关税负担，日本采取了若干措施，其中之一就是在关税法中规定保税制度。其保税制度分为保税区和保税运输两类。

一、保税区制度

　　所谓保税区就是由大藏大臣或经海关长批准，可以办理外国货物的存放、加工、制造、陈列的指定场所。这里所说的外国货物，是指从海关取得出口许可的货物和来自外国并在取得进口许可以前到达本国的货物。外国货物原则上不能放置在保税区以外的其他场所。按照职能的不同，分指定保税区、保税货棚、保税仓库、保税工厂和保税陈列场五类。现简述如下。

　　（一）指定保税区

　　指定保税区是由大藏大臣指定，为了在贸易港口或航空港简便、迅速地处理报关手续，为外国货物提供装卸、搬运或暂时储存的场所而设置的。货物储存期限一般较短，限制较严，运入后超过一定期限（如一个月），海关就要实行监管。

指定保税区具有公营性质，其指定场所一般是国家和地方公共团体、日本国有铁道、外贸码头公共团体、国际机场公共团体等所拥有和管理的土地、建筑物及其他设施。

（二）保税货棚

保税货棚是经海关长批准，由私营企业设置，用于装卸、搬运和暂时储存外国货物的场所。保税货棚与指定保税区的职能及有关规定相同，不同之处在于：①设置的主体不同，前者为海关长，后者为大藏大臣；②性质不同，前者为私营性质，后者为公营性质。设置保税货棚须缴纳手续费，外国货物如发生丢失须缴纳关税。由于指定保税区主要设置在邻近港口地区的公共场所，其运输和管理有一定限度，所以保税货棚是指定保税区的补充。

（三）保税仓库

保税仓库是经海关长批准，外国货物不办理进口手续可以连续长时间储存的场所。设置保税仓库的目的，是为了使进口货物在储存期间（如两年）暂时不缴纳关税，如再出口也不必纳税，因而便于进出口商把握交易时机，有利于业务的顺利进行和转口贸易的发展。

（四）保税工厂

保税工厂是经海关长批准，对外国货物进行加工、制造、改装、分类以及其他检修等保税作业。由于进入保税工厂的货物和运出保税工厂的货物性质、形式方面发生了变化，所以在使用外国货物（原材料）进行加工再出口时，广泛利用保税工厂，以便排除出口产品中所包含的进口原材料的关税负担。但用于保税作业的外国货物，必须符合有关规定，由海关长批准同意。外国货物在保税工厂的储存期限一般为两年，如有特殊需要，可以延长。

（五）保税陈列场

保税陈列场一般设在由本国或外国政府、地方公共团体以及公共企业组织、公益法人等直接举办或资助举办的博览会样品陈列所中，经海关长批准，在一定期间用于陈列外国货物的场所。保税陈列场不仅具有保税货棚的职能，而且可以陈列和使用外国货物。

那么，海关如何实行监管呢？保税区毕竟是暂时存放外国货物，并且可以进行加工、制造的场所有严格的期限。如果允许无限期地存放，不仅会妨碍保税区的有效使用，而且实质上是无限期地允许延续缴纳关税，与设置保税区的初衷相悖逆。正因为如此，日本关税法对存于保税区的外国货物期限进行限制，逾期不取走，海关即实行监管，除在监管期内课以监管金，作为督促货主取走货物的一种间接手段之外，对经过一定时间后，仍未取走的外国货物，即可由海关予以拍卖，以抵充该货物的关税仓租等。

（二）保税运输制度

所谓保税运输是指在外贸港口、海关机场保税区域海关官署与其他取得许可的储存场所之间，可以进行外国货物的原样运输。如果说保税区是静态的保税制度，那么，保税运输则可以认为是动态的保税制度，后者是前者的补充。

按照运输的方式，保税运输可以分为使用船舶和驳船的海上运输，使用火车和卡车的陆路运输以及使用飞机的空中运输。不论运输的方式如何，其发货场所和到达场所，都必须是贸易港口、航空港、保税区、海关官署与取得许可的其他储存场所。

进行保税运输的企业应事先向海关申请，经批准后方可进行。如认为有必要，海关长在审批时，可要求提供关税担保。保税运输应在一定期限内运到目的地，在规定期限未到达目的地的货物，对其应征收惩罚性关税。

（原文载《大特区税务》1990 年第 2 期）

税制结构性调整对价格影响的分析

王国清

从 1994 年 1 月 1 日起，"分税制"财政体制改革、税制改革同步
进行，增值税将占主体地位。问题在于，第一，增值税采取一档基本
税率，且实行价外计征。增值税由价内税改为价外税是否会引起价格
上涨？第二，在增值税课征之后对有的产品再征一道消费税，是否形
成重复课税？是否也会导致价格上涨？本文拟对此进行剖析。

一、价格和税金关系的辨析

我国的产品价格一般由成本、税金和利润三个部分构成。包含了
税金的价格称为含税价格；不包含税金，由成本和利润两个部分构成
的价格则称为不含税价格。这是从价格角度讲的。倘若从税收角度来
看，则可称为价内税和价外税。对含税价格和不含税价格的关系可做
这样的概括和理解：

$$含税价格 = 不含税价格 + 税金 \qquad (1)$$

$$税金 = 含税价格 \times 税率 \qquad (2)$$

以（2）式代入（1）式：

$$含税价格 = 不含税价格 + 含税价格 \times 税率$$

$$含税价格 - 含税价格 \times 税率 = 不含税价格$$

$$含税价格 \times （1 - 税率） = 不含税价格$$

$$含税价格 = 不含税价格 / （1 - 税率）$$

这是一个通用性很强的公式及其推导，从中可以看出，通过含税
价格来计税既不是税上加税，也不是多此一举。前已述及，我国一般

的产品价格是含税价格，税金（如原产品税和现消费税）是价内税，是商品价格的组成部分，主要来自企业的纯收入。当税负确定后可以换算出产品含税销售收入（价格）。税金与含税销售收入之比，就是其税率。例如，某工厂生产一种过去未生产的产品，假若成本是 80 元，企业销售利润定为 10%，国家规定该种产品税率为 10%，这种产品的出厂销售价格就必然定为 100 元，而不会定价为 96 元。既然产品的销售价格是含有国家税金的，计算其应纳税额，只不过是把含税价格中的税金依率提取出来归国家占有和支配，不存在由不含税价格组成含税价格时在同一环节征收两次同一税种的应纳税金，不是什么税上加税，更不会引起价格上涨。至于由含税价格变为不含税价格，由价内税转为价外税时，是否会引起价格水平的上扬，这正是需要进一步研究的问题。

从前述含税价格和不含税价格的构成，我们已经能看出一些端倪，价外税和价内税所涉及的价格含义是不同的，试以销售税（如原产品税和现消费税等）为例做些说明。假定商品价格＝100 元，生产成本＝80 元，产品利润＝10 元，销售税金＝10 元。如果采用价内税形式，则商品销售价格（含税价格）100 元＝生产成本 80 元+产品利润 10 元+销售税金 10 元，其中销售税金＝销售价格（含税价格）×税率，而税率＝税金/销售价格。如果采用价外税形式，则商品销售价格（含税价格）100 元＝生产价格 90 元+税金 10 元，其中，生产价格 90 元＝生产成本 80 元+产品利润 10 元，税金＝生产价格×税率，税率＝税金/生产价格。由此可见，采用价内税时，这里的价格是指含税价格，而不是生产价格（不含税价格）；采用价外税时，这里的价格是指生产价格（不含税价格），而不是含税价格。总之，无论是采用价内税还是价外税，只是形式不同而已。由此，我们可以做出如下推论：第一，在税负水平不变的前提下，价内税和价外税的税金在额度上是一致的。第二，影响税金数量大小的因素包括课税基础（计税依据）和税率，既然税金额度一致，价内税的课税基础较宽，则税率相应较低；价外税的课税基础较窄，则税率相应提高。第三，税率的高低并不是影响税金多少的唯一因素，在税金既定的条件下，由价内税改为价外税时，不会引起售价的涨跌，即使在采用价外税形式时，已经相应提高了的税率也并不会抬高税金的数量，当然也就不会引起价格上涨。

二、增值税的特性和价外概念

顾名思义，增值税是以每一生产或流通环节过程中新增加的价值额（简称增值额）为课税对象所课征的一种税。从理论上讲，增值税就是对商品总价值 w（c+v+m）中，扣除生产或流通过程中所消耗的物化劳动的价值 c 之后的余额，即国民收入（v+m）的课税，也就是企业、单位和个人利用购进商品和取得的劳务，以增加所购商品与取得劳务的价值，对这些增加的价值课税。下面，我们从比较中看增值税的特性和价外概念。

（一）增值税与原产品税的差异

原产品税和增值税都属于流转税类，有其共性，但二者的区别在于：

第一，课征的环节有所不同。原产品税在生产和进口的某一环节征税，现增值税则在生产、流通、进口各个环节都征税。这就是说，现增值税不仅扩展至对全部有形商品的销售课税，而且还扩展至部分服务行业，对劳务供应课税。这不仅有别于原产品税，而且有别于原增值税。

第二，法定纳税人有所不同。原产品税仅以生产环节和进口环节的某一个环节的企业、单位或个人为纳税人，现增值税则以生产、流通和进口环节的各个环节的企业、单位或个人为纳税人。这就是说，现增值税纳税人所处的环节不仅多于原产品税，而且纳税人还包括了外商投资企业和外国企业等。从征收面来看，凡增值税暂行条例规定的范围，其经营收入具有增值因素，则实行普遍征收原则；从征收的连续性来看，从原材料生产、工业产成品的销售，从商品批发到商业零售，从提供加工到修理修配劳务，有一道生产经营和商务劳务环节就征一道税，实行道道征税的原则。

第三，课税标准（计税依据）有所不同。原产品税主要是生产或进口产品的销售收入，现增值税在本质上是对各个环节的增值额课税，但它只对本环节的增值额课税，即对销售额或服务额中本环节企业、单位或个人新创造的、尚未征过增值税的那部分增值额课税。

第四，从价计征的具体方式有所不同。原产品税主要是在价内征收，原增值税也是在价内征收，现增值税则是在价外征收，而价内征收和价外征收的计税标准的"价格"含义和数量不同，其作用也是有差异的。

（二）增值税如何进行计税？

增值税如何进行计税？有直接法和间接法之分。

直接法又称直接计算法，即首先计算出法定增值额，然后直接按照增值额依率计征税额的方法。直接法又分为"加法"和"减法"。

加法：把企业、单位或个人在一定期间内，因从事生产、流通和劳务服务而产生的增值因素，如工资、租金、利息和利润等相加，求出增值额，再依率计征增值税税额的方法。此种方法在实际操作方面对增值因素较难划分，计算复杂，易发生差错，所以包括我国在内的实行增值税的国家多未采用。

减法：把企业、单位或个人在一定期间内，其所取得的销售收入全额减去法定扣除额之后，求出增值额，直接依率计征增值额税额的方法。这种减法亦称为扣额法。按当期购入数计算扣除额的方法进一步称为购进扣额法；按当期实际耗用数计算扣除额的方法则进一步称为实耗扣额法。扣额法在1987年3月之前与扣税法并行，1987年3月取消了扣额法，计税方法统一实行扣税法。

间接法又称为间接计算法，即不求出增值额，而是从企业、单位或个人在一定期间内商品销售额的应征税额，按规定减去购入的中间商品的已纳税金，其余额作为商品应纳增值税税额的方法。从广义的角度来讲，间接法也可以看成特殊的减法，但由于减去的是上一手商品的已纳税金，所以又简称为扣税法。扣税法可分为购进扣税法和实耗扣税法。由于我国原增值税是价内税，计税标准是包含了增值税税金在内的含税价格，在计算方法上繁复，进而在价内税条件下曾推行"价税分流购进扣税法"，即在会计核算办法和科目上做适当调整，把增值税的计算与产品生产成本核算分离，企业在生产领域以不含税的价格进行成本核算，从材料成本中剔除所含税金。这是未能实行发票注明税款抵扣，只好在会计核算和科目上实行价税分离，以便抵扣的过渡性办法。

新的增值税不仅采用扣税法，而且引进了销项税额和进项税额两个新概念，两项税额之差额即为应纳税额，这就意味着我国增值税的计算已统一采用购进扣税法，而且进一步实行价外税制度，在发票上分别注明价格和税金，凭发票上所注明税金进行抵扣。这就使发票不仅成为商事凭证，而且成为抵扣凭证；便于各企业单位办理抵扣税金；有利于各企业单位形成自我约束、互相牵制的机制；便于税务机关查核和防止偷逃税。总之，这是国际上通行的、规范的抵扣法或发票法，有利于我国税制和国际惯例接轨。

弄清了增值税的有关问题，即可解答商品流通"每道环节都要负担17%的税款"这一观点的正误。既然增值税是普遍征税和道道征税，当然在每道环节都要征税；既然增值税的基本税率规定为17%，除适用于低税率13%者之外，当然在每道环节都是征收17%的税；既然增值税在本质上是对各环节的增值因素课税，而不是仅对销售收入金额或服务收入总额课税，据此作为增值税缴纳给国家，那么，每道环节都要对其增值因素课征17%的税款这一理解显然是正确的。以此观之，每道环节都要负担17%的税款可以理解。如果认为"不是每道环节都要负担17%的税款"，则值得商榷。

首先，增值税既然只就本环节增值部分纳税，推而广之，增值税就是对各个环节的增值部分纳税。既然税率定为17%，当然就是各个环节的增值部分缴纳17%的税。因此，每道环节都要负担17%的增值税。如果认为在原销售价格之外再加17%的增值税就是误解了。

其次，企业只就本环节的增值部分纳税，那么本环节增值部分应纳多少税呢？每道环节的增值部分都要负担17%税款是一种正确理解。

最后，直接计算法和间接计算法都是增值税计征可供选择的方法，它们都是增值税就是对各个环节的增值额课税这一本质特征的具体表现形式。直接法易于理解，但操作上难以准确计算，因为增值因素在经济生活中是难以准确计算的数据。所以包括我国在内实行增值税的多数国家在操作上现已采用间接法，即以商品销售额为最初的计税依据，同时允许从税额中扣除上道环节已经缴纳的税款，借以实现按增值因素征税的原则。可见，间接法不仅不是对各环节增值部分征税这一本质特征的否定，恰恰是这一本质特征所规范的、操作性强的一种外在表现形式。既然如此，也就不能据此否定每道环节的增值部分都要负担17%的税的说法。

三、增值税和消费税的关系

在普遍征收增值税后，对有选择的商品再征一道消费税，是不是重复课税？是否会加重企业负担？是否会拉高价格呢？这还得从重复课税的概念说起。

所谓重复课税，是对同一纳税人或同一物件（包括税源与课税对象）进行二次或二次以上的课税。其可以分为形式上的重复课税和实质上的重复课税。形式上的重复课税是对同一税源的重复课税，即同一课税权主体对同一税收主体的同一税源从不同的层面课税。例如，在复合税制条件下，对同一税源——所得可以设立若干税种从几个方面加以课税，对一定期间内的所得课税，为所得税；对所得的积聚——财产课税，为财产税；对税法列举产品，依其增值额课征增值税，其中，又选择某些产品，依其销售收入课征消费税。由此可见，该类重复课税是一个课税权主体所拟定的税法所规定的，而且是对同一税源，即为捕捉税源而推定的课税对象进行二次或二次以上的课税，辅之以合理的税负水平设计，以达到税种互作补充，协调税收负担，调节国民经济之目的。这恰恰是一个优良税制的表现，是无可非议的。至于实质上的重复课税，情形颇为复杂，但可细分为对债权关系的重复课税、对股权关系的重复课税、一国之内的重复课税和国家之间的重复课税等，其中有需要避免的，亦有相当部分课征是合理的。

再从这次税制改革的内容来看，流转税改革要求体现公平、中性、透明、普遍的原则，总体税收负担基本保持原有水平。既然增值税只设一档基本税率17%，"按照国际惯例，取消了现行的产品税，在采用增值税进行普遍调节的基础上，对少数产品在征收增值税以后达不到原来的流转税负担水平的，开征消费税进行特殊调节，这种变化纯属税制的结构性调整，并没有因开征消费税而提高企业的流转税税负水平"。所以，无论由价内税改为价外税，还是在普遍征收增值税后对有选择的商品再征一道消费税，总体上"不会导致物价上涨"。但结构上对具体产品而言则是有涨有跌，但是否能实现，还受制于供求关系。

综上所述，面对当前市场出现的某些商品的购销热潮，物价上涨的背后，时有新税制加重企业负担，从而引起价格上涨的说法，这种说法实际上是对新税制的误解。如果说原产品税并未引起涨价的话，增值税和消费税的税负总水平保持在原产品税的基础上，又怎能认为在新税制格局下还会造成物价上涨呢？其实，这只能从其他方面去寻找原因，而不能归咎于税制改革。我认为，引起价格涨跌的基本原因仍是供求关系。就与税制的关系来看，也是有人不明了新税制的真谛而产生误解，从而引发价格上涨的心理预期并对供求关系产生影响。这种心理预期转化为现实行动，致使供求关系失衡，表现为潜在的乃至远期的需求变为即期需求过旺，这才是推动价格上涨的主要原因。而某些产品受税负的影响，致使价格被拉高，一旦成为攀升的目标，又没有相应的监督措施，则又会成为推动价格上涨的助涨因素。以此观之，在组织好商品供应，保证群众需要的基础上，加强税制结构性理论的研究和实施运作的宣传，人们对新税制的误解将会更少些，对新税制的理解将会更深些。

（原文载《四川税务》1995 年第 1 期）

市场经济与税收

王国清

　　市场经济本质上是法制经济。在建立社会主义市场经济体制的过程中，税收这一经济活动是以法律的形式，具体而言就是以税法的形式来加以规范的，所以，税收管理与依法治理有着极为密切的联系。前不久朱镕基总理在答中外记者问时，指出今后政府工作要做到"一个确保、三个到位、五项改革"，其中就涉及财税体制的进一步完善。他指出，当前的情况是费大于税，而且提出对费要进行治理整顿，不能够再巧立名目来收费。在改革的过程之中，在法制建立的过程之中，如何来把握依法治税，重在理财，处理好市场和税收的关系需要深入的探讨。本文拟就社会主义市场经济条件下税收的特性，如何处理税与费的关系，税收对政治、经济、文化的影响，并在此基础上，就税收观念、纳税意识、法制观念，对税制的认识以及完善税制等方面谈一些观点。

一、税收的概念及特征

　　税收是政府为了实现其职能，凭借政治权力以立法形式强制地参与一部分社会产品或国民收入的分配的形式，实质上反映了一种特定的分配关系。税收的主体是国家，具体来讲就是政府。政府要实现其职能，就需要凭借政府的政治权力去占有物质生产部门所生产出来的一部分物质财富。国家的政治权力在经济上的实现形式就是税收。税收的形式在一定的时期表现为实物，但在商品社会，税收主要表现为货币。在社会主义条件下，它所体现的生产关系，用简单的话来讲就是"取之于民，用之于民"。

税收是财政收入的主要形式，区别于上交国有资产收益、政府收费、债务收入，其基本标志就是税收具有强制性、无偿性、固定性这三大特征。这三个特征是税收区别于其他财政收入形式的基本标志。政府在履行公共管理职能，提供公共服务的时候，就不应该再收费，因为国家是以税收来保障政府行政职能的实现的。所以说规范的政府收费只是应该将向特定的对象实施特定的管理，提供特定的服务时的收费，例如各种证照费、注册登记费、特许权使用费。朱镕基总理在答记者问时谈到要规范收费，保留规费，他强调的就是规费。

二、在社会主义市场经济条件下税收的地位和作用

（一）税收是政府最主要的收入形式，是财政支出的主要来源

从预算内收入形式来讲，在税、利、费、债四种收入形式中，税收占有绝大部分比重，所以政府收入的形式中税是优先的，不允许以利、以费、以债来挤税。

马克思主义经典作家指出，"赋税是喂养政府的奶娘"，在法律规定的情况下，税收占有绝对的优先地位。马克思指出，国家存在的经济体现就是税收。在有些国家，税收占到了国家财政收入的80%以上，而我国在1996年，全部财政收入（包括债务收入）是9 334亿元，其中税收所占比重为73.9%，和世界上其他国家（包括发展中国家）相比，我国税收所占比重是偏低的。这意味着政府职能的实现受到很大的干扰。而市场经济越发展，政府的地位就越重要，只是政府控制的表现形式有所不同，要从过去的直接管控，转化为现在的间接调控。

（二）税收在市场经济条件下的功能与作用

税收的职能目标就是要使全社会的人力、物力、财力得到有效的配置。在市场经济条件下，税收的这一功能就更为突出了。市场在配置资源方面有着不足，即通常所说的有盲目性、消极性（"市场失灵"），这时就需要政府通过货币、财政、税收等手段来进行调控。比

如深圳的发展因素之中就有税收因素的存在，政策因素导致了国内外各种物资、资金向深圳流动。

税收在市场经济条件下还有一个功能就是收入分配的功能，通过税收分配形式来处理好国家、企业、个人之间，企业与企业之间，企业与个人之间在财富分配、国民收入分配等方面的关系。市场经济有缺陷，市场讲求效率，它不可能兼顾到公平。在这种情况下，政府就要起作用，包括通过税收方式来调节收入分配。中华人民共和国成立以来进行的多次财税体制改革，说到底就是国家、企业、个人如何来分收入这块蛋糕的问题，企业与企业之间必须公平税负，个人与个人之间的财富要分配公平，也得依靠税收。当然其他手段也能做到这些，但不如税收的效果好。税收体现的是所得多的多交，所得少的少交，没有所得的不交，这点在个人所得税中体现得最为明显。

在市场经济条件下税收还具有稳定经济的功能。本来稳定经济是市场的职责，但是，市场有其弱点和消极方面，会导致供给和需求总水平不平衡，这就需要政府利用税收来调控和克服这些问题，以避免经济危机的爆发。就税收而言，它是调节总供给和总需求平衡的重要手段。在经济滑坡时期，总需求小于总供给，政府可以通过减少税收，或同时增加支出并举，由此扩大总需求，增加投资和就业；在经济繁荣时期，总需求大于总供给，政府可以通过增加税收，或同时减少支出并举，由此减少总需求，限制投资和就业。总之，通过税收和支出的松紧搭配，决定或影响总需求和总供给的平衡，使整个经济协调、稳定地发展，并有适度的增长。

税收还有一个更重要的职能就是维护国家机器存在和发展的功能。政府要实现它的政治职能，要靠它的财政支撑、税收支撑。市场经济的运作，有它的规律。税收要为社会再生产、为市场经济的规范运行，提供正常的秩序、财力的保障、外部的条件。所以从财力的来源来看，从市场经济再生产的这种关系来看，税收都无疑具有维护国家机器存在和发展的功能。在市场经济条件下，可以用一句话来概括税收的功能：税收比以往任何时候都重要。

三、当前应重视的几个问题

（一）税收的观念、纳税的意识、法制的意识

目前我们的纳税意识受到传统的文化、传统的非税论影响。过去我们常说"轻徭薄赋"，这样的治税思想，就影响到我们今天的纳税意识。过去我们的农副产品是低价的，职工实行的是低工资，实际上来说是交了一种暗藏的隐蔽的税收，只不过个人没有感受到而已。再换个角度来考虑，农副产品是低价的，政府又是低价供应的，农副产品、原材料的低价，实际上是通过价值的转移，转移到工业部门和其他地区，造成工业部门和其他地区上交的利润、税收就多。低工资从另一个角度说明，我们已交了税。如果照西方的算法，我们的工资不低，我们毕竟享受了若干种福利，尽管现在各种福利在减少，因为我们的工资在增长。如果按西方的标准，他收入高，但同时他的支出高，因此，最终所得并不一定就比我们高多少。当然，经济发展程度不一样，是有一些差异。所以说过去的暗税随着农副产品价格的提高、工资的逐步增长而转成明税后，人们似乎就搞忘了，过去自己也是交过税的，只不过是隐藏的。过去的思想与理念，对今天人们纳税思想的形成是有消极影响的。

（二）为什么要征税？单位、个人为什么要缴税？

我们常说"依法纳税光荣"，纳税人纳税是法定的义务。我们又说"社会主义税收取之于民，用之于民"。我个人认为对为什么要征税这个问题，税收这个概念中就已经回答了。如果要将"取之于民，用之于民"作为社会主义条件下为什么要征税的依据的话，我个人认为这实在是一种误解，进入了一种误区。税收的那三个特征，是税收的共性，只要这个财政收入形式具备这三个特征，它就是税收，不管是中国，还是外国；不管是在社会主义条件下，还是在资本主义条件下，都是如此。但是具有社会属性的事物，包括今天讲的税收，就不一样了。税收具有两重性。第一种情况，社会主义税收和资本主义税收都具有税收的三个共同特性；第二种情况，还具有社会特性的不同，

用通俗的话说，社会主义税收是"取之于民，用之于民"。但是征税的依据只能是政府要实现它的职能，就必须凭借它的政治权力来强制无偿地参与到社会产品的分配中，无论是在社会主义条件下，还是在资本主义条件下，都是以此作为征税依据的。

（三）税法的刚性和严管重罚要相结合

如果对偷逃税者给予重罚，使其倾家荡产，谁还敢说税法是"水法"？目前我们面临着一个税收流失的问题，应该说流失是很严重的，据不完全统计，一年至少是 1 000 个亿。流失的原因是多种多样的，如果我们堵塞这种"跑、冒、滴、漏"，就可以有很大的收入。税务部门虽然是理财部门，但税务部门要收好税，还需要各级党委、政府，包括政府各个部门的支持和配合。同时，目前的发展趋势是税务部门面对的纳税人的素质在逐渐提高，在税务部门执法的同时，纳税人也在研究税法，而且水平在不断提高，对税务人员的素质要求也越来越高。因此，党委和政府在各个方面对国税和地税在硬件和软件上要加大支持的力度。

（四）国税、地税都是为经济发展服务的

目前，税务部门分为国税和地税，虽然存在着一些问题，但着眼点在于规范分工，为各级地方政府和中央服好务，都是为经济发展服务的。无论是中央的税源，还是地方的税源，各级党委、政府都应当给予支持。即使是国税部门，其收入也涉及地方的基数，也涉及地方的分成和共享，也是为地方政府服务的。

四、如何看待新税制

朱镕基总理在答记者问时讲，1994 年财税体制改革是成功的。税收收入正常增长，连续五年税收的增长都超过 1 000 亿元。新税制之所以取得成功，在于它符合现代税制的发展要求。是新税制的实施推动了物价的上涨吗？我看未必。1994 年税制改革的一个原则就是保持税负不增不减，17%的增值税相当于过去对销售收入全额征收的流转税的

14.5%，我们不能看到税率变成17%，就认为它比税率14.5%的税负高。

1994年新税制创造了统一税法、公平税负的新环境。在这种情况下，如果要求减税或是免税就很成问题了，因为税权是集中的，就势必要求严格依法办税、依法治税。在市场经济条件下，我们的改革只会向规范化、法制化发展，而不可能走回头路，不可能再走减税让利的老路。

通过新税制的实施，建立了以流转税为主、所得税为辅的税收体系，是符合我国的现实国情的。流转税的特性是税源普遍，符合税收普遍征收的原则，只要有销售，税收就可以实现；所得税不一样，它是取得销售收入，扣除成本费用后，有利润才能征，没有就不能够征。二者有着很大的差异。而且流转税有刚性，能够及时、均衡、稳定地保证国家的财政收入。因此说，目前的税制是符合我们当前的现实情况的。虽然说所得税为辅，但也要逐步提高它所占的比重，在经济增长方式转换的过程当中，流转税更能体现在速度方面的经济增长，所得税更偏重于体现在效益方面的经济增长。如果换一个角度来讲，增值税也可以说它是所得税，因为增值额可以分解为工资、租金、利息、利润。现在搞好企业，就是要做大收入这块蛋糕，蛋糕做大才有税源。现在全国个人所得税已经征收到了一年200多亿元，是一个很有潜力的税种，也是一个漏管程度很大的税种。

五、完善税制，清费立税

1994年后新税制虽然取得了一定的成效，但不可否认的是，现在的税制确实还存在需要完善的地方。增值税需进一步完善，有它的范围问题，有如何稳定地保证国家收入的问题；针对不透明的收入状况，如何进一步加强个人所得税的征管还有很多工作要做；要按照国民待遇的原则来统一企业所得税。

关于提高"两个比重"的问题。中央一直强调要提高财政收入占国民收入的比重。财政收入中主要是税收，那当然是要提高税收占国民收入的比重，用目前的统计口径来说就是税收占GDP的比重。要提高中央财政收入占全部财政收入的比重。中央政府要进行宏观的调控，没有财力是不行的，分税制财税体制改革的核心一个是规范，一个是税权，即财权的重心向上移动。若要提高"两个比重"，必须做到为政重在理财，理财必先治税，治税必须依法。如果不能做到这些，要提高"两个比重"，可能难以做到。就国民收入分配的体系来看，现在是政府收入多元化，这样一种局面是需要改革的。目前面临着一个"清费立税"的迫切问题，清费立税可以说将取得一石几鸟的效果：第一是规范政府的行为，第二可以减轻企业的负担，第三可以防止税收流失。

行政事业性收费由来已久，导致了许多消极现象的出现，在当前尽快改革事业性收费已成为大众关注的焦点。目前收费的力度之大，收费项目之多，收费额度之高，应该说是非常惊人的。首先从收费的主体来看，公安、工商、城建、交通、土地、教育、卫生、计量、环卫以及企业的主管部门等都在收，形成了政府分配多元化的这样一个情况。从具体收费项目来看，有1 000多种，从数量来看，去年中央和地方的收费收入至少是4 000多亿元，在很多地方已出现收费收入与地方预算内收入并驾齐驱的态势。收费作为政府收入必须进行规范，必须对收费进行清理整顿。四川省各种收费项目是500多项，金额134.5亿元，相当于地方政府财政收入的80%多。在市场经济条件下，政府行为要规范，政府收费行为要规范，这是一个必然的趋势。

我认为首先要禁止乱收费，对该收的费也应该进行规范，在规范的过程中，有一部分费就要转化为税。通过清理整顿，把那些必要的、具有税收性质的费尽可能地纳入税收这样一个规范化的轨道上来。办法不外乎两个，一个是扩大税基，在征税的项目上来解决。例如现在有一个文化事业建设费，可以在营业税中增加一个项目。另一个办法就是将一些费改为税，以做到更加规范化的管理。

减轻企业的负担不能靠减免税收，这条路在法制经济的条件下是不能再走的，因为税法具有高度的统一性，不能对某一个单位和个人例外。如果进行减免，将造成企业的负担不公平，不利于公平竞争。目前，预算外收入、制度外收入，我可以再给一些数据来加以说明。

有资料显示，预算内外的收入大致相等，税收只占大口径的政府收入的三分之一。从总的来说，我国企业的总体负担，不但没有降低，反而有所上升。这里所说的负担，包括税和其他各种收费、基金等。其中税收的负担是没有增加的，问题在于不规范的收费，它是造成我国企业宏观负担水平不重，但实际负担水平不轻的关键所在。要搞活企业，寄希望于减免税是不正确的，我们还必须堵塞税收的流失。应该是通过对费的治理，来为企业创造良好的发展环境。

（原文载《四川税务报》1998 年 6 月 10 日第三版）

消费者是纳税人吗?!

王国清

《华西都市报》1999 年 3 月 17 日第 8 版转引《中国青年报》报道，说"点气做饭烧水，你在纳税；进商店买东西，你在纳税"，总之"消费者就是纳税人"。类似的描述可多了。看了这篇报道（以下简称"该文"）之后，笔者有几点想法。

一、消费者是否纳税人应以税法为准

众所周知，纳税人是税法规定的直接负有纳税义务的单位和个人，这里的单位和个人，用法律用语来表示，即是法人和自然人。该文引证专家的话说："纳税人并不只是履行法定义务直接向税务机关缴纳税款的法人和自然人，我们国家最广大的工人、农民、知识分子、干部和解放军指战员，正是我们最广大的纳税人。我们只要购买商品或服务，在价格中就会包含一定的税款，它可能是增值税，可能是营业税，也可能是消费税。这些税款都是生产或服务企业直接向国家缴纳的，但真正的负担者却是广大的消费者，流转税占我国税收总收入的比重达 60% 以上，所以说广大消费者是我国最主要的纳税人。"这里有三个问题需要弄清楚。

首先，单位和个人是否成为纳税人，应当遵循"税法规定的"，如果税法没有规定，则这些单位和个人就不成为纳税人。单位和个人是否成为纳税人，还应当遵循"直接负有纳税义务"，也就是说，间接负有纳税义务的单位和个人，也不成为纳税人。所以，该文所说的"纳税人并不只是履行法定义务直接向税务机关缴纳税款的法人和自然人"，这一说法是与税法相抵触的。

其次，根据我国现行税法的规定，无论是增值税、营业税，还是消费税，都明确规定，在我国境内销售货物或者提供加工、修理、修配劳务及进口货物的单位和个人为增值税的纳税人；在我国境内提供规定的劳务、转让无形资产或者销售不动产的单位和个人，为营业税的纳税人；凡是在我国境内生产和进口规定的消费品，以及加工应税消费品的单位和个人，包括各级行政、事业、军事单位、社会团体和各类企业等，都是消费税的纳税人。所以，按现行增值税、营业税和消费税税法的规定，广大消费者都不是纳税人。除非税法做相应的调整。

最后，纳税人和负税人是有区别的。前已述及什么是纳税人，而负税人是实际负担税款的单位和个人。在税法上，只能确认纳税人，而不会也不能规定负税人。应该说，在进行经济分析的时候，引入负税人概念是必要的。在价值和价格一致时，税金是价格（成本+税金+利润）的一个部分，当然也是价值的一个部分，而且在量上是一致的，这时，纳税人和负税人是一致的。在价格高于价值时，价格中所包括的税金就分为两个部分，一个部分是该商品价值的一个部分，另一个部分是该商品价格高于其价值的差额。就税金而言，前一个部分是在商品出售时实现的，后一个部分是在商品出售时通过对购买者收入的扣除实现的。这并不违背劳动价值论，恰恰是价值规律的一种表现形式。这一部分税金不是该商品价值的一部分，但它是其他社会商品价值的一部分。在价格高于价值的条件下，纳税人和负税人是分离的。所以，把负税人等同于纳税人也是不正确的。

二、消费者的购买行为在税金实现中的作用

我们虽然认为消费者不是纳税人，但并不否定消费者的购买行为在税金实现中的重要作用。税金的实现包括在整个价格的实现中，而价格实现的另一面，就是商品的实现。如果商品不能销售出去，在仓库或货架上睡大觉，那么包含在商品之中的成本、税金、利润也不能

实现，成本费用不能补偿，利润不能实现，当然也无税收可言。正是在这个意义上，消费者的购买行为意义非凡，因为商品到货币的转化或者说售卖，是"商品的惊险的跳跃"（马克思语）。如果这个"跳跃"不能实现，商品所有者是会受到打击的。这一"跳跃"的致命性，在经济疲软时期表现得最为明显。但消费者的购买行为恰巧能帮助实现这个"跳跃"，包含在商品中的税金自然也能顺利实现，但也不能置税法于不顾，将消费者称为纳税人。消费者是否纳税人，只能以税法为准。

（原文载《成都税务公报》2000 年第 2 期）

税收意识之我见

王国清

在多年的税收理论研究和税收实际工作中，"提高公民的纳税意识""依法纳税光荣""向纳税人致敬"等文字、口号、标语随处可见，不绝于耳。应该说，这些都没错！因为根据宪法规定，公民有依法纳税的义务；纳税意识的高低是评价社会文明程度的一个标志；纳税人依法及时、足额缴纳税款，对这一行为做一个价值评判，称之为"光荣"，进而致以敬礼，亦无可非议。但问题在于，仅仅提高纳税意识是不够的，应该提高包括纳税意识、征税意识、用税意识、创税意识等在内的整个税收意识。

即使纳税意识，其主体也绝不限于纳税人。在避免对公民直接课税的条件下，我国的一些公民可能一辈子也不够纳税人资格，当然也就不可能享此"光荣"；依照税法的规定，代扣代缴税款的单位和个人——扣缴人，同样是及时、足额地奉行，仅向纳税人而不向扣缴人"致敬"显然也是不够的。可以说，把纳税意识囿于纳税人是十分偏颇的。例如，按照流转税的特性，一般应以应税产品的销售收入为计税依据，以销售者为纳税人，但在有的情况下，如对应税农、林、牧、渔产品征税，应税产品交售给国有、集体收购单位的，在征收原产品税的条件下，对纳税人的设计有三种情况可供选择：第一，谁销售，谁就作为纳税人，并以销售收入金额为计税依据；第二，以国有、集体收购单位作为纳税人，购进应税农副产品所支付的金额（与销售者销售应税农副产品的销售收入金额在数量上一致）为计税依据；第三，以销售者为纳税人，以销售收入金额为计税依据，以收购单位为扣缴人。在这三个可选方案中，第一个方案符合流转税的特性规范，但不利于控制税源，征纳手续繁复，也不利于保证国家财政收入；第二个方案有利于控制税源，简化征纳手续，保证国家财政收入；第三个方案既符合流转税特性这一规范，又有利于从源头控制征税，简化征纳手续，保证财政收入，还可增强纳税人的权利和义务，可以强化纳税人对扣缴人的监督因素。如果说在第一种方案中，销售者作为纳税人并依法纳税是"光荣"的，应当而且可以向他们致敬，那么在第二种方案中，"光荣"和"致敬"的对象则变成了收购单位这一纳税人，但销售者与税收就无缘了吗？在第三种方案中，销售者作为纳税人是"光荣"和"致敬"的对象，但"光荣"和"致敬"不应该包括收购单位这一扣缴人吗？总之，纳税意识的主体绝不限于纳税人，仅向纳税人"致敬"也是不够的。

提高纳税意识是必然的，但我们的视野应该在更宽广的范围内推进，从整个社会经济系统的角度分析和把握强化整个税收意识。税收意识是人们对税收的基本看法和态度，亦即人们在国家税收体系中所进行的一系列经济活动中所形成的思维模式、行为规范和价值导向。它不仅直接包括纳税意识和征税意识，还包括用税意识和创税意识。

纳税意识是人们在缴纳税款过程中的思维模式、行为规范和价值导向，其核心是依法纳税，它既涉及纳税人，也关联到扣缴人，实则可辐射到法律所认定的公民或居民。

征税意识是人们在征收税款过程中的思维模式、行为规范和价值导向，其核心是依法征税，辐射到维护国家利益和税收法制、执法无私、独立执法、优化服务、带好队伍等，它既涉及国税、地税、财政、海关等部门及其工作人员，也关联到各级政府。

用税意识是人们在使用或享用税款过程中的思维模式、行为规范和价值导向，其核心是法制、效率、公平、透明，它既涉及财政部门及其工作人员，又关联到税收用途的单位和个人，还涵盖直接或间接享受税收带来的利益的所有单位和个人。

创税意识是人们在创造税收的价值实体（劳动者创造出产品价值，而价值分割出一部分为税收，归国家所有）过程中的思维模式、行为规范和价值导向，其核心是税收的最终来源，辐射到税收的价值运动过程，即创造→缴纳→征收→使用→享用等一系列环节。创税意识关联到劳动者自身，劳动者理所当然地有权关注、维护、监督税收活动的全过程。

就税收意识本身来说，我们前面所描述的是积极的、健康向上的税收意识，即"好"的意识，但也存在消极的、不健康的税收意识，即"坏"的意识，例如征税中的"收人情税"、应收不收或收过头税、搞平摊等；纳税中的偷逃税、"查出了是你（国家）的，没有查出是我（小团体或个人）的"等；用税中的"不用白不用、不花白不花"等；创造税收的经济主体认为税收与己无关，采取充耳不闻的态度，等等。我们应该灌输、培养和强化税收意识中"好"的部分，反对和防止"坏"的部分，提高税收意识的健康水准，建立适合于社会主义市场经济发展的、统一的、健康的税收意识模式。

（原文载《金税》2000 年第 3 期）

从莎士比亚、马克思到税收 ABC

王国清

  本文不是谈论莎士比亚戏剧中的税收问题，也不是研究马克思著作中的税收思想，而是讲莎士比亚和马克思巨著是建立在基础知识和基本范畴的基础之上的，并由此说到税收知识对我们的重要性。

  莎士比亚是英国文艺复兴时期的戏剧家、诗人，现存剧本 37 部、长诗 2 首、14 行诗 154 首，主要剧作有喜剧《仲夏夜之梦》《威尼斯商人》，历史剧《理查三世》《亨利四世》和悲剧《罗密欧与朱丽叶》《哈姆雷特》《奥赛罗》《李尔王》《麦克白斯》《雅典的泰门》等。莎士比亚是一位多产作家，巨匠级的大文豪，其作品脍炙人口，塑造了许多性格鲜明的典型形象；描写了英国封建制度解体、资本主义兴起时期各种社会力量的冲突；提倡个性解放，反对封建束缚和神权桎梏，反映了资本主义萌芽时期的人文主义思想。剧作情节生动丰富，语言精练优美，14 行诗也以感情丰富、词句绚烂著称。莎士比亚与税收基础知识有何关系？这里，不是对莎士比亚作品中所涉及的税收问题做归纳，而是想探寻莎士比亚众多作品的最根本的基础是什么。在我看来，归根到底，是由英语 26 个字母所构成的。正是立足于这 26 个字母，莎士比亚依据英语的规律和表达方式，对其塑造的人物做了入木三分的刻画，表达了莎士比亚的思想与感情。由此可见基础知识 ABC 的重要性。

  《资本论》是马克思的主要著作，是马克思花毕生精力创作出来的一部伟大的科学巨著。全书共 4 卷，4 690 多页，300 多万字。《资本论》一出版就被誉为"工人阶级的《圣经》"，是马克思主义的百科全书，是无产阶级进行社会主义革命和社会主义建设的强大武器。但马克思的研究和叙述也是从基本知识和范畴入手的。他说："资本主义生产方式占统治地位的社会的财富，表现为庞大的商品堆积，单个商品表现为这种财富的元素形式。因此，我们的研究就从分析商品开始。"商品作为用来交换的劳动产品，必须是一个有用之物，以它的自然属性来满足人们的某种需要。如粮食能够充饥，衣服可以御寒，机器可用于生产，艺术品可供赏玩等，总之，必须对人有用。但商品既然是用来交换、能满足人们某种需要的劳动产品，就不仅具有使用价值，而且具有交换价值。交换价值首先表现为一种使用价值同另一种使用价值相交换的量的关系或比例。如 3 斤米换 1 尺布（或 3 斤米 = 1 尺布），1 尺布就是 3 斤米的交换价值。以此类推，3 斤米还可换 2 斤大豆、3 斤米还可换 4 斤糖，等等。这说明各种商品之间存在着可以使它们相互等同的共同的东西，这个共同物不可能是使用价值，因为商品的使用价值千差万别，属性各异，无法进行比较。我们只能用长度同长度相比较，绝不能用长度同重量相比较。米和布有不同的使用价值，彼此根本无法比较。而撇开了使用价值，商品体就只剩下一个属性：它们都是劳动产品，在其中凝结着商品生产的劳动。这种凝结在商品中的一般人类劳动，就是商品的价值。各种商品之所以需要交换，是因为商品的使用价值不同；而各种商品之所以能按一定比例交换，是因为它们彼此都有等量的价值，是按其价值互相交换的。

商品的这两种因素是由生产商品的劳动的二重性（具体劳动和抽象劳动）决定的。各种各样的具体劳动创造千差万别的满足各种特殊需要的使用价值。但不管劳动的具体形态如何，它们都有一个共同点：它们都是对人类劳动力的耗费，都是人的脑髓、肌肉、神经、手等在生产中的耗费。从这个意义上来说，它们都是无差别的人类劳动，也就是抽象劳动。因此，生产商品的劳动具有具体劳动和抽象劳动的二重性，它是具体劳动和抽象劳动的统一体。马克思第一个科学地论证了劳动二重性，而劳动二重性理论"是理解政治经济学的基础"。马克思正是从这里出发，正确地解释了价值和价值量、价值本质和价值形态以及商品与货币的关系等，把劳动价值建立在完全科学的基础上，从而创造性地建立了剩余价值学说，由此揭露了资本主义发生、发展和灭亡的规律。

改革开放以来，我国税收实践与理论发生了巨大的变革，促进了我国税收事业的发展，丰富和深化了我国的税收理论，但在我们面前尚有许多新的税收现象、新的税收问题有待我们去解决。对改革中税收出现的种种新问题给予正确的认识，既肯定我国税收改革实践的理论探索所取得的成就，又为我国税收实践与理论的进一步改革和发展提供稳定的基础，都需要一本基础性的税收知识读本。

上自各级领导干部，下至社会各界人士，他们的税收知识水准如何，对我国税收工作产生着根本性的影响。由国家税务总局局长金人庆主编的《领导干部税收知识读本》一书，最近已由中国财政经济出版社出版发行。该书满足了时代所提出的迫切要求，紧扣时代发展的主题，对建立有中国特色、符合社会主义市场经济要求的税收理论与实践问题做了深入浅出的阐释。正因为如此，时任中共中央总书记、国家主席江泽民不仅亲自为该书题写了书名，而且做出了重要批语，希望"认真学习税收知识，熟悉税收政策、税收法规和税收业务，深入研究发展社会主义市场经济条件下税收工作的规律和特点，更加自觉地贯彻执行中央关于宏观经济管理的各项方针政策，把改革开放和社会主义现代化建设不断推向前进"。

税收基本理论和基本知识是有其独特的语言特色的，是提高对税收工作重要性的认识，重视和支持税收工作，依法治税、从严治税，发挥税收职能作用的基础。只要我们掌握好税收知识 ABC，继续攀登，"才有希望达到光辉的顶点"（马克思语）。愿共勉之。

（原文载《成都税务公报》2000 年第 6 期）

税费辨

王国清

　　社会各界关注的燃油税将在适当的时候开征，它是由道路收费等改革而来；从宏观上来看，我国税收占 GDP（国内生产总值）的比重为 12%～13%，在世界上也算低的，但企业老喊税收负担重，究其原因，是企业总体负担重（税+费），所以政府近两年来削减和取消了不少的收费项目；在农贸市场上，有一些人往往把工商行政管理部门收取的市场管理费也称作税收，等等。其实，税收和政府收费是有区别的。这里，首先从理论上规范税收与政府收费的区别，再以此来审视"清费立税"的改革思路。

一、政府收费及其内容

　　说到政府收费，从广义的角度来讲，包括行政性收费、事业性收费和经营性收费。经营性收费是一种市场价格行为，事业性收费在市场经济条件下与严格意义上的政府收费也逐渐脱钩，所以狭义的政府收费主要是指行政性收费。行政性收费是指政府机关或国家授权行使行政管理职能的单位，为加强社会、经济、技术和自然资源等管理，对特定的单位和个人提供特定的服务，或授予国家资源和特别许可的使用权而收取的代价。所以，规范化的政府收费主要包括规费和特许权使用费。其内容可以分为：

　　（1）证照性收费。这是国家行政机关依据法律、法规，批准颁发有关证照时的收费。例如，身份证费、结婚证费、护照费、营业执照费等。

（2）管理性收费。这是国家行政机关和行使行政管理职能的单位，对特定对象实施社会、经济、技术等监督、协调、指导的活动过程中，向受益单位和个人收取的费用。例如，集贸市场管理费、商标登记费、商品检验费、度量衡鉴定费、诉讼费和非诉讼费等。

（3）资源性收费。这是政府转让国有自然资源（如土地、森林、草原、矿藏等）的使用权或开采权，向受益对象收取的费用。例如，土地使用费、矿山管理费等。

（4）专项性收费。这是指政府为了兴办某种事业而向社会或特定受益对象收取的费用。例如，公路养路费、机场建设费等。

（5）惩罚性收费。这是行政机关对相对管理人违章违纪行为采取惩罚措施而收取的费用。例如，排污费、交通违章罚款等。

二、税收与政府收费不尽相同

税收和政府收费都是政府收入的形式，它们的区别在于：

（1）二者在财政收入中的地位不尽相同。税收在财政收入中占有优先的、绝对的地位；政府收费在财政收入中只能占次要地位，因为规范化的政府收费在数额上是相对不大的。

（2）二者征收依据不尽相同。税收是凭借国家的政治权力，即税收管辖权而课征的；政府收费是依据特定的行政管理权力而收取的。

（3）二者的特征不尽相同。税收和政府收费都带有一定的强制性，但税收是一种无偿的强制课征，课税权主体和纳税人之间没有直接的、一一对应的或至少是等量的偿还性；政府收费则有一定的直接偿还性，有其特定的服务对象、管理对象或特别许可的对象，虽然这种偿还性表现在收费和服务、管理或特许权在价值上可能并不相等。

（4）二者涉及的征收对象范围广狭程度不尽相同。税收是对税法规定的企业、单位和居民个人，凡合乎纳税条件的，都须征税，征收范围相对具有普遍性；政府收费一般只涉及对特定的受益对象或被管理者收取。

三、"清费立税"的改革思路

既然税收与政府收费有联系，也有区别，那么，针对现实生活中的政府收费和税收不分、费大于税的现状，把握"清费立税"的改革思路，就显得很有必要。

记得朱镕基总理在答中外记者问时，曾指出当时的情况是费大于税，而且提出对费要进行治理整顿，不能够再巧立名目来收费。想当初，政府收费力度之大，政府收费项目之多，政府收费额度之高，应该说是非常惊人的。从收费的主体来看，公安、工商、城建、交通、土地、教育、卫生、计量、环卫以及企业主管部门等都在收费，形成了政府分配多元化的状况；从具体收费项目看，多达上千种；从收费的数量来看，1997 年至少也有 4 000 多亿元，在不少地方已出现收费收入与税收收入并驾齐驱的态势。所以，在市场经济条件下，政府行为要规范，税收要规范，政府收费要规范，"清费立税"改革是一个必然的趋势。

"清费立税"可以达到一石几鸟的效果：一可以规范政府行为，二可以减轻企业和个人的负担，三可以防止税收流失并增加税收。对乱收费应予取缔或禁止，对该收的费也应进行规范而保留，对此各级政府已经取消了若干收费项目或降低了收费标准。还有一部分收费实际上具有税收性质且适宜于税务部门征收管理的，在条件成熟时，应纳入税收这一规范化的轨道上来。一是通过扩大税基，在征税项目上解决，类似于文化事业建设费之类的收费，可以在营业税等税种中增加税目；二是将部分收费改为新的税种，如改养路费等为燃油税、改排污费等为环境保护税等，借以做到更加规范化的管理。

（原文载《成都税务公报》2000 年第 8 期）

税率调高≈税负加重吗？

王国清

  税率是应纳税额与根据课税对象所推定的计税依据之间的比例，是计算应纳税额和税收负担的尺度，体现征税的深度，是税收制度的中心环节。税率又可称为税收负担率，是一种相对负担水平，而税额大小则可理解为绝对负担或绝对负担水平。一般来说，在其他条件一定的情况下，税率调高，不仅绝对负担水平提高，而且相对负担水平也提高了；反之，则相反。这是众所周知的道理。但在现实生活中，税率调高意味着相对税负水平提高，这是否必然导致绝对税负水平提高呢？这需要结合上述"其他条件"加以分析，切不可简单地望"率"生义。

一、必须结合计税依据和税率考察税负水平

  作为相对税负水平的税率，这里的"相对"是指计税依据。在其他条件不变的前提下，计税依据的大小，不仅影响相对税负水平的变化，而且影响绝对税负水平的变化。

  如果计税依据不变或增大，税率调高，则意味着相对税负水平和绝对税负水平提高。如金融业营业税税率由5%调至8%，不仅相对税负水平提高，而且绝对税负水平也提高了。

  如果计税依据变小，税率相对调高或超常调高，意味着相对税负水平提高，但绝对税负水平可以不变或提高。

  例如，1994年以前的流转税的负担水平为14.5%，其"相对"的计税依据是含税价格即生产成本+销售税金+销售利润，其中销售税金=销售价格（含税价格）×税率，而税率=税金/销售价格；1994年

以后的增值税的一般负担水平为17%，其"相对"的计税依据是不含税价格即生产成本+销售利润，其中税金＝（生产成本+销售利润）×税率，税率＝税金/不含税价格，这里的不含税价格则为生产成本+销售利润。从1994年新税制改革的内容来看，流转税改革要求体现公平、中性、透明、普遍的原则，总体税收负担基本保持原有水平，这里的税负水平显然是指绝对负担水平即税金额度不变，但计税依据由大变小，税率则由低（14.5%）变高（17%）了。所以，在计税依据变小时，相对税负水平尽管变高了，但绝对税负水平（税金额度）可以不变。影响税金额度大小的因素包括税率和计税依据。也可以说在这种情况下，税率即相对税负水平调高，但绝对税负水平不变，当然也就说不上税负加重了。除非税率超常提高到我们例子中的17%以上，才会出现相对税负水平和绝对税负水平均提高的情况。

二、必须结合减免税考察税负水平

由于减税是对应缴税款的部分免除，免税是对应缴税款的全部免除，所以减免税体现和调整实际征税的深度，是对实际的相对税收负担水平和绝对税收负担水平的第二次调节。如果说税率是体现征税深度的首要因素，在体现征税深度的功能层次上是居于首位的，那么减免税则是在此基础上的再调整，在体现征税深度的功能层次上是居于第二位的，二者在调节税收负担水平方面具有层次性和递进性。

从税额减免来看，导致实际的绝对负担量占整个计税依据总额的比重降低或解除，这无异于计税依据的缩小或消失；从税基减免来看，由于其本身就是直接从课税对象乃至计税依据总额中预先扣除一部分或全部，更是明显地缩小或消除了课税对象乃至计税依据的数额。

总之，减免税不仅影响实际的相对税负水平，而且影响绝对税负水平。即使在税率调高的情况下，只要减免税存在，实际的相对税负水平和绝对税负水平就可能出现或略高于、或持平、或略低于，甚至解除原来的相对税负水平和绝对税负水平的情形。那种一见到税率调高，不做具体分析，就统统理解为税收负担加重的说法，是值得思考的。

（原文载《成都税务公报》2000年第9期）

地税收入总量与转移支付

王国清

　　地方税体系，主要包括地方税收种类体系、地方税收收入（数量、结构）体系、地方税收监管（监督、检查、征管）体系和地方税收调控体系，以及与中央税体系的衔接与配置等诸项内容。这里讨论的是地方税收收入总量与转移支付数额的抉择问题。

　　中央税及中央分享部分税收收入占整个税收收入比重较大，和中央（或上级政府）对地方（或下级政府）转移支付数额较大相配置，就加强上及调控而言，是完全可以的，地方政府是能实现其职能的。因为核心之点除税收管理权限的划分之外，转移支付的力度是实现这一配置的关键。否则，这种配置的形式和数量界定，就值得进一步改进和研究。

　　地方税收收入（含地方分享部分）占整个税收收入的比重提高，和中央（或上级政府）对地方（或下级政府）的转移支付数额保持相应力度的配置，就其配置的形式和数量界定，也可以取得相应的效果，但有赖于税收管理权限的调整和税收改革。

　　现行状况是，地方税体系不够完整、税种缺失；地方税制的设计尚需改革；省级以下的分税制体制改革，造成地方税收收入总量不足，致使省对省以下地方的转移支付力度不够，调节失当，越到基层越无主体税种可分。

　　地方税税种结构与地方税税收收入总量，是地方税体系建设的重心之一。为此，需通过"清费立税"、调整地方税种结构来增加地方税收收入总量。

　　营业税和改革后的城乡维护建设税为地方税。营业税包括所有的收入，城乡维护建设税包括原城市维护建设税、相关的城乡建设的市政设施配置费、公用事业附加、占道费等，并对外商企业征收，扩大征收范围。

财产税方面，改革房产税、城镇土地使用税、城市房地产税、有关土地的政府收费，提高耕地占用税的税率，并将外商和个人纳入征税范围，择机开征遗产及赠与税等。

统一内、外资企业所得税，按照国际惯例，统一内、外资企业所得税税率、应纳税所得额和税收优惠政策；改变目前按企业隶属关系划分中央企业所得税和地方企业所得税的做法，把企业所得税按比例税率划分为中央与地方共享税；适当提高所得税比重，相应降低流转税比重，加快增值税改革。

开征教育税和环保税，将教育费及其附加规范为教育税，针对现行对排放废气、废液、废渣等污染环境行为征收的排污费、超标排污费等，为规范和确保可持续发展战略的顺利实施，须着手开征环保税。

应彻底实行各税各管。虽然分税制规定国税机关负责中央税与共享税的征管，地税机关负责地方税的征管，但在实际工作中并非完全如此。实施分税制以来，外商投资企业和外国企业所得税规定由国税机关征收，很不规范。这一方面增加了国税税收征管的工作量和难度，挫伤了广大地税干部的积极性；另一方面又引发了国税与地税之间的矛盾，造成税款流失。因此，应进一步规范国税、地税的税收征管权限，以保证税收收入的及时、足额入库。

（原文载《金税》2000 年第 10 期）

谈地方税体系建设

王国清

税收体系包括中央税体系和地方税体系，这在分级财政条件下是毋庸置疑的。前两年，理论界和实务界曾有"地方税不存在什么体系"或"地方税不是一个体系"的说法，否认地方税自成一个相对独立的系统，进而否定对地方税体系的研究。这当然是错误的。理论界与实务界从未间断过对地方税体系问题的研究，并申报课题，出版了专著，这是值得赞赏的。今年（2000 年），国家税务总局和中国税务学会把地方税收体系建设作为重要的研究课题，四川省地方税务局、四川省税务学会、金税杂志社联合举办的"金税论坛"的主题也是"地方税收体系建设"。下面，拟从税收概念出发，就地方税收体系建设谈点看法。

一、税收的概念与地方税体系

税收是国家为了实现其职能，凭借政治权力，参与一部分社会产品或国民收入分配所进行的一系列经济活动，包括组织收入、调节控制、管理监督等活动。这种活动的资金（或收入）形态，则为税收收入。所以，把税收定义为收税或收钱，不仅是偏狭的，而且与现实的税收运行情况不符。

上述税收概念既立足于分配，又不局限于分配。在社会再生产的生产、分配、交换、消费四个环节中，税收归属于分配环节，是分配环节的一个特殊组成部分，从这个意义上讲，把税收理解为税收分配，也是可以的；上述税收概念规避了把税收定义为国家（或政府）所进行的经济活动这一失之过宽的界定，也容易克服把税收囿于分配，尤其是囿于把税收分配归属于组织收入来考虑问题的倾向。

地方税是分税制条件下的必然产物，从而要求地方税的税收总量与税种结构等不断充实、改革、发展和完善，自成相对独立的子系统，与中央税体系相对应。

既然税收包括组织收入、调节控制和管理监督等活动，那么地方税及其体系也就包括组织收入、调节控制和管理监督的活动，与中央税及其体系相比，既具有同一性，也具有层次性，还具有差异性。

地方税体系的主要内容，包括地方税收种类体系、地方税收收入（数量、结构）体系、地方税收监管（监督、稽查、征管）体系和地方税收调控体系，并需注意与中央税体系的衔接与配置。

二、地方税收收入总量与转移支付数额的抉择

中央税及中央分享部分税收收入占整个税收收入比重较大，和中央（或上级政府）对地方（或下级政府）转移支付数额较大相配置，就量上及调控而言，是完全可以的，地方政府是能实现其职能的。因为核心之点除税收管理权限的划分之外，转移支付的力度是实现这一配置的关键。否则，这种配置的形式和数量界定，就值得进一步改进和研究。

地方税收收入（含地方分享部分）占整个税收收入的比重提高，和中央（或上级政府）对地方（或下级政府）的转移支付数额保持相应力度的配置，就其配置的形式和数量界定，也可以取得相应的效果，但有赖于税收管理权限的调整和税收改革。

现行状况：地方税体系不够完整、税种缺失；地方税制的设计尚需改革；省级以下的分税制体制改革，造成地方税收收入总量不足，致使省对省以下地方的转移支付力度不够，调节失当，越到基层就越无主体税种可分。

地方税税种结构与地方税税收收入总量，是地方税体系建设的重心之一，为此，需通过清费立税、调整地方税种结构来增加地方税收

收入总量。

营业税和改革后的城乡维护建设税为地方税，营业税包括所有的收入，城乡维护建设税包括原城市维护建设税、相关的城乡建设的市政设施配置费、公用事业附加、占道费等，并对外商企业征收，扩大征收范围。

财产税方面，改革房产税、城镇土地使用税、城市房地产税、有关土地的政府收费，提高耕地占用税的税率，并将外商和个人纳入征税范围，择机开征遗产及赠与税等。

统一内、外资企业所得税，按照国际惯例，统一内、外资企业所得税税率、应纳税所得额和税收优惠政策；改变目前按企业隶属关系划分中央企业所得税和地方企业所得税的做法，把企业所得税按比例税率划分为中央与地方共享税；适当提高所得税比重，相应降低流转税比重，加快增值税改革。

开征教育税和环保税，将教育费及其附加规范为教育税，针对现行对排放废气、废液、废渣等污染环境行为征收的排污费、超标排污费等，为规范和确保可持续发展战略的顺利实施，须着手开征环保税。

农牧业税：加快农村税费改革试点工作，减轻农民负担，规范农村税费制度，调整和改革农牧业税及其附加。

（原文载《成都税务公报》2000 年第 11 期）

税收与"双总"平衡的关系

王国清

　　从 1998 年开始，我国针对经济中出现的疲软、滑坡状况，即社会总需求小于社会总供给的状况，实行增支减税的积极财政政策，而且 2001 年仍然要继续实行积极的财政政策，借以稳定经济并促使其有适当的增长。在税收方面，虽然我国尚不具备大规模减税的条件，但通过结构性的减税，如降低关税、提高退税、取消或停征固定资产投资方向调节税及拟议中的改生产型增值税为消费型增值税等，着力点还是在于调节社会总需求与社会总供给的平衡。那么，我们不禁要问，什么是社会总需求与社会总供给？二者即"双总"平衡的含义是什么？税收是怎样影响"双总"平衡的？

一、社会总需求与社会总供给的含义

　　社会总需求是指有支付能力的购买力总额，即在既定价格和收入分配条件下，居民个人、企业单位和政府部门用于购买商品和接受劳务的支出总额，包括上述主体的投资需求和消费需求。社会总供给是指进入市场可供购买的商品和劳务的价值总额，即在既定的价格、生产能力和成本的条件下，居民个人和企业单位能够提供的商品和劳务的价值总额，包括上述主体提供的生产资料、消费资料和劳务的价值。

　　如果是一个开放的国家，进出口贸易对社会总需求和社会总供给也会产生影响。出口品构成总需求的一部分，进口品构成总供给的一部分。当出口品大于进口时，表明国内总需求增加；当进口品大于出口品时，表明国内总供给增加。

二、总需求与总供给平衡

总需求与总供给的平衡或大体平衡，换句话讲，就意味着经济是稳定的而且有适度的增长，就能够保持国民经济持续、快速、健康地发展。"双总"平衡的公式为：

消费（需求）+投资+政府支出+出口＝消费（供给）+储蓄+政府收入+进口
$$（1）$$

即

$$总需求＝总供给 \qquad （2）$$

上述公式（2）是"双总"的总量平衡问题。在经济的实际运行中，总量不平衡是经常的，主要表现为两种情况：一是需求不足，供给过剩，即总需求过度小于总供给，最近几年我国的经济状况就是如此；二是需求过旺，供给不足，即总需求过度大于总供给，我国在相当长的时期内都是如此。

上述公式（1）是"双总"的结构平衡问题。例如我国经济中出现过的消费需求不足与投资膨胀并存、非生产性投资旺盛和生产性投资不足、一般加工工业投资增长过快和能源、交通、原材料、高新技术等产业投资不足，消费需求膨胀和投资需求膨胀并存，消费需求不足和投资需求不足并存，等等。总之，总量不平衡，结构平衡是不可能的；反之，结构是否平衡，对总量平衡也有相当大的影响。

三、对社会总需求和社会总供给的构成分析

从需求方面分析，一国的国民收入是一定时期内国内用于消费的支出和用于投资的支出的总和，即等于国内对消费品的需求和对投资品（生产资料）的需求的总和，亦即消费与投资的总和。所以

国民收入＝用于消费的支出+用于投资的支出＝消费+投资

从供给方面分析，一国的国民收入是一定时期内各个生产要素（指劳动、资本、土地、企业家才能供给的总和），即等于各个生产要素相应地得到的收入的总和，即工资、利息、地租、利润的总和。而

在各个生产要素收入中，除了用于消费的那部分收入外，余下的收入则用于储蓄。所以

国民收入＝各个生产要素供给的总和＝各个生产要素得到的
收入的总和
＝工资＋利息＋地租＋利润＝消费＋储蓄

简单地说，国民收入＝总供给（从供给方面来看），国民收入＝总需求（从需求方面来看）。如果设想一国一定时期（比如说一年）的总支出能够买尽该国一定时期（比如说一年）生产的全部产品，那么，必须使得

总需求＝总供给

即

消费＋投资＝消费＋储蓄

现在引进政府的经济活动。政府的经济活动主要表现在两个方面：一是政府收入（主要是税金），二是政府支出（包括政府的公共工程、政府对商品和劳务的购买，以及政府对居民的转移支付，如津贴费、补助费、雇员工资、利息等），则前述公式变为：

总需求＝消费＋投资＋政府购买＋政府转移支付＝消费＋投资＋政府支出
总供给＝消费＋储蓄＋各种税金＝消费＋储蓄＋政府收入

现在再引入进出口贸易对经济的影响。为使问题简化，只假定国外企业（世界市场）只同本国政府和本国企业发生经济联系，则上述公式变为：

总需求＝国内对消费品的需求＋国内对投资品（生产资料）的需求＋本国政府的需求＋国外企业（世界市场）的需求＝消费＋投资＋政府支出＋出口
总供给＝国内生产要素的供给＋政府劳务的供给＋国外生产要素的供给＝国内生产要素供给的报酬＋政府劳务的报酬＋国外生产要素供给的报酬＝（工资＋利息＋地租＋利润）＋各种税金（含关税）＋（国外企业从该国得到的销货收入）＝消费＋储蓄＋政府收入＋进口

由此可见，在遇到总需求小于总供给或总需求大于总供给时，可以通过总需求或总供给的内容构成的变动来使得总需求等于总供给，

其中增减政府支出或增减税金是一项重要的内容。就税收而言，在总需求小于总供给时，主要通过减税增加居民户的可支配收入，从而增加消费；通过减税和居民户增加消费，促使企业增加投资和扩大出口。这样，总需求水平上升，有助于"双总"的平衡，稳定经济并使其有适度的增长。反之，在总需求大于总供给时，则主要通过增税的办法来促使"双总"平衡。这就是政府通过增减税收调节经济的理论依据。

（原文载《成都税务公报》2001年第2期）

权力与权利的辨析

王国清

今年（2001年）"税收宣传月"的主题是"税收与公民"，那么，税收课征的依据是政治权力还是政治权利？公民拥有的是权力还是权利？这些词有些人往往混用，这里有必要予以厘清。

一、权力和权利的区别与联系

"权力"是指职责范围内的强制力量或支配力量，如"厂长有指挥生产的权力""校长有依法行政的权力"等。"权利"则是指依法享有的权力和利益，是与"义务"相对应的概念。"权力"和"权利"不仅在词义上有差别，而且在使用上亦是有差别的。例如，"全国人民代表大会是我国最高权力机关"，这里的"权力"不能换用"权利"，罪犯被剥夺政治权利，则只能用"权利"而不能用"权力"；"子女（尤其是承担了赡养义务的子女）有依法继承遗产的权利，任何人都没有权力剥夺"，这里的"权利"和"权力"不能互换。

二、如何理解国家或政府的"权力"

国家或政府的权力，一般是指政治权力和财产权力。国家的政治权力，就是指国家作为主权者的权力。政治权力为国家所独有，其主体就是国家。国家政治权力在经济上的实现形式就是税收。财产权力一般是指生产资料所有者的权力，即是指出资者的权力。出资者权力在经济上的实现形式是利润。但出资者权力的主体既有国家，又有企业单位，还有个人。国家的出资者权力在经济上的实现形式依经营形式不同，可以具体分为直接上交利润、国有股股息红利、承包费和租金。

三、如何理解公民的政治权利

宪法、法律规定的公民参加国家政治生活的权利，就是公民的政治权利。在我国，宪法规定：中华人民共和国的一切权利属于人民，年满 18 周岁的公民都有选举权和被选举权；国家保障人民具有参加管理国家、管理各项经济事业和文化事业，监督国家机关和工作人员的权利；公民有依法言论、出版、集会、结社、游行示威等各种自由的权利。同时，宪法和法律规定，国家依照法律剥夺犯罪分子的政治权利。

四、纳税人有哪些义务和权利

法律既对纳税人依照法律履行有关义务做了规定，同时又赋予了纳税人相应的权利。既不能只强调纳税人的义务而忽视纳税人的权利，也不能只强调纳税人的权利而回避纳税人的义务。

（一）纳税人的义务

从事生产、经营的纳税人有按期办理税务登记的义务。

从事生产、经营的纳税人和扣缴人有依法设置账簿、正确使用凭证的义务。

纳税人在发生纳税义务后，有主动按规定的期限，向主管税务机关办理纳税申报的义务。

纳税人、扣缴人有按期缴纳或解缴税款的义务。

纳税人、扣缴人有接受税务机关检查的义务，等等。

纳税人须尽哪些义务，是由国家法律规定的，如发现有违反税法规定、不履行有关纳税义务的，要承担相应的法律责任。

（二）纳税人的权利

纳税人有延期申报的权利。纳税人有特殊原因不能按期申报纳税的，应在规定的期限内向主管税务机关提出书面延期申请，经批准后，在核准的延期内办理申报。

纳税人有延期纳税的权利。因有特殊困难，不能按期缴纳税款的，经县以上税务局批准，要以延期缴纳税款，但最长不超过 3 个月。

纳税人对多缴税款有申请退还的权利。纳税人超过应纳税额缴纳的税款，税务机关发现后应立即退还；纳税人自结算缴纳税款之日起 3 年内发现的，可以向税务机关要求退还，税务机关查实后应立即退还。

纳税人有依照法律、行政法规的规定，向税务机关书面申请减税、免税的权利。

纳税人有申请复议或提起诉讼的权利。纳税人、扣缴人、纳税担保人同税务机关在纳税上发生争议，或对税务机关的处罚决定、强制执行措施、税收保全措施不服，认为其自身合法权益受到损害的，可以按照规定的期限和程序向上一级税务机关申请复议或向人民法院提起行政诉讼。税务行政复议机关或人民法院根据事实做出维持、变更或赔偿决定。

纳税人有检举税收违法行为的权利。税务机关应当为检举人保密，并按照规定给予奖励。

总之，纳税人的权利和义务在国家税务总局文明办税"八公开"中有具体的概括，具体体现为 9 项权利和 10 项义务。"公开纳税人的权利和义务"是文明办税"八公开"的第一条要求。

（原文载《成都税务公报》2001 年第 4 期）

个人所得税税前扣除项目引发的思考

王国清

据《中国青年报》2001 年 1 月 10 日报道，国家税务总局局长金人庆表示，未来几年，国家将考虑增加个人所得税的税前扣除项目，增大纳税前扣除部分的额度。又据人民网 2001 年 2 月 14 日消息，国家税务总局局长金人庆在记者招待会上表示，未来几年，国家将考虑增加个人所得税的税前扣除项目。但是，国内理论界、实务界和新闻界，以及社会民众中有相当部分同志将上述说法概括为个人所得税的"门槛"将会提高，更有甚者，将"门槛"称之为"800 元起征点有望提高"，这就值得商榷了。这不仅有违国家税务总局的原意，而且与"800 元起征点有望提高"的拥趸的初衷相悖逆。下面，拟对此谈几点看法。

一、"门槛"应是指免征额

"门槛"之说，是一种通俗说法，没跨过"门槛"的，不予征税；跨过"门槛"的，则予征税。所以"门槛"之说，偏重于"要征税"，不涉及怎样征税的问题，这是一种情况。再一种情况是，把"门槛"理解为"税前扣除项目"即"免征额"，这就不仅涉及"要征税"的问题，而且关联到"怎样征税"的问题，这种理解才是正确的。把"门槛"这一"税前扣除项目"错误地定义为"起征点"，虽然可以包含"要征税"和"怎样征税"的因素，但定义为"起征点"这一结论却是错误的。

这种错误的理解已持续了相当长的时间了。把"免征额"和"起征点"混为一谈的观点，虽不至于比比皆是，但出现的频率越来越高。有的税收类专业书籍在讲到我国个人所得税时说"对工资、薪金所得，每月定额扣除 800 元，作为本人及赡养家属生活费用和其他必要的费用，仅就超过 800 元的部分作为应纳税所得额，计算征收个人所得税"。本来，这 800 元是免征额，上述理解是正确的。但是，该书又说，"对工资、薪金所得，……一律实行定额扣除，不仅简便易行，而且实际上起了起征点的作用。以每月收入 800 元为起征点"。我们不禁要问，到底是起征点还是免征额？前不久，某财经类报纸组织了一批公司老总座谈我国个人所得税的改革时，不止一个老总都谈到了应提高个人所得税的起征点，如起征点应定在 1 500 元、或 1 800 元、或 2 300 元等。

最近，报纸、杂志和网络把个人所得税的"免征额"称为"起征点"的则更多了，且将起征点建议提到 2 500 元，或 2 800 元，或 3 000 元。这里，暂不想讨论数额大小怎样才算合理，只想说说把免征额混为起征点是错误的。如若这些老总或极力主张者的工资、薪金所得每月均超过他们认定的"起征点"之上，则其全部工资、薪金所得均应纳税，是谈不上什么优惠照顾的，而这又和他们提议的初衷是相悖逆的。那么，问题出在何处呢？为此，弄清起征点和免征额的联系与区别，就显得很有必要了。

二、税前扣除项目为什么不是起征点

"起征点"亦称"征税起点"，是指税法规定对课税对象开始征税的临界点。课税对象没有达到起征点的不征税；达到或超过起征点的，应按课税对象的全部数额征税。从 20 世纪 50 年代以来，我国的有关税种均有此种规定，例如 1958 年开始实行的工商统一税，其销售收入的起征点为 90~150 元，劳务收益的起征点为 60~100 元；1963 年分别降为 80~120 元和 40~60 元。1963 年规定的集市交易税起征点一般为 5~10 元，个别物价特高的地区，经过批准，也可超过 10 元。又如 1993 年前的营业税原规定的起征点是：经营商品零售业务的，月销售收入额 200~400 元；经营其他业务的，月营业收入额 120~200 元；从事临时经营的，每次（日）营业收入额 15~30 元。1994 年税制改革后，营业税的起征点为月营业收入额 200~800 元；按次纳税的起征点为每次（日）营业收入额 50 元。规定起征点可以照顾收入较少的纳税人，从而贯彻税收合理负担的原则。

三、税前扣除项目是免征额的分析

免征额是指税法规定课税对象的全部数额中免予征税的数额。无论课税对象的数额多大，免征额的部分都不征税，而只就超过免征额的那部分余额征税。例如我国个人所得税法规定，对工资薪金所得，以每月收入额减除费用 800 元，就超过 800 元的部分征税；对劳务报酬所得、特许权使用费所得、财产租赁所得等，每次收入不超过 4 000 元的，减除费用 800 元；4 000 元以上的，减除 20% 的费用，然后就其余额征税。这种在计算应纳税所得额时，要在其所得收入中依法减除一定费用的数额，就是法定的免征额。免征额可以照顾纳税人的最低需要，从而体现税收的合理负担原则。

由此可见，起征点和免征额的区别是显著的。之所以出现将二者混为一谈的情况，是因为有的人仅仅看到了二者的联系，只注意了起征点和免税额实际上是免税的一种特殊形式，它们都可减轻或免除纳税人的税收负担。即使如此，起征点免除的是一部分低收入纳税人的税收负担，免征额免除的是所有纳税人的一部分税收负担。在弄清二者联系的基础上，又把握二者的区别所在，不仅可以做到眉目清晰，而且对于我们对税收制度和政策的理解、实施和改革，也是有所助益的。

四、启示：税收知识 ABC 的重要性

联系前述关于起征点和免征额的联系和区别的讨论，加之税法宣传"税收与公民"主题，我们深感，公民学习和掌握税收知识 ABC 的程度，对于理解和执行税收政策法规，甚至发现问题并提出改进意

见，有着非常重要的基础性作用。

万丈高楼平地起。莎士比亚和马克思的巨著是建立在基础知识和基本范畴的基础上的；上自各级领导干部，下至社会各界人士，他们的税收知识水准如何，对我国税收工作产生着根本性的影响。

莎士比亚是英国文艺复兴时期的戏剧家、诗人，巨匠级的大文豪。他的作品脍炙人口，塑造了许多性格鲜明的典型形象；描写了英国封建制度解体、资本主义兴起时期各种社会力量的冲突；提倡个性解放，反对封建束缚和神权桎梏，反映了资本主义萌芽时期的人文主义思想。总之，莎士比亚众多作品的最根本的基础是什么？极而言之，是由英语 26 个字母所构成的，但正是立足于这 26 个字母，莎士比亚依据英语的规律和表达方式，对其塑造的人物做了入木三分的刻画，表达了莎士比亚的思想和感情。由此可见基础知识的重要性。

《资本论》是马克思的主要著作，全书共 4 卷，4 690 多页，300多万字。《资本论》一出版就被誉为"工人阶级的《圣经》"，是马克思主义的百科全书，是工人阶级进行社会主义革命和建设的强大武器。面对资本主义社会纷繁复杂的经济现象，马克思的研究和叙述是从基本知识和范畴入手的。他从分析商品开始，从商品的二重性到生产商品的劳动的二重性，逐步深入，正确地解释了价值和价值量、价值本质和价值形态以及商品与货币的关系等，从而创造性地建立了剩余价值理论等，由此揭示了资本主义发生、发展和灭亡的规律。

税收基本理论和基础知识是有其独特的语言特色的，但正是这些税收知识 ABC，构筑了我们提高对税收工作重要性的认识、重视和支持税收工作、依法治税和从严治税、发挥税收职能和作用的坚实基础。正因为如此，时任中共中央总书记、国家主席江泽民希望我们"认真学习税收知识、熟悉税收政策、税收法规和税收业务，深入研究发展社会主义市场经济条件下税收工作的规律和特点，更加自觉地贯彻执行中央关于宏观经济管理的各项方针政策，把改革开放和社会主义现代化建设不断推向前进"。

（原文载《金税》2001 年第 4 期）

电子报税：税收现代化的新趋势

王国清 宁 涛 廖 强

当今世界已经进入信息时代，管理现代化和电子化需要推广和普及电子计算机运用技术，而计算机应用水平的高低又是以数据采集能力和信息共享程度来进行衡量的。实行电子报税就是在计算机网络的推动下，施行电子化管理的一个具体工作。实行电子报税给纳税人提供新的申报途径及优质服务，这是提高税务系统监管能力、征收能力、促进经济发展的一项内容。

一、电子申报是税收征管现代化发展的必然要求

建立起一个适应社会主义市场经济发展和新税制要求的科学的、严密的、规范的和高效的税收征管体系，这是深化税收征管改革的重要内容，也是新征管模式的基本特征。

实行电子报税不仅可以减轻纳税人的负担，同时税务部门也可以降低征收成本，提高办事效率。实行电子报税后，可以减少税收征收人员的数量，减轻征收工作压力，有效提高服务质量。电子报税即是纳税人通过电话拨号方式（用计算机或"税务通"）与税务部门的计算机网络进行连接。申请电子报税后，由纳税人使用"税务通"或计算机填写申报表，并使用电子信息方式提交申报表。税务部门根据纳税人提交的电子申报表进行逻辑审核，审核结果正确的给予办理申报处理，使用电子信息交换与有关银行连接，给予直接扣缴税款。使用计算机自动处理电子报税，可以加快申报处理速度，减少税务人员录入申报表的操作，提高办事效率和服务质量。实行电子报税，也给纳

税人提供了新的报税途径，是在新技术条件下的可行方法之一，是开展优质服务的一项重要举措。

二、企业财务报表电子化管理是税务机关对企业税收进行监控的一种强有力手段

充分利用计算机技术的特点对企业的财务报表进行电子化管理，以对其涉税经营活动进行有效监控。电子报表有利于税收监控工作，建立和完善征管运行机制，提高效率。围绕信息监控，在稽核评税、检查稽查等环节上实现突破，利用计算机采集到大量企业征管信息，对纳税人近期的纳税申报、财务报表及相关指标进行审核分析，综合评定依法纳税的真实性。对潜在的偷税可能进行量化处理，并提出预警和报警，并对税源进行量化评估，为制订地方税收计划提供全面和科学的依据。对不同的企业进行综合分析比较，得出企业对本地地方税收贡献力度的量化数据和指标，形成重点税源数据库，便于地方政府制定相应政策。稽核评税工作提高了信息利用率，能够解决过去信息流失、沉淀问题，及时制约违章行为，使征收工作延伸，税务稽查前移。

建立企业地方税收监控系统的关键是要求各级税务机关改变原有对企业财务报表管理的旧模式，向《税收征管业务规程》靠拢，使用电子化财务报表，可加强标准化管理，使企业按标准填写相关表、证、单、书，从信息收集到每个岗位录入过程，对质量进行监督检查，保证数据采集和录入数据准确无误。

三、实行电子报税，有利于为纳税人提供优质服务

实行电子报税，不仅降低征收成本，同时也在政府与企业之间建立了一种新的快速信息交换通道。由于纳税人自行录入信息，减少了税务部门使用计算机录入信息的工作量；增强了税务机关信息采集能

力，使用电子信息交换的办法，扩大企业报送信息量。税务管理部门也建立了严密、科学、有效的税收监控体系，提高了政府对社会经济活动的监控能力。

（1）方便纳税人，加快报税速度。电子报税可以方便纳税人，加快报税速度，使纳税人真正做到足不出户即可进行申报，免去纳税人到办税大厅的路途时间和交通费用以及排队等待时间，减轻纳税人负担。并且可实行节假日照常办税，全天候方便纳税人"上门"。特别是对异地申报，其效益更加明显，可提高纳税人的申报率和按期入库率。

（2）增加了税务机关执法的透明度，有利于营造公开、公正、高效的税收环境，树立税务部门良好的社会形象。

（3）提高数据录入质量和数据采集的准确性，同时建立和完善各类信息分析的数据模型，激活信息资源，加快数据向信息的转化，提高了数据集约处理能力和信息为征管服务的能力。

四、实行电子报税，着力提高四川税收征管服务现代化水平

随着西部大开发战略的推进和市场经济的发展，四川经济必须进一步实施追赶型、跨越式发展战略。这就必须提高四川税收征管服务现代化水平，必须提高税务部门自身办事的工作效率。这样才能增加国家和地方的财政收入，扩大和稳定税源，从整体上改善四川投资环境。为此，当前实施税务管理电子化要抓好以下几点工作：

（1）加强宣传，让纳税人了解电子报税的特点、作用、方法。

（2）加强税务部门自身的电子计算机网络建设。四川各级税务部门要加强设备投入，进而实现以计算机网络为依托，集中征管和重点稽查。

（3）加强税务工作人员的计算机培训和教育，提高队伍整体素质，保障服务质量。

（4）通过计算机网络具体实施远程报税、财务电子报表等工作，

切实降低企业在四川发展的交易成本。无论是省内现有企业还是入省投资的"三资"企业、民营企业等都可以在新的环境中得到全新服务，及时掌握政策和信息，增强自身的经营能力，发展企业经营，加强经济核算，及时、快速、方便地完税。

（原文载《金税》2001 年第 6 期）

加强诚信纳税的制度建设

王国清

　　人无信不立，事无信不成。诚实守信是依法纳税的基础，而依法纳税是诚实守信在税收方面的一个必然表现。依法纳税属于以法治国，诚信纳税属于以德治国。诚信纳税是每一个纳税人应尽的责任和义务，是衡量企业商业信誉和公民道德品质以及对国家、社会贡献的重要标尺，是遵守市场竞争规则、维护商业道德的具体体现。当前要从对纳税人开展纳税信誉等级管理入手，加强诚信纳税的制度建设。

　　在市场经济条件下，趋利避害是人的理性追求，只要于己有利，肯定有人愿意尝试。失信成本过低就是部分纳税人不诚信纳税的一个主要原因。目前，诚实守信的纳税人未得到有效的保护，违法失信的纳税人未受到严厉的制裁。做假账、吞吃税款的企业受到惩处的力度还不大，那些擅长做假账，所谓善于"避税"的骗子还成了个别企业争相聘请的"人才"。在这样一个失信不受重处的环境下，"好人也会变坏"。要改变这一局面，首先要制定和推行使"失信成本"远高于"守信成本"的惩治制度，让失信者得不偿失，不敢、不愿、不能冒失信的风险。我们注意到，各地税务机关相继出台并实施了对纳税人评估纳税信誉等级之类的管理办法，这的确是对诚信纳税制度建设的有益探索。

　　对纳税人进行纳税信誉等级管理，是国际税收管理的通行做法，它既可增强纳税人依法纳税、诚信纳税的意识，又可优化配置征管资源，是实现征纳"双赢"的有效途径。纳税信誉等级的评定，以纳税人遵守和履行税收法律、行政法规规定的法定义务情况为主要依据，按照一定的范围、标准、程序和方法来进行。纳税信誉一般分为 A

（优）、B（良）、C（较差）三个等级。税务机关对被评估为 A 级和 C 级信誉的纳税人应予以公示，征询社会各界的意见，待公示期满没有异议后进行公告。对纳税信誉等级实行动态管理，不同等级的纳税人享受不同的待遇，即：重点扶持 A 级纳税人，加强管理 B 级纳税人，监管督促 C 级纳税人。因此，对 A 级和 C 级纳税人的评定应当十分谨慎。

税务部门开展纳税信誉等级评定工作，还需要加强与经济管理的其他部门如工商、质检、银行、经贸等的紧密联系，力求实现信誉信息资源共享，提高信誉信息的透明度。因为如果一个纳税人不讲信誉的行为不能通过信息传播让所有与之相关的利益团体或个人知晓，它讲信誉也就得不到什么好处。与之相适应的是，要建立和完善包括纳税人纳税信誉在内的信誉记录体系，为纳税人建立信誉档案，使诚实守信者受到社会的信任和尊重，并带来其生产经营上的方便和好处，使不讲信誉者受到应有的惩处，并造成其生产经营上的困难和损失。

总之，要通过诚信纳税的制度建设，充分保证纳税信誉信息的真实性和权威性，确保纳税信誉等级记录成为纳税人的"必备档案"，从而发挥其在市场竞争中的"无形资产"价值的作用。

（原文载《四川经济日报》2003 年 4 月 18 日 B3 版）

优化中小型企业发展的税收政策和制度取向

王国清

改革开放以来，我国中小型企业得到了迅猛的发展，对于创造产业、扩大就业机会及带动经济增长起到了积极的作用。据统计，我国中小型企业共有 1 000 余万家，占全国企业总数的99%；中小型工业企业创造的增加值和利税分别占全部工业增加值和利税的 60% 和 40%；中小型企业提供的就业岗位占全国城镇就业总数的 75%。在新形势下，为进一步激活中小型企业的发展动力，在研判中小型企业进一步发展的制约条件，并借鉴国外经验的基础上，调整我国对中小型企业的税收政策和制度，具有重要的实践意义。

一、我国中小型企业税收政策存在的问题

近年来，我国政府逐步实施了一些有关中小型企业的税收政策，在一定程度上适应了转轨时期中小型企业发展的需要，对"抓大放小"、促进中小型企业改革发展起到了积极作用。比如，对微利企业减按27%或18%的税率征收企业所得税，对商业企业小规模纳税人按4%征收率征收增值税，对个人独资和合伙企业不征收企业所得税而只征收个人所得税等。但由于改革的阶段性和过渡性，现行税制在税收政策上具有一定的局限性，表现为政策目标起点不高，政策措施缺乏系统性，尚存在某些歧视性的空间，在一定程度上阻碍着中小型企业的发展。

（1）现行税收政策与中小型企业国民待遇的矛盾。现有税收政策的制定主要偏向于企业的所有制性质及行政隶属关系，而对国民待遇

原则的考量则稍显不足，中小型企业的发展空间尚可拓展。如现有增值税一般纳税人的认定门槛过高，对企业所得税采取以所有制和属地划线等。

（2）主要税种的设计与中小型企业纳税能力的矛盾。现有增值税小规模纳税人实行6%或4%的征收率，进项税额不能抵扣，大大加重了其纳税负担。而企业所得税尽管规定了18%和27%的两档优惠税率，形成了事实上的全额累进税率，但是纳税扣除等优惠的协同性及有效性不足。

（3）中小型企业税收优惠政策附加条件的矛盾。我国曾给予中小型企业部分税收优惠政策，但是大多受到一些附加条件的影响，效果欠佳。比如规定乡镇企业所得税减征10%，民政部门的福利企业增值税给予返还照顾等。从受益主体来看，这些优惠政策基本上是以中小型企业为主的，但其附加条件往往使得很多中小型企业享受不到优惠。

（4）税收征管制度与中小型企业进一步发展的矛盾。①税收征管及稽查无法适应企业小型化的发展模式。我国现行模式过分强调了征收和稽查，对税源的管理则相对比较松散。同时，由于征收与稽查脱节，稽查部门的重点稽查出现了一些不易克服的困难。②税款集中征收对纳税人形成了较高的纳税奉行成本。现在，各地大多建立了征税大厅，集中办理各类税款申报及征收事宜。征收大厅的建立，杜绝了办事人员办税的随意性。但是，由于中小型企业组织众多，集中办税不仅造成税务机关工作量在时序上的不均衡，而且给纳税人的纳税过程增加了许多的不便利，如等待时间延长、交通损失增加等。另外，对中小型企业税收征收方式简单粗暴，多采用定额征收方式，一方面可能造成税款的流失，另一方面也可能造成中小型企业的税负不均，不利于培养中小型企业的纳税意识，也不利于其发展壮大。

二、国外对中小型企业的扶持性税收政策

发达国家为扶持中小型企业发展，多以企业所得税优惠来实现对企业某些特定环节（投资、科技开发与应用）的激励，从而促进企业

的发展。具体来说，有以下几方面的特点：

（1）各国大都通过立法来规定政府在税收政策方面对中小型企业进行扶持，将政策提高到法律层次。比如德国《税收修正法》规定，无论企业规模大小，在税法面前一律平等，从而取消了对大企业的优惠。英国《企业扩展计划》降低了中小型企业的所得税率等。

（2）各国对中小型企业在技术创新方面优惠较多，鼓励中小型企业加强科研和使用新技术。比如意大利政府规定，对于法律规定的技术创新投资，提供相当于投资额 25% 或 20% 的税收优惠（增值税除外）；对为提高劳动生产率、引进技术、开发质量系统和寻找小市场而购买的劳务，可享受 50% 或 40% 的减税；对于中小型企业将一部分利润用于研究开发方面的投资，可享受免税优惠，免税额相当于投资额的 30%。日本规定对进行新技术和设备投资以节约能源和利用能源的中小型企业，在税制和设备折旧方面采取优惠政策；规定对中小型企业的试验费减收 6% 的法人税或所得税。

（3）各国对中小型企业在创业初期的优惠力度较大，因为中小型企业在创业初期实力较弱，盈利能力较差，若得不到税收上的支持，往往陷入困境。法国在 20 世纪 70 年代规定，中小型企业可以选择享受下列两种税收优惠中的一种：①创办当年及随后四年，从应纳税所得额中扣除占其 1/3 的费用；②创办当年及随后两年，再投资用于经营的利润全部或部分免税。

（4）普遍降低个人投资中小型企业时的所得税率和中小型企业的公司所得税率，以引导个人投资于中小型企业。比如，日本规定资本不超过 1 亿日元的中小型企业，法人税率低于大企业的 25%。英国《企业扩展计划》规定，从 1983 年起，中小型企业的公司税税率从 38% 降至 30%，印花税税率从 2% 降至 1%，小企业投资者收入的 60% 还可以免税。德国则提高中小型企业课税收入的最低标准，增加税收抵免项目，允许中小型企业建立可以税前扣除的多种准备金，如折旧准备金、呆账准备金、亏损准备金等。

三、调整税收政策和制度，促进我国中小型企业发展

为了促进中小型企业的发展，我国可以借鉴国外经验，调整相关的税收政策和制度，进一步支持中小型企业的发展。

（一）支持中小型企业发展的税收政策原则

（1）规范对中小型企业的税收优惠政策。对中小型企业在税收上给予一定的优惠是各国支持和保护中小型企业发展的通行做法，而且大多数的国家都通过立法的形式来体现。我国目前虽然有一些以中小型企业作为主要受惠对象的税收减免政策，但不够规范化、系统化。今后应对目前已在执行的一些优惠政策进行清理、规范和完善，逐步建立起统一明确的以中小型企业为受惠对象的税收优惠政策，并上升到法律形式。

（2）中小型企业税收优惠政策应体现企业公平税负、平等竞争的原则。取消按所有制性质和经济性质制定的税收优惠政策，坚持税收优惠按国家产业政策，向基础产业、高科技企业及其他国家出于公共利益需要而扶持的行业发展。对一部分具有特殊功能确需特殊优惠的中小型企业（如福利企业），也应实行先征后退或定向补贴的做法，以维护税收政策的统一性与完整性。同时，对新开办的中小型企业应在继续实施现有优惠政策的基础上，加大其优惠力度，鼓励其创办企业。

（3）强化对中小型企业的征管和服务，提高征管效率和服务水平。良好的税收服务可以降低企业的涉税成本，为纳税人主动纳税创造条件。首先，税务机关应树立为纳税人服务的意识，采取多种形式为纳税人提供免费帮助。其次，应积极推行对中小型企业的税务代理制度。

（二）支持中小型企业发展的税收优惠政策的内容

（1）实行有利于中小型企业增加自有资金的优惠政策。从提高中小型企业的内部融资能力的途径来看，一是促进企业提高内部积累，二是促进中小型企业增加自有资金。为此，在放宽对中小型企业纳税

人认定标准的基础上，降低中小型企业的所得税税率，降低企业税负。另外，要尽快出台对中小型企业增加自有资金（不含以利润作为注资）的税收优惠措施，如法国对增加自有资金的中小型企业，降低其适用税率，通过优惠税率来引导企业的注资。

（2）实行有利于中小型企业投资行为的税收优惠政策。一是要鼓励中小型企业增加投资，可将其投资部分已缴纳的所得税按一定的比例给予退还；或者将再投资数额的一定比例作为在应纳税所得额中的扣除额。二是要运用投资亏损结转政策，对中小型企业投资的净资本损失在一定的比例内允许从应税所得中扣除，并允许在一定年限内向前或向后结转。三是要运用加速折旧政策，为企业购置的某些设备提供特别的折旧政策，使投资的资金来源和运用尽快走上良性循环的轨道。

（3）促进中小型企业科技事业发展的税收优惠政策。要在保留现行优惠政策的基础上，逐步推行科技投资税收抵免、科研开发费用扣除、加速折旧等措施，完善我国科技税收优惠政策体系；我国还应制定针对中小型企业的特别措施，给予中小型企业更深层次的优惠。

（4）促进中小型企业吸收就业的税收优惠政策。我国对就业的税收优惠政策主要体现在对民政部门举办的福利企业和城镇劳动就业服务企业上，其政策措施作用范围太窄，不利于发挥中小型企业的扩大就业渠道作用。对此，应将针对城镇待业人员的城镇劳动服务企业的优惠，扩大为向所有中小型企业的优惠。

（三）改革和优化税制，促进中小型企业发展

（1）调整和完善增值税制度，实现增值税转型，取消增值税一般纳税人认定的应税销售额标准。①扩大增值税征税范围，尽快实现增值税转型。应当尽快将增值税的征收范围扩大到建筑安装、交通运输等行业，尽快实现增值税向消费税转变。这一方面有助于增加中央财政收入，另一方面可以降低出口产品成本，有利于参与国际竞争；另外还可以减少建筑、运输等行业增值税与营业税界定不清的矛盾。②取消增值税一般纳税人认定的应税销售额标准。现行增值税政策规定，企业要被认定为增值税一般纳税人，除在财务制度和税收管理上

应达到一定要求外，还必须达到一定的销售额标准。小规模纳税人不能申请购买专用发票，难以向一般纳税人销售货物，其税负也远高于一般纳税人。建议取消增值税一般纳税人的应税销售额标准，企业不管规模大小，只要有固定场所，财务制度健全，遵守增值税专用发票管理规章制度，没有偷税行为，都应享受一般纳税人待遇。当前对于增值税小规模纳税人，也不宜实行固定的征收率，而应按照公平税负原则，根据实际情况，定期给予调整。

（2）调整和完善所得税制度。统一内、外资企业所得税制，统一后的企业所得税宜实行超额累进税率，设置含有低税率的多档税率，体现对中小型企业的照顾。取消区域性税收优惠，继续保留有关劳动就业、社会福利、环境保护、高新技术等政策优惠；加大对中西部地区和"老、少、边、穷"地区中小型企业的扶持力度。允许中小型企业实施加速折旧，并在所得税前扣除；对中小型企业一定数额的利润再投资实行税收抵免，投资的净资产损失可以从应纳税所得额中扣除。中小型企业用于科学技术研究和开发的投入，允许按实际支出在缴纳企业所得税前列支；对当年研究与开发费用支出超过上年实际支出的部分，给予其投资额20%的企业所得税抵免。对转让先进技术所支付的特许权使用费、技术援助费、研究开发费，对投资者提供技术（包括以设计、草拟或规划形式提供）的收入可减征或免征所得税。允许个人独资和合伙企业在企业所得税和个人所得税之间进行选择。

（3）适时开征社会保障税。社会保障税纳税人应包括所有企事业单位、行政单位和个人，课税对象应为纳税人支付的工资总额或取得的工薪总额。税款入库后集中到负责社会保障的专门机构统一管理。这不仅可以增强征收的刚性，节约征收成本，扩大资金来源，加强对资金的管理监督，而且可以为各种经济类型企业下岗职工、失业人员提供基本生活保障，有利于市场经济活动主体的公平竞争，有利于中小型企业社会保障制度的规范化管理。

（四）促进中小型企业发展的涉税配套措施

（1）清理对中小型企业的不合理收费。税收之外的不合理收费已成为影响中小型企业发展的重要因素。中小型企业自身的承受能力与谈判能力较弱，因而受乱收费的影响也较大，必须坚决清理和制止乱收费，切实减轻中小型企业负担。为此应规范政府行政行为和收入机制，明确国家机关提供的公共服务一律不能再向使用者或受益者收取额外费用。加强对公用事业部门经营行为的监督与检查，制止公用事业部门利用自己的地位侵害其他企业的利益，降低登记门槛，降低最低注册资金的标准，从根本上解决减轻中小型企业负担问题。

（2）进一步加强对中小型企业的税收服务。税务部门应加强对中小型企业的税收宣传和纳税辅导，及时为中小型企业办理税务登记、发票购买等涉税事宜。特别是应为那些财务管理和经营管理水平相对滞后的中小型企业提供建账建制的指导、培训等服务。提高税务部门工作效率，降低纳税人的纳税成本。加强对中小型企业户籍管理和税源监控，及时掌握中小型企业经营、税源变化等情况，促进中小型企业的发展。

（3）加强对中小型企业的税收征管。当前加强对中小型企业税收征管的主要措施应有：①规范执法，依法治税。税务机关执法必须符合有关法律规定，确立有效的执法监督制约机制，保证税务工作人员执法的高效和廉洁，体现执法的严肃公正。对故意违反税法行为予以严惩，保证税法的权威性。②提高税务部门对中小型企业税源的重视程度，加强征管力度。③完善征管手段，提高征管效率。在纳税人集中的地区设立办税服务厅，以计算机管理为主；在纳税人较少的地区设立征收点，征收期内集中人员征收，分类管理，重点稽查，严管重罚。

（原文载《金税》2003 年第 5 期）

附录

一介"讲坛经济学人"的财政人生
——访西南财经大学原财政税务学院院长、博士生导师王国清教授

阮　静

　　经济学家有很多分类，有居庙堂之高、为领导核心建言献策的决策圈经济学家，也有处江湖之远、做独立研究的民间经济学家；有为改革进行规划设计的方案经济学家，也有为一方经济发展摇旗呐喊的诸侯经济学家；还有课题经济学家、企业经济学家、媒体经济学家、海归经济学家……然而有一类经济学家，从某种意义上来讲可称得上是前述诸类经济学家的老师，他们耕耘在高校财经专业的讲坛上，是以谓之"讲坛经济学家"。他们常年立足于三尺讲台，以培养财经专业人才为己任；然而，他们的"讲台"又时常延伸至田间山野、社会生活，以其学术功力和学者立场，为国家的经济改革立言立行。就在这一"讲坛经济学家"的群体中，有这样一位师者，其30岁之前的人生经历与"讲坛"和"经济"毫无关联，30岁后却在财政税收教研领域逐步有所建树。

　　30岁前，经历过农村土地上的摸爬滚打，也经历过长达八年工厂里的艰苦劳动；30岁时，考取四川财经学院政治经济学系本科，师从刘诗白等经济学大家；37岁时，与自己的学生共赴研究生考场，为自己从政治经济学系"转型"至财政学讲台加足砝码。他淡定从容，走稳人生的每一个阶段；他理性全面，在财税教学科研领域近乎是一部

颇具创见的"百科全书"。他就是西南财经大学财政税务学院的王国清老师，自诩是一介与财政学有幸结缘的"讲坛经济学人"。

王国清，1948 年 5 月生，四川成都人。历任西南财经大学财政教研室副主任、财政系副主任、财政系主任、财政税务学院院长，现为西南财经大学财政税务学院教授委员会主任、二级教授、博士生导师，享受国务院政府特殊津贴专家，四川省学术和技术带头人，四川省教学名师。兼任中国财政学会常务理事、全国高校财政学研究会顾问、中国税收教育研究会副会长等。主要讲授外国财政、财政学、税收理论与实践、财政基础理论研究、税收基础理论研究、财政政策与宏观调控、财税经典文献导读等课程，在财政基础理论研究方面颇有建树。笔者有幸专访了王国清教授，了解到这位"讲坛经济学人"的财政人生。

一、进入角色最快的那一个

在王国清家中的客厅里，码着一摞一摞的报纸，每天看报是他的习惯。而这一习惯始自 20 世纪 60 年代初每天读报关注"中苏论战"的中学时光，当时的老师就给了他"思想淳朴、关心国家大事、喜欢读报"的评语。时至今日，王国清仍然每天坚持读报一个多小时。他感慨地向笔者说"这是自己坚持了 50 年的习惯"。同样让王国清感慨的是自己十二三岁的时候就读了一所好中学、遇上了好老师，这也是他受益终身的一笔财富。20 世纪 60 年代初，小学毕业的王国清进入川师附中（现四川师范大学附属中学）十年制的班级学习，当时的川师附中作为全省七所进行教改的重点中学之一，分为十年制和十二年制。同时十年制班级配备了更好的师资——"教我的老师一般都是三级教师以上，相当于大学讲师，每月工资都是 90 多块，这一待遇在'文化大革命'前相当于十七级干部，也就是革命干部了。"王国清回忆道。然而中学即将毕业准备高考时，"文化大革命"的到来、大学的停办阻断了王国清以及他们这一代人的求学路。被时代潮流裹挟着，似乎是这代人的整体命运，而在潮流裹挟中舞出自己的浪花，除了需要一股子韧劲儿，积极的心态与行动必不可少。

与同时代大多数人一样，上山下乡、返城招工，王国清身上有着深刻的"知青"烙印。无论是在苏东坡的故乡眉山边上的青神县插队干活，帮助当地农民提高农作物产量；还是在交通系统汽车修理厂做一名普通的技术工人，被资历较深的工程师调去参与车间技术革新，王国清都是进入角色最快的那一个，用他自己的话说就是"干什么要爱什么"。

1969年1月20日，王国清被下放至青神县插队，干活的同时他自学了农学专业书籍，有机会回城便向农科院专家请教农学知识。为在当地引进长三角、珠三角等地相对发达的耕作制度和复种技术，他与同伴积极与大队干部沟通，争取理解合作，后又带领村民修堤坝、引良种，结果到了第二年，他所在生产队的粮食作物产量就有了十分明显的增幅，"黄谷每人多分一百多斤，菜油也从每人分一斤二两到第二年的五斤六两，还有其他杂粮像玉米、小麦、红薯的产量也都大幅度提高"。谈起这段上山下乡的经历，王国清还掩饰不住那时的小有成就感，并特别指出用当下流行语说，他插队的那两年真是"与农民建立起了十分和谐的关系"。

也正是由于在生产队各方面较为突出的表现，在插队两年整的时候王国清被提前招工回到成都，成为四川省交通系统汽车修理厂的一名工人。"当时在政治上讲的是工人阶级领导一切，觉得当个有技术的工人蛮不错"，与他很多初高中同学返城后走上讲台当了老师不同的是，当年的王国清进了工厂并且"庆幸自己当了工人"。凭着中学时的基础，加上自己买书充电学习，虚心向老师傅求教，王国清迅速成长为一名合格的工人、优秀的工人，而这一工人的岗位一站就是八年时间。在此期间也有两次"转行"的机会——一次是厂党委欲调其去厂部任专职团委书记，另一次是厂财务部门的领导向其伸出"橄榄枝"，但都被他拒绝了，"当时就想当一个好工人"。在那个年代的多数人看来，工人是政治地位高的象征，在收入水平上，一名八级工每月也能拿到100多块钱，比当时的十七级干部县委书记的待遇还要高出许多，且八级工大多有着高超的技术水平和走出国门援外的经历，"你说他（工人）受不受尊敬？"今天的王国清在讲述中仍然透着些许当年成为一名工人的自信与骄傲。后来读了经济专业的他虽也曾想过，若自己当年在工厂时转去财务处工作兴许对其治学更有利，但在工人岗位上对于工业生产流程的了解以及相关社会阅历的积淀，何尝不对他后来从事财经研究工作有着潜移默化的积极影响呢？"所以你很难评价这些过往经历的得失。"王国清略带沉思地说。

二、读报与高考

　　1977年冬天，关闭了11年的高考闸门再次开启，这既是国家命运的拐点，也昭示着个人命运的转折点。此时已经当了八年技术工人的王国清却并没有在当年报考，用他今天的话来讲是因为"信息不对称"而对恢复高考的政策产生了理解上的偏颇。常年看报的王国清十分关注国家的动态、改革的走向，自然也培养起他对于相关信息捕捉的敏感与细心。恢复高考当年，报纸上"注意招收66届、67届的高中毕业生"引起了王国清的注意，他联想到"文化大革命"期间征兵入伍的政策中从起初招收"工农子弟"到"可以招收改造好的'地富反坏右'的子女"这一转变，然而那时的"可以招收"实际上只是很小的比例，因此恢复高考时这一"注意招收"在王国清看来"很可能只是象征性的"，于他而言并没有太大优势便没有报考。当1978年春节到来时，中学同学去老师家里聚会谈及高考时热烈的氛围、老师对大家参加高考的鼓励，促使他第二年决定报考，而立之年的王国清最终以考区文科第一名的成绩考取四川财经学院（今西南财经大学）政治经济学系。

　　在当年"学好数理化，走遍天下都不怕"的大背景下，当时身为一名技术工人的王国清为何报考财经专业成为多年后经常被问起的问题，其实他的这一选择就与其读报习惯有关。改革开放初期，报纸上一方面宣讲要大力发展生产力和科学技术，另一方面又在强调国家经济和管理的落后。在王国清看来，学好数理化当工程师固然好，但是学习经济管理专业成为一名财经专家也未尝不可。因此在高考时，他专业选择的大方向就定位在财经；又考虑到自己的孩子年龄尚小、家庭负担仍重，于是就选择报考了本地的四川财经学院，且以政治经济学系第一名的成绩被录取。起初他还有些后悔没有报考四川大学经济系，后来发现自己所在的四川财经学院以刘诗白先生为代表的师资队伍非常强大，且政治经济学专业在"文化大革命"前就已经先于全国其他同类院校开设，校内财经系科丰富、学科间相互影响相互渗透的氛围浓厚。"英才荟萃、大师云集，我就是在这样的学术环境中开始了本科阶段的学习。"改革开放30多年来，党和国家工作重心转到经济现代化建设上来，经济学也逐步成为"显学"，今天的王国清时常感慨自己"选对了学校、选对了专业"，他也向笔者总结道："正是通过关心国家大事、响应号召，注意信息的捕捉，也即当'信息对称'时就能够做出相对正确的选择，就能于改革成果中得益。"后来站在讲台上的王国清也常常要求学生应在学好知识的基础上，关心国家时事和社会经济现象。在笔者看来，这不仅仅是教学所需，或多或少也是出自其亲身经历的心得。

三、成为"讲坛经济学人"

"好学校，好老师，好学友"，这"三好"是今天的王国清回头来看成就其"讲坛经济学人"的关键因素，也是其时常表达出的对母校西南财经大学以及成长经历中所遇师生的感恩。然而本科毕业分配工作时，王国清并没有明确留校任教的想法。"只要能留在成都，什么工作我都愿意"，当年的王国清这样向系领导表态。最终他"被"选择为留校教书，且是从政治经济学系转到财政系当老师。

跨系选拔学生留校任教，被选拔者往往更为优秀。在当时学校财政系党总支书记的眼中，政治经济学系的学生基础扎实、理论功底好，且他对王国清有较深的印象，便选择他来做财政系老师。对于当老师，王国清还是有着一定的思想认知和心理准备的——中学时代在川师大学习氛围的影响下成长，对教师一职并不陌生；大学时又在名师大家的言传身教下读书求学，"刘诗白先生是亲自教过我的，在经济学理论和研究方法上给了我非常重要的启迪和帮助；杨希闵教授夫妇两人也常常在我面前摆'龙门阵'，对我细数当老师的好处"。而至于跨系教书，对当年的王国清来讲着实是一个不小的挑战，不仅意味着他面临角色转换的问题，更为直接的是随之而来的繁重的学习任务。从旁听《财政学》《国家预算》《国家税收》等课程并详细做笔记，到与同寝室学友共同学习讨论，后又到上海财经学院（今上海财经大学）作了为期一年的访问学者，师从曹立瀛教授、王传曾教授、刘洁敖教授、葛惟熹教授等知名学者。他就在这不断地学习、调整、充电中逐步站稳财政系的讲台。因为学校课程安排的需要，他放弃了出国进修的机会，但他深知学习对于一个老师的重要性，于是在 37 岁时，他又与他的学生一起走进了研究生的考场。"其实是有心理压力的。"王国清坦言，"万一学生考上了而当老师的我却没考上，怎么办？"结果王国清自然考得很好。然而当一名老师，并不仅仅有了专业知识就足够了。

起初走上讲台时，对于口头表达的语速、抑扬顿挫等细节，王国清都是通过录音机录下来自己反复听并作调整；在教学风格上，他也反复琢磨，把从小学、中学到大学所有老师讲课类型从课堂内容到教学效果、从写作水平到学生反响等进行归纳总结——"我期望自己做一名最优或者至少是次优的教师"，做老师之初王国清就对自己立下了这一标准。在他看来，要达到这一标准，首先表达要好，要有在课堂上能牢牢抓住学生的本领，"不仅让学生在课上感觉好，还要让学生在课余时间甚至在其今后的成长过程中说你好才行"。另外，口语化的课堂表达如何与书面化的论文写作进行转换并保持相当的一致性，也是王国清在老师一职上所常思考的问题，"实际上我上课和写文章都是以'讲道理'为主，与莫言所说'写小说即为讲故事'的道理一样，目的都是要说服别人、说服听众、说服读者"，王国清在讲述中做了这么一个类比。而从计划经济时代走来的他认为市场经济条件下对老师一职提出了更高要求，"既要有智商还要有情商"，尤其是当今高校的"讲坛经济学人"，应以人才培养、科学研究、社会服务为己任，"这种要求是全方位立体化的，并不单单用人之所长"。然而环顾今日之高校讲坛，又有多少人把这些要求真正作为自己的约束和目标呢？

四、教学与科研的互通并重

"讲坛经济学人"，是王国清从教 30 余年对自己的角色定位。在他看来，讲坛是进行科学研究的首要阵地，教学是科研的重要来源。他反对将科研与教学对立起来的做法，他坚信"教学中遇到的问题是改革实践中或早或迟要遇到的问题"。因此，从教学与科研的一致性出发，往往得出的科研成果更具有价值和说服力。

王国清在 2005 年完成的一部学术专著的前言中写道："如果说在撰写科研论文时可以回避某些理论，或者采取根本就不参加讨论的态度的话，那么，这些理论问题在教学中则是不能回避的从而必须表明自己的态度和观点；如果说在经济的运行及其财政政策、财政制度的实施过程中，对财政政策和财政制度效果的评判，必然涉及相关的理论依据指导和政治经济诸条件的追溯研究，那么，在此基础上提出可行的理论思路和政策建议则是必然趋势。正是基于此，作为高校教师，财政基础理论研究重任在肩，无论是教学还是科研工作，必然涉及众多的基本理论和基础知识……"这部专著名为《财政基础理论研究》，曾获得四川省第十二次哲学社会科学优秀成果二等奖，不仅内容上有着极其鲜明的王国清式的理论研究特色，在观点和思路探索上颇有新意，其基于财政学科教学和科研对于基础理论有着"一致需求"的写作初衷也反映着王国清对于教学科研互通并重的治学理念。换言之，在王国清看来，教学与科研，既相辅相成相互促进，又"两手都要抓，两手都要硬"。

"教学是件非常考究的事儿，"记者采访期间，王国清多次向笔者强调，"同样的教学内容就连如何讲授都有学问。比方拿一份报纸让五位老师来读，有的读完了就读完了，听者什么也记不住，但有的人把标点符号都能通过他的朗读表达出来。所以怎样表达才能让学生懂，这里面有方法论的问题。"除了专业上的广博精深，根据学生基础、遵循教学规律、将专业与非专业知识融会贯通的授课方式也是王国清所看重的，"因为我们的教学，不仅仅是教会知识，还是思想的交流包括理念方法的传授"。他常向学生教授正确的读书方法应是"带着批判性思维"的积累式阅读，目的是培养学生在学术研究上的创新意识和创新能力，而创新正是王国清所认为的教书育人的精髓："因为只有这样你培养的学生才能超过你自己。老师的职责就是要让学生超过你！"王国清颇为激动地向笔者说道。不论是从1982年本科毕业后站在讲台上的第一天起还是30多年后的现在，王国清钻研教学之道的用心与努力始终没有停止过，而他的"教学成果"便是那桃李满天下的超过自己的学生——副厅级以上的100多位弟子，以及遍布川渝财税系统的得意门生……

在科研方面，王国清也笃信这是一个学者"与时俱进"的必然要求。近年来，王国清作为课题负责人主持国家社科基金项目"马克思劳动价值论与税收理论研究"和省部级课题"四川省经济跨越式发展与财政金融支持问题研究"等7项。其研究成果已获"全国税务系统十年理论研究成果奖"，第一次、第二次、第三次"全国优秀财政理论研究成果奖"等23项，主要专著有《财政信用研究》《社会主义税收理论若干问题研究》《财政基础理论研究》《财政改革与发展研究》等4本；主编的教材有《财政学》《国家税收》《财政与金融》《中国税制》《税收经济学》等13本。而多年来近百篇的论文发表数量也使其成为财税领域学术科研的多产作者。让人难以想象的是，在承担本硕博课程教学任务的同时，王国清也曾身兼财税学院领导近20年。教学、管理及科研本身是一项很难平衡的工作，在王国清身上却不曾偏废一方，即使在院系工作最繁忙的时候他也坚持笔耕不辍。"都是利用假期和周末在办公室写作。"在他看来，唯有专业支撑、学术建树才是高校学者的立身之本。于是，勤勉的王国清走出一条"大中小并举、土洋结合"的科研之路——不唯文章长短，但求言之有物；不唯刊物档次高低，但求笔耕不辍以自我激励。这对当今的年轻学者来讲颇有借鉴意义。也正是在这样一个积累与创新的过程中，逐步形成了王国清在财税领域研究板块全面齐整、基础理论研究系统深入、面向实践背靠实践的制度政策研究超前等科研特色。

五、学术带头人的传承发展

"国家分配论"在 20 世纪 90 年代中期以前一直是我国财政学界居主流地位的财政理论，在当前，仍是研究具有中国特色的社会主义公共财政问题不可或缺的指引理论。而这一理论的首倡者是西南财经大学的许廷星教授，其在 1957 年批判苏联学者"货币关系论"的基础上，出版了专著《关于财政学的对象问题》，第一次比较系统地提出并论述了"国家分配论"的基本内容，对西南财经大学财政学专业建设产生了深远的影响。1986 年，由许廷星教授、谭本源教授、刘邦驰教授合著的《财政学原论》，进一步发展了"国家分配论"的财政理论体系。

作为西南财经大学财政税务学院第三代学术带头人的王国清，在 20 世纪 80 年代就提出了"国家所有制的存在形式不是唯一的，而是多种多样的"，1995 年又提出财政主要有政治权力属性和财产权力属性的分配，指出财政是国家为了实现其职能的需要，凭借政治权力及财产权力，参与一部分社会产品或国民收入分配和再分配所进行的一系列经济活动（不仅仅只包括财政收支活动），从而基本形成其"国家分配论"之"国家特殊经济活动论"的研究核心。同时，他还提出财政的公共性是发展的观点，公共财政是国家财政在市场经济条件下的一种模式，实现了"国家分配论"与"公共财政论"的理论对接。国内有学者称"王国清是'国家分配论'在市场经济条件下发展的集大成者"，这一评价颇为中肯。在基础理论探讨声日渐稀少而厘清基础理论对于改革实践意义日益重大的当前，王国清对于财政基础理论的深入持续研究显得尤为珍贵。这一方面受益于其背后有着浓厚基础理论研究历史渊源的学院科研氛围，另一方面也得益于其个人扎实的政治经济学专业背景和财税理论功底，以及其严谨清晰的治学思路。

王国清个人学术成果的创新也带动着整个梯队阔步向前。坚持财政基础理论的合理内核，与时俱进地拓宽研究领域以进一步夯实财政学科基础理论研究阵地，依托学校金融行业特色背景，将公共经济和金融发展相结合进行深入研究，立足西部实际，理论与实践相结合更好地服务地方经济，借鉴西方财税理论的有益部分和国外的成功经验，创新社会主义市场经济财政理论和制度政策，是西南财大财政学科一直以来坚持的发展方向。在王国清看来，财政学既是宏观经济学又是微观经济学，既属于应用经济学科又内含于公共经济管理之中。"必须在清楚财政学专业的学科定位后才能准确把握学科发展方向。"王国清说道。与他在财政基础理论研究方面的孜孜以求一样，对于学科根本属性的准确定位在王国清眼中也绝不能含糊。"现代经济运作的核心是金融，这是毋庸置疑也是人所共知的观点和结论。我对于财政也有一个提炼，即现代社会建设的核心是财政。"王国清进一步推开来说，在强调社会共同需要和民生经济这一更为宏大的背景下，要为财政"正名"。而这一"正名"，也必将反作用于财政学科的定位与发展。令王国清欣慰的是，现在教育部本科学科目录中，财政学类已经升级为二级学科，财政学的发展无疑会更加有为有位。

而在财政学人才培养方面，王国清也凝炼出"精财税、通财会、晓投资，培养宏微观管理精英；宽口径、厚基础、重能力，造就高素质复合人才"的教学理念来构筑学士、硕士、博士三个层次的教学改革，并架构以思想政治类、工具类（汉语与写作、数学类课程、外语、计算机）课程为先导，以政治经济学、统计学、国际经贸、西方经济学等核心课程为基础，以财税类课程为主干，以货币金融投资类、财务会计类课程为两翼的课程体系。"学科定位、人才培养、教学计划等都仅相当于施工图纸，而一项工程要达标，光有图纸还不行，还要建立一支强有力的施工队伍。"王国清所说的"施工队伍"，就是老、中、青结合的强有力的优秀教师队伍。此外，教材建设、学生第二课堂的配套补充也是财政人才培养的重点。"总之，就要多渠道进行培养，无论教学科研还是社会服务，不管第一课堂还是第二课堂，我们工作的着力点就是学生就是人！"这位当年的学术带头人、已从财税学院院长位置退下多年、但仍在财政教学一线的王国清稍显激动地向笔者说道。

如今西南财经大学财政学科的发展正蒸蒸日上，这无不与王国清以及前两代学术带头人奠定的良好基础有关。而在谈及对青年一代成人成才有何经验之谈、勉励之辞时，理性全面的王国清再次抛出金玉良言——

　　"夯实基础且要与时俱进；行事踏实而要葆有自信；以自学强实力，以联想促创新。"

　　正如许廷星教授、左治生教授、谭本源教授、杨希闵教授、刘邦驰教授、曾康霖教授、郭复初教授等名师大家给予其无私教诲和指导一般，王国清亦将其积淀了几十年的人生智慧毫不保留地传授给后来者。吾辈共勉之。

（本栏目责任编辑：阮静）

　　记者手记：

　　说王国清教授是财政领域"百科全书"式的人物，是我采访及撰文过程中对其作为一介"讲坛经济学人"的最大感受。他对财税基础理论有着深刻的研究——这是每一个财税学人的根基；他对财税教学科研有着独到的认识——这对每一个财税专业教师颇有借鉴意义；他对财税学科人才培养有着准确的定位——这值得每一个财税学子去对照学习成长。我想，这一方面得益于他几十年如一日地在财税领域深耕细作，另一方面也与其从事财税院系管理工作长达 19 年的经历密切相关。能与这样一部"百科全书"面对面交流，着实是我的幸运。在记者采访期间，王国清教授高谈阔论，似乎"财政"二字能瞬间点燃他的"万丈豪情"；在记者采访结束时，王国清教授又真心感谢我们杂志社的每一位编辑，且他能一一说出编辑的名字，其对人对事的诚心令我感动；虽有空间和时间的距离，王国清教授似乎像一位身边的长者，对杂志的发展和杂志社的每位成员都给予真挚的关怀，而我也于王国清教授的言传身教间感受到大家的风范。

（原文载《财政监督》2013 年第 21 期）

王国清：为者常成　行者常至

李想罗美

　　1998 年 4 月 15 日，在中共四川省委小礼堂，举办了一场"市场经济 1998 与税收"专题讲座。小礼堂座无虚席，省委、省人大、省政府、省政协的领导同志，省属厅局级部门领导干部和部分大型企业法定代表人听取了讲座。时任省委副书记、常务副省长张中伟同志对讲座给予了高度评价，认为讲座"从理论与实践的结合上，对市场经济与税收的关系，讲了一堂很重要的课"，要求各部门加强这方面的学习。四川电视台、《四川日报》等媒体对讲座作了及时报道；各部门根据讲座录音整理成文，供各地学习参考；四川省人民政府办公厅等摄制的讲座录像下发至全省县级税务系统收看。主讲人是谁？他就是王国清教授。

　　王国清教授作为西南财大财税学院院长、教授、博士生导师，既要统率全院工作，承担本科、硕士和博士课程的教学，又担任多项国家社科基金省部级科研课题的负责人及社会学术兼职，还要参加各种社会学术活动，时间对王国清教授来说可谓是真正的奢侈品。王国清教授总是尽量挤出时间，紧扣财税学科建设，从事学术研究的创新，可谓"咬定青山不放松"。拿王国清教授自己的话来说，就是"做什么事都要努力做到最好"，而这一句话在王国清教授从教 20 年的历程中体现得淋漓尽致。

一、财税学科建设的排头兵

　　我校财政学专业历史悠久，师资力量雄厚，具有学士、硕士和博士学位授予权，1995 年被评为省（部）级重点学科。为了在现有的基础上突出优势，探索创新，争取更大发展，王国清教授身先士卒，不遗余力。我国经济体制从计划经济体制到市场经济的发展可谓经过了一个巨大的转变，而在计划经济体制下形成和发展起来的财税学科，在新形势下如何在专业定位、课程设置、教材建设及教学内容和形式方面适应这一转变，王国清教授认为："如果说金融是现代经济的核心，那么财政则是现代经济的枢纽。"因此，针对财税学科建设的现状，应在适应市场经济条件下，加强学科建设的内涵和外延研究。关于财税学科的基本定位及主要特色，王国清教授认为，财政学归属于应用经济学，但它关联着理论经济学和管理学科，涉及宏观经济学和微观经济学，所以财税学科建设必须夯实基础，背靠历史，面向世界，立足现实。为此，他认为，西南财大财税学科的主要特色是要做到"四个结合"，即：①继承和发展相结合。在坚持我校创立的"国家分配论"合理内核的基础上，立足社会主义市场经济的客观要求，必须对 21 世纪的财政税收的发展即公共财政进行合理的预测与研究。②借鉴和创新相结合。必须立足于我国的社会主义市场经济的实际创新财政理论和制度政策，同时又必须借鉴西方财税理论的有益部分和国外的成功经验，避免简单的"生搬硬套"和"拿来主义"。③理论和实际相结合。必须立足于做到基本理论与应用理论相结合；应用类、管理类知识和专业操作类知识相结合；紧扣国家重大理论与实践的课题项目研究和西部特色，为地方经济服务。④系统和科学相结合。必须做到学科人才培养和学科建设的内容架构体系相结合，优化配置，不断拓展与全国同行的学术联系与依托财税学院董事单位的独特关系，进一步建设师生调研基地，建设"中国西部财政学研修中心""财税研究（计算机）试验室"和"中国税法研究中心"。

王国清教授于 1997 年领衔申报承担了"财政与税收系列课程及教学内容改革的研究"这一省级项目。他认为，财政学专业建设是一个系统，而且对于独立设置的财经院校而言应突出财政学专业的广博、精深和独特的优势。他认为，如果没有专业性和独特性，就无所谓通用性。把二者对立起来，各行其是，甚至硬化二者的差别，或就财政论财政、就税收论税收，或在所谓大口径条件下顾左右而言他，都是不妥的。所以就财政学专业而言，既要注重它和其他相邻学科以及其他方向学科的"差别"或"独特"，又要注重财政学专业与其他相邻学科以及其他方向学科的"统一"或"通用"。那种只看到"独特"就看不见"通用"或者在看到"通用"的地方就看不到"独特"的改革和建设的思路，都是值得商榷的。"独特"和"通用"在一定条件下，是完全可以统一的，而这正是财政学专业建设的任务。

与此相适应，专业课程体系应遵循广博、精深、独特的思路，在本门学科层面，架构以思想政治类、工具类（汉语与写作、数学类课程、外语计算机）课程为先导，以政治经济学、统计学、国际经贸、西方经济学等核心课程为基础，以财税类课程为主干，以货币金融投资类、财务会计类课程为两翼的课程体系。换个角度考虑，除必修课外，设计若干选课板块，并注重不同板块的交叉性配置，在教学管理中切实强化选课指导，与主辅修、双专业制度平滑衔接。这既能使学生系统地掌握本专业要求的基本理论、基础知识和基本技能方法，又与培养学生今后工作或就业能力紧密结合，不仅向财税系统提供生源，而且向非财税单位输送人才。

和研究生相比，对本科生的培养侧重于基本理论、基础知识和基本技能方法，整个培养过程贯穿创新思维，充分体现基础性、系统性和应用性特点。以此为基础的研究生教育，则还要求进一步夯实基础和系统深入，体现专题性和研究性，培养过程贯穿创新能力的提升。

在专业建设中，教学大纲、教科书等要配套，辅之以案例教学和多媒体教学方法等。但即使如此，教学内容也应适时更新，杜绝照本宣科，避免不必要的"念书（稿）""背书（稿）"，着力于"讲书（稿）"，是提高教学质量的一个重要方面。为此，在该院财政学专业已出版的《财政学原理》《社会主义财政学》《财政学》《国家税收教程》《税收学》和《中国税制》的基础上，王国清教授领衔撰写出版了西南财经大学"211工程"规划教材《财政学》和《国家税收》。《财经科学》曾发表书评认为，该《财政学》是一本与市场经济体制吻合的财政学教科书，全书呈现出若干新意，称得上一部成功之作，是在新形势下对财政学学科建设的新的探索成果，《国家税收》则是四川省地税局干部录用考试的指定教材。至于教学效果，王国清教授的讲课历来因渊博的知识、引人入胜的表达、高质量的教学效果、对学生的关爱而备受学生推崇。

二、人才培养的呵护者

人才培养、学科建设、专业教学计划好比一幢大楼的设计图纸，要按时按量保质地完成，则需要一支过硬达标的"施工队伍"，这支队伍的核心就是教师。因此，建设一支高水平的、具有高度责任感的、理论与实践紧密结合的、能深切体味而又能积极研究教学研究方法的师资队伍，就显得非常重要。因为只有这样，才能达到设计的预定目标和取得预期的效果。

财税学院目前拥有一支教学经验丰富，学术造诣较深，科研能力较强，老、中、青结构合理的敬业奉献的师资队伍。之所以能形成这样的师资队伍，得益于王国清教授的大力鼓励、创造条件：①支持年轻教师在职攻读博士学位。教师中已获博士学位 5 人，具有硕士学位 8 人，正在攻读博士学位 5 人。②支持和鼓励教师出国学习。现已有 4 位教师分别赴日本、法国、美国、德国做访问学者，3 位教师分别赴美、欧、澳做短期访问，另有 2 位教师正在向学校申请赴美做访问学者。③支持教师参加国内外的学术会议，支持教师深入实际部门搞调研，开展课题研究。④改善教师教学科研条件，利用创收基金资助教师承担国家和省部级课题，鼓励发表科研论文。为适应新形势的需要，他认为财税学院的师资队伍建设尚应在学术结构、业务结构和年龄结构上下功夫。正因为有一支特别能战斗的师资队伍，"九五"规划期间该院完成和在研国家社科基金课题 6 项，完成省部级科研课题 14 项，完成学校"211"重点课题及校管课题 12 项，完成各类横向课题 40 余项。出版专著 11 部、教材 15 部，在《经济研究》《财政研究》《税务研究》《经济学家》等刊物发表论文 289 篇，在中国人民大学《财政与税务》复印资料上的转载率达 25%。科研成果获省部级优秀科研成果奖 13 项，省级学会优秀科研成果奖 40 余项。

王国清教授认为，学生质量是评判一个专业、院系乃至学校水平的一个重要标志，而且这种效应是持续的、渐进的过程，绝非毕业就业时一个时点的反映。为此，他力主除按专业教学计划培养学生之外，尚须吸引学生积极参与第二课堂活动，如文化素质学术报告、社会调查等，形成综合合力，着力塑造和培养我们的工作对象——学生。他要求学生应在学好基础知识的基础上，关心国家时事和社会经济现象；把理论学习和调查实践相结合，在解决实际问题中得到进步；与老师、同学交流思想，集思广益，共同学习、共同前进，在学业优良、综合素质、能力水平和择业观念上下功夫。

三、学术研究的耕耘人

对学问，王国清教授更是刻苦钻研、精益求精。他认为，不管是做学问，还是教书育人，对自己的知识都应要求广博精深。只有拥有更广更深的知识，才能做出更好的学问。迄今为止，王国清教授已独立或合作完成科研成果 160 余项，其中主持国家社科基金课题"马克思劳动价值论与税收理论研究"，四川省社科基金课题"发展财政信用拓展理财领域"、"社会主义税收理论与实践"、"我国税收优惠研究"，中国人民银行总行"市场利率与国债研究"，四川省重点科技计划项目"四川省经济跨越式发展与财政金融支持问题研究"，西南财经大学"211 工程"重点项目"规范中央税系与地方税系条件下的税制结构研究"等；主编或参编《财政与金融》《国家税收教程》《中国税制》《财政学》等教材 11 本，《财政信用研究》《社会主义税收若干问题研究》专著 2 部；在《经济学家》《经济研究》《经济学动态》《财贸经济》《财政研究》《中国财政》《财经科学》等刊物发表论文 140 余篇，形成了许多有价值的、前沿的学术观点，其勤勉于学问可见一斑。

王国清教授在 1983 年提出"国家所有制的存在形式不是唯一的，而是多种多样的"，1995 年提出财政两种属性的分配包括政治权力属性的分配和财产权力属性的分配，参与相应的所有制经济及相关的资本形式的分配和再分配；提出市场经济条件下财政的一般概念为：财政是国家为了实现其职能的需要，凭借政治权力及财产权力，参与部分社会产品或国民收入分配和再分配所进行的一系列经济活动，具体包括组织收支活动、调节控制活动和监督管理活动等。他认为，现代西方学者将财政定义为"政府所进行的经济活动"失之过宽。

在坚持国家分配论合理内核的基础上，他认为财政的公共性是发展的，在不同的政治经济条件和历史的不同发展阶段，其实现形式和存在范围是不完全相同的。如果说在奴隶制、封建制条件下，国王或皇帝个人收支与国家的收支不可分离，财政的公共性尚未彻底独立和成熟，而在计划经济条件下，财政的公共性范围又无序扩张，"越位分配或缺位分配"只是扭曲地表现着财政的公共性，那么，在市场经济条件下，财政的公共性则取得了独立、成熟、规范、完全的存在形式——公共财政，亦即市场经济财政。建立与社会主义市场经济体制相适应的公共财政的基本框架体系，是势所必然的。财政、国家财政和公共财政是既有联系，又有区别的。

1984年，他率先开展税负运动、税负转移和税负转嫁的研究，后续还跟踪研究马克思劳动价值论、剩余价值理论与税收的关系，并把税负转嫁划分为Ⅰ型和Ⅱ型，其中：第Ⅰ型是税收职能的延伸和调节生产与消费的杠杆体现，为税制设计提供基础；第Ⅱ型是消极的，是多种条件欠缺使然，是应当通过多种渠道加以防范的，并在此基础上提出评判税负转嫁的价值标准。那种把税金全部说成是生产者负担的，或说成全部由消费者负担的，都是有偏颇的。在一般情况下，是由二者共同负担的，其负担的成数，由供求关系等决定。

借鉴扩大再生产分类的思路，王国清教授在国内率先提出税制可分为外延型税制和内涵型税制，并进行了系统研究和分析。外延型税制偏重于税负在税种之间的配置，内涵型税制则偏重于税负在纳税人、课税对象、税率等税制要素上的结构配置和优化组合，并以此审视中华人民共和国成立以来的各次税制改革，提出内涵型税制建设为主的改革思路。

仅谈强化纳税意识是不够的。税收制度直接规范征纳双方的关系，涉及征税意识和纳税意识。从社会经济系统分析和把握，还应该跳出税收制度的规范，强化税收意识。因为税收意识是纳税意识、征税意识、用税意识、创税意识等的有机统一体。

从 20 世纪 80 年代中期开始，王国清教授即着手较系统地研究财政信用问题。他认为，财政信用不仅包括收入信用，而且应包括支出信用，收支信用均须规范。他针对理论界有的同志从社会性质出发，界定社会主义财政的整体有偿性，或大多数同志着眼于财政的共性（无偿性）特征，论证社会主义财政的无偿性这些状况，立足于丰富而复杂的财政实践，提出了社会主义财政具有无偿性为主、有偿性为辅的特征，构建我国财政信用理论与实践在立论依据上的新探索。在此基础上，他关于完全的财政信用和不完全的财政信用，关于公债制度、国债市场及分税制条件下的地方公债问题，建立公债基金预算等复式预算问题等，都力图在立论的依据上、在学术的探讨上、在分析的论述上、在体系的构建上做到有所创新，在对策的研究方面也着力探索可行的思路。

王国清教授认为，作为高校教师，对基本理论的研究是当仁不让的，但同时亦应背靠实践、面向实践研究财税体制改革的运行。为此，他关注财税体制改革中税、利、费、债关系的处理及清费立税的基本思路；国有企业分配制度及现代企业制度下的政府收入形式的规范；税制改革的走势及最新税收分析；价格补贴、减免税理论与实践；市场经济条件下财政支出分为购买支出和转移支出及其对经济动态分析的意义；总需求与总供给平衡及其财税措施选择；财政体制改革的整体性和系统性；过渡期转移支付方案的修订等，而且他都提出了一系列观点。

王国清教授曾荣获"中国人民银行优秀教师"，中共四川省委宣传部、省教委、共青团省委、省教育工会"大学生社会实践优秀指导教师"称号。他的科研成果获国家税务局和中国税务学会"全国税务系统十年理论研究成果奖"，中国财政学会第一次、第二次、第三次"全国优秀财政理论研究成果奖""刘诗白奖励基金科研成果奖"等 21

项奖励。

俱往矣！曾经的挥汗如雨，曾经的披荆斩棘，曾经的辉煌时刻，数黄金岁月，还看今朝。正如王国清教授所说的，曾经努力过，现在仍在努力，将来必然更加努力。而我们想说的是，为者常成，行者常至，有今天的努力，王国清教授必然能达到他理想的高度。

（原文载：魏祥杰. 光华日月五十春［M］. 成都：西南财经大学出版社，2002.）

我的 1978

年近 30 岁的我于 1978 年考入四川财经学院,至今已 40 年了。在过去 40 年中,很多人都会问我两个问题:一是"你是 1978 级?"弦外之音:为什么你不是 1977 级抑或有其他故事?二是"你高考那时崇尚'学好数理化,走遍天下都不怕',你不考理工科,难道你在当时就知道经济学能成为'显学'吗?"这还得从我中学时的大学梦说起。

一、中学时期

1961 年,我小学毕业之后就进入川师附中(四川师范学院今四川师范大学附属中学)十年制的班级学习,初中就要住校,这也培养了我独立生活的能力。在八年级的时候,学校会进行一次选拔考试,同学们就会分流到去工作或读中专技校,或者是分流到十二年制的普通班继续学习。那会儿读中专或者技校的同学也很多,中专三年毕业以后,出来当个技术员也是很不错的,而且能减轻家庭负担。虽然当时我家庭经济也非常困难,但当时毕竟有个朦胧的大学梦,所以我选择继续读下去。当时的川师附中是全省七所进行教改的重点中学之一,同时十年制班级配备了更好的师资,教我的老师一般都是三级教师以上,每个月工资都是 90 多块,这一待遇在"文化大革命"前相当于十七级干部,也就相当于县委第一书记。川师附中当时拥有丰富的图书资料和非常好的物理、生物和化学实验室等,所以在这样的好学校学习,我的各科课程都奠定了坚实的基础。

二、上山下乡

1966 年 5 月份高中毕业考试完毕，我正准备进行分类复习。当时分科为三类，一类是理工，一类是农林医师，还有一类是文史哲经。当时并没有想要考哪一类，只是更倾向于理工和农林医师这两类，那会儿没想到要学文科，更没想到要学财经。正在思考中，举棋不定的时候，"文化大革命"就爆发了。过了一段时间之后，我们就感到很迷茫，是该读书还是工作呢？读书的话大学又没有恢复招生，工作的话城市企业经济又不景气。在那个时期我们是很爱听广播的。1968 年 12 月 22 日下午，我们听说中央人民广播电台有重要新闻要播放，按照当时的常规，那一定是有毛主席的最高指示。果不其然，当天晚上就播放了毛主席的最高指示：知识青年到农村去，接受贫下中农的再教育很有必要。所以 1969 年 1 月 20 日，我被下放至青神县南城公社十四大队三小队插队。三队比较小，而且指明要男生，所以我和两个男同学就被分到公社中最差的三队。虽然是城市里长大的孩子，但是当时国家强调教育要与生产劳动相结合，我参加过一些生产劳动，也看了一些关于珠三角、成都平原、长三角一些地方的耕作制度和复种技术的书，干活的同时我也找了一些农业的专业书籍来看，回成都时还会向一些农科院的专家请教农业知识，向他们咨询该怎么种、怎么找良种。因为当时的农民知识不够，而我们的信息更多，办法也比他们更多，所以当时我觉得生产队的生产面貌是可以改变的。后来我与同伴积极与大队干部沟通，争取理解合作，又带领村民修堤坝、引良种，结果到了第二年，我们三队的粮食作物产量增幅十分显著，每人黄谷可以多分 100 多斤，在当时的体制下是很了不起的，菜油也从每人分一斤二两到第二年的五斤六两，还有其他杂粮像玉米、小麦、红薯的产量也都大幅度提高，所以那会也与农民建立起了十分和谐的关系。那会儿我就深切地感受到一定要有知识。

三、工厂职工

正是由于在生产队各方面较为突出的表现，在插队两年整的时候我就被提前招工回了成都，成为四川省交通系统汽车修理厂的一名工人。凭着中学时的基础，加上我买书充电学习，虚心向老师傅求教，我迅速成长为一名合格、优秀的工人，在工人这一岗位一站就是八年。当时在政治上讲的是工人阶级领导一切，我觉得当个有技术的工人蛮不错。在那个年代的多数人看来，工人是政治地位高的象征，在收入水平上，一名八级工每月也能拿到100多块钱，比当时的十七级干部县委书记的待遇还要高出许多，而且在工厂很受尊敬。一般工人见到六级、七级、八级师傅都要叫"老师"，而不是叫"某师傅"，所以那会儿就努力地学习。当时我显示出来的各种综合素质也很不错，所以车间的工程师、技术员都很喜欢我，在此期间也有两次"转行"的机会——一次是厂党委想调我去厂部任专职团委书记，另一次是厂财务部门的领导让我去财务部门，但我都拒绝了。当时就想，当工人受尊敬、有技术，而且每年都有援外任务，可以出国，工薪待遇也比较高，又能够扩展眼界，所以当时就想当一个好工人。

四、高考与大学

因为我喜欢看报，所以有一天，报纸上"注意招收66届、67届的高中毕业生"引起了我的注意。当时我虽然关注到了这个信息，但是由于信息不对称，那会没有电话，和同学、老师没法联络，"注意招收"这个词在我看来"很可能只是象征性地招收"。当时我的理解失之偏颇，而且自己也没有太大优势，所以就没有报考。77级高考了以后，紧接着就是春节，春节我们到老师家去拜年、聚会。聚会时大家都很热烈地谈及高考，都在谈论谁谁谁去参加高考了，他们考得怎么怎么样，这时候我才意识到当时的理解有偏颇，所以春节一过我就开始准备复习。当时我想是该选择文科还是理科呢？在当年"学好数理化，走遍天下都不怕"的大背景下，大多数同学都选择的是理工科。改革开放初期，报纸上一方面宣讲要大力发展生产力和科学技术，另一方面又在强调国家经济和管理的落后，学好数理化当工程师固然好，但是学习经济管理专业成为一名财经专家也未尝不可，于是高考时专业选择的大方向就定位在财经。理工科复习难度较大，相对来说文科复习难度较小，尤其是历史和地理，不复习都能做很多题，所以考文科命中率要高一些；又考虑到当时孩子年龄尚小，家庭负担仍重，于是就决定报考本地的大学。同时那会儿选财经专业也有一个小小的心思——理工科门门课都是作业，而财经除了数学和外语作业多点，其他科作业都少，学起来轻松。四川财经学院那会儿恢复招生，而且又在成都，并且所有的财经专业都是按照文科成绩录取的，因此我最终就选择报考四川财经学院。后来，我以比较好的成绩考取四川财经学院（今西南财经大学）政治经济学系。

刚入学时，我中学学的是俄语，但我俄语班的同学一致要求学英语。俄语老师设法说服我们，情况反映到负责教学的刘洪康副院长那里。刘副院长亲自接见同学，讲了很多道理，尤其是讲到 20 世纪 50 年代认为英语是帝国主义的语言，一边倒学俄语，我们应该吸取教训。除英语之外的小语种，如俄语、日语、法语等也应该保留。你们俄语都有一定基础，应该是大有前途的。刘副院长是知名专家，他的话才让我们安静下来。

三年级暑假时，系上组织到国有企业扩权试点改革的成都电缆厂实习调研，系主任袁文平亲自担任指导教师。四年级的毕业实习到重庆，系上联系的是"自负盈亏，国家征税"的试点企业，如重庆钟表公司、中南橡胶厂等。我和几位同学到中南橡胶厂实习，在此期间刘诗白先生到重庆调研，还专门听取了同学的汇报，并给予指导。两次实习，加深了理论与实践的结合，更是有助于我留校从事财政学教学与科研。因为国有企业扩权及后来的"利改税"第一步和第二步、"利税分流"改革等，都是一以贯之的国有企业利润分配制度改革和税制改革的协调。

四年大学期间，同学们学习认真努力，课外活动也搞得热火朝天，什么研讨会，听学术报告，办《学经济》刊物，向报刊积极投稿……王永海同学的论文在《经济研究》上发表，贺力平同学本科阶段在《红旗》杂志、《学术月刊》《财经译丛》等发表论文、译文 20 余篇……学习研究蔚然成风。

因为我家在成都，我又有自行车，在学期间我坚持每周三、六回家，这一习惯乃至于在学校任教多年仍然坚持。

起初我还有些后悔没有报考四川大学经济系，后来发现四川财经学院以刘诗白先生为代表的师资队伍非常强大，绝不亚于川大经济系，且政治经济学专业在"文化大革命"前就已经先于全国其他同类院校开设，校内财经系科丰富、学科间相互影响相互渗透的氛围浓厚。英才荟萃、大师云集。我就是在这样的学术环境中开始了本科阶段的学习。在本科阶段，我们先学政治经济学，之后学《资本论》原版，然后学中国经济史，刘诗白教授还请北大的教授给我们讲西方经济学说史，讲当代学派，再然后又学世界经济、外国经济史。就这样，我们先学基础，再学原著，背靠历史，面向世界，再由刘诗白教授等讲授社会主义经济的研究专题。不仅如此，我们还学了会计统计，财政金融，工经、农经、商经等各种基础课程。老师们在经济学理论和研究方法上给了我们非常重要的启迪和帮助，甚至现在都能够从以前同学的文章中发现过去老师所用方法的印记。

因为有了党的政策，所以有了高考，就改变了我们的命运。自己的努力加上"好学校，好老师，好学友"，是成就现在的我的关键因素。

（原文载：欧兵，刘灿. 我的 1978［M］. 成都：西南财经大学出版社，2019.）

王国清论文目录（以发表时间为序）

1. 试论马克思恩格斯设想的集体所有制,《财经科学》辑刊 1983 (6)；

2. 税负转移的性质及其作用,《财贸经济》1984 (5)；

3. 美国联邦政府对州与地方政府的补助支出,《四川财政研究》1985 (5)；

4. 税金是商品价值的有机组成部分——与贾克诚同志商榷,《经济研究》1985 (6)；

5.《资本论》地租学说中的赋税思想初探,《财经科学》1985 (6)；

6. 苏联经济组织的预算缴款制度,《四川财政研究》1986 (11)；

7. 我对预算外资金性质的看法,《财经科学》1987 (1)；

8. 关于基金式财政的几点思考,《四川财政研究》1988 (7)；

9. 社会主义财政无偿性为主有偿性为辅的特征,《财经科学》1988 (11)；

10. 有偿性财政分配及其内部关系的处理,《四川财政研究》1988 (12)；

11. 关于阿里地区财政管理体制改革的初步意见,《财政研究资料》1988 (16)；

12. 销售税的来源面面观,《重庆税务》1989 (3)；

13. 减免税理论与实践的若干问题,《财经科学》1989 (5)；

14. 日本的保税制度,《大特区税务》1990 (2)；

15. 两权分离理论与税利分流,《财经科学》1990 (6)；

16. "税利分流"的条件简析,《四川税务研究》1990 (6)；

17. 略论财政信用的发展及阶段特点,《债事纵横》1990（6）；

18. 对民族地区财政问题的几点认识［M］//中国少数民族自治州财政理论与实践. 成都：西南财经大学出版社，1990；

19. 税利分流的功能目标与试点方案的改进,《四川财政研究》1991（2）；

20. 也论西方政府经济学,《经济学动态》1991（3）；

21. 国债市场的培育和完善,《计划与管理》1991（4）；

22. 对全民所有制经济征税必然性的若干观点述评,《经济学动态》1992（3）；

23. 对全民所有制企业征税的本质原因探微,《四川财政研究》1992（8）；

24. 财政补贴代替价格分配作用的偏差与协调,《四川财政研究》1992（9）；

25. 财政体制改革中值得注意的问题,《四川财政》1994（3）；

26. 税制结构性调整对价格影响的分析,《四川税务》1995（1）；

27. 分税制与民族地区经济市场化建设［M］//开拓奋进——四川省民族自治地区财政经济发展研究. 成都：西南财经大学出版社，1995；

28. 对财政理论几个基本问题的再认识,《四川财政》1996（5）；

29. 提高税收占 GDP 比重的若干思考,《理论与改革》1996（9）；

30. 财政文化与振兴财政初论,《四川财政》1996（10）；

31. "王海"该不该缴税?,《四川财政》1997（4）；

32. 关于减免税优惠的思考,《云南财贸学院学报》1997（4）；

33. 理顺分配关系　强化财政管理,《四川财政》1997（10）；

34. 规范发展税务代理的途径,《财经科学》1998（1）；

35. 马克思两种权力学说与财政分配,《经济学家》1998（4）；

36. 关税下调对经济有何影响,《四川财政》1998（4）；

37. 财政两种属性分配与财政分配关系的规范,《中国财政》1998（5）；

38. 企业资本经营中的所得税研究,《财经科学》1998（6）；

39. 市场经济与税收，《四川税务报》1998-06-10（3）；

40. 我国税制改革的回顾与展望，《四川财政》1998（11）；

41. 马克思恩格斯设想的公有制及其实现形式的启示，《理论与改革》1998（12）；

42. 增进财政体制改革的系统性与规范性，《四川财政》1998（12）；

43. 公共财政：财政的公共性及其发展，《经济学家》1999（6）；

44. 公共产品理论与财政范围的框定，《四川财政》1999（12）；

45. 消费者是纳税人吗?!，《成都税务公报》2000（2）；

46. 税收意识之我见，《金税》2000（3）；

47. 事权、财权、财力的界定及相互关系，《财经科学》2000（4）；

48. 对税收基础理论几个问题的再认识，《经济学家》2000（6）；

49. 从莎士比亚、马克思到税收 ABC，《成都税务公报》2000（6）；

50. 税费辨，《成都税务公报》2000（8）；

51. 税率调高约等于税负加重吗?，《成都税务公报》2000（9）；

52. 地税收入总量与转移支付，《金税》2000（10）；

53. 谈地方税体系建设，《成都税务公报》2000（11）；

54. 开征燃油税的立法博弈，《福建税务》2000（11）；

55. 入世与西部大开发的税制调整，《四川财政》2001（1）；

56. 振兴重庆老工业基地的税收对策，《财经科学》2001（2）；

57. 中小企业税收征管的困境与对策，《山东税务纵横》2001（2）；

58. 税收与"双总"平衡的关系，《成都税务公报》2001（2）；

59. 略论财政本质的社会特征，《四川财政》2001（4）；

60. 权力与权利的辨析，《成都税务公报》2001（4）；

61. 个人所得税税前扣除项目引发的思考，《金税》2001（4）；

62. 电子报税：税收现代化的新趋势，《金税》2001（6）；

63. 对几个税收基本范畴的规范分析，《经济学家》2002（5）；

64. 论税收制度建设的外延性与内涵性，《经济学家》2003（3）；

65. 加强诚信纳税的制度建设，《四川经济日报》2003-04-18(B3)；

66. 国有资产管理及监督模式的创新，《财经科学》2003（4）；

67. 农业税制度改革的方向与思路，《福建税务》2003（5）；

68. 优化中小型企业发展的税收政策和制度取向,《金税》2003（5）；

69. 非公有资本与基础设施有效供给,《当代财经》2004（7）；

70. 国家财政与公共财政模式关系辨析,《财经科学》2005（1）；

71. 对公共财政理论问题的再认识,《广东商学院学报》2005（2）；

72. 两种属性分配关系与国家分配论——纪念许廷星《关于财政学的对象问题》出版50周年的思考,《经济学家》2008（1）；

73. 马克思主义政治经济学教研中的"税收误区"和"税收盲区"释疑,《财政研究》2008（2）；

74. 浅析税收战略管理及其思维模式,《税务研究》2008（3）；

75. 公共品理论视角下的国有资产定位［M］//光华财税年刊,成都：西南财经大学出版社,2009；

76. 财政监督发展的回顾与展望,《财政监督》2009（3）；

77. 财政监督的现实路径及其维度观察,《改革》2009（3）；

78. 完善我国促进就业的税收政策,《税务研究》2009（5）；

79. 论税制诸要素的相互关系,《财政研究》2010（4）；

80. 税收征管组织模式变革取向及其路径选择,《税务研究》2010（5）；

81. 财政与社会再生产关系研究综述与展望,《当代经济研究》2010（8）；

82. 论财政与环境资源再生产的关系,《财经科学》2011（6）；

83. 财政监督机构及其人力资本优化配置研究,《财政监督》2011（9）；

84. 全球公共产品供给的学术轨迹及其下一步,《改革》2012（3）；

85. 公共品及其特征的理论研究综述与展望,《公共经济与政策研究》2012（3）；

86. 纳税人理论研究的学术轨迹与展望——基于"权利与义务统一"的视角,《税收经济研究》2013（3）；

87. 年终突击花钱的预算原因浅析,《财政监督》2013（24）；

88. 政府预算的公共性及其管理依据,《财经科学》2014（2）；

89. 房地产税与土地产权的理论研究,《财政研究》2015（8）；

90. 略论财政学的学科属性与研究范围，《财政监督》2017（22）；

91. 中国首部《财政学》理论框架解析——兼论陈豹隐先生的财政贡献，《财经科学》2018（2）；

92. 财政监督职能从经济走向国家治理——改革开放四十年财政监督的回顾与展望，《财政监督》2018（10）；

93. 央行经理国库的法制化展望——改革开放四十年国家金库的回顾与展望，《财政监督》2018（21）；

94. 消费税中远期改革构想——兼论税制改革的协同性，《财政监督》2019（7）；

95. 新时代财政监督职能的要素结构探析，《财政监督》2021（4）；

96. 财政对商业银行监督的逻辑分析，《财政监督》2022（17）；

97. 国有金融资本出资人制度理论溯源，《财政监督》2023（24）。